현대동아시아경제론

이 재 기 저

형지사

머리말

세계경제는 2007년에 미 서브프라임 모기지(subprime mortgage) 부실에 따른 국제금융시장의 불안정(instability of international financial market), 고유가 등에도 불구하고 전년에 이어 5%를 소폭 상회하는 양호한 성장세를 지속하였다. 이는 미국경제의 성장이 주택건설 부진으로 둔화되었으나 유로지역(Euroland)과 일본의 견실한 성장세가 유지되는 가운데 중국 등 개발도상국(developing country)이 고성장을 지속하였기 때문이다. 다만 2007년 4분기 들어서는 서브프라임 모기지 부실 관련 금융기관의 대규모 손실 발표 등으로 금융시장의 불안정이 심화되면서 선진국을 중심으로 성장세가 둔화되는 양상을 나타내고 있다.

동아시아 경제는 2007년에 수출증가세 둔화에도 불구하고 민간소비 및 투자가 호조를 지속함으로써 견조한 성장세를 지속하였다. 소비 및 투자가 2007년 상반기 이후 확대되면서 대만, 싱가포르, 인도네시아, 필리핀 등 대부분의 동아시아 국가들이 안정적인 성장을 시현하였다. 동아시아 경제는 2008년에 미국의 경기감속에 따른 세계경기 위축, 중국의 긴축 강화 등으로 성장세가 다소 둔화될 것으로 예상된다.

미국경제의 침체 가능성, 중국경제의 예상외 큰 폭 둔화 가능성, 국제원자재 가격 상승에 따른 인플레이션 가능성 증대 등은 동아시아 경제의 리스크 요인으로 평가할 수 있다.

본서는 동아시아 경제를 이해하는 데 있어서 저자를 비롯한 여러 학자들의 시각과 논리, 그리고 관련참고문헌과 자료를 될 수 있는 대로 다양하게 소개하려고 시도하였다. 경우에 따라서는 논리적인 비약도 있으리라 생각된다. 본서가 가지고 있는 내용상의 미흡함에 대해서는 넓은 아량으로 이해해 주기 바란다. 선배 제현과 독자 여러분의 아낌없는 질타와 조언을 기대해 보며 오류로 지적되는 부분이 있으면 차후에 이를 수정할 계획이다.

본서가 나오기까지 여러 동료 교수님들의 성원과 도움이 있었으며 이에 깊은 감사의 말씀을 드리는 바이다. 또한, 원고정리에 많은 수고를 아끼지 않았던 본교에 재학하고 있는 정우리 군에게 각별히 고마운 마음을 전한다.

출판계의 어려운 사정에도 불구하고 본서의 출판을 흔쾌히 허락해 주신 형지사의 유성렬 사장님과 편집에 여러모로 수고해 주신 편집부 여러분에게 진심으로 감사의 말씀을 드린다. 본서의 집필기간 동안 가정에 소홀했음에도 불구하고 항상 사랑과 격려를 보내주고 편안한 안식처를 제공해 준 사랑하는 아내 경심과 군 복무를 무사히 마친 소중한 아들 형진에게 무한한 감사의 마음을 전한다.

2008년 7월 24일

안서동 연구실에서

이 재 기

차 례

제 2 편 동아시아 주요 국가의 경제현황과 전망

제 3 편 한국경제의 현황과 전망

제 4 편 동북아시아 주요 경제 이슈

제 5 편 동남아시아 주요 경제이슈

제 7 편 동남아시아 경제분석

제 1 편

세계경제의 현황과 전망

제 1 장　세계경제의 현황
제 2 장　세계경제의 전망

1
chapter

세계경제의 현황

제 1 절 개관

세계경제는 2007년에 미 서브프라임 모기지(subprime mortgage) 부실에 따른 국제금융시장의 불안정(instability of international financial market), 고유가 등에도 불구하고 전년에 이어 5%를 소폭 상회하는 양호한 성장세를 지속하였다. 이는 미국경제의 성장이 주택건설 부진으로 둔화되었으나 유로지역(Euroland)과 일본의 견실한 성장세가 유지되는 가운데 중국 등 개발도상국(developing country)이 고성장을 지속하였기 때문이다. 다만 2007년 4분기 들어서는 서브프라임 모기지 부실 관련 금융기관의 대규모 손실 발표 등으로 금융시장의 불안정이 심화되면서 선진국을 중심으로 성장세가 둔화되는 양상을 나타내고 있다.

1. 주요 국가(지역)

1.1 미국

미국경제는 주택경기 침체로 2006년 하반기부터 시작된 성장세 둔화 추세가 이어지면서 연간으로는 국내총생산(GDP) 성장률이 전년의 2.9%에서 2% 수준으로 하락할 것으로 추정된다.

1.2 유로지역

유로지역 경제는 내수와 수출이 모두 호조를 보이며 잠재성장률(potential growth rate)을 상회하는 2%대 중반의 견실한 성장세를 지속하였다. 다만 2007년 4분기에는 유로(Euro)화 강세에 따른 수출둔화 등으로 성장 감속이 예상된다.

1.3 일본

일본경제는 수출호조에 힘입어 2% 내외의 성장을 유지할 것으로 보인다.

1.4 중국

중국경제는 고정자산투자(fixed asset investment)와 수출이 높은 신장세를 지속하고 소비증가세가 확대된 데 힘입어 2006년(11.1%)에 이어 11%대의 고성장을 기록할 것으로 보인다. 과열억제를 위한 통화당국의 지속적인 긴축조치에도 불구하고 통화증가율이 가속화되고 소비자물가가 높은 상승세를 보이는 등 인플레이션 우려가 증대되고 있다.

1.5 기타 아시아경제

기타 아시아경제는 수출증가세가 다소 둔화되었으나 민간소비 등 내수가 호조를 보임에 따라 높은 성장세를 지속하였다.

1.6 중남미경제

중남미경제도 원자재 수출 호조 등에 힘입어 2006년과 비슷한 양호한 성장세를 유지하였다.

2. 국제금융시장

국제금융시장(international financial market)은 2007년 하반기 들어 서브프라임 모기지 부실이 재부각되며 주가가 큰 폭으로 등락하고 달러화 약세가 가속화되었으며 신용스프레드(credit spread)가 확대되는 등 불안한 양상을 보였다. 미 국채금리는 경기둔화 우려, 안전자산 선호 증대 등으로 급속하게 하락하였다.

3. 국제원자재시장

국제유가는 2007년 1월 중순 이후 상승세로 전환되어 11월 하순에는 배럴당 100달러에 근접하는 사상 최고수준으로 상승하였다. 기타원자재 가격도 곡물 등을 중심으로 4년 연속 두 자릿수의 높은 상승세를 지속하였다.

제 2 절 주요 국가(지역)별 동향

1. 미국

1.1 경제성장

미국경제는 수출이 호조를 지속하고 개인소비가 견실한 신장세를 이어갔으나 주택경기 악화로 전년에 비해 성장세가 둔화되었다. 2007년 1분기에는 주택건설투자의 부진이 지속되는 가운데 재고투자(inventory investment) 감소와 수출증가세 둔화 등으로 2002년 4분기의 0.2%(전기 대비 연율기준, 이하 동일) 이후 가장 낮은 0.6% 성장하는 데 그쳤다. 2007년 2분기와 3분기에는 기업투자(corporate investment)와 수출이 높은 증가로 전환되고 재고조정도 종료되면서 국내총생산(GDP) 성장률이 각각 3.8%, 4.9%로 제고되었다. 그러나 2007년 4분기 들어 서브프라임 모기지(subprime mortgage) 부실 확산의 영향으로 주택경기 침체가 심화되고 소비위축 조짐이 나타나는 등 성장이 크게 둔화되는 양상을 나타내고 있다. 연간으로도 2%를 소폭 상회하는 수준의 성장을 기록할 것으로 추정된다.

〈표 1-1〉 미국의 경제성장률[1)] 추이

(단위 : 전기 대비 연율, %)

	2005	2006					2007		
		연간	1분기	2분기	3분기	4분기	1분기	2분기	3분기
실 질 G D P	3.1	2.9	4.8 (3.3)	2.4 (3.2)	1.1 (2.4)	2.1 (2.6)	0.6 (1.5)	3.8 (1.9)	4.9 (2.8)
개 인 소 비	3.2	3.1	4.4	2.4	3.8	3.9	3.7	1.4	2.7
민 간 총 투 자	5.6	2.7	4.3	0.6	-4.1	-14.1	-8.2	4.6	5.9
기 업 투 자	7.1	6.6	13.3	4.2	5.1	-1.4	2.1	11.0	9.4
설 비 투 자[2)]	9.6	5.9	13.0	-0.1	2.9	-4.9	0.3	4.7	7.2
비주거건설투자	0.5	8.4	15.0	16.4	10.8	7.4	6.4	26.2	14.3
민간주택투자	6.6	-4.6	-0.7	-11.7	-20.4	-17.2	-16.3	-11.8	-19.7
재 고 증 감[3)]	332	403	384	514	539	174	1	58	329
수 출	6.9	8.4	11.5	5.7	5.7	14.3	1.1	7.5	18.9
수 입	5.9	5.9	6.9	0.9	5.4	1.6	3.9	-2.7	4.3
GDP디플레이터	3.2	3.2	3.4	3.5	2.4	1.7	4.2	2.6	0.9

주 : 1) 계절변동조정 후, ( )안은 전년동기 대비
2) 소프트웨어 포함
3) 연감 환산치(억 달러)

자료: 미 상무부

1.2 수요

수요부문별로 보면 개인소비지출은 예상보다 양호한 고용여건에 따른 가처분소득(disposable income) 증가로 견실한 양상을 나타냈다. 2007년 1분기 중 주택경기 침체에도 불구하고 3.7% 증가하여 높은 신장세를 보였던 개인소비지출이 2분기에는 유가 급등에 따른 구매력(purchasing power) 감소 등으로 1.4% 증가하는 데 그쳤으나 3분기에는 가솔린가격 하락 등으로 인해 2.7%로 다시 회복되었다. 소매판매는 2007년 4월과 6월을 제외하고는 꾸준한 증가세를 유지하였으나 에너지가격 상승, 주택판매가격 하락 등의 영향으로 신장세는 둔화되었다. 한편, 소비자신뢰지수는 주택경기 침체 심화, 서브프라임 모기지 부실에 따른 금융불안, 유가 변동폭 확대 등으로 2007년 하반기 이후 크게 하락하였다. 특히, 2007년 12월 미시간대 소비자신뢰지수는 74.5로 허리케인 카트리나(Katrina) 당시의 일시적인 급락(2005년 10월)을 제외할 경우 15년래 가장 낮은 수준을 보여 소비둔화에 대한 가능성이 크게 제고되었다.

1.3 투자

(1) 민간총투자

민간총투자는 2007년 2분기부터 2006년 하반기 이후의 감소세에서 다소 회복되는 양상을

보이고 있으나 주택투자의 큰 폭 침체로 여전히 부진하였다. 설비투자는 2007년 1분기 중 0.3% 증가에 그쳐 2006년 2분기 이후의 둔화세가 지속되었으나 2분기 및 3분기에는 컴퓨터 및 소프트웨어 투자가 크게 증가하고 산업용설비 투자도 호전됨에 따라 각각 4.7%, 7.2% 증가하는 등 양호한 양상을 나타내었다. 설비투자의 선행지표인 비방위자본재(항공기 제외)와 내구재(durable goods) 수주도 2분기 이후 증가세를 지속하였으나 10월 들어 신용경색(credit crunch) 및 경기둔화 우려 등으로 모두 감소하였다. 반면 비주거용 건설투자(구조물)는 2006년에 이어 신장세가 확대되었다. 2007년 1분기 중 6.4% 증가에 그쳤으나 2분기 및 3분기에 각각 26.2%, 14.3%의 큰 폭 증가를 보여 주택경기 침체에 따른 건설투자 부진을 일부 상쇄(相殺)하였다.[1)]

(2) 주택건설투자

주택건설투자는 주택판매 및 착공 감소와 주택재고 증가로 주택경기의 부진이 이어지면서 2006년 2분기 이후 두 자릿수의 감소세를 지속하였다. 특히, 2007년 3분기에는 서브프라임 모기지 부실 문제 등이 재부각되면서 -19.7%로 감소폭이 확대되었다. 신축 및 기존주택 판매는 2007년 들어서도 감소세를 지속하여 3분기에는 전기 대비 각각 13.1%, 8.4% 감소하였다. 판매량 기준으로는 2007년 10월 중 연간환산치가 각각 72.8만호, 497.0만호로 신축주택은 2005년 7월 정점 대비 50% 수준으로, 기존주택은 1999년 통계편제 이후 최저 수준으로 감소하였다.

2006년 2분기 이후의 감소세가 지속되고 있는 주택착공호수도 2007년 10월에는 112.9만호로 2006년 1월 정점 대비 46.4% 감소하였다. 한편, 주택재고는 2007년 10월말 기준 처분기간(주택재고량/월판매량) 기준으로 기존주택이 전년말의 6.6개월에서 10.8개월로 사상최고 수준이며 신축주택도 6.2개월에서 8.5개월로 크게 증가한 것으로 나타났다. 또한, 20대 대도시지역 주택가격(Case-Shiller 지수)도 2006년 8월 이후 하락세를 지속하고 있으며 2007년 1~9월 중에는 전년말 대비 3.8% 하락하였다.

1.4 대외거래

(1) 수출

상품과 서비스를 합한 총수출(실질기준)은 달러화 약세에 따른 가격경쟁력(price competitiveness) 강화와 교역상대국의 성장호조에 힘입어 전년(8.4%)에 이어 2007년 1~3분기 중 8% 수준의 높은 증가세를 지속하였다. 2007년 1분기에는 전년 4분기의 높은 증가에 따

1) 재고투자는 휘발유가격 상승에 대비한 에너지 절약적 차종으로의 전환 등을 위한 자동차 생산업체의 재고조정 등으로 2007년 상반기 중 크게 둔화되었다가 3분기 들어 다소 회복되었다(한국은행, 조사통계월보, 2007. 12. pp. 51~78 요약 · 재구성).

른 기저효과와 항공기, 컴퓨터 등 자본재(capital goods) 수출 부진으로 증가세가 크게 둔화되었으나 2분기 이후에는 자동차와 내구소비재 수출 호전과 관광 등 서비스 수출 증가로 신장세가 확대되었다.

(2) 수입

총수입(실질기준)은 성장 둔화에 따른 수입수요(import demand) 약화 등으로 2007년 1~3분기 중 전년동기 대비 2% 정도의 증가에 그쳐 전년(5.9%)에 비해 증가세가 크게 둔화된 것으로 나타났다.

1.5 생산

산업생산활동을 보면 제조업생산은 재고조정 등의 영향으로 2006년 12월에는 다소 부진하였으나 2007년 3월 이후 완만한 회복세를 지속하였다. 그러나 8월 이후에는 생산활동이 다시 위축되는 양상을 나타내고 있다. 제조업가동률은 전년에 이어 80% 내외의 높은 수준을 유지하고 있는데 2007년 7월의 81.0%를 정점으로 하락세로 전환되어 10월에는 80.1%로 낮아졌다. 업종별로는 컴퓨터 및 전자제품, 항공기, 음식료품 생산 등이 호조를 보였으나 가구, 자동차, 직물 생산 등은 부진하였다. ISM제조업지수는 2007년 1월의 49.3을 저점으로 상승추세로 전환하여 6월에는 56.0으로 2006년 4월(56.9) 이후 최고치를 나타내었으나 이후 하락하여 11월에는 50.8로 낮아졌다. ISM비제조업지수는 서브프라임 모기지 부실이 재확산된 2007년 하반기 들어 금융업 위축 등의 영향으로 하락하였다(6월 60.7 → 11월 54.1).

1.6 고용

고용사정은 전년에 이어 양호한 모습을 보였으나 2007년 하반기 들어 다소 악화되었다. 실업률(unemployment rate)은 2007년 3월 4.4%로 2001년 5월 이후 최저치를 기록한 후 완만한 상승세로 전환되어 11월에는 4.7%로 높아졌으나 여전히 낮은 수준을 기록하였다. 비농업부문 취업자수는 2007년 상반기 중 월평균 13.4만명 증가하는 등 양호하였으나 7~11월 중에는 건설업 및 금융업 등의 고용 축소로 월평균 9.9만명 증가에 그쳐 크게 둔화되었다. 한편, 신규실업수당 청구자수도 2007년 상반기 중에는 주간평균 31.9만명으로 전년(31.3만명)과 비슷하였으나 7~11월 중에는 32.2만명으로 확대되었다.

1.7 물가

소비자 및 생산자물가는 2006년 9월 이후 안정되는 모습을 보였으나 에너지 및 식료품 가격이 상승세로 전환되면서 2007년 2월 이후 대체로 상승세를 지속하였다. 2007년 10월 소비자물가는 전년동월 대비 3.5% 상승하였으며 생산자물가는 2005년 9월(6.9%) 이후 최고수준인 6.1%의 높은 상승률을 기록하였다. 한편, 식료품 및 에너지가격을 제외한 근원소비자물가는 의류가격 및 인터넷 통신비용 하락과 자가주거비용 상승세 둔화 등으로 전년동월 대비 상승률이 2007년 1월의 2.7%에서 5월 이후에는 2.1~2.2%로 하락하였다. 그러나 근원생산자물가는 운송장비 등의 가격 상승으로 전년동월 대비 상승률이 상반기 중의 1.7% 내외에서 2007년 10월에는 2.5%로 상승하였다.

1.8 상품 · 서비스수지

상품 · 서비스수지는 달러화 약세의 영향 등으로 수출이 견실한 증가세를 지속한 데다 수입도 신장세가 둔화됨에 따라 2006년 4분기 이후 개선추세를 지속하였다. 상품 · 서비스수지 적자규모는 2007년 1~3분기 중 5,275억 달러로 전년동기(5,816억 달러)에 비해 541억 달러 감소하였다.

2. 유로지역

2.1 경제성장

유로지역(Euroland) 경제는 2007년에 유로화 강세에도 불구하고 중국 등 아시아 신흥시장국과 러시아 및 중동지역으로의 수출이 호조를 보이고 투자가 확대된 데 힘입어 2006년(2.8%)에 이어 견실한 성장세를 지속하였다. 실질GDP 성장률은 2007년 1분기 중 설비투자 호조로 전기 대비 0.8%의 높은 수준을 나타내었으며 3분기에도 고정투자와 수출 호조로 0.7%의 양호한 성장세를 보였다. 다만 2007년 2분기에는 건설투자 부진으로 0.3% 성장에 머물렀다. 4분기 들어서는 미 서브프라임 모기지 부실로 촉발된 금융시장 불안으로 신용경색(credit crunch)이 초래되고 금리도 상승함에 따라 투자가 위축되는 양상이 나타나고 있다. 연간으로는 2.5% 내외의 성장을 보일 것으로 추정된다.

국가별로 보면 유로지역의 최대 경제대국인 독일은 수출 및 투자가 증가세를 지속하였으나 2007년초 부가세(value-added tax) 인상의 영향으로 민간소비가 위축됨에 따라 전년보다 소폭 둔화된 2.5% 내외의 성장률을 나타낼 것으로 보인다. 프랑스는 민간소비 회복세가 기대에 못 미친 데다 주택경기 부진에 따른 건설투자 둔화 및 2007년초 대통령 선거에 따른 정치적 불확실성(political uncertainty) 등으로 고정투자 증가세가 둔화되면서 2%를 하회할 것으로 보인다. 이탈리아는 민간소비와 투자가 전년 수준에 머물고 수출도 부진함에 따라 전년과 비슷한 1.9% 안팎의 성장률을 기록할 것으로 예상된다.

〈표 1-2〉 주요 국가별 경제성장률[1)] 추이

(단위 : 전기 대비, %)

	2005	2006					2007		
		연간	1분기	2분기	3분기	4분기	1분기	2분기	3분기
실 질 G D P	1.5	2.8	0.9 (2.5)	1.0 (2.9)	0.6 (2.9)	0.8 (3.3)	0.8 (3.2)	0.3 (2.5)	0.7 (2.7)
민 간 소 비	1.5	1.8	0.7	0.4	0.5	0.5	0.0	0.6	0.5
정 부 소 비	1.4	1.9	1.0	0.2	0.5	0.4	0.9	0.2	0.6
고 정 투 자	2.7	4.9	0.6	2.7	0.9	1.6	1.8	0.0	0.9
수 출	4.5	7.8	3.0	1.5	1.0	3.0	0.9	0.8	2.5
수 입	5.2	7.6	2.2	1.2	1.7	1.7	1.4	0.1	2.7

주 : 1) 계절변동조정 후, ( )안은 전년동기 대비

자료 : EU통계청

〈표 1-3〉 주요 국가별 경제성장률[1)] 추이

(단위 : 전기 대비, %)

	2005	2006					2007		
		연간	1분기	2분기	3분기	4분기	1분기	2분기	3분기
독 일 [27.4]	0.8	2.9	0.9 (2.1)	1.3 (3.0)	0.7 (3.2)	1.0 (3.9)	0.5 (3.6)	0.3 (2.5)	0.7 (2.5)
프 랑 스 [21.1]	1.7	2.2	0.7 (2.0)	0.9 (2.7)	-0.1 (2.1)	0.5 (2.1)	0.6 (1.9)	0.3 (1.4)	0.7 (2.1)
이탈리아 [17.4]	0.1	1.9	0.8 (1.7)	0.6 (1.7)	0.3 (1.6)	1.1 (2.8)	0.3 (2.4)	0.1 (1.8)	0.4 (1.9)

주 : 1) 계절변동조정 후, ( )안은 전년동기 대비

2) [ ]안은 유로지역에서 차지하는 비중(2006년 경상GDP 기준)

자료 : EU통계청

2.2 고용

고용사정은 견실한 성장세를 배경으로 2007년에도 개선추세를 이어갔다. 2005년 하반기부터 지속적으로 하락해온 실업률은 2007년 10월에는 유로지역 실업률 통계 편제 이래 최저 수준인 7.2%를 기록하였다. 국가별로는 포르투갈(8.5%), 독일(8.1%), 프랑스(8.1%), 스페인(8.1%) 등이 상대적으로 높았던 반면 네덜란드(3.1%), 오스트리아(4.3%), 아일랜드(4.4%) 등은 낮은 수준이었다.

2.3 경상수지

경상수지는 2007년 1~9월 중 91억 유로의 흑자를 기록하여 전년동기(239억 유로 적자)에 비해 크게 개선되었다. 이는 수입이 전년동기 대비 5.0% 증가에 그친 반면 수출은 9.1% 늘어나 상품수지 흑자규모가 크게 증가한 데다 경상이전수지도 대폭 적자에서 흑자로 반전된 데 주로 기인하였다. 국가별로는 독일이 2007년 1~9월 중 전년동기(709억 유로)보다 확대된 1,105억 유로의 흑자를 기록하였으며 프랑스는 동 기간 중 144억 유로 적자로 전년(161억 유로 적자)에 비해 적자폭이 축소된 것으로 나타났다.

2.4 물가

소비자물가(HICP 기준)는 유가의 상대적 안정으로 인해 2007년 1~8월 중 1.8% 상승하여 유럽중앙은행(ECB : European Central Bank)의 물가안정목표(2.0%) 이내에서 안정되었으나 9월 이후에는 유가가 급등하고 원자재 및 곡물류 가격 등도 상승함에 따라 9월 2.1%, 10월 2.6%로 상승폭이 확대되었다.[2] 국가별로는 2007년 1~10월 중 독일이 2%, 프랑스가 1.3% 상승하였다. 한편, 식료품 및 에너지가격을 제외한 근원소비자물가상승률은 2007년초 독일의 부가세 인상 등으로 전년의 1.4%에서 2007년 1~10월 중 1.9%로 상승세가 확대되었다.

2.5 경기심리지표

유로지역의 주요 경기심리지표는 연중 기준치를 상회하는 높은 수준을 유지하였으나 2007년 하반기 들어 미국경기 둔화 및 신용경색 우려 등이 확산되면서 하락세로 전환되었다. 우선 유로지역의 경기체감지수(ESI)는 2007년 상반기 중 대체로 상승세를 지속하다가 6월 이후 하락세로 반전하여 11월에는 104.8로 2006년 3월(103.5) 이후 최저치를 기록하였다. 제조업 구매관리자지수(PMI)도 2007년 7월 이후 하락세가 지속되면서 11월 52.8로 기준치(50)에 근접하고 있다. 국가별로는 독일의 Ifo지수가 2007년 상반기 중 높은 수준을 유지하였으나 하반기 들어 하락하고 있다. 프랑스의 INSEE지수는 기준치를 다소 상회하는 수준에서 횡보하는 양상을 나타내었다.

---

2) 유로지역 종합소비자물가지수(HICP : Harmonized Index of Consumer Prices)는 각국 HICP를 국가별 민간소비지출비중으로 가중평균하여 산출한다. 각국 지수에 포함되는 바스켓 항목은 동일하며 항목별 가중치는 매년 가중치가 변화하는 연쇄지수(chain index)로 산출한다.

3. 일본

3.1 경제성장

일본경제는 가계소비(household consumption)가 완만한 증가세를 이어가는 가운데 IT부문의 재고조정이 종료되면서 설비투자가 다시 확대되고 수출이 호조를 보임에 따라 경기확장기조가 지속되고 있다. 다만 최근 미국 서브프라임 모기지 부실 등의 영향으로 엔(Yen)화 환율 및 주가가 하락하는 등 금융시장 불안에 따른 가계 소비심리의 악화와 기업수익(corporate profit)의 감소 우려 등으로 회복세가 가속화되기는 어려운 실정이다. 2007년 연간 GDP 성장률은 2분기 마이너스 성장의 영향으로 2006년보다 하락할 것으로 추정된다.

〈표 1-4〉 일본의 경제성장률[1] 추이

(단위 : 전기 대비, %)

	2005	2006					2007		
		연간	1분기	2분기	3분기	4분기	1분기	2분기	3분기
실 질 G D P	1.9	2.4	0.5 (3.1)	0.8 (2.4)	-0.1 (1.9)	1.3 (2.3)	0.8 (2.8)	-0.5 (1.6)	0.4 (1.9)
민 간 소 비	1.3	2.0	0.6	0.8	-0.9	1.2	0.6	0.2	0.3
민간설비투자	9.2	4.2	-0.4	4.9	0.4	1.9	-0.4	-1.7	1.1
민간주택투자	-0.1	0.0	0.2	-2.2	0.9	1.9	-1.6	-3.8	-7.9
정 부 투 자	-10.1	-8.1	0.2	-8.3	-5.0	3.0	4.9	-4.6	-2.3
수 출	7.0	9.5	2.2	0.7	2.2	1.0	3.2	1.0	2.6
수 입	5.8	4.2	1.8	1.0	-0.2	-0.3	1.0	0.7	-0.2

주 : 1) 계절변동조정 후, ( )안은 전년동기 대비

3.2 소비

민간소비는 미약하나마 회복세를 유지하고 있다. 그러나 기업의 임금인상 억제, 휘발유 및 전기료, 가스요금 등 에너지 가격의 인상, 소비세율 인상 가능성 등 미래에 대한 불안 등으로 최근 소비심리가 악화되고 있다.

〈표 1-5〉 일본의 소비 관련지표 추이

(단위 : 전기 대비, %)

	2005	2006					2007					
		연간	1분기	2분기	3분기	4분기	1분기	2분기	3분기	8월	9월	10월
GDP 민간소비	1.3	2.0	0.6	0.8	-0.9	1.2	0.6	0.2	0.3	-	-	-
소매판매액	1.0	0.1	2.0	-0.8	-0.8	-0.8	1.9	-0.7	-0.8	3.9	-1.5	0.3
가계소비지출(전세대)	-0.4	-2.2	-1.4	0.2	-2.1	1.7	0.9	0.1	-1.1	0.4	0.7	0.1
신차판매대수[1)]	-0.9	-5.4	-1.3	-7.3	-7.6	-6.6	-10.9	10.0	-7.6	-1.9	-9.5	2.0

주 : 1) 전년동기 대비, %

자료: 일본 내각부, 총무성, 일본자동차판매협회

3.3 투자

설비투자는 IT 부문의 재고조정이 종료되면서 2분기 연속 감소에서 탈피하여 비제조업을 중심으로 다시 확대되고 있다. 다만 주택투자는 내진설계 기준을 강화한 개정 건축기준법의 영향으로 감소폭이 확대되고 있으며 공공투자도 재정재건을 위한 노력이 지속되면서 감소세를 이어가고 있다.

〈표 1-6〉 설비투자 지표 추이

(단위 : 전기 대비, %)

	2005			2006				2007		
	2분기	3분기	4분기	1분기	2분기	3분기	4분기	1분기	2분기	3분기
GDP 설비투자	2.6	0.3	-0.7	-0.4	4.9	0.4	1.9	-0.4	-1.7	1.1
법인기업투자(전산업)	1.7	5.3	-0.6	5.8	7.1	-0.4	4.5	1.8	-10.5	4.4
(제조업)	6.6	7.8	-0.7	5.2	2.4	1.9	4.9	3.6	-0.2	-2.5
(비제조업)	-0.7	4.0	-0.6	6.2	9.6	-1.5	4.2	0.9	-16.2	8.9

자료 : 일본 내각부, 재무성

3.4 수출

수출은 미국에 대한 수출이 주춤하였으나 유럽연합(EU : European Union) 및 중국 등 아시아 신흥시장(emerging market)에 대한 수출이 호조를 지속함에 따라 전체적으로 증가세를 지속하고 있다. 품목별로는 자동차, 반도체 소재부품 등 고부가가치 제품 수출이 호조를 지속하고 있다.

3.5 생산

광공업생산은 IT 부문의 재고조정 종료와 수출신장세 확대 등으로 증가세가 점차 확대되는 양상을 나타내고 있다.

〈표 1-7〉 일본의 수출 관련지표 추이

(단위 : 전기 대비, %)

	2005	2006					2007					
		연간	1분기	2분기	3분기	4분기	1분기	2분기	3분기	8월	9월	10월
GDP수출	7.0	9.5	2.2	0.7	2.2	1.0	3.2	1.0	2.6	-	-	-
수출(금액)	7.3	14.6	3.2	1.4	4.1	2.8	3.1	2.6	2.8	2.4	-2.7	1.8
수출(물량)	0.8	7.7	4.3	-0.4	1.4	-1.3	2.1	1.9	3.6	5.6	0.8	1.4

자료 : 일본 내각부, 재무성

〈표 1-8〉 일본의 산업활동 관련지표 추이

(단위 : 전기 대비, %)

	2005	2006					2007					
		연간	1분기	2분기	3분기	4분기	1분기	2분기	3분기	8월	9월	10월
광공업 생산	1.1	4.8	0.4	1.3	1.3	2.2	-1.3	0.2	2.2	3.5	-1.4	1.6
광공업 재고	5.3	4.2	0.4	-0.8	0.7	3.8	-2.0	-0.3	1.3	0.2	1.1	0.6
광공업 출하	1.5	5.3	0.7	1.4	1.1	1.5	-0.5	0.7	2.1	4.9	-2.0	2.1

자료 : 일본 경제산업성

3.6 고용

고용상황을 보면 기업들의 적극적인 고용확대에 힘입어 실업률이 낮은 수준을 유지하고 유효구인배율도 높은 수준을 지속하고 있다. 그러나 실질임금(real wage)이 계속 감소하는 가운데 피용자보수(명목, 계절조정)도 2분기 만에 다시 줄어드는 등 가계소득(household income)의 개선은 지연되고 있다.

〈표 1-9〉 일본의 고용 관련지표 추이

(단위 : 전기 대비, %)

	2007									
	1월	2월	3월	4월	5월	6월	7월	8월	9월	10월
실업률	4.0	4.0	4.0	3.8	3.8	3.7	3.6	3.8	4.0	4.0
유효구인배율	1.06	1.05	1.03	1.05	1.06	1.07	1.07	1.06	1.05	1.02
실질임금[1]	-1.2	-0.8	-0.1	-0.2	-0.2	-0.7	-1.6	0.8	-0.5	-0.1

주 : 1) 전년동기 대비, %

자료: 일본 후생노동성, 총무성

3.7 물가

소비자물가는 대체로 전년 수준을 보였으나 최근 휘발유 및 전기료, 도시가스 요금, 의류 및 침구, 조미료 등 생활필수품을 중심으로 상승 조짐을 보이고 있다. 한편, 기업물가는 원자재가격 상승 등의 영향으로 뚜렷한 상승세를 지속하고 있다.

〈표 1-10〉 일본의 물가지표 추이

(단위 : 전기 대비, %)

	2007									
	1월	2월	3월	4월	5월	6월	7월	8월	9월	10월
소 비 자 물 가[1)]	-0.2 (0.0)	-0.5 (-0.2)	0.3 (-0.1)	0.3 (0.0)	0.3 (0.0)	-0.2 (-0.2)	-0.1 (0.0)	0.5 (-0.2)	0.0 (-0.2)	0.3 (0.3)
기 업 물 가[1)]	-0.2 (-1.5)	0.0 (1.2)	0.2 (1.4)	0.8 (1.8)	0.3 (1.7)	0.1 (1.8)	0.7 (1.9)	0.0 (1.5)	-0.1 (1.3)	‥ ‥

주 : 1) ( )안은 전년동기 대비
자료: 일본 총무성

4. 중국

4.1 경제성장

중국경제는 소비 및 투자증가세 확대와 수출 호조에 힘입어 11%대의 고성장을 지속하고 있다. 또한, 중국정부의 금리 및 지급준비율 인상 등 지속적인 긴축조치에도 불구하고 총통화(M2) 증가율이 가속화되고 소비자물가도 높은 상승세를 지속함에 따라 인플레이션 압력(inflationary pressure)이 증대되고 있다.

〈표 1-11〉 중국의 주요 경제지표 추이

(단위 : 전년동기 대비, %)

	2005	2006			2007					
		연간	3분기	4분기	1분기	2분기	3분기	8월	9월	10월
GDP 성장률	10.4	11.1	10.6	10.4	11.1	11.9	11.5	-	-	-
고 정 투 자[1]	27.2	24.5	28.2	24.5	25.3	26.7	26.4	26.7	26.4	26.9
소 매 판 매[2]	12.9	13.7	13.8	14.3	14.9	15.8	16.8	17.1	17.0	18.1
수 출[2]	28.4	27.2	28.7	28.9	27.9	27.4	26.2	22.7	22.8	22.3
산 업 생 산[2]	16.4	16.6	16.2	14.8	18.3	18.7	18.5	17.5	18.9	17.9
소비자물가[2]	1.8	1.5	1.3	2.0	2.7	3.6	6.1	6.5	6.2	6.5
총 통 화(M2)[3]	17.6	16.9	16.8	16.9	17.3	17.1	18.5	18.1	18.5	18.5

주 : 1) 누계기준(예 : 금년 10월 중 26.9%는 1~10월 중 전년동기 대비 증감률), 도시기준
2) 분기수치는 해당월의 평균기준, 산업생산 1분기 수치는 누계기준
3) 증감률은 말잔기준

자료 : 중국 국가통계국

4.2 투자

고정자산투자는 2007년 들어 증가세가 확대되고 있으며 1~10월 중 전년동기 대비 증가율이 26.9%를 기록하는 등 높은 수준을 지속하고 있다. 「11차 5개년 계획」에 따른 농업관련 투자가 크게 확대되고 상장기업의 순이익증가에 따른 투자유인 확대 등으로 제조업투자도 가속화되었다.

지역별로는 중서부 등 내륙지역의 개발투자가 높은 증가세를 지속하고 있으며 2007년 하반기 들어 부동산가격 상승이 가속화되어 부동산관련 투자도 급속히 확대됨으로써 투자과열 우려가 증대되고 있다.

〈표 1-12〉 중국의 부문별 고정자산투자 추이[1]

(단위 : 전년동기 대비, %)

	2005	2006				2007			
		1분기	2분기	3분기	4분기	1분기	2분기	3분기	10월
고정자산투자(도시)	27.2	29.8	31.4	28.2	24.5	25.3	26.7	26.4	26.9
농 업	30.7	47.1	40.2	37.0	30.7	20.3	37.5	41.1	39.9
제 조 업	38.6	36.3	38.6	33.8	29.4	31.7	34.7	35.6	36.5
부 동 산 업	20.5	23.8	27.9	28.7	25.4	29.1	31.3	32.0	33.2
동 부 지 역	24.5	25.5	26.2	22.7	20.8	21.4	22.3	21.4	22.2
중 부 지 역	32.6	37.5	39.9	34.7	31.5	35.8	35.6	36.2	36.1
서 부 지 역	31.0	30.6	32.5	29.2	25.1	26.8	30.2	29.6	30.5

주 : 1) 도시지역 누계기준(예 : 금년 10월 중 26.9%는 1~10월 중 전년동기 대비 증감률)

자료 : 중국 국가통계국

4.3 소비

민간소비는 소비심리 개선, 임금 인상, 정부의 저소득층 부담완화 노력, 주식 및 부동산가격 상승에 따른 자산효과 등으로 증가세가 제고되었다. 소매판매는 2007년 3분기 중 전년동기 대비 16.8% 증가한 데 이어 10월에는 18.1%로 확대되었다. 특히, 농민 소득증대정책 등으로 농촌지역의 소비가 도시지역에 비해 급속히 확대되는 양상을 나타내었다.

〈표 1-13〉 중국의 소매판매 증가율 및 소비자신뢰지수 추이[1)]

(단위 : 전년동기 대비, %)

	2005	2006			2007					
		연간	3분기	4분기	1분기	2분기	3분기	8월	9월	10월
소 매 판 매	19.6	13.7	13.8	14.4	15.0	15.8	16.3	17.1	17.0	18.1
도 시 지 역	21.0	14.3	14.3	14.8	15.6	16.3	17.2	17.6	17.5	18.6
농 촌 지 역	16.2	13.2	13.6	14.1	14.8	16.4	17.5	17.6	17.7	18.8

주 : 1) 1분기 수치는 누계기준, 기타 분기수치는 해당월의 평균기준

자료 : 중국 국가통계국

4.4 대외거래

(1) 수출

수출은 수출증치세 환급률 인하 내지 폐지, 수출관세 부과, 가공무역 금지품목 확대 등의 조치에 따라 증가율이 둔화되었으나 해외수요 호조 및 생산성(productivity) 제고에 따른 가격경쟁력(price competitiveness) 향상 등으로 인해 여전히 20%를 상회하는 높은 수준을 유지하고 있다.

(2) 수입

중간재(intermediate goods) 등의 수입대체(import substitution)가 진전됨에 따라 수입증가율이 낮은 수준을 지속하면서 수출입차는 더욱 급속히 확대되어 무역흑자(trade surplus) 규모는 2007년 1~10월 중 전년동기(1,337억 달러)의 2배 가까운 2,132억 달러를 기록하였다.

4.5 생산

산업생산은 대내외수요 호조에 힘입어 2007년 1~10월 중 18% 전후의 높은 증가세를 지속하였다. 부문별로는 중공업이 자동차, 철강 및 발전설비 등을 중심으로 급속히 증가하였으며 경공업 생산도 화학섬유 등을 중심으로 전년에 비해 신장세가 확대되었다.

〈표 1-14〉 중국의 부문별 산업생산 추이[1)]

(단위 : 전년동기 대비, %)

	2005	2006			2007					
		연간	3분기	4분기	1분기	2분기	3분기	8월	9월	10월
생 산	16.4	16.6	16.2	14.8	18.3	18.7	18.5	17.5	18.9	17.9
중 공 업	17.0	17.9	17.6	16.7	19.6	19.1	19.2	18.8	20.0	19.4
경 공 업	15.2	13.8	13.2	10.6	15.6	16.4	15.6	14.6	16.4	14.4

주 : 1) 1분기 수치는 누계기준, 기타 분기수치는 해당월의 평균기준

자료 : 중국 국가통계국

4.6 통화량

통화량(M2)은 무역흑자 확대, 외국인투자자금 유입 지속 등으로 2007년 하반기 이후 지속적으로 18%를 상회하고 있다. 통화당국(monetary authorities)의 지급준비율 및 금리 인상, 중앙은행증권 발행 등에도 불구하고 금융기관 유동성(liquidity) 과잉 및 기업대출 수요 등으로 대출증가세는 확대 추이를 지속하고 있다. 이에 따라 통화당국은 부동산시장 과열 조짐 및 고정투자 증가세 확대 등에 대응하여 창구지도를 통해 신규대출의 억제를 도모하는 등 긴축강도를 제고시키고 있다.

〈표 1-15〉 중국의 지급준비율 및 금리인상 추이

	2007				
지급준비율 인상	- 9.5% (1월 15일)	- 10.0% (2월 25일)	- 10.5% (4월 16일)	- 11.0% (5월 15일)	- 11.5% (6월 5일)
	- 12.0% (8월 15일)	- 12.5% (9월 25일)	- 13.0% (10월 25일)	- 13.5% (11월 26일)	- 14.5% (12월 25일)
금리인상 (1년만기)	- 2.79% (3월 18일)	- 3.06% (5월 19일)	- 3.33% (7월 21일)	- 3.60% (8월 22일)	- 3.87% (9월 15일)
	- 6.39% (3월 18일)	- 6.57% (5월 19일)	- 6.84% (7월 21일)	- 7.02% (8월 22일)	- 7.29% (9월 15일)

4.7 물가

소비자물가는 2007년 4월 돼지고기의 공급부족으로 촉발된 식료품 가격급등세가 지속되면서 하반기 들어 6%를 상회하는 높은 상승률을 지속하고 있다. 최근 돼지고기 가격급등세가 다소 둔화되고 있으나 여전히 불안한 양상을 나타내고 있다.

4.8 주가

주가(상하이종합주가지수)는 2007년 10월말까지 128% 상승하였으나 과열에 대한 우려 등

으로 2007년 11월 이후 20% 정도 하락하며 조정양상을 보이고 있다.

4.9 부동산가격

부동산가격은 물권법 시행에 따른 수요 증가와 공급 부족 등으로 주요 도시에서 높은 상승세를 보이고 있다. 특히, 그동안 둔화되었던 상하이에서도 상승세가 다시 제고되고 있어 부동산시장의 과열에 대한 우려가 증대되고 있다.

〈표 1-16〉 중국의 주요 도시 주택가격 상승률 추이

(단위 : 전년동기 대비, %)

	2005				2006				2007					
	1분기	2분기	3분기	4분기	1분기	2분기	3분기	4분기	1분기	2분기	3분기	8월	9월	10월
북경	6.5	6.8	6.3	7.4	7.1	8.7	9.7	9.5	9.0	9.5	11.9	12.1	13.3	15.1
천진	6.5	6.1	5.7	5.6	5.8	6.7	7.1	7.2	6.9	6.7	6.8	6.8	6.9	7.0
상해	19.1	11.6	6.5	1.7	-1.3	-2.8	-1.1	-0.1	0.2	0.8	3.9	3.6	5.9	7.9
남경	11.6	7.9	7.7	5.0	4.8	4.1	3.8	4.7	5.5	7.0	6.7	6.6	6.6	7.1
청도	11.7	12.4	11.1	8.5	7.8	7.0	6.8	6.1	5.2	5.9	7.0	6.6	7.8	8.0
심천	6.3	5.9	6.5	10.2	10.2	14.4	12.8	11.8	12.6	14.3	20.2	20.8	20.5	19.5
주요도시 평균	9.8	8.0	6.1	6.5	5.5	5.7	5.5	5.3	5.6	6.3	8.2	8.2	8.9	9.5

자료 : 국가발전개혁위원회

5. 기타 아시아경제

5.1 경제성장

아시아경제(중국, 일본 제외, 이하 동일)는 수출증가세가 다소 둔화되었으나 민간소비 등 내수가 호조를 보임에 따라 높은 성장세를 지속하고 있다. 특히, 필리핀은 내수 호조와 수출 확대로 인해 2007년 1~3분기 중 성장률이 전년동기 대비 7.1%로 30년만에 가장 높은 수준을 기록하였으며 인도도 9%를 상회하는 고성장을 지속하였다. 다만 홍콩은 수출 및 투자 둔화로, 태국은 내수 부진으로 성장률이 다소 하락한 것으로 나타났다. 2007년 4분기에는 미국 서브프라임 모기지 부실 영향으로 성장세가 둔화되어 연간으로는 전년보다 소폭 낮은 수준의 성장을 보일 것으로 추정된다.

〈표 1-17〉 아시아 국가의 실질GDP 성장률 추이

(단위 : 전년동기 대비, %)

	2005	2006					2007		
		연간	1분기	2분기	3분기	4분기	1분기	2분기	3분기
대 만	4.2	4.9	5.1	5.1	5.3	4.1	4.2	5.2	6.9
홍 콩	7.1	6.8	8.2	5.6	6.4	6.9	5.6	6.6	6.2
싱 가 포 르	6.6	7.9	10.1	8.0	7.0	6.6	6.5	8.7	8.9
태 국	4.5	5.1	6.3	5.3	4.5	4.3	4.2	4.3	4.9
말 레 이 시 아	5.0	5.9	6.0	6.1	6.0	5.7	5.5	5.8	6.7
인 도 네 시 아	5.7	5.5	5.0	5.0	5.9	6.1	6.0	6.3	6.5
필 리 핀	4.9	5.4	5.7	5.5	5.1	5.5	7.1	7.5	6.6
인 도	8.7	9.6	10.0	9.6	10.2	8.7	9.1	9.3	8.9

자료 : CEIC 및 각국 통계청

5.2 수출

아시아 국가들의 수출은 2007년에 미국경기 감속에도 불구하고 유럽과 중국 및 아시아 역내 수출이 호조를 보임에 따라 전년보다 소폭 낮은 수준에서 견조한 증가세를 보이고 있다. 향후에도 대미수출 부진은 지속되겠으나 여타 지역에 대한 수출호조로 인해 대체로 견실한 증가세를 유지할 것으로 전망된다.

〈표 1-18〉 아시아 국가의 수출증가율 추이

(단위 : 전년동기 대비, %)

	2005	2006					2007					
		연간	1분기	2분기	3분기	4분기	1분기	2분기	3분기	8월	9월	10월
대 만	8.8	12.9	11.9	13.9	18.6	7.6	8.5	6.6	9.7	10.4	10.6	14.4
홍 콩	11.4	9.3	12.2	5.2	8.4	11.8	9.0	11.9	8.2	7.5	8.5	9.8
싱 가 포 르	14.0	12.8	22.4	17.3	12.2	2.0	3.4	2.9	4.2	2.6	1.1	11.5
태 국	14.9	16.9	16.7	15.7	15.7	19.5	18.2	19.1	11.6	17.9	10.4	26.7
말레이시아	10.9	10.3	11.5	9.5	13.9	6.6	1.0	1.3	0.9	0.8	2.0	14.3
인도네시아	19.7	17.7	12.9	17.2	21.3	18.7	13.9	15.6	9.5	7.7	7.6	17.6
필 리 핀	4.0	14.9	16.7	19.7	16.6	7.5	9.2	4.2	1.6	-4.0	4.6	··
인 도	27.4	25.6	29.5	23.3	30.3	19.5	15.1	20.9	18.9	18.9	19.3	35.6

자료 : CEIC 및 각국 통계청

5.3 소비 및 투자

내수는 호조를 보이며 경제성장을 견인하였다. 개인소비는 소득 및 고용여건 개선, 소비자물가 안정에 따른 소비심리 호전 등에 따라 증가세가 확대되었다. 특히, 풍부한 유동성을 배경으로 주식, 부동산 등 자산가격이 상승하면서 소비확대를 견인하였다.

설비투자는 수출둔화에도 불구하고 정부의 인프라투자 확대 등에 힘입어 홍콩을 제외하고는 대체로 호조를 보였다. 다만 태국은 정국혼란 및 치안불안으로 민간의 소비 및 투자심리가 악화됨에 따라 내수부진이 지속되었으나 최근 회복 양상을 나타내고 있다.

5.4 물가

소비자물가는 전년보다 상승세가 둔화되며 안정된 양상을 나타내었으나 2007년 9월 이후 식료품 가격 및 국제유가 급등에 따라 석유관련 제품 가격이 크게 오르며 상승률이 제고되고 있다. 인도는 2007년초 물가상승률이 7% 가까이 높아졌으나 지급준비율 인상 등 긴축조치의 효과로 다시 안정되는 양상을 나타내고 있다. 향후 유가상승 등의 영향으로 아시아 국가들의 인플레이션 압력은 확대될 것으로 보인다.

〈표 1-19〉 아시아 국가의 소비자물가 변동 추이

(단위 : 전년동기 대비, %)

	2005	2006					2007					
		연간	1분기	2분기	3분기	4분기	1분기	2분기	3분기	8월	9월	10월
대만	2.3	0.6	1.3	1.5	-0.3	-0.1	1.0	0.3	1.5	1.6	3.1	5.3
홍콩	0.9	2.0	1.6	2.0	2.3	2.1	1.7	1.3	1.6	1.7	1.7	3.2
싱가포르	0.5	1.0	1.4	1.2	0.7	0.6	0.5	1.0	2.7	2.9	2.7	3.6
태국	4.5	4.6	5.7	6.0	3.6	3.3	2.5	1.9	1.6	1.1	2.1	2.5
말레이시아	3.0	3.6	3.8	4.1	3.6	3.0	2.6	1.5	1.8	1.9	1.8	1.9
인도네시아	10.5	13.1	16.9	15.5	14.9	6.1	6.4	6.0	6.5	6.5	7.0	6.9
필리핀	7.7	6.3	7.3	6.9	6.1	4.8	2.9	2.4	2.5	2.4	2.7	2.7
인도	4.0	6.3	5.0	6.4	6.6	7.0	7.0	6.3	6.7	7.3	6.4	5.5

자료 : CEIC 및 각국 통계청

6. 중남미경제

6.1 경제성장

중남미경제는 2007년에 대체로 전년과 비슷한 성장세를 유지하였다.

(1) 브라질

브라질은 중앙은행의 대폭적인 기준금리 인하, 정부지출(government expenditure) 확대, 원자재 수출 호조 및 해외직접투자(FDI) 유입 증가 등으로 인해 2007년 상반기 중 4.9% 성장하는 등 전년보다 성장세가 확대되었다.[3)]

3) 브라질 중앙은행은 경기회복을 위해 기준금리를 2005년 9월 19.75%에서 2007년 9월 11.25%로 8.5%포인트 인하하였다.

(2) 멕시코

멕시코는 미국의 경기둔화 등의 영향으로 2007년 상반기 중 성장률이 2.7%로 하락하였으나 3분기에는 건설투자 및 대미 자동차 수출증가에 힘입어 3.7%로 성장세가 다소 회복되었다.

(3) 아르헨티나

아르헨티나는 정부지출 확대 및 민간소비 호조 등으로 2007년 상반기 중 8.4% 성장하는 등 전년에 이어 높은 성장세를 지속하였다.

(4) 베네수엘라

베네수엘라는 투자위축에 따른 생산능력 한계로 원유생산이 감소하면서 성장률이 전년의 10% 수준에서 8% 내외로 하락하였다.

(5) 칠레

칠레는 2007년 상반기까지는 구리 등 원자재 가격의 상승으로 성장세가 확대되었으나 3분기에는 천연가스(natural gas) 부족으로 인한 산업생산 위축으로 다소 둔화되었다.

〈표 1-20〉 중남미 국가의 경제성장률 추이

(단위 : 전년동기 대비, %)

	2005	2006					2007		
		연간	1분기	2분기	3분기	4분기	1분기	2분기	3분기
브 라 질	2.9	3.8	4.1	1.5	4.4	5.1	4.5	5.6	5.7
멕 시 코	2.8	4.8	5.5	4.9	4.5	4.3	2.6	2.8	3.7
아르헨티나	9.2	8.5	8.8	7.7	8.7	8.6	8.0	8.6	8.7
베네수엘라	10.3	10.3	10.3	9.4	10.2	11.4	8.6	7.8	8.7
칠 레	5.7	4.0	5.0	4.0	2.6	4.3	5.9	6.2	4.1

자료 : Bloomberg

6.2 수출

수출은 원유, 금속 등 원자재와 농산물 가격상승에 힘입어 대체로 높은 증가세를 유지하였다.

(1) 브라질

브라질은 원자재와 농산물을 중심으로 2007년 1~11월 중 전년동월 대비 16.6% 증가하는 등 전년에 이어 높은 증가세가 지속되었다.

(2) 멕시코

멕시코는 미국경제 둔화로 2007년 상반기 중에는 증가율이 4% 내외로 둔화되었으나 3분기에는 11.1%로 확대되었다.

(3) 아르헨티나

아르헨티나는 소맥, 대두 등 농산물을 중심으로 2007년 1~10월 중 17.6%의 높은 증가세를 보였다.

(4) 베네수엘라

베네수엘라는 원유 수출이 감소함에 따라 2006년 4분기 이후 3분기 연속 감소하였다.

(5) 칠레

칠레는 주요 수출품인 구리가격 급등으로 2007년 상반기 중 20% 내외 증가하였으나 3분기에는 페소(Peso)화 강세로 일부 산업의 가격경쟁력이 약화되면서 6.1%로 둔화되었다.

〈표 1-21〉 중남미 국가의 수출증가율 추이

(단위 : 전년동기 대비, %)

	2005	2006		2007					
		연간	4분기	1분기	2분기	3분기	9월	10월	11월
브라질	22.7	16.3	16.4	15.4	24.1	8.7	12.6	24.3	18.1
멕시코	14.0	16.7	8.4	2.4	6.0	11.1	12.7	12.7	..
아르헨티나	16.1	15.8	23.2	12.5	14.7	19.7	19.0	31.8	..
베네수엘라	39.8	17.9	-3.3	-11.4	-7.8	..	-	-	-
칠레	25.9	43.2	24.1	21.5	18.4	6.1	3.7	38.3	..

자료 : Bloomberg

6.3 물가

(1) 브라질

브라질은 헤알(Real)화 강세로 수입물가가 안정되면서 소비자물가 상승률이 3% 수준을 보였으나 2007년 9월 이후 식료품, 에너지, 의류 가격 등을 중심으로 상승률이 4%대로 제고되었다.

(2) 멕시코

멕시코는 농산물가격 상승 등의 영향으로 소비자물가 상승률이 중앙은행의 목표범위(2~4%) 상한인 4% 수준에서 등락하는 양상을 나타내었다.

(3) 아르헨티나

아르헨티나는 2007년에 소비자물가 상승률이 전년(10.9%)에 비해 하락하기는 하였으나 여전히 8%대의 높은 수준을 기록하였다.

(4) 베네수엘라

베네수엘라는 고성장에 따른 수요압력 증대 및 생산능력 제한 등으로 20% 내외의 높은 상승세를 기록하였다.

(5) 칠레

칠레는 성장 확대에 따른 수요압력 증대로 2007년 7월 이후 물가상승세가 확대되어 11월에는 전년동월 대비 7.4% 상승하였다.

〈표 1-22〉 중남미 국가의 소비자물가 상승률 추이

(단위 : 전년동기 대비, %)

	2005	2006		2007					
		연간	4분기	1분기	2분기	3분기	9월	10월	11월
브 라 질	6.9	4.2	3.1	3.0	3.3	3.1	4.2	4.1	..
멕 시 코	4.0	3.6	4.1	4.1	4.0	4.0	3.8	3.7	..
아르헨티나	9.6	10.9	10.1	9.5	8.8	8.6	8.6	8.4	8.5
베네수엘라	16.0	13.7	16.1	19.1	19.5	16.1	15.3	17.2	20.7
칠 레	3.1	3.4	2.2	2.7	2.9	4.8	5.8	6.5	7.4

자료 : Bloomberg

제 3 절 국제금융시장 동향

1. 주가

국제금융시장은 그동안 풍부한 유동성(liquidity)을 기반으로 고수익 추구를 위한 투자행태가 확산되면서 위험이 저평가되는 양상을 나타내었다. 그러나 2007년 7~8월 미 서브프라임 모기지 부실화로 금융시장 불안이 심화되면서 금융기관 대출기준이 강화되고 위험재평가(risk repricing)가 진행되었다. 이에 따라 2007년 하반기에는 주요 국가 주가가 큰 폭으로 등락하고 엔캐리 트레이드(yen-carry trade)의 청산 움직임으로 달러화 약세가 가속화되었으며 미 국채금리는 안전자산 선호 증대로 급속히 하락하였다.

1.1 미국

미국 주가는 서브프라임 모기지 부실 여파로 2007년 3월과 7~8월경 조정을 받기도 하였으나 견조한 기업수익, 연방준비제도이사회(FRB : Federal Reserve Board)의 유동성 공급 등 적극적인 시장안정 조치로 인해 10월까지 상승세를 유지하였다.[4] 그러나 2007년 11월 들어 서브프라임 모기지(subprime mortgage) 부실에 따른 금융기관의 손실확대, 경기둔화 우려가 재차 확대되며 반락해 상승폭이 축소되는 양상을 나타내고 있다. 2007년 11월말 기준 다우존스(DJIA) 및 나스닥(NASDAQ) 지수는 각각 전년말 대비 7%, 10% 상승하였다.

1.2 유로지역

유로지역 주가도 미 주가와 유사한 양상을 나타내며 전년말 대비 7% 상승하였다.

1.3 일본

일본 주가는 2007년 하반기 들어 국제금융시장 불안, 엔화 급등, 글로벌 경기감속 등으로 향후 일본경기 둔화 우려가 확산되며 전년말 대비 9% 하락하였다

2. 환율

미 달러화는 미 경상수지가 2007년 들어 다소 개선되고는 있으나 여전히 대규모 적자를 지속하고 있는 데다 경기전망 악화, FRB의 금리인하로의 정책기조 변경 등으로 약세기조를 지속하였다.[5] 2007년 11월말 기준 달러화는 유로화에 대해 전년말 대비 9.8% 평가절하된 1.46 달러/유로를 기록하고 있다. 2007년 상반기 중 강세를 보였던 엔화에 대해서는 하반기 들어 국제금융시장 불안에 따른 엔캐리 트레이드(yen-carry trade) 청산 움직임으로 급속히 약세로 전환되며 2007년 11월말 기준 전년말 대비 7.1% 평가절하된 110엔/달러 수준을 나타내고 있다. 한편, 위안(Yuan)화에 대해서는 중국의 고성장 및 대규모 경상수지 흑자(current account surplus) 지속, 5월 달러화에 대한 위안화 일일변동폭 확대(0.3% → 0.5%) 등으로 꾸준히 약세를 지속하며 11월말 기준 전년말 대비 5.3% 평가절하되었다.

3. 금리

미국 국채금리(10년만기)는 해외 중앙은행의 외화자산 투자다변화에 따른 미 국채투자 감

---

4) 다우존스 지수는 2007년 10월 9일 14,164.53(전년말 대비 +13.7%)으로 사상 최고치를 경신하였다 나스닥 지수도 2007년 10월 31일 2,859.12(전년말 대비 +18.4%)로 2001년 1월 이후 최고치를 기록하였다.

5) 미 FRB는 서브프라임 모기지 부실로 신용경색 심화, 경기둔화 우려가 확대되자 2007년 9월 5.25%에서 4.75%로 50bp 인하한 데 이어 10월에 다시 4.5%로 25bp 인하하였다.

소 우려 등으로 2007년 6월 5.29%까지 상승하기도 하였으나 하반기 들어 경기둔화 우려, 금융시장 불안 등으로 안전자산 선호(flight to quality)가 강화되며 11월말 3.94%까지 급속히 하락하였다. 특히, 2007년 하반기에는 자산담보부 기업어음(ABCP) 시장 위축 등 신용경색으로 투자기관들이 유동성을 확보하기 위해 장기물보다는 단기물 매입을 확대하면서 단기국채 금리가 더욱 급속히 하락하였다. 이에 따라 장단기 금리격차가 크게 확대되는 양상을 나타내었다.

4. 신용스프레드

2007년 상반기 대체로 안정적인 움직임을 보이던 회사채 신용스프레드는 하반기 들어 모기지 관련 손실 확대, 경기둔화에 따른 기업들의 도산위험 증가 등으로 금융기관들의 대출심사가 강화되며 투기등급 회사채를 중심으로 크게 확대되었다. Aaa급 및 Baa급 회사채 스프레드가 2007년 11월말 기준 전년말에 비해 각각 60bp와 76bp 확대되었다. 정크본드 스프레드(junk bond spread)도 266bp 확대된 것으로 나타났다.

제 4 절 국제원자재시장 동향

1. 국제유가

국제유가는 2006년 하반기 중 레바논 정전에 따른 지정학적 위험(geopolitical risk) 완화, 북반구의 온화한 겨울날씨 등으로 하향안정되는 모습을 보였다. 그러나 2007년 1월 중순 이후에는 다시 반등하며 11월까지 큰 폭의 상승세를 이어갔다. 8월에는 미 서브프라임 모기지 부실문제가 부각되며 일시 하락하기도 하였으나 각국 중앙은행의 유동성 지원 및 금리인하 등으로 금융시장 불안심리가 완화되며 11월 하순에는 WTI 및 Brent유가 배럴당 100달러에 근접하는 사상최고 수준으로 상승하였다. 이 같이 2007년 중 유가 강세가 지속된 것은 신규 프로젝트 지연 및 유전개발비용 상승 등으로 공급확대가 양호하지 않은 가운데 주로 중국, 인도, 중동지역 등 신흥시장국(emerging market)의 원유수요가 높은 신장세를 보인 데 기인하였다. 이 밖에 석유수출국기구(OPEC)의 2차례 감산과 이로 인한 원유재고 감소, 미 달러화 약세에 따른 투기자금 유입, 이란 핵문제 및 터키-쿠르드 반군간 무력충돌 등 지정학적 위험 부각,

석유 정제시설의 연이은 가동차질 등도 유가강세를 지지하는 요인으로 작용하였다.

2007년 11월 하순 사상최고치를 기록한 유가는 이후 OPEC의 증산(11월부터 50만 b/d)효과 본격화 등으로 다소 안정되는 양상을 보였으나 여전히 배럴당 90달러 내외의 높은 수준을 유지하였다. 2007년 11월말 기준 Brent 유가는 전년말 대비 47.4% 상승한 배럴당 88.6달러, Dubai 유가는 47.9% 상승한 배럴당 83.9달러를 기록하였다. 다만 2007년 1~11월 평균으로는 Brent 및 Dubai 유가가 모두 각각 전년동기 대비 8.3% 상승하는 데 그쳐 상대적으로 상승폭이 작았다.

2. 기타원자재 가격

기타원자재 가격(IMF 비연료원자재 가격)은 세계경제의 높은 성장세를 기반으로 2007년 1~11월 중 전년동기 대비 16.8% 상승하며 2003년 이후 4년 연속 두 자릿수의 높은 상승세를 이어갔다. 특히, 2007년에는 곡물가격이 큰 폭의 상승세를 보이며 원자재 가격 강세를 주도하였다. 이는 주산지 기상여건 악화로 인한 공급차질, 고유가에 따른 바이오디젤 등 대체연료 수요 급증, 중국 등 신흥시장국의 산업화(industrialization)에 따른 수요증대 등으로 수급불균형이 심화된 데 주로 기인하였다. 금속광물 가격 역시 상승세를 이어갔으나 2007년 하반기 들어서는 재고증가, 경기둔화 우려 등으로 그간의 급등세가 다소 진정되는 양상을 나타내었다.

2.1 금속광물 가격

금속광물 가격을 품목별로 보면 동 가격은 2007년 상반기 중 대폭 상승한 후 등락을 거듭하고 있으나 아직까지 대체로 강세를 유지하고 있다.

(1) 구리

구리 가격의 강세는 중국의 수요가 견실한 가운데 남미지역 주요 광산의 노사분규가 이어지면서 주로 공급불안 우려가 지속된 데 기인하였다.

(2) 니켈

2007년 5월까지 급등세를 보였던 니켈 가격은 이후 대폭 조정되었다. 이는 스테인리스강 업체들의 대체재 사용 증대, 런던금속거래소(LME)의 과점매수 규제 강화 등에 기인하였다.

(3) 알루미늄 · 아연

알루미늄과 아연 가격은 북미지역의 주택건설 및 자동차생산 둔화 등으로 2007년 하반기 중에는 전년 평균가격을 다소 하회하였다.

2.2 곡물 가격

곡물 가격은 2007년 들어 소맥과 대두를 중심으로 큰 폭의 상승세가 이어졌다.

(1) 소맥

소맥 가격은 호주와 동유럽의 가뭄 등 주요 수출국가의 기상여건 악화, 우크라이나와 러시아 등 일부 국가의 수출제한, 투기자금의 매수세 확대 등으로 2007년 4월 이후 급등세를 보인 후 10~11월 중에는 다소 안정되는 양상을 나타내었으나 여전히 높은 수준을 지속하고 있다.

(2) 대두

대두 가격은 바이오디젤 생산을 위한 수요증대와 미국의 재배면적 감소, 중국의 가뭄피해로 인한 수입수요 증대 등으로 대폭 상승하였다.

(3) 옥수수

2006년 하반기 급등했던 옥수수 가격은 에탄올 부문의 수요호조 등으로 2007년에도 높은 수준을 유지하였으나 미국 재배면적의 대폭 증가 등으로 추가적인 상승은 제약되었다.

2
chapter

세계경제의 전망

제 1 절 개 관

1. 글로벌 금융시장의 불안정(instability of global financial market)이 점차 실물경제로 파급되고 물가상승도 가시화되는 등 세계경제환경(global economic environment)은 악화되고 있음

1.1 미국 등 주요 국가의 증시는 경기침체(recession) 우려, 서브프라임 모기지(subprime mortgage) 부실에 따른 금융기관의 손실 확대 등으로 동반 하락하고 있음

국제유가와 기타원자재 가격이 급상승하며 세계 물가는 2007년 3.9%에서 2008년 4%대 초반으로 상승할 것으로 예상된다.

1.2 세계경제는 신흥개도국 경제의 호조에도 불구하고 미국경제의 둔화 영향으로 성장세가 약화될 것으로 보임[1)]

1) 스트라우스 칸 IMF 총재는 2008년 2월 13일 금융위기(financial crisis)가 실물경제로 확산되면서 세계경제가 전체적으로 어려운 국면에 진입하고 있음을 언급한 바 있다(삼성경제연구소, SERI Economic Outlook, 2008년 세계 및 국내경제 전망, 2008. 2. 요약 · 재구성).

2. 세계경제는 2008년에 성장률 하락이 예상되나 과거 경기침체기 수준보다는 양호할 것으로 보임

2.1 미국경제의 부진에도 불구하고 중국 및 자원수출국을 중심으로 신흥개도국 경제는 성장세를 유지하여 세계경제성장률은 크게 둔화되지 않을 것으로 예상됨

세계경제는 2000년대 초반(1.7% 성장)보다 높은 3%대 성장(시장환율 기준)이 가능할 것으로 기대된다.

〈표 2-1〉 미국 불황기의 세계경제성장률 비교

		1980~1982	1990~1993	2001~2002
GDP성장	세계	1.5	1.6	1.7
	미국	0.1	1.9	1.2
소비자물가	세계	15.1	29.7	3.7
	미국	10.0	3.9	2.2

자료 : IMF, World Economic Outlook DB, 2008.

2.2 선진국 경제는 금융위기(financial crisis)의 영향으로 1.8% 성장에 그칠 것으로 보임

견고한 성장세가 예상되는 자원수출국을 중심으로 신흥개도국 경제는 7.0% 내외의 성장을 시현할 것으로 보인다.

〈표 2-2〉 세계경제 전망

(단위 : %, 전년동기 대비)

		2006	2007	2008
세계경제	시장환율 기준	3.9	3.8	3.0
	PPP 기준	5.0	4.9	4.1
선진국	전체	3.0	2.6	1.8
	미국	2.9	2.2	1.4
	유로지역	2.8	2.6	1.6
	일본	2.2	2.1	1.6
	기타	3.7	3.8	2.8
신흥개도국	전체	7.7	7.8	6.9
	아프리카	5.8	6.0	7.0
	동유럽	6.4	5.5	4.6
	CIS	8.1	8.2	7.0
	아시아	9.6	9.6	8.6
	중국	11.1	11.4	10.0
	중동	5.8	6.0	5.9

제 2 절 주요 국가(지역)별 전망

1. 미국

1.1 미국 경기의 하방 위험성(downside risk)이 증가하고 있음

(1) 서브프라임 모기지 부실 이후 금융시장 불안이 미국 실물경제에 본격적으로 반영되고 있음

2006년 4분기 국내총생산(GDP) 성장률이 전기 대비 4.3%포인트나 하락한 0.6%를 기록하여 지난 3년 간의 경기호황세가 종료되었다.

(2) 추가적인 주택 모기지 부실 가능성과 실물경제 둔화로 불황 국면에 진입하고 있음

모기지시장 부실이 서브프라임에 이어 우량 모기지시장 부실로 전이될 가능성과 더불어 금융채권 보증업체(monoline)의 부실 가능성도 제기되고 있다. 세계적인 투자은행인 모건스탠리(Morgan Stanley)는 2008년 주택건설 착공이 1959년 이후 최저 수준인 100만 가구 미만이

될 것으로 전망하고 있다.

(3) 미국 월가(Wall Street)의 주요 금융기관들의 신용경색(credit crunch) 가능성도 잠재해 있음

비우량 모기지 투자부실에 따라 씨티그룹(Citigroup), BOA(Bank of America), 골드만삭스(Goldman Sachs) 등 월가 주요 투자은행의 실적 급감 속에 2007년 4분기에 400억 달러에 이르는 대손상각을 처리하였다.

씨티그룹과 JP Morgan 등 미 주요 신용카드사의 연체율과 부실대출이 증가하면서 2007년 4분기 대손충당 처리 규모도 증대되었다.

1.2 본격적인 실물경제의 침체 가능성이 나타나고 있음

(1) 실업률 증가와 비제조업지수의 낙폭이 확대되고 있음

2003년 8월 이후 비농업부문 신규고용이 2008년 1월에 처음으로 1.7만명 감소하면서 실업률은 4.9%를 기록하는 등 노동시장이 악화되고 있다. ISM 비제조업지수는 2008년 1월 41.9로 2001년 9·11 테러사태 이후 최대 낙폭을 기록하였다.

(2) 주택시장 침체, 고유가와 달러화 약세, 신용경색 등에 의해 소비가 위축되고 있음

2007년 12월 중 기존 및 신규주택 판매량은 전년 대비 각각 -22.0%와 -40.7% 등 대폭 감소한 것으로 나타났다. 부동산 및 주식가격 하락 등 자산효과 감소로 인한 소득감소는 소비둔화에 악영향을 미치고 있다.

〈표 2-3〉 미국 주요 경제지표 추이

(단위 : %)

	2006	2007								2008
		연간	1분기	2분기	3분기	4분기	10월	11월	12월	1월
실질GDP	2.9	2.2	0.6	3.8	4.9	0.6	-	-	-	-
기존주택판매량 (가격)	-7.5 (2.9)	-12.9 (-2.5)	-6.4 (-1.7)	-10.7 (-1.3)	-13.8 (-1.7)	-20.9 (-5.1)	-20.6 (-5.5)	-20.0 (-4.0)	-22.0 (-6.0)	-
신규주택판매량 (가격)	-17.5 (3.8)	-26.7 (-0.2)	-23.1 (4.6)	-22.3 (-2.0)	-27.4 (2.1)	-33.9 (-5.4)	-25.0 (-8.3)	-35.8 (2.4)	-40.7 (-10.4)	-
실업률	4.6	4.6	4.5	4.5	4.7	4.8	4.8	4.7	5.0	4.9
소비자물가	2.6	2.8	2.4	2.7	2.4	4.0	3.5	4.3	4.1	-
ISM 비제조업지수	58.0	56.0	55.2	58.8	55.5	54.6	55.8	54.1	53.9	41.9

주 : 기존 및 신규주택 판매량 및 가격증가율은 전년동기 대비 증가율

자료 : BEA, BLS, US Census Brueau 등 DB

1.3 미국경제는 2008년 상반기 중 불황국면에 진입할 것으로 보임

(1) 주요 경제분석기관들은 미국 경제성장의 전망치를 하향 조정하였음

Global Insight는 전기 대비 연율로 2008년 1분기 -0.4%, 2분기 -0.6%로 2분기 연속 GDP 감소를 예상하고 있다. 모건스탠리(Morgan Stanley)도 2008년 4분기에 다시 마이너스 성장을 하는 '더블 딥(double dip)'을 경고하고 있다.

(2) 경기침체(recession)의 정도는 과거 불황기에 비해 약할 것으로 판단됨[2)]

실질GDP(real Gross Domestic Product)와 더불어 개인 실질소득, 고용, 산업생산, 도소매 판매의 4개 지표는 과거 불황 진입기와 비교할 때 하락 정도가 완만한 편이다. ISM 제조업지수는 2007년 12월에 47.7%로 6개월 연속 하락했으나 경기후퇴수준인 44%를 상회하였으며 2008년 1월에는 다시 50.7%로 상승하였다. 소매판매액은 2007년 12월에 감소했으나 2008년 1월 소매판매는 전체 판매의 30%를 차지하는 자동차와 주유소 휘발유의 판매증가로 전월 대비 0.3% 상승한 것으로 나타났다.

2) NBER은 경기침체를 경제전반에 걸쳐 상당한 정도의 경제활동 감소세가 수개월 이상 지속되는 것으로 정의하고 있다. 4개 지표(① 실질GDP와 더불어 개인 실질소득, ② 고용, ③ 산업생산, ④ 도소매 판매)의 급속한 감소를 의미한다.

1.4 불황국면을 극복하기 위해서는 주택경기가 안정되어야 함

(1) 비우량 주택모기지 부실화가 우량 및 일반채권시장 등으로 확대될 경우 '금융시스템 리스크'로까지 확산될 가능성이 있음

스탠더드 앤드 푸어스(Standard & Poor's)는 2008년 1월 31일 8,000개 이상의 모기지 관련 채권의 신용등급을 하향조정하는 조치를 단행한 바 있다. 피치(Fitch Ratings)도 1,390억 달러의 서브프라임 모기지 유동화 채권의 등급을 강등할 계획으로 있다.

(2) 미 정부는 모기지 차압과 관련하연 추가 대책을 마련하고 있음

미 정부와 6개 대형 모기지 은행들은 주택차압을 30일간 일시적으로 중지하는 구제방안을 제시하였다. 구제대상은 90일 이상 연체자 중 서브프라임, Atl-A 및 우량 모기지 대출자까지 포함하고 있다.

1.5 부진이 지속되고 있는 주택시장에서 긍정적 지표도 나타나고 있음

(1) 모기지 신청지수와 리파이낸싱(refinancing) 지수가 상승하고 있음

전미모기지협회에 따르면 모기지 신청지수가 2007년 12월 28일의 533.9포인트를 저점으로 4주 연속 증가하고 있는 것으로 나타났다. 주택구입여력지수가 2007년 6월을 저점으로 상승하여 12월 122포인트로 주택경기 상승세가 시작된 2005년 120포인트 수준까지 상승하였다.

(2) 장단기 금리가 정상화되는 등 경기상승 국면으로의 전환 기대감이 반영되고 있음

미 연방준비제도이사회(FRB)의 금리정책이 실물경기 회복에 역점을 두면서 추가 금리인하 가능성이 존재하고 있다. 2006년 하반기 이후 역전되었던 장단기 금리차가 2007년 하반기 이후의 금리인하로 2008년 1월말 이후 정상화되고 있다.

1.6 미국경제는 2008년 하반기에 소폭 회복될 것으로 보임

(1) 미국경제는 공격적인 경기부양정책과 금리인하정책을 통해 2008년 하반기 중 경기회복이 예상되고 있음

Global Insight에 따르면 미 정부의 경기부양책과 FRB의 금리인하정책은 미국의 실질GDP를 0.5%포인트 상승시키는 효과가 있을 것으로 추정하고 있다. 1,600억 달러에 이르는 세금환급이 상하원을 통과함에 따라 2008년 5월 이후 본격적인 세금환급이 진행될 것으로 기대된다.

(2) 미국 경제성장률은 2008년에 1.4%로 2007년의 2.2%에 비해 0.8%포인트 하락할 것으로 보임

2008년 상반기 평균 0.5%의 낮은 성장세를 기록한 후 하반기에는 평균 2.2%로 회복이 예상되고 있다. 연간 성장률 1.4%는 불황기인 2001년의 0.8%에 비해 높은 수준으로 평가할 수 있다.

〈표 2-4〉 주요 투자금융기관들의 미국경제 성장 전망치

	2007				2008	2009
	1분기	2분	3분기	4분기		
BOA	-0.1	0.0	1.5	3.3	1.4	3.1
JP Morgan	0.0	2.0	3.0	3.0	2.2	2.0
LB	0.5	0.8	1.5	1.8	1.6	1.9
Merrill Lynch	-0.5	-0.5	-0.1	0.1	0.8	1.0
Citigroup	-0.1	0.9	1.3	1.9	1.5	2.3
UBS	-1.0	-1.5	1.5	2.8	0.8	2.6
SERI	0.5	0.6	1.8	2.5	1.4	2.0
평균	-0.1	0.3	1.5	2.2	1.4	2.2

주 : BOA(Bank of America), LB(Lehman Brothers)
자료 : 국제금융센터 DB

2. 유럽연합

2.1 유럽연합(EU : European Union) 경제는 2007년에 2.9% 성장(유로지역 경제는 2.6%)

했으나 4분기부터 성장세 둔화가 본격화되고 있음

(1) 유로지역(Euroland) 경제는 2007년 3분기에 민간소비 등 내수 호조로 전기 대비 0.8% 성장했으나 4분기에는 제조업 및 서비스산업의 저조로 0.4% 성장에 그쳤음

2007년 12월 중 제조업 및 서비스산업의 구매관리자지수(PMI)는 2005년 8월 이래 최저수준을 기록하였다.

(2) 개인소비는 2007년 4분기에 노동시장의 개선에도 불구하고 물가상승과 금융불안 등으로 인한 소비심리의 악화로 증가세가 둔화되었음

노동시장의 호조세가 지속되어 2007년 11월 유로지역 실업률은 7.2%를 기록하였다. 2007년 12월 중 소비자물가는 에너지 및 식품가격의 상승으로 14년 만에 최고수준인 3.1%를 기록하였다.

(3) 금리인상과 신용경색의 영향으로 은행간 금리수준이 상승한 가운데 유로화 강세와 미경기둔화 등이 악재로 작용하였음

해외수요가 둔화되는 가운데 유로화 강세는 그간 주요 성장동력이었던 수출증가를 제한하여 경기둔화를 초래하였다.

(4) 독일, 프랑스, 이탈리아의 경제성장률은 2007년 4분기 중 대폭 하락하였음

① 독일

독일경제는 수출과 설비투자의 호조에도 불구하고 민간소비 부진으로 2007년 3분기 0.7% 성장에서 0.3% 성장으로 하락하였다.

② 프랑스

프랑스경제는 2007년 3분기 0.8%에서 4분기 0.3%로 성장률이 둔화되었다.

③ 이탈리아

이탈리아경제는 경기침체(recession) 상태가 지속되어 -0.3% 성장한 것으로 나타났다.

④ 영국

영국경제는 전기 대비 0.6%(전년동기 대비 2.9%)로 성장률이 소폭 하락하였다.

2.2 EU경제는 2008년에는 2007년보다 낮은 2%대 초반의 성장이 전망되고 있음(유로지역 경제는 1.6% 성장)

(1) 유로화 강세와 고금리, 금융시장 불안 등의 영향으로 유로지역 경제는 2008년 1분기에 경기감속이 심화될 가능성이 있음

(2) 주택경기 침체가 소비심리에 영향을 미칠 것으로 보이나 물가 안정과 노동시장 개선에 힘입어 민간소비가 견고한 증가세를 시현할 것으로 예상됨

독일은 2007년 부진에 따른 기술적 반등과 노동시장 개선에 따른 고용증가가 민간소비를 견인할 것으로 보인다.

(3) 수출은 세계경기의 둔화, 유로화 강세 지속 등으로 2007년보다 증가율이 하락할 것으로 보임

수입증가율은 내수 확대와 유로화 강세로 인해 수출증가율을 상회할 것으로 예상된다.

2.3 은행부실이 확대될 경우 유로지역 경제의 부진이 심화될 가능성이 있음

모기지 채권뿐만 아니라 다양한 부문의 대출이 부실화될 우려가 있어 은행의 수익성(profitability)이 더욱 악화될 가능성이 상존하고 있다. 현재의 신용경색(credit crunch) 사태가 완화되고 구조조정 등에서 일부 가시적인 성과를 거두더라도 유럽 은행산업의 본격적인 회복은 향후 수년간 용이하지 않을 것으로 예상된다.

〈표 2-5〉 EU의 경제성장 전망

(단위 : 전년동기 대비, %)

	2006	2007	2008
민간소비	2.2	2.3	2.4
정부지출	2.0	2.0	2.0
총투자	5.9	5.6	3.5
수출	8.7	6.3	5.8
수입	8.7	6.3	6.1
GDP	3.0	2.9	2.4

자료 : IMF, Deutsche Bank, Dresdner Bank

2.4 EU 주요 국가의 성장률은 2007년보다 1%포인트 정도 하락할 것으로 보임

(1) 독일

독일은 세계경기 부진과 유로화 강세에 따른 수출증가세 둔화로 성장률이 1% 후반으로 하락할 것으로 예상된다. 경제성장의 견인차 역할을 해왔던 순수출(net export)과 설비투자의 증가세가 둔화되고 있다. 반면 2007년 VAT 세율 인상으로 부진했던 민간소비가 노동시장의 개선에 힘입어 경제성장을 지탱할 것으로 예상된다.

(2) 영국

영국경제는 내수 부진으로 2007년 3.1%에서 2008년 1.8%로 성장률이 대폭 하락할 것으로 보인다. 미국의 서브프라임 모기지 부실에 따른 신용경색의 영향으로 주택경기 침체가 본격화되고 있으며 민간소비(3.1%→1.9%), 고정투자(6.1%→2.5%) 등 내수증가율도 3.6%에서 2%로 크게 둔화될 것으로 보인다. 특히, 모기지 대출이 변동금리 중심으로 이루어져 가계의 채무부담이 크기 때문에 금리정책의 향방이 향후 경기회복의 관건이 될 것으로 예상된다.

(3) 스페인 · 아일랜드

주택경기 부진이 큰 스페인, 아일랜드도 성장률 하락폭이 클 것으로 예상된다. 신용경색, 금리상승에 따른 주택금융의 차질로 연체율 증가와 주택가격 하락 등이 발생하고 있다. 모기지 대출에 의존해 주택을 구입한 가계들은 금리상승으로 채무부담이 제고되어 가계소비(household consumption)가 둔화되고 있다.

2.5 동유럽 경제는 2008년에 5~6% 성장이 기대됨

(1) 유로지역의 성장세 둔화로 수출경기가 다소 위축될 것으로 예상되나 견고한 내수증가가

경제성장을 견인할 것으로 보임

(2) 유로지역 경제가 악화될 경우 동유럽 경제는 침체가 발생할 것으로 보임

동유럽 국가들의 유로지역 수출이 국내총생산(GDP)의 40%에 이를 정도로 유로지역에의 의존도가 큰 편이다. 유로지역 경제의 성장률이 1.5% 이하로 하락할 경우 헝가리 등 동유럽 국가는 침체 국면에 진입할 가능성이 존재하고 있다.

(3) 대규모 경상수지 적자(current account deficit)를 외화차입에 의존하는 일부 국가는 글로벌 금융시장 불안정(instability of global financial market)에 따른 리스크에 노출되어 있음

라트비아 등 발틱 3개국과 발칸지역 국가들은 심각한 경상수지 적자(current account deficit)를 기록하고 있다.

3. 일본

3.1 일본경제는 대내외적 악조건에도 불구하고 수출호조에 힘입어 2007년에도 2%대의 성장세를 유지하였음

(1) 대미 수출부진에도 불구하고 아시아 신흥시장(emerging market), 자원국 등을 중심으로 한 수출이 호조를 보이면서 일본경제의 성장을 견인하였음

※ 대미수출은 전년 대비 0.2% 감소하였으나 중국(18.9%), 베트남(38.2%), 인도(38.6%)를 중심으로 한 아시아 신흥국과 러시아(38.2%), 브라질(32.5%) 등의 자원국 수출호조로 인해 일본의 수출은 2006년(14.6%)에 이어 2007년(11.5%)에도 두 자리 수의 성장세를 시현하였음

(2) 소비가 완만한 회복세를 보인 가운데 투자는 2007년 6월 건축규제가 강화되면서 전반적으로 부진하였음

2007년 주택건설(투자착공호수 기준)은 전년에 비해 17.8%나 감소하였으며 설비투자도 2007년 2분기 이후 위축되었으나 지속적인 수출확대에 힘입어 4분기부터 부분적으로 회복되었다.

3.2 수출은 2008년에도 전반적으로는 호조세가 유지할 것으로 보이나 세계경기의 둔화 등 대외여건의 악화로 인해 증가세가 둔화될 것으로 보임

(1) 미국의 경기감속이 유럽, 아시아 등 세계로 파급되지 않는 한 미국을 중심으로 한 북미지역 수출부진을 아시아 신흥국, 자원국 등에 대한 수출호조로 만회하는 구조가 그대로 유지될 것으로 보임

(2) 세계경기의 둔화에 따른 수입수요 둔화, 세계금융시장의 불안에 따른 엔캐리 트레이드(yen-carry trade) 청산 가속과 그에 따른 엔고 등이 일본의 수출증가세를 둔화시키는 요인으로 작용할 것으로 예상됨

3.3 투자는 수출증가세 지속에다 2007년 부진에 따른 기술적인 반등 등으로 인해 2008년 하반기로 갈수록 회복세를 나타낼 것으로 보임

(1) 설비투자는 수출확대에 힘입어 완만한 회복세를 나타낼 것으로 보임

과거 수출-설비투자 관계 추이를 볼 때 설비투자의 증가여력은 충분한 것으로 판단된다. 그러나 기업의 투자심리를 나타내는 업황지수(DI)를 보면 전반적으로는 호조이나 그 강도는 점차 약화되고 있어 2008년 중에는 설비투자가 대폭 개선되기는 어려운 상황으로 예상된다.

(2) 주택투자는 2007년의 대폭 감소세에 따른 기술적 반등으로 인해 두 자리 수의 증가를 보일 것으로 예상됨

분기별로는 2008년 2분기부터 증가세로 반전되기 시작하여 3분기부터는 두 자리 수의 증가를 시현할 것으로 보인다.

3.4 소비여건 악화로 개인소비의 회복이 지체될 것으로 보임

(1) 액정 TV, 차세대 광디스크 녹화기, 건강관리게임 등에 대한 소비확대로 인해 2007년 2월 이후 가계소비지출은 완만한 증가세가 지속되고 있음

(2) 고용환경 개선, 단카이 세대(團塊世代, 일본 베이비 붐 세대)의 퇴직금 유입 확대 등에도 불구하고 전반적인 소득환경의 악화로 인해 소비의 신속한 회복은 어려울 것으로 전망됨

기업이익이 5년 연속 최고치를 경신하고 있음에도 불구하고 근로자에게 지급되는 현금 급여총액은 오히려 감소하고 있다. 유류가격 상승에 따른 구매력(purchasing power) 감소 효과, 주가하락에 따른 역(逆)자산 효과도 소비회복을 어렵게 만드는 요인이 되고 있다.

3.5 일본의 경제성장률은 2008년에 1% 중반대로 하락할 것으로 보임

2008년 1분기를 저점으로 점차 회복되는 상저하고(上低下高)의 형태가 나타날 것으로 예상된다.

〈표 2-6〉 일본의 경제성장률

(단위 : 전년동기 대비, %)

	2006	2007	2008		
			상반기	하반기	연간
실질GDP	2.2	2.1	1.5	1.8	1.6
소비자물가 상승률	1.0	0.0	0.5	0.1	0.3

주 : 2007년과 2008년 수치는 전망치, 소비자물가는 신선식품을 제외한 종합 CPI
자료 : 내각부, 총무성

3.6 소비자물가 상승률은 0.3% 내외로 예상됨

(1) 2007년 10월 이후 일본의 소비자물가 상승률은 플러스 기조가 정착되고 있음

2007년 12월 소비자물가(신선식품 제외) 상승률은 0.8%로 1998년 4월 이후 최고치를 경신

하였다.

(2) 국제유가 및 원자재를 제외한 물가상승 압력은 거의 없기 때문에 소비자물가 상승률은 소폭에 그칠 것으로 보임

최근 소비자물가 상승은 주로 국제유가 및 원자재 가격상승에 기인하고 있다.[3] 2008년 2분기 이후 이들의 가격상승 효과가 감소하기 시작하면서 물가상승률도 0~0.3% 수준으로 수렴해 갈 것으로 예상된다.

※ 기업물가지수를 보면 원재료 가격은 급속히 상승하고 있는데 반해 최종제품의 가격상승률은 거의 0% 수준을 유지하고 있음. 이는 기업이 원재료 가격상승분을 최종제품 가격인상으로 전가하기 어려운 구조를 반영하는 것으로 볼 수 있음

3.7 서브프라임 문제의 악영향이 세계경제 전반으로 확산됨에 따라 2008년 중에는 일본중앙은행(BOJ)이 정책금리 인상을 단행하기 어려울 것으로 보임

※ 당초 서브프라임 문제가 각국 정책당국의 신속한 대응으로 인해 조기에 수습될 것이란 가정 하에 2008년 1분기 중 정책금리 인상 가능성을 제기한 바 있음

(1) 국제금융시장의 불안이 지속되고 있고 세계경기의 감속 가능성이 표면화되고 있는 데다 금리인하, 유동성 공급확대 대책 등을 잇달아 발표하고 있는 각국 중앙은행과의 정책공조가 불가피할 것으로 보임

(2) 일본중앙은행이 금리인하를 단행할 가능성은 작은 편임

이는 일본경기가 급랭할 가능성이 작고 금리의 절대수준도 낮아 금리인하의 효과도 의문시되고 있기 때문이다.

3) 국제유가의 상승으로 휘발유, 등유 등 석유제품의 가격이 2007년 11월 9.3% 상승한 데 이어 12월에는 15.1% 상승(전년동월 대비)하고 육류, 우유, 계란 등 농축산물 가격상승으로 마요네즈, 식빵 등 식품가격도 11월 0.3%, 12월 0.7% 상승하였다.

4. 중국

4.1 중국경제는 2007년에 투자, 소비, 수출의 동반 호조로 2006년에 이어 11%대의 고도성장을 기록하였음

(1) 경제성장률은 2007년에 11.4%로 1994년(11.8%) 이래 가장 높은 성장세를 시현하였음

2007년 1분기 11.1%에서 2분기 11.9%로 급등했으나 3분기 11.5%, 4분기 11.2%로 성장세가 다소 진정되는 양상을 나타내었다.

(2) 투자에 비해 상대적으로 성장에 대한 기여도가 낮았던 소비가 1996년(19.4%) 이후 최고치인 16.8% 증가하면서 경제성장을 견인하였음

소비의 경제성장 기여율은 38.6%로 투자(37.7%)와 함께 성장의 견인차 역할을 담당하였다.

(3) 중국경제의 주요 성장동력인 투자와 수출도 호조세를 지속하였음

① 고정자산 투자

고정자산 투자증가율은 24.8%로 최근 4년간 20%대 증가세를 지속하였다.

② 수출

수출은 1조 2,280억 달러로 전년 대비 25.7% 증가한 반면, 수입은 9,558억 달러로 20.8% 증가하는 데 그치면서 무역흑자(trade surplus) 규모가 2,622억 달러로 사상 최대치를 기록하였다.

③ 외환보유고

외환보유고(foreign exchange reserves)는 1조 5,300억 달러로 전년 대비 43.5% 증가하였다

4.2 중국경제는 2007년에 급격한 물가상승으로 '고성장-고물가'형 경기과열 가능성이 증대되고 있음

(1) 소비자물가 상승률이 4.8%를 기록하였으며, 특히 2007년 10월 6.5%, 11월 6.9%, 12월 6.9% 등 하반기 이후 급등하였음

4.3 중국경제의 성장세는 2008년에는 다소 둔화될 가능성이 있음

(1) 세계경제의 불확실성(global economic uncertainty) 확대, 폭설 재해 등으로 2008년 1분기에 성장세 둔화, 물가급등 등은 피하기 어려울 것으로 보임

2008년 1분기 소비자물가 상승률은 7%를 상회하고 수출증가세도 10%대로 둔화될 가능성이 있다.

(2) 정부의 생필품 가격에 대한 적극적인 개입, 올림픽 특수 등으로 2008년 2분기 이후 경제가 호전될 가능성이 있음

폭설로 인한 물가급등세는 한시적인 것으로 2008년 2분기 이후 진정될 것으로 보인다.

※ 중국 국무원은 2008년 1월 9일 가스, 휘발유, 전기료 등 공공요금 동결조치를 지방정부에 통보했으며 1월 16일에는 국가발전개혁위원회가 6대 생필품 가격(곡물, 식용유, 돼지고기, 낙농제품, 달걀, LPG)에 대한 한시적 개입을 발표한 바 있음

(3) 경제성장률은 2008년에는 2007년에 비해 다소 하락할 것으로 보이나 10%대 초반으로 여전히 두 자릿수 성장세를 유지할 것으로 예상됨

중국 사회과학원은 2008년 경제성장률 전망치를 기존 10.8%에서 10.2%로 하향조정하였다.

4.4 국내외 불확실 요인으로 인해 중국정부의 경제운용은 용이하지 않은 편임

(1) 세계경기 하락세, 폭설 재해, 물가급등, 에너지난 등 국내외 불확실성이 증대되고 있음

원자바오(溫家寶) 총리는 2008년 1월 28일 언론 인터뷰에서 2008년은 중국경제에 가장 어려운 한해가 될 수도 있음을 지적하였다.

(2) 세계경기 하락세를 고려하면 긴축정책을 지속하기 어려운 실정임

인플레이션을 억제하기 위해 긴축기조를 강화할 경우 국내 소비와 수출 모두 타격을 입어 경제가 경착륙(hard landing)할 가능성이 증대된다.

(3) 환경오염(environmental pollution), 에너지원 고갈, 양극화 확산 등도 중국경제의 위협 요인이 되고 있음

특히, 폭설 재해가 환경오염에 기인하기 때문에 환경규제(environmental regulation)는 더욱 강화될 것으로 예상된다. 이는 기업경영에 악영향을 미칠 것으로 보인다.

4.5 중국경제가 2008년에 경착륙 등 위기국면에 직면할 가능성은 크지 않은 것으로 판단됨

(1) 중국정부는 사태의 심각성을 충분히 인식하고 있어서 탄력적인 정책추진으로 경기의 연착륙(soft landing)을 유도할 것으로 보임

(2) 대규모 외환보유고, 중국의 국제적 위상 제고, 올림픽 특수 등도 경착륙 가능성을 작게 하는 요인이 되고 있음

막대한 외환보유고는 경제위기(economic crisis) 발생에 대한 중국의 대처능력과 국제공조 가능성을 크게 제고시키고 있다.

(3) 중국경제는 2007년보다는 낮으나 2008년에도 10%대 초반의 성장을 시현할 것으로 보임

제 3 절 국제금융시장

1. 선진증시와 신흥증시 모두 주가 변동성이 지속적으로 확대되며 글로벌 금융시장의 불안정이 증대되고 있음

1.1 국제금융시장은 2007년 이후 서브프라임 모기지 부실사태로 인한 4차례의 충격을 경험했으며 불안 주기가 점차 단축되고 있는 실정임

〈표 2-7〉 서브프라임 모기지 충격과 글로벌 금융 불안

충격	기간	불안 원인
1차	2007년 2~3월	서브프라임 모기지 연체율 증가로 인한 모기지 대출 회사 부실
2차	2007년 8월	모기지 관련 채권인 MBS와 CDO의 가치 하락으로 인한 금융손실
3차	2007년 11월	SIV(Structured Investment Vehicles)의 유동성 위기
4차	2008년 1월	대형 채권보증회사의 신용등급 강등 조치 우려

1.2 국제금융시장의 변동성은 서브프라임 모기지 충격 발생 시마다 대폭 증가하였음[4)]

(1) 선진국지수

선진국지수의 경우 4차 충격(2008년 1월)시 가장 높은 변동성을 보임으로써 서브프라임 모기지 사태로 인한 불안감이 오히려 확대되었다.

(2) 신흥시장지수

신흥시장지수의 경우 2차(2007년 8월)와 4차(2008년 1월) 충격시 가장 큰 폭으로 확대되었다.

2. 서브프라임 충격 발생시 선진증시에 비해 신흥시장이 받는 충격의 강도가 훨씬 크게 나타남

주가 폭락시 신흥시장(emerging market)의 주가하락이 선진시장 주가 하락폭을 항상 상회하였다. 지난 4차례에 걸친 주가폭락이 미국 등 선진국의 서브프라임 사태가 원인이었음에도 불구하고 주가하락은 신흥시장에서 더욱 크게 발생하였다. 이는 신흥시장 투자의 고수익률 속에 내재되어 있는 위험성을 보여주는 증거로 해석할 수 있다.

3. 미 주택경기 침체, 모노라인(monoline, 채권보증회사)의 부실, 손실규모 추정의 불확실성으로 인해 금융시장이 안정화되기까지는 상당한 기간이 소요될 것으로 보임

---

4) 선진국 및 신흥시장 지수의 시변적(時變的) 변동성(time-varying volatility)은 지수값을 로그차분 ($ln(P_t/P_{t-1})$) 하여 산출한 수익률 시계열자료를 이용하여 GARCH-M 모형을 추정한 후 도출한다.

3.1 주택경기 침체가 지속되는 한 서브프라임 모기지 사태는 장기화될 전망임

주택가치 하락으로 인한 2차 모기지 융자 감소와 신용시장 경색은 소비위축과 타 소비자금융 부실 요인으로 작용하여 실물경기의 둔화를 야기시키고 있다. 필라델피아 주택건설업지수(HGX)가 2007년초 대비 41.7% 폭락하고 수익률의 변동폭도 확대되는 등 주택건설시장의 침체 지속 및 불확실성(uncertainty) 증대가 예상되고 있다(2007년 1월 2일 : 235.5 → 2008년 2월 14일 : 137.3).[5)]

3.2 모노라인이 CDS(Credit Default Swap) 계약에 따라 서브프라임 모기지 관련 부실채권의 원리금을 대신 상환하면서 손실액이 급증하였음

※ CDS는 신용파생상품(Credit Derivatives)의 일종으로 Protection Buyer(투자은행 및 헤지펀드)는 자신의 자산에서 Default가 발생했을 때에 Protection을 받기로 하고 수수료를 지급하고, Protection Seller(채권보증기관)는 Default가 발생하여 Buyer가 손해를 입었을 때 손해를 보전해 주기로 하는 계약을 의미함

(1) 미 1, 2위 모노라인인 MBIA와 Ambac의 경우 자기자본비율이 18.12%, 30.51%(2006년)에서 7.71%, 9.65%(2007년)로 재무건전성(financial soundness)이 크게 악화되고 있음

대형 모노라인의 신용등급이 하향 조정될 경우 서브프라임 모기지 사태가 일반 채권시장으로까지 확대되어 '시스템 리스크'로까지 확산되었다.

〈표 2-8〉 기관별 모노라인 손실규모 추정

(단위 : 억 달러)

	보증 규모	서브프라임 모기지 노출 규모		JP Morgan Chase	S&P	Bill Ackman (Hedge Fund Manager)
		직접적(MBS)	간접적(CDO)			
MBIA	6,730	51	253	80	32	116
Ambac	5,560	88	292	114	19	116

5) 필라델피아 증권거래소에 상장된 HGX 지수는 주택건설시장과 직접 관련된 21개 주요 기업의 주가를 가중평균해서 만든 지수로 주택건설경기 측정에 활용되고 있다.

〈표 2-9〉 미 모노라인의 재무건전성 비교

(단위 : 천 달러)

	총자산 (Total Asset)		총부채 (Total Liability)		총자본 (Total Stockholders' Equity)		자기자본비율 (총자본/총자산, %)	
	2007	2006	2007	2006	2007	2006	2007	2006
MBIA	47,308,574	39,763,030	43,659,269	32,558,776	3,649,305	7,204,254	7.71	18.12
Ambac	23,572,874	20,267,813	21,297,048	14,083,624	2,275,826	6,184,189	9.65	30.51

자료 : 각 사 : Operationg Supplements

(2) 서브프라임 모기지 관련 유동화 채권(RMBS 및 CDO)에 대한 투자손실액이 여전히 불확실한 실정임

※ 타 CDO를 담보로 발행된 CDO^2(CDO-squared)의 부실 우려도 최근 제기되고 있으며 MBIA의 경우 81억 달러 규모의 CDO^2에 대한 지급보증을 선 것으로 알려져 있으나 정확한 발행액 및 손실 규모가 현재까지 파악되고 있지 않아 향후 추가적인 서브프라임 모기지 부실 관련 불안요인이 될 수 있음

최근 스탠더드 앤드 푸어스(Standard & Poor's)는 8,000개 이상의 모기지 관련 채권의 신용등급을 강등 조치함으로써 이들 채권가치가 2,650억 달러 이상 하락할 것으로 추정된다. 대규모 손실처리를 아직까지 하지 않은 Regional Banks, Credit Union, GSEs, 그리고 유럽과 아시아계 은행들은 향후 손실이 크게 증대될 가능성이 상존하고 있다

제 2 편

동아시아 주요 국가의 경제현황과 전망

3
chapter

동아시아 주요 국가의 경제현황과 전망

제1절 개 관

1. 경제현황

동아시아 경제는 2007년에 수출증가세 둔화에도 불구하고 민간소비 및 투자가 호조를 지속함으로써 견조한 성장세를 지속하였다. 소비 및 투자가 2007년 상반기 이후 확대되면서 대만, 싱가포르, 인도네시아, 필리핀 등 대부분의 동아시아 국가들이 안정적인 성장을 시현하였다.[1)]

1.1 수출

수출은 반도체 관련 산업의 회복세 지연, 미국 주택경기 불안정에 따른 소비 둔화 등으로 대부분의 국가에서 증가세가 둔화되었다. 다만 안정적인 성장세를 지속한 유럽 및 중국에 대한 수출은 호조를 지속하였다.

1.2 소비

민간소비는 고성장 지속에 따른 소득 및 고용여건 개선, 주가 및 부동산 가격 상승에 따른 자산효과, 관광 관련 서비스산업의 호조 등으로 인해 증가세가 확대되었다. 다단 태국은 과도

1) 특히, 싱가포르는 수출의 대폭 둔화에도 불구하고 민간투자가 10% 이상으로 확대되면서 GDP 성장률은 오히려 상승하였다(2007년 1분기 6.5% → 2007년 3분기 8.9%)(한국은행, 해외경제정보, 제2008-4호, 2008. 1. 요약 · 재구성).

정부 통치 하에서 연쇄폭탄테러 및 반군부시위에 따라 투자심리 악화 및 소비침체 등으로 부진이 지속되었다.

1.3 물가

소비자물가는 고유가 및 농산물 가격 급등으로 2007년 하반기 이후 대부분의 국가에서 상승세를 보임에 따라 인플레이션 우려가 확산되었다. 베트남은 부동산가격 급등에 따른 대출증가 등으로 유동성(liquidity)이 확대되어 소비자물가 상승률이 10%를 초과하였다. 싱가포르, 필리핀 등도 2007년 하반기부터 상승세가 지속되었다.

2. 경제전망

2.1 동아시아 경제는 2008년에 미국의 경기감속에 따른 세계경기 위축, 중국의 긴축 강화 등으로 성장세가 다소 둔화될 것으로 예상됨

미국의 경기가 부진해지고 동아시아 지역의 주요 수출품목인 IT경기의 회복이 지체됨에 따라 수출증가세가 다소 둔화될 것으로 보인다.

(1) 동아시아 지역의 수출다변화로 둔화폭은 크지 않을 것으로 예상됨

소득 및 고용여건 개선, 주가 및 부동산 가격 상승 등으로 개인소비가 호조를 보이고 설비투자도 정책당국(policy authorities)의 투자환경 개선 및 외국인직접투자(FDI : Foreign Direct Investment) 지속적 유입 등으로 인해 양호할 것으로 전망된다.

(2) 인도네시아, 태국, 필리핀 등 중앙은행은 경기부양을 위해 금리를 인하하였으며 2008년 중 동 효과가 나타날 것으로 보임

(3) 태국은 정치불안정(political instability)이 장기화됨에 따라 소비 및 투자심리가 단기간에 개선되기는 힘들 것으로 보여 2008년에도 내수 침체가 지속될 것으로 보임

〈표 3-1〉 아시아 주요 국가의 2007년 상반기 중 정책금리 변동

(단위 : %, %포인트)

		2005년말	2006년말	2007년말	최근 변동일
대 만	(rediscount rate)	2.25	2.75	3.375	2007. 12. 20(+0.125)
홍 콩	(discount window base)	5.75	6.75	5.75	2007. 12. 12(-0.25)
인도네시아	(30-day BI rate)	12.75	9.75	8.25	2007. 7. 5(-0.25)
말레이시아	(overnight policy rate)	3.00	3.50	3.50	2006. 4. 26(+0.25)
태 국	(1-day repo rate[1])	4.00	5.00	3.25	2007. 7. 18(-0.25)
필 리 핀	reverse repo rate	7.50	7.50	5.25	2007. 12. 20(-0.25)

주 : 1) 2006년 말까지는 14-day repo rate

2.2 미국경제의 침체 가능성, 중국경제의 예상외 큰 폭 둔화 가능성, 국제원자재 가격 상승에 따른 인플레이션 가능성 증대 등은 동아시아 경제의 리스크 요인으로 평가할 수 있음[2)]

미국의 경기침체(recession)가 심화될 경우 중국 및 동아시아 여타 국가의 대미수출 뿐만 아니라 타 지역으로의 수출에도 악영향을 미칠 수 있다. 또한, 과잉 설비투자에 따른 동아시아 지역의 경제성장 둔화 가능성이 증대된다.

(1) 최근 미국 경기침체의 심화 가능성이 증대되면서 동아시아 경제가 동 영향을 피하지 못할 것이라는 논의가 확산되고 있음

※ 골드만삭스(Goldman Sachs)는 미국 경기부진에 따른 수출둔화 가능성을 반영하여 동아시아 지역의 성장 전망치를 하향 수정한 바 있음(2008년 1월 14일). Kurota 아시아개발은행(ADB) 총재도 영국의 경제지 Financial Times와의 인터뷰를 통해 미국발 신용경색(crecit crunch) 악화 등으로 동아시아의 성장 전망을 하향 수정했음을 언급하였음(2008년 1월 16일)

2008년 중에도 원자재 가격의 상승세 지속 및 동아시아 지역에 대한 외화유입 증가 등이 지속적으로 인플레이션 압력(inflationary pressure)을 확산시킬 것으로 보인다.

(2) 말레이시아를 제외한 대부분의 동아시아 국가들이 원유 수입국으로 보조금 지급에 따

2) 세계적인 투자은행인 JP Morgan의 Frank Gong은 해외수요가 둔화되는 상황에서 중국당국의 긴축정책 효과가 중복될 경우 급격한 경기둔화로 이어질 수 있음을 지적한 바 있다.

른 재정적자(fiscal deficit) 확대 및 인플레이션 우려가 확산되고 있음

일부 경제학자들은 미국의 경기둔화에 따른 금리인하 정책은 동아시아 지역의 통화가치 상승을 유발하여 수출둔화와 함께 고용 및 소비둔화 등 경기침체로 이어질 수 있음을 지적하고 있다.

〈표 3-2〉 아시아 주요 국가의 경제성장률 전망

(단위 : 전년동기 대비, %)

	2006	2007				2008
	연간	1분기	2분기	3분기	연간[1]	연간[1]
홍 콩	6.9	5.6	6.6	6.2	57.~6.2	4.7~5.5
대 만	4.9	4.2	5.2	6.9	4.1~5.7	3.8~4.8
싱가포르	7.9	6.5	8.7	8.9	7.5~8.2	5.2~7.3
인도네시아	5.5	6.0	6.3	6.5	6.1~6.3	5.6~6.5
태 국	5.0	4.2	4.3	4.9	4.0~4.6	4.0~5.1
말레이시아	5.9	5.5	5.8	5.7	5.7~6.2	5.2~5.9
필 리 핀	5.4	7.1	7.5	6.6	6.3~7.4	5.2~6.7
베 트 남	8.2	7.7	7.8	8.2	7.2~8.3	8.1~8.3

주 : 1) IMF, ADB, Global Insight 및 5개 투자은행(JP Morgan, Deutsche Bank, Lehman Brothers, Goldman Sachs, Morgan Stanley)의 전망치

제 2 절 주요 국가별 경제현황과 전망

1. 홍콩

1.1 홍콩경제는 2008년에 민간소비의 견조한 증가세 지속 및 관광관련 서비스산업의 호조로 인해 성장 기조가 지속되겠으나 미국 등 해외수요의 둔화 등으로 2007년보다 낮은 5% 대의 성장을 기록할 것으로 보임

(1) 민간소비는 경제성장세 지속에 따른 고용안정 및 임금인상, 주가 및 부동산가격 상승 등으로 호조를 지속할 것으로 전망됨

실업률(unemployment rate)이 1998년 이후 최저수준(1~11월 평균 4.2%)을 기록하고 중국의 해외투자 확대에 힘입어 주가도 상승세를 지속할 것으로 보인다.

> ※ 중국정부는 2007년 5월 적격국내기관투자가(Qualified Domestic Institutional Investors)의 홍콩지역에 대한 주식 및 공모펀드 투자를 허용한 이후 개인들의 직접투자 허용을 검토하는 등 홍콩시장 투자에 적극적으로 나서고 있음

한편, 홍콩정부가 2007년도(2007년 4월~2008년 3월) 예산안에서 개인소득세(personal income tax)를 감세함으로써 소비호조에 긍정적인 영향을 미칠 것으로 기대된다.

(2) 수출은 미국의 경기둔화 및 중국의 긴축정책 등으로 소폭 둔화되겠으나 둔화폭은 크지 않을 것으로 보임

중국과의 무관세 품목이 확대됨에 따라 대중 수출이 지속적으토 확대될 것으로 보인다.

(3) 최근 외국인 여행자수 증가 추세가 2008년 베이징 올림픽까지 이어질 것으로 예상되어 관광관련 산업이 호조를 보일 것으로 예상됨

베이징 올림픽 승마경기가 홍콩에서 개최됨으로써 주택 임대 및 숙박 관련 가격도 급등하는 추세를 보이고 있다.

1.2 미국의 경기침체 및 국제유가 급등에 따른 인플레이션 가능성 등은 홍콩경제에 부정적인 측면이 되고 있음

중국기업들의 홍콩시장에서의 기업공개(IPO) 및 주가상승 기대감 등으로 풍부한 유동성 상황이 지속되고 부동산 임대가격 및 식료품 가격이 급등 조짐을 보이고 있는 가운데 중국 위안(Yuan)화의 평가절상(appreciation)이 가속화될 경우 환율도 불안요인으로 작용할 가능성이 커지게 된다.

〈표 3-3〉 홍콩의 경제성장률 전망

(단위 : 전년동기 대비, %)

전망기관	2006			2007				2008
	3분기	4분기	연간	1분기	2분기	3분기	연간[e)]	연간[e)]
IMF	6.8	7.3	6.9	5.6	6.6	6.2	5.7	4.7
ADB							6.1	5.4
Global Insight							5.9	5.5
Deutsche Bank							6.0	5.0
Goldman Sachs							6.2	5.5
JP Morgan							6.0	5.3
Lehman Brothers							6.0	5.0
Morgan Stanley							6.0	5.5

주 : 1) IMF는 2007년 9월, ADB · Global Insight 및 투자은행은 2007년 12월 전망

2. 대만

2.1 대만경제는 2008년에 소비 및 투자가 지속적으로 증가하겠으나 미국의 경기부진 영향으로 수출이 둔화되면서 성장률이 다소 하락할 것으로 보인다.

(1) 소비는 신용카드 부채 문제가 점차 해소되면서 회복세를 보인 가운데 2008년에도 임금 인상 및 주식시장 호황 등으로 안정적인 성장세를 이어갈 것으로 전망됨

2007년 7월 최저임금(minimum wage)이 인상됨에 따라 소비여력이 확대되고 관광 및 서비스업이 호조세를 지속할 것으로 예상되어 소비도 완만한 회복세를 유지할 것으로 보인다.

※ 월급은 대만달러 기준 15,840달러에서 17,280달러로 9.1% 인상되었으며 시급은 66달러에서 99달러로 43.9% 인상되었음

(2) LCD 관련 산업의 생산설비 확충, 반도체 최신설비 도입 등으로 인해 민간 설비투자도 점차 회복세를 이어갈 것으로 보임

대만정부는 2008년부터 4,600만개에 이르는 교통신호등을 LED등으로 교체하고 바이오산업 관련 소득세 면제를 통해 FDI 및 연구개발(R&D) 투자 확대를 추진할 계획이다.

(3) 미국 및 유럽의 경기부진 영향으로 수출이 다소 둔화될 것으로 보이나 최근 대중국 교역증가 등으로 둔화폭은 제한적일 것으로 예상됨

2008년 1월 12일 시행된 총선에서 대만독립을 주장하던 여당이 참패하고 중국과의 규제완화(deregulation)를 주장하는 국민당이 압승함에 따라 대중국 교역 및 투자가 확대될 것으로 보인다.

2.2 국제원자재가격 급등에 따라 물가가 다소 높은 수준을 유지하고 있는 가운데 2008년 3월 22일의 총통 선거 등이 대만경제에 리스크 요인으로 작용할 것으로 보임

〈표 3-4〉 대만의 경제성장률 전망

(단위 : 전년동기 대비, %)

전망기관	2006			2007				2008
	3분기	4분기	연간	1분기	2분기	3분기	연간[e)]	연간[e)]
IMF	5.3	4.1	4.9	4.2	5.2	6.9	4.1	3.8
ADB							5.0	4.8
Global Insight							4.5	4.6
Deutsche Bank							5.2	3.9
Goldman Sachs							5.5	4.2
JP Morgan							5.6	4.2
Lehman Brothers							5.7	4.2
Morgan Stanley							4.8	4.3

주 : 1) IMF는 2007년 9월, ADB · Global Insight 및 투자은행은 2007년 12월 전망

3. 싱가포르

3.1 싱가포르 경제는 2008년에 수출증가세가 소폭 둔화되겠으나 소비 및 투자가 호조를 지속함으로써 견조한 성장세를 이어갈 것으로 보임

(1) 국내총생산(GDP : Gross Domestic Product) 성장률이 2007년 3분기 중에는 전년동기 대비 8.9%(1분기 6.5%)를 기록하는 등 감속국면에서 탈피하고 있는 것으로 평가할 수 있음

부동산 등 서비스업 부문의 호황이 지속되고 화학제품 관련 제조업도 회복세를 보임에 따

라 안정적인 성장을 지속할 것으로 예상된다.

(2) 소비는 최근 실업률이 1%대로 하락하는 등 고용환경 개선이 지속됨에 따라 꾸준히 확대될 것으로 예상됨

주가가 상승세를 지속하고 부동산 가격도 2007년 3분기 중 전년동기 대비 28% 상승함으로써 자산효과도 기대되고 있다. 2007년 7월 GST(Goods and Services Tax) 인상(5~7%)에도 불구하고 금융, 서비스 관련 세금을 인하함으로써 소비에 대한 영향은 제한적일 것으로 평가된다.

(3) 투자는 오피스 빌딩 및 리조트(resort) 등 대형 건설프로젝트를 중심으로 호조세를 지속할 것으로 전망됨

정책당국은 고기술산업으로의 이전, 관광산업 육성, 아시아 지역의 금융 및 교육서비스 허브 구축을 위해 관련 투자를 지속적으로 확대한다는 계획을 수립하고 있다.

(4) 수출은 화학 및 의약품 관련 수출이 증가세를 지속하겠으나 전자 및 석유제품 수출은 세계수요 부진 등으로 소폭 둔화될 것으로 보임

3.2 최근 물가 급등에 따른 정부의 인플레이션 억제 정책, 고유가 및 세계경제의 둔화 등이 리스크 요인이 되고 있음

정책당국은 물가상승을 억제하기 위해 환율의 평가절상을 수용하고 있으나 수출경쟁력(export competitiveness) 약화 및 성장률 둔화 요인으로 작용할 가능성이 존재하고 있다.

〈표 3-5〉 싱가포르의 경제성장률 전망

(단위 : 전년동기 대비, %)

전망기관	2006			2007				2008
	3분기	4분기	연간	1분기	2분기	3분기	연간[e)]	연간[e)]
IMF	7.0	6.6	7.9	6.5	8.7	8.9	7.5	5.8
ADB							8.1	6.3
Global Insight							7.5	5.3
Deutsche Bank							8.0	7.0
Goldman Sachs							8.2	7.3
JP Morgan							7.8	5.2
Lehman Brothers							7.9	5.3
Morgan Stanley							7.9	6.1

주 : 1) IMF는 2007년 9월, ADB · Global Insight 및 투자은행은 2007년 12월 전망

4. 인도네시아

4.1 인도네시아 경제는 2008년에 소비 및 투자가 회복세를 지속함에 따라 6% 내외의 견조한 성장세를 시현할 것으로 보임

(1) 2007년에는 소비 및 투자의 회복세가 가속화되어 6.0%대 초반의 1997년 이후 가장 높은 성장률을 기록할 것으로 보임

(2) 물가 안정, 소득 증가 등으로 소비심리가 회복되고 있고 그간의 금리인하 효과 등에 따라 민간소비 회복은 2008년에도 지속될 것으로 보임

연료비 보조금 축소 이후 10%를 상회하던 소비자물가는 2007년 들어 6%대로 안정되었으며 최근 유가 급등에도 불구하고 안정 기조를 유지하고 있다.

> ※ 2009년 대통령선거를 앞두고 2005년과 같은 대규모 연료비 보조금 삭감이 단행될 가능성은 작기 때문에 2008년에도 물가 안정 기조는 지속될 것으로 예상되고 있음

인도네시아 중앙은행은 2007년 중 7회에 걸쳐 정책금리(1개월만기 단기증권 금리)를 1.75% 포인트 인하(9.75% → 8.00%)하였고 이에 따라 소비자신뢰지수도 꾸준히 상승하고 있다.

(3) 설비투자는 금리인하 효과 및 자동차 등 내구소비재의 수요 회복 등에 힘입어 확대 기조를 지속할 것으로 보임

자동차 판매대수는 2007년 중 전년동기 대비 36.2%, 오토바이 판매대수는 5.9% 증가하는 등 내구재(durable goods) 소비가 회복되면서 기업들은 생산능력 확충을 위한 투자를 확대하였다. 경기 회복, 투자환경 개선 등에 힘입어 자원개발 관련 업종을 중심으로 외국인직접투자(FDI) 유입도 호조를 보였다.

> ※ 2007년 3월 외국인직접투자와 국내투자의 무차별 규정, 소득세, 부가가치세(value-added tax), 수입세 감면 등의 내용을 포함하고 있는 신투자법이 국회에서 가결되었음

(4) 외국인직접투자 승인액은 2007년 1~11월 중 전년동기 대비 1.5배 증가한 376억 달러, 실현액은 동 1.2배 증가한 117억 달러를 기록하였음

(5) 수출은 미국, 유럽 등 주요 선진국의 경기 감속에 따라 증가세가 다소 둔화될 것으로 보임

〈표 3-6〉 인도네시아의 경제성장률 전망

(단위 : 전년동기 대비, %)

<table>
<tr><th rowspan="2">전망기관</th><th colspan="3">2006</th><th colspan="4">2007</th><th>2008</th></tr>
<tr><th>3분기</th><th>4분기</th><th>연간</th><th>1분기</th><th>2분기</th><th>3분기</th><th>연간[e)]</th><th>연간[e)]</th></tr>
<tr><td>IMF</td><td rowspan="8">5.9</td><td rowspan="8">6.1</td><td rowspan="8">5.5</td><td rowspan="8">6.0</td><td rowspan="8">6.3</td><td rowspan="8">6.5</td><td>6.2</td><td>6.1</td></tr>
<tr><td>ADB</td><td>6.2</td><td>6.4</td></tr>
<tr><td>Global Insight</td><td>6.1</td><td>5.8</td></tr>
<tr><td>Deutsche Bank</td><td>6.1</td><td>6.5</td></tr>
<tr><td>Goldman Sachs</td><td>6.3</td><td>6.0</td></tr>
<tr><td>JP Morgan</td><td>6.2</td><td>6.2</td></tr>
<tr><td>Lehman Brothers</td><td>6.2</td><td>5.6</td></tr>
<tr><td>Morgan Stanley</td><td>6.2</td><td>5.9</td></tr>
</table>

주 : 1) IMF는 2007년 9월, ADB · Global Insight 및 투자은행은 2007년 12월 전망

4.2 고유가 지속, 미국경기 둔화폭 확대 등은 인도네시아 경제의 회복세 지속에 불안요인으로 작용할 것으로 보임

5. 태국

5.1 태국경제는 2008년에 내수가 점차 회복되면서 성장세가 2007년에 비해 소폭 제고될 것으로 보임

(1) 국내정치의 불안으로 2007년에는 소비 및 투자회복 부진이 지속되면서 성장률이 2006년에 비해 크게 하락한 4%대 초반을 기록하였음

군부 쿠테타(2006년 9월) 이후 과도정부에 의한 통치가 이루어지는 가운데 폭탄 테러, 반군부 시위 등이 발생하여 불확실성(uncertainty)이 심화되었다.

(2) 2008년에는 정국이 점차 안정됨에 따라 내수가 본격적으로 회복세를 나타낼 수 있을 것으로 보임

2007년 하반기부터 신헌법 초안이 완성되고 총선 일정이 확정됨에 따라 불안심리가 완화되면서 민간소비 및 투자가 회복 조짐을 보이기 시작하고 있다. 신정권 출범으로 정치불안정(political instability) 요인이 해소될 경우 민간의 소비 및 투자심리 개선과 함께 내수 회복세가 더욱 현저해질 것으로 보인다.

정치적 리스크(political risk)로 인해 보류되었던 신규투자가 재개되고 외국자본 규제완화(deregulation) 등으로 외국인직접투자 유입도 확대될 것으로 보인다. 민간의 소비 및 투자심리가 호전되면서 태국 중앙은행의 적극적인 금융완화 정책의 효과도 점차 가시화될 것으로 예상된다.

> ※ 태국 중앙은행은 2007년 중 정책금리(1-day repo rate)를 5.00%에서 3.25%로 1.75%포인트 인하하였음

(3) 그간 경기를 지탱해온 수출은 다소 감속하겠으나 현지 진출한 다국적기업(MNCs : Multinational Corporations) 등의 생산증가에 따라 자동차 등을 중심으로 견조한 증가세를 유지할 수 있을 것으로 보임

5.2 국제유가 상승, 정치적 대립 지속 등은 태국경제의 회복에 부정적인 영향을 미칠 것으로 보임

(1) 2007년 9월 이후 소비자물가 상승폭이 크게 확대되는 등 고유가에 따른 인플레이션 압력 확대로 민간의 소비 및 투자회복을 저해할 가능성이 존재함

※ 소비자물가는 2007년 8월 전년동월 대비 1.1%에서 9월 2.1%로 1.0%포인트나 급등한 후 12월에는 3.2%까지 확대되었음

(2) 향후 민정이양 과정에서 친(親)탁신파와 반(反)탁신파의 대립 등 새로운 정국 혼란이 야기될 가능성도 배제할 수 없는 상황임

※ 2007년말 실시된 총선거에서 탁신 전 총리를 지지하는 '국민의 힘'당(PPP)이 제1당이 되었으나 과반 의석을 확보하는 데는 실패하였음

〈표 3-7〉 태국의 경제성장률 전망

(단위 : 전년동기 대비, %)

전망기관	2006			2007				2008
	3분기	4분기	연간	1분기	2분기	3분기	연간[e)]	연간[e)]
IMF	4.5	4.3	5.1	4.2	4.3	4.9	4.0	4.5
ADB							4.3	4.8
Global Insight							4.1	5.0
Deutsche Bank							4.6	4.0
Goldman Sachs							4.5	4.5
JP Morgan							4.2	5.1
Lehman Brothers							4.5	4.3
Morgan Stanley							4.6	4.8

주 : 1) IMF는 2007년 9월, ADB · Global Insight 및 투자은행은 2007년 12월 전망

6. 말레이시아

6.1 말레이시아 경제는 수출회복의 지연에도 불구하고 소비 및 투자가 견조한 증가세를 지속함에 따라 전반적으로 5%를 상회하는 성장을 시현할 것으로 보임

(1) 서비스업 호조 및 임금상승 등에 따라 민간소비가 전체 성장을 견인하는 양상이 지속될 것으로 보임

관광 · 부동산 등 서비스산업의 호조에 힘입어 양호한 고용환경이 지속되는 데다 공무원의 급료도 인상되어 소비지출의 확대 추세가 지속될 것으로 보인다.

※ 2007년 7월 공공서비스 개선 및 소비확대 유도 등을 위해 120만명 규모의 공무원 임금을 7~42% 대폭 인상하여 소비심리가 크게 개선되고 있음

또한, 콩기름 등 농산물의 가격상승에 따라 농촌지역의 소득도 확대됨으로써 소비증가에 기여할 것으로 기대된다.

(2) 설비투자는 물가안정에 따른 기업투자환경(corporate investment environment) 개선, 부동산과 건설경기 호조 및 공공 인프라(public infrastructure) 투자의 확대 등으로 인해 증가할 것으로 전망됨

민간투자는 기업소득세 감축, 지역개발계획(regional development plan)에 대한 민간부문 참여 확대, 부동산 보유세 인하 및 외국인 부동산 취득규정 완화 등으로 관련 투자가 확대될 것으로 보인다.

※ 기업소득세는 2007년 28%, 2008년 26%, 2009년 25%로 인하되었음

제9차 경제개발계획(Malaysian Plan : 2006~2010년)이 본격적으로 착수되고 Iskandar 개발지역 및 Northern Corridor 경제구역의 개발계획 구체화와 함께 공공투자도 크게 증가할 것으로 보인다.

※ 말레이시아 정부는 제9차 경제개발계획 5년간 약 2,000억 링깃을 투입할 예정이며 인프라 구축 및 전문교육을 통한 인재육성, 기업의 연구개발투자(R&D investment) 촉진 등에도 중점을 둘 계획임

외국인직접투자(FDI)도 2007년에 이어 주력산업인 전기 · 전자업종을 중심으로 증가세가 확대될 것으로 보인다. 2007년 3분기까지 제조업의 외국인직접투자 유입액은 약 218억 링깃으로 전년동기 대비 57% 증가하였으며 관광 및 부동산 관련 투자도 확대될 것으로 예상된다.

(3) 수출은 반도체 관련 제품의 세계수요 회복세가 지연될 것으로 예상되나 콩기름 관련 식용류 및 천연가스(natural gas) 등을 중심으로 수출증가세가 확대될 것으로 보임

※ 미국이 옥수수를 바이오연료로 활용함에 따라 콩기름 가격이 급등하였으며 인도가 식용유 관련 관세를 인하함에 따라 수출도 증가되었음

6.2 전자제품의 주요 수출국인 미국경제가 침체국면에 진입하거나 물가불안이 심화될 경우 성장이 위축될 가능성이 존재하고 있음

소비가 성장을 견인하는 상황에서 물가가 급등할 경우 성장이 크게 위축될 가능성이 상존하고 있다.

〈표 3-8〉 말레이시아의 경제성장률 전망

(단위 : 전년동기 대비, %)

전망기관	2006			2007				2008
	3분기	4분기	연간	1분기	2분기	3분기	연간[e)]	연간[e)]
IMF	6.0	5.7	5.9	5.5	5.8	6.7	5.8	5.6
ADB							5.9	5.9
Global Insight							5.7	5.4
Deutsche Bank							6.0	5.2
Goldman Sachs							6.1	5.8
JP Morgan							6.0	5.6
Lehman Brothers							6.2	6.5
Morgan Stanley							6.0	5.5

주 : 1) IMF는 2007년 9월, ADB · Global Insight 및 투자은행은 2007년 12월 전망

7. 필리핀

7.1 필리핀 경제는 2008년에 전년에 비해 성장세가 소폭 둔화되겠으나 내수의 꾸준한 증가에 힘입어 6% 내외의 견조한 성장세를 지속할 것으로 보임

(1) 2007년 실질 국내총생산 성장률(real GDP growth rate)은 6%대 후반으로 1976년 (8.8%) 이후 가장 높은 수준을 기록할 것으로 보임

(2) 개인소비는 최저임금 인상, 해외근로자로부터의 송금액 확대에 따라 안정적인 증가세를 지속할 것으로 보임

해외취업자가 증가하고 있을 뿐만 아니라 최근에는 IT 등 부가가치(value added)가 높은 업종의 취업이 증가하고 있어 해외근로자로부터의 송금은 향후에도 지속적으로 증가하여 소비를 견인할 것으로 기대된다.

※ 2007년 1~10월 중 해외근로자 송금액은 약 119억 달러로 전년동기 대비 15.2% 증가하였음

1990년대 후반 경제위기(economic crisis) 이후 부진했던 자동차 판매가 2007년 1~10월 중 전년 대비 18.5% 증가하는 등 내구재 소비도 확대되고 있다.

(3) 아웃소싱(Business Process Outsourcing) 산업의 성장세 지속, 인프라 정비를 위한 공공투자(public investment) 확대 등으로 투자증가도 지속될 것으로 보임

(4) 수출은 전자제품 등의 주요 수출 대상국인 미국 등 경기부진의 영향으로 당분간 증가세 둔화가 지속될 것으로 보임

7.2 최근 물가 상승세 확대, 자본유입(capital inflow)의 증가와 페소화 강세 등은 필리핀 경제에 악영향을 미칠 것으로 예상됨

〈표 3-9〉 필리핀의 경제성장률 전망

(단위 : 전년동기 대비, %)

전망기관	2006			2007				2008
	3분기	4분기	연간	1분기	2분기	3분기	연간[e)]	연간[e)]
IMF	5.1	5.5	5.4	7.1	7.5	6.6	6.3	5.8
ADB							7.0	6.4
Global Insight							6.3	5.2
Deutsche Bank							6.7	6.3
Goldman Sachs							7.2	6.7
JP Morgan							7.4	6.1
Lehman Brothers							6.7	5.5
Morgan Stanley							6.8	5.6

주 : 1) IMF는 2007년 9월, ADB · Global Insight 및 투자은행은 2007년 12월 전망

8. 베트남

8.1 베트남 경제는 2008년에 소비 및 투자증가세가 지속되고 수출도 호조세를 이어갈 것으로 예상됨에 따라 전년과 비슷한 8% 수준의 고성장을 지속할 것으로 보임

(1) 세계무역기구(WTO : World Trade Organization) 가입(2007년 1월) 이후 외국인직접투자(FDI) 유입이 가속화되는 가운데 정책당국의 산업구조 고도화를 위한 인프라 투자도 확대될 것으로 전망됨

외국인직접투자(인가)는 2007년 중 전년동기 대비 136% 증가한 179억 달러로 석유, 관광 및 부동산 관련 부문에 집중되었다. 정부는 고성장을 지속하기 위해 기업환경 개선 관련 인프라 투자를 지속적으로 확대하고 있으며 저렴한 노동비용 등과 더불어 동아시아의 유력한 투자처로서 지속적으로 글로벌 투자자들(global investors)의 주목을 받을 것으로 보인다.

(2) 민간소비는 고용여건 개선에 따른 소득향상 및 해외근로자들의 국내송금 증가에 따라 호조세를 지속할 것으로 보임

소매판매는 2007년 중 전년 대비 25% 증가하였으며 실업률도 하락 추세를 지속하는 등 호조를 보이고 있다.

(3) WTO 가입과 더불어 평균 관세율을 17.4%에서 14.5% 수준으로 인하하였으며 교역 대상국도 확대됨에 따라 수출은 점차 증가할 것으로 보임

다만 투자증가세 지속에 따라 철강, 기계설비 등 자본재(capital goods) 수입이 확대되고 자동차 등 소비재 수입도 증가하여 무역수지는 적자를 지속할 것으로 예상된다.

8.2 인플레이션 압력(inflationary pressure) 증대 및 과잉 유동성 상황의 지속, 열악한 인프라 등 구조적 취약성은 경제성장의 제약요인이 되고 있음

(1) 소비자물가 상승률은 2006년 12월의 8%대에서 2007년 12월 12.6%로 크게 확대되는 등 고물가가 경제성장에 부정적인 영향을 미치고 있음

FDI를 통한 자본유입 확대 및 부동산 관련 대출 증가 등으로 2008년에도 과잉 유동성 상황이 지속될 것으로 예상되고 있어 인플레이션 압력은 증대될 것으로 보인다.

(2) 고성장세가 지속되고 있으나 하노이(Hanoi) 등 대도시에만 개발이 집중되고 있으며 전력, 도로, 철도 등 인프라가 열악한 실정임

확장적 재정정책(expansionary fiscal policy) 등으로 인프라 투자를 확대하고 있으나 급속한 산업화(industrialization), 가전제품 보급 확대 등으로 도로 및 전력이 크게 부족한 상황이다.

〈표 3-10〉 베트남의 경제성장률 전망

(단위 : 전년동기 대비, %)

전망기관	2006			2007				2008
	3분기	4분기	연간	1분기	2분기	3분기	연간[e)]	연간[e)]
IMF	8.8	8.9	8.2	7.7	7.8	8.3	8.3	8.2
ADB							8.3	8.5
Global Insight							8.1	8.1
Deutsche Bank							8.3	7.7

주 : 1) IMF는 2007년 9월, ADB · Global Insight 및 투자은행은 2007년 12월 전망

제 3 편

한국경제의 현황과 전망

4
chapter

한국경제의 현황

제 1 절　경기현황

최근 들어 경기는 상승국면을 유지하고 있다.

1. 한국경제는 2007년 1분기를 저점으로 상승하고 있음

1.1 2007년 4분기 경제성장률이 전년동기 대비 5.5%를 기록하여 2006년 1분기(6.3%) 이후 가장 높은 성장세를 기록하였음

1.2 전기 대비 경제성장률은 2007년 4분기 1.5%로 2분기의 1.8%에 비해서는 낮으나 3분기 1.3%에 비해서는 상승하여 높은 수준을 유지하고 있음

2. 수출호조세는 2008년에 들어서도 지속되고 있으나 소비는 둔화되는 양상을 나타내고 있음

2.1 수출은 2008년 1월 중 17.0%의 높은 증가율을 기록하였음

※ 수출증가율(전년동월 대비, %) : 17.0(2007년 11월) → 14.8(12월) → 17.0(2008년 1월)

2.2 소비재 판매증가율이 2007년 12월 2.6%로 나타나 소비회복세가 둔화되고 있음

2.3 2007년 3분기 1.6%(전년동기 대비)로 하락했던 설비투자 증가율은 4분기 5.7%로 재상승하였음

기업업황지수는 2007년 3분기 85.7을 기록한 이후 4분기 87.0으로 다시 회복되었다.

〈표 4-1〉 주요 경제지표 추이

(단위 : %)

	2006				2007			
	1분기	2분기	3분기	4분기	1분기	2분기	3분기	4분기
경제성장률	6.3	5.1	4.8	4.0	4.0	5.0	5.2	5.5
민간소비	5.2	4.1	4.0	3.7	4.1	4.2	4.7	4.7
설비투자	7.0	7.2	11.1	5.3	10.8	11.9	1.6	5.7
수출(통관기준)	10.6	16.9	16.3	13.8	14.7	14.1	9.4	18.2
산업생산	12.8	11.5	11.3	5.2	3.3	7.0	8.3	13.8
서비스생산	6.2	5.4	4.5	4.8	5.6	6.4	6.9	7.5

자료 : 한국은행 ECOS DB, 통계청 KOSIS DB

3. 금융불안 및 고유가 등으로 인한 물가불안으로 기업과 가계의 소비심리가 위축되고 있음

3.1 고유가, 원자재 가격상승으로 물가불안이 가시화되며 2007년 12월 이후 소비자물가가 한국은행의 물가안정 목표 범위(2.5%~3.5%)를 상회하였음

※ 소비자물가 상승률(%) : 3.5(2007년 11월) → 3.6(2007년 12월) → 3.9(2008년 1월)

3.2 소비자와 기업들의 심리지표도 둔화되었음

※ 소비자 평가지수(통계청, 포인트) : 88.0(2007년 11월) → 85.1(12월) → 82.7(2008년 1월)

※ 제조업 업황 BSI(포인트) : 88(2007년 11월) → 84(12월) → 83(2008년 1월)

제 2 절 금융 및 외환시장 현황

1. 글로벌 주식시장(global stock market)에 2008년 들어 동반 폭락 현상이 발생하고 있음

1.1 2008년초 대비 2월 22일 기준 상하이 종합, 니케이225, 다우존스산업지수(DJIA)가 각각 17.1%, 11.8%, 5.1%의 하락률을 기록하였음

1.2 코스피(KOSPI)지수와 코스닥(KOSDAQ)지수도 각각 9.0%, 7.6% 하락하는 등 국내 주식시장도 약세를 시현하였음

2. 글로벌 외환시장에서는 급격한 엔화 강세가 진행되고 있음

2.1 신흥시장(emerging market)에서의 자본이탈과 달러화 약세가 맞물리면서 엔화가치가 급등하였음

※ 엔/달러 환율 : 112.0엔(2007년말) → 107.22엔(2008년 2월 22일)

2.2 자본이탈이 지속되고 있는 한국의 경우 원화 가치가 2008년 들어 5.0% 평가절하(depreciation) 되었음

3. 글로벌 금융시장(global financial market)의 불안 가중에 따라 위험회피 성향도 증가되고 있음

3.1 EMBI 수준이 2007년 이후 단계적으로 상승하였음[1)]

---

1) EMBI+는 신흥시장 외화채권에 적용되는 가산금리로 투자자의 위험회피 성향을 나타낸다(삼성경제연구소, SERI Economic Outlook, 2008년 세계 및 국내경제 전망, 2008. 2. 요약 · 재구성).

3.2 글로벌 금융불안의 주기가 점차 단축되는 반면 강도는 커지고 있음

2007년 이후 4차례(2~3월, 8월, 11월, 2008년 1월)의 글로벌 금융불안이 발생하였다. 서브프라임 모기지(subprime mortgage) 사태가 차입자와 모기지대출회사의 부실을 넘어 유동화 전문회사와 투자자 및 채권보증회사에 이르기까지 전방위로 확산되고 있다.

제3절 국제유가 현황

2007년 하반기부터 시작된 유가의 초강세 행진이 2008년에도 지속되고 있는 상황이다.

1. WTI유(油) 가격이 2008년 1월 배럴당 평균 92.99달러로 2007년 11월(94.74달러)과 12월(91.29달러)에 이어 3개월 연속 90달러 대를 기록하였음

2008년 2월 1~22일에도 평균 배럴당 93.61달러로 고공행진을 지속하였다.

2. 두바이유의 월평균 가격은 2008년 1월 중 배럴당 87.24달러로 2007년 11월(86.85달러) 이후 2개월 만에 사상 최고수준을 기록하였음

2008년 2월 1~22일에도 배럴당 평균 89.05달러를 기록하였다.

5
chapter

한국경제의 전망

제 1 절 경제성장

1. 2008년 1분기 중 경기가 하강국면으로 전환될 것으로 보임

1.1 실물지표들은 한국경제의 경기상승세가 지속되고 있음을 나타내고 있음

현재 경기상황을 나타내는 동행지수순환변동치가 2007년 12월 101.6을 기록하여 전월에 비해 확대되었다. 2005년 4월에 시작된 경기확장세가 2007년 12월 기준 32개월간 지속되고 있다(외환위기 이전 6번의 경기순환기 중 경기확장기는 평균 34개월).[1]

1.2 선행지수 상승세가 2007년 12월 둔화되어 향후 경기가 하강국면으로 전환될 가능성을 나타내고 있음

선행지수 전년동월비가 2007년 11월 7.3%에서 12월 7.2%로 0.1% 하락한 것으로 나타났다.

1) 공식적으로는 2002년 12월에 경기가 정점을 지난 것으로 판단된다. 과거 경기수축기간이 평균 18개월인 점과 동행지수의 흐름을 고려하면 2005년 4월에 제8 경기순환기가 완료된 것으로 추정할 수 있다(삼성경제연구소, SERI Economic Outlook, 2008년 세계 및 국내경제 전망, 2008. 2. 요약 · 재구성).

2. 미국경제의 침체가 수출에 미치는 영향은 제한적으로 2008년 수출은 두 자릿수 증가세를 유지할 것으로 보임

2.1 미국의 경기가 2007년 4분기 이후 급속도로 냉각되고 있으나 한국의 수출은 오히려 확대되고 있음

미국의 경제성장률은 2007년 3분기에 전기 대비 4.9%에서 4분기에는 0.6%로 급락했으나 동 기간 중 한국의 수출은 9.4%에서 18.2%로 급증하였다. 또한, 2008년 1월에도 한국수출은 15.4%로 신장세가 지속되고 있다.

2.2 이는 미국경제의 부진을 중국 등 기타지역의 안정적 성장이 이를 보완하고 있기 때문으로 판단됨

〈표 5-1〉 주요 지역별 수출증가율 추이

	2007				2008
	1분기	2분기	3분기	4분기	1월
총수출	14.6	14.1	9.4	18.2	15.4
미국	11.0	7.8	-4.1	9.6	0.5
일본	-1.6	-1.5	-6.9	7.2	19.0
EU	14.6	17.3	13.0	17.0	29.1
중국	18.9	14.4	15.6	23.0	14.1
ASEAN	27.4	25.3	7.4	25.1	25.9
중동	31.8	40.7	35.4	37.2	24.9

자료 : 한국무역협회, kita.net DB

2.3 미국경제의 하강 폭이 2008년에 확대되어 세계경제의 성장률이 2007년에 비해 둔화될 것으로 보이나 2001년에 비해서는 양호할 것으로 전망됨

세계경제의 성장률은 2008년에 3.0%(PPP 기준 4.1%)로 2001년의 1.6%(PPP 기준 2.6%)에 비해 높을 것으로 기대된다.

3. 2008년에는 수출증가세 둔화와 더불어 2007년 이후 지속되던 내수의 성장모멘텀(growth

momentum)도 약화될 것으로 보임

3.1 양호한 노동시장, 주식시장 호황 등 2007년 이후 소비확대를 유도한 요인들이 부정적으로 작용하고 있음

3.2 주식시장의 불안으로 자산효과에 따른 소비확대도 더 이상 기대하기 힘든 실정임

코스피지수(시가총액)는 2007년 1월 3일 1,409.4(693조원)에서 10월 31일에는 2,065(1,029조원)로 상승했으나 이후 하락하여 2008년 1월 30일에는 1,589(799조원)를 기록하였다.

3.3 최근 하락추세를 보이는 일자리 창출력도 향후 소비에 부정적인 요인으로 작용하게 됨

일자리 창출력이 2007년 1월 258,000명에서 6월에는 315,000명으로 확대되었다. 그러나 이후 점차 하락세로 전환되어 2008년 1월에는 235,000명으로 축소되었다.

4. 고용상황의 악화, 주가 하락에 따른 역(逆)자산 효과, 물가 불안 등이 시차를 두고 소비에 영향을 미칠 것으로 보임

4.1 2007년 4분기 이후 내수의 성장탄력이 약화되고 있음

소비재판매는 2007년 하반기 들어 8% 내외의 성장세를 기록하였으나 10월 이후 상승세가 둔화되는 양상을 나타내고 있다. 2007년 10월 이후 전기 대비 증가율은 3개월 연속 마이너스를 기록하였다.

4.2 심화되고 있는 물가 불안도 내수에 부정적 요인이 되고 있음

소비자물가는 2008년 1월 중 전년동월 대비 3.9% 상승하였으며 국제원자재 가격상승에 따른 수입물가 급등 등으로 향후 추가 상승할 것으로 보인다.

5. 경제성장률은 2008년에 세계경제의 하강세 본격화, 내수회복세 둔화로 2007년에 비해

0.2%포인트 하락한 4.7%를 기록할 것으로 보임

5.1 미국경제의 급속한 하강, 글로벌 금융시장의 불안정(instability of global financial market) 등을 반영하여 주요 경제분석기관들은 2008년 경제성장률 전망치를 당초 5.0%에서 4.7%로 하향 조정하고 있음

5.2 한국경제는 2008년에 수출둔화를 내수회복세가 보완하지 못하여 경제성장률은 2007년에 비해 하락할 것으로 보임

※ 수출의 성장기여도는 2007년 6.8%포인트에서 2008년에는 5.0%포인트로 하락할 것으로 추정됨

※ 내수의 성장기여도는 동 기간 중 3.3%포인트에서 3.4%포인트로 0.1%포인트 상승할 것으로 추정됨

경기의 흐름은 2008년 2분기에 정점에 도달한 이후 하락하는 상고하저 현상이 나타날 것으로 예상된다.

※ 2008년 반기별 경제성장률 : 4.9%(상반기) → 4.4%(하반기)

소비는 2008년 상반기에 비해 하반기에 소폭 하락하나 고정투자는 규제완화(deregulation) 등 투자환경(investment environment) 개선으로 상반기에 비해 하반기에 상승할 것으로 기대된다.

제2절 소 비

1. 민간소비는 2007년 하반기에 증가세가 확대되며 전년 대비 4.4%의 증가율을 기록하였음

1.1 민간소비 증가율(전년동기 대비)은 2007년 상반기 4.1%에서 하반기 4.7%로 확대되었음

민간소비의 성장기여도 역시 2007년 상반기 2.0%포인트에서 하반기 2.1%포인트로 확대되며 경기회복에 일조하였다.

1.2 2007년 중 4.1%(1분기) → 4.2%(2분기) → 4.7%(3분기)로 점진적으로 확대되던 소비 증가세는 4분기에 4.7%를 기록하며 정체되었음

2007년 12월 소비재 판매액지수는 전월 대비 1.7% 감소하였으며 전년동월 대비 증가율도 2.6%로 11월의 6.0%에 비해 크게 위축되었다.

2. 세계경기에 대한 우려로 금융시장 불안이 고조되고 국제유가 및 원자재가격의 급상승으로 인한 물가상승 압력이 가중되고 있음

2.1 활황세를 보이며 소비회복의 견인차 역할을 수행해온 증시는 서브프라임 모기지 부실로 인해 글로벌 금융시장 불안이 고조되며 소비에 위험요인으로 작용하였음

2007년 10월 중 월평균 2,000을 상회하던 주가는 2,005(2007년 10월) → 1,925(11월) → 1,902(12월) → 1,739(2008년 1월) → 1,679(2월 1~22일)로 하락세를 보였다. 주가의 하락과 더불어 변동성(volatility)도 확대되는 추세를 보이고 있어서 소비심리에 악영향을 미치고 있다.

2.2 소비자물가지수의 전년동월 대비 증가율이 2007년 10월 3%를 기록한 이후 3.5%(11월)

→ 3.6%(12월) → 3.9%(2008년 1월)로 상승하며 소비심리를 위축시키고 있음

통계청 가계수지조사에 의하면 물가상승의 영향으로 2007년 4분기의 전년동기 대비 실질소득 증가율은 0%로 정체된 것으로 나타났다. 10인 이상 제조업 사업체 월평균 실질임금(real wage) 증가율도 2007년 9월 5.4%로 정점에 이른 후 10월과 11월에는 각각 3.8%와 3.2%로 증가세가 축소되었다.

3. 소비자 심리가 위축되며 소비에 대한 위험 신호가 나타나고 있음

3.1 2008년 1분기 소비자태도지수와 소비자평가지수 모두 전분기 대비 하락하였음

특히, 삼성경제연구소의 2008년 1분기 소비자태도조사의 물가에 대한 인식조사 결과도 99%의 가구가 최근 물가상승을 체감하고 있으며 약 40%의 가구가 최근 물가상승으로 인해 실제로 소비지출을 감소시켰다고 응답한 것으로 나타났다.

3.2 미래에 대한 소비자들의 기대는 긍정적인 것으로 조사되었음

신정부에 대한 기대감 등으로 소비자기대지수는 2008년 1분기에도 상승세를 유지하였다. 삼성경제연구소의 소비자태도조사에 있어서도 미래형편이 개선될 것이라는 응답이 44.6%를 차지해 악화될 것이라는 응답 비중 13.6%를 크게 상회한 것으로 나타났다.

〈표 5-2〉 가계의 소비심리 추이

	2006				2007				2008
	1분기	2분기	3분기	4분기	1분기	2분기	3분기	4분기	1분기
소비자태도지수	51.2	49.3	45.4	44.3	44.6	48.5	51.2	53.4	51.1
소비자기대지수	103.9	104.2	97.7	94.3	97.3	100.9	102.9	103.1	105.9
소비자평가지수	89.2	54.0	78.5	78.4	81.6	89.1	91.6	88.5	82.7

자료 : 통계청, 소비자전망조사
삼성경제연구소, 소비자태도조사 각호

4. 2008년 상반기 중 주식시장 불안과 물가 상승으로 인한 실질소득(real income) 감소 등의 위험요인이 지속되고 있으나 하반기에는 다소 완화될 것으로 보임

4.1 민간소비는 2008년 상반기에 전년동기 대비 4.4% 증가할 것으로 예상됨

국제유가 및 국제원자재 가격의 급상승 등 대외악재로 인해 소비심리 회복이 지연되고 물가상승으로 인해 실질소득 증가가 제한적일 것으로 보인다. 2008년 상반기 중 민간소비는 2007년 하반기(4.7%)에 비해 증가세가 다소 축소되며 전년동기 대비 4.4%의 증가율을 기록할 것으로 예상된다.

4.2 민간소비는 2008년 하반기에 저점 통과 후 대외불안요인의 완화와 더불어 회복세를 보이며 4.3% 증가할 것으로 보임

2008년 하반기로 접어들며 세계경기의 불확실성(uncertainty)이 다소 완화되면서 대외여건이 개선되고 금융부문의 충격이 파급되는 파장도 축소될 것으로 보이며 신정부의 성장지향적 정책들(growth-oriented policies)도 시차를 두고 효과를 나타낼 것으로 보인다. 따라서 민간소비는 2008년 3분기(4.2%)에 저점 통과 후 4분기(4.4%)부터 점차 회복세를 보이며 하반기에는 4.3% 증가할 것으로 예상된다.

5. 국민부담 경감과 주식시장 안정성 확보가 소비개선을 위해 필요한 실정임

5.1 민간소비의 가처분소득(disposable income) 탄력성은 1.1로 추정(가처분소득 1% 증가는 민간소비 1% 증가를 유발함)되어 소비회복을 위한 정책효과가 클 가능성이 있음

소비가 가처분소득에 대해 탄력적으로 추정된 것은 최근 소비의 근간이 되는 가처분소득의 증대가 국민부담의 가중으로 인해 제한적이었던 상황을 반영한 것으로 해석할 수 있다. 국민부담 경감을 통해 소비여력이 확충될 경우 소비증가의 가능성이 충분한 것으로 판단된다.

5.2 KOSPI지수의 표준편차(standard deviation)로 본 주식시장의 안정성이 1% 개선될 경우 민간소비는 0.02% 증가하는 효과가 있음

최근 변동성이 확대되는 금융시장의 안정성 확보 노력도 자산효과의 원활한 작동과 소비개선에 기여할 것으로 보인다.

〈표 5-3〉 소비함수 추정 결과(1986~2006년)

구분	상수	개인총가처분소득	콜금리	KOSPI 변동성	주택가격 변동성
회귀계수	-0.93	1.08*	-0.12*	-0.02**	-0.01***
t-통계량	-1.54	22.92	-8.03	-2.22	-1.80

주 : 1) R^2 = 0.99, D-W 통계량 = 1.87, F-통계량 = 564.68
2) *, **와 ***는 각각 1%, 5%와 10% 수준에서 통계적으로 유의함을 의미함
3) KOSPI와 주택가격의 변동성은 해당 지수의 표준편차이며 모든 변수는 로그변환하였음

제3절 투 자

1. 설비투자

1.1 설비투자는 2007년에 기업들의 재무구조조정 종료, 경기호조세, 금융권의 개체투자 수요 등으로 인해 연간 7.5% 증가하였음

(1) 설비투자는 2007년 상반기 중 전년동기 대비 11.4% 증가하면서 호조세를 보였음

(2) 2007년 하반기에는 반도체산업 등 기업들의 설비투자 조정으로 증가율이 일시적으로 하락했으나 다시 증가세를 화복하였음

2007년 3분기 중 기계류 투자가 둔화되면서 증가율이 1.6%로 하락했으나 4분기 중 운수장비 투자가 확대되면서 5.7%로 반등하였다.

1.2 설비투자는 2008년에 높은 가동률, 선행지표의 상승세 등으로 증가세를 유지할 것으로 보이나 경기하방요인의 증가로 증가율이 소폭 축소할 것으로 예상됨(연간 6.7%)

(1) 제조업 평균가동률은 2007년에 82.3%로 1995년의 81.2%를 상회하면서 설비투자에 대한 유인이 높은 수준임

(2) 개발도상국(developing country)을 중심으로 한 수출의 증가세 유지로 제조업 투자가 확대되고 민간소비도 지속적으로 증가하면서 비제조업 투자가 증가하였음

제조업 기계수주가 2007년 하반기에 1차금속, 기계장비, 자동차, 기타운송장비 산업 등에서 크게 늘면서 전년동기 대비 43.4% 증가한 것으로 나타났다. 동 기간 전자부품, 영상, 음향 및 통신장비 제조업의 설비투자 조정압력도 제고되면서 IT투자가 재개될 가능성이 존재하고 있다. 운수창고, 통신업 등의 비제조업 투자도 선행지표인 기계수주가 2007년 하반기에 10% 내외의 증가세를 유지하였다.

(3) 미국경제의 침체 가능성, 고유가 및 원자재가격 상승으로 인한 비용압박 등 경기하방요인의 증가는 설비투자 확대를 제약하고 있음

〈표 5-4〉 제조업 기계수주 및 설비투자 조정압력 추이

(단위 : 전년동기 대비, %)

	2006		2007			
	3분기	4분기	1분기	2분기	3분기	4분기
제조업	35.0	32.8	7.0	5.8	29.0	57.5
1차 금속	-26.3	-0.8	-61.9	-20.7	202	65.4
기계장비	24.8	29.3	26.9	55.3	45.3	44.6
영상음향통신	30.7	3	39.1	14.2	50.9	118.2
자동차	-5.2	3.7	27.8	16.9	25.8	19.2
기타운송장비	141.2	128.3	23	8.9	71.2	243.5
조정압력	8.6	3.5	1.9	4.4	4.3	8.5
전자부품 영상음향통신	13.7	6.1	-1.8	4.5	11.7	14.6

자료 : 통계청 Kosis DB

1.3 신정부의 경제정책에 대한 기대감으로 2008년 들어 투자심리가 큰 편이나 경기에 대한 불안감, 정책실시와 효과 간의 시차 등으로 단기적으로 큰 폭의 확대는 기대하기 어려운 실정임

(1) 대기업을 중심으로 투자심리가 큰 편이나 투자에 직접적으로 영향을 미치는 경기에 대한 불안감도 고조되고 있음

최근 기업설문조사에 의하면 대기업들은 2008년에 설비투자를 크게 확대할 계획인 것으로

조사되었다.

※ 전국경제인연합회의 600대기업 설비투자계획조사에 의하면 대기업들은 2008년에 설비투자를 14.0% 증가시킬 계획으로 있어 2004년 이후 4년 만에 가장 높은 증가율을 기록하였음

그러나 미국경제가 당초 예상보다 악화되고 경기의 불확실성이 제고되면서 업황에 대한 기업심리는 하락하는 양상을 나타내었다.

※ 한국은행이 발표하는 제조업 업황전망 BSI는 2007년 9월 95를 기록한 후 2008년 2월까지 84로 5개월 연속 하락했으며 비제조업 업황전망 BSI도 10월 이후 4개월 연속 하락하였음

(2) 신정부의 각종 투자활성화 정책(investment vitalization policy)도 설비투자에 긍정적인 요인으로 평가되나 구체적인 실적화로 이어지기에는 시차가 존재하고 있음

법인세 인하와 진입규제 완화는 실증적으로 투자확대와 외국인투자 유치의 주요 결정요인으로 작용하고 있다. 다만 선진국들의 경험상 정책의 효과는 중장기에 걸쳐 점진적으로 발생하는 경향이 있으므로 단기적으로 큰 효과가 나타나기는 힘들 것으로 보인다.

1.4 설비투자는 2008년에 2007년 상반기의 높은 증가세로 인한 기저효과, 하반기 이후 신정부 경제정책의 본격적 실시 등으로 상저하고의 형태를 보이면서 상반기 6.0%, 하반기 7.5% 증가할 것으로 보임

2. 건설투자

2.1 건설투자는 2007년에 민간부문이 위축된 가운데 공공건설이 주도하면서 연간 1.6% 증가하였음

(1) 건설투자(국민계정)는 2007년 상반기에 재정조기집행으로 인한 공공건설 확대로 인해 전년동기 대비 3.5% 증가하였음

공공부문 비중이 큰 토목건설 투자가 5.4% 증가하면서 건설투자를 주도하였다. 통계청이 발표하는 건설기성액(명목기준)은 공공부문이 2007년 상반기 중 14.4% 증가한 반면, 민간부문은 1.7% 증가에 그치면서 부진한 양상을 나타내었다.

(2) 공공부문 건설의 증가세가 2007년 하반기에 하락하고 민간부문의 위축이 이어지면서 건설투자 증가율이 0.1%로 하락하였음

공공부문 건설은 예산집행이 2007년 상반기에 집중되면서 상대적으로 하반기에는 공공 및 토목건설 증가세가 하락하였다. 민간부문이 대부분을 차지하는 주택건설은 부동산투기억제 정책기조와 높은 미분양물량으로 부진을 지속하였다. 다만 상가, 사무실 등 비주거용 건설투자는 내수회복을 후행하면서 하반기 중 증가세가 확대된 것으로 나타났다.

※ 비주거용 건설투자 증가율 : 2007년 1분기 2.8% → 2분기 6.4% → 3분기 8.6%

2.2 건설투자는 2008년 상반기에 전년도 상반기의 높은 증가세에 의한 기저효과와 주거용 건설투자의 부진으로 0.9% 증가를 기록할 것으로 보임

(1) 공공 및 토목부문 건설투자는 전년도 재정조기집행에 의한 기저효과로 2008년 상반기에는 부진할 것으로 보임

과거의 경험을 보면 2006년 상반기에도 2005년 재정조기집행의 영향으로 토목건설이 감소세를 기록하였다.

(2) 주택경기는 2008년에도 높은 미분양물량, 부동산정책의 가격안정 우선 기조 등으로 침체가 지속될 것으로 보임

분양가 상한제를 피하기 위한 조기분양이 2007년 하반기 이후 집중되면서 미분양 물량은 지방뿐만 아니라 수도권에서도 증가하였다. 특히, 지방 미분양은 2007년말 약 98,000호로 주택경기가 크게 침체했던 외환위기(foreign exchange crisis) 기간보다 높아 당분간 해소가 어려울 것으로 보인다. 또한, 신정부의 부동산정책도 가격안정(price stability)을 우선으로 하여 주

택경기가 크게 회복되기는 어려울 것으로 판단된다.

2.3 공공건설이 2008년 하반기에 확대되고 비주거용 건물건설이 내수경기에 시차를 두고 회복되면서 건설투자는 4.5% 증가할 것으로 보임

(1) 공공부문 건설투자는 사회간접자본(SOC) 사업, 민자사업 확대 등으로 규모가 확대되나 기존의 개발계획들이 재검토되면서 크게 증가하기는 어려운 실정임

SOC 건설의 2008년 예산요구액이 증가하고 민자사업 규모가 확대되면서 토목건설이 증가할 것으로 기대되나 신정부의 출범으로 각종 국토균형개발계획의 재검토가 불가피한 한편, 대운하 등 신정부의 주요 건설정책은 사업방식, 여론수렴에 필요한 시간 등으로 연내에 실적화되기에는 어려울 것으로 보인다.

(2) 상가, 사무실, 공장 및 창고 등의 비주거용 건설투자는 내수확대에 힘입어 회복세를 지속할 것으로 보임

2007년에 크게 감소한 사무실 공실률과 선행지표인 건설수주의 증가 등은 비주거용 건물건설의 확대를 시사하고 있다. 2008년 하반기까지 회복세가 심화되면서 상가, 사무실 등의 건설이 증가할 것으로 기대된다.

제 4 절 대외거래

1. 2007년 연간 수출증가율이 14.1%를 기록한 이후 2008년 1월에도 전년동월 대비 17.0% 증가하여 수출호조세가 지속되고 있음

1.1 미국 경제성장률은 2007년 4분기에 0.6%로 경기둔화의 폭이 커졌음에도 불구하고 동기간 한국의 수출증가율은 18.2%(전년동기 대비)를 기록하는 등 미국 경기와 수출 사이의 탈(脫) 동조화가 진행되고 있음

〈표 5-5〉 미국 GDP 및 수입증가율 추이

(단위 : 전년동기 대비, %)

	미국 수입 증가율			미국 GDP 증가율	한국 전체 수출증가율
		소비재	자본재		
2001년 2분기	-11.0	-2.4	-22.8	1.2	-11.6
2001년 3분기	-13.6	-4.1	-23.5	-1.4	-19.8
2001년 4분기	-11.9	-2.9	-18.5	1.6	-19.6
2007년 3분기	3.2	4.5	5.1	4.9	9.4
2007년 4분기	11.3	6.5	6.7	0.6	18.2

주 : 2007년 4분기 수입의 경우 10월과 11월 실적치의 합
자료 : USITC Trade Dataweb

1.2 개발도상국의 경기상승에 따른 전통 제조업을 중심으로 한 개발도상국 수출호조와 수출시장의 다변화로 미국 수출부진을 만회하고 있음

대미 수출은 2008년 1월 중 3.3% 증가에 그쳤으며 대중 수출도 5.0% 증가토 둔화되었으나 대EU 수출(36.1%), 대ASEAN 수출(11.4%)이 대폭 증가하였다.

2. 고유가에 따른 원유수입 증가에 따라 수입규모가 확대되어 2007년 12월 이래 2개월 연속 무역적자(trade deficit)를 기록하였음

수입증가율은 2007년 4분기에 25.9%로 증가세가 확대된 이후 2008년 1월 중에도 수입은 전년동월 대비 31.5% 증가한 362.4억 달러를 기록하였다. 원유 수입증가액은 2008년 1월 중 32억 달러(전년동월 대비)로 전년동월 대비 무역수지 감소 폭 39.1억 달러의 81%를 차지하였다.

3. 세계경기의 둔화로 수출증가율이 2007년 14..2%에서 2008년에는 11.0%로 둔화될 것으로 보임

미국의 경기침체(recession)가 유럽연합(EU) 등 여타 국가로 확산되어 향후 수출증가세가 둔화될 것으로 보인다. 국제통화기금(IMF)은 2008년 세계경제의 성장률 전망을 당초(2007년 10월 17일) 4.8%에서 4.1%(2008년 1월 29일)로 하향 조정하였다.

4. 미국의 경기불황 진입 가능성 고조에도 불구하고 2001년 미국 IT 버블붕괴(IT bubble collapse) 당시와 같은 급격한 수출둔화는 발생하지 않을 것으로 보임

4.1 2001년 미국의 경기침체기는 IT 버블붕괴기로 미국의 수입이 전반적으로 감소했으나 지금은 비교역부문(non-traded sector)의 침체가 주요 원인으로 수입이 상대적으로 크게 감소하지 않고 있음

특히, 2001년에는 기업들의 IT투자가 급감하며 IT설비를 포함한 자본재 수입이 크게 위축되었으나 현재는 미국기업의 실적이 상대적으로 양호하기 때문에 투자가 급감하지는 않을 것으로 보인다.

4.2 세계교역에 있어서 미국 수입의 영향력이 축소되고 있음

한국을 비롯하여 각국의 수출 중 수입 비중이 점차 축소되고 있다. 미국의 경우 전체 소비 중 소비재 수입 비중은 7.1%에 불과하기 때문에 미국의 소비 위축이 미국 수입의 급격한 위축을 초래하지는 않을 것으로 보인다. 미국 소비재 수입의 비중도 전체 수입의 30%에 그치고 있다.

4.3 미국의 경기는 2007년 하반기 이후 회복세로 전환될 것으로 보이나 미국의 경기위축이 세계경기 둔화로 파급되는 시차를 고려할 때 수출은 2008년 상반기에 비해 하반기 증가세가 더욱 하락하는 상고하저 형태를 나타낼 것으로 보임

5. 고유가 및 원자재 가격 상승의 영향으로 수입이 크게 증가하여 무역수지 흑자(trade surplus) 규모는 2007년 146억 달러에서 2008년에는 91억 달러로 축소될 것으로 보임

5.1 유가 상승의 압력과 내수 회복세의 지속에 따른 영향으로 수입증가율은 13.0%를 기록할 것으로 보임

세계경기의 둔화에 따른 수출증가세의 위축은 수입감소의 요인으로 작용하고 있다. 그러나

고유가와 내수회복에 따른 수입증가의 요인이 더욱 커서 수입증가세가 수출증가세를 상회할 것으로 보인다.

5.2 2008년 하반기 이후 원유가격이 안정되며 수입증가세가 둔화됨에 다라 무역수지 흑자 규모는 하반기 이후 확대될 것으로 보임

5.3 무역수지 흑자 폭의 축소와 서비스수지의 적자 누적으로 인해 2008년 경상수지는 지난 10년간 흑자 기조를 마감하고 연간 59억 달러 적자로 전환될 것으로 보임

제5절 물 가

1. 소비자물가는 국제원자재 가격과 환율의 상승 영향으로 2007년 4분기에 전년동기 대비 3.3% 상승한 이후 2008년 1월에는 3.9%의 상승세를 기록하였음

1.1 고유가와 곡물의 국제가격이 두 자릿수의 급등세를 지속하고 있음

(1) 국제유가

국제유가(두바이유 기준)는 2007년 4분기(배럴당 82.8달러)와 2008년 1월(87.2달러) 중 전년동기 대비 각각 44.7%, 68.6% 상승하였다.

(2) 소맥 · 대두

소맥과 대두는 2007년 4분기에 각각 72.3%, 64.5%, 2008년 1월에는 99.6%, 72.8%의 급등세를 기록하였다.

1.2 원유 및 곡물가격 급등의 영향으로 식료품 가격과 교통비 등이 상승하면서 소비자물가의 상승을 주도하고 있음

식료품 중 밀가루의 가격은 2007년 4분기에 전년동기 대비 23.8%, 2008년 1월에는 67.1%의 높은 상승세를 기록하였다. 고유가의 영향으로 교통비 중 차량연료 및 운영비는 동 기간 중

10.8%, 17.0% 상승한 것으로 나타났다.

1.3 2007년 4분기 원/달러 환율의 상승도 국제원자재 가격의 상승효과를 더욱 가속화시켰음

2005~2006년 중에는 원/달러 환율이 연간 10.5%, 6.6%씩 하락하며 원유 및 곡물가격의 상승분을 상쇄(相殺)하였다. 원/달러 환율은 2007년 3분기까지 하락세를 보였으나 10월말 이후 급등세를 보여 2007년 말과 2008년 들어서는 달러당 940원 내외로 상승하였다.

2. 소비자물가는 2008년에 상고하저의 양상을 나타내며 연간으로는 3.3%의 상승세를 기록할 것으로 보임

2.1 소비자물가는 2008년 상반기에 높은 국제원자재 가격과 환율 등의 영향으로 전년동기 대비 3.6%의 상승세를 나타낼 것으로 보임

석유수출국기구(OPEC)의 원유생산 동결, 이라크-쿠르드 분쟁, 나이지리아 무장테러, 중국의 폭설 등으로 원유, 석탄, 철 등 국제원자재 가격이 급상승하고 있다. 2008년 상반기 중 원/달러 환율은 전년동기보다 11원 정도 높은 945원이 예상된다.

2.2 2008년 하반기에는 원유 및 곡물가격이 기저효과(base effect)로 상승률이 둔화되고 달러화 약세가 예상되어 소비자물가는 전년동기 대비 3.0% 상승할 것으로 보임

2008년 하반기 원/달러 환율은 상반기보다 20원 낮은 925원이 될 것으로 보인다.

제6절 고 용

1. 실업률은 최근 들어 3%대 초반으로 안정적이나 일자리 창출(job creation) 폭은 2008년 하반기에 지속적으로 하락세를 나타낼 것으로 보임

1.1 2007년 6월 일자리 창출 폭은 31.5만개를 기록했지만 이후 30만개를 하회하면서 지속적으로 하락하고 있음

※ 일자리 창출 폭(전년동월 대비, 만개) : 31.5(2007년 6월) → 29.4(8월) → 28.7(10월) → 23.5(2008년 1월)

1.2 실업률은 3%대 초반을 지속하면서 안정적인 양상을 나타내고 있음[2]

이는 취업준비자의 증가 등으로 유휴인력인 비경제활동인구가 증가하여 실업률의 하락을 발생시켰기 때문으로 해석할 수 있다.

※ 비경제활동인구 증감분(전년동월 대비, 만명) : 11.6(2007년 7월) → 18.7(10월) → 21.7(12월) → 28.0(2008년 1월)

2. 실업률이 하향 안정되고 경기회복세가 지속되는 상황 하에서 일자리 창출이 부진한 요인은 서비스부문의 고용부진과 미스매치(mismatch) 등으로 판단됨

2.1 제조업, 농림어업 등의 일자리가 구조적으로 감소하는 상황 하에서 일자리 창출의 동력으로 판단되는 서비스업 일자리가 상대적으로 부진한 양상을 나타내고 있음

※ 건설업 경기의 부진으로 최근 6개월 연속 건설업 일자리가 축소되었음(전년동월 대비, 만개) : -1.5(2007년 8월) → -1.3(11월) → -0.5(2008년 1월)

또한, 도소매 음식숙박업, 부동산 임대업 등도 일자리 창출 폭이 개선되지 못하는 양상을 나타내고 있다.

2) 2005년 이후 3년 동안 15세 이상 인구 중 상당수가 비경제활동인구로 유입되는 상황은 실업률의 하향 압력으로 작용하고 있다. 실업률은 15세 이상 인구 중 비경제활동인그를 제외한 경제활동인구로 실업자를 나눈 수치이다.

2.2 구인난 속에서도 구직자들이 양호한 일자리를 찾고 있어 자발적으로 구직활동을 지연시키는 형태도 나타나고 있음

서울의 인력부족률은 2007년 11월 기준 3.2%(6.9만명), 2007년 9월 1일 기준 중소제조업 인력부족 규모도 9.0만명으로 확대되어 구인난이 심화되고 있다. 구직자들은 노동시장 사유로 구직을 단념하기 보다는 취업준비를 이유로 자발적으로 구직을 지연시키면서 노동시장의 미스매치가 유발되고 있다.

〈표 5-6〉 중소 제조업의 인력부족률과 인력부족인원

(단위 : 만명, %)

	2006	2007
인력부족률(인력부족인원)	3.79(8.7)	3.93(9.0)

자료 : 중소기업청, 2007년 중소기업 인력실태조사 결과, 2008. 1.

2.3 2007년 7월 이후 비정규직 보호법 시행 이후에는 기업들이 보수적으로 인력을 운용하고 있음

임시직 일자리는 2007년 9월 이후 감소하고 있으며 상용직 일자리 창출폭도 저하되는 양상을 나타내고 있다.

※ 상용직 일자리 창출 폭(전년동월 대비) : 54.6(2007년 7월) → 47.4(9월) → 40.7(12월) → 43.3(2008년 1월)

3. 2008년의 고용상황은 하반기에 일자리 창출 폭이 소폭 확대될 것으로 보이나 구직자들이 선호하는 '양호한 일자리(decent job)'의 창출은 미진할 것으로 보임

3.1 내수부문의 회복세는 2008년에도 미진할 것으로 보여 일자리 창출수준은 29만개 수준이 될 것으로 예상됨

'비정규직 보호법'의 적용범위 확대로 임시 · 일용직 활용도는 저하되고 상용직 형태의 취업자가 증가하여 대규모 고용확대는 어려울 것으로 보인다.

3.2 대기업, 공기업 등 상대적으로 구직자가 선호할 만한 양호한 일자리도 대폭 확대되기는 어려울 것으로 보임

대한상공회의소 조사에 따르면 매출액 500대 기업 중 응답기업(421개사)을 기준으로 할 때 오히려 채용규모가 2007년에 비해 1.8%(556명) 감소할 것으로 나타났다. 업종별로는 자동차, 전기, 조선 등 특정 업종을 제외하고는 향후 인력을 보수적으로 운용할 것으로 보인다.

3.3 경제성장세와 경기의 흐름은 시차를 두고 노동시장에 영향을 미치게 되어 2008년 하반기 고용사정이 소폭 개선될 것으로 보임

2007년 4분기까지 지속적으로 제고된 경제성장률은 시차를 두고 2008년 하반기 상용직 일자리를 확대시킬 동인으로 작용할 것으로 보인다.

※ 2008년의 일자리 창출은 비정규직 보호법 적용범위 확대 등으로 경기후행성이 강한 상용직 위주로 실현되어 경제성장세가 시차를 두고 노동시장에 영향을 미치고 있음

제7절 환 율

1. 외국인의 주식 순매도와 무역수지 적자(trade deficit) 등의 영향으로 2007년 4분기 이후 달러화에 대한 원화 약세가 지속되고 있음

1.1 원/달러 환율은 2008년 1~2월 중 942.8원으로 2007년의 연평균 929.2원을 상회하였음

원/달러 환율은 2008년 2월 14일 기준 944.6원으로 2007년의 최저 수준 902.2원(11월 2일) 대비 4.5% 평가절하되었다(42.4원 상승).

1.2 원화의 약세 전환은 글로벌 주식시장(global stock market)의 위축과 무역수지 적자 등이 주요 요인으로 작용하였음

서브프라임 모기지 부실의 영향으로 글로벌 주식시장이 위축되며 국내 주식시장에서 외국인 순매도로 달러화 수요가 증가하였다.

> ※ 2007년 4분기 중 유가증권시장에서 외국인의 순매도 규모는 2007년의 연간 순매도 27조원의 42%인 11.3조원을 기록하였으며 2008년 1월부터 2월 13일까지에도 9.5조원을 순매도한 것으로 나타났음

국제원자재 가격의 급등과 수출둔화 등으로 무역수지가 악화되어 2007년 12월과 2008년 1월에 각각 8.7억 달러, 33.8억 달러의 적자를 기록하였다.

1.3 주요 국가의 통화와 비교할 경우 달러화에 대한 원화의 과도한 강세도 원/달러 환율의 추가적인 평가절상을 억제하고 있음

2004년 10월 말과 원화가 약세로 전환한 2007년 10월 말을 비교하면 달러에 대한 원화의 평가절상률이 24.1%로 주요 국가의 통화 중 가장 대규모로 평가절상되었다. 최근에는 선물환율이 현물환율을 상회해 향후의 원화 약세를 반영하고 있다.

〈표 5-7〉 주요 국가 통화의 달러화 대비 평가절상률 추이(2004년 10월말 대비)

환 율	2004년 10월말(A)	2007년 10월말(B)	2008년 2월 14일(C)	달러 대비 평가절상률	
				B vs A	C vs A
원/달러	1.126.00	907.40	944.6	24.1%	19.2%
엔/달러	106.31	114.7	108.12	-7.3%	-1.7%
달러/유로	1.2743	1.4436	1.45690	13.3%	14.3%
위안/달러	8.2765	7.4715	7.1977	10.8%	15.0%
싱가포르달러/달러	1.6628	1.4504	1.4183	14.6%	17.2%

자료 : 한국은행, ECOS DB

2. 2008년 연평균 원/달러 환율은 935원으로 전년보다 0.6% 평가절하되어 2002년 이후 6년간의 평가절상 추세를 마감하였음

2.1 2008년 상반기 국제금융시장 불안 지속과 미국의 경기부양 정책 등에 따른 달러화 강세 영향으로 원/달러 환율이 945원 수준을 유지할 것으로 보임

2008년 상반기 중에는 원유 및 곡물가격의 급상승에 따른 무역수지 악화와 외국인의 주식 순매도 등으로 원화 약세가 예상되고 있다. 미국의 정책금리 인하와 1,680억 달러의 긴급재정 확대 등은 미국의 경기회복 가능성을 제고시켜 달러화 강세요인으로 작용한 것으로 보인다.

2.2 2008년 하반기 중에는 금융불안의 진정과 미국의 경기부양책 효과 등으로 수출증가폭이 확대되며 원/달러 환율은 925원으로 하락하였음

서브프라임 모기지 관련 금융부실은 2008년 상반기를 정점으로 점진적으로 개선되며 외국인 증권투자도 확대될 것으로 보인다. 미국경제는 2008년 상반기의 재정 및 통화확대정책으로 하반기에는 점진적인 회복세를 보이며 세계경제의 성장을 주도할 것으로 예상된다.

제8절 금 리

1. 시장금리는 2008년초 이후 대폭 하락하여 단기금리 수준에 이르렀음

1.1 국고채(3년 만기) 금리는 2008년 초(1월 8일)에 최고수준(5.9%)을 기록한 이후 크게 하락하여 콜금리 수준(5.0%)까지 하락하였음(2008년 2월 14일, 5.01%)

1.2 단기금리인 CD도 은행권 자금사정 호전에 따라 2008년 초(1월 10일) 5.89%에서 5.31%(2월 14일)까지 하락하였음

2. 시장금리가 대폭 하락한 것은 은행예금이 증가한 반면 주식형펀드 증가세는 둔화되면서 시중자금 편중현상이 완화되었기 때문으로 판단됨

2.1 2007년 말까지 시중자금이 은행예금에서 자본시장으로 이동함에 따라 은행들은 부족자금을 충당하기 위해 CD 및 은행채 발행을 확대하고 있음

은행들은 2007년 중 월평균 2.43조원의 은행채와 2.35조원의 CD를 순발행한 반면 정기예금을 통해서는 0.98조원을 조달하는 데 그쳤다.

2.2 2008년 들어 고금리 특판예금을 중심으로 예금이 유입됨에 따라 은행 자금사정이 호전되고 있음

정기예금은 2008년 1월 중 20.4조원 증가하여 2007년 12월(-0.1조원)에 비해 크게 개선되었다.

2.3 종합주가지수의 조정세가 장기화되면서 주식형펀드 증가세는 둔화되고 있음

※ 주식형펀드 증가액 : 12.0조원(2007년 11월) → 9.8조원(12월) → 11.5조원(2008년 1월)

3. 시장금리는 2007년에 비해 소폭 상승한 6.0%가 될 것으로 보임

3.1 세계경제의 동반 하락세와 각국 중앙은행의 정책금리 인하 동향 등은 국내금리 하락 요인이 되고 있음

3.2 기업투자(corporate investment)가 2008년 들어 회복될 것으로 예상되는 데다 물가상승세가 유지되는 점을 고려할 때 금리인상 압력도 지속될 것으로 보임

4. 2008년 상반기에는 국제금리 하락세에도 불구하고 물가불안 등에 따라 금리는 높은 수준을 유지할 것으로 보임

4.1 미 FRB는 경기침체(recession)와 금융시장 불안을 해소하기 위해 2007년 9월 이후 기준금리를 2.25%포인트 인하하였음(5.25% → 3.00%)

2008년 3월 FOMC에서도 추가 금리인하가 예상됨에 따라 국내금리의 하락 압력이 지속되고 있다. 유로지역(Euroland)의 경우 인플레이션 문제가 지속됨에 따라 아직 금리인하를 단행하지는 않았으나 일단 인상 가능성은 배제되고 있다.

4.2 물가상승세가 2007년 4분기 이후 지속(2008년 1월, 3.9%)되고 있는 상황을 고려할 때

한국은행이 금리를 대폭 인하하기는 어려운 실정임

5. 글로벌 및 국내경기의 둔화 영향에 따라 2008년 하반기에는 금리도 하락세를 나타낼 것으로 보임

5.1 글로벌 경기하락이 본격화되어 대외거래가 위축되는 등 국내경제에 미치는 부정적인 영향이 증대되면서 금리인하 가능성이 커지고 있음

유럽연합(EU) 등 주요 국가 중앙은행의 기준금리 인하 동참도 국내금리의 하락 압력요인이 되고 있다.

5.2 금리차를 활용한 재정거래 기회의 확대로 외국인 투자자의 국내 채권투자도 더욱 활성화되면서 금리하락에 기여하고 있음

6. 2007년 11~12월에 발생했던 금리 급등락 현상이 다시 나타날 가능성이 상존하고 있음

6.1 미국의 공격적인 금리인하로 인해 국내외 금리차가 확대되고 있음(미국 기준금리 3.0%, 한국 콜금리 5.0%)

6.2 외국인투자자가 국내 채권시장에서 차지하는 비중이 제고되면서 글로벌시장 상황의 변화에 따른 금리 변동 가능성도 증대되고 있음

제9절 정책 시사점

한국경제에 대한 정책 시사점으로 다음 8가지를 지적할 수 있다.

1. 향후 경기관리에 철저한 대비가 필요함

1.1 지난 10년 간의 경제활력도(economic vitality) 저하로 인해 어느 때보다 경기활성화에 대한 기대감이 큰 상태임

2008년 1월 소비자전망조사(통계청)에서 소비자평가지수는 주식시장 조정, 물가불안 등으로 하락한 반면 소비자기대지수는 신정부에 대한 기대로 상승하였다. 기업환경(corporate environment) 개선에 대한 기대감으로 30대 그룹의 시설투자 계획 규모는 2007년 대비 19.1% 증가한 89조 9,019억원으로 나타났다. 주요 대기업의 2008년 대졸 채용규모도 전년 대비 10~20% 증가할 것으로 보인다.

1.2 신정부 첫 해에 과거와는 차별화된 양상을 나타내지 못할 경우 기대감이 무산되면서 향후 5년 간의 정책운용이 순조롭게 전개되지 않을 가능성이 존재함

1.3 대외여건이 예상보다 크게 악화될 가능성도 배제할 수 없어 이에 대한 철저한 분석과 대응이 필요함

국제금융시장, 특히 서브프라임 모기지 사태에 대한 모니터링을 강화하여 대외 금융리스크(external financial risk)의 국내 전이 가능성을 사전에 대비해야 한다. 불안 심리는 현실문제를 확대 재생산할 수 있기 때문에 경제주체들의 심리 안정에도 주력할 필요가 있다.

2. 향후 단기 거시경제정책의 기본 골격은 경기상승 모멘텀 유지와 물가안정 중 어느 한 쪽에 편향되지 않는 균형적인 기조로 운용할 필요가 있음

2.1 2008년 경제상황은 성장률이 잠재성장률(potential growth rate) 수준을 유지하고 물가는 3%대 초반이 될 가능성이 큰 편이어서 거시경제정책(macroeconomic policy)은 기본적으로 중립기조를 유지해야 함

2.2 재정정책(fiscal policy)은 균형재정 기조, 금리정책은 중립금리 수준을 유지할 필요가

있음

글로벌 인플레이션 압력(global inflationary pressure) 확대로 금리인상도 추진할 수 있으나 대내외 금리 차 확대로 인한 자금의 대규모 유입 가능성을 유의할 필요가 있다. 정책금리(콜금리)도 5.0%로 미국(3.0%), 유로지역(4.0%)은 물론 대만(3.4%), 말레이시아(3.5%), 태국(3.3%)보다 높은 수준이다.

2.3 환율의 급등이나 급락 모두 바람직하지 않아 환율정책의 초점은 환율의 변동 폭 축소에 두어야 함

세계경제의 둔화로 인해 원화 가치가 상승할 경우 수출업체는 시장 축소와 가격경쟁력(price competitiveness) 약화에 직면할 수 있다. 반면에 원화 가치의 하락은 물가 상승 압력을 가중시키는 요인으로 작용하게 된다.

3. 미국경제가 본격적인 불황에 직면할 경우 적극적인 대응을 통해 경기상승 모멘텀을 유지할 필요가 있음

3.1 미국경제 성장률이 1% 미만으로 하락하는 등 예상보다 심각한 불황국면이 전개될 경우 한국경제는 4% 미만으로 성장세가 하락할 가능성이 큼

3.2 한국경제는 내수확대 여력을 확보하고 있어 적극적인 경기관리가 가능한 상황임

2002~2006년 중 평균 재정흑자/명목GDP 비율은 1.2%로 선진국은 물론 아시아 주요 국가에 비해 재정이 건전한 편이어서 2007년에도 국세와 세외수입을 합친 세수가 당초 예상보다 15조 1,000억원 초과 징수된 바 있다.

〈표 5-8〉 명목GDP 대비 재정수지 비율[1)]

(단위 : %)

싱가포르	미국	프랑스	일본	중국	대만	한국
3.7	-3.8	-2.9	-7.1	-1.7	-2.2	1.2

주 : 1) 2002~2006년 평균 수치

3.3 건설경기 침체가 지속되고 있어 리스크가 현실화될 경우 재정지출(fiscal expenditure) 확대를 통해 건설경기 회복을 도모할 필요가 있음

4. 내수활성화는 향후 한국경제가 지속가능한 성장(sustainable growth)을 유지하는 데 있어 필수조건임

4.1 지난 5년 간은 세계경제의 호황으로 인해 수출중심의 성장(export-focused growth)을 지속하였음

수출은 2003~2007년간 매년 평균 13%씩 증가한 반면에 민간소비와 투자는 각각 2%와 3% 증가하는 데 그쳤다.

4.2 세계경제의 둔화, 글로벌 물가상승 압력 확대 등 향후 대외여건이 우호적이지 않아 내수활성화가 뒷받침되지 않는 상황 하에서 수출중심으로는 안정적 성장세를 유지하기 어려울 것으로 판단됨

5. 조세 및 준조세 부담 축소 등을 통해 소비확대를 유도할 필요가 있음

5.1 총국민부담금이 2006년 227조원으로 2000년 대비 1.7배 확대되었음

국민연금 적립규모는 2000년 60.9조원에서 2007년 11월말 기준 209.6조원으로 3.4배 증가하였다.

5.2 국민부담금 증가로 인해 개인총가처분소득은 연평균 1.8% 증가하는 데 그쳐 소비여력이 크게 축소되었음

6. 자산시장의 안정성을 강화하고 자산유동화를 통해 소비를 촉진해야 함

6.1 부동산 가격 등 자산가격 상승에 대한 기대심리가 클 경우 자산소유를 위한 강제 저축 유인이 커서 소비를 둔화시킬 수 있음

또한, 자산버블의 붕괴 우려 등 경제불안정(economic instability)이 확대되어 소비심리가 위축될 수 있다.

6.2 한국은 타 국가들에 비해 실물자산이 상대적으로 많아 이를 유동화할 경우 새로운 소비자금 확보가 가능함

부동산 보유 비중이 높은 50대가 조기퇴직 및 취업난으로 어려움에 직면해 있는 현실을 고려하여 역(逆)모기지를 활성화할 필요가 있음

7. 법인세 인하, 연구개발(R&D) 투자 세액공제제도 확대 등을 통해 투자활성화(investment vitalization)를 이루어야 함

7.1 한국의 법인세율은 27.5%로 싱가포르(18%), 홍콩(12.5%) 등 경쟁국에 비해 높은 수준임

7.2 최고 법인세율(현행 25%)을 인하하고 과세소득이 낮은 기업에 대해서는 세율을 인하할 필요가 있음

법인세 부담세액의 7%(2005년 기준 2조원)를 삭감할 경우 설비투자가 연평균 3.1%포인트 상승하는 효과가 발생하게 된다. 대신 비효율적인 법인세 조세 감면을 축소하여 법인세율 인하로 인한 세수입 부족을 보충해야 한다.

7.3 현행 R&D투자 세액공제제도를 확대하여 기업생산성(corporate productivity) 제고의 동력인 신기술개발에 대한 인센티브를 제공해야 함

8. 규제완화 등을 통해 기업의 투자마인드(investment mind)를 제고시켜야 함

8.1 한국의 규제강도가 상대적으로 높아 규제완화(deregulation)로 인한 투자개선 가능성이 큰 실정임

서비스업의 경우 543개 중 366개 업종에 인허가 제도 등 진입장벽(entry barrier)이 존재하는 등 제조업보다 더욱 많은 진입규제가 존재하고 있다.

8.2 출자총액제한제도를 폐지하여 자금여력이 있는 대기업의 신산업 진입 및 투자를 확대할 필요가 있음

출자총액제한제도 폐지에 따른 경제력 집중의 부작용을 해소하기 위해 불공정거래규제 등 보완장치를 마련해야 한다.

8.3 수도권 신·증설을 제한하는 총량규제 대상을 완화하고 입지 업종도 네거티브 방식(negative method)으로 전환할 필요가 있음

제 4 편

동북아시아 주요 경제 이슈

6
chapter

한 · 중 · 일 생산공정별 분업구조 분석

제 1 절 한국의 대중 및 대일 무역 동향

1. 1990년 이후 한 · 중 · 일 3국의 경제교류는 급속히 확대되었음. 특히, 한중 경제교류가 급속히 확대되어 2006년에는 중국이 한국의 제1위 무역상대국으로 부상하였음

1.1 한국의 대중 수출 비중은 1996~2006년 동안 8.7%에서 21.3%로 급속히 확대되어 2006년 기준 중국은 한국의 제1위 수출대상국임. 동 기간 한국의 대중 수입 비중도 5.7%에서 15.7%로 크게 확대되어 중국이 한국의 제2위 수입대상국이 되었음

※ 2007년 1~8월 동안 한국의 수입실적을 보면 중국이 일본을 추월하여 한국의 제1의 수입대상국이 되었음

1.2 한국의 대일 수출 비중은 1996~2006년 동안 12.2%에서 8.2%로 감소하여 2006년 기준 일본은 한국의 제3위 수출대상국인 반면, 수입측면에서 보면 동 기간 20.9%에서 16.8%로 감소하였으나 여전히 한국의 제1위 수입대상국의 위치를 유지하였음

1.3 한 · 중 · 일 3국의 교역상대국 순위의 변화를 살펴보면 한 · 중 · 일 각국의 교역에서 나

머지 2개국이 차지하는 중요성이 1992년 이후 일반적으로 증대되어 왔음[1)]

2. 한 · 중 · 일 3국간 역내교역의 급속한 확대와 한국 무역에서 중국 및 일본의 중요성에 따라 동북아 3국 간의 생산네트워크 구조 및 변화에 대한 관심이 증대되고 있음

2.1 중국의 경제성장 초기에는 필요한 자본재(capital goods) 및 중간재(intermediate goods)에 대한 수요를 한국 및 일본이 공급해주었으나 중국의 기술수준이 제고됨에 따라 이러한 생산공정별 무역구도에 변화가 발생하고 있는 것으로 평가됨

2.2 중국은 1990년대 이후 선진국의 직접투자와 기술이전(technology transfer)을 통해 다수의 산업부문에서 부품 및 중간재의 국내생산을 확대하고 있어 한국의 대중 수출에 영향을 미치고 있음

2.3 최근 중국의 기술수준이 발전함에 따라 그간 중국 내에서 생산하지 않고 해외에서 조달하던 부품 및 중간재를 자체 생산함으로써 기존 3국간 생산공정별 무역과 분업구조에 영향을 미치고 있는 것으로 판단됨

3. 한국의 대외교역에서 중국 및 일본의 중요성을 고려할 때 역내 분업구조의 변화 여부를 분석하고 이에 따른 대비책을 마련하는 것은 매우 중요한 과제가 되고 있음

특히, 전세계적으로 제품의 생산공정별 국제분업이 급속히 이루어지고 있는 현상을 볼 때 한 · 중 · 일 3국간 분업구조의 특징을 자세히 파악하기 위해서는 생산공정별 분업구조의 분석이 이루어져야 한다.

---

1) 한국의 수출에서 동 기간 대중 수출의 순위는 1위로 상승하였으나 대일 수출의 순위는 3위로 하락하였다. 수입의 경우 대일 수입은 1위로, 대중 수입은 2위로 상승하였다(대외경제정책연구원, KIEP 오늘의 세계경제, 제07-46호, 2007. 10. 요약 · 재구성).

〈표 6-1〉 한 · 중 · 일 각국의 교역에서 주요 국가의 순위

① 한국

순위	수출			수입			교역		
	1992	1996	2006	1992	1996	2006	1992	1996	2006
1	미국	미국	중국	일본	미국	일본	미국	미국	중국
2	일본	일본	미국	미국	일본	중국	일본	일본	일본
3	홍콩	중국	일본	사우디	중국	미국	홍콩	중국	미국
4	싱가포르	홍콩	홍콩	독일	독일	사우디	독일	홍콩	사우디
5	독일	싱가포르	대만	중국	사우디	UAE	중국	독일	대만

자료 : UN Comtrade

② 중국

순위	수출			수입			교역		
	1992	1996	2006	1992	1996	2006	1992	1996	2006
1	홍콩	홍콩	미국	홍콩	일본	일본	홍콩	일본	미국
2	일본	일본	홍콩	일본	대만	한국	일본	미국	일본
3	미국	미국	일본	미국	미국	대만	미국	홍콩	홍콩
4	독일	한국	한국	대만	한국	중국	대만	한국	한국
5	한국	독일	독일	독일	홍콩	미국	독일	대만	대만

자료 : UN Comtrade

③ 일본

순위	수출			수입			교역		
	1992	1996	2006	1992	1996	2006	1992	1996	2006
1	미국	미국	미국	미국	미국	중국	미국	미국	미국
2	대만	한국	중국	중국	중국	미국	독일	중국	중국
3	홍콩	대만	한국	호주	한국	사우디	대만	한국	한국
4	독일	홍콩	대만	인도네시아	인도네시아	UAE	한국	대만	대만
5	한국	중국	홍콩	한국	대만	호주	중국	독일	사우디

자료 : UN Comtrade

제 2 절 한 · 중 · 일 생산공정별 무역 추이

1. 한국의 대일 및 대중 생산공정별 무역

1.1 한국의 대일 수출에서 자본재의 비중이 증대되고 소비재의 비중은 감소하고 있으며 대일 수입에서는 자본재의 비중이 감소하고 중간재의 비중이 확대되고 있음

(1) 대일 수출

1996년 한국의 대일 수출에서는 소비재의 비중이 42.2%로 가장 높은 비중을 차지하였으나 2006년에 들어서는 자본재의 비중이 47.9%로 높게 나타났다.

(2) 대일 수입

한국의 대일 수입은 1996년에는 자본재의 비중이 62.2%에 달하였으나 2006년 기준 자본재가 46.2%, 중간재가 38.6%를 차지하는 것으로 나타났다.

1.2 자본재의 대일 무역적자는 감소하였으나 중간재의 대일 무역적자는 크게 심화되었으며 소비재의 대일 무역흑자(trade surplus)는 감소하였음. 결국 한국의 대일 무역적자(trade deficit) 확대의 주요 요인은 중간재 무역에서의 대일 무역적자 심화임

(1) 1996~2006년 동안 연평균 증가율 측면에서 보면 자본재의 대일 수출 및 수입증가율은 각각 10.4% 및 2.0%를 기록하여 수출이 상대적으로 더 많이 증가하였음. 이에 따라 1996년 기준 자본재의 대일 무역적자는 149.3억 달러를 기록하였으나 2006년에는 118.2억 달러로 감소하였음

(2) 중간재의 대일 수출 및 수입의 증가율은 각각 5.1% 및 8.9%를 보여 수출보다 수입이 상대적으로 급속히 증가하였음. 이에 따라 1996년 기준 중간재의 대일 무역적자 규모는 51.2억 달러를 기록하였으나 2006년에는 143.6억 달러로 적자가 심화되었음

(3) 소비재의 대일 수출 및 수입증가율은 각각 2.4% 및 7.5%를 보여 수입이 상대적으로 빠른 증가세를 보였음. 이에 따라 1996년 기준 25.8억 달러의 무역흑자에서 2006년에는 8.3억 달러의 흑자를 기록하였음

1.3 한국의 대중 무역에서 자본재의 교역량이 크게 증대되었고, 중간재도 교역량이 대폭 증가하였으며 자본재와 중간재의 무역흑자 폭이 크게 증가한 것으로 나타났음

(1) 한국의 대중 수출에서는 1996년 기준 중간재가 59.1%로 가장 높은 비중을 보였고, 2006년에는 자본재의 수출 비중이 51.8%로 제고된 것으로 나타났음. 한국의 대중 수입은 1996년 기준 중간재(46.1%) 및 소비재(23.6%)가 높은 비중을 보였고, 2006년에는 자본재(40.2%) 및 중간재(30.4%)의 수입 비중이 높은 것으로 나타났음

(2) 1996년 및 2006년의 생산공정별 무역수지를 비교해 보면 소비재는 1996년 흑자에서 적자로 전환되었으나 자본재 및 중간재의 무역흑자(trade surplus) 규모는 상대적으로 크게 증가하였음

자본재 교역의 급속한 확대로 중간재 비중은 상대적으로 감소한 것으로 나타나나 규모면에서는 빠른 증가세를 시현하였다.

1.4 한국의 중국 및 일본과의 무역관계 특징은 대중 자본재 교역량과 비중의 확대, 대중 중간재 교역규모의 확대, 대일 중간재 수입의 확대, 그리고 대중 · 일 소비재 무역비중의 감소로 나타남

또한, 한국의 대중 무역흑자 확대의 주요 요인은 자본재와 중간재 무역의 흑자이며 대일 무역적자 확대의 주요 요인은 중간재 무역의 대일 무역적자 심화로 볼 수 있다.

〈표 6-2〉 한국의 대일본 및 중국의 생산공정별 교역 추이

(단위 : %, 백만 달러)

구분		수출(금액/비중)					수입(금액/비중)				
상대국	종류	1996		2006		증가율	1996		2006		증가율
일본	자본재	4,410	32.8	11,870	47.9	10.4	19,343	62.2	23,691	46.2	2.0
	소비재	5,675	42.2	7,200	29.0	2.4	3,097	10.0	6,370	12.4	7.5
	중간재	3,279	24.4	5,407	21.8	5.1	8,399	27.0	19,767	38.6	8.9
중국	자본재	2,564	22.9	35,710	51.8	30.1	1,079	14.4	18,194	40.2	32.6
	소비재	1,984	17.7	9,361	13.6	16.8	1,773	23.6	10,772	23.8	19.8
	중간재	6,617	59.1	22,852	33.1	13.2	3,461	46.1	13,738	30.4	14.8

주 : 1) 농수산업 제외

2. 일중간 생산공정별 무역

2.1 일본은 대중 수출에서 1996~2006년 동안 자본재의 수출이 소비재 및 중간재보다 더욱 급속히 확대되었으며 자본재가 대중 수출에서 중요한 비중을 차지하는 것으로 나타났음

(1) 일본은 1996년에 대중 교역에서 자본재의 수출 비중이 51.2%로 높은 비중을 차지하였고, 2006년에는 1996년에 비해 1.9%포인트 확대된 53.1%를 기록하였음

(2) 중간재 및 소비재는 1996~2006년 동안 11.2% 및 33.6%에서 11.0% 및 27.8%로 각각 0.2%포인트 및 5.8%포인트 감소한 것으로 나타났음

2.2 일본의 대중 수입은 1996~2006년 동안 연평균 증가율이 자본재 22.5%, 중간재 12.8% 및 소비재 9.0%를 기록하였음. 1996년에는 소비재가 대중 수입의 주요 품목이었으나 2006년에는 소비재 및 자본재가 주요 수입대상 품목으로 나타났음

1996년 일본의 대중 수입에서 소비재의 비중이 63.6%를 차지하고, 자본재 및 중간재는 각각 15.5% 및 11.4%로 나타났다. 그러나 2006년에는 소비재의 경우 16.4%포인트 감소한 47.2%를 차지한 반면, 자본재는 21.7%포인트 증가한 37.2%를 기록하였다. 한편, 중간재는 0.5%포인트 증가한 11.9%의 점유 비중을 나타냈다.

2.3 일본의 대중 교역 특징은 자본재 교역의 비중이 크고(특히, 수출) 중간재 교역의 규모

가 확대되었으며, 소비재 수입의 비중은 다소 감소하였으나 규모는 여전히 크다는 것임

일본의 대중 무역적자의 주요 요인으로 자본재와 중간재의 흑자에도 불구하고 소비재의 대규모 적자를 지적할 수 있다.

〈표 6-3〉 일본의 대중국 생산공정별 교역 추이

(단위 : %, 백만 달러)

구분		수출(금액/비중)					수입(금액/비중)				
상대국	종류	1996		2006		증가율	1996		2006		증가율
중국	자본재	11,129	51.2	48,752	53.1	15.9	5,239	15.5	39,996	37.2	22.5
	소비재	2,442	11.2	10,073	11.0	15.2	21,496	63.6	50,786	47.2	9.0
	중간재	7,293	33.6	25,486	27.8	13.3	3,841	11.4	12,753	11.9	12.8

주 : 1) 농수산업 제외

2.4 한 · 중 · 일 3국 간에는 자본재 무역이 차지하는 비중이 크고 그 교역량이 크게 확대되고 있으나 소비재 무역은 정체 내지 감소되는 추세를 보이고 있음. 중간재의 경우 한 · 중 · 일 3국간 교역액은 크게 상승하였으나 그 비중은 감소한 것으로 나타났음

한국의 대중 무역흑자와 대일 무역적자는 중간재와 자본재 교역에서, 일본의 대중 무역적자는 소비재 교역에서 발생한 것으로 나타났다.

〈표 6-4〉 한 · 중 · 일 3국의 생산공정 및 제조업 무역수지 추이

(단위 : 백만 달러)

구분	한중		한일		일중	
	1996	2006	1996	2006	1996	2006
자본재	1,485	17,516	-14,933	-11,821	5,890	8,756
중간재	3,156	9,114	-5,120	-14,360	3,452	12,733
소비재	211	-1,411	2,578	830	-19.054	-40,713
전체	3,689	23,760	-17,667	-26,460	-12.042	-15,831

주 : 1) 농수산업 제외

제3절 한 · 중 · 일 생산공정별 분업구조

HS 6단위의 상품분류를 기준으로 한 · 중 · 일 3국의 자본재, 중간재, 소비재 등 생산공정별 분업구조를 분석한 대외경제정책연구원의 보고서를 중심으로 살펴본다.

동 연구원은 한중 및 한일 간에 이루어지고 있는 산업간무역(inter-industry trade)[2] 및 산업내무역(intra-industry trade)의 구조를 파악하기 위해 1단계에서는 양국간 무역의 산업간무역 또는 산업내무역 여부를 판별하고, 2단계에서는 산업내무역인 경우 이를 다시 수평적 분업 또는 수직적분업으로 나누어 그 여부를 분석하였다.

1. 한 · 중 · 일 3국의 분업구조 분석

1.1 한일 간의 분업구조는 전반적으로 산업내무역의 확대와 더불어 수직적 분업구조가 확대되었으나 수평적 분업의 비중도 비교적 크게 확대되어 지난 10년간 일본과의 기술격차(technological gap)가 축소되었음을 보여주고 있음[3]

(1) 한국과 일본의 분업구조를 보면 1996년에는 산업내무역(32.7%)보다 산업간무역(67.3%)이 지배적이었으나, 2006년에는 산업내무역(50.7%)이 많이 이루어진 것으로 나타났음

(2) 산업내무역의 경우 수평적 분업과 수직적 분업관계를 보이는 품목이 모두 증가 추세를 보이는 데 수직적 분업체계가 여전히 많은 것으로 나타났음. 그러나 제조업을 대상으로 한 산업내무역 중 수평적 분업관계가 1996년에는 4.4%에 불과하였으나 2006년에는 14.4%로 급속히 확대되고 있음

2) 산업간무역은 헥셔-올린의 무역형태, 즉 무역전 요소부존비율 및 요소집약도(factor intensity)의 차이와 이에 따른 기회비용(opportunity cost)의 차이로 무역패턴(trade pattern)이 설명되는 무역의 형태를 의미한다. 헥셔-올린 모형에 의하면 특정국가는 특정산업의 제품을 수출만 하거나 수입만 하는 일방무역(one-way trade)을 하게 된다.

3) 대외경제정책연구원은 수평적 분업 비중의 확대를 양국간 기술격차의 축소로 평가하고 있다.

(3) 산업간무역은 2006년 기준 일본의 한국에 대한 일방무역(one-way trade)이 많은 것으로 나타나고 있으나 1996년에 비해서는 크게 감소하였음

1.2 한중간 분업구조를 보면 산업내무역이 확대되는 한편 수직적 분업구조가 심화 및 확대되어 중국과의 기술격차가 유지되고 있는 실정임

(1) 한국과 중국의 분업구조를 보면 1996~2006년 동안 산업간무역은 감소하고 산업내무역은 확대되었으나 산업간무역의 비중이 약간 높은 것으로 나타났음

(2) 특히, 산업내무역의 경우 수평적 관계보다는 수직적 분업관계가 확대된 것으로 나타났음

(3) 산업간무역은 1996년에는 한국의 중국에 대한 일방무역이 35.9%로 중국의 한국에 대한 일방무역(28.4%)보다 많았으나, 2006년에는 중국의 한국에 대한 일방무역이 큰 것으로 나타났음

1.3 중일간 무역의 경우에도 산업내무역이 확대되고 있으나 수직적 분업구조가 심화 및 확대되는 경향을 나타내고 있음

(1) 중국과 일본의 분업구조에서는 한국 및 일본, 한국 및 중국보다 산업간무역이 상대적으로 더욱 많이 이루어지고 있으며 분석대상기간 동안 양국간 산업내무역이 확대된 것으로 나타났음

(2) 산업간무역을 보면 1996년에는 일본의 대중 일방무역이 많았으나 2006년에는 중국의 대일 일방무역이 더욱 많은 것으로 조사됨. 이를 제조업으로 한정하여 보면 2006년에도 여전히 일본이 대중 일방무역을 하는 품목이 더욱 많은 것으로 나타났음

(3) 산업내무역에서는 수평적 분업보다 수직적 분업관계가 더욱 심화된 것으로 나타났음

1.4 한국과 일본, 한국과 중국, 중국과 일본 모두 전(全) 산업에서 산업간무역은 감소하는

반면에 산업내무역은 확대되는 추세를 보였음

(1) 한일간 무역은 한중간 무역, 중일간 무역보다 산업내무역 비중이 가장 높은 것으로 조사되었음. 특히, 수평적 분업관계가 다른 양국간 무역보다 더욱 활발히 진행되고 있는 것으로 나타났음. 수평적 분업관계의 확대는 가공도가 높고 동일 범주에 속하는 상품이나 산물들의 횡적인 교류관계 확대를 의미하기 때문에 매우 긍정적인 현상으로 평가할 수 있음

(2) 한중간 무역은 산업간무역의 비중이 크고, 산업내무역에서는 수직적 분업의 비중이 확대되었음

(3) 중일간 무역은 한일, 한중보다 산업간무역 비중이 높으며, 산업내무역에서는 수직적인 분업관계가 큰 비중을 차지하고 있음

〈표 6-5〉 한 · 중 · 일 3국의 분업구조 분석

(단위 : %)

구분		전 산업		농수산업 제외	
		1996	2006	1996	2006
한국과 일본	산업간무역	67.3	49.3	66.3	48.6
	일본 → 한국	52.9	36.9	54.3	37.6
	한국 → 일본	14.4	12.4	12.1	11.0
	산업내무역	32.7	50.7	33.7	51.4
	수평적	4.3	13.3	4.4	14.4
	수직적	28.4	37.4	29.3	37.0
한국과 중국	산업간무역	64.3	54.5	64	52.5
	한국 → 중국	35.9	16.1	38.3	17.3
	중국 → 한국	28.4	38.3	25.7	35.2
	산업내무역	35.7	45.5	36	47.5
	수평적	3.7	6.0	3.7	6.5
	수직적	32.0	39.5	32.3	41.0
일본과 중국	산업간무역	68.4	59.4	67.0	57.1
	일본 → 중국	39.8	27.3	43.0	29.4
	중국 → 일본	28.6	32.1	24.0	27.7
	산업내무역	31.6	40.6	33.0	42.9
	수평적	3.7	5.4	3.8	5.9
	수직적	27.9	35.2	29.2	37.0

(4) 한일, 한중, 중일의 분업구조는 수직적 분업구조가 큰 비중을 차지하여 3국간 기술적

격차가 유지되고 있으나 한국의 경우 대일 수평적 분업의 비중이 확대되는 추세를 보여 일부 분야에서 한일간 기술격차가 축소되고 있음을 나타내고 있음. 수평적 분업을 기술격차 해소의 기준으로 삼아 살펴볼 때 1996~2006년의 10년간 한국은 중국과 기술수준의 격차를 유지하고 있으며 일본과의 기술격차를 축소시키고 있는 것으로 평가할 수 있음

2. 생산공정별 분업구조 분석

한·중·일 3국의 분업구조를 보다 정확하게 파악하기 위해서는 추가적으로 생산공정별 분업구조를 살펴볼 필요가 있다. 이는 전세계적으로 전통적인 산업간 국제분업구조의 재편보다는 산업내 생산공정간 국제분업구조의 재편 추이가 확연히 부상되고 있기 때문으로 볼 수 있다.

2.1 한국과 일본, 한국과 중국 그리고 중국과 일본의 생산공정별 분업구조를 분석한 결과는 〈표 6-6〉, 〈표 6-7〉, 〈표 6-8〉에 나타나 있음

일반적으로 생산공정은 자본재, 중간재, 소비재, 원료로 구분할 수 있다. 원료는 한국의 대중국 및 대일본 교역에서 중요한 부분이 아니므로 대외경제정책연구원의 분석에서는 원료를 제외한 3가지, 즉 자본재, 중간재, 소비재의 결과를 나타내고 있다.

2.2 한일 간의 생산공정별 분업구조를 보면 2006년 기준 소비재와 자본재 부문에서 산업내무역이 활발한 반면에 중간재는 산업간무역이 더욱 많은 것으로 나타났음

(1) 산업내무역 중에서 수평적 분업관계가 크게 증가한 부문은 자본재와 소비재이고 중간재 무역은 수직적 분업구조가 확대된 것으로 나타났음. 중간재 부문에서 수직적 분업이 증가하는 추세는 한국이 일본보다 기술집약도(technology intensity)가 상대적으로 낮은 중간재 생산에 고착되는 구조를 나타내는 것으로 평가할 수 있음

(2) 산업간무역에 있어 자본재와 중간재 부문에서 일본의 한국에 대한 일방무역이 각각 36.5%와 47.3%로 높은 수치를 보이는 반면에 한국의 일본에 대한 일방무역은 자본재

와 중간재가 각각 6.9%와 8.4%로 1996년 이후 큰 변화가 없는 것으로 나타났음. 이는 자본재와 중간재 생산에서 일본이 특화한 상품(specialized product)의 수가 한국에 비해 월등하게 많다는 의미로 해석할 수 있음

(3) 한일간 분업구조에서 일본은 자본재와 중간재 생산에 있어 한국에 비해 특화한 상품 분야가 월등히 많은 실정이며 중간재의 경우 수직적 분업구조가 고착화되어 있는 것으로 평가됨. 이는 자본재와 중간재 생산에서 일본의 기술우위(technological advantage)를 반영함. 그러나 자본재 부문에서는 1996~2006년 동안 수평적 분업이 크게 확대되어 기술격차의 축소가 많이 이루어진 것으로 평가할 수 있음

〈표 6-6〉 한국 및 일본의 생산공정별 분업구조 분석

(단위 : %)

구분			제조업	
			1996	2006
한국과 일본	자본재	산업간무역	69.1	43.4
		일본 → 한국	66.0	36.5
		한국 → 일본	3.1	6.9
		산업내무역	30.9	56.6
		수평적	1.8	24.6
		수직적	29.1	32.0
	중간재	산업간무역	69.9	55.7
		일본 → 한국	62.9	47.3
		한국 → 일본	7.0	8.4
		산업내무역	30.1	44.3
		수평적	5.2	7.0
		수직적	24.9	37.3
	소비재	산업간무역	58.4	41.6
		일본 → 한국	33.7	25.1
		한국 → 일본	24.7	16.5
		산업내무역	41.6	58.4
		수평적	5.3	19.8
		수직적	36.3	38.6

2.3 한중간 생산공정별 분업구조를 보면 한일과 달리 2006년 기준 자본재 부문에서 산업내무역이 가장 많이 이루어지고 있는 반면에 소비재는 여전히 산업간무역이 많은 것으로 나타났음

(1) 특히, 자본재는 산업내무역이 60.6%에 이르고 지난 10년간 수직적 분업이 크게 확대되

었음. 중간재의 경우 역시 수직적 분업이 큰 비중을 차지하고 있으며 그 비율도 증가한 것으로 나타났음. 소비재의 경우에도 산업내무역 중 수직적 분업의 비중이 매우 크게 나타나 한중간 산업내무역의 분업구조가 자본재, 중간재, 소비재 등 전부문에 걸쳐 수직적 분업으로 특징지어짐을 파악할 수 있음

(2) 중간재 부문에서 수평적 분업의 확대가 관찰되는 데(4.7% → 9.8%) 이는 일부 중간재 분야에서 중국의 기술적인 격차축소를 나타내는 지표로 판단됨

(3) 자본재의 산업간무역을 보면 1996년에는 한국의 중국에 대한 일방무역이 산업간무역의 대부분을 차지하였으나 2006년에는 이들 품목의 대부분이 산업내무역으로 전환되어 수직적 분업구조가 확대되고 일방무역은 현저히 감소한 것으로 나타났음

〈표 6-7〉 한국 및 중국의 생산공정별 분업구조 분석

(단위 : %)

구분			농수산업 제외	
			1996	2006
한국과 중국	자본재	산업간무역	60.3	39.4
		한국 → 중국	51.6	24.4
		중국 → 한국	8.7	15.0
		산업내무역	39.7	60.6
		수평적	2.9	3.6
		수직적	36.8	57.0
	중간재	산업간무역	65.8	51.6
		한국 → 중국	44.2	19.5
		중국 → 한국	21.6	32.1
		산업내무역	34.2	48.4
		수평적	4.7	9.8
		수직적	29.5	38.6
	소비재	산업간무역	63.5	60.4
		한국 → 중국	23.0	7.9
		중국 → 한국	40.5	52.5
		산업내무역	36.4	39.6
		수평적	3.2	4.4
		수직적	33.2	35.2

(4) 지난 10년간 전부문에 걸쳐 한국에서 중국으로의 일방무역이 크게 감소하고 중국에서 한국으로의 일방무역의 비중이 크게 증가하는 한편, 산업내무역의 증가는 수직적 분업의 증가로 이어졌음

2.4 중일 간의 생산공정별 분업구조를 보면 한중 간의 경우와 같이 2006년 기준 자본재 부문에서 산업내무역이 가장 많이 이루어지고 있는 반면에 소비재는 여전히 산업간무역이 60% 이상을 차지하고 있음

(1) 산업내무역에서 자본재와 중간재 부문에서 수직적 분업 비중이 확대되었음. 특히, 자본재 부문에서 크게 확대된 것으로 나타났음. 소비재 부문에서도 수직적 분업이 대부분을 차지하여 중일 간의 분업구조는 자본재와 중간재 부문에서 수직적 분업구조가 확대되고 있는 추세이고 전부문에서 수직적 분업구조가 대세를 이루고 있는 실정임

(2) 산업간무역을 살펴보면 전부문에 걸쳐 일본에서 중국으로의 일방무역의 비중이 크게 감소한 반면, 중국에서 일본으로의 일방무역의 비중은 자본재를 제외하고는 비슷한 수준을 유지한 것으로 나타났음

〈표 6-8〉 중국 및 일본의 생산공정별 분업구조 분석

(단위 : %)

구분			농수산업 제외	
			1996	2006
중국과 일본	자본재	산업간무역	62.4	48.1
		일본 → 중국	59.4	37.8
		중국 → 일본	3.0	10.3
		산업내무역	37.6	51.9
		수평적	2.2	5.6
		수직적	35.4	46.3
	중간재	산업간무역	70.2	54.3
		일본 → 중국	54.0	38.2
		중국 → 일본	16.2	16.1
		산업내무역	29.8	45.7
		수평적	4.4	7.2
		수직적	25.3	38.5
	소비재	산업간무역	65.8	66.2
		일본 → 중국	19.0	11.0
		중국 → 일본	46.8	55.2
		산업내무역	34.2	33.8
		수평적	3.8	4.1
		수직적	30.4	29.7

제 4 절 시사점

한 · 중 · 일 3국간 생산공정별 분업구조 분석의 시사점으로 다음 8가지를 지적할 수 있다.

1. 1996~2006년간 한국의 중국, 일본과의 무역관계의 특징을 살펴보면 전반적으로 대중 자본재 교역규모와 비중의 확대, 대중 중간재 교역규모의 확대, 대일 중간재 수입의 확대, 그리고 대중 · 일 소비재 무역 비중의 감소로 나타났음

2. 일본의 대중 교역 특징은 자본재 교역의 비중이 크고(특히, 수출), 중간재 교역의 규모가 확대되었으며 소비재 수입의 규모와 비중이 크게 나타났음

3. 한 · 중 · 일 3국 간에는 자본재 무역이 차지하는 비중이 크고 그 교역량이 크게 확대되고 있으나 소비재 무역은 정체 내지 감소하는 추세를 보이고 있음. 중간재의 경우 한 · 중 · 일 3국간 교역액은 크게 상승하였으나 그 비중은 감소하고 있음

한국의 대중 무역흑자는 자본재와 중간재 교역에서, 한국의 대일 무역적자는 중간재와 자본재 교역에서, 일본의 대중 무역적자는 소비재 교역에서 발생하고 있다.

4. 대외경제정책연구원이 한 · 중 · 일 3국간 분업구조를 분석한 결과에 따르면 산업간무역은 감소하는 반면에 산업내무역은 확대되는 추세를 보이고 있음

4.1 한일간 무역

한일간 무역은 한중간 무역, 중일간 무역에 비해 산업내무역의 비중이 높은 것으로 나타났다. 특히, 다른 양국간 무역보다 수평적 분업관계가 더욱 활발히 진행되고 있다. 수평적 분업관계의 확대는 기술적 격차의 축소를 의미하며 기술격차의 축소 현상을 반영하므로 매우 긍정적 현상으로 평가할 수 있다.

4.2 한중간 무역

한중간 무역은 산업간무역의 비중이 크고, 산업내무역에서는 수직적 분업 비중이 확대되었다. 중일간 무역은 한일, 한중보다 산업간무역 비중이 높고, 산업내무역에서는 수직적인 분업관계가 큰 비중을 차지하고 있는 것으로 나타났다.

4.3 한일 · 한중 · 중일간 분업구조

한일, 한중, 중일간 분업구조는 수직적 분업구조가 큰 비중을 차지하여 3국간 기술적 격차가 유지되고 있는 것으로 나타났다. 그러나 한국의 경우 대일 수평적 분업의 비중이 확대되는 추세를 보여 일부 분야에서 한일간 기술격차가 축소되고 있음을 보여준다. 수평적 분업을 기술격차 해소의 기준으로 삼아 살펴볼 경우 1996~2006년의 10년간 한국은 중국과 기술격차를 유지하고 있으며 일본과의 기술격차를 축소시키고 있는 것으로 평가할 수 있다.

5. 대외경제정책연구원은 한 · 중 · 일 3국 간의 생산공정별 분업구조를 보다 구체적으로 분석하였음. 우선 한일 간의 생산공정별 분업구조를 보면 2006년 기준 소비재와 자본재 부문에서 산업내무역이 활발한 반면에 중간재에서는 산업간무역이 더욱 많은 것으로 나타났음

5.1 일본과의 분업구조의 특징으로 자본재와 소비재 부문에서 수평적 분업관계의 확대, 중간재 부문에서 수직적 분업구조의 확대를 지적할 수 있음. 중간재 부문에서 수직적 분업이 증가하는 것은 한국이 일본보다 기술집약도가 상대적으로 낮은 중간재 생산에 고착되는 구조를 나타내는 것으로 평가됨

5.2 한일 간의 분업구조에서 일본은 자본재와 중간재 생산에 있어 한국에 비해 특화한 상품 분야가 월등히 많으며 중간재의 경우 수직적 분업구조가 고착화되어 있는 것으로 평가할 수 있음. 이는 자본재와 중간재 생산에서 일본의 월등한 기술우위를 반영함. 그러나 자본재 부문에서는 수평적 분업이 크게 확대되어 기술격차의 축소가 크게 이루어지고 있는 것으로 평가됨

6. 한중 간의 생산공정별 분업구조를 보면 한일과 달리 2006년 기준 자본재 부문에서 산업

내무역이 가장 많이 이루어지고 있는 반면에 소비재는 여전히 산업간무역이 많은 것으로 나타났음

6.1 자본재는 지난 10년간 수직적 분업이 크게 확대되었으며 중간재의 경우에도 수직적 분업이 큰 비중을 차지하고 있으며 그 비율도 확대되었음. 소비재에서도 산업내무역 중 수직적 분업의 비중이 크게 나타나 한중간 산업내무역의 분업구조는 자본재, 중간재, 소비재 등 전부문에 걸쳐 수직적 분업구조를 보이고 있음. 다만 중간재 부문에서 수평적 분업의 확대는 일부 중간재 분야에서 중국의 기술적인 향상을 나타내는 지표로 평가할 수 있음

6.2 중일 간의 생산공정별 분업구조를 보면 자본재와 중간재 부문에서 수직적 분업구조가 확대되고 있는 추세를 보이고 있으며 소비재 부문에서도 수직적 분업이 대부분을 차지하여 중일 간의 전부문에서 수직적 분업구조가 대세를 이루고 있음

7. 분업구조로 살펴볼 때 1996~2006년 간에 걸쳐 3국간 기술적 격차가 유지되고 있으나 부문별로 다소 변동이 있는 것으로 평가됨. 즉, 자본재 부문에서는 한일간 기술격차가 크게 축소된 것으로 나타났으나 중간재 부문에서는 확대 · 심화된 것으로 분석되었음

한중 간의 기술격차는 자본재, 중간재, 소비재 등 전부문에 걸쳐 한국이 기술적 우위(technological advantage)를 유지하고 있으나 중간재 부문에서는 일부 분야에서 중국의 기술적 진전이 이루어진 것으로 평가할 수 있다.

8. 한일 간의 무역수지는 자본재와 중간재의 비중이 큰 편인데 중간재와 자본재에서 일본의 기술적우위가 무역수지 적자구조의 주요 요인이라고 할 수 있음. 지난 10년간 자본재 부문의 기술적 격차가 일부 축소되고 있음에도 불구하고 중간재 부문의 기술적 격차는 확대 · 심화되었음. 따라서 한일 간의 무역적자는 구조적으로 지속될 것으로 보임

한중 간의 무역수지 역시 자본재와 중간재가 큰 비중을 차지하고 있으며 자본재와 중간재에서 한국의 기술적 우위가 무역수지 흑자의 주요 요인이 되고 있다. 따라서 일부 중간재 부문의 기술적 진전에도 불구하고 당분간은 기존의 무역흑자 구조가 유지될 것으로 보인다.

7
chapter

한 · 중 · 일 3국의 FTA 추진 분석

제1절 전세계 FTA 추진 현황과 전망

1. 현황

1.1 전세계적으로 발효 중인 지역무역협정(RTA)은 194건에 이르고 있으며 최근 들어 FTA 체결이 신속하게 이루어지고 있음

(1) 관세 및 무역에 관한 일반협정(GATT) 출범 이후 체결된 지역무역협정(Regional Trade Agreement : FTA, 관세동맹 포함)은 250건을 초과하고 있음. 이 중 GATT 및 세계무역기구(WTO)에 통보되지 않거나 더 이상 유효하지 않은 RTA를 제외할 경우 2007년 3월 기준 194건에 이르고 있음

(2) 지역무역협정은 시기별로 볼 때 1990년대 이후부터 급증하기 시작하였음. GATT체제(1947~1994년)에서 50건에 불과했던 RTA는 1995년 WTO 출범 후부터 지금까지 144건이 발효된 것으로 파악됨

1.2 RTA의 확산은 체결건수의 증가뿐만 아니라 교역량에서 차지하는 비중에서도 나타나고

있음

1990년대 중반 전세계 교역량에서 RTA 역내 교역량이 차지하는 비중은 27%를 기록하였으나 그 비중은 2002년 33%로 증가하였고 2005년 기준 50%를 초과하는 것으로 나타났다.

2. 전망

이 같은 세계적인 FTA 체결증가는 WTO 도하개발아젠다(DDA) 협상이 부진한 가운데 더욱 가속화될 것으로 전망된다. 한국도 2004년 칠레와의 FTA를 발효시킨 이후 동시다발적인 FTA 추진전략을 수립하여 진행하고 있으며 현재 ASEAN, 캐나다, 인도, 유럽연합(EU) 등 41개국과 협상 중에 있다. 동북아 지역의 인접국이자 글로벌 시장(global market)에서 경쟁하고 있는 중국과 일본도 최근 2~3년간 FTA 추진건수가 급증하고 있다.

제 2 절 한 · 중 · 일 3국의 FTA 추진 현황

1. 한국

1.1 FTA 정책방향

(1) FTA 추진 로드맵에 따라 2003년부터 동시다발적 FTA를 추진하고 있음

① 경제적 이익(economic benefit)과 산업시스템(industrial system)의 선진화를 동시에 추구하는 거대 · 선진경제권과의 FTA 협상을 활발히 추진하고 있음

미국, 중국, 일본, 유럽연합(EU), 동남아시아국가연합(ASEAN) 등 한국 교역의 절대 다수를 차지하는 국가군과 FTA를 추진하고 있다.

② 성장잠재력(growth potentials)을 보유하고 있는 인도, 남미공동시장(MERCOSUR)과 같은 거대 신흥시장(emerging market)과의 FTA 추진을 통해 신규소비시장 확보 및 성장동력을 확충하고자 함

③ 미국과의 FTA 협상을 2007년 4월 타결함으로써 세계 최대인 미국시장을 경쟁국에 앞서 선점할 수 있는 기회를 가지는 한편 타국과의 FTA에도 크게 기여할 것으로 기대됨

1.2 기 체결된 FTA

(1) 칠레

① 2002년 10월 협상타결 및 2004년 4월 발효

양국은 품목수 기준 각각 96%에 해당하는 품목에 대하여 10년 내 관세를 철폐하기로 합의하였다.

※ 한-칠레 FTA 이후 양국간 교역증가율은 대세계 교역증가율보다 3배 이상 높은 수준을 보이고 있음

〈표 7-1〉 교역증가율 비교

(단위 : %)

구분	발효 1년차 (2004. 4~2005. 3)	발효 2년차 (2005. 4~2006. 3)	발효 3년차 (2006. 4~2007. 3)
대세계 교역증가율	26.9	13.8	14.8
대칠레 교역증가율	48.8	37.0	56.9

(2) 싱가포르

① 2003년 10월 개최된 양국 정상회담에서 협상개시 선언, 2004년 11월 협상 타결, 2006년 3월 발효1)

② 개성공단 등 북한의 경제특구에서 생산된 제품에 대해 특혜관세를 부여하는 선례를 만들었음

(3) 유럽자유무역연합(EFTA : European Free Trade Association)

① 2005년 1월 협상 개시, 2005년 12월 공식 서명, 2006년 9월 발효

EFTA는 한국이 수출하는 모든 공산품, 수산물에 대하여 발효와 동시에 관세를 철폐하며,

---

1) 싱가포르는 한국을 원산지로 하는 모든 품목에 대하여 즉시 관세 철폐, 한국은 품목수 기준 91.6%의 상품에 대해 최대 10년 내 관세 철폐를 하기로 하였다(전국경제인연합회, FKI ISSUE PAPER, 제66호, 2007. 5. 요약 · 재구성).

한국은 공산품, 수산물의 99.1%에 대하여 양허한다.

② 유럽시장과 동일 경제권인 EFTA(스위스, 노르웨이, 아이슬란드, 리히텐슈타인)와의 FTA 체결로 한국 기업 및 제품이 보다 원활히 진출할 수 있는 기반이 마련되었음

(4) 미국

① 2006년 6월 제1차 협상 시작, 2007년 4월 협상 타결

② 양국은 제조업 전품목에 대한 관세 철폐 및 수입액 기준 약 94% 품목에 대해 조기(3년내) 관세 철폐에 합의하였음

③ 세계 최대시장에 대한 시장접근 개선, 경제시스템의 선진화, 대외신인도 제고 기대

1.3 협상 중인 FTA

(1) EU

① 2006년 7월과 9월 2차례에 걸쳐 FTA 예비협의 완료, 2007년 5월 1차협상 개시

② EU는 제1위 경제권이자 한국의 2대 교역상대이며 자동차, 섬유, 전자 등 주력 수출상품에 대한 관세가 높아 FTA의 혜택이 클 것으로 기대됨

(2) 캐나다

캐나다와는 2004년 11월 아시아 · 태평양경제협력체(APEC)에서 FTA 예비협의 개최에 합의한 이후 2007년 4월 제10차 협상까지 진행하였다. 현재 상품, 서비스, 투자, 경쟁, 정부조달 등 세부 분야별로 협상이 진행되고 있다.

(3) ASEAN

① 2004년 11월 개최된 '한-ASEAN 정상회의'에서 협상 개시 합의, 2005년 12월 기본협정 및 분쟁해결제도협정에 서명, 2006년 4월 상품무역협상 타결

2007년 4월 17차 협상을 개최하고 서비스 및 투자분야에 대해 논의하였다.

② 중국보다 3년 늦게 협상을 시작하였으나 중국과 동일하게 2010년까지 자유무역지대(free trade area) 설립에 합의하였음

(4) 인도

① 2006년초 인도와 포괄적 경제파트너십협정(CEPA : Comprehensive Economic Partnership Agreement) 타당성 검토를 포함한 공동연구, 2006년 3월 제1차 협상을 시작으로 2007년 4월까지 6차례 협상 개최

② 인도의 고관세율(평균 30%)과 높은 수입장벽(import barrier)을 고려할 때 FTA 체결시 대규모 수출증대가 기대됨

(5) 멕시코

멕시코와는 2005년 9월 양국 정상회의에서 전략적 경제보완협정(SECA : Strategic Economic Complementation Agreement) 협상 개시에 합의하였으며 2006년 6월까지 3차례 협상을 개최하였다.

※ 멕시코측의 소극적인 상품양허 입장으로 협상이 교착상태를 보이고 있음

(6) 일본

2003년 10월 개최된 양국 정상회담에서 '한일 FTA' 협상 개시에 합의한 이후 2004년 12월까지 6차례 협상을 개최하였다. 현재 일본 측이 농수산물 분야에서 지나치게 낮은 수준의 양허수준을 제시함에 따라 협상이 중단된 상태이다.

1.4 검토 중인 FTA

(1) 중국

2006년 11월 민간 연구기관간 공동연구를 완료하였으며 2007년 3월 '제1차 산관학 공동연구'가 실시되었다. 향후 1년간 '한중 FTA'의 경제적 효과, 범위, 산업별 영향 분석, 민감 품목의 보호 방안 등을 연구한 후 협상개시 여부를 결정할 것으로 보인다.

(2) MERCOSUR

① 2004년 11월 한-브라질 및 한-아르헨티나 정상회의에서 한국과 MERCOSUR간 공동연구 개시 발표

② 2006년 12월 공동연구 완료, 현재 추진 가능성 검토 중에 있음

※ MERCOSUR : 브라질, 아르헨티나, 우루과이, 파라과이, 4개국으로 구성된 남미공동시장

〈표 7-2〉 한국의 주요 FTA 협상 추진 현황

단계	대상	현황
발효/체결	칠레	2004년 4월 발효
	싱가포르	2006년 3월 발효
	EFTA	2006년 9월 발효
	미국	2007년 4월 협상 타결
협상중	EU	2007년 5월 제1차 협상
	캐나다	2007년 4월 제10차 협상
	ASEAN[1]	2006년 4월 상품무역협상 타결 2007년 4월 제17차 협상(서비스 및 투자분과)
	인도	2007년 4월 제6차 CEPA 협상
	멕시코	2006년 6월 제3차 협상
	일본	2004년 11월 제6차 협상
공동연구/검토중	GCC[2]	2007년 중 협상출범을 위한 여건 조성
	중국	2007년 3월 제1차 산관학 합동연구
	MERCOSUR[3]	2006년 3월 제3차 공동연구
	호주	2006년 12월 양국 공동연구 실시 합의
	뉴질랜드	2006년 12월 양국 공동연구 실시 합의

주 : 1) ASEAN(Association of South East Asian Nations, 동남아국가연합) : 인도네시아, 말레이시아, 필리핀, 싱가포르, 태국, 브루나이, 베트남, 라오스, 미얀마, 캄보디아(상품협상에 불참했던 태국과도 협상 재개)
2) GCC(Gulf Cooperation Council, 걸프협력회의) : 사우디아라비아, 아랍에미리트연합, 쿠웨이트, 오만, 카타르, 바레인
3) MERCOSUR(남미공동시장) : 브라질, 아르헨티나, 파라과이, 우루과이

2. 중국

2.1 FTA 정책방향

(1) 중국은 동아시아 국가를 비롯한 세계 각국과의 FTA 추진을 통해 경제적 이익과 에너지 안보상 전략을 동시에 추구하고 있음

① 관세 및 비관세장벽(tariff and non-tariff barriers)의 철폐에 따른 무역비용 감소를 기반으로 수출 시장을 확대하고 무역마찰(trade conflict)을 축소하는 수단으로 FTA를 활용하고 있음

무역마찰이 큰 선진국 시장에 대한 무역의존도(trade dependence)를 감소시키고 개발도상국(developing country) 시장을 개척하고 있다.

② 급속한 경제발전에 따른 에너지자원과 원자재 부족현상을 해결하기 위해 FTA를 통한 안정적 자원 공급처를 확보하고자 함

자원을 학보하기 위해 각종 자원 매장량이 풍부한 GCC, 호주, 칠레 등과 적극적으로 FTA를 추진하고 있다.

(2) ASEAN, 인도, 한국 등 인접국과의 FTA를 통해 세계경제의 블록화 추세에 대응하고 지역통합(regional integration)의 구도 하에서 주도권을 확보하는 전략을 추진하고 있음

동북아, ASEAN, 인도, GCC, 중앙아시아와의 개별적인 FTA를 기반으로 자국을 중심으로 하는 경제권 형성 및 역내 영향력을 확대하고자 한다.

2.2 기 체결된 FTA

(1) 홍콩 · 마카오

① 세계 각국의 대중 투자창구 및 물류허브 역할을 담당해 온 홍콩 · 마카오와 경제적 유대관계를 강화하기 위한 의도에서 추진되었음

② 홍콩 · 마카오의 경우 중국의 특별행정구인 점을 고려하여 FTA보다 광범위한 CEPA를 체결하였음

(2) ASEAN

① 중국은 ASEAN과의 우호적인 관계를 지속해 온 가운데 경제 및 무역의 실익을 극대화하고 정치 · 외교적 관계를 강화하기 위해 FTA를 추진하였음

② 2001년 11월~2004년 11월까지 3년 간의 협상을 통해 2005년 7월 우선적으로 상품분야가 발효되었으며 2007년 2월 서비스분야 협정도 체결되었음

③ 중국은 2010년부터 ASEAN 6개국(브루나이, 인도네시아, 말레이시아, 필리핀, 싱가포르, 태국)과 관세철폐를 단행하고 2015년에는 4개국(베트남, 라오스, 미얀마, 캄보디아)과 관세를 철폐하게 됨

④ 중-ASEAN FTA는 중국의 개혁 · 개방을 더욱 촉진하고 중국기업의 수출시장 개척과 함께 에너지 수요 급증에 따라 자원을 안정적으로 확보하는 기회를 제공할 것으로 기대됨

(3) 칠레

① 중국정부는 광물자원과 임산자원의 공급처로서 남미를 주목하고 남미 진출의 교두보를 확보하기 위하여 칠레와의 FTA를 선택하였음

② 2004년 11월 협상을 시작하여 2005년 11월 타결된 상품협상 결과가 2006년 10월 발효되었음

※ 2007년 1월 서비스분야에 대한 1차 협상 개최

(4) 파키스탄

① 남아시아 시장 진출의 발판으로 활용하기 위해 파키스탄과의 FTA를 추진하고 있음

② 2005년 4월 FTA 협상을 개시하였으며 2006년 11월 FTA 협정에 공식 서명하였음

③ 양국은 FTA 협정과 더불어 안보, 외교관계 등 새로운 차원의 전략적 유대협력 강화에 합의하고 향후 5년 이내에 교역규모가 지금보다 3배 증가한 150억 달러까지 확대될 것으로 기대하고 있음

2.3 협상 중인 FTA

(1) 호주

① 철광석 등 주요 자원의 확보 차원에서 호주와의 FTA를 추진하고 있음

※ 중국이 수입한 철광석 중 40%가 호주산이며 아연, 니켈, 알루미늄 등의 주요 원자재 및 밀, 양모, 축산물 등의 농산품도 수입하고 있음

② 2005년 5월 협상을 시작하여 2007년 3월까지 8차례 협상이 개최되었음

(2) 뉴질랜드

① 뉴질랜드의 대중 시장경제지위(MES) 인정을 계기로 뉴질랜드와 FTA 추진에 합의하였음

② 2004년 5월 '무역경제협력안' 채택 이후 FTA 공동연구를 시작하여 2007년 4월까지 11차례 협상이 진행되었음

(3) GCC

① 아랍권 국가에 대한 수출시장 및 안정적 에너지 도입선 확보를 목적으로 GCC와 FTA를 추진하고 있음

② GCC 사절단이 2004년 7월 중국을 방문한 것을 계기로 협상시작에 합의하였으며 2006년 7월 4차 협상을 개최하고, 2007년 기준 서비스무역 분야에서 논의를 진행하고 있음

(4) 싱가포르

① 2007년 4월 베이징에서 싱가포르와 FTA 제2차 협상이 개최되었음

② 양국간 FTA는 상품, 서비스, 투자를 포함하는 포괄적 협상이며 중-ASEAN 자유무역지대(free trade area)를 발전시키는 계기가 될 것으로 기대됨

(5) 아이슬란드

베이징에서 2006년 12월 중-아이슬란드 FTA 협정 개시에 관한 협정서를 체결하고 2007년 4월 1차 협상을 실시하였다. 아이슬란드는 유럽국가로는 최초로 중국의 시장경제지위를 인정한 바 있다.

2.4 검토 중인 FTA

(1) 인도

① 2005년 4월 중국의 원자바오(溫家寶) 총리가 인도와의 FTA 체결 희망 의사를 표명하였고, 2006년 10월 중국 상무부는 인도와의 FTA 체결 검토의사를 밝힌 바 있음

② 인도는 자국 산업계의 반대를 우려하여 협상 개시에 신중한 입장을 보이고 있음

인도 산업계는 저렴한 중국산 제품의 인도시장 잠식과 제조업 분야에서 중국이 절대적 우위(absolute advantage)를 차지할 것으로 추정하여 FTA 체결을 반대하고 있다.

③ 뉴델리에서 2007년 1월 양국간 FTA 추진 논의를 위한 고위급 회담이 개최된 바 있음

〈표 7-3〉 중국의 주요 FTA 협상 추진 현황

단계	대상	현황
발효/체결	홍콩	2003년 6월 CEPA 체결
	마카오	2003년 10월 CEPA 체결
	ASEAN	2005년 7월 상품무역협정 발효 2007년 2월 서비스무역협정 체결
	칠레	2006년 10월 상품무역협정 발효
	파키스탄	2006년 11월 체결
협상중	호주	2007년 3월 제8차 협상
	뉴질랜드	2007년 4월 제11차 협상
	GCC	2006년 7월 제4차 협상
	싱가포르	2007년 4월 제2차 협상
	아이슬란드	2007년 4월 제1차 협상
공동연구/ 검토중	한국	2006년 11월 산관학 공동연구 착수
	인도	2006년 10월 상무부, FTA 체결 검토의사 표명. 2007년 제4차 공동연구 개시
	페루	2007년 2월 공동연구 개시 합의

3. 일본

3.1 FTA 정책방향

(1) 일본은 동아시아 경제통합의 주도권을 확보하기 위해 FTA를 적극적으로 추진하고 있음

관세 등 무역장벽 완화에만 국한하지 않고 상대국과의 인적, 물적 교류 전반을 규율하는 포괄적인 경제협력인 경제연대협정(EPA : Economic Partnership Agreement)을 선호하고 있다.

① 자국기업의 현지 비즈니스 환경 개선, 지적재산권(intellectual property rights) 보호 및 노동력의 자유로운 이동 등 중장기적 이익 추구

② 아시아 고급 인력의 일본 유입 촉진

(2) FTA 대상지역으로서 아시아 중시 정책 시행과 더불어 세계 각국과의 FTA 추진도 병행하고 있음

① 현재 ASEAN + 3에서 인도, 호주, 뉴질랜드를 포함한 FTA를 제안하여 ASEAN을 둘러싼 중국과의 경쟁에서 주도권 확보를 추진하고 있음

② 캐나다, 호주 등 자원대국이면서 성장잠재력(growth potentials)을 함께 보유한 국가와 FTA 협상 또는 공동연구를 진행하고 있음

③ 아프리카 등 경제가 낙후된 국가에 대해서는 기술, 자금 등 경제발전을 위한 지원을 지속하여 장기적으로 FTA 체결을 용이하게 하기 위한 기반을 형성하고 있음

④ 일본 경단련은 2006년 11월 동아시아 지역뿐만 아니라 미국과의 관계를 강조하며 미국과의 FTA를 제안하였음

3.2 기 체결된 FTA

(1) 싱가포르

① 자국의 민감품목인 농산물 교역이 적고 추후 ASEAN과의 FTA 교두보를 구축하기 위해 싱가포르와의 FTA를 추진하였음

② 민관 공동협의체가 2000년 3월 설립되어 2000년 10월 포괄적 FTA(EPA) 협상안을 마련하였으며 2001년부터 정부간 협의를 개시하여 2002년 11월 발효되었음

③ 양국은 FTA 체결 이후 교역 및 투자측면에서 활발한 활동이 이루어져 성공적인 것으로 평가되고 있음

(2) 멕시코

① 멕시코에 진출한 일본기업이 직면하고 있던 불이익을 해소하고 멕시코를 미주지역 무역교두보로 활용하기 위해 FTA 체결을 추진하였음

※ 멕시코가 일본의 주요 경쟁국들과 FTA를 체결하여 멕시코 내 일본기업들의 이익이 상대적으로 감소하였음

② 2002년 10월 공식 협상을 개시하여 2005년 4월 발효되었음

③ 일본 최초의 농산품 무역의 자유화를 포함하는 포괄적 EPA 협정이라는 점에서 의의가 있음

(3) 말레이시아

① 대ASEAN 경제협력을 강화하고 있는 중국을 견제하기 위하여 ASEAN 선발국가인 말레이시아와 FTA를 추진하였음

② 2004년 1월 협상 시작, 2005년 12월 공식 서명하였으며 2006년 7월부터 발효되었음

③ 농림수산분야를 포함하는 포괄적 내용이며 양국은 투자 및 특허심사 신속화, 상표보호 등 지적재산권(intellectual property rights) 분야에서도 협력을 강화하였음

(4) 필리핀

① 2003년 12월 개최된 '일-ASEAN 정상회담' 중 필리핀과의 FTA 협상 개시에 합의하여 2004년 2월 협상을 시작하여 2006년 9월 공식 서명하였음

② 일본은 농업분야를 보호하기 위해 농수산물 개방 폭을 제한하였으며 필리핀 간호사, 조무사의 일본 취업을 허용하였음

(5) 브루나이

① 양국은 2005년 12월 개최된 '동아시아 정상회의'에서 FTA 고섭에 합의하고 2006년 6월 정부간 1차 협상을 시작하여 2006년 12월 협상이 타결되었음

② 일본은 브루나이 생산 석유의 27%, 천연가스의 90%를 수입하고 있으며 FTA 체결을 통해 안정적인 에너지 수급원을 확보하였음

(6) 태국

① 2001년 11월 탁신 태국 총리가 양국간 FTA 검토를 제안한 후 2004년 FTA 협상을 시작하여 2005년 9월 협상을 완료하고 2007년 4월 공식 서명하였음

② 양국은 민감분야인 농산물, 자동차 분야에서 어려움에 직면하였으나 일본은 쌀시장 관세를 유지하는 대신 다른 농산품에 대해 유연하게 대처하고, 태국은 관세 인하와 함께 자동차산업의 육성 협력을 얻어내는 선에서 타협하였음

(7) 인도네시아

대ASEAN 경제협력을 강화하기 위해 태국, 말레이시아와 협상 완료 이후 인도네시아와 FTA 체결을 추진하였다. 2005년 7월 1차 협상을 시작하여 2006년 11월 협상이 타결되었다.

※ 일본은 천연가스 수입의 약 33%를 인도네시아에 의존하고 있음

(8) 칠레

① 2006년 2월부터 FTA 협상을 추진해 온 양국은 2007년 3월 공식 서명하였음

② 광물자원의 안정적 확보와 남미시장의 점유율 확보를 목적으로 FTA를 적극적으로 추진하였음

※ 수출의 경우 63%를 자동차가 차지하고 있으며 구리광과 몰리브덴이 수입의 55%를 나타내고 있음(2005년 기준)

3.3 협상 중인 FTA

(1) ASEAN

① 일본은 ASEAN의 관세장벽(tariff barriers)이 다른 선진 교역국에 비해 높고, 사업 관련 규제 등 비관세장벽(non-tariff barriers)도 많은 편이어서 FTA 체결시 일본기업의 경영환경이 개선될 것으로 기대하고 있음

② ASEAN 전체와의 FTA는 2005년 4월 협상을 개시했으나 협상 진행방식에 서로 의견차이를 보여 중단되었음. 그러나 2006년 4월 협상을 재개하여 2007년 3월까지 6차 협상이 진행되었음

(2) GCC

① 일본의 에너지 수입 중 대GCC 수입 비중은 70%에 이르고 있으며 GCC와의 FTA를 통해 안정적인 석유자원 공급원 확보를 기대하고 있음

② 양측은 2006년 4월에 FTA 협상 시작에 합의한 이후 2007년 1월 2차 협상을 개최하였음

(3) 베트남

베트남과의 경제연대협정(EPA) 체결 협상을 2007년 1월 개시하기로 합의하였으며 2007년 3월 제2차 협상을 실시한 바 있다. 베트남 경제가 최근 급성장하고 있어 다수의 일본기업들이 베트남과의 EPA 체결을 기대하고 있다.

(4) 인도

양국 총리는 2006년 12월에 향후 2년 내 일본-인도 FTA를 체결하고 양국간 경제협력을 공고히 하기로 합의하였다.

※ 2006년 5월 FTA 공동연구 완료, 2007년 4월 2차 협상 진행

(5) 호주

① 2005년 11월 양국간 공동연구를 시작하였으며 2007년 4월부터 1차 협상을 실시하였음

② 일본은 동 협정을 통해 호주로부터 철강석, 석탄 등 주요 자원의 안정적인 확보를 추진하고 있음

※ 농수산 부문에서는 소고기, 밀, 유제품 등의 피해를 고려해 신중한 입장을 견지하고 있음

〈표 7-4〉 일본의 주요 FTA 협상 추진 현황

단계	대상	현황
발효/체결	싱가포르	2002년 11월 발효
	멕시코	2005년 4월 발효
	말레이시아	2006년 7월 발효
	필리핀	2006년 9월 체결
	브루나이	2006년 12월 협상 타결
	태국	2007년 4월 체결
	인도네시아	2006년 11월 협상 타결
	칠레	2007년 3월 체결
협상중	한국	2004년 11월 제6차 협상
	ASEAN	2007년 3월 제6차 협상
	GCC	2007년 1월 제1차 협상
	베트남	2007년 3월 제2차 EPA 협상
	인도	2007년 4월 제2차 EPA 협상
	호주	2007년 4월 제1차 협상
공동연구/검토중	스위스	2007년 3월 EPA 협상 예비협의
	캐나다	2006년 4월 제2차 공동연구

제 3 절 한국의 중점 추진 FTA

1. 한-GCC FTA

1.1 한-GCC간 교역규모는 2006년 기준 618억 달러이며 수출 77억 달러, 수입 540억 달러로 463억 달러의 무역적자(trade deficit)를 기록하였음

(1) GCC는 한국이 2005년부터 20% 이상의 수출신장세를 기록하고 있는 중요한 시장이므로 FTA 체결을 통해 수출확대를 유지할 필요가 있음

〈표 7-5〉 한-GCC 교역 현황

(단위 : 백만 달러)

	총교역액	수출액	수입액	무역수지
2004	34,513	5,179	29,334	-24,154
2005	47,941	6,228(20.3)	41,713(42.2)	-35,485
2006	61,844	7,773(24.8)	54,071(29.6)	-46,297

주 : ( )안은 %임

자료 : 한국무역협회

〈표 7-6〉 대GCC 주요 수출품목

(단위 : 백만 달러, %)

순위 (2006년 기준)	품목명	2005		2006	
		금액	증가율	금액	증가율
1	수송기계	1,585	31.5	2,081	31.3
2	철강제품	625	34.7	1,465	134.5
3	산업용전자제품	790	-6.8	563	-28.7
4	산업기계	380	81.1	505	33.0
5	가정용전자제품	432	-3.9	439	1.6

자료 : 한국무역협회, MTI 2단위 기준

(2) 주요 수출품은 수송기계(20.8억 달러), 철강제품(14.6억 달러), 산업용전자제품(5.6억 달러), 산업기계(5.0억 달러), 가정용전자제품(4.4억 달러) 순임

(3) 주요 수입품은 원유 및 석유제품(527.3억 달러), 석유화학제품(7.2억 달러), 비철금속제품(3.5억 달러) 순으로 원유 및 석유제품이 압도적인 비중(97.5%)을 나타내고 있음

※ 한국의 원유 및 석유제품 전체수입액 855억 달러 중 GCC국가로부터의 수입액은 527.3억 달러로 61.6%를 차지하였음

〈표 7-7〉 대GCC 주요 수입품목

(단위 : 백만 달러, %)

순위 (2006년 기준)	품목명	2005		2006	
		금액	증감률	금액	증감률
1	광물성연료	40,560	42.9	52,737	29.6
2	석유화학제품	682	4.7	730	30.0
3	비철금속제품	224	3.5	356	7.0
4	비료	42	206.2	81	58.7
5	정밀화학제품	37	325.3	45	89.7

자료 : 한국무역협회, MTI 2단위 기준

1.2 GCC는 한국이 원유 수입액의 60% 이상을 의존하고 있어 에너지 안보상으로 매우 중요한 지역으로 평가할 수 있음

(1) FTA 체결을 통해 안정적인 원유자원을 확보하고 에너지개발 사업의 진출기반을 구축할 필요가 있음

(2) 최근 중국, 일본, 유럽연합(EU) 등 경쟁국들이 GCC와 적극적으로 FTA를 추진하고 있어 한국 제품의 경쟁력(competitiveness)이 약화될 가능성이 큼

① GCC가 한국보다 먼저 EU, 미국(개별), 중국, 일본 등과 FTA 체결시 한국의 대GCC 수출은 약 5억 달러 이상의 감소효과가 발생할 것으로 추정됨

② 특히, 중국과 GCC간 FTA 체결시 한국의 주력 수출품 시장 잠식가능성이 크며 중국의 대중동 석유수입량 급증으로 인한 안정적 원유 확보의 차질 발생 가능성도 존재함

> ※ 중국은 중동시장에서 한국의 주력 수출상품인 섬유, 생활용품, 기타 소비재 시장의 상당부분을 이미 잠식하고 있으며 최근 전기전자, 중소형기계류, 위성방송 수신기, 휴대폰, 의료기기 등으로 수출영역이 확대되고 있음

(3) GCC와의 FTA는 원유 및 석유제품 수입관세 철폐에 따른 관세수입감소(한국 전체 관세수입의 약 6%)가 발생하게 되어 이에 대한 대책 마련을 병행할 필요가 있음

1.3 한-GCC FTA는 한국기업의 대GCC 건설플랜트 프로젝트 수주여건을 개선하는 데도 기여하게 됨

고유가에 따른 GCC 각국의 풍부한 오일머니(oil money)를 기반으로 다수의 프로젝트 발주가 지속적으로 확대되는 추세를 보이고 있어 FTA 체결시 보다 유리한 조건으로 중동시장 진출 기반을 확보하는 것이 가능하게 된다.

2. 한-호주 FTA

2.1 호주는 한국의 제8대 교역상대국이며 2006년 기준 한-호주간 교역규모는 160억 달러를

기록하였음

(1) 한국은 대호주 교역에서 무역적자(trade deficit)를 나타내고 있으며 2006년에는 66억 달러를 초과하는 등 최근 무역적자 폭이 확대되고 있음

〈표 7-8〉 한-호주 교역 현황

(단위 : 백만 달러)

	총교역액	수출액	수입액	무역수지
2004	10,816	3,378	7,438	-4,060
2005	13,671	3,812(12.8)	9,859(32.6)	-6,047
2006	16,001	4,692(23.1)	11,309(14.7)	-6,617

자료 : 한국무역협회

(2) 주요 수출품은 자동차(9.5억 달러), 석유제품(6.8억 달러), 무선통신기기(4.5억 달러), 영상기기(2.9억 달러), 선박해양구조물(2.1억 달러) 순을 보이고 있음

※ 전체 수출액 중 자동차의 수출액이 약 20%로 가장 높은 비중을 차지하고 있음

(3) 수입은 원유, 광물자원 및 농축산물이 대부분을 차지하고 있음

원유(21.8억 달러), 석탄(21.8억 달러), 철광(13.2억 달러), 육류(7.2억 달러), 알루미늄(6.6억 달러) 순을 보이고 있다.

〈표 7-9〉 대호주 주요 수출품목

(단위 : 백만 달러, %)

순위 (2006년 기준)	품목명	2005		2006	
		금액	증감률	금액	증감률
1	자동차	808	42.5	955	18.2
2	석유제품	242	163.6	680	180.8
3	무선통신기기	485	-11.9	457	-5.7
4	영상기기	334	15.6	295	-11.9
5	선박해양구조물	1.6	87.7	218	13,032.3

자료 : 한국무역협회, MTI 3단위 기준

〈표 7-10〉 대호주 주요 수입품목

(단위 : 백만 달러, %)

순위 (2006년 기준)	품목명	2005		2006	
		금액	증감률	금액	증감률
1	원유	1,715	33.7	2,183	27.3
2	석탄	2,326	48.0	2,180	-6.3
3	철광	946	37.5	1,321	39.7
4	육류	564	53.0	724	28.4
5	알루미늄	462	14.4	668	44.6

자료 : 한국무역협회, MTI 3단위 기준

2.2 자원대국인 호주와의 FTA를 적극적으로 검토할 필요가 있음

(1) ASEAN, 중국, 일본 등이 자원 확보 및 시장 선점 차원에서 호주와 FTA를 추진하고 있음

※ 한국의 대호주 수출경쟁력(export competitiveness) 확보를 위해 한-호주 FTA 체결이 시급한 실정임

(2) 호주-태국 FTA가 2005년 1월 발효되어 태국에서 생산되는 도요타(Toyota), 혼다(Honda) 등 일본 브랜드 차량의 호주 수출이 크게 증가하고 있음

① 호주는 연간 100만대 규모의 자동차 시장을 가지고 있으며 이 중 30%는 현지 투자업체들이 생산하고, 나머지 70%를 수입에 의존하고 있음

② 태국산 자동차가 2006년에 약 10만대 수입되어 호주의 자동차 수입 시장에서 일본에 이어 2위를 차지하였음

③ 대호주 최대 수출품목으로 증가세에 있던 한국산차는 2006년부터 시장점유율(market share)이 감소하고 있음

〈표 7-11〉 한국 자동차 업계의 호주시장 점유율

(단위 : %)

구분	판매대수(대)		증감률		시장점유율	
	2005	2006	2005	2006	2005	2006
현대	48,010	46,523	12.9	-3.1	4.9	4.8
기아	25,293	20,770	3.4	-17.9	2.6	2.2
쌍용	2,645	2,206	-	-16.6	0.3	0.2
계	75,948	69,499	-	-8.5	7.8	7.2

자료 : 한국자동차공업협회

(3) 호주는 농축산물의 수출강국임을 고려하여 국내적으로 취약한 농업의 보완대책 마련이 필요함

한미 FTA 협상 타결로 미국산 쇠고기가 호주산 쇠고기를 대체하면서 한-호주 FTA 추진의 최대 장애요인인 쇠고기 문제가 다소 완화될 것으로 보인다.

제 4 절 시사점

한 · 중 · 일 FTA 추진 현황에 따른 시사점으로 다음 6가지를 지적할 수 있다.

1. 전세계적으로 FTA 체결이 증가하고 있는 가운데 아시아, 특히 동북아 3국의 FTA 체결건수가 급증하고 있음

1.1 한 · 중 · 일 3국의 FTA 체결동향 분석 결과 이 같은 경향은 향후 2~3년간 지속될 것으로 판단됨

1.2 최근 도하개발아젠다(DDA) 협상 재개 가능성이 커지고 있으나 타결까지는 다소 시일이 소요될 것으로 보여 단기간 FTA 체결증가에 미치는 영향은 크지 않을 것으로 보임

2. 한 · 중 · 일 3국의 FTA 추진 대상국이 상당수 중복되어 있으나 추진전략 및 우선순위는 상이함

2.1 한국

한국은 칠레, 싱가포르 등 거점국에 대해 FTA를 체결하였으며 미국, 유럽연합(EU) 등 거대경제권과의 FTA를 본격적으로 추진하고 있다.

2.2 중국

중국은 정치적 목적에 따른 FTA 추진에서 시장 및 자원확보 차원으로 변화하고 있다.

2.3 일본

일본은 기존의 해외투자를 기반으로 경제적 영향력을 제고할 수 있는 FTA 추진에서 경쟁국을 견제하는 전략으로 변화하고 있다.

〈표 7-12〉 한 · 중 · 일 3국의 FTA 정책방향

	기본 정책방향
한 국	• 동시다발적인 FTA 추진 • 경제적 이익과 경제시스템의 선진화를 동시에 추구하는 거대 선진경제권(미국, EU 등)과의 FTA 추진
중 국	• ASEAN, 인도 등 인접국과의 FTA를 통해 자국을 중심으로 하는 경제권 형성 및 역내 영향력 확대 • 에너지자원 확보를 위한 FTA 추진
일 본	• 동아시아 경제통합의 영향력 경쟁에서 주도권을 확보하기 위한 FTA 추진 • 자국기업의 해외활동 지원 및 상대국에 대한 영향력 강화 촉구

3. GCC, 호주 등 자원대국 및 신흥경제권과의 FTA 추진을 적극적으로 검토하고 있음

중국, 일본은 자원확보 등을 목적으로 이미 GCC, 호주 등과 협상을 진행하고 있다.

4. 미국, 유럽연합(EU) 등 거대경제권과의 FTA를 조속히 체결하여 시장선점효과를 극대화할 필요가 있음

4.1 한미 FTA의 신속한 국회 비준을 통해 그 효과를 충분히 활용해야 함

(1) 전국경제인연합회가 실시한 '한미 FTA 협상 만족도 100대 기업 의견조사' 결과 응답기

업의 80.3%가 2007년 내 국회 비준을 희망, 77.9%는 한미 FTA를 활용할 계획으로 나타났음

(2) 일본 '경단련'과 미국 '비즈니스 라운드 테이블'은 2007년 1월 미일간 EPA 체결 필요성을 공식적으로 언급한 바 있음

4.2 유럽연합(EU)과의 FTA 협상도 조속한 시일 내 완료하여 해당시장에서 중국과 일본보다 유리한 지위를 선점할 수 있도록 지원할 필요가 있음

EU는 농업개방 등 장애요인이 미국에 비해 상대적으로 적은 편이며 산업구조상 상호보완성(mutual complementarity)이 크다는 점에서 FTA 대상국으로서 용이한 편이다.

〈표 7-13〉 한-EU FTA의 경제적 효과

구분	한-EU FTA 체결 효과
GDP	단기 : 15.7조원(2.02%) 장기 : 24.0조원(3.08%)
1인당 국민소득	단기 : 35만원(2.16%) 장기 : 48만원(2.96%)
대세계 무역수지	단기 : 1.3억 달러(0.16%) 장기 : 28.5억 달러(3.54%)
수 출	단기 : 64.7억 달러(2.62%) 장기 : 110.4억 달러(4.47%)
수 입	단기 : 63.4억 달러(3.81%) 장기 : 81.9억 달러(4.92%)
국내 취업자 수 (전 산업)	단기 : 30만 1,200명(1.81%) 장기 : 59만 7,060명(3.58%)

5. 기업은 FTA 효과를 극대화하는 적극적인 활용방안을 모색할 필요가 있음

5.1 FTA 추진전략이 계획대로 진행되고 DDA 협상진행 등 외부변수의 큰 변화가 없을 경우 한국의 FTA 체결은 향후 2~3년 내에 정점에 이를 것으로 보임

5.2 FTA의 활용 주체는 기업이므로 기업은 FTA의 효과를 극대화할 수 있는 적극적인 활용방안을 모색할 필요가 있음

6. 글로벌 스탠더드(global standard)에 부합하는 규제완화(deregulation)가 시급한 실정임

기업들이 FTA 타결을 계기로 국제경쟁력(international competitiveness)을 강화할 수 있도록 기업활동을 저해하는 각종 규제의 개선과 제도 및 관행의 선진화가 시급히 요청되고 있다.

8
chapter

한중 무역구조 분석

제 1 절 대중 무역흑자의 감소

1. 대중 수입의 급증

1.1 중국은 2007년에 처음으로 일본을 추월하여 최대 수입대상국으로 부상하였음

(1) 대중 수입은 2007년에 전년 대비 29.8% 증가한 630억 달러를 기록하였음[1)]

(2) 2000년 이후 최대 수입대상국이었던 일본으로부터의 수입은 전년 대비 8.3% 증가한 563억 달러로 나타났음

1.2 수출증가율은 2005년 이후 수입증가율을 하회하고 있음

대중 수출은 2007년에 820억 달러로 전년 대비 18.0% 증가하였다. 이는 2006년 증가율 12.2%보다는 상승하였으나 2년 연속 10%대 증가에 그친 것으로 나타났다.

1) 대중 수입은 2002년 이후 연평균 30%씩 증가하고 있다(삼성경제연구소, SERI 경제포커스, 제179호, 2008. 2. 요약 · 재구성).

2. 대중 무역흑자의 감소

2.1 중국 3대 무역적자 대상국(한국, 일본, 대만) 중 한국의 적자 폭이 축소되고 있음

(1) 한국의 2007년 대중 무역흑자(trade surplus)는 전년 대비 9.4% 감소한 189억 달러를 기록하였음

※ 대중 무역흑자(억 달러) : 202(2004년) → 233(2005년) → 209(2006년) → 189(2007년)

(2) 대만은 대중 무역흑자가 지속적으로 증가하고 있으며 일본도 2년 연속 흑자가 급증하고 있음

※ 국가별 무역흑자 규모(2007년) : 대만 775억 달러, 일본 318억 달러

2.2 한중 무역구조의 변화에 대해 철저한 분석이 필요함

(1) 중국은 한국 전체 수출입의 20%를 차지하는 최대 교역국임

(2) 대중 수입증가에 따른 무역흑자 축소가 일시적인 현상인지 또는 구조적인 현상인지를 인지하기 위해 양국간 무역구조의 변화와 원인에 대한 면밀한 분석이 필요함

제 2 절 한중 무역구조의 변화

1. 수출과 수입에서 자본재의 비중이 증대되고 있음

1.1 부품, 기계 등 자본재가 전체 대중 수출의 50% 이상을 차지하고 있음

(1) 반도체, LCD 등 IT부품을 중심으로 자본재(capital goods) 수출이 지난 5년간 연평균 39.8%씩 증가하였음

※ 2004년부터 자본재의 수출금액이 원자재를 상회하고 있음

(2) 원자재는 2005년부터 수출증가율이 급격히 둔화되고 있음

※ 원자재 수출증가율(%) : 34.2(2004년) → 17.1(2005년) → 15.2(2006년) → 12.1(2007년)

소비재의 경우 수출규모도 작으며 연평균 8.9%의 낮은 성장률을 기록하고 있다.

〈표 8-1〉 제품특성별 대중 수출구조 변화

(단위 : 억 달러, %)

구분	2002	2003	2004	2005	2006	2007	연평균 증가율
원자재	119	157	210	246	284	318	21.8
자본재	84	153	245	324	359	448	39.8
소비재	35	41	42	48	51	54	8.9
전 체	258	371	517	638	714	840	26.7

자료 : 한국무역협회, KOTIS DB

1.2 수입의 경우에도 자본재가 가장 높은 증가율을 기록한 것으로 나타났음

(1) 자본재 수입액이 2006년 처음으로 원자재를 추월했으나 2007년에는 원자재 수입이 대폭 증가하면서 자본재 수입을 상회하였음

(2) 2007년 수입에서 소비재가 차지하는 비중은 21% 정도로 수출의 6.5%에 비해 상당히 높은 수준으로 평가할 수 있음

〈표 8-2〉 제품특성별 대중 수입구조 변화

(단위 : 억 달러, %)

구분	2002	2003	2004	2005	2006	2007	연평균 증가율
원자재	68	82	116	154	185	252	30.1
자본재	52	73	105	143	187	242	36.1
소비재	54	64	75	89	113	135	20.0
전 체	194	239	316	406	506	650	27.4

자료 : 한국무역협회, KOTIS DB

2. IT제품의 수출입 급증

2.1 대중 수출에서 IT가 차지하는 비중이 지속적으로 증대되고 있음

(1) 반도체, 컴퓨터, 무선통신기기, 평판디스플레이 등 IT제품이 수출 상위품목 중 1~4위를 차지하였음

※ 전체 대중 수출 중 4대 IT제품의 비중(%) : 24.1(2003) → 27.3(2005) → 32.5(2007)

(2) 2000년대 초 수출 상위그룹을 형성했던 석유제품, 합성수지, 철강판 등 기초소재 품목들은 수출증가율이 둔화되고 있음

이는 중국의 대규모 투자로 이들 품목의 자급률이 제고된 데 기인하고 있다.

2.2 IT와 철강제품의 수입은 최근 들어 급속히 확대되고 있음

(1) 컴퓨터는 2004년부터 수입품목 1위를 유지하고 있으나 증가율이 점차 둔화되고 있는 추세를 보이고 있음

※ 컴퓨터 수입증가율(%) : 56.8(2004) → 42.1(2005) → 26.4(2006) → 15.4(2007)

(2) 반도체, 평판디스플레이, 무선통신기기 등 다른 IT제품은 컴퓨터와는 달리 수입이 급속

히 증가하고 있음

특히, 평판디스플레이의 경우 수입액이 2006년 6.6억 달러였으나 2007년에는 28.5억 달러로 급증한 것으로 나타났다.

(3) 비(非)IT제품 중 2000년초 높은 비중을 차지했던 의류와 석탄은 수입이 크게 둔화됐으나 2006년부터 철강제품 수입이 급증하고 있음

〈표 8-3〉 대중 10대 수출입 품목 변화

순위	수출			수입		
	2001	2004	2007	2001	2004	2007
1	석유제품	컴퓨터	반도체	의류	컴퓨터	컴퓨터
2	합성수지	무선 통신기기	컴퓨터	컴퓨터	의류	철강판
3	철강판	반도체	무선 통신기기	석탄	석탄	반도체
4	전자관	철강판	평판디스플레이 및 센서	음향기기	반도체	의류
5	컴퓨터	합성수지	석유제품	반도체	전자 응용기기	평판디스플레이 및 센서
6	가죽	석유제품	합성수지	정밀 화학원료	철강판	무선 통신기기
7	석유화학 합섬원료	석유화학 합섬원료	광학기기	어류	알루미늄	알루미늄
8	기타 직물	광학기기	석유화학 합섬원료	식물성 물질	정밀 화학원료	선재봉강 및 철근
9	무선 통신기기	자동차부품	석유화학 중간원료	정전기기	정전기기	석탄
10	음향기기	석유화학 중간원료	철강판	석유제품	합금철선철 및 고철	정밀 화학원료

주 : MTI 3단위 기준
자료 : 한국무역협회, KOTIS DB

3. 철강제품의 무역수지 적자 확대

3.1 철강, 섬유, 농산물 등의 무역적자가 가장 큰 편임

(1) 중국의 수요증가와 국제유가의 상승으로 인해 석유화학제품이 무역흑자 1위를 유지하고

있음

반도체, 평판디스플레이 등의 수출급증으로 전자부품의 흑자 폭도 지속적으로 확대되고 있다.

(2) 철강제품의 경우 2005년부터 적자로 반전되었으며 매년 적자 폭이 확대되고 있음

무역적자(trade deficit)가 2007년에는 전년 대비 37억 달러 증가하여 대중 무역흑자 감소의 주요 요인이 되고 있다.

〈표 8-4〉 대중 무역흑자 및 적자 상위 5대 품목

(단위 : 억 달러)

품목		2004	2005	2006	2007
흑자	석 유 화 학 제 품	76.3	91.9	104.5	129.4
	전 자 부 품	24.1	57.9	74.9	89.0
	산 업 용 전 자 제 품	51.9	37.3	22.6	44.0
	기 초 산 업 기 계	22.7	41.1	25.0	33.7
	광 물 성 연 료	5.7	9.8	29.2	26.6
적자	철 강 제 품	7.4	-5.4	-27.1	-63.9
	섬 유 제 품	-20.2	-21.4	-29.0	-35.1
	농 산 물	-10.5	-16.8	-14.9	-23.1
	수 산 물	-7.9	-8.3	-9.6	-9.[illegible]
	비 금 속 광 물	-4.9	-5.8	-6.9	-9.0

주 : MTI 2단위 기준
자료 : 한국무역협회, KOTIS DB

3.2 철강의 무역적자 확대는 중국의 생산능력 과잉과 한국의 수요증가가 결합된 구조적인 요인에 기인하고 있음

(1) 중국의 대규모 철강설비들이 2005년부터 본격적으로 가동되면서 내수시장이 공급과잉(oversupply) 상태임

중국 철강회사들은 선재, 봉강, 철근 등 저급제품을 중심으로 저가수출을 확대하고 있다.

(2) 한국의 선박 건조량이 급증하면서 조선용 후판의 공급부족 현상이 심화되고 있음

동국제강, 현대제철 등의 설비증설이 완료되는 2010년까지 공급부족 현상은 더욱 심화될 것으로 보인다.

4. 한중 분업구조의 진전

4.1 중국의 산업발전에 따라 주요 업종에서 한중간 분업이 심화되고 있음

(1) 전자부품, 기계, 자동차 등 주요 교역품목에서 산업내무역지수가 상승하였음

※ 산업내무역지수=1-{ | 수출액-수입액 | /(수출액+수입액)}

산업내무역지수는 1에 가까울수록 양국간 분업(division of labor)이 심화되고 있음을 의미한다.

(2) 철강의 경우 2005년까지는 높은 수준의 분업구조를 형성했으나 이후 무역적자의 확대로 산업내무역지수가 하락하고 있음

〈표 8-5〉 한중 주요 교역품목의 산업내무역지수 변화

구분	2004	2005	2006	2007
전 자 부 품	0.732	0.586	0.605	0.671
산업용 전자제품	0.629	0.767	0.875	0.784
석 유 화 학 제 품	0.067	0.099	0.141	0.137
철 강 제 품	0.893	0.940	0.723	0.519
기 초 산 업 기 계	0.253	0.232	0.402	0.436
수 송 기 계	0.182	0.281	0.342	0.504

주 : MTI 2단위 기준
자료 : 한국무역협회, KOTIS DB

4.2 한국기업의 중국진출 확대가 양국간 분업구조 진전을 촉진시키고 있음

(1) 프린터, 디지털카메라(digital camera) 등 IT제품을 중심으로 조립 등 일부 공정의 중국 이전으로 한국에서는 부품을 공급하고 완제품을 역수입하는 현상이 심화되고 있음

(2) 한국 공장은 고부가가치 제품에 집중하고 저부가가치 제품은 중국 법인 또는 현지기업으로부터 수입하고 있음

평판디스플레이의 경우 한국에서는 TV용 대형제품 위주로 생산하여 수출하고 중국으로부터 모니터와 소형 TV용 제품을 수입하고 있다.

4.3 일부 품목은 중국 진출기업의 현지화(localization)로 수출이 감소하고 역수입이 증가하고 있음

(1) 중국 현지법인의 한국 수출은 증가하고 있으나 수입 비중은 중국 현지구매의 증가로 감소하고 있음

※ 매출액 중 한국 수출 비중(제조업) : 14.9%(2004) → 17.2%(2006)
매입액 중 한국 수입 비중(제조업) : 51.3%(2004) → 42.4%(2006)

(2) 수송기계의 경우 현대 · 기아자동차의 중국 진출로 수출이 급증했으나 2006년부터 수출은 둔화되고 수입은 증가하고 있음

※ 수송기계 무역흑자(억 달러) : 24.1(2004) → 29.1(2005) → 27.9(2006) → 24.0(2007)

제 3 절 시사점

한중 무역구조의 분석에 따른 시사점으로 다음 2가지를 지적할 수 있다.

1. 대중 수입증가세의 지속

1.1 IT와 철강제품을 중심으로 대중 수입이 증가할 것으로 보임

(1) 중국의 산업발전과 한중 분업구조의 진전으로 소비재와 IT제품의 수입이 지속적으로 증가할 것으로 전망됨

(2) 무역흑자 감소의 주요 원인인 철강수입은 조선용 후판 공급부족 현상이 심화되고 있어 수입증가 현상이 불가피하게 초래될 것으로 보임

1.2 IT를 중심으로 수출이 증가할 것으로 보이나 과거와 같은 고성장은 힘들 것으로 판단됨

(1) 중국의 IT생산이 급증하고 국내기업의 조립기지 이전도 확대되고 있어 IT부품 수출이 지속적으로 증가할 것으로 보임

최근 삼성전자와 LG필립스 LCD의 중국 LCD모듈 조립공장이 본격적으로 가동되고 있어 국내에 있는 생산설비를 지속적으로 이전할 것으로 보인다.

(2) 중국 진출공장의 현지 조달이 증가하면서 한국으로부터의 수입이 더욱 감소될 가능성이 증대되고 있음

현대자동차의 경우 진출 초기였던 2002년 중국 내 부품조달 비율이 40% 정도였으나 향후 90% 수준으로 제고시킬 계획을 세우고 있다.

(3) 대중 무역흑자 1위 품목인 석유화학제품의 경우 중국 내 자급도가 제고되고 있어 수출 증가세가 둔화될 것으로 보임

2. 부품소재 경쟁력 제고의 필요성

2.1 부품소재의 기술경쟁력(technological competitiveness) 제고가 수반되지 않고는 대중 수출의 확대가 어려운 실정임

(1) 현재 중국으로의 수출은 완제품보다는 부품소재를 중심으로 이루어지고 있음

부품소재는 한국의 대중 수출의 61.6%와 수입의 49.3%를 차지하고 있다.

(2) 현지 기업의 기술력 제고와 다국적 부품기업 진출의 확대로 중국에서도 고기술부품 구입에 있어 용이한 상황이 전개되고 있음

2.2 중국 현지시장을 적극적으로 공략하여 대중 부품소재의 수출을 확대할 필요성이 있음

(1) 중국 현지법인의 영업능력을 확충하여 현재 50%에도 못 미치고 있는 내수중심형 매출 비중을 확대해야 함

(2) 중국 소비자의 소득증대에 적합한 고급제품의 비중을 제고시켜 한국산 부품소재의 수요를 증대시켜야 함

9
chapter

일본경제의 성장잠재력 분석

제 1 절 일본경제에 대한 평가

1. 일본 주가의 하락

1.1 서브프라임 모기지(subprime mortgage, 비우량 주택담보대출) 사태와 관련하여 일본 금융기관이 입은 직접적인 손실은 상대적으로 미미한 수준임

(1) 일본 금융기관의 서브프라임 모기지 관련 손실 규모는 2007년 12월말 기준 6,000억엔으로 평가됨

2007년 9~12월 3개월간 집중적으로 3,240억엔의 손실을 처리하였다.

(2) 이는 세계 금융기관이 입은 전체 손실의 3% 미만에 불과한 수준임

※ 서브프라임 모기지와 관련하여 세계 금융기관이 계상한 손실액은 최소 2,000억 달러이며, 이 중 50% 정도는 미국계 금융기관, 40% 정도는 유럽계 금융기관의 손실로 나타났음

서브프라임 모기지 관련 자산의 장부가가 2007년 4분기에 1조 5,190억엔으로 증가해 손실이 더 늘어날 가능성은 존재하고 있으나 그 규모는 크지 않을 것으로 보인다.

〈표 9-1〉 일본 금융기관의 서브프라임 모기지 관련 상품 보유 및 손실 현황

(단위 : 억엔)

	장부가액	평가손실	처분손실	총손실	참고(업무순이익)
2007년 9월 기준	14,070	-1,350	-1,410	-2,760	2007년 3월기 : 6조 7,220억엔
12월 기준	15,190	-1,580	-4,420	-6,000	
증감	1,120	-230	-3,010	-3,240	

주 : 1) 2007년 12월말 시점에서 서브프라임 모기지를 조금이라도 포함한 자산담보부증권(ABS) 및 채무담보증권(CDO)의 보유 및 손실현황

2) 총손실은 평가손실(충당금 설정액)과 처분손실(매각손실, 감손처리)의 합계

자료 : 금융청

1.2 일본은 서브프라임 모기지 사태와 직접적인 관련이 상대적으로 약함에도 불구하고 주식시장의 하락 폭은 구미 제국보다 더욱 큰 상황임

서브프라임 모기지 문제가 본격적으로 부상하기 시작한 2007년 8월초 대비 2008년 3월초 현재 각국 주가의 등락률 중 일본이 최대의 낙폭을 기록하였다.

〈표 9-2〉 상대적 주가 수준(2007. 8. 1 = 100)

일 본	77.0
미 국	91.4
독 일	87.6
영 국	92.3
프랑스	82.7
한 국	90.3
중 국	100.8

주 : 1) 2008년 3월 4일 기준

2. 일본경제에 대한 비관론의 확산

2.1 최근 들어 해외 주요 경제연구기관에서 일본경제에 대한 비관적 전망이 부상하고 있음

(1) 세계적 투자은행(IB : Investment Bank)인 골드만삭스(Goldman Sachs)는 2002년부터 시작된 현재 일본의 경기확장 국면이 종료되어 경기침체기에 진입한 것으로 평가함

(2) 영국의 경제지 이코노미스트(The Economist)는 일본 주식시장이 침체되고 경기침체(recession) 조짐을 보이고 있는 데 대해 'Japain'(Japan+Pain)이란 신조어까지 창제하였음[1)]

2.2 일본 내에서도 민간 연구기관뿐만 아니라 정부 측에서도 일본경제에 대한 비관적 전망이 대두되고 있음

(1) 민간 연구기관들은 일본경제에 대한 전망을 하향 조정하고 있음

일본의 15개 민간 조사기관 · 연구소는 2008년 2월 2008년 일본의 경제성장률 전망을 이전(2007년 12월 시점)에 비해 0.4%포인트 하향 조정하였다.

(2) 일본정부도 서브프라임 모기지 문제로 금융시장의 불안정(instability of financial market)이 확산되기 시작한 2007년 8월 이후 처음으로 일본경제에 대한 경기판단 기조를 하향 조정하였음

오타 히로코(大田弘子) 경제재정담당장관은 2008년 2월 22일 관계 각료회의 보고에서 일본경제에 대한 경기판단 기조를 1년 3개월 만에 하향 수정한 바 있다.[2)]

2.3 일본경제가 경기상승 국면을 지속할 것인지 또는 침체국면으로 재진입할 것인가에 대한 면밀한 분석이 필요한 시점임

선행지표만 보면 일본의 경기는 침체국면으로 진입할 가능성을 시사하고 있다.

(1) 경기판단지수

경기워처조사의 경기판단지수(DI, 기준 = 50)가 2007년 4월 이후 지속적으로 하락하면서 2008년 1월의 DI(31.8포인트)는 2002년 1월(31.9포인트) 수준을 보이고 있다.

---

1) 이코노미스트지는 2008년 2월 21일 현 상황의 일본에 대해 '여전히 고통(pain)에 직면해 있는 일본(Japan)'으로 비유한 바 있다(삼성경제연구소, SERI 경제포커스, 제183호, 2008. 3. 요약 · 재구성).

2) 2008년 1월 '일부 약세가 보이지만 회복하고 있다'에서 2월에는 '최근 회복세가 완만해지고 있다'고 경기 판단기조를 한 단계 하향 조정하였다.

※ 경기워처조사는 지역별 경기동향을 신속하게 파악하여 전체 경기동향 판단의 기초로 삼기 위하여 경기변동에 민감한 업종 종사자 약 2,500명을 대상으로 실시하는 비교적 간이조사에 해당됨(DI = 50이 균형점)

(2) 경기지수

경기지수도 동행지수는 대체적으로 호조를 나타내고 있으나 수개월 후의 경기동향을 나타내는 선행지수는 악화되는 추세를 보이고 있다.

제 2 절 일본경제의 성장력 분석

1. 수출

수출은 여전히 일본경제의 성장동력으로 작용하고 있다.

1.1 수출은 2007년 2분기 이후 일본의 경제성장을 견인하고 있음

(1) 최근 5년간 평균 35.5%였던 순수출(net export)의 국내총생산(GDP) 기여율이 2007년 2분기 이후 65.5%로 증가하였음

※ 순수출 증가가 GDP 증가에 기여한 비율(=순수출 증가액÷GDP 증가액×100)

(2) 수출이 GDP에서 차지하는 비중(2007년 15.6%)을 고려하면 2007년 일본경제는 실질적으로 수출에만 의존하여 성장했다고 평가할 수 있음

1.2 일본의 수출호조는 신흥국, 자원국의 경제성장 추진에 따른 중간재 · 자본재 수요확대와 일본제품의 국제경쟁력(international competitiveness)이 상승작용한 결과임

(1) 중국은 2008년 북경올림픽 특수까지 가세해 수년 전부터 고정투자가 급증하고 있음

※ 2000년대 초반 30~35%였던 GDP 대비 고정투자 비중이 최근 50% 초반대로 증가하였음

(2) 자원부국들은 자원가격이 상승하기 시작한 수년 전부터 소위 '자원의 저주'를 탈피하기 위해 설비투자를 증가시키는 과정에서 자본재 수입을 확대하고 있음

※ 자원의 저주(Resource Curse)는 천연자원이 풍부한 국가는 풍부하지 못한 국가에 비해 경제발전이 뒤처져 있는 현상을 설명하기 위한 가설로서 풍부한 천연자원은 부(wealth)를 가져다주기보다는 오히려 경제성장을 저해하는 저주로 작용하는 것으로 지칭함

(3) 부품 · 소재는 물론 설비투자, 자원개발(resource development)과 관련된 기계 · 장비 등에서 경쟁력을 보유하고 있는 일본은 이들 국가의 투자확대로 인한 최대 수혜국으로 간주할 수 있음

※ IMF의 'World Economic Outlook'에 따르면 중동 산유국들의 고정투자가 GDP에서 차지하는 비중이 2005년 22.2%에서 2007년 26.4%로 급증한 것으로 나타났음

전기전자는 해외생산 확대로 인해 전반적으로 부진하였으나 전지, IC, 중전기기, 통신기기 등 부품 · 소재나 자본재 성격의 제품은 호조를 보였다.

〈표 9-3〉 일본의 주요 수출 호조품목 현황

(단위 : %)

구분	수출호조 품목	수출 구성비	2007년 증감률	
			하반기	연간
소 재 류	합성수지, 합성수지제품	4.0	14.9	14.2
	철강, 금속 · 비철금속제품, 비금속광물제품	9.1	11.9	15.5
기계 · 장비류	원동기, 펌프, 원심분리기, 베어링	5.0	13.1	13.5
	건설 · 광산용 기계, 하역기계	2.6	18.6	17.0
전기전자	중전기기, 통신기기, 전지, IC (참고 : AV 기기 및 관련 부품)	6.9 (3.4)	16.1 (-15.4)	20.4 (-13.8)
수송기계	자동차 및 자동차부품, 조선	23.1	14.0	14.9

자료 : 재무성

(4) 이에 따라 대미 수출이 부진하더라도 아시아 신흥국과 자원국에 대한 수출을 확대함으

로써 전체적인 수출호조가 지속되었음

〈표 9-4〉 일본의 지역별 수출증가율 추이(2007년 기준, 전년동기 대비 증가율)

(단위 : %)

	세계	북미		동아시아				BRICs	기타
			미국		중국	ASEAN	ANIEs		
2006	14.6	14.7 (24.1)	14.4 (22.2)	12.2 (39.7)	22.1 (20.4)	5.0 (3.3)	9.6 (16.0)	25.3 (23.3)	18.0 (33.3)
상반기	12.8	2.6	2.7	13.8	21.6	15.6	8.6	23.7	19.0
하반기	10.4	-1.9	-2.9	11.4	16.7	15.8	6.4	43.9	17.0
2007	11.5	0.3 (0.5)	-0.2 (-0.4)	12.6 (50.4)	18.9 (23.5)	15.7 (11.9)	7.5 (15.0)	36.8 (29.3)	18.0 (43.3)

주 : 1) ASEAN은 인도네시아, 말레이시아, 태국, 필리핀, 베트남 5개국, ANIEs는 한국, 대만, 싱가포르, 홍콩 4개국, BRICs는 중국을 제외한 브라질, 러시아, 인도 3개국

2) 2006년 및 2007년의 상단은 전년 대비 증가율, 하단 ( )안은 지역 · 국가별 수출기여율

자료 : 재무성

1.3 수출은 향후에도 성장동력으로서의 기능을 수행할 것으로 보이나 견인력은 약화될 것으로 판단됨

(1) 자원가격의 급상승이 지속되는 한 자원부국이 설비투자를 지속적으로 증가시키고 신흥국 경제도 고성장을 지속할 것으로 기대되므로 일본의 수출은 호조를 지속할 것으로 보임

(2) 다만 미국발 세계경제의 성장력 저하와 더불어 엔고 심화 등으로 인해 수출증가율 둔화가 초래될 것으로 보임

※ 서브프라임 모기지 사태의 영향이 확산되어 미국경기가 예상보다 급락할 경우 여타 지역에 대한 수출에도 악영향을 미칠 가능성이 상존하고 있음

2. 소비

개인소비는 일본경제의 성장동력으로서 한계가 노출되고 있는 상황으로 평가할 수 있다.

2.1 경제성장에 대한 개인소비의 기여도는 미약한 편임

(1) 개인소비의 신장률이 1% 증반대에서 횡보하는 양상을 나타내고 있음

(2) 이로 인해 개인소비는 GDP의 55%를 차지하고 있으면서도 GDP에 대한 기여율(2007년 기준)은 38.1%에 불과한 실정임

2.2 개인소비의 증가세는 향후에도 유지되겠지만 현상유지에 그칠 것으로 보임

(1) 유효구인배율이 1.0배 수준을 유지하고 실업률(unemployment rate)도 감소하고 있어 고용환경이 양호한 데다 부분적으로는 소득환경도 개선되고 있음

최근 들어 비정규직의 정규직 전환도 활성화되고 있으며 임금인상 억제, 비정규직 고용 확대 등으로 인해 감소경향을 보였던 근로자에 대한 현금급여 총액이 2008년 1월 1%대의 증가세를 기록하였다. 2008년부터는 그간의 정률감세 폐지에 따른 세부담에 대해서도 시간이 지나면서 가계가 적응하는 효과도 나타나고 있다.

※ 일본정부는 2006~2007년 2년에 걸쳐 1999년부터 실시해 왔던 정률감세(연간 1인당 최대 29만엔) 조치를 폐지하였는 데 이는 사실상 증세조치로 평가할 수 있음

(2) 이 같은 상황에서 최근 가계조사에서 가계소비지출이 급속히 증가하고 있어 일본 내에서는 개인소비 회복에 대한 기대감이 커지고 있음

2008년 1월의 소비지출 증가율(전년동기 대비)은 4.5%(명목성장률)로서 2004년 2월 이후 최대치를 기록하였다.

(3) 그러나 유류, 생필품 가격상승에 따른 구매력(purchasing power) 감소 효과, 주가하락에 따른 역(逆)자산 효과 등으로 인해 개인소비가 증가하더라도 일시적인 현상으로 그칠 가능성이 크기 때문에 경제성장에 대한 기여도는 크지 않을 것으로 판단됨

3. 투자

투자는 2008년 하반기로 갈수록 기술적 반등효과가 작용할 것으로 보인다.

3.1 설비투자

설비투자는 수출확대와 기술적 반등으로 인해 증가세를 보일 것으로 판단된다.

(1) 2007년 하반기 이후 설비투자 감소의 주요 요인으로 경기 측면보다는 건축기준법 개정 효과를 들 수 있음

연이은 내진(耐震)위장(내진 구조계산서 위조) 사건을 계기로 2007년 6월 건축기준법이 개정되면서 신규건축에 대한 규제가 강화되었다.

※ 일정 규모 이상의 건축물에 대해 구조계산적합성판정이 의무화되고 건축확인심사도 강화되었음

(2) 과거 수출-설비투자 관계의 추이를 볼 때 수출호조세가 지속되고 있어서 향후 설비투자의 증가여력은 충분한 것으로 판단됨

2008년 하반기 이후에는 업무용 건축 부문에서 기술적 반등 효과도 나타날 것으로 기대된다.

(3) 다만 설비투자가 2008년 중에 대폭 개선되기는 힘들 것으로 보임

이는 기업의 투자심리를 나타내는 기업경영상황판단지수(업황DI)를 보면 전반적인 호조 속에서도 그 강도가 점차 약화되고 있기 때문이다.

3.2 주택투자

주택투자는 2007년 하반기 이후 큰 폭의 감소를 보였으나 2008년 이후 빠른 증가세를 나타낼 것으로 보인다.

(1) 업무용 건축과 더불어 주택건설도 건축기준법 개정의 영향으로 그간 급감하였음

(2) 2008년 3분기 이후부터는 기술적 반등효과로 두 자릿수의 증가세를 시현할 것으로 보임

4. 기업경영

일본기업의 경영상태는 전반적으로 양호한 것으로 평가할 수 있다.

4.1 일본기업의 경영실적은 최근 6년 연속 최고치를 경신하고 있음

(1) 일본경제의 성장잠재력 저하론 부상에도 불구하고 일본의 수출을 견인하고 있는 제조기업의 경쟁력은 굳건한 것으로 평가됨

일본경제신문사가 집계한 2007년도 일본 상장기업의 경영실적은 6년 연속 사상 최고치를 경신할 것으로 보인다.

〈표 9-5〉 일본 상장기업의 경영실적(2007년)

(단위 : 개사, 조엔, %)

부문	업체수	2007년 4~12월(3분기 누계)		2007년 4월~2008년 3월(연간)	
		매출액	경상이익	매출액	경상이익
전 산 업	1,220	346.4 (8.4)	25.4 (9.7)	468.9 (6.5)	32.2 (5.2)
제 조 업	769	225.6 (8.9)	16.9 (12.2)	304.4 (6.6)	21.5 (7.1)
비제조업	451	120.8 (7.5)	8.5 (5.1)	164.5 (6.1)	10.7 (1.5)

주 : 1) 집계대상은 상장기업 중 금융, 신흥 3시장을 제외한 3월기 결산기업 1,220개사로서 업체수로는 전체의 약 75%
2) ( )안의 수치는 전년동기 대비 증가율

자료 : 일본경제신문, 2008. 2. 9.

(2) 일본기업의 평균 이익률도 1980년대 전성기 수준을 크게 초과하고 있음

2005년 이후 일본기업 평균 매출액경상이익률(3.9~4.0%)은 과거 최고수준이었던 1989년의 3.7%를 초과하고 있다.

〈표 9-6〉 일본기업의 매출액 경상이익률 추이

(단위 : %)

	버블기		버블붕괴기		최근 5년간				
	1986	1989	1993	2001	2003	2004	2005	2006	2007
제 조 업	3.2	5.4	2.3	3.2	3.9	4.9	5.4	5.7	5.6
비제조업	2.2	2.8	1.6	2.3	2.6	3.1	3.2	3.2	3.2
전 산 업	2.5	3.7	1.8	2.5	3.0	3.6	3.9	4.0	4.0

자료 : 재무성

4.2 따라서 일본기업들은 대체적으로 어느 정도의 사업환경 악화는 충분히 감내할 수 있는 경영체질을 구축한 것으로 평가됨

(1) 사업 및 인력구조조정, 합리화 등을 통해 기업수익구조(corporate profit structure)를 개선함으로써 비록 외형이 감소하더라도 이익을 창출할 수 있는 구조를 구축하고 있음

특히, 전자업계에서는 그간 채산성이 없는 사업도 영위하는 성향을 보였으나 최근 수년 간은 채산성이 없는 사업은 과감하게 포기하는 '선택과 집중' 전략으로 전환하였다.

(2) 인력구조조정, 임금인상 억제 등을 통해 노동분배율이 최근 수년간 지속적으로 하락하고 손익분기점 매출액 비율도 과거 전성기(1980년대 후반)보다 낮은 수준을 보이고 있음[3)]

※ 노동분배율 = 인건비 ÷ 부가가치
(다만 부가가치 = 경상이익+인건비+금융비용+임차료+조세공과+감가상각비)
손익분기점 매출비율 = 손익분기점 매출 ÷ 현재 매출액 × 100
= {고정비÷(1-변동비율)} ÷ 현재 매출액 × 100
= (고정비÷한계이익률) ÷ 현재 매출액 × 100

(3) 세계경기의 둔화, 원재료가격의 상승, 엔고 등으로 일본기업의 매출과 채산성이 악화될 것으로 보이나 그간 체질개선의 효과가 작용하여 전반적인 수익성(profitability) 호조세는 지속될 것으로 판단됨

3) 손익분기점 매출액 비율은 현재의 비용구조가 그대로 유지된다고 할 때 '현재 매출액' 대비 '기업이익이 제로가 되는 매출액'의 비율로서 수치가 낮을수록 유리하다.

제3절 전 망

일본경제는 2008년 하반기부터 회복세로 전환될 것으로 보인다.

1. 일본경제는 일시적인 감속 후 완만한 상승세가 지속될 것으로 보임

1.1 기업부문에서 기본적으로 '수출-생산-설비투자'간 선순환 구조가 유지될 것으로 전망됨

생산은 2008년 1분기 일시적으로 마이너스 성장 가능성도 존재하고 있으나 전반적으로는 증가 기조가 유지될 것으로 보인다. 증가경향을 보였던 재고지수도 2007년 12월 -0.4%, 2008년 -1.4%(전월비)로 2개월 연속 감소되어 재고과잉 부담도 미미한 편이다. 주택 및 업무용 건축에서는 2007년 감소에 따른 기술적 반등효과도 나타날 것으로 보인다.

1.2 다만 개인소비 회복이 지체되어 경제 전체의 회복속도는 완만할 것으로 보임

2. 장기적으로는 일본경제의 성잠잠재력(growth potentials) 저하가 불가피할 것으로 보임

2.1 이미 2005년부터 인구감소사회로 진입한 일본은 출산율 저하와 수명연장으로 인해 인구감소와 고령화 속도가 가속될 것으로 보임

2.2 상기한 측면을 종합해 볼 때 향후 일본경제는 성장력 저하에 직면할 것으로 판단됨

일부 경제분석기관은 현 추세가 지속될 경우 이르면 2010년대 후반부터 잠재성장률(potential growth rate)의 마이너스 가능성을 지적하고 있다.

제4절 시사점

일본경제의 성장잠재력 분석에 따른 한국경제에의 시사점으로 다음 3가지를 지적할 수 있다.

1. 기업부문의 경쟁력이 구축되어야 기술혁신(technological innovation)과 성장동력 개발에 대한 투자활성화가 이루어지고 일자리 창출(job creation)도 지속됨

1.1 일본의 다수 경제지표가 양호하지 않은 상황에서도 견조한 성장세가 예상되는 주요한 요인으로 기업부문의 건재를 지적할 수 있음

1.2 한국기업의 주요 장점인 '스피드'와 '과감한 의사결정 방식'의 경영능력을 더욱 강화할 필요가 있음

최근 반도체, LCD 분야의 투자에서 알 수 있듯이 일본기업의 스피드 경영이 현저하게 나타나고 있다.

1.3 국가 차원에서는 기업가의 투자의욕과 과감한 의사결정을 지원할 수 있는 환경을 조성할 필요가 있음

2. 부품소재산업의 경쟁력 강화를 통한 지속적인 수출확대 기반 구축

2.1 일본이 대미 수출 부진에도 불구하고 수출호조를 유지할 수 있었던 주요 요인으로 경쟁력을 갖춘 부품소재산업의 존재를 지적할 수 있음

2.2 신흥국 수입수요가 완제품에서 부품소재 중심으로 전환되는 추세를 고려할 때 부품소재의 강화는 지속적인 수출확대를 위한 중요한 관건임

※ 2007년 한국의 대중 수출에서 부품소재가 차지하는 비중은 61.6%임

3. 내수활성화를 통한 내적 성장잠재력 확대

3.1 수출이 둔화되더라도 일정 수준 이상의 안정적인 성장을 유지하기 위해서는 내수활성화가 이루어져야 함

세계경제의 성장세 둔화, 유가 및 원자재 인상에 따른 글로벌 인플레이션 압력(global inflationary pressure) 가중 등으로 과거처럼 수출의존형 성장세를 유지하기 어려운 상황이 되고 있다.

3.2 미래에 대한 불확실성(uncertainty)을 감소시켜 건전한 소비활성화 유도

(1) 서비스산업에 대한 규제완화(deregulation)를 통해 기업간 · 업종간 혁신 경쟁을 유도함으로써 서비스업 부문의 생산성을 제고시키는 동시에 일자리도 창출해야 함

(2) 세율의 신축적 적용, 공공요금 인하 등을 통해 물가에 대한 심리적 불안감을 해소함으로써 가계소비가 위축되는 것을 방지해야 함

3.3 각종 규제완화, 투자세액공제 확대 등을 통한 투자활성화(investment vitalization)

(1) 각종 진입규제를 완화하여 창업 및 신사업 전개를 활성화할 필요가 있음

(2) 현행 연구개발(R&D) 투자세액공제제도를 확대하여 신기술 개발 및 미래 성장동력 개발에 대한 투자확대를 유도해야 함

10
chapter

일본기업의 해외진출 분석

일본국제협력은행(JBIC)은 자국기업의 해외사업 및 투자활동 현황과 향후 전망을 파악하기 위해 1989년부터 매년 「일본 제조업체의 해외사업전개에 관한 조사보고」를 발표하고 있다.[1)]

동 보고서에는 향후 일본기업들이 주목하고 있는 투자대상 국가 · 지역이 나타나 있어 한국기업에 의미있는 정보가 되고 있다. 특히, 이번 보고서에서는 일본기업들의 '중기 해외사업 전망', '해외사업 실적평가', '유망사업 대상 국가 및 지역', '글로벌 판매시장에서의 경쟁', '국제경쟁력의 유지 향상을 위한 국내외에서의 노력'에 대해 조사를 실시하였다.

일본국제협력은행이 2007년 11월말 발표한 보고서를 기반으로 최근 일본 제조업 기업의 해외진출 동향과 과제에 대해 살펴본 대외경제정책연구원의 보고서를 중심으로 살펴본다.

제 1 절 일본국제협력은행 조사보고서 요약

1. 조사 대상 기업의 개요

1.1 해외에 현지법인을 3개 이상(이 중 생산거점을 1개 이상) 보유하고 있는 제조업체 970개사를 조사 대상으로 하고 있으며 이 중 600개사로부터 유효한 응답을 얻었음(유효응

1) JBIC의 보고서는 3개 이상의 해외 현지법인을 보유한 일본의 제조업 기업을 대상으로 해외사업 실태와 과제 및 향후 전망을 조사한 것으로 일본 제조업 기업의 해외투자 현황을 파악할 수 있다(대외경제정책연구원, KIEP 지역경제포커스, 08-02호, 2008. 2. 요약 · 재구성).

답률 61.9%, 실시시기 : 2007년 7~8월)

조사 대상 기업(응답기업 600개사, 해외현지법인 11,516개사)의 규모와 업종별 구성은 다음과 같다.

(1) 매출액 규모 : 2,000억엔 미만 기업이 전체의 70.8%를 차지하고 있음
(2) 종업원 규모 : 501~5,000명 규모의 기업이 55.37%를 차지하고 있음
(3) 업종별 구성 : 전기전자(18.5%) · 자동차(17.2%) · 화학(14.2%) · 일반기계(8.8%) · 정밀기계(6.3%)가 65%를 차지하고 있음

1.2 해외 현지법인 현황

조사 대상 기업이 보유하고 있는 해외 현지법인의 현황은 다음과 같다.

(1) 해외 현지법인(생산거점+판매거점+연구개발거점+기타) 전체를 보면 중국(2,384), ASEAN4(1,755), NIEs(1,638), 북미(1,604), EU15(1,440)의 순으로 분포되어 있음

(2) 해외 생산거점을 보면 중국(1,750), ASEAN5(1,356), 북미(796), NIEs3(498), EU15(485)의 순으로 거점 수가 많아 중국과 ASEAN이 일본의 주요 생산거점임을 확인할 수 있음

(3) 연구개발(R&D) 거점을 보면 북미(83), 중국(56), EU15(55), ASEAN5(45), NIEs3(12)의 순으로 나타나고 있으며 중국은 연구개발 거점으로서 EU15와 거의 대등한 위치를 차지하고 있음

〈표 10-1〉 해외 현지법인의 지역별 · 거점별 분포 현황

(단위 : 개사)

지역 · 국가	생산거점	판매거점	R&D거점	기타	합계
NIEs	498	755	12	62	1,327
ASEAN5	1,356	852	45	154	2,407
중국	1,750	673	56	119	2,598
인도 · 베트남 · 기타 아시아	261	143	7	29	440
북미	796	655	83	254	1,788
중남미	235	182	3	49	469
EU15	485	1,056	55	152	1,748
중동유럽	129	90	5	4	228
기타 유럽	17	59	0	4	80
러시아 · CIS	13	35	0	4	52
대양주	63	120	6	29	218
중동	19	62	0	6	87
아프리카	29	39	0	6	74
합계	5,651	4,721	272	872	11,516

주 : 1) NIEs : 한국, 대만, 홍콩
2) ASEAN5 : 싱가포르, 태국, 인도네시아, 말레이시아, 필리핀
3) 북미 : 미국, 캐나다

2. 일본기업의 해외사업 분석

2.1 해외사업이 전체 사업의 1/3 수준으로 확대되었음

(1) 해외생산 · 매출 모두 증가세를 시현하였음

① 해외생산비율 실적(2006년 기준)은 30.5%로 조사개시 이래 처음으로 30%를 초과하였으며 동 비율은 2007년에 31.6%를 기록하여 지속적인 상승세를 나타낼 것으로 보임

② 해외매출비율도 2006년 33.2%, 2007년 34.6%(예상)로 확대가 지속되고 있음

③ 이에 따라 해외사업이 일본기업의 전체 사업에서 약 1/3을 차지할 정도로 확대되고 있으며 향후 해외진출에 대해서도 적극적인 자세가 유지되고 있음

〈표 10-2〉 주요 업종의 해외생산비율

	회답기업 수	2006 실적	2007 예상	중기 계획
전업종	498	30.5%	31.6%	35.2%
화학	65	21.3%	21.9%	25.9%
일반기계	47	27.3%	29.3%	32.2%
전기전자	91	41.5%	42.5%	45.9%
자동차	88	32.1%	34.7%	39.7%

주 : 1) 해외생산비율 = 해외 생산액/국내외 생산액
2) 중기는 향후 3년 정도를 의미함

〈표 10-3〉 주요 업종의 해외매출비율

	회답기업 수	2006 실적	2007 예상
전업종	563	33.2%	34.6%
화학	78	27.2%	28.7%
일반기계	51	42.1%	43.6%
전기전자	105	41.8%	43.1%
자동차	96	35.3%	37.7%

주 : 해외매출비율 = 해외 매출액/국내외 매출액

(2) 업종별로는 일반기계, 자동차부문에서의 해외사업이 크게 확대되고 있음

2002~2006년간 변화를 보면 일반기계는 신흥시장(emerging market)의 수요 등을 기반으로 해외매출비율이 급증하였다. 자동차는 완성차업체의 세계진출이 가속화되고 있으며 전기전자는 일찍부터 해외에 진출했기 때문에 해외사업의 비율 자체는 높은 편이나 최근 증가세는 낮은 수준을 보이고 있다.

2.2 중기적으로 국내외 사업의 강화 및 확대가 지속되고 있음

(1) 향후 3년 내(중기)에 해외사업을 강화 및 확대한다는 방침이 지속되고 있으며 국내사업을 강화 및 확대하는 기업도 증가세를 나타내고 있음

① 응답기업의 82.2%가 해외사업을 강화 및 확대할 방침인 바 해외진출에 지속적으로 적극적인 자세가 유지될 것으로 예상됨
② 응답기업의 50.5%가 국내사업을 강화 및 확대할 방침인 데 동 비율은 상승 추세를 보이고 있어 국내사업도 동시에 확대될 것으로 판단됨

③ 업종별로는 자동차의 해외주력이 현저하게 나타나고 있는데 자동차 관련기업은 해외사업을 강화 및 확대한다고 응답한 기업이 88.3%로 업종별 비율에서 가장 높은 수치를 보인 반면에 국내사업을 강화 및 확대한다고 응답한 기업은 36.3%에 그쳐 업종별 비율에서 가장 낮은 편임. 해외의 활발한 자동차 수요에 대응해 해외진출을 확대하는 현상이 반영되고 있음

(2) 중기 해외진출 강화 및 확대 지역

① 향후 3년 내(중기) 해외진출이 강화되는 지역은 중국 연해브(화동 · 화남지역), 태국, 북미로 나타났음. 그러나 중국에서 강화 및 확대한다고 응답한 기업 수는 전년과 비슷한 수준을 보인 반면에 인도 및 베트남에서 강화 및 확대할 것이라는 응답이 크게 증가하였으며 여타 신흥국을 중심으로 강화 및 확대한다고 응답한 기업도 증가한 것으로 나타났음

② 전기전자는 중국 화남지역에서 감소하였으며 태국 · 베트남 · 북미 · EU에서 확대되었음

화남지역의 전기전자는 전년 대비 7개사가 감소하였으며 중국 전체적으로도 10개사가 감소하여 투자환경(investment environment)의 변화가 중요한 요인인 것으로 평가된다. 동남아시아의 경우 태국과 베트남에서 사업을 강화한다는 기업이 많은 것으로 나타났다.

③ 자동차는 태국과 중국 화남지역, 북미, 인도에서 전망이 양호한 편임

해외사업을 강화 및 확대한다고 응답한 회사가 가장 많은 지역은 태국으로 나타났다. 이는 태국이 일본 자동차 기업의 집적지라는 측면에 기인한다. 기타 중국 화남, 북미, 인도에서도 강화 및 확대한다는 응답이 많아 자동차 수요가 급증하는 이들 지역에 주력할 것으로 보인다.

(3) 중기 해외진출 강화 및 확대 사업분야

① 중국의 화동 · 화남과 태국 · 베트남 · 인도네시아 · 북미에서 생산확대의 의욕이 높은 편임

중국 국내에서는 화동 및 화남에서 생산기능을 더욱 강화하는 방향으로, 그리고 동북 및 내륙은 판매기능 강화에 역점을 두고 있다. 여타 아시아의 경우 성숙화가 진행된 NIEs와 러시아는 판매기능 강화 중심으로, 태국 · 베트남 등에서는 생산기능 강화를 추진하고 있다.

② 인도는 판매, 베트남은 생산에 치중함

가. 인도

인도에서는 자동차부품의 경우 생산기능 강화가 중심이 되고 있으나 여타 업종은 판매기능의 강화에 중점을 두고 있다.

나. 베트남

베트남에서는 전기전자 부문에서 인도에 비해 생산기능에 중점을 두고 있다.

(4) 축소 · 철수하는 지역과 이전대상 지역

중국으로의 사업이전 지속과 저부가가치 사업의 철수가 확대되고 있다.

① 제3국으로 사업이전을 계획하고 있는 40개사 중 35개사가 이전대상 지역을 결정했음. 이 중 18개사가 중국으로 이전할 계획을 갖고 있어 다른 국가를 크게 상회하고 있음

② 저가 · 저성능(low-end model) 사업 철수에 따른 중국거점의 정리도 확대되고 있음. 중국에서 철수하는 23개사 중 19개사는 해당 사업 자체를 축소 · 철수하고 있음. 저부가가치 제품 생산에서의 철수와 사업재편에 따른 자회사 매각에 의한 사례도 다수 존재하고 있음. 이 같은 중국철수 현상은 중국에서의 사업환경이 일정 기간을 경과하면서 변화되고 있음을 나타냄

(5) 태국에서의 사업수익(business profit)은 높은 편이나 전년 대비로는 하락하였음

그룹 전체와 해외 각국에서의 사업수익간 비교에서 태국에서의 수익이 높다고 응답한 기업이 가장 많은 것으로 나타났으나 전년 대비로는 비용상승 등으로 오히려 감소하고 있다. 태국에서 수익이 높은 분야는 자동차 관련 기업으로 나타났다. 태국에 이어 유럽연합(EU)에서의 사업수익이 높은 편이며 이는 환차익(유로高)과 제품판매 증가에 기인한다. 또한, 국내사업수익이 그룹 전체에 비해 높다고 응답한 기업도 많은 것으로 나타났다. 이것은 견실한 국내경기를 반영하고 있을 뿐만 아니라 화학, 일반기계 등 수출비율이 높은 업종에서 국내 수익이 높다는 기업이 두드러져 수출호조가 국내거점의 수익을 제고시켰음을 나타낸다.

2.3 해외진출 유망국에 대한 관심이 중국에서 인도, 베트남으로 분산되고 있음

(1) 중기 해외진출 유망국으로 중국이 더욱 성숙되고 있으며 인도가 부상하고 있음

① 중국

중국은 1위를 유지했으나 득표율은 전년 대비 9% 감소한 68%를 기록하였다. 2003년의 정점(93%)에서 4년 연속 하락세를 보이고 있다. 다수의 기업이 중국에의 진출 확대와 더불어 경제상황과 투자환경 등을 관망하는 양상이 증가하고 있는 것으로 보인다. 또한 대중 투자가 정점에 이르고 있는 것으로 판단된다.

② 인도

인도는 투자계획이 있다는 기업이 증가하고 있으며 실제 투자로 이어지는 사례도 가속화되고 있다. 업종별로는 자동차 관련 기업이 적극적인 것으로 나타났다. 또한 인도는 장기(향후 10년) 투자유망국에서 최초로 중국을 추월하여 1위를 차지하였다.

③ 베트남 · 러시아

베트남과 러시아의 득표율이 증가하고 있다.

가. 베트남

베트남은 전기전자산업을 중심으로 득표율이 확대되고 있다.

나. 러시아

러시아는 시장의 장래성 부문에서 득표율이 증가하고 있으나 실제 투자측면에서는 여전히 낮은 수준을 보이고 있다.

〈표 10-4〉 중기 관점에서의 진출유망국 변화 추이

순위	2005			2006			2007		
	10대국	기업수 (483)	득표율 (%)	10대국	기업수 (483)	득표율 (%)	10대국	기업수 (483)	득표율 (%)
1	중국	397	82	중국	372	77	중국	342	68
2	인도	174	36	인도	229	47	인도	254	50
3	태국	149	31	베트남	159	33	베트남	178	35
4	베트남	131	27	태국	142	29	태국	132	26
5	미국	96	20	미국	104	21	러시아	114	23
6	러시아	62	13	러시아	98	20	미국	93	18
7	한국	52	11	브라질	45	9	브라질	47	9
8	인도네시아	45	9	한국	44	9	인도네시아	46	9
9	브라질	36	7	인도네시아	39	8	한국	32	6
10	대만	32	7	대만	27	6	대만	24	5

주 : 득표율은 복수응답의 비율임

(2) 주요 투자유망국에 대한 인식 변화

중국과 태국은 진출이 성숙단계에 있으며 새로운 국가로서 인도와 베트남에 주목하고 있다.

① 중국

중국은 진출유망국의 득표율이 감소하는 한편 생산거점을 가진 기업수는 지속적으로 증가하고 있다. 응답기업 600개사의 약 80%가 중국에 생산거점을 가지고 있으며 일본기업의 해외진출 대상국으로서 매우 중요한 국가이다.

② 태국

태국도 진출유망국의 득표율이 정체되고 있으나 약 50%의 응답기업이 이미 생산거점을 보유하고 있어 동남아시아 사업의 중핵거점이 되고 있다.

③ 인도 · 베트남

인도와 베트남에 생산거점을 가진 기업의 비율은 각각 약 10%와 15% 수준이며 향후 진출이 본격적으로 이루어질 것으로 보인다.

(3) 사업진출 고려요인의 변화

① 저비용에서 현지시장 지향으로 변화하고 있음

진출유망국의 3가지 요인(저비용(저렴한 노동력 및 원부자재), 현지시장(성장성, 현재 규모), 일반 투자환경(인프라 정비, 리스크 분산, 우수한 인재 등)) 중 저렴한 노동력 등 저비용 항목이 감소하는 한편, 현지시장에 관한 항목이 증가하고 있어 일본기업의 해외진출 동기가 변화되고 있다.

② 생산거점 설립시 일반 투자환경에도 주목하고 있음

최근 생산거점 설립이 가장 활발한 자동차 부문에서는 일반 투자환경이 지속적으로 중요한 것으로 응답하고 있다.

(4) 진출유망국별 매력과 개선과제

① 중국

시장의 성장성에 대한 평가가 높은 반면에 법체계의 불투명성(intransparency of legal system), 지식재산권 보호(protection of intellectual property rights)에 대한 우려 등은 지속적으로 중요한 과제가 되고 있다. 저렴한 노동력 및 투자인센티브(investment incentive)를 매력으로 간주하는 기업이 감소하고 있어 생산기지로서 중국의 투자환경 변화를 반영하고 있다. 한편, 중국의 현재 시장규모에 대한 평가는 제고되고 있다. 인프라 미정비와 관련해서는 유일하게 전력에 대한 지적이 많은 것으로 나타났다. 중국에서는 고도 경제성장에 수반하는 전력수요의 증가에 공급이 뒤따르지 못하는 상황이 발생하고 있다.

② 인도

현지시장의 성장성과 우수인재에 대해서는 여타 국가에 비해 높게 평가되었다. 또한, 자동차 조립업체에 대한 공급거점으로서의 유망성을 지적하는 기업이 많은 것으로 나타났다. 인도의 정보부족 해소와 실제투자 검토가 이루어지면서 사회인프라(social infrastructure) 미정비에 대한 인식이 제고된 반면에 지식재산권 보호에 대한 우려를 지적하는 기업은 비교적 적은 것으로 나타났다. 사회인프라 미정비와 관련해서는 도로, 전력, 수도에 대한 지적이 많았다.

③ 베트남

생산거점의 입지로서 저렴한 우수인력이 높게 평가되었다. 또한, 중국에의 집중을 회피하기 위한 투자처로서 부상하고 있다. 사회인프라의 미정비와 관리직층의 인재부족 등에 대한 지적이 많은 것으로 나타났다. 사회인프라 미정비와 관련해서는 도로, 전력에 대한 지적이 여전히 높았다.

④ 태국

시장확대와 산업집적에 대한 평가가 높게 나타났으며 투자대상국으로서 성숙화가 진행되고 있다. 인건비 상승, 인재확보가 과제로 지적되었다.

⑤ 러시아

유망요인으로 현지시장의 성장성이 높게 평가된 반면에 조립업체에의 공급거점, 현재의 시장규모, 저렴한 노동력, 현지 수익성 등 여타 항목에서는 낮게 평가되었다. 법제 정비의 미흡을 지적하는 기업이 감소하는 반면 법제도 운용의 불투명성에 대한 지적은 여전히 높은 것으로 나타났다. 또한, 투자국에 대한 정보부족이 가장 시급한 과제로 지적되었다.

⑥ 브라질

유망요인으로 현지시장의 성장성이 다른 항목을 압도한 것으로 나타났다. 치안 · 사회정세의 불안과 통화 · 물가의 불안정 등 정치 및 거시경제 관련과제를 지적하는 기업이 많은 것으로 조사되었다.

2.4 국제경쟁력 제고와 FTA 활용의 필요성

(1) 아시아 시장에서 중국, 한국, 대만기업과 경합이 확대되는 추세를 보이고 있는데 이는 동아시아 기업에 의해 성장세를 시현하고 있는 아시아 시장과 관련한 경쟁심화를 의미함

① 고부가가치 제품에서는 전반적으로 일본이 우위에 있으나 일부에서는 경쟁이 격화되고 있으며 범용품에서는 경쟁이 더욱 치열해지고 있는 실정임

'고부가가치 제품에서 경합하지 않는다'는 기업이 많은 편이어서 전반적으로 일본기업이 높은 기술 등을 활용하여 비교우위를 가지고 사업을 전개하고 있는 것으로 나타났다. 다만 '품질은 동등하나 가격이 동등 · 저렴하다'는 응답도 적지 않은 것으로 나타나 일부 고부가가치 제품의 경우 중국 · 한국 · 대만기업의 격차 해소가 진행되고 있는 것으로 나타났다. 또한, 범용품에서는 저렴한 가격에 기반한 중국 제품의 공세가 확대되는 가운데 한국 · 대만 제품은 '품질은 동등하나 가격이 동등 · 저렴하다'는 응답이 많아 이들 제품의 수준이 상당 수준에 이르렀음을 인식할 수 있다.

② 전기전자 업종에서의 경합이 치열한 실정임

가. 전기전자

전기전자 업종에서 고부가가치 제품은 상당한 비교우위(comparative advantage)를 보유하고 있으나 범용품에서는 중국 제품의 저가격 공세와 차별화가 힘든 한국 및 대만 제품과의 경쟁이 심화되고 있다.

나. 자동차

자동차는 일본기업의 높은 기술력과 계열관계 등으로 인해 경합이 비교적 약한 편이다.

다. 일반기계

일반기계는 고부가가치 제품에서 중국 · 한국 · 대만기업에 비해 전반적으로 기술적 우위

(technological advantage)가 유지되고 있다.

(2) 국제경쟁력 유지 및 강화가 필요한 실정임

① 신제품의 개발이 가장 중요하며 생산과 판매측면에도 중점을 두어야 함. 개발 · 생산 · 판매측면의 항목이 각각 상위를 차지하고 있어 균형을 갖춘 노력이 필요함

② 신흥시장(emerging market)의 중요성이 증대되는 가운데 일본 내 사업 및 선진국에서의 사업과는 상이한 환경에 대응한 경쟁력 강화를 지향해야 함

③ 해외사업의 확대에 수반해 글로벌 인재의 확보 및 육성의 필요성이 대두되고 있음

〈표 10-5〉 국제경쟁력 강화를 위한 실태조사의 지역별 의미

부문	일본 · 구미	아시아 신흥시장
개발	• 새로운 기능을 가진 제품 출시 • 타사와의 차별화를 위한 제품개선 노력 • 구미로부터 일본에 없는 기술 도입	• 현지시장의 기호에 대응한 개발 노력
생산	• 일본 내 공장의 모(母) 공장화 • 인재부족으로 인한 일본 내 공장의 수준유지에 우려 대두 • 구미에서는 효율화의 어려움 이외에 인재의 유동성이 높은 편임	• 전반적으로 노등자의 질은 높은 편이나 고품질을 안정적으로 실현하기가 어려운 실정임 • 생산확대에 치중해 왔으며 효율화는 이제부터 해결해야 할 과제임
판매	• '개발하고 싶은 제품'에서 '판매될 수 있는 제품'으로의 발성 전환이 필요함 • 생산을 가장 중시해 온 바 판매와 서비스 부문의 강화가 필요함	• 계열 거래에서 현지기업 거래로 전환하고 있으나 신뢰도에서 문제점이 상존하고 있음 • 품질을 이해해 주는 고객에게만 판매 • 제품의 우수성을 지속적으로 홍보
인재	• 현지사정에 정통하면서 전체를 총괄할 수 있는 인재가 필요함 • 현지거점을 관리할 수 있는 인재가 부족하여 경험이 부족한 요원을 연수 등을 통해 파견할 필요가 있음 • 해외인재를 활용하기 위해서는 본사가 국제화될 필요가 있음	• 현지 운영을 위임할 수 있는 현지 인재가 필요함 • 기술, 회계, 어학능력 등을 갖춘 인재가 필요함

④ 업종별 경쟁력 강화 부문

자동차는 해외진출이 가속화되고 있고 전기전자는 성숙단계로 평가된다. 기계는 수출형, 화학은 개발 · 기술력 강화가 요구되고 있다.

가. 자동차

자동차조립(10개사 응답)은 판매기능의 강화와 환경 · 에너지절약 기준 대응 등 제조 이외

의 항목이 상위를 차지했으며, 부품메이커(88개사)는 조립업체와 해외에 동반진출하면서 인재부족이 심화되고 있다.

나. 전기전자

전기전자(조립 37개사, 부품 67개사)는 이미 해외진출이 성숙되어 있어 공급채널의 최적화(optimization of supply channel)와 같은 거점의 재조정, 집약 등에 대한 의욕이 높은 편이다.

다. 기계 · 화학

기계(52개사)는 국내생산을 중시하고 있으므로 해외는 현지 AS 강화에, 화학(78개사)은 본업 강화를 위한 인수합병(M&A) 등을 통한 사업자원 획득과 개발에 대한 의욕이 높은 편이다.

(3) 환경 · 에너지절약 대응 방안

① 대기업에서는 경쟁력 확대의 계기로 삼는 경향이 있음. 전체적으로 '국내외 규제 수준 충족'이라는 수동적인 응답이 많은 것으로 나타났으나 매출액 기준 상위 30%에서는 '선진적인 환경 · 에너지절약 기술 · 공정 개발' 등 경쟁력 확대의 계기로 인식하는 기업의 비율이 높은 것으로 나타났으며 업종별로는 완성차 업체에서 우선적인 경영과제로서 인식하고 있음

② 환경 · 에너지절약이 경쟁력 강화와 사업확대에 현저하게 공헌하고 있다는 기업은 많지 않은 것으로 나타나 현실적으로는 미세한 개선 등을 조금씩 축적하고 있는 단계로 평가됨. 특히, 신흥국에서는 환경 · 에너지절약 관련의 부가가치(value added)에 대한 이해가 낮기 때문에 고객에 대해 이를 제고시키는 노력이 필요함

(4) M&A 대응 방침

① M&A에 대한 관심은 높은 편이나 적극적인 이용은 소수에 그치고 있음. 즉, '관심은 있지만 여건에 따라 한정적으로 활용'이라는 응답이 많았음. 다수의 경영과제에 대응하기 위해 M&A를 고려하고 있지만 제약이 많아 현실적인 검토에는 이르지 못하는 사례가 많았음

② 적극적인 업종으로는 의약, 화학부문에서 최첨단 기술을 보유한 회사의 인수와 식료품 부문에서 아시아 지역 브랜드 매입 등에 대한 관심이 높은 것으로 나타났음

(5) FTA 대응 방침

① 자동차부품, 전기전자 업종이 FTA를 적극적으로 활용하고자 함. 2005년드 조사에 비해 ASEAN이 체결 · 교섭하고 있는 FTA를 이용하고자 한다는 응답이 증가하고 있어 동남아시아에서의 이용확대가 두드러짐

② 업종별로는 ASEAN 등에 거점을 다수 두고 있는 자동차부품, 전기전자에서 이용하고자 하는 의도가 강한 것으로 나타남. 자동차부품은 '생산거점을 변경하지 않고 생산품목을 재조정', 전기전자 조립업체는 '생산거점의 재편 · 집약화를 염두에 두고 활용'이라는 응답이 많은 것으로 나타났음

제 2 절 시사점

일본기업의 해외진출 분석의 시사점으로 다음 3가지를 지적할 수 있다.

1. 일본기업의 해외진출이 지속적으로 증가하면서 전체 사업에서 해외사업이 차지하는 비중이 1/3 수준으로 확대되고 있음. 이 같은 일본기업의 해외진출 사례에서 한국기업이 참고할 수 있는 사항은 다음 3가지로 정리할 수 있음

1.1 일본기업의 투자유망 대상국이 중국 중심에서 인도, 베트남 등 여타 신흥시장(emerging market)으로 점차 분산되고 있다는 점임. 한국의 경우 2007년말 기준 투자액 누계 기준으로 중국이 24.6%를 차지하여 1위의 투자대상국이 되고 있음

1.2 일본기업의 해외진출 동기가 저렴한 노동력 및 원부자재와 같은 저비용 추구에서 현지시장의 규모와 성장성을 보다 중시하는 방향으로 변화하고 있음. 특히, 중국과 인도의 경우 인건비가 상승하면서 이제는 저비용 요인보다는 시장의 성장성에 주목하면서 진출하고 있는 것으로 판단됨

1.3 아시아 시장에서 경쟁이 치열해지면서 경쟁력을 강화하기 위해 신제품 개발과 인재 확

보가 중요한 과제로 부상하고 있음. 또한, 개발 · 생산 · 판매 등 각 분야에서의 균형된 경쟁력 강화가 필요함

2. 2007년 3월에 발표된 '일본 경제산업성 연차보고서'에 따르면 자국기업의 해외진출에 대한 일본정부의 주요 지원책은 다음 3가지로 집약됨

2.1 일본기업의 대외거래 원활화 및 해외진출 지원

(1) 자금 지원

자원개발(resource development)과 인프라 정비 등 위험이 큰 해외사업을 효과적으로 지원하기 위해 무역보험제도 운용(자원보험 창설) 및 기반 정비, 중소기업의 해외진출시 JBIC를 통한 금융지원을 시행하고 있다.

(2) 정보 제공

해외투자절차 및 투자국에 대한 정보를 제공하고 있다.

(3) 인재 지원

산업인재육성사업을 실시하고 있다.

2.2 외국의 무역투자환경 정비

(1) 경제연대협정(EPA), 양국간 투자협정, 세계무역기구(WTO) 활용 등 통상정책을 통한 지원

(2) 제도 · 인프라 구축을 위한 경제렵력 추진

2.3 국제과세제도 개선을 통한 일본에 대한 자금환류 원활화

이전가격세제 개선, 양국간 조세조약 개정(납세유예지도 창설)으로 대응하고 있다.

3. 일본정부는 자국기업의 해외진출과 관련해 직접적인 지원보다는 관련제도 정비, 정보제공 등의 간접적인 지원을 실시하고 있음. 따라서 한국정부도 해외진출 기업에 대한 보다 체계적인 지원에 역량을 결집시켜야 함

11
chapter

중국의 외환관리정책 분석

제 1 절 외환보유고 현황

1. 최근 들어 중국의 외환보유고(foreign exchange reserves)가 급증하여 2006년 12월말 기준 사상 최대 규모인 1조 663억 달러를 기록하였음

2. 중국의 외환보유고는 2001년말 세계무역기구(WTO) 가입 이후 외국인투자가 급속히 유입되고 무역수지 흑자(trade surplus)가 급증하면서 2004년 이후 매년 약 2,000억 달러 이상 증가하고 있음

※ 중국의 외환보유고는 1979년 8.4억 달러에서 1996년에는 1,000억 달러를, 2004년에는 6,000억 달러를 초과하였으며, 2006년 2월에는 8,519억 달러로 일본(8,389억 달러)을 추월하여 세계 1위의 외환보유국으로 부상하였음

※ 주요 국가의 외환보유고 : (2008년 1월말 기준) 중국 1조 5,282억 달러(2007년 12월말 기준), 일본 9,960억 달러, 러시아 4,832억 달러, 인도 2,883억 달러, 대만 2,728억 달러, 한국 2,619억 달러

제 2 절 외환보유고 급증 배경

1. 중국의 외환보유고 증가는 크게 3가지 요인(① 외국인직접투자(FDI : Foreign Direct Investment) 유입 확대, ② 무역흑자(trade surplus) 확대, ③ 단기 투기성 자금(hot money)의 유입)에 의해 이루어지고 있음

〈표 11-1〉 중국의 외환보유고와 주요 관련지표 현황

(단위 : 억 달러)

		2000	2001	2002	2003	2004	2005	2006
외환보유고		1,656	2,122	2,864	4,033	6,099	8,189	10,663
외환보유고 증가분		109	466	742	1,168	2,067	2,089	2,475
증감 요인	직접투자	408	469	527	535	606	603	630
	무역수지	241	231	303	254	328	1,021	1,775
	오 차	-540	-234	-88	380	1,132	465	69

주 : 오차항의 대부분을 투기성 자금이 차지하고 있음

자료 : 국가외환관리국; 중국해관통계; 중국상무부; 외국인투자사이트 등

2. 2004년에는 중국의 외국인투자 유입과 투기성 자금 유입이 외환보유고 증가를 주도하였으나, 2005년 이후에는 무역흑자 확대가 가장 중요한 요인이 되고 있음

2.1 2005~2006년 중국의 무역수지 흑자액은 2,796억 달러로 동 기간 외환보유 증가분의 61.3%에 해당함

2.2 중국의 외국인투자 유입과 외국계 금융기관에 의한 자금 유입(QFII, 외국계 은행 및 보험사 진출 등)이 외환보유고 증가의 중요한 요인이었으나 2005년 이후 그 증가세는 크게 둔화되었음

※ QFII는 적격외국인기관투자자(Qualified Foreign Institutional Investor)로서 2007년 2월말 기준 누계 승인액은 99억 9,500만 달러임

※ 중국의 외국인직접투자 유입액 : 2004년 606억 달러(13.3% 증가) → 2005년 603억 달러(0.5% 감소) → 2006년 630억 달러(4.5% 증가)

2.3 위안(Yuan)화의 평가절상(appreciation) 기대와 중국 부동산가격 상승으로 크게 확대되었던 투기성 자금의 유입은 투기성 자금에 대한 규제가 강화되면서 2006년 하반기에는 순유출(net outflow)로 전환되었음

제 3 절 적정 외환보유고 추정

1. 적정 외환보유고에 대한 명확한 기준은 없으나 중국의 수입규모, 단기외채, 외국인투자 유출 규모 등을 고려할 때 중국의 보유규모가 적정 수준을 상당히 초과한 것으로 판단됨

2. 대외경제정책연구원의 보고서에서는 Frenkel과 Jovanovic의 Buffer Stock모형(FJ모형)을 통해 중국의 적정 외환보유고를 추정하였음

이 모형의 핵심은 외환보유가 국제거래 변동성에 대응하기 위한 buffer 수단으로 사용되며 따라서 적정 외환보유고는 국제거래 변동성에 의해 형향을 받는다는 것이다.[1)]

3. 1996년 이후 중국의 월별 외환보유고를 대상으로 적정 수준을 추정한 결과 2006년말 기준 중국의 적정 외환보유고는 5,720억 달러인 것으로 추정됨

이는 실제 외환보유고의 54%에 해당하는 것으로 중국의 외환보유고가 적정 수준을 크게 상회하는 것을 의미한다.

1) FJ모형에 따르면 적정 외환보유고는 후생조정비용과 외환보유 변동성과는 양(+)의 관계를, 외환보유에 따른 기회비용과는 음(-)의 관계를 가지는 것으로 나타났다(대외경제정책연구원, KIEP 오늘의 세계경제, 제07-09호, 2007. 3. 요약 · 재구성).

〈표 11-2〉 중국의 적정 외환보유고 추정 결과(2006년말 기준)

(단위 : 억 달러)

실제 보유고(A)	10,663
적정 보유고(B)	5,720
차이(A-B)	4,943

자료 : KIEP 추정치

4. 중국 내 연구기관과 학자들도 중국의 외환보유고가 적정 수준을 크게 초과한 것으로 평가하고 있음

샤빈(夏斌) 국무원발전연구중심 금융연구소장은 중국의 적정 외환보유고를 7,000억 달러로 추정하였으며, 중국공산당 판공실은 6,000억 달러 정도로 추정하였다.

〈표 11-3〉 중국 연구기관의 적정 외환보유고 추정 결과

연구자	적정 외환보유고	비 고
夏斌 (DRC금융연구소장) 2006년 3월말 기준	7,000억 달러	• 단기외채의 100% : 2,660억 달러 • 3~6개월분 수입액 : 3,600억 달러(600억 달러×6개월) • 외국인투자기업의 과실송금액(배당률 10% 기준) : 700억 달러(5,000억 달러×10%+α)
長燕燕 (공산당 판공실) 2005년 기준	6,000억 달러 (외환보유고 8,819억 달러)	• Rmax＝(0.3×연간수입액+외채원리금상환액+0.18× FDI누계액+0.2×외환시장거래규모)/0.9 • Rmin＝(0.2×연간수입액+외채원리금상환액+0.12× FDI누계액+0.1×외환시장거래규모)/0.95 • 적정외환보유고 ＝ (Rmax+Rmin)/2
李素琴 (하남대 교수) 2003년 기준	3,760억 달러 (외환보유고 4,033억 달러)	• 채무상환표준 : 외채의 10~15% : 290억 달러 • 무역지급표준 : 3개월분 수입액 : 1,300억 달러 • 유동성공급표준 : 단기외채잔액 : 770억 달러 • 종합국력표준 : GDP의 10% : 1,400억 달러

제 4 절 외환보유고 과다의 문제점

1. 국내 채권시장이 상대적으로 협소한 중국으로서는 환율의 재조정 없이 중앙은행의 불태화정책(sterilization)만으로 외환보유고 급증에 따른 물가상승압력(inflationary pressure)에 효과적으로 대처하기 어려운 실정임

1.1 중국 중앙은행 증권 발행 잔액은 2003년말 3,032억 위안에서 2006년 말에는 3조 6,574억 위안으로 12배 증가하였음

〈표 11-4〉 중국인민은행의 증권 발행 잔액 추이

(단위 : 억 달러)

	2003년말	2004년말	2005년말	2006년			
				3월	6월	9월	12월
중앙은행 채권 발행 잔액	3,032	11,079	20,296	27,882	29,100	30,443	36,574

자료 : 중국인민은행

1.2 최근 중국정부의 긴축조치로 고정자산투자, 총통화(M2), 대출증가율이 다소 둔화되고는 있으나 여전히 높은 수준을 유지하고 있으며 그동안 안정세를 유지하던 국내물가도 소폭 상승세로 전환되었음

(1) 2006년 중국의 통화증가율(16.9%)은 적정 수준(12%대)을 크게 초과하는 것으로 평가됨

(2) 중국의 소비자물가는 2006년 4분기에는 전기 대비 0.7%포인트 높은 2%의 상승률을 유지하였으며 2007년 1월에는 전년동월 대비 2.2% 상승하면서 물가상승의 가능성도 증대되고 있음

〈표 11-5〉 주요 경제지표

(단위: %)

	2004	2005	2006				
			연간	1분기	2분기	3분기	4분기
GDP 성장률[1]	10.1	10.4	10.7	10.4	11.5	10.6	10.4
고정자산투자 증가율[2]	27.6	27.2	24.5	29.8	31.3	28.2	24.5
소비자물가상승률	3.9	1.8	1.5	1.2	1.3	1.3	2.0
총 통화(M2)[3]	14.6	17.6	16.9	18.8	18.4	16.8	16.9
환율(위안/달러, 평균)	8.2768	8.1917	7.9718	8.0398	8.0103	7.9611	7.8615

주 : 1) 2007년 1월 24일 2005년 성장률을 이전의 10.2%에서 10.4%로 수정 발표함
2) 도시지역 고정자산투자 증가율(누계기준)
3) 기말 잔액기준

자료 : 중국국가통계국, 중국인민은행

2. 외환보유고 급증에 따른 통화팽창이 물가상승 압력 증대로 이어질 경우 물가와 이자율 등에 불균형을 초래함으로써 중국정부가 추진 중인 과잉투자(overinvestment) 억제 정

책과 금리 중심 통화정책을 시행하는 데 있어 상당한 저해요인으로 작용할 가능성이 큰 편임

3. 외화유입이 급증할 경우 위안화의 대미달러 평가절상(appreciation)에 따른 환차손 규모가 더욱 증대됨과 더불어 중국이 달러화 표시 자산 비중을 축소할 경우 위안화에 대한 평가절상 압력이 더욱 증대되어 현재와 같은 외환보유고 규모가 달러화 약세 상황에서 지속가능한지에 대한 의문이 제기되고 있음

※ 달러화 표시 자산의 비중을 70%로 가정할 경우 위안화가 5% 평가절상될 때 예상되는 환차손은 553억 달러로 추정됨

4. 이 같이 중국의 과도한 외환보유고 증가는 민간투자 수익률과 외화자산운용 수익률 간의 차이에 따른 기회비용(opportunity cost)과 같은 외환보유에 따른 일반적인 사회적 비용(social cost) 뿐만 아니라 경제불균형(economic imbalance) 해소를 위한 환율조정의 필요성과 환율조정에 따른 환차손 사이의 괴리(乖離)를 확대시킴으로써 효율적인 통화 및 외한정책 수립에 부정적인 영향을 미칠 것으로 평가됨

제 5 절 외환관리 정책의 변화

1. 최근 중국의 외환 관련 조치

중국정부는 과다 외환보유 문제를 해결하기 위해 수출규제(export regulation) 강화, 투기성 자금에 대한 관리 강화, 민간의 외환보유 확대, 기업의 해외투자 규제완화 등 다양한 조치를 시행하고 있다.

1.1 무역수지 흑자 축소 추진

(1) 중국정부는 과잉 유동성 문제를 해결하기 위해서는 무역흑자의 축소를 핵심으로 인식하여 수출증치세 환급 축소, 수출관세 부과, 일부 품목에 대한 가공무역 금지등 수출을 억

제하기 위한 조치를 단행하였음

※ 2006년 9월에는 수출에 대한 증치세(부가가치세) 환급률을 인하한 데 이어 11월에는 804개 품목에 대해 가공무역을 금지하고 일부 품목에 대해 수출세를 인상하는 등 수출규제 조치를 취하였음

(2) 수입을 확대하여 무역흑자를 축소한다는 방침 하에 첨단제품(high-tech products), 주요 자원에 대한 수입을 확대하기 위하여 이들 품목을 중심으로 관세율을 인하하였음

※ 2006년 11월의 관세인하 : 신기술 관련 부품(1~7%→0~3%), 석탄 · 정제유(3~6%→0~3%), 화학비료(3~5.5%→1%)

1.2 외국인투자 규제 및 투기성 자금 유입 규제 강화

(1) 중국정부는 2006년 11월 처음으로 '외자이용 11 · 5 규획'을 발표하여 자원소모적 투자와 가공무역을 목적으로 한 외국인직접투자(FDI) 유입을 억제하고 환경보호(environmental protection), 자원에너지 절약을 중시할 것임을 표명한 바 있음

(2) 중국 내 외자은행 및 기업의 외화 차입에 대한 규제를 크게 강화하였으며, 투기성 자금이 부동산 투기를 조장한다는 인식 하에 외국인에 의한 부동산투자 취득 요건을 강화하는 등 부동산 관련 외화유출입에 대한 감독을 강화하고 있음

※ 2006년 7월부터 외국인의 부동산 매입 조건을 근무 또는 유학을 목적으로 1년 이상 중국에 체류한 자로 제한하고 있음

※ 2007년 1월 1일부터 우리의 자금세탁법과 유사한 반세전법(反洗錢法)이 실시됨으로써 그동안 부동산 시장으로 유입된 불법 외환에 대한 규제도 강화하고 있음

1.3 개인의 외환구입 및 기업의 외환보유 한도 확대

(1) 개인의 외화매입 연간한도액을 2006년 5월에는 5,000~8,000달러에서 20,000달러로 확대하였으며, 2007년 2월부터는 이를 다시 50,000달러로 확대한 바 있음

(2) 2006년 5월에는 기업의 외환보유를 전년도 외화수입의 80%(이전에는 기업에 따라 50%와 80%로 이분화되어 있었음)와 외화지출의 50% 합계액으로 확대하였음

〈표 11-6〉 외환보유고 조정을 위한 관련 조치 현황

구분	주요 조치	주요 내용
수출 억제	수출증치세 환급률 인하(2006년 9월)	• 철강제품(11%→8%), 섬유제품(13%→11%) 등의 환급률 인하 • 일부 천연자원(석탄, 천연가스 등)에 대한 증치세 환급 폐지
	수출관세 부과(2006년 11월)	• 자원소모형 상품 및 천연자원(110개 품목)에 대해 수출관세 부과
	가공무역 금지(2006년 11월)	• 자원 및 환경 관련 804개 품목에 대한 가공무역 금지
수입 확대	수입관세율 인하(2006년 11월)	• 신기술 관련 부품(1~7%→0~3%), 석탄 · 정제유(3~6%→0~3%), 화학비료(3~5.5%→1%) 등
자본 유입 억제	FDI 선별강화	• '외자이용 11 · 5 규획' 발표(2006년 12월) • 자원소모적 투자 및 가공무역을 목적으로 한 FDI 유입 억제
	투기성과금 유입 통제	• 중국 내 외자은행 및 기업의 외화 차입에 대한 규제 강화 • 외국인의 부동산 매입조건 강화(중국 거주 1년 이상, 2006년 7월) • 반세전법(反洗錢法) 실시→ 부동산 관련 외화유출입 감독 강화
민간 보유 확대	개 인(2006년 5월)	• 외화매입 한도를 이전의 5,000~8,000달러에서 20,000달러로 확대
	기 업(2006년 5월)	• 기업의 외환보유 한도를 전년도 외화수입의 80%와 전년도 총외화 지출의 50%의 합계액으로 확대
유출 확대	해외투자 장려	• 기업의 해외투자 한도 폐지(이전 연 50억 달러) 철폐(2006년 7월) • 은행과 기업관리공사의 QDII를 통한 대외증권투자도 허용(2006년 6월, 2006년 9월) ※ 2007년 1월말 기준 QDII총액은 137억 달러 • 해외자원개발 투자 확대 : CNOOC, SINOPEC, CNPC 등 국영기업을 통한 해외 가스전 및 유전 지분 매입
	대외원조의 확대	• 아프리카 국가에 3년간 30억 달러의 양허성 차관 제공 • 50억 달러의 아프리카 발전기금 출연 • 상해협력기구(SCO) 5개국에 50억 달러 차관 제공
	수출금융지원 강화	• 아프리카 국가에 20억 달러 특혜신용대출 제공 • 베네수엘라 석유개발 프로젝트에 50억 달러 투자

1.4 해외투자 장려

기업의 해외투자용 외화매입 제한을 완화하고 해외증권투자를 확대하는 등 달러의 수요를 확대하는 조치를 취하고 있다.

(1) 해외직접투자를 장려하기 위하여 2006년 7월에는 해외투자용 외화매입 제한(이전 50억 달러)을 철폐하였음

※ 중국의 해외직접투자액은 2006년 55억 달러(전년 대비 +92.6%), 2005년 122.6억 달러, 2006년 161.3억 달러(31.6% 증가)로 지속적인 증가세를 유지하고 있음

(2) 적격내국인기관투자자(QDII : Qualified Domestic Institutional Investor)를 통해 대외증권 투자도 크게 확대하였음

2006년 6월 중국은행 등 6개 은행에 QDII 자격을 부여한 이후 여타 기금관리공사에도 QDII 신청을 허용하였다(2007년 1월말 기준 누계허가액은 137억 달러임). 특히, 중국 보험회사의 경우 총자산의 15% 범위 내에서 해외투자를 허용하는 내용을 포함하고 있는 '보험자금 해외투자 관리방법'이 시행될 경우 해외주식시장에 대한 중국의 투자가 대폭 증가할 것으로 보인다.

2. 전망

중국정부는 향후에도 외환보유고를 관리하기 위해 위안화의 급속한 평가 절상이나 변동 폭 확대보다는 지금까지와 같이 외환관리제도의 개혁을 통한 외환의 수요 확대와 공급 억제에 역점을 두고 현재 시행하고 있는 조치의 강화를 포함하여 다음 6가지 조치를 단행할 것으로 기대된다.

2.1 위안화 평가절상 속도 가속화

(1) 2007년에는 전년에 비해 위안화의 평가절상 속도를 가속화함으로써 위안화 평가절상 압력에 대처하고 무역수지 흑자를 축소하는 기제로 활용한 바 있음

(2) 위안화의 대미달러 환율은 2006년 1년간 3.4% 평가절상된 데 이어 2007년 3월 5일까지 0.88% 추가적인 절상이 이루어지는 등 최근 들어 위안화 평가절상이 신속하게 이루어지고 있음

2.2 단순가공형 제품 수출규제 강화 및 기초시설 관련 수입 확대

(1) 중국정부는 수출을 억제하기 위해 중국 내 부가가치(value added)가 낮은 단순 조립가공형, 환경오염형, 에너지 다소비형 제품에 대한 수출규제(export regulation)를 강화해 나갈 것으로 전망됨

2006년도 자원류 수출규제에 이어 2007년에는 섬유류와 피혁제품 등 노동집약적인 제품(labor-intensive products)과 통상마찰 가능성이 큰 철강류 제품에 대한 수출규제가 강화되고 있다.

(2) 의료, 농촌 기초시설, 에너지 절약시설, 오염처리 및 환경관련 설비 및 기술의 수입을 확대해 나갈 것으로 보임

2.3 외국인투자에 대한 우대 축소 및 단기성 자금유입의 억제

(1) 중국정부의 외국인투자에 대한 선별 강화, 세제혜택 축소 및 인수합병(M&A) 규제 강화 등 외국인투자에 대한 우대정책을 축소하고 있음

새로운 기업소득세법이 통과되어 2008년부터 기업소득세율이 현재의 30%에서 25%로 통일되고 그동안 외자기업에게 부여되었던 우대가 대폭 축소 또는 철폐되었다.

(2) 중국정부는 단기성 자금의 유입을 억제하기 위한 조치도 강화하고 있음

2007년 3월 2일 국가외환관리국은 2008년 3월까지 단기적으로 단기외채 한도를 외국계은행은 2006년 한도의 60%로, 국내은행은 30%로 축소한다고 발표한 바 있다.

※ 중국의 총외채(2006년말 기준)는 3,200억 달러(전년 대비 14% 증가), 단기외채는 1,830억 달러(동 16% 증가)로 단기외채 비중이 57%에 이르고 있음

2.4 해외투자 및 자원개발 투자 확대

(1) 중국정부는 과다한 외환보유고를 활용하여 해외 주식 및 자원개발 사업 등에 투자할 목적으로 투자공사(SIC)의 설립을 추진하고 있음

제3차 금융공작회의(2007년 1월 19~20일)에서 전반적인 금융개혁(financial reform) 방향이 논의되었으며, 과다한 외환보유고 운영과 관련하여 외환투자공사 설립방안이 거론되었다.

※ 중국의 관영통신 신화사가 2007년 1월 21일 보도한 바에 따르면 투자공사는 싱가포르투자청(GIC) 테마섹홀딩스[2]를 모델로 하며 대형 국유은행의 최대 지주회사인 회금공사(匯金公司)[3]를 활용하는 방안과 새로운 외환투자공사를 설립하는 방안이 거론되었으며 회금공사를 활용하는 방안이 더욱 심도있게 논의되고 있음

(2) 중국기업의 해외기업에 대한 인수합병(M&A : Merger & Acquisition) 투자를 확대하기 위해 해외투자의 법제화 및 투자절차 간소화 등이 단행될 것으로 보임

(3) 중국경제의 지속가능한 성장(sustainable growth)을 위해서는 석유 및 원자재 확보가 핵심이라는 점에서 비축유 확보와 해외자원개발(overseas resource development) 투자에 보유외환을 활용할 것으로 보임

① 중국정부는 2006년 10월에 전략비축유를 2008년까지 1억 배럴(35~40일분) 비축하고, 2020년까지 120억 달러를 투자하여 90~120일분을 확보한다는 계획을 발표하였음

② 이를 위해 중국은 아프리카의 저개발국(underdeveloped countries)에 대한 양허성 원조[4]와 수출신용기관을 통한 수출금융 지원[5]을 확대하고 있음

2.5 금융기관의 재무구조 개선 자금 투입

4대 국유상업은행 중 가장 재무구조(financial structure)가 부실한 농업은행에 외환자금을 투입할 것으로 보인다.[6]

중국의 삼농(三農)(농촌, 농민, 농업) 문제를 해결하기 위해서는 농촌 금융조직에 대한 개혁이 불가피한 실정이다. 특히, 농업은행의 부실채권 비율은 약 23.5%로 여타 국유상업은행의

2) GIC와 테마섹홀딩스는 싱가포르 정부가 100%의 지분을 보유한 투자회사로 정부자산(외환보유고 등)의 위탁관리를 위해 설립되었다. GIC는 국제금융시장에서 중기자산 투자에 주력하고 있으며, 테마섹홀딩스는 주로 국내 주요 국책투자사업 및 기업의 지주회사 역할 수행에서 최근 해외의 통신, 금융, 부동산 등 다양한 업종으로 투자를 확대하고 있다.

3) 회금공사(匯金公司)는 4대 국유은행의 구조조정과 상장을 위하여 설립한 정부 산하의 투자공사로 전체 국유금융자산의 50% 이상을 차지하고 있는 중국의 금융지주회사이다. 4대 국유상업은행에 총 600억 달러(건설은행 225억 달러, 중국은행 225억 달러, 공상은행 150억 달러)를 출자한 바 있다.

4) 아프리카 국가에 향후 3년간 30억 달러의 양허성 차관 제공, 50억 달러의 아프리카 발전기금 출연, 상하이협력기구(SCO) 5개국에 대한 20억 달러 차관 제공, ASEAN 국가에 대한 50억 달러 차관 제공 등이 있다.

5) 아프리카 국가에 20억 달러 특혜신용대출 제공, 베네수엘라 석유개발프로젝트에 50억 달러 투자, CNOOC · SINOPEC · CNPC 등 국유기업을 통한 해외유전 및 가스전 지분 매입 등을 들 수 있다.

6) 중국정부는 외환보유고를 이용하여 2003년에는 중국은행, 건설은행에 각각 225억 달러, 2005년에는 공상은행에 150억 달러를 투입한 바 있다.

비율[7])을 크게 상회하고 있어 재무구조 개선이 시급한 상황이다.

> ※ China Daily지가 2007년 2월 2일 보도한 바에 따르면 농업은행의 재무구조 개선을 위해 2007년 상반기 중 250억~300억 달러가 투입되고, 전체적으로 농업은행 공적자금 투입에 약 1,000억 달러가 필요할 것으로 추정되고 있음

2.6 외환보유구조의 다양화 추진

(1) 과다한 미 달러 자산에 대한 편중과 달러화 가치하락에 따른 환차손을 예방하기 위해 미 달러화 비중의 축소 및 유로(Euro)화와 엔(Yen)화 등 비(非)달러 표시 자산의 비중 확대 필요성이 제기되고 있음

> ※ 세계적 투자은행인 Goldman Sachs의 추정에 따르면 2006년 중국 외환보유고의 약 70%(2003년 82%, 2004년 78%)는 미 달러화 자산에 투자되고 있으며, 나머지 20%는 유로화, 10%는 기타 통화로 구성된 것으로 알려짐

(2) 달러화 자산에 대한 운용방식에서도 정부채 중심의 운용방식에서 탈피하여 비정부채 및 회사채는 물론 MBS(주택저당증권), ABS(자산유동화증권), 주식, 신흥국가가 발행하는 달러화 표시채권 등으로 투자대상을 확대하는 방안이 검토되고 있음

> ※ 중국의 미 재무성채권 보유액(2006년말 기준)은 3,496억 달러로 일본(6,443억 달러)에 이어 2위, 미국 재무성 채권 총액의 15.7%를 보유하고 있음

(3) 외환보유고 중 금(金) 비중이 낮다는 인식 하에 금 보유를 확대해야 한다는 주장도 제기되고 있음

> ※ 중국의 외환보유고 중 금 비중은 1.3%로 일본(1.8%) 및 ECB(25.8%)에 비해 낮은 수준으로 평가됨

7) 중국 상업은행의 부실채권비율(2006년말 기준)은 7.5%, 이 중 국유상업은행은 평균 9.22%, 중국농업은행의 부실채권 비율은 23.5%이다.

제6절 평가

1. 중국정부의 외환보유고 증가 억제 노력으로 무역흑자 증가 속도가 둔화되고 투기성 자금(speculative fund)의 유입이 감소하는 한편, 자본유출(capital outflow)이 확대되면서 외환보유고 증가 속도가 둔화될 것으로 보임

중국기업의 해외자원개발 및 기술확보를 위한 해외투자, 투자공사와 QDII를 통한 간접투자가 이전에 비해 대폭 확대될 것으로 보인다. 또한, 위안화 환율의 평가절상 기대가 지속되고 있어 다양한 경로를 통한 투기성 자금의 유입이 불가피하게 발생하게 된다. 그러나 중국정부의 강력한 투기성 자금 유입 단속으로 투기성 자금의 유입은 둔화될 것으로 보인다.

2. 수출과 외국인직접투자(FDI)를 대폭 억제하기 어려울 뿐만 아니라 자본의 대규모 유출도 기대하기 어려우므로 외환보유고의 증가 추세는 상당기간 지속될 것으로 보임

주요 성장동력인 수출을 위축시키지 않을 것으로 보이며 수입 확대를 위한 국내수요 증가도 매우 완만하게 진행될 것으로 전망된다. FDI 유입은 서비스와 기술집약부문 등을 중심으로 현재의 연간 500억~600억 달러 수준으로 지속적으로 유입될 것으로 보인다.

제7절 시사점

중국의 외환관리정책 분석에 따른 시사점은 다음 3가지로 정리할 수 있다.

1. 중국정부가 외환보유고 중 달러 비중을 축소할 경우 달러화 약세 요인으로 작용하게 되고 이는 원화 강세요인으로 작용할 가능성도 존재하고 있음

그러나 달러 표시 자산의 편중도를 단기간에 하락시키기 어려울 뿐만 아니라 엔화와 유로

화 표시 채권의 낮은 이자율, 기타 통화자산의 유동성(liquidity) 부족 등으로 현실적으로 달러화 자산 비중의 급격한 축소는 어려울 것으로 판단된다.

2. 중국이 해외자원개발 사업에 적극적으로 참여할 것으로 기대되어 해외자원개발시장에서 중국기업과의 경쟁이 더욱 치열해지고 세계 자원가격의 하방경직성(downward rigidity)이 강화될 것으로 보임

중국이 비축유를 확대하기 위해 원유 수입을 증가시킬 경우 국제유가의 하방경직성을 강화하는 요인으로 작용하게 된다. 2006년 중국의 원유수입량은 전년 대비 14.2% 증가한 1억 4,500만톤, 수입액은 38.7% 증가한 664억 달러를 기록하였다. 원유자급도는 2005년 60%에서 2006년에는 57%로 하락한 것으로 추산된다.

※ 중국이 6개월분의 원유를 확보하고자 할 경우 총 1억 6,000만톤의 추가적인 수입이 이루어져야 하며 금액으로는 약 740억 달러가 소요될 것으로 추정됨

3. 중국의 국유기업을 통한 해외투자 또는 신설되는 투자공사를 통한 국내의 기술보유 기업에 대한 M&A가 확대될 가능성이 존재하고 있음

3.1 자본자유화(capital liberalization) 정도, 중국과의 긴밀한 경제관계, 중국과의 금리차(2006년 7월말 기준 한국의 1년 만기 정기예금 금리는 4.92%, 중국의 금리는 2.25%임) 등을 고려할 경우 한국은 향후 중국의 간접투자의 매력적인 투자처가 될 수도 있음

중국의 대한 투자 장려 업종[8])을 고려할 경우 조선, IT, 건설분야에 대한 중국기업의 M&A 참여 가능성이 크며 한국의 준정부채 발행시 중국계 기관의 인수도 가능할 것으로 보인다.

3.2 이제까지 중국의 해외투자가 투자에 대한 제약이 적고 투자상품이 다양한 미국, 유럽, 홍콩 등 선진금융권으로 집중되고 있어 한국으로의 유입은 제한적일 것으로 판단됨

---

8) 중국정부는 각국에 대해 해외투자 장려 업종을 선정·운영하고 있다. 한국에 대해서는 자동차, 화공원료 제조, 통신설비, PC, 무역, 유통, 연구개발(R&D), 건축, 교통운수분야를 선정하였다.

12
chapter

홍콩의 국제금융 중심지 부상

제 1 절 개관

홍콩은 그동안 중국의 관문으로서의 지정학적 위치(geopolitical location), 금융시스템의 안정성(stability of financial system), 우수한 물류 및 통신 기반시설을 바탕으로 국제적인 금융 · 비즈니스 중심지(International Finance & Business Center)로 기능을 수행해왔다. 1997년 역사적인 중국 반환 당시 중계무역과 국제금융 중심지라는 홍콩의 역할에 대한 비관적인 전망에도 불구하고 반환 이후 10년이 지난 지금까지 홍콩의 중요한 지위는 여전히 유지되고 있다고 평가할 수 있다.

홍콩은 향후 금융산업을 중심으로 경제발전을 지속할 것으로 기대된다. 중국은 '제11차 5개년 계획(2006~2011년)'에서 홍콩의 금융서비스 산업을 육성하고 국제금융센터(International Finance Center)로서의 지위를 유지하는 것을 지원한다고 명시하였다. 이에 따라 중국은 금융산업의 효율성(efficiency of financial industry)을 제고하고 금융개혁(financial reform)을 추진하기 위하여 홍콩 금융시스템을 활용하고 세계적 규모의 국제금융센터로 육성하여 세계경제에서 중국의 위상과 경쟁력 제고를 도모하고 있다.[1]

홍콩정부가 2007년 3월 발표한 2008~2011년의 중기 경제전망에 따르면 금융, 무역, 물류센

1) 금융산업과 더불어 무역 및 물류 · 해운 · 관광 등 서비스산업 발전에 힘입어 향후 홍콩경제는 지속적으로 5~6% 정도의 성장을 이룰 수 있을 것으로 보인다(대외경제정책연구원, KIEP 지역경제포커스, 07-14호, 2007. 8. 28. 요약 · 재구성).

터 역할을 강화하고 중국과의 경제통합(economic integration) 진전에 따른 시너지 효과(synergy effect)로 실질 경제성장률은 연 4.5%(명목 경제성장률 연 6%)도 나타났다.

〈표 12-1〉 홍콩의 주요 경제지표 추이

항목	단위	1995	2000	2001	2002	2003	2004	2005	2006
GDP 성장률	%	3.9	10.0	0.6	1.8	3.2	8.6	7.5	6.9
명목 GDP	십억 달러	144	169	167	164	158	166	178	190
1인당 GDP	달러	23,429	25,316	24,802	24,273	23,541	24,444	26,095	27,677
CPI	%	9.0	-3.7	-1.6	-3.0	-2.6	-0.4	0.9	2.0
소매판매 증가율	%	4.7	3.8	-1.2	-4.1	-2.3	10.8	6.8	7.3
수출증가율	%	-	16.0	-5.8	4.9	12.1	15.9	11.2	9.7
수입증가율	%	-	18.6	-5.5	3.1	12.2	17.0	10.2	11.6
FDI 유입	백만 달러	6,213	61,924	23,777	9,682	13,624	34,032	35.897	-

자료 : Global Insight

제 2 절 홍콩의 금융현황

1. 홍콩 금융시장의 규모와 발전 원동력

1.1 아시아 · 태평양 지역의 은행과 금융중심지로 부상

홍콩에는 2006년말 기준 202개의 은행과 84개의 대표 사무소가 설치되어 있는 등 아시아 · 태평양 지역의 은행과 금융센터로 부상하고 있다.

(1) 국제무역 자금조달을 위한 은행대출 총액과 홍콩 역외에서 사용하기 위허 대출된 금액은 각각 미화 195억 달러와 408억 달러를 기록하였음

(2) 국제결제은행(BIS : Bank for International Settlements)에 따르면 홍콩은 아시아의 3대, 세계의 6대 외환시장이며 2004년 기준 일일 외환거래량(net daily turnover of foreign exchange transactions) 1,020억 달러를 기록하였음

(3) 홍콩의 주식시장은 2006년 시가총액 기준 아시아 2위, 세계 6위를 차지하였음. 현재 성

장기업시장(GEM)의 198개 기업을 포함하여 1,173개의 상장기업이 있으며 시가총액은 1조 7,150억 달러에 이르고 있음

(4) 홍콩은 아시아에서 가장 큰 규모의 벤처자금센터로서 2006년 중반 기준 지역의 총 자본 풀의 29%를 운용하고 있음

〈표 12-2〉 홍콩 증권거래소 상장기업 및 시가총액(2007년 3월말 기준)

(단위 : 십억 달러, 개)

구 분	Main Board		GEM Board	
	2006년 3월말	2007년 3월말	2006년 3월말	2007년 3월말
상장기업수	940	983	201	197
(H Shares)	(81)	(96)	-	(45)
(Red-Chips)	(86)	(86)	-	(4)
시가총액	HKD 9,332B	HKD 13,442B	HKD 84B	HKD 109B
	(USD 1,196B)	(USD 1,723B)	(USD 11B)	(USD 14B)
평균 PER	14.58배	15.97배	24.53배	26.73배

주 : Main Board는 한국의 증권거래소에 해당되며 INDEX에는 우량주로 구성된 HSI, H-Share로 구성된 HSCEI 및 Red-Chip으로 구성된 HSCCI가 있음. H Share는 중국 국유기업의 주식 중 홍콩증시에 직상장된 주식으로서 주식명에 '-H'가 붙는다(예 : Air China Ltd-H). Red-Chip은 중국 국영기업이 홍콩에 직상장하지 않고 중국법인이 아닌 상장법인(Listing Vehicle)을 일반적으로 케이만 군도 등 역외 조세회피 지역(tax haven)에 설립하는 경우가 많은 편이며 통상 경영권은 중국정부가 가지고 있음. GEM(Growth Enterprise Market) Board는 Main Board 상장기준에 매출액 및 수익 등이 못 미치는 기업들에 대하여 보다 완화된 성장기준을 적용하여 상장을 통한 자본조달을 제고시키고자 하는 시장으로서 한국의 코스닥(KOSDAQ)에 해당되며 거래규모 및 투자안정성 측면에서 Main Board에 못 미친다고 할 수 있음

자료 : 주홍콩총영사관, 홍콩기업공개제도 및 2007년도 전망, 2007. 5.

1.2 홍콩 금융시장 발전의 동인

홍콩 금융시장 발전의 원동력은 '중국효과'(China effect), 즉 연평균 10% 이상 고속성장을 지속하는 세계 최대의 시장을 배후지로 두고 긴밀한 협력관계를 구축한 데 있다고 할 수 있다.

(1) 중국정부는 홍콩의 주권 반환을 전후하여 특혜정책들을 발표하였는 데 이것이 홍콩 금융시장 발전에 결정적인 기여를 하였음

1993년 H주(중국 본토기업 주식)의 상장·거래를 홍콩에 최초로 허용하고 2004년에는 홍콩 금융기관들에 대한 위안화 업무를 인가하였다. 2007년에는 홍콩에서 위안화 표시 채권발행을 허가하는 등의 정책을 시행한 바 있다.

(2) 홍콩은 중국 본토의 글로벌 경제(global economy)로의 편입이라는 기회를 적극적으로 활용하여 금융서비스를 중심으로 한 경제의 서비스화를 성공적으로 이루어낸 것으로 평가받고 있음

향후 홍콩의 발전에는 중국 본토와의 금융협력(financial cooperation)을 지속적으로 공고화하는 것이 핵심적인 과제로 부각되었다. 홍콩은 중국이 시장을 개방할수록 홍콩의 가치와 역할을 더욱 제고시킨다고 인식하고 있다.

홍콩 금융기관은 1조 달러를 초과하는 중국의 외환보유고(foreign exchange reserves)를 활용하기 위해 중국 기관투자가의 해외증시 투자를 허용한 '적격국내기관투자자제도'(QDII: Qualified Domestic Institutional Investors)의 확대시행을 기회로 활용하고 있다. 또한, 점차적으로 홍콩에서 위안화 유통이 자유화되고 위안화 채권 발행이 본격화됨에 따라 홍콩의 금융시장은 더욱 활성화될 것으로 기대하고 있다.

(3) 홍콩 금융당국(HKMA)이 발간한 '2006년 연례보고서'에는 홍콩이 세계금융센터로 발전하기 위하여 중국 대륙과의 긴밀한 협력이 중요하다는 인식이 그대로 반영되어 있음. 동 보고서는 홍콩을 중국의 국제금융센터로 확고히 하는 '1-3-5 청사진(1-3-5 Blueprint)'을 제시하고 있으며 구체적인 내용은 다음 3가지로 집약됨

① 1은 'One-Positioning'으로 중국이 홍콩을 글로벌 시장으로 확대해나가는 금융업무의 중심으로서 포지셔닝하도록 함
② 3은 'Three-Dimension'으로 홍콩과 중국 사이에 상호보완적이고, 협조적이며 상호작용적인 금융시스템을 구축함
③ 5는 'Five-Areas'로 금융협력을 실행할 구체적인 5가지 실천분야를 지적하고 있음

가. 홍콩 금융상품의 중국 내 확대판매
나. 홍콩을 통한 중국의 투자자, 펀드레이저(fund raiser), 금융기관 및 금융상품의 해외이동 확대
다. 홍콩 금융상품의 중국 내 거래 허용

라. 홍콩에서 위안화로 표시된 금융거래 증가

마. 홍콩과 중국 간의 금융인프라(financial infrastructure) 연계를 더욱 공고히 함

2. 기업공개시장을 통한 경쟁력 확보

2.1 세계적인 기업공개시장으로서의 위상

홍콩은 기업공개(IPO : Initial Public Offering)시장에서 세계 2위를 차지하고 있다.

(1) IPO 부문에서 홍콩증시가 뉴욕증시를 압도할 수 있었던 주요 요인으로 중국 본토 기업들의 대규모 홍콩증시 상장을 지적할 수 있음[2)]

① 홍콩증권거래소는 1993년 이래 300개 이상의 본토 기업을 상장시켜 2,000억 달러의 자금을 유치한 바 있음

② 중국은행은 2006년 홍콩증시 단독 IPO를 통해 6년래 최대 규모인 112억 달러의 자금을 유치하였음

(2) 홍콩증시는 중국기업 발전을 위한 충분한 자금과 세계적 수준의 재무관리(financial management)를 제공함으로써 중국기업들의 글로벌 증시(global stock market) 진입 교두보 역할을 할 것으로 평가받고 있음. 홍콩증시가 견조한 성장을 이어가는 요인으로 글로벌 자본의 집중과 투자자들이 용이하게 접근할 수 있는 선진화된 제도를 지적할 수 있음

〈표 12-3〉 증권기장 기업공개(IPO) 규모 세계 순위(2006년)

(단위: 미화 억 달러)

순위	증권시장	규모
1	홍콩	412.2
2	런던	393.1
3	뉴욕	292.2
4	나스닥	174.7
5	유로넥스트	125.2

자료 : Thomson Financial

2) 중국기업이 기업공개를 위해 홍콩을 선호하는 요인으로 뉴욕증시 상장기준이 엄격한 데 비해 상장이 용이하다는 현실적인 이유를 들 수 있다.

(3) 홍콩증시에 상장된 기업수(2007년 3월말 기준)는 1,180개(Main Board 983개, GEM 197개)이며, 시가총액은 미화 1조 7,370억 달러(Main Board 1조 7,230억 달러, GEM 140억 달러), 평균 PER는 Main Board 15.97, GEM 26.73임

홍콩증시의 기업공개(IPO) 실적은 2004년 미화 117억 달러(67건), 2005년 219억 7,000만 달러(67건), 2006년 386억 달러(61건)로 금액규모가 증가 추세를 보이고 있다. 특히, H주 비율이 74%를 차지하여 홍콩증시가 중국기업의 자금조달 창구 역할을 하고 있다고 평가할 수 있다.

2.2 중국기업의 대형 기업공개(IPO) 유치

최근 3년간 홍콩의 IPO 현황을 살펴보면 전체 IPO 금액 중 H주의 비율이 평균 74%로서 홍콩증시가 중국기업의 자금조달 창구(Fund Raising Center) 역할을 하고 있음을 나타낸다.

(1) China Citic Bank(中信銀行), China Everbright Bank(中國光大銀行) 등의 상장이 2007년 예정되어 있는 등 중국기업의 대형 IPO가 연이어 발생하고 있음

〈표 12-4〉 IPO 현황(2004~2006년)

(단위 : 개, 미화 백만 달러)

구 분	2004	2005	2006	합 계
IPO 건수	67	67	61	195
IPO 금액	11,702	21,974	38,618	72,294
(H Share)	(4,934)	(15,672)	(32,648)	(53,254)
(H주 비율)	(42.2%)	(71.3%)	(84.5%)	(73.7%)

자료 : 주홍콩총영사관, 홍콩기업공개제도 및 2007년도 전망, 2007. 5.

(2) 한국의 주홍콩총영사관에서 인용한 홍콩의 IPO 현황 자료에 따르면 2006년 홍콩의 전체 IPO에서 상위 5위를 석권한 중국 국영기업 H주의 금액비중은 전체 IPO 금액(미화 약 386억 달러)의 77%에 이르는 298억 달러를 기록하였음

① 중국기업의 홍콩상장주식인 H주와 Red-Chip(전체 25건) IPO 금액은 330억 달러를 기록하여 전체 홍콩 IPO 금액에서 차지하는 비중이 85%를 초과하였음

② 세계시장을 목표로 한 중국기업들이 홍콩의 선진 금융시스템(advanced financial system)을 활용하려고 하는 수요가 증가하고 있음

제 3 절 동북아 금융허브 경쟁과 홍콩의 전략

1. 상하이

중국정부는 최대 경제도시인 상하이를 중국의 금융중심지로 만들려는 계획을 수립하여 착실히 진행하고 있다.

1.1 중국정부는 1991년부터 상하이를 금융중심지로 육성할 계획을 수립하였으며 2002년 상하이의 금융허브(Financial Hub) 구상은 '산뿌저우(三步走)' 전략으로 나타났음. 동 전략은 2005년까지 금융허브의 기초를 마련하고 2010년 골격을 형성한 후 2020년에는 아시아 · 태평양지역의 최대 금융허브를 건설한다는 구상임

상하이시는 2006년 말에 2010년까지 상하이 금융시장의 거래규모를 80조 위안(약 9,680조 원)으로 확대시킴과 동시에 상하이 상품선물거래소의 거래규모를 세계 10위권으로 만들며 상하이 은행권의 예금잔액을 4조 5,000억 위안으로 육성하는 등의 '금융허브 추진 5개년 계획'을 보다 구체화해 발표한 바 있다.

1.2 상하이는 금융업 생산총액이 2006년 799억 위안, 증시 IPO 규모가 1,180억 위안(약 14조원)을 기록하였으며 이미 2007년 상반기 중 상하이 증시의 IPO 규모는 1,690억 위안에 이른 것으로 추정되는 한편 외국계 금융기관 수 106개를 기록하며 금융중심지로서의 위상을 제고시키고 있음

(1) 상하이 푸둥(浦東)에는 씨티은행(Citibank), HSBC, 스탠더드차타드은행(Standard Chartered Bank) 등 외국계 금융기관과 중국 현지은행 350여개가 밀집해 있으며 2006년 9월 중국 최초의 금융선물거래소가 상하이에 설립된 바 있음

(2) 중국정부가 2005년 8월 인민은행의 7개 부서를 상하이로 이전하고 인민은행 상하이 본점을 설립한 것은 상하이의 금융중심지로서의 위치를 공고히 한 조치로 평가되고 있음

(3) 2006년말 외자은행의 위안화 소매금융을 허용하여 HSBC, 씨티은행, ABN암로(ABN Amro) 등 9개 글로벌 은행이 현지법인 설립을 신청할 당시 이들 은행 모두 상하이를 법인 설립지로 선택하였음

2. 다롄

중국은 랴오닝성 다롄에 '싱하이만 금융시티(Xinghai Bay Finance City)'를 개발하고 있으며 중앙정부의 '11차 5개년 개발계획' 중에는 랴오닝성의 다롄을 동북아 금융허브로 발전시키는 계획이 포함되어 있다.

2.1 랴오닝성과 다롄시 정부가 모두 200억 위안을 투자한 '싱하이만 금융특구(총 240만 ㎡ 규모)'는 지리적 이점(geographical advantage)과 탄탄한 내수시장을 기반으로 동북아 금융허브(Northeast Asian Financial Hub)가 되겠다는 목표 하에 건설이 진행되고 있음

다롄은 입지조건과 항공, 물류의 발전, 배후의 시장 발달 등 다양한 성공적 조건을 구비하고 있는 것으로 평가되고 있다.

2.2 다롄은 2006년 '중국 10대 금융도시' 중 하나로 선정되었으며 다롄의 금융자산 규모(2006년 6월말 기준)는 약 5,500억 위안으로 매년 16%대의 증가율을 보이고 있음

중국 3대 상품거래소 중 하나인 '다롄 상품거래소'의 선물거래량은 2억 4,100만건으로 중국 전체 거래량의 54%를 차지하고 있으며 금액으로는 5조 2,220억 위안으로 중국 전체 거래액 중 25%를 나타내고 있다.

3. 홍콩의 경쟁 우위

상기한 바와 같이 역내 금융허브 경쟁이 치열하게 전개되고 있는 상황에서 홍콩이 중국의

상하이나 싱가포르에 의해 국제금융지로서의 위상을 위협당할 가능성이 존재하고 있다.

3.1 싱가포르는 홍콩이 중국 본토와 같은 강력한 배후지를 두고 금융시장 발전을 견인할 수 있는 것과 비교할 때 인도나 인도네시아, 태국 등 동남아와 연대를 강화할 수 있으나 현실적으로 한계가 있을 것으로 판단됨

3.2 상하이의 경우 금융거래에 필수적인 법치(法治)가 미흡하고 시장 참여자들(market participants)의 성숙도가 낮으며 금융시장의 소프트웨어와 시스템에서 많이 뒤떨어져 있기 때문에 조속한 시일 내에 홍콩이 추월당할 가능성은 작은 것으로 보임

4. 홍콩의 과제

다수의 국제금융 전문가들은 홍콩이 중국기업들을 위한 자금조달 창구로서의 역할로 그 위상을 장기적으로도 공고히 할 수 있을 것이라는 시각에 대해서는 회의적인 견해를 제시하고 있다.

4.1 경제분석가 엔디 씨에(Andy Xie)는 홍콩이 협의의 금융센터 역할과 관련하여 상하이와 경쟁하는 것은 양쪽 모두에 유익하지 않기 때문에 홍콩은 장기적으로 스위스처럼 세계 부유층의 사적 자산(private asset)을 운용하는 프라이빗 뱅킹(PB : Private Banking) 허브로 발전 전략을 수립해야 한다는 의견을 제시한 바 있음

4.2 홍콩이 뉴욕이나 런던에 필적하는 고부가가치의 금융센터가 되기 위해서 중국 본토의 정책에 대한 과도한 의존성을 탈피하여 새로운 활로를 모색할 필요가 있다는 견해도 제기되고 있음

4.3 홍콩이 지향해야 할 방향에 대한 다수의 청사진이 제시되고 있으나 그 중심된 논의에는 발전된 경제, 선진화된 시스템을 이용하여 고부가가치에 집중함으로써 동일 분야의 여타 중국 본토의 도시들과 차별화해야 한다는 것이 전제되어 있음

즉, 홍콩증시의 발전이 상하이 증시 등 중국 본토 금융시장의 동반 성장세를 이루어낼 수 있는 방향으로 발전해야 한다는 것을 의미한다.

제4절 평 가

1. 금융분야별로 특화된 금융중심지 형성

중국 본토의 발전으로 인해 부상하고 있는 홍콩의 견고한 금융중심지로서의 위상과 새롭게 부상하고 있는 중국의 금융허브 육성도시들은 상호보완성(mutual complementarity)을 가지면서도 일정부분은 경쟁관계가 될 것으로 판단된다. 이 같은 과정에서 은행, 증권, 채권, 보험 등 금융분야별로 특화되어 발전할 가능성이 있으며 수요고객층에 따라 시장이 분할될 가능성도 존재하고 있다.

즉, 아시아 시장 내에서도 개인과 기업을 대상으로 소수 부유층과 중산층 대상 등으로 고객층에 따른 특화(specialization)가 나타날 수 있다.

2. 금융허브와 중국 대륙 공략 거점으로서의 입지

중국의 중앙정부 및 광둥성, 심천 등 홍콩과 인접한 지방정부는 중국과 홍콩의 협력수준 제고를 통해 대주강삼각주의 발전을 위한 환경조성에 주력하고 있다. 즉, 홍콩의 회계, 광고, 관리 등 금융 비즈니스 서비스(financial business service)를 기반으로 광둥성 기업(특히, 민영기업)들의 국제경제체제(international economic system)로의 편입에 기여하고 민영기업들은 홍콩시장 상장을 통해 자본을 유치하는 형식을 의미한다.

제5절 시사점

홍콩의 국제금융 중심지 부상이 한국에 던지는 시사점은 다음 4가지로 살펴볼 수 있다.

1. 한국은 홍콩 유수의 기업이나 금융기관과 제휴 · 협력을 통해 차이나 리스크(China Risk)를 극소화하면서도 실리를 극대화해야 함

홍콩을 국제금융허브와 더불어 중국 대륙 공략의 발판으로 적극 활용할 필요가 있다.

2. 한국정부는 중국경제의 급속한 성장과 아시아 경제의 부상을 기회로 하여 한국경제가 일인당 국민소득(per capita GNI) 30,000달러 시대에 진입하기 위해서는 국내총생산(GDP : Gross Domesic Produce) 내에서 금융부문의 기여도가 증가해야 한다고 인식하고 있음. 동아시아 금융허브로서의 한국의 역할을 기대하고 있으나 현재 구체적인 실천 계획이나 로드맵이 충실하지 않은 실정임

신속하게 진행되고 있는 중화권 금융중심지와 전략적 허브(strategic hub) 육성 지역을 면밀히 분석하여 한국이 금융허브로 경쟁력이 있는 분야를 선정하여 실천전략을 구체화할 필요가 있다.

3. 한국이 국제금융센터로 부상하기 위한 전략을 수립하기 위해 홍콩을 유익한 벤치마킹(benchmarking) 사례로서 연구해야 함

홍콩은 1997년 중국으로의 반환 이후 역사, 정치, 사회, 경제적인 위기를 잘 극복하고 경쟁지역들에 비해 다수의 우위를 차지하여 현재 아시아 최고의 국제금융 중심지로 부상하였다. 한국은 홍콩과의 금융협력 확대와 홍콩의 발전에 대한 벤치마킹을 통해 한국의 금융허브 발전전략을 수립하고 실천하는 데 효과적으로 활용할 필요가 있다.

4. 상하이는 향후 홍콩 수준의 국제금융 중심지로서, 다롄은 동북아시아의 금융중심지로서 중국정부가 집중 육성하고 있는 금융중심지로 부상하고 있는 실정임

한국정부가 구상하는 금융허브가 런던이나 뉴욕처럼 전통적인 금융중심지 모델이 아니라 인근 지역의 금융수요(financial demand)를 집중시켜 소화할 수 있는 틈새시장(niche market)을 확보하는 것이라면 이들 도시는 한국과 지리적으로도 인접해 있으며 목표가 유사하여 향후 경쟁적 관계(competitive relationship)를 형성하게 될 것으로 기대된다. 따라서 이들 지역의 허브화 실행전략과 구체적인 로드맵을 분석하여 한국이 경쟁력을 가질 수 있는 금융분야에 대한 특화계획이 구체화되어야 한다.

제 5 편

동남아시아 주요 경제이슈

13 chapter

ASEAN 경제통합

1990년대 이후 ASEAN은 외국인투자 유치 확대와 역내 분업 촉진에 목표를 두고 단일시장으로서의 ASEAN 자유무역지대(AFTA : ASEAN Free Trade Area)를 강화·발전시켜 왔다.[1)]

현재 ASEAN은 경제통합의 효과를 극대화하기 위하여 포괄적 무역자유화 조치로서 AFTA 외에도 투자자유화(AIA), 산업협력(AICO), 지적재산권 보호, 규격·기준의 상호인증, 관세협정 등을 포함하는 'AFTA 플러스(plus)' 정책을 통해 역내경제통합을 심화시키고 있다. 이러한 가운데 2003년 10월 인도네시아 발리에서 개최된 제9차 ASEAN 정상회담에서는 2020년을 목표로 ASEAN 공동체(ASEAN Community) 달성을 위한 'ASEAN 협력선언 Ⅱ(Declaration of ASEAN Concord Ⅱ, 일명 발리협약 Ⅱ)'에 합의함으로써 ASEAN 경제통합에 새로운 전기를 마련한 바 있다.

제 1 절 AFTA 추진현황

1997년 태국에서 촉발된 외환위기가 역내 국가들로 파급되면서 ASEAN 경제통합에 악영향을 미칠 것이라는 우려가 높았다. 그러나 ASEAN은 오히려 관세인하시기를 앞당기고, 무역자

---

1) 특히, 외환위기(Foreign Exchange Crisis) 이후에는 ASEAN 국가들의 경제력이 취약해지면서 시장통합 노력이 약화될 것이라는 우려에도 불구하고, 오히려 ASEAN은 관세인하계획을 보다 앞당기고 투자, 서비스 등 경제통합수준(economic integration level)을 보다 심화시키면서 동남아 단일시장을 목표로 경제통합을 가속화하고 있다(대외경제정책연구원, KIEP 세계경제 2004. 1. pp. 74~81 요약·재구성).

유화(trade liberalization)는 물론 투자, 서비스, 금융, 재정협력, 정보격차 완화 등 경제통합수준도 보다 심화시키고 있다. 이는 경제위기에 직면한 동남아 경제의 회복을 위해서는 경제통합을 통한 무역 및 투자유치 확대가 필요하다는 인식이 역내국가들 간에 확산되었기 때문이다.

그 동안 ASEAN의 통합노력을 살펴보면 1998년 12월 ASEAN 정상회의에서 역내 관세를 5%로 인하시키는 CEPT 실행일정을 2003년에서 2002년으로 앞당기고, 역내 협력을 강화하기 위한 하노이실행계획(Hanoi Action Plan)을 채택한 바 있다.[2] 또한, 1999년 11월 필리핀에서 개최되었던 제3차 ASEAN 비공식정상회의에서는 기존 6개 회원국은 최종적으로 2010년까지, 후발가입국은 2018년에서 2015년까지 단축시켜 역내관세를 완전 철폐하기로 결정한 바 있다.

2003년 기준 기존 6개국에서 관세인하 적용품목은 총 49,445개가 설정되어 5% 이하의 관세인하 실행률은 98.9%에 이르고 있고, 5% 초과의 관세인하 대상 품목비중은 1.1%에 불과하다. 국별 관세인하 실행률은 싱가포르와 태국 100%, 필리핀 99.54%, 인도네시아 98.83%, 말레이시아 97.32%, 브루나이 96.71%를 기록하고 있다. 한편, 후발가입국인 베트남은 94.89%를 관세인하계획에 적용시켜 5% 이하로 관세를 인하시켰다. 라오스와 미얀마는 각각 71.39%, 76.43%이나 캄보디아는 아직 45.66%에 불과한 실정이다.

〈표 13-1〉 ASEAN 회원국의 CEPT 관세인하품목(2003년)

	관세인하품목					비율				
	IL	TEL	GEL	SL/HSL	계	IL	TEL	GEL	SL/HSL	계
브루나이	6,337	-	155	-	6,492	96.71	-	2.39	-	100
인도네시아	7,444	-	77	11	7,532	98.83	-	1.02	0.15	100
말레이시아	10,116	218	53	8	10,395	97.32	2.10	0.51	0.80	100
필 리 핀	5,632	-	16	10	5,658	99.54	-	0.28	0.18	100
싱가포르	10,705	-	-	-	10,705	100.00	-	-	-	100
태 국	9,211	-	-	-	9,211	100.00	-	-	-	100
ASEAN 6	49,445	218	301	29	49,993	98.90	0.44	0.60	0.06	100
캄보디아	3,115	3,523	134	50	6,822	45.66	51.64	1.96	1.96	100
라 오 스	2,535	864	74	78	3,551	71.39	24.33	2.08	2.20	100
미 얀 마	4,182	1,224	48	18	5,472	76.43	22.37	0.88	0.33	100
베 트 남	10,143	41	416	89	10,689	94.89	0.38	3.89	0.83	100
CLMV	19,975	5,652	672	235	26,534	75.28	21.30	2.53	0.89	100
ASEAN 합계	69,420	5,870	973	264	76,527	90.71	7.67	1.27	0.34	100

2) 하노이정상회담에서 ASEAN 정상들은 1997년 쿠알라룸푸르에서 개최된 제2차 비공식 ASEAN 정상회담에서 채택한 'ASEAN Vision 2020'의 실천프로그램으로서 하노이실행계획(Hanoi Action Plan)에 합의한 바 있다.

그러나 AFTA 출범으로 회원국간 분업(division of labor)이 촉진됨에 따라 ASEAN 각국간의 산업재배치는 역내 관세인하와 맞물리면서 각국의 경쟁우위에 입각한 무역흐름의 재편에 의해 추진될 것으로 보여 현재 산업발전단계의 큰 격차가 경제통합의 주요 장애요인으로 작용하고 있다. 특히, 잠정배제품목 설정과 관련하여 회원국 간의 마찰과 갈등이 표면화되고, 다소 난항을 보이고 있는 관세인하계획은 물론 비관세장벽(non-tariff barrier) 철폐 등 역내국간 상호 마찰요인이 커서 순조로운 발전을 기대하기 어려운 실정이다.

또한, 잠정배제품목과 관련하여 당초 관세인하계획에는 2000년부터 적용대상품목으로 이전시키기로 했으나 일부 회원국의 연기 요청으로 순조로운 계획이행에 차질을 보이고 있는 실정이다. 따라서 산업발전단계와 국별 산업정책 때문에 잠정적인 예외품목 설정이 불가피하여 이에 대한 회원국 사정을 고려하여 실질적인 해결책을 제공하고자 TEL 의정서(Protocol Regarding the Implementation of the CEPT Scheme Temporary Exclusion List)가 체결된 바 있다.[3] 현재 말레이시아의 경우 자국 자동차 산업보호를 위해 자동차 관련 218품목에 대해 2005년까지 유예하여 태국과 갈등관계를 야기시키고 있다.[4]

전반적으로 평가할 때 ASEAN 국가들이 추진해 온 자유무역지대 결성을 위한 관세인하계획은 비교적 가시적인 성과를 보고 있다고 할 수 있다. 〈표 13-2〉에서 알 수 있듯이 ASEAN 회원국의 역내 평균관세율은 2003년 기준 2.68% 수준으로서 1993년 5.37%에 비교하여 절반 이하로 낮아졌다. 기존 회원국 중에서 태국의 역내 관세율이 4.64%를 기록하여 가장 높은 수준을 유지하고 있으나 1998년 10.56%에 비하면 절반 이하로 낮아졌고 필리핀도 7.96%에서 3.75%로 4.21%포인트가 낮아졌다.

더욱이 관세 · 비관세장벽 철폐뿐만 아니라 다양한 무역원활화 조치를 포함하는 'AFTA 플러스' 정책을 통해 경제통합을 진전시켜 왔다고 할 수 있다. 특히, 불필요한 기술적 무역장벽의 철회, 기준 사항에 대한 일치 및 조화, 그리고 관세절차의 간소화 및 통일성과 같은 무역활성화(trade vitalization)를 위한 조치 사항들에서 다수의 가시적 성과를 거두었다고 할 수 있다.

3) ASEAN 각국의 경제부 장관들은 2000년 11월 23일 Protocol Regarding the Implementation of the CEPT Scheme Temporary Exclusion List에 서명하였다. 이 의정서는 1999년 12월 31일까지 CEPT TEL에 속해 있는 TEL 제조품으로 한정하였다.

4) 말레이시아의 잠정적 예외품목은 대부분 자동차 부품산업을 보호하기 위한 것으로서 태국이 이에 대한 보상을 강력히 요구하고 있으나 아직 명확한 해결방안이 제시되지 않고 있는 실정이다.

〈표 13-2〉 ASEAN 회원국의 역내관세율 인하추이(1998~2003년)

	1998	1999	2000	2001	2002	2003
싱 가 포 르	0.00	0.00	0.00	0.00	0.00	0.00
태 국	10.56	9.75	7.40	7.36	6.02	4.64
브 루 나 이	1.35	1.29	1.00	0.97	0.94	0.87
인 도 네 시 아	7.04	5.85	4.97	4.63	4.20	3.71
말 레 이 시 아	3.58	3.17	2.73	2.54	2.38	2.06
필 리 핀	7.96	7.00	5.59	5.07	4.80	3.75
베 트 남	6.06	3.78	3.30	2.90	2.89	2.02
미 얀 마	4.47	4.45	4.38	3.32	3.31	3.19
라 오 스	5.00	5.00	5.00	5.00	5.00	5.00
ASEAN 평균	5.37	4.77	3.87	3.65	3.25	2.68

제 2 절 ASEAN 경제통합의 진로와 과제

AFTA는 총인구 5억 3,000만명, 총 GDP 5,611억 달러 규모의 단일시장(single market)으로 발전하고 있어 성장잠재력(growth potentials)이 크다고 할 수 있다. ASEAN은 1993년 AFTA를 출범시킨 이래 역내경제통합을 적극적으로 추진해 왔고, 경제통합의 효과를 극대화하기 위하여 베트남, 미얀마 등 인도차이나 국가들을 신규회원국으로 가입시켜 'ASEAN 10'을 실현한 바 있다.

그러나 동남아 국가들은 사회문화, 정치체제뿐만 아니라 인구, 면적, 국민소득 등 경제적인 측면에서 현격한 차이를 보이고 있어 순조로운 역내통합과 상호발전에 제약이 되고 있다. 특히, 미얀마, 캄보디아, 라오스 등은 1인당 GDP가 약 200~400달러 수준에 불과한 세계 최빈국이어서 역내국가간 경제적 격차가 크고, 동남아 외환위기 이후에는 정치 · 경제적인 불안정 요인이 상존하고 있어 역내 경제통합에 장애요소로 작용하고 있다.

〈표 13-3〉 ASEAN 회원국의 주요 지표(2001년 기준)

	인도네시아	태국	필리핀	말레이시아	싱가포르	브루나이	베트남	라오스	미얀마	캄보디아	ASEAN 10
인구(백만명)	213.6	61.2	77.0	23.8	4.1	0.4	79.5	5.4	48.3	12.3	525.6
GDP(십억달러)	145.3	114.8	71.4	87.5	92.3	4.3	32.9	1.7	7.5	3.4	561.1
1인당 GNI(달러)	680	1,970	1,050	3,640	24,740	12,245	410	310	151	270	1,067

주: 브루나이, 미얀마는 ASEAN 사무국 자료
자료: World Bank, World Development Report, 2003.

이러한 한계를 극복하기 위해 ASEAN 정상들은 2000년 11월 IAI(the Initiative for ASEAN Integration)를 발족시킴으로써 회원국간 발전격차를 축소시키기 위한 통합적 노력의 방향을 제시한 바 있다. 또한, 2002년 7월 ASEAN 외무장관들이 IAI 실행계획과 프로그램 및 사업계획 리스트에 합의하고 2002년 11월에 개최된 정상회담에서 'IAI 실행계획(Work Plan for Narrowing the Development Gap within ASEAN : Assisting New Member Countries)'이 승인된 바 있다.

IAI 실행계획의 목표는 회원국간 발전격차를 축소시키고 역내 경제통합을 강화함으로써 캄보디아, 라오스, 미얀마, 베트남(이하 4개국을 CLMV로 표기)으로 구성된 후발가입국의 균형 발전을 도모하기 위한 것이다. 6년 간의 IAI 실행계획은 우선적으로 CLMV 국가들에 있어 인프라스트럭처, 인적자원개발(human resources development), 정보통신기술(IT), 지역경제통합(regional economic integration) 제고에 초점을 두고 있다.

그러나 금융위기 이후 역내국가들의 경제적 어려움이 가중되면서 난항이 예상되고 다소 차질을 빚고 있는 관세인하계획은 물론 비관세장벽 철폐 등 역내국간 상호 마찰요인이 커서 순조로운 발전을 기대하기 어려운 실정이다. 또한, AFTA는 회원국간 경제력 차이가 크고 역외시장에 대한 의존도가 높아 현 단계에서는 무역창출효과(trade creation effect)보다는 부품산업 관련에서 무역전환효과(trade diversion effect)가 예상되고 있어, 당분간 역내 교역확대 보다는 외국인투자여건의 개선을 통해 외국자본 유치를 확대하려는 데 더 큰 주안점을 두고 있는 것으로 판단된다.

이에 따라 ASEAN은 AFTA를 기반으로 경제통합효과의 극대화(maximization of economic integration effect)를 이루기 위하여 AICO, AIA, ASEAN 지적소유권 협력협정, 규격 및 표준의 상호인증협정, ASEAN 관세협정, E-ASEAN 구축 등 다양한 경제통합노력을 본격화함으로써 통합된 단일시장 구축에 주력하고 있다.

이러한 가운데 2003년 10월 7일 인도네시아 발리에서 개최된 '제9차 ASEAN 정상회담'에서는 2020년을 목표로 ASEAN 공동체(ASEAN Community) 달성을 위한 소위 '발리협약 Ⅱ'에 합의하여 ASEAN 경제통합의 심화에 새로운 전기를 마련한 바 있다. 발리협약 Ⅱ의 핵심은 3개 부문(정치 · 안보, 경제, 사회 · 문화)의 긴밀한 협력을 통해 ASEAN 공동체를 달성한다는 비전을 제시하고 있다. 무엇보다 회원국 10개국 간에 경제적 수준, 문화 · 종교적 다양성이 존재하고 있다는 현실적인 측면을 인정하면서 회원국들의 동등한 기회와 번영(egual opportunity and prosperity)을 추구할 수 있도록 노력하기로 하였다.

1. 정치 · 안보부문

우선 정치 · 안보적인 측면에서 'ASEAN 안보공동체(ASC : ASEAN Security Community)'를 실현하기 위해서는 동남아 지역의 정치적 안정(political stability)이 우선과제임을 전제하고 '동남아시아 우호 · 협력조약(TAC : Treaty of Amity and Cooperation in Southeast Asia)'에 따라 각국 정부는 동남아 지역의 항구적 평화 정착에 노력해야 함을 명시하고 있다. 동남아 지역의 안보보장대화채널인 'ASEAN 지역포럼(ARF)'을 통해 아시아 · 태평양 지역의 안정을 통해 동남아시아의 평화 및 안보 보장을 추진하기로 하였다.

2. 경제부문

경제적으로는 내부 경제통합의 심화와 확대, 세계경제와의 연계를 통해 ASEAN 경제공동체(AEC : ASEAN Economic Community)를 추구하고 1997년 발표된 'ASEAN 2020 비전'에 따라 경제통합을 추진하면서 ASEAN 단일시장, 무관세화, 서비스 및 인적자원 원활화의 조기 실현을 위해 노력한다는 목표를 설정하고 있다. ASEAN Vision 2020에 제시된 바와 같이 AEC는 ASEAN 경제통합의 최종 목표로서 단일시장, 생산기지, 비즈니스 중심지로서의 ASEAN의 위상을 제고하기 위한 것이다.

특히, ASEAN 경제장관들은 2015년에 AEC를 출범하기로 합의하고 회원국들이 현 단계에서 가능한 품목에 한하여 자유화를 실천할 수 있도록 하는 'ASEAN-X' 방식에 합의하였다. 경제통합을 가속화하기 위하여 역내 회원국 중 2개국이 합의한 부문을 우선적으로 추진해 나갈 수 있는 '2+X' 방식을 도입하였다.

ASEAN은 통합을 가속화하고 경쟁력을 강화하며 기존의 ASEAN 자유무역지대(AFTA),

ASEAN 서비스에 관한 협정(AFAS), ASEAN 투자지역(AIA)의 적극 추진, 우선과제인 기업인 및 인적자원 교류 원활화, 분쟁해결기구의 개선 등 ASEAN의 제도적 메커니즘도 개발하기로 하였다. 또한, AEC는 기존 회원국과 신규 회원국(캄보디아, 라오스, 미얀마, 베트남) 간의 경제격차를 완화시키는 데 노력하여 원활한 통합환경을 조성하도록 하였다.

이와 관련하여 ASEAN은 IAI와 함께 신규 회원국들에 대한 무관세 조치로서 ASEAN 특혜관세제도(AISP : ASEAN Integration System of Preference)를 확대하고 있다. 2003년 프놈펜에서 개최된 '제7차 AFTA 각료회의' 에서는 역내 경제통합을 위한 AISP 실행의 발전적인 측면이 강조되고, 신규 회원국들의 통합을 지원하기 위한 역내 회원국간 상품거래를 촉진하기 위해 후발가입국들 상품에 대한 무관세조치를 확대하기로 합의한 바 있다. 〈표 13-4〉는 ASEAN 기존 회원국들의 신규 회원국들에 대한 1,196개의 특혜품목을 국별로 보여주고 있다.

〈표 13-4〉 ASEAN 회원국의 AISP 추진현황

	AISP 공여국				
	브루나이	인도네시아	말레이시아	필리핀	태 국
캄보디아	8	25	89	-	49
라오스	14	-	12	-	27
미얀마	79	222	282	67	72
베트남	1	50	170	10	19
계	102	297	553	77	167

자료: ASEAN 사무국

제 3 절 시사점

AFTA는 개발도상국 간의 남남(南南)협력에 의한 수평적 통합(horizontal integration)의 성격을 나타내고 있으므로 역내기술 및 자본부족에 따라 통합체 내의 경제적 자립이나 내부결속력은 아직은 낮은 수준이라고 할 수 있다. 특히, AFTA가 추진하고 있는 단계적 역내 자유무역 추진은 현재로서는 관세부문의 협력단계에 머물러 있어 수량제한이나 다른 비관세장벽들을 철회하기 위해 보다 다각적인 노력을 기울여 나가는 데 역점을 두고 있다.

이에 따라 ASEAN은 AFTA를 기반으로 경제통합의 효과를 극대화하기 위하여 AFTA 조기실현을 추진하면서 'AFTA 플러스 정책'을 통해 무역 · 투자자유화뿐만 아니라 서비스자유화를 위해 노력하고 ASEAN 역내 통합의 주요 장애요인인 후발가입국에 대한 실질적인 지원을 위해 IAI와 AISP 제도를 추진하면서 동남아 시장통합을 더욱 심화시켜 나가고 있다. 특히, 2003년 10월 체결된 발리협약 Ⅱ의 핵심은 ASEAN 경제공동체(AEC)에 있고 1997년 ASEAN Vision 2020을 구체화한 이행조치를 합의함으로써 ASEAN의 정치·경제적 통합은 보다 가속화될 전망이다.[5)]

ASEAN 국가들이 그동안 추진해 온 자유무역지대는 남남협력 차원의 성공적인 경제통합 모델로서 국제경제계의 큰 관심의 대상이 되었으며 이번 발리협약은 ASEAN 경제통합의 새로운 분기점이 될 것으로 보인다. 그러나 아직도 ASEAN 회원국간 경제력 및 발전단계 차이가 커서 산업정책적 차원에서 다양한 갈등이 상존하고, 민감품목 축소문제 그리고 보호산업 등으로 협상과정에서 난항을 겪고 있어 향후 경제통합의 진로가 순탄하지만은 않은 실정이다. 특히, AFTA가 추진하고 있는 단계적 역내 자유무역 추진은 현재로선 관세부문의 협력단계에 머물러 있는 실정이어서 이번 발리협약 Ⅱ에서도 구체화된 것처럼 향후 비관세장벽 및 각종 보호조치를 제거하기 위해 보다 다각적인 노력을 기울여 나가야 한다.

ASEAN이 경제통합의 효과를 극대화하기 위하여 제시한 ASEAN 경제공동체는 2020년을 목표로 한 중장기 비전이나 현재 적극적으로 추진되고 있는 'AFTA 플러스' 정책은 그 성과가 보다 가시화될 것으로 보인다. 따라서 ASEAN은 AFTA를 기반으로 한 관세인하계획과 함께 AICO, AIA, ASEAN 지적소유권 협력협정, 규격 및 표준의 상호인증협정, ASEAN 관세협정, E-ASEAN 구축 등 다양한 경제통합노력을 본격화함으로써 통합된 단일시장 구축에 보다 주력할 것으로 보인다.

5) 1976년에 체결된 ASEAN 협약은 평화 및 정치공동체를 주요 현안으로 취급하였다.

14
chapter

ASEAN IT 협력

ASEAN(동남아국가연합) 지역은 풍부한 자연자원(natural resources)과 양질의 인적자원(human resources)을 통해 최근 수년간 약 5%에 이르는 경제성장률을 보이고 있는 큰 성장잠재력(growth potentials)을 가지고 있는 지역으로 평가할 수 있다.[1] 그러나 이러한 역동적인 발전 가운데 역내 경제격차(regional economic gap)라는 문제가 성장의 장애요인이 되고 있어 심각한 문제로 대두되고 있다. 즉, ASEAN 회원국인 10개국 중 역내 후발개도국인 인도차이나 반도의 캄보디아, 라오스, 미얀마, 베트남 국가와 나머지 국가들 간의 개발격차는 심각한 수준에 이르고 있다. 따라서 역내 개발격차의 확대는 향후 ASEAN 나아가 동아시아 경제통합(East Asian Economic Integration) 과정에 지대한 영향을 미칠 것으로 분석되고 있다.

이 같은 상황을 인식하여 ASEAN에서는 이러한 역내 개발격차 문제 해소에 다각적인 노력을 하고 있으며 그 일환으로 ASEAN 통합 이니셔티브라는 IAI(Initiative for ASEAN)를 추진하고 있다. 그리고 이러한 IAI 추진 과정에서 역내 IT 협력 및 정보격차(digital divide) 해소가 핵심 의제가 되고 있다.

1) ASEAN(Association of Southeast Asian Nations)은 브루나이, 캄보디아, 인도네시아, 라오스, 말레이시아, 미얀마, 필리핀, 싱가포르, 태국, 베트남의 동남아 10개국의 지역협력체이다(정보통신정책연구원, ASEAN에서의 IT협력 체제 및 논의동향, 2006. 7. 요약·재구성).

제 1 절　ASEAN에서의 IT 협력 논의

ASEAN 통합이니셔티브, 즉 IAI는 2000년 11월 싱가포르에서 개최된 제4차 ASEAN 비공식 정상회의에서 고촉동 당시 싱가포르 총리에 의해 제안되었다. 2001년 7월 개최된 ASEAN 장관회의에서 하노이 선언을 통해 채택되었으며 연이어 2002년 11월 개최된 ASEAN 정상회의에서 최종승인을 득하였다. 이러한 IAI는 ASEAN 회원국 내 국가간 발전격차를 축소시키기 위한 공동노력을 통해 ASEAN 전체의 경쟁력을 제고시키기 위해 추진되고 있다.

IAI Work Plan을 살펴보면 4개 분야(① 인프라, ② 인적자원개발, ③ IT, ④ 지역경제통합)에서 총 129개의 프로젝트가 진행되고 있다. 이 중 IT 분야는 이미 완료된 10개의 프로젝트를 포함하여 20개의 프로젝트가 추진되고 있으며 역내 정보격차 해소를 위한 프로젝트들이 주를 이루고 있다.

〈표 14-1〉 IAI Work Plan 추진현황(2006년 5월 기준)

분야	세부분야	프로젝트 진행 상황						합계
		완료	추진 중	자금확보·기획 진행 중	부분기금 확보·기획실행 중	사업 구상 중	사업 미구상	
Ⅰ. 인프라	교통	6	3	2			1	12
	에너지	8						8
Ⅱ. 인적자원 개발	공공부문 능력개발	20	10	1		3	1	35
	노동 및 고용	6	3		1		2	12
	고급교육	1						1
Ⅲ. 정보통신		10	1	4	3		2	20
Ⅳ. 지역경제 통합	재화 및 서비스 무역	4	5	3				12
	관세	3		1			5	9
	표준화	5	4	2				11
	투자		1					1
Ⅴ. 기타 프로젝트		7				1		8
총 합계		70	27	13	4	4	11	129

자료 : ASEAN Secretariat, www.aseansec.org

〈표 14-2〉 IAI Work Plan 중 IT 부문 프로젝트(2006년 5월 기준)

		프로젝트 명	지원국
완료 프로젝트	1	Project by Malaysia : Smart School Project for CLMV (Phase 1 : 2002~2003)	말레이시아
	2	Project by Malaysia : Certificate in ICT Level Ⅰ (Basic) : Computing and Evolution of Networking for CLMV countries (Ⅰ Mar ~ 15 Apr 2005, 20 participants)	말레이시아
	3	Project by Malaysia : Certificate in ICT Level Ⅱ (Intermediate) : Advanced Computing & Mobile and Satellite Communications System for CLMV countries (1 Mar ~ 15 Apr 2005, 20 participants)	말레이시아
	4	Project by Malaysia : Certificate in ICT Level Ⅲ (Advance) : Managing Your Network and Mastering Technology to Create Digital Environment for CLMV countries(Mar~15 Apr 2005, 20 participants)	말레이시아
	5	Project by Vietnam and JICA - Digital Telecommunication Network Operation & Maintenance Technology (27 Fed~19 Mar 2005)	베트남&일본 (JICA)
	6	Project by Malaysia ETF/EAS/03/005/IAI-Managing Your Network and Mastering Technology to Create Digital Environment for CLMV countries(advanced level)(2~17 Aug 2004, 20 participants)	말레이시아
	7	Project by Malaysia ETF/EAS/03/004/IAI-Advance Computing & Mobile and Satellite Communications System for CLMV countries(intermediate level) (2~17 Aug 2004, 20 participants)	말레이시아
	8	Project by Malaysia ETF/EAS/03/003/IAI-Computing and Evolution of Networking for CLMV countries(basic level) (2~17 Aug 2004, 20 participants)	말레이시아
	9	Project by Thailand-ETF/EAS/04/004/IAI Joint IAI Project on e-ASEAN : ASEAN e-Commerce Programme(17~21 Nov 2003)	태국
	10	Project by Brunei-Managing IT for non-IT managers (27 July ~ 4 August 2004, 16 participants)	브루나이
진행중	11	Project by Malaysia-2 year scholarship for postgraduate research studies in ICT at Multimedia University of Malaysia (2 scholarships per CLMV)	말레이시아
자금 확보 기획 진행중	12	Project by Malaysia-Certificate in ICT Level Ⅰ (Basic) : Computing and Evolution of Networking for CLMV countries (2~29 May 2006, 20 participants)	말레이시아
	13	Project by Malaysia-Certificate in ICT Level Ⅱ (Intermediate) : Advanced Computing & Mobile and Satellite Communications System for CLMV countries (2~29 May 2006, 20 participants)	말레이시아
	14	Project by Malaysia-Certificate in ICT Level Ⅲ (Advance) : Managing Your Network and Mastering Technology to Create Digital Environment for CLMV countries (2~29 May 2006, 20 participants)	말레이시아
	15	Project by Thailand-ETF/02/006-ICT Training in Developing Countires	태국&ASEAN Foundation (Japan-ASEAN Solidarity Fund)
부분 기금 확보 실행중	16	ETF/02/002-National ICT Master Plans (지원대상국: 미얀마)	한국(KOICA)
	17	ETF/02/003-ICT Legislation (지원대상국: 베트남)	한국(KOICA)
	18	ETF/02/005-e-Government (지원대상국: 라오스)	한국(KOICA)
사업 미구상	19	ETF/02/001-Telecommunications Framework (Funding is required only for Cambodia & Myanmar)	
	20	ETF/02/004-National Agency Plan for ICT HRD (Funding is required only for Cambodia, Laos and Myanmar)	

자료 : ASEAN Secretariat, www.aseansec.org

IAI의 추진과정에서 IT 협력분야를 우선적으로 살펴보면 2000년 11월 싱가포르에서 ASEAN 정상들이 채택한 'e-ASEAN 프레임워크 협정(e-ASEAN Framework Agreement)'을 지적할 수 있다. 'e-ASEAN 프레임워크 협정'은 다음 5가지 분야에 있어 IT 협력을 추진하고 있다.

① ASEAN 정보인프라(AII : ASEAN Information Infrastructure) 구축 촉진
② 전자상거래(e-Commerce) 촉진
③ IT 상품 및 서비스의 무역과 투자자유화 촉진 및 무역 · 투자활성화
④ 능력배양 및 정보사회 구축을 통한 역내 정보격차 해소
⑤ 전자정부 구축 촉진

이렇게 합의된 'e-ASEAN 프레임워크'를 근거로 '비엔티엔 행동으로 프로그램 2004~2010(Vientaine Action Programme 2004~2010)'에서 상호 연계되고 안정적이며 역동적인 ASEAN 커뮤니티 구축을 합의하였으며 2010년을 목표로 ASEAN 통합을 추진하는 'e-ASEAN 로드맵'으로 발전하였다. 또한, 상기한 협력논의는 ASEAN 지역의 온라인 서비스와 어플리케이션 이용 활성화를 가속화하고 역내 국민, 비즈니스, 산업, 정부간 전자상거래 이용 증진을 목표로 하는 'e-ASEAN 실현을 위한 온라인 어플리케이션 및 서비스 활성화에 관한 하노이 아젠다(Hanoi Agenda on Promoting Online Services and Application)'를 채택함으로써 구체화되었다.

2005년에 개최된 ASEAN 정보통신장관회의에서 채택된 하노이 아젠다(Hanoi Agenda)에서는 온라인 서비스와 어플리케이션을 위한 규제환경 구축 및 역량배양, 상호 접속성 및 상호 운영성, 디지털 컨텐츠(digital contents)와 온라인 서비스, 네트워크 보안 및 IT 능력배양 분야에서의 협력을 다짐했는데 행동계획 목록은 크게 다음 5가지로 정리될 수 있다.

(1) 온라인 서비스와 어플리케이션을 위한 역량강화 정책 및 규제 환경

① 온라인 서비스, 특히 전자계약 및 논점해결 대안을 위한 융합된 법적 인프라 개발 및 증진
② 활동 아젠다 도입 및 통합 방침 도입
③ ASEAN IT 정책 및 규제 데이터베이스(database) 구축
④ ASEAN 회원국 실제 환경에 적합한 온라인 어플리케이션과 서비스의 규제 모델 · 기본방침 개발
⑤ 차세대 네트워크의 이동 및 개발에 있어 실질적 규제 채택

⑥ 법 집행관 및 기타 이해관계자들간 IT 법적 규제 프레임워크 인식 및 이해 증진
⑦ ASEAN 회원국 내 공정하고 투명한 IT 경쟁정책(competition policy) 및 규제 증진

(2) 상호 연계성 및 상호 운영성

① 농촌 지역 및 고립 지역에 대한 브로드밴드 접근과 연결 설비구축을 위한 활동계획 수립
② ASEAN 정보인프라(AII) 구축을 위한 국가정보인프라(NII) 데이터베이스 강화
③ 무선 주파수 Identification(RFID) 기술 및 어플리케이션 채택 설비
④ 정보 공유와 실행 개발을 목적으로 하는 'Community Access Centers' 또는 'Tele-centers' 등의 ASEAN 네트워크 구축
⑤ 무선 브로드밴드(broadband) 접근 장려를 위한 광범위한 운영의 기본 방침 도입

(3) 디지털 컨텐츠 및 온라인 서비스

① 지역 및 지방정부를 위한 전자정부 기본 방침 마련
② 대중에게 온라인 서비스 제공을 위한 경험 교환 및 공유를 위해 지역 및 지방정부 격려
③ ASEAN 지역 내 국경을 초월한 전자 교류 장려
④ 디지털 지역 컨텐츠 개발과 컨텐츠 자원 공유, 특히 지방 및 농촌지역 사회 관련한 컨텐츠 개발과 자원 공유
⑤ 우선적인 ASEAN 기본방침 개발을 통한 긍정적인 인터넷 사용 증진

(4) 네트워크 보안

① ASEAN 역내, 국가 컴퓨터 긴급대책 팀(CERTs)의 능력 검사를 위해 지역 중재훈련 실행 등의 활동을 통한 사이버 보안(cyber security) 협력 강화
② 스팸 남용 및 위협 방지에 대응할 수 있는 네트워크 보안 협력을 위한 ASEAN 프레임워크 실행의 발전 및 도입
③ ASEAN 지역 내 전자결제 인식을 위한 프레임워크 개발 및 장려
④ ASEAN 지역 내 공공 주요 인프라(Public Key Infrastructure) 실행 확인

(5) 능력 배양

① 정부 주요 정보관료들(CIOs : Chief Information Officers)의 ASEAN 네트워크 구축
② 청년 자원봉사 팀 발족을 통한 청년, 특히 농촌지역 거주 청년 대상의 IT 기초지식 제공
③ 사회소외계층 대상으로의 ICT 훈련 프로그램 확대
④ 청소년들에 대한 IT 접근 및 활용기회 확대

⑤ e-Learning 장려를 통한 ASEAN 내 대학들간 네트워크 증진
⑥ ASEAN 전자정부 포럼 개설

제 2 절 ASEAN IT 협력체제의 발전

ASEAN에서의 IT 협력 논의가 ASEAN 정상회의에서 주요 의제로 진행되면서 IT 협력은 ASEAN TELSOM(정보통신 고위관료회의) 및 TELMIN(정보통신 장관회의)을 통해 보다 구체화되고 활발하게 진행되고 있다. ASEAN TELMIN 및 ASEAN TELSOM을 통한 협력은 ASEAN 정보인프라 구축, e-ASEAN Initiative 강화 협력, IT 분야의 역내 무역 및 투자 활성화, IT 기술 조율 및 조화, ASEAN 고유의 IT 컨텐츠 개발, 민간부문 참여 촉진, 정보 및 경험교환, IT 기술 관련 국제·지역 문제에 관한 공동 접근 및 협력강화, 역내 정보격차(digital divide) 해소 등 IT 전분야에 걸쳐 광범위하게 이루어지고 있다. 최근에는 이러한 협력분야를 4개 작업반(① ASEAN IT 인프라 작업반, ② 정보사회(e-Society) 및 IT 기술역량 강화 작업반, ③ Universial Access와 정보격차 해소 작업반, ④ 전자상거래(e-Commerce) 및 정보통신기술분야 무역투자진흥 작업반)으로 통합하여 활발한 활동이 이루어지고 있다.

또한, 상기한 ASEAN에서의 IT 협력논의는 ASEAN+3(한·중·일)을 비롯한 ASEAN+대화상대국들(Dialogue Partners)과의 논의로 확대됨으로써 IT 협력에 있어 대화상대국의 관심과 참여를 유도하고 있다. ASEAN TELSOM은 협력범위를 확대하여 주변국과의 공동협력방안을 마련하기 위해 2003년 9월에 싱가포르에서 개최된 '제4차 ASEAN TELSOM 회의' 전에 한국, 중국, 일본을 초청하여 '제1차 ASEAN TELSOM+3 회의'를 개최한 바 있다.

제1차 ASEAN TELSOM+3 회의는 IT 분야에서 ASEAN과 한·중·일 간의 협력을 강화하고 e-ASEAN 체제 협정 및 다수의 ASEAN Initiative를 지지하는 상호 호혜 협력 사업을 시행하고자 하는 목적에서 추진되었으며 ASEAN TELSOM+3 협력체계 및 협력 분야, 조직 및 회의 운영에 관한 권한사항(TOR : Terms of Reference)을 채택하였다. 제1차 ASEAN TELSOM+3에서 채택된 권한사항에서는 동아시아 지역을 기반으로 하여 IT 분야 상호 정보교환, IT 분야 정책관련 대화 활성화 및 프로젝트 협력 도모, ASEAN+3 IT 협력활동에 민간부문 참여 확대 등을 추진하기 위해 ASEAN 정보인프라 개발, 역내 정보격차 해소 역량강화 및 인적자원 개발, 조화로운 IT 정책조율, IT 분야 무역 및 투자촉진 등을 ASEAN+3의 주요 협력논의 분야로 선정하였다.

제1차 ASEAN TELSOM+3 회의의 논의사항을 기반으로 2004년 8월 태국 방콕에서 '제1차 ASEAN TELSOM+3 회의'가 개최되었다. 이 회의에서는 ASEAN TELSOM+3를 통해 마련된 'ASEAN+3 IT 협력을 위한 권한사항(TOR)'을 최종적으로 채택하여 동아시아 지역에서의 IT 협력 기틀을 보다 공고히 하였다. 또한, 이 회의에서 ASEAN 국가들은 ASEAN Working Group의 12개 협력사업을 소개하면서 ASEAN+3 협력체계에서 공동협력 방안 모색의 중요성을 강조하였다.[1)]

베트남 하노이에서는 2005년에 '제2차 ASEAN TELMIN+3', '제3차 ASEAN TELSOM+3 회의'와 함께 '제1차 ASEAN+한국 회의'가 개최된 바 있다. 이는 ASEAN TELSOM+3 논의를 보다 심화·발전시키기 위한 것으로 한국뿐만 아니라 ASEAN TELSOM+일본, ASEAN TELSOM+중국 등의 다양한 채널을 통한 협의로 발전하였다. 제1차 ASEAN TELSOM+한국 회의는 ASEAN과 한국 간의 보다 긴밀한 협력의 장을 마련할 수 있었으며 ASEAN 대표들은 'ASEAN ICT Focus 2005~2010' 전략 달성을 위한 한-ASEAN간 협력 추진계획에 대해 지대한 관심을 표명하였다.

베트남 하노이에서 2005년에 개최된 '제1차 ASEAN TELSOM+한국'을 비롯하여 '제3차 ASEAN TELSOM+3', '제2차 ASEAN TELMIN+3' 회의를 통해 한국을 비롯한 동아시아 국가들은 ASEAN에서 논의되고 있는 일련의 IT 협력의제들을 공유하고 이에 대해 적극적인 지지와 협력을 표명하고 있다. 특히, ASEAN은 하노이 아젠다(Hanoi Agenda) 채택에 있어 한·중·일의 적극적인 지지를 도출함으로써 e-ASEAN 발전계획에서 한·중·일의 협력 참여를 유도하였다.

1) ASEAN Working Group의 12개 협력사업은 다음과 같다. ① ASEAN Seminar on e-Learning, ② Satellite Based Tele-Education System for ASEAN Countries, ③ Technology Assessment for Universal Service Obligation Practices in ASEAN Member States, ④ Workshop on Rural Wireless Broadband Access for ASEAN Countries, ⑤ Rural Knowledge Management System(RKMS), ⑥ ASEAN Teacher Capacity Development Focusing on ICT-Pedagogy Integration : University Facilitating Models, ⑦ ASEAN Network for Software Multilingualization, ⑧ ASEAN Net for Persons with Disability, ⑨ Digital Accessible Information System(DAISY) via Telephone for ASEAN, ⑩ CERT Capacity Building, ⑪ Accelerating the Adoption of Radio Frequency Identification(RFID) in the ASEAN Region, ⑫ Broadband Deployment and Applications

〈표 14-3〉 ASEAN ICT Focus 2005~2010

협력 분야 및 목표	전략 방향
① ASEAN 정보인프라 AII(ASEAN Information Infrastructure) 구축 촉진	회원국의 국가정보인프라(NII) 표준과 설계 강화와 상호운영성 및 상호연계성 확립
	NII간 초고속 직접 연결과 ASEAN 정보인프라(AII) 백본과의 상호연계
	국가/지역 인터넷 교환센터(IX)와 인터넷 게이트웨이 설치
	ASEAN 정보인프라(AII) 안전성과 보안 증진
② 전자상거래 및 ICT 무역 촉진 ASEAN 역내 전자상거래 및 ICT 무역 촉진	ASEAN 비즈니스 전자상거래 규제 및 법제적 틀 도입
	디지털 서명 인프라에 대한 상호 인식 구축 장려
	전자지불 게이트웨이를 이용하여 안전한 지역전자거래 및 전자지불 구축 촉진
	정보통신 분야 상품, 서비스 및 투자 촉진
③ e-Society 및 ICT 능력 배양 ASEAN 내 전자사회 구축과 역내 정보격차 해소를 위한 능력배양	ASEAN 정보사회 구축: 지식정보경제 내 상호의견교환 및 비즈니스가 가능하고 국민들의 ICT 지식, 지술, 전문성 등의 향상을 통한 생산성 제고·강화 및 정보격차 해소
	공공, 민간, 비정부기구 및 개인간 긍정적인 인터넷 사용 장려
	ASEAN 회원국 내 학교, 지역사회 및 산업현장에서의 ICT 문맹 퇴치 및 인적자원 능력 배양 프로그램 개발 및 인식 강화
	고급 ICT 인적자원 개발
④ 보편적 접근 및 정보격차 해소 & 전자정부 ICT 인프라 및 서비스를 통한 보편적 서비스 및 전자정부 실현	광범위한 온라인 정부 서비스를 제공함으로써 ICT 어플리케이션 이용을 통한 공공과 민간 및 국내외 기관 간의 연계성과 상호 활동 지원(2010)
	ASEAN 지역 내 물자 및 서비스 조달에 대한 전자수단 증대와 물자·정보·인력의 보다 자유로운 교류 증대를 통한 정부간 협력 강화
	보편적인 ICT 네트워크 구축과 경쟁력 강화로 인한 경제적인 ICT 서비스 이용요금 도입 등을 통한 ICT 서비스 접근용이성 도입 및 이용강화
	비즈니스 기회 확대와 고용창출을 위한 ASEAN 역내 및 현지 컨텐츠/ICT 기반 어플리케이션 개발

제 3 절 한국의 대ASEAN IT 협력 현황

전술한 ASEAN에서의 IT 협력논의에서 알 수 있듯이 한국은 ASEAN IT 협력 논의에 적극적으로 참여하고 있다. 한국은 ASEAN을 통한 협력 논의뿐만 아니라 실제로 대ASEAN 협력사업을 추진함으로써 ASEAN과의 IT 협력 관계를 강화시키고 있다. 우선 ASEAN에서 추진 중인 ASEAN 이니셔티브(IAI) 지원사업에서 한국은 현재 5개 프로젝트에 대해 500만 달러를 지원하고 있다. 그리고 이 중에서 IT 관련 프로젝트가 3개나 차지하고 있다.

상기한 IAI 관련 지원사업 이외에도 한국은 이미 2000년에 개최된 'ASEAN+3 정상회의'를 통해 '정보격차 해소 특별기금(Digital Bridge Fund)' 설치 운영을 제안한 바 있다. 또한, 이의 연장선상에서 제5차 ASEAN+3 정상회의(2001, 브루나이)를 통해 '동아시아 정보격차 해소 특별협력사업'을 제안하여 ASEAN+3 경제장관회의(2002, 브루나이)에서 ASEAN+3의 공식 협력프로젝트로 승인받아 추진하고 있다. '동아시아 정보격차 해소 특별협력사업'으로 추진 중인 한국의 대ASEAN 정보격차 해소 지원 사업은 2002년부터 2006년까지 매년 500만 달러 규모로 IT 기술정책자문, 정보접근센터 구축, ASEAN의 전문가초청연수, 정보격차 해소를 위한 심포지엄 개최 등으로 추진되고 있다. 그리고 이러한 동아시아 특별협력이니셔티브의 연장선상에서 ASEAN+3 정상회의(2005, 말레이시아)를 통해 한국은 '역내 공동번영을 위한 IT 협력사업 확대'를 표명하였다. 이는 ASEAN의 미래 경쟁력 강화를 위한 IT 역량강화 지원으로 'ASEAN ICT 2005~2010 프로젝트'에 적극적으로 참여하여 ASEAN 내 정보접근센터 구축, IT 정책자문, IT 포럼구상 등의 내용으로 진행될 것으로 보인다.

한국의 동아시아 지역 내 개발격차 해소를 위한 대ASEAN 지원에서 IT, 통신, 인터넷 등을 활용한 지원이 현저히 증가하고 있다. 이는 역내 정보격차 해소가 주요 이슈로 논의되고 있기 때문이기도 하나 한편으로는 한국의 동남아시장을 선점하기 위한 전략적인 측면에서 이해할 수 있다. 정보격차 해소지원에 있어 한국의 IT 정책경험이 자연스럽게 소개되고 한국의 IT 상품 및 기업들의 기술적 우수성(technological superiority)이 간접적으로 홍보됨으로써 한국기업의 ASEAN 시장 진출에도 기여하게 된다. 그러나 이러한 기대효과는 단기적으로 나타나는 것이 아니라 지속적이고 체계적인 협력(continuous and systematic cooperation)을 통해 실현될 수 있다.

〈표 14-4〉 한국의 ASEAN 이니셔티브(IAI) 지원사업(총 5개)

	사업명	지원대상국	지원액
1	철도연결타당성조사(인프라/개발조사) TRN/02/005-Feasibility Study for the Missing Links and Spir Lines of the Singapore-Kunming Rail Link Project in CLMV	캄보디아, 라오스, 미얀마, 베트남 (4국 공동)	500만 달러
2	ICT 입법화(ICT/프로젝트) ETF/02/004-ICT Legislation	베트남	
3	전자정부지원(ICT/프로젝트) EFT/02/003-e-Government	라오스	
4	ICT 마스터플랜수립지원(ICT/프로젝트) EFT/02/002-National ICT Development Master Plans	미얀마	
5	상품 · 서비스 무역 능력배양(지역경제통합/프로젝트) TRA/02/001-Capacity Building in the Trade in Goods and Trade in Services for CLMV Countries	캄보디아	

자료: 대외경제정책연구원, 2005.

15
chapter

메콩강 유역개발

제 1 절 메콩강 유역개발 추진 현황

중국 티베트고원에서 발원하여 윈난성(雲南省, Yunnan Province), 미얀마, 태국, 라오스, 캄보디아와 베트남을 거쳐 흐르는 메콩(Mekong)강은 길이가 4,000km가 넘는 세계에서 12번째로 긴 강이다. 또한, 한반도의 4배에 해당하는 약 795,000㎢의 유역면적과 세계에서 8번째로 많은 15,000㎥의 초당 유량을 기록하고 있다.[1]

이 같은 상황을 인식하여 19세기 후반 이후 메콩강을 개발하자는 움직임이 나타나기 시작하였다. 최초로 메콩강에 대한 개발의 필요성을 제기하고 탐사를 실시한 국가는 영국과 프랑스이며, 양국은 미얀마와 인도차이나 식민지배 시절 중국 서남부지역과의 교류를 위해 유역개발을 시도하였다. 그러나 1990년 초반 이후 본격적인 유역개발 움직임이 구체화되었다. 특히, 1992년 아시아개발은행(ADB)이 주도가 된 확대 메콩유역(GMS : Greater Mekong Subregion) 개발사업(GMS 프로그램)이 시작되면서 구상단계를 벗어나 본격적으로 실행되고 있다.[2] 1995년 메콩강위원회(MRC)의 재결성 및 유역국의 개발협정 체결, 베트남을 비롯한 유역국가들의 ASEAN 가입 등으로 메콩강유역개발사업은 더욱 가속화되고 있다.

---

1) 메콩강을 접하고 있는 중국 윈난성과 인도차이나 국가들의 면적은 약 233㎢이며, 2001년 기준 이 유역에는 상이한 문화를 가진 2억 5,240만명의 인구가 거주하고 있다(대외경제정책연구원, 세계경제, 2003. 10. pp. 62~70 요약・재구성).

2) GMS는 1992년 ADB가 메콩개발사업(GMB Program)을 시작하면서 만들어 낸 신조어로서 동남아 지역은 물론 전세계 원조기구/원조국 간에 인도차이나반도 6개국을 총칭하는 고유명사로 통용되고 있다.

메콩강 유역을 개발하는 사업은 추진주체에 따라 다음 7가지로 구분되고 있다.

1. 1992년부터 시작된 GMS 프로그램(또는 initiative)으로 운송, 에너지, 환경, 천연자원개발, 인적자원개발, 관광, 교역 및 투자, 통신부문 등 8개분야 100여개 프로젝트로 구성되어 있음

1990년대 후반부터는 GMS 국가들간 협력을 더욱 강화하는 방향으로 프로젝트를 추진함과 동시에 이를 뒷받침할 수 있는 각료회의, GMS 정상회의(GMS Summit) 등을 개최함으로써 다시 활발해지고 있다. 최근 중점적으로 추진되는 프로젝트로는 운송, 통신, 환경, 전력, 관광, 인적자원(human resources) 개발, 무역투자 원활화 등을 종합적으로 개발하는 11개 핵심 선도 이니셔티브(Flagship Initiatives)가 있다.

2. MRC가 주도하는 사업

내륙수운, 홍수대책, 농업, 어업, 수력발전과 환경보전 등이 중점적으로 추진되고 있다.

3. 1995년 제5회 방콕 ASEAN 정상회담에서 확정된 ASEAN·메콩강유역개발협력사업으로 목적은 메콩강 유역에 있는 ASEAN 신규가입국의 경제개발을 지원하고 이를 통해 역내 통합을 가속화하는 것임

8개 협력부문(① 인프라, ② 무역·투자, ③ 농업, ④ 임업·광업, ⑤ 공업, ③ 관광, ⑦ 인재 육성, ⑧ 과학기술)에 걸쳐 다수의 프로젝트가 추진되고 있다. 이 중 가장 중요한 프로젝트로 싱가포르-쿤밍(Kunming, 昆明) 철도 연결(SKRL : Singapore-Kunming Rail Link) 사업이 있다.

4. 2000년 제4회 ASEAN 비공식 정상회담에서 고촉통(Goh Chok Tong) 싱가포르 총리에 의해 제안되어 합의한 ASEAN 통합 이니셔티브(IAI : Initiative for ASEAN Integration)로 ASEAN의 기존 회원국과 신규 회원국의 발전 격차 축소를 통해 신규 가입국의 ASEAN으로의 통합을 촉진하고 동시에 ASEAN 전체의 경쟁력을 제고시키기 위해 추

진하고 있음

2002년 7월부터 2008년 6월까지 추진될 'ASEAN 통합 이니셔티브'는 4개 분야(① 인프라 확충(수송과 에너지), ② 인재 육성(역량 개발, 고용, 고등교육), ③ 정보통신기술 육성, ④ 지역경제통합 강화(재화 및 서비스 교역, 관세, 투자, 표준화)) 44개 프로젝트가 핵심사업이다.

5. 1993년 이후 일본정부의 이니셔티브와 지원에 의해 추진되고 있는 인도차이나 종합개발포럼(FCDI : Forum for Comprehensive Development in Indochina)으로 이는 사회경제 개발에 있어서 지역 차원의 협력 필요성과 기회를 확보하기 위한 것임

주요 사업으로는 인재 육성, 인프라 확충, 민간분야 자문그룹(Private Sector Advisory Group)의 설치를 통한 무역과 투자 촉진(trade and investment promotion) 등이 포함되어 있다.

6. ESCAP에 의해 추진되고 있는 메콩강 유역 민간부문 개발을 촉진하기 위한 하이파이계획(Hi-Fi Plan for Private Sector Development in the Greater Mekong Subregion)임[3)]

인도차이나 종합개발포럼(FCDI), 수출 진흥을 위한 산업자문지원(AAIEP : Advisory Assistance to Industry for Export Promotion), GMS 무역원활화 작업반(TFWG : GMS Trade Facilitation Working Group) 등 현재 추진되고 있는 3개 프로그램에서 무역과 투자 등 민간분야에 관한 것을 ESCAP이 총괄 주도하고 있다.

7. ESCAP이 주도하고 ASEM에서 논의된 바 있는 범(汎)아시아 횡단철도(TAR : Trans-Asian Railway) 사업과 아시아 고속도로(Asian Highway) 중 인도차이나 구간이 추진되고 있음

일본-ASEAN 경제·산업협력위원회(AMEICC : AEM-MITI Economic and Industrial Cooperation Committee) 사업, 유역 내 민간부문 육성을 위한 IT 프로그램인 e-Mekong과 유역 각국 정부가 독자적으로 추진하는 메콩강 유역 인프라 개발사업 등도 포함할 수 있다.

---

3) Hi-Fi는 Human Resources Development at the Enterprise Level, Institutional Capacity Building, Facilitation Measures, Investment Promotion을 의미한다.

〈표 15-1〉 메콩강유역개발 주요 프로그램 일람표

프로젝트 구분	해당분야												참가국 · 기구						
	운수	에너지	정보·통신	무역	투자	농업·관개	어업·수산	수운개발	수자원관리	환경	인재육성	관광	태국	베트남	라오스	캄보디아	미얀마	중국	기타
GMS 프로그램	○	○	○	○	○					○	○	○	○	○	○	○	○	○	ADB
메콩강위원회 (MRC) 사업						○	○	○	○			○	○	○	○	○	△	△	
ASEAN · 메콩강유역개발 협력사업 (AMBDC)	○	○	○								○		○	○	○	○	○	○	ASEAN
ASEAN 통합 이니셔티브 (IAI: Initiative for ASEAN Integration)	○	○	○								○			○	○	○	○		ASEAN
아시아 하이웨이 (AH)	○											○	○	○	○	○	○	○	ESCAP
하이파이 계획 (Hi-Fi Plan)[1)]				○	○								○	○	○	○			ESCAP
인도차이나종합개발포럼 (FCDI)[2)]	○	○	○	○	○						○		○	○	○	○			일본
일본-ASEAN 경제산업협력 회의 (AMECCI)[3)]			○	○						○		○	○	○	○	○			일본, ASEAN
e-Mekong			○								○		○	○	○	○	○	○	일본

주: 1) Hi-Fi Plan for Private Sector Development in the Greater Mekong Subregion
2) Forum for Comprehensive Development in Indochina
3) AEM-MITI Economic and Industrial Cooperation Committee
4) △는 옵저버 자격으로 참여함을 의미

제 2 절 제12회 GMS Conference의 주요 내용과 성과

1. GMS 프로그램의 추진현황

최근 10주년을 맞아 다시 활발히 추진되고 있는 GMS 프로그램의 경우 ADB와 유역국들은 초창기에는 제도적 협력체제 구축과 함께 수송망, 에너지, 관광, 인적자원 등의 개발, 투자촉진, 무역 원활화, 환경보전 등에 집중 투자하였고 1995년에는 통신부문, 2002년에는 농업부문에 집중 투자한 바 있다.

이 같은 노력으로 GMS 프로그램은 유역 내 협력강화를 위한 신뢰 형성, 협력을 위한 제도 구축, 인프라 분야에 대한 22억 달러 및 기술원조 프로젝트에 대한 6,900만 달러 투자, 유역국 정상 간의 Ownership 및 Commitment 형성 등의 측면에서 다수의 거시적인 성과를 거두었다. 특히, 제도적 측면에서는 역내협력 강화 및 사업추진 활성화를 위해 3년 주기의 정상회담(Mekong Summit), 연례 각료회의(Ministerial Meeting), 고위급 회담(SOM), 분야별 포럼과 작업반 회의, 비즈니스 포럼(Business Forum) 등이 개최되고 있으며 ADB 내 전담부서 확대 개편 등도 이루어졌다. 또한, 인프라 개선과 관련하여 유역국과 ADB는 2002년까지 고속도로에 17억 3,900만 달러, 공항에 1,700만 달러, 전력부문에 3억 8,300만 달러, 관광 인프라에 4,700만 달러를 투자한 바 있다.

2. GMS 프로그램의 성과

상품 및 인력의 국경간 이동 원활화 협정(Framework Agreement for the Facilitation of the Cross-Border Movement of Goods and People), 역내 전력 연결 및 교류를 위한 정부간 협정(Inter-Governmental Agreement on Power Interconnection and Trade), Single-stop/Single-window Customs Procedures의 시험 운용 등도 역내 협력을 강화하는 데 중요한 역할을 하였다. 이외 단일 관광지(single tourist destination)로서 GMS 개발, 전략적 환경체제 구축, HIV/AIDS 분야 협력 증진, 소수민족에 대한 보건 및 교육 강화 등도 주요 성과로 지적할 수 있다.

〈표 15-2〉 GMS Ministerial Conference 개최 현황 및 주요 의제

	시기	장소	주 요 의 제
제1회	1992. 10	ADB	· GMS 프로그램에 대한 협력체제 기본합의 · 최우선 과제로 인프라 개발 설정
제2회	1993. 8	ADB	· 제2단계 활동계획 승인 · 우선과제로 도로 건설 합의
제3회	1994. 4	하노이	· 운수, 에너지, 인적자원개발, 무역 · 투자, 관광 등 타당성 조사 승인 · 분야별 우선프로젝트 승인 · 고위급 협의 확인
제4회	1994. 9	치앙마이	· 수송과 에너지분야 보고서 최종안에 대한 검토 및 승인 · 수송과 에너지분야에서의 제도적 협력 강화 · 도로 9, 철도 8, 수운 10, 항공 6, 운수체계 1등 34개의 우선 추진사업 결정
제5회	1995. 11	ADB	· 환경, 인적자원, 무역 · 투자, 관광 등의 조사보고 승인 · 자금조달문제 협의
제6회	1996. 8	쿤밍	· 각 분야의 우선프로젝트 세부논의
제7회	1997. 4	ADB	· 민간자본 동원과 'GMS 2020' 논의 · 원조공여기관과 민간부문회의 의제선택
제8회	1998. 9	ADB	· GMS Indicative Work Program(1998~2000) 논의 · 국경간 재화와 인력이동 자유화관련 협정문과 일정 등 합의 · 경제회랑 설정 논의
제9회	2000. 1	ADB	· 4대 핵심전략(경제회랑 건설, 국경개방, 환경보전, 빈곤 감축) 도입 · 국경간 재화와 인력이동 원활화 기본협정 일정 마련 · 메콩강 상류국가(중국 · 미얀마 · 태국 · 라오스)간 상업용 수운 협정 합의 · ADB의 역할 강화와 민간자본유치 활성화 방안 논의
제10회	2001. 11	양곤	· GMS 10년 평가와 향후 10년간 중점추진 프로젝트 선정(9개 핵심 선도 이니셔티브 선정) · GMS 정상회의(Mekong Summit) 개최 합의 · ADB 내 메콩개발 전담부서 및 각국의 GMS 사무국 설치 · 국경간 재화 · 인력이동 원활화 기본협정에 캄보디아 가입
제11회	2002. 9	프놈펜	· GMS 정상회의 의제 선정 · GMS 프놈펜 플랜 채택
제12회	2003. 9	달리	· 국경간 재화 · 인력이동 원활화 기본협정에 미얀마 가입 · 고위급 회담(SOM) 역할 강화 · GMS Mineral Prospecting Risk Fund 창설 · 제1차 GMS Summit 주요 의제 이행 촉구

3. 제12회 GMS Conference의 주요 합의 내용

3.1 인프라 연계성 구축

이번 제12회 GMS Conference에서는 1992년 GMS 프로그램을 추진할 당시보다 현재가 지

역통합(regional integration)과 세계화(globalization) 등으로 환경이 많이 변화되었음을 전제하고 이미 완료되었거나 진행 중인 기본 수송망을 중심으로 보다 많은 인프라의 연계성을 구축할 것과 3개의 핵심 경제회랑(① 동서, ② 남북, ③ 남부)을 우선적으로 추진하여 동아시아, 남아시아, 동남아를 연결하는 전략적 중요성을 띤 시장을 조기에 설립할 것을 합의하였다. 그리고 미얀마의 상품 및 인력의 국경간 이동원활화 협정 가입을 환영하고 통신부문에서의 협력 증대와 기간 통신망 1단계에 대한 투자, 전력교류에 대한 정부간 협정의 비준 촉진, 농업분야의 협력 중요성 강조, HIV/AIDS 예방 및 통제 강화, 소수민족에 대한 교육 및 보건 증진, 프놈펜 플랜(Phnom Penh Plan)의 필요성 강조, 무역과 투자원활화를 위한 Single-stop Customs Inspection Procedures 실시 강화 및 법·제도적 보완 촉진, 관광분야 개발 강화 등을 촉진하기로 합의하였다.

3.2 3C의 강화

GMS Conference에서는 GMS 프로그램의 비전과 관련하여 3C(Connectivity, Competitiveness, Community)의 강화를 강조하였다.

(1) Connectivity

도로회랑의 완료와 철도, 항공, 수운 등 기타 수송분야에서의 협력을 통해 Connectivity를 강화한다는 것을 의미한다. 개선된 Connectivity는 경쟁력을 강화하기 위해 필수불가결하다는 데 공감대가 형성되어 있다.

(2) Competitiveness

지역통합과 세계화의 과정에서 파생되는 혜택을 향유할 수 있도록 GMS 지역의 Competitiveness를 강화하는 데 향후 초점을 맞추자는 것이다. 이를 위해서는 유역 내 기술혁신(technological innovation), 인적자원 개발(human resources development), 무역원활화, 지배구조(governance) 개선 등이 필요한 데 향후 이들 분야에 정책 및 협력의 우선순위를 두고자 한 것으로 판단된다.

(3) Community

Connectivity와 Competitiveness의 개선을 통해 아시아지역에서 진행되고 있는 Economic Community에 적극적으로 대처하자는 것으로 이해할 수 있다.

3.3 제도적 메커니즘의 강화

GMS Conference에서는 환경이나 기타 복잡하고 중요한 의제를 포괄하기 위해 GMS의 제도적 메커니즘 강화의 필요성을 지적하고 고위급 회담(SOM)으로 하여금 조정과 우선순위 설정 등의 역할을 담당하게 하였다. 이번 회의에서는 유역 내 풍부한 광물자원을 이용한 경제 및 사회개발의 가속화(acceleration of economic and social development)와 자원의 효율적인 관리를 위해 'GMS Mineral Prospecting Risk Fund'를 창설하자는 데에도 합의하였다. 이는 최근에 중국이 제안한 것으로 유역 6개국과 ADB가 참여하며 기금의 규모는 약 3,000만 달러에 이르고 있다.[4)]

3.4 다수 프로젝트의 개발

ADB와 유역 6개국은 GMS 프로그램의 원활한 추진을 위해서는 개발자금 동원, 인적자원 개발, 환경 및 자연자원 관리, 시장경제로의 지속적인 개혁 추진 등이 중요함을 다시 강조하였다. 특히, 개발 자금과 관련하여 11개 핵심 선도이니셔티브를 개발하는 데 최소 140억 달러가 필요하며, 추후 보다 많은 프로젝트의 개발이 필요하다는 데 공감대를 형성하였다.

3.5 11개 사업에 대한 이행 촉구

GMS Conference에서는 2002년 개최된 '제1회 메콩 정상회의(GMS Summit)'에서 각국이 제안한 바 있는 다음의 11개 사업에 대한 이행을 촉구하였다(( ) 안은 제안국을 의미).

① GMS 비자 협정(캄보디아)
② 환경 이니셔티브(캄보디아)
③ 무역 및 투자활성화를 위한 행동계획(중국)
④ GMS 교육기금(라오스)
⑤ 농카이(Nong Khai)-비엔티엔(Vientiane) 철로 연결(라오스)
⑥ 천연가스 개발(미얀마)
⑦ GMS 항공중심지로서 치앙마이(Chiang Mai) 개발(태국)
⑧ 치앙마이에 특별국경경제지대(Special Border Economic Zones) 설립(태국)
⑨ 농림업 훈련센터 설립(베트남)

---

4) 지분으로는 ADB가 60%, 유역 6개국이 30%, 국제금융기관이 10%를 출자할 계획으로 있다.

⑩ 민간 및 공공분야 고위급 컨설팅 회의 개최(태국)
⑪ NGOs와의 회의 개최

4. 제12회 GMS Conference의 성과

GMS 프로그램이 활발하게 추진되고 GMS Conference 또한 연례화가 정착되면서 제12회 회의에는 국제사회의 참여가 이전보다 활발한 것으로 평가되었다. 이번 회의에는 유역 6개국과 ADB의 대표단뿐만 아니라 ASEAN 사무국, GMS Business Forum, 메콩연구소(Mekong Institute), 메콩강위원회(MRC), 유역각국 상공회의소 등이 참가하였다. 전통적인 지원국인 일본, 핀란드, 프랑스 등과 ESCAP, UNDP, ILO, 세계은행, 일본국제협력은행(JBIC) 등도 참가하였다. 그리고 이번에는 EU를 비롯한 Nordic Development Fund(NDF), Swedish International Development Cooperation Agency(SIDA) 등의 원조기관과 Centro International de Agricultura Tropica(CIAT)와 같은 국제기구 그리고 Credit Agricole Indosuez, Deutsche Bank, JP Morgan Chase 등과 같은 민간기관도 참석하여 메콩강 유역개발에 대한 많은 관심도를 나타내었다.

이들 국가 및 기관은 공식자격으로 참여하여 적극적인 의사 및 관심 표명으로 지원 국가 및 기관으로서 위상을 강화한 것으로 평가된다. 특히, 시장경제(market economy)로의 개혁 촉구, 민간분야 개발 강조 등 관심분야에 대한 요구도 적극적으로 표명하였다.

5. 과제

일본은 지난 회의 때와 같이 여전히 중국의 영향력 확대를 견제하였으며 태국 또한 인도차이나 지역에서의 주도적 국가 역할을 강조하면서 중국의 영향력 확대를 우려함과 동시에 보다 적극적인 지원을 강조하였다. 따라서 향후 GMS 프로그램을 포함한 메콩강 유역개발에는 역내 정치적 협력(regional political cooperation)이 더욱 필요시되고 있다.

제 3 절 메콩강 유역개발의 의미

1. ASEAN 지역의 경제협력과 경제통합에의 기여

GMS 프로그램을 포함하여 최근 추진되고 있는 메콩강 유역개발은 동남아의 경제협력과 경제통합의 일환으로써 추진하고 있다는 점에서 큰 의미를 부여할 수 있다. 그리고 메콩강 유역개발은 동남아지역 내 자연적 경제권의 개발을 의미하는 것으로 이해할 수 있다. 이는 최근 심화되고 있는 지역주의(regionalism)는 소규모의 지역협력이나 성장삼각지대도 포함하나 특정지역이나 자연환경을 중심으로 한 '자연적 경제권(natural economic territory)'도 포함하고 있기 때문이다.

2. 다수 국가들의 경제협력의 시험장이 되고 있음

메콩강 유역을 중심으로 한 성장잠재력(growth potentials)과 개발수요로 이해 일본을 비롯한 프랑스, 호주 등 경제협력개발기구(OECD) 회원국들과 주변 동남아국가들의 경제협력의 시험장이 되고 있다는 점도 의미가 크다. 6개국을 거쳐 흐르는 메콩강의 개발은 유럽 이외의 지역에서 실패를 거듭하고 있는 국제하천개발의 하나의 이정표가 될 수 있다. 다른 국제하천의 개발과 비교해 볼 때 유역국 간의 조정이 얼마나 중요하고 또 어떠한 메커니즘을 형성하여 이루어지는지를 비교해 볼 수 있다는 점에서 의미가 크다고 할 수 있다.

제 4 절 시사점

상기한 의미와 함께 메콩강 유역개발 사업은 유역개발로 인해 인접국가간 협력을 위한 신뢰와 개발에 대한 자신감을 증대시킨 것이 가장 큰 성과의 하나로 평가되고 있다. 동아시아 금융위기(East Asian Financial Crisis) 전후로 지연되기도 했으나 이제까지의 유역개발과 개발을 위한 경제협력을 통해 가시적 성과와 비가시적 성과가 창출되었다. 가시적 성과는 교역의 증대와 인력, 자본, 자원의 효율적 활용 등이며 비가시적 성과는 유역국가간 신뢰구축으로 파악할 수 있다. 이러한 신뢰구축은 메콩강 유역의 평화와 안정에 크게 기여한 것으로 평가된다. 즉, GMS 프로그램의 최대 성과는 유역공동개발에 대한 믿음과 신뢰 구축이며, 이를 통해 구축된 유역의 평화 및 안정과 유역개발은 동남아지역의 통합을 가속화시킬 수 있는 계기가 되고 있다. 또한, 동남아 전체의 빈곤 퇴치에 크게 기여하는 효과를 가져다주고 있는 것으로 분석된다.

메콩강 유역개발은 그 잠재력과 상징성으로 인해 향후에도 많은 관심과 정책적 이슈가 제기될 것으로 판단된다. 메콩강 유역개발은 1997년 이후 정례화된 'ASEAN+3 정상회담'과 한-베트남을 비롯하여 동북아와 동남아 개별정상회담에서도 매번 주요 의제로 다루어지고 있다. 더욱이 2002년 11월 캄보디아에서 GMS 정상회의가 개최되어 다시 한번 메콩강 유역개발이 관심의 대상이 되었다. 또한, ASEAN도 최근 신구 회원국간 경제적 격차(economic gap) 해소를 메콩강 유역개발을 통해 적극적으로 모색하고 있다. 또한, ESCAP도 2000년 6월에 2000~2009년을 '메콩강유역개발협력의 10년(Decade of Greater Mekong Subregion Development Cooperation, 2000~2009)' 으로 결의하는 등 국제적 관심도가 제고되고 있다. 제12차 GMS Ministerial Conference에도 이전과는 달리 약 50여개 국가, 국제기관, 원조기구 및 민간회사가 참여하여 최근의 높아진 관심도를 나타내었다.

인도차이나지역이 신흥시장(emerging market)으로 부상하고 있고 거대한 성장잠재력을 보유하고 있는 메콩강 유역개발사업이 다시 활성화되면서 메콩강 유역개발에 대한 정부 및 민간의 관심과 참여 확대가 요구되고 있다. 장기적 시각에서 한국이 메콩강 유역개발사업에서 소외되지 않기 위해서는 보다 적극적인 진출이 필요하다. 우선 프로그램 자체만 하여도 향후 10년 이내 140억 달러 규모의 프로젝트가 개발될 예정으로 있으며 현재 진행 중인 프로젝트와 연계되어 구상 중인 프로젝트도 다수 존재하고 있다. 그리고 메콩강 유역이 중국과 일본의 경제협력 증진의 시험무대가 될 정도로 이들 국가의 참여가 활발해지고 있다.

16
chapter

동남아시아 신흥 중산층 소비시장 분석

제 1 절 동남아시아 신흥 중산층 분석 배경

1. 영국의 경제지 이코노미스트(The Economist)는 'America drop, Asia Shops'의 기사에서 세계경제의 새로운 성장엔진은 바로 아시아이며, 이는 최근 아시아경제의 성장으로 인한 소비시장의 성장에 기인한 것으로 분석하고 있음

2. 아시아의 경제성장은 중국과 인도를 벗어나 동남아시아 지역까지 광범위하게 확산되고 있으며 이에 따라 중국의 대체 저임금 생산기지로 부상하고 있는 동남아시아는 기업의 새로운 소비시장으로의 가능성을 나타내고 있음

베트남은 2005년 이후 지속적으로 8%의 경제성장률을 기록하며 9%의 중국 경제성장률에 육박하고 있다. 그러나 금융산업의 미발달로 인하여 공식적으로 파악되지 않고 있는 지하경제(underground economy)의 규모까지 고려할 경우 베트남의 경제성장률은 10%에 이르는 것으로 추정되고 있다. Euromonitor의 조사에 따르면 1990년에서 2005년까지 인도네시아의 소비시장은 약 12배, 베트남의 소비시장은 약 4배 정도 성장한 것으로 나타났다.[1)]

1) 노무라 싱가포르는 2004년 2,900만 가구에 불과한 인도네시아, 태국, 필리핀의 3,000달러 이상 소득가구수가 2009년 8,500만 가구에 이를 것으로 추정하고 있다(KOTRA, Global Business Report 07-045, 2007. 11. 23. 요약 · 재구성).

3. 동남아시아 소비시장이 성장함에 따라 한국기업에게는 새로운 기회를 제공할 수 있으나 기존의 단순 저가전략만으로는 더 이상 성장하고 있는 동남아시아 시장에서는 한계에 직면하게 된다는 것을 시사하고 있음. 각국의 소비자 트렌드를 세밀하게 분석하여 고도화된 마케팅 전략을 구사할 필요가 있음

4. 특히, 현재 동남아시아의 소비시장을 주도하고 있는 신흥 중산층은 최근 동남아시아의 경제성장과 함께 부상한 중산계층으로 현재 시장의 동향을 파악하는 데 있어 바로미터가 되고 있으며 미래 동남아시아 시장의 향방을 예측하는 중요한 판단기준이 되고 있음

제 2 절 동남아 4개국 소비시장 및 신흥 중산층

1. 베트남

1.1 소비시장 현황

(1) 소비시장 규모

① 베트남의 소비시장 규모는 1990년에서 2005년 사이 5배에 이르는 성장을 했음. 2005년 시장 규모를 기준으로 하여 향후 2010년까지 17.4%, 2015년까지 33.1%로 급성장할 것으로 보임

〈표 16-1〉 베트남 소비시장 규모 추이 및 전망

(단위 : 십억 동, %)

	1990	1995	2000	2005	2010	2015
규모	73,686	168,492	289,207	391,520	459,619	521,067
증가율	-	128.7	71.6	35.4	17.4	13.4

주 : 1) 2005년은 추정치, 2010~2015년은 전망치
2) 2005년 평균환율은 15,859동/달러

자료 : Eurostat 등

② 베트남의 소비시장 성장의 요인으로 베트남 경제성장에 따른 가계 가처분소득(disposable income) 증가를 들 수 있음

가. 경제성장

베트남은 2005년 8.4%, 2006년 8.2%의 경제성장을 기록하였다. 2007년과 2008년에는 8.3%, 8.5% 성장할 것으로 아시아개발은행(ADB : Asian Development Bank)은 전망하고 있다.

나. 가계 가처분소득

베트남의 가계 가처분소득은 1990년에서 2005년까지 6.6배 증가하였으며 2015년까지도 지속적으로 증가할 것으로 예상된다.

〈표 16-2〉 베트남 가계 가처분소득 증대

(단위 : 천동, %)

	1990	1995	2000	2005	2010	2015
금액	2,399	8,503	12,796	15,805	16,377	16,553
증가율	-	254.4	50.5	23.5	3.6	1.1

주 : 1) 2005년은 추정치, 2010~2015년은 전망치
2) 2005년 평균환율은 15,859동/달러

자료 : Eurostat 등

(2) 소비자신뢰지수

세계적인 신용카드기업인 마스터카드(Master Card)의 소비자신뢰지수 조사에서 베트남은 2003년 4분기 이후 90점대를 유지하면서 아시아 국가들 중 가장 긍정적인 경제전망을 하고 있는 국가로 나타났다.

> ※ Master Card사는 14년간 아시아·태평양의 주요 시장에서 반기별 소비자신뢰지수 조사를 시행하여 5가지 변수(고용, 경제, 정기소득, 주식시장, 삶의 질)에 대한 소비자들의 응답을 0~100점으로 조사하고 있음. 0~50점은 소비자들이 경제에 대해 비관적이라고 볼 수 있으며, 50~100점은 낙관적임을 나타냄. 동 지수는 향후 소비자가 어떻게 소비지출을 할 것인가를 보여주는 지표임

1.2 신흥 중산층 시장

(1) 도시 중산계층의 확대

① 베트남 소비시장 성장의 엔진은 호치민과 하노이에 거주하는 도시 중산층임

경제 중심지인 호치민시의 1인당 국민소득(2005년 기준)은 2,000달러로 베트남 전체평균인 571달러의 3배를 초과하고 있다. 호치민시의 1인당 월평균 지출액은 베트남 전체평균의 2배 수준인 약 60달러 수준으로 평가된다.

2005년 호치민과 하노이에서 각각 베트남 총 소매매출액 300억 달러의 24.2%와 9.3%가 발생할 정도로 중산층의 소비는 호치민에 보다 집중되어 있는 실정이다.

② 저소득층에서 중산층으로 소득이 상승하는 도시인구가 증가함에 따라 도시 중산층계층은 더욱 확대되고 있음

베트남 정부가 발표한 '2006년 연감'에 따르면 월소득 250달러 이하의 저소득층은 1999년 도시인구의 62%에서 2006년 24%로 감소하였다. 동 기간 도시 중산층은 31%에서 55%로 급증하여 약 1,250만명에 이르고 있다.

〈표 16-3〉 베트남의 도시 중산층 비율 추이

(단위 : %)

	1999	2001	2003	2006
고소득층	7	12	14	21
중산층	31	32	36	55
저소득층	62	56	50	24

주 : 고소득층 : 가구당 월소득 500달러 이상, 중산층 : 가구당 월소득 250~500달러, 저소득층 : 가구당 월소득 250달러 이하

자료 : Taylor Nelson Sofres Vietnam

(2) 중산층 신세대 소비자의 부상

① 베트남은 아시아에서 필리핀 다음으로 평균연령이 낮은 국가이며 노동가능인구(2005년 기준)는 총인구의 62.8%를 차지하고 있음. 노동가능인구는 2015까지 총인구의 66.0%로 더욱 확대될 것으로 전망되고 있어 신흥 중산층은 더욱 확대될 것으로 보임

〈표 16-4〉 연령별 인구비율 추이

(단위 : 천명, %)

	2000	2005	2010	2015
0~14세	33.7	29.8	26.5	25.4
15~59세	58.8	62.8	66.0	66.0
60세 이상	7.5	7.4	7.5	8.6
총인구	77,620	83,032	88,567	94,184

주 : 2005년은 추정치, 2010~2015년은 전망치

자료 : National Statistical Offices/Euromonitor International

② 도시 신흥 중산층 가정에서 물질적인 어려움 없이 성장한 신세대 소비자가 베트남 소비

시장의 핵심주체가 되고 있음. 15~24세의 신세대 소비자는 2005년 기준 총인구의 약 20%인 1,719만명에 이르고 있으며 2010년까지 1,809만명으로 증가할 것으로 보임

1.3 신흥 중산층 트렌드

(1) 즐거움을 소비하는 신흥 중산층

① 이전세대가 생필품 마련에 급급했던 것과는 달리 베트남 신흥 중산층에서 성장한 신세대 소비자들은 즐거움을 위해서라면 자금을 차입해서라도 소비를 하는 신세대 소비자들이 증가하고 있음

② 이들의 즐거움 추구경향은 복합문화시설의 증가로 나타나고 있음. 복합문화공간은 주로 복합영화관, 피트니스클럽(fitness club), 커피전문점, 볼링센터 등으로 구성되어 있어 한 장소에서 쇼핑과 엔터테인먼트(entertainment) 활동을 즐길 수 있도록 되어있는 공간임

2006년 베트남 최초의 복합영화관인 메가스타(Megastar)는 호치민, 하노이 등 도시 전역에 50개 스크린 이상의 복합영화관을 개관하였다. 한국계 영화관인 긋 펠라(Good Fella)도 현지 투자를 추진하고 있다. 다국적 커피전문점인 글로리아 진(Gloria Jeans), 릴리(Lily) 등도 성공적으로 시장에 진입하였으며 쇼핑센터의 입점수요가 확대됨에 따라 스타벅스(Starbucks)를 비롯한 주요 다국적 커피전문점들이 베트남 진출을 모색하고 있다

③ 베트남의 온라인 게임서비스 공급업체들은 신세대 소비자들 사이의 온라인게임 열풍을 기반으로 매년 3~4배씩 성장하고 있음. 이 같은 온라인 게임시장의 성장요인으로 신세대들의 높은 인터넷 보급률과 휴대폰(cellular phone) 보급률을 들 수 있음

가. 인터넷 보급 확대

2003~2007년 기간 중 인터넷 사용자는 약 4배 정도 증가하였으며 인터넷 사용자의 70%는 25세 이하의 신세대 소비자이다.

나. 휴대폰 가입 확대

이동통신 가입자는 2007년에 전체 베트남 인구의 30%인 2,495만명을 기록하였다. 베트남 통신부(MPT : Ministry of Post and Telematics)는 2008년에는 3,000만명, 2011년경에는 3,500만명에 이를 것으로 보고 있다.

2. 필리핀

2.1 소비시장 현황

(1) 소비시장 규모

① 필리핀의 소비시장 규모는 1990~2005년 기간 동안 3배에 이르는 성장을 했음. 2005년 시장규모 기준 향후 2010년까지 9.8%, 2015년까지 27.6% 성장할 것으로 보임

〈표 16-5〉 필리핀 소비시장 규모 추이 및 전망

(단위 : 백만 페소, %)

	1990	1995	2000	2005	2010	2015
규모	767,061	1,411,904	2,335,535	3,247,546	3,567,017	4,145,434
증가율	-	84.1	65.4	39.0	9.8	16.2

주 : 1) 2005년은 추정치, 2010~2015년은 전망치
2) 2005년 평균환율은 55.1페소/달러
자료 : Eurostat 등

② 필리핀의 수입금액도 2001년 이후 매년 10~20%씩 지속적인 성장을 하고 있음. 필리핀의 수입시장 규모(2006년 기준)는 531억 달러로 한국 수입시장 규모의 17%에 육박하는 시장으로 성장하였음

〈표 16-6〉 필리핀 수입시장 규모 및 추이

(단위 : 십억 달러, %)

	2001	2002	2003	2004	2005	2006
금액	29.6	33.5	37.4	40.3	47.7	53.1
증가율	-	13.2	11.6	7.8	18.4	11.3

③ 필리핀 소비시장 성장의 주요 요인으로 아웃소싱산업(outsourcing industry) 등에 대한 외국인투자 증대 및 해외근로자의 외화 송금액 급증을 통한 소비자의 소득향상을 지적할 수 있음

〈표 16-7〉 필리핀 가계 가처분소득 추이

(단위 : 페소, %)

	1990	1995	2000	2005
금액	51,905	81,617	117,771	148,893
증가율	-	57.2	44.3	26.4

주 : 1) 2005년은 추정치, 2010~2015년은 전망치
2) 2005년 평균환율은 55.1페소/달러

자료 : Eurostat 등

(2) 소비자신뢰지수

마스터카드(Master Card)의 소비자신뢰지수 조사에서 2006년 상반기 61.9점, 하반기 67.2점을 획득하면서 필리핀 경제에 대해 긍정적으로 전망하고 있는 소비자들이 점차 증가하고 있다. 소비자신뢰지수를 구성하는 5개 지수에서 필리핀은 2006년 하반기에 고용 45.0, 경제 46.7, 정기소득 89.0, 삶의 질(quality of life) 42.8, 주식시장 62.6이라는 점수를 기록하였다.

2.2 신흥 중산층 시장

(1) 고급 해외근로자의 소득 증가

① 운전자, 가정부, 단순 노동직에 국한되었던 필리핀 해외근로자(OFW : Overseas Filipino Worker)의 범위가 최근에는 간호사, 의사, 영어교사, 전문 엔지니어 등으로 확대됨에 따라 해외근로자들의 수입이 제고되고 있으며 이들이 필리핀의 신흥 중산층으로 부상하고 있음

필리핀의 신흥 중산층은 15,000~49,999페소의 월급을 받는 그룹에 속해 있다. 신흥 중산층은 국가 전체가구수의 55.79%인 1,000만 가구에 이르고 있으며 소비시장에 커다란 영향을 미치고 있다.

〈표 16-8〉 필리핀 경제 계층 분류

(단위 : 페소)

구 분	AB	C	D	E
직업	전문직 중·대기업 직원 대규모 농장주인 고위 공무원	전문직 중소기업 직원 소규모 농장주인 특수 기술자 노동자	소작농 일반 기술자 사무원 기술자 현장 주임	농부·어부 일반 기술자 행상인 무직
월급 (NCR)	50,000 이상	중상 25,000~49,999 중하 15,000~24,999	8,000~14,999	8,000 이하
NCR 가구수	227,994	904,592 1,592,435	4,764,831	N/A
월급 (기타지역)	25,000 이상	10,000~24,999	4,000~9,999	4,000 이하
기타지역 가구수	148,469	7,602,190	29,144	N/A

주 : 1) 총 가구 수는 2000년을 기준함

2) NCR(North Central Region)은 메트로 마닐라 일대로 도시 중심지역임

자료 : 필리핀 통계청(NSCB)

② 필리핀 해외근로자의 외화송금액은 지속적으로 증가하고 있으며 이에 따라 필리핀 전체적인 중산층 가구수는 다소 감소하였음에도 불구하고 중산층의 소득과 소비는 지속적으로 증가하고 있음

가. 필리핀 해외근로자의 외화송금액은 2003년을 제외하고 매년 15~25%의 성장률을 보여주고 있으며 2006년에는 128억 달러를 기록하였음

〈표 16-9〉 필리핀 해외 근로자 외화송금액 추이

(단위 : 십억 달러)

2002	2003	2004	2005	2006
7.2	7.6	8.6	10.7	12.8

나. 필리핀 중산층의 소득은 2000~2003년 0.43%의 증가율을 보여 주었으나 소비금액은 동기간 1.61% 증가하여 소득보다 더욱 빠른 증가율을 나타내고 있음

〈표 16-10〉 중산층 소득 및 소비 증가

(단위 : 페소, %)

	1997	2000	2003	증가율 (1997~2000)	증가율 (2000~2003)
가구수	4,044,280	3,395,699	3,104,000	-16.04	-8.59
소 득	105,294	105,545	106,000	0.24	0.43
소 비	107,213	109,246	111,000	1.90	1.61

주 : 2003년 평균환율은 54.2페소/달러

자료 : 필리핀 통계청(NSCB)

2.3 신흥 중산층 트렌드

(1) 높은 브랜드 추구성향과 한계소비성향

① 필리핀의 고급 해외근로자의 가족은 선진국 중산층에 비해 상대적으로 소득이 낮은 편이나 해외문화의 높은 수용도로 인해 해외 브랜드를 선호하고 있으며 일반소비자에게 유행을 전파하는 트렌드세터(trend setter)로서의 역할을 수행하고 있음[2)]

최근 애플(Apple)사의 MP3 Player(iPod)는 보다 서구화된 라이프스타일의 상징으로 중상류층에게 필수품으로 인식되고 있다.

② 필리핀 소비자들은 스페인 식민지 시대부터 형성된 라틴문화의 영향으로 미래소비(future consumption)보다 현재소비(present consumption)를 더욱 선호하며 이 같은 성향으로 필리핀 신흥 중산층 소비자는 한계소비성향이 높은 편임

중산층 그룹은 평균소득보다 평균지출이 1,000~2,000페소 더 큰 현상을 보이고 있다. 이것은 향후 경제성장에 따른 추가적인 소득이 발생할 경우 이것이 소비로 지출되는 비중이 매우 높다는 것을 의미한다.

〈표 16-11〉 가계 평균 소득 및 지출

(단위 : 페소)

소득	20,000 이하	20,000~29,999	30,000~39,999	40,000~49,999	50,000 이상
소득계층	D, E	C	C	C	AB
평균 소득	15,000	26,000	35,000	45,000	165,200
평균 지출	17,000	28,000	37,000	46,000	135,400
합계	-2,000	-2,000	-2,000	-1,000	29,800

주 : 1) 2003년 기준
2) 2003년 평균환율은 54.2페소/달러

자료 : 필리핀 통계청

2) 트렌드세터는 유행을 선도하는 소비자그룹을 의미한다.

(2) 상류층 추종 트렌드

① 브랜드 추구성향과 한계소비성향이 높은 필리핀의 신흥 중산층은 상류층의 트렌드를 일반적으로 3~6개월 이후 추종하는 경향이 있음

필리핀에서는 상류층이 트렌드 선도자(first mover)이며, 중산층은 트렌드 추종자(late mover)의 역할을 하고 있다. 트렌드 선도자는 제품 또는 서비스를 출시 즉시 구매하나 트렌드 추종자는 선도자의 반응과 호응도를 파악한 후 소비를 결정한다.

② 신흥 중산층의 소득수준이 상류층에 미치지 못함에도 불구하고 상류층의 소비패턴과 트렌드를 그대로 추종할 수 있는 것은 세일기간동안 브랜드 제품을 구입하는 데 있음[3)]

3. 태국

3.1 소비시장 현황

(1) 소비시장 규모

① 태국의 소비시장 규모는 1990~2005년까지 지난 15년간 거의 3배에 이르는 성장을 시현했음. 2005년 시장규모 기준 향후 2010년까지 14.2%, 2015년까지 24.2% 추가적으로 성장할 것으로 예상됨

〈표 16-12〉 태국 소비시장 규모 추이 및 전망

(단위 : 백만 바트, %)

	1990	1995	2000	2005	2010	2015
규모	1,301,608	2,331,000	2,971,311	3,693,349	4,218,096	4,588,713
증가율	-	79.1	27.5	24.3	14.2	8.8

주 : 1) 2005년은 추정치, 2010~2015년은 전망치
2) 2005년 평균환율은 40.2바트/달러
자료 : Eurostat 등

② 태국 소비시장의 성장은 경제성장과 함께 가계 가처분소득의 증가를 기반으로 하고 있음. 태국 가계 가처분소득액은 1990~2005년까지 2배 증가하였으며 2015년까지 지속적으로 증가할 것으로 보임

3) 필리핀 유명 백화점의 정기 세일은 1월과 7월이며, 50~70%의 할인율이 적용되고 있다. 이 외에 4월과 5월, 11월, 12월 등에도 세일이 있으나 일부 제한 품목에 한하여 20~50%까지 세일한다.

〈표 16-13〉 태국 가계 가처분소득 추이 및 전망

(단위 : 바트, %)

	1990	1995	2000	2005	2010	2015
규모	106,762	168,947	180,691	216,444	236,772	259,382
증가율	-	58.2	7.0	19.8	9.4	9.5

주 : 1) 2005~2015년은 전망치
2) 2005년 평균환율은 40.2바트/달러

자료 : Eurostat 등

(2) 소비자신뢰지수

① 마스터카드(Master Card)의 소비자신뢰지수 조사에서 2000~2006년까지 대부분 50~100점 사이의 점수를 획득하며 태국 소비자들의 경제에 대한 낙관적 전망을 나타내었음

② 2003년 이후 바트화의 강세, 유가상승, 홍수피해 등의 악재로 소비자신뢰지수는 연속 하락하였으나 2006년 하반기에 실시한 소비자신뢰지수에서 65.1점을 기록하며 회복가능성을 나타내었음

3.2 신흥 중산층 시장

(1) 저소득층 감소와 신흥 중산층 확대

① 태국 최초의 중산층은 1973~1976년 초기민주화와 더불어 형성되었으나 태국의 신흥 중산층은 1980년 중반에서 1990년 후반 ASEAN 지역 및 태국의 경제발전과 함께 급격히 증가한 계층으로 볼 수 있음

② 가계 가처분소득 131,700바트 이하의 저소득층은 1990년 총인구의 75%를 차지하였으나 2003년에는 50% 이하로 감소하였음. 1990년 총인구의 25.05%를 차지하였던 가계 가처분소득 131,700바트 이상 가구수는 2003년 53.41%로 증가한 것으로 나타났음

③ 특히, 175,601바트 이상의 가처분소득(disposable income)을 가진 신흥 중산층 가구수는 1990~2003년에는 200~300%, 2000~2003년 사이 20% 증가하며 중산계층이 확산되고 있음

〈표 16-14〉 태국 소득계층별 인구 증가율

(단위 : %)

소득범위	1990~2003	2000~2003
Bt 0~43,900	-53.56	-10.27
Bt 43,900~87,800	-19.79	-5.22
Bt 87,801~131,700	46.09	2.01
Bt 131,701~175,600	123.45	8.74
Bt 175,601~219,600	192.87	13.97
Bt 219,601~263,500	247.79	17.76
Bt 263,501~307,400	289.08	20.46
Bt 307,401~351,300	319.70	22.39
Bt 351,301~395,200	342.43	23.79
Bt 395,201+	178.49	19.54
합계	34.59	5.85

주 : 2003년 평균환율은 41.5바트/달러

(2) 고등교육을 받은 도시 중산층의 확대

① 태국의 신흥 중산층은 방콕을 중심으로 집중되어 있으며 월 평균 소득이 15,000바트에서 39,999바트인 중산층의 54.7%가 방콕에 거주하고 있음

〈표 16-15〉 신흥 중산층 도시 및 비도시 인구 비중

(단위 : 명, %)

구분	Bt 0~14,999	Bt 15,000~39,999	Bt 40,000 이상
도시지역	3,254,217	1,776,836	679,805
비중	23.4	54.7	72.4
비도시지역	10,624,755	1,466,723	258,809
비중	76.6	45.3	27.6

② 태국의 신흥 중산층은 전통적 중산층 부모로부터 출생한 방콕 태생으로 고등교육을 받은 계층이며 대학교육까지 이수한 계층이 주를 이루고 있음

고등교육을 받은 인구는 2001~2006년간 36.5% 증가하였다. 이 중 대학교육을 받은 인구는 53.1% 증가하여 가장 큰 증가율을 기록하고 있다. 향후 고등교육을 받은 도시 신흥 중산층은 더욱 확대될 것으로 보인다.

3.3 신흥 중산층 트렌드

(1) 신흥 중산층의 높은 교육수준과 도시집중화로 인해 합리적이고 편리한 구매가 선호되었음

태국 마케팅 조사협회가 실시한 '2007년도 태국 소비자 시장 경향 조사'에서 태국 소비자들

은 충동구매성향에서 점차 합리적 구매성향으로 변하고 있는 것으로 나타났다.

(2) 태국에서는 RTE(Ready-To-Eat) 음식의 판매가 증가하고 있음.[4] 즉, 가정에서 요리하지 않고 바로 먹을 수 있도록 가공되어 판매되는 음식을 수퍼나 노점판대대에서 구입하여 퇴근하는 인구가 증가하고 있음

① ACNielsen의 소비자조사에서 태국 소비자들 중 75%가 가정에서 식사를 준비할 시간적 여유가 없으며 간편한 RTE 푸드가 매우 유용하다고 응답한 것으로 조사되었음
② 태국 소비자의 43%가 RTE 음식을 정기적으로 구매하는 것으로 나타나 조사된 41개 국가 중 RTE 음식을 가장 선호하는 국가로 나타났음
③ 태국 소비자들은 쇼핑몰(shopping mall)을 선택할 때 가격보다 편리함과 위치를 더욱 중요시하고 있는데 이는 태국 신흥 중산층의 편의성 중시 경향을 잘 나타내고 있음

ACNielsen의 조사에 따르면 태국 소비자의 86%가 의류를, 78%가 가전제품을 할인매장에서 구입하고 있는 것으로 나타났다. 할인매장에서 식료품을 비롯하여 일반제품까지 함께 구매하는 것을 통해 편의성(convenience)을 도모하는 구매패턴을 보여주고 있다.

4. 인도네시아

4.1 소비시장 현황

(1) 소비시장 규모

① 인도네시아의 소비시장 규모는 1990~2005년까지 지난 15년간 12배에 달하는 성장을 했음. 2005년 시장규모 기준 향후 2010년까지 14.8%, 2015년까지 24.2% 성장할 것으로 예상됨

4) RTE 음식은 일반 패스트푸드(fast food)나 캔으로 포장된 음식과 달리 냉동 또는 냉장식품으로 가게에서 용이하게 구매하여 어디서든 간편히 먹을 수 있는 음식을 의미한다.

〈표 16-16〉 인도네시아 소비시장 규모 추이 및 전망

(단위 : 십억 루피, %)

	1990	1995	2000	2005	2010	2015
규모	117,120	286,748	882,474	1,529,237	1,754,927	1,898,668
증가율	-	144.8	207.8	73.3	14.8	8.2

주 : 1) 2005년은 추정치, 2010~2015년은 전망치
2) 2005년 평균환율은 9,705루피/달러

자료 : Eurostat 등

② 인도네시아 소비시장 규모의 비약적 성장에 따라 소매매출액 규모는 2006년 55억 달러 규모로 성장하였는 데 이는 전년 대비 20% 증가한 수치임. 인도네시아 소매업협회(APRINDO)는 인도네시아의 소매매출액 규모가 연간 10~20%씩 성장하고 있는 것으로 추정하고 있음

2006년에 인도네시아 소매점은 2005년에 비해 Hypermarket 30%, Supermarket 11%, Minimarket 15%의 성장률을 기록하였다. 외국 프랜차이즈(franchise) 매장은 연평균 8%의 성장, 현지 프랜차이즈 매장은 13%의 증가율을 나타내고 있다.

③ 인도네시아 소비시장의 성장요인으로 최근 인도네시아의 경제성장과 이에 따른 인도네시아의 가계 가처분소득 증가를 지적할 수 있음

가. 경제성장

인도네시아의 경제성장은 2006년 5.5%를 기록하였다. 아시아개발은행(ADB : Asian Development Bank)은 2007년과 2008년에는 6.0%, 6.3% 성장할 것으로 예상하고 있다.

나. 가계 가처분소득

인도네시아 가계 가처분소득은 1990년에서 2005년까지 6배 증가하였으며 2015년까지도 지속적으로 증가할 것으로 예상된다.

〈표 16-17〉 인도네시아 가계 가처분소득 규모 추이 및 전망

(단위 : 천 루피, %)

	1990	1995	2000	2005	2010	2015
규모	3,766	6,486	16,112	23,473	24,361	26,495
증가율	-	72.2	148.4	45.7	3.8	8.8

주 : 1) 2005년은 추정치, 2010~2015년은 전망치
2) 2005년 평균환율은 9,705루피/달러

자료 : Eurostat 등

(2) 소비자신뢰지수

마스터카드(Master Card)의 소비자신뢰지수 조사에서 인도네시아는 2000~2006년 동안 50~100점 사이의 점수를 획득하여 인도네시아 소비자들이 인도네시아 경제에 대해 긍정적인 시각을 가지고 있음을 나타내고 있다.

4.2 신흥 중산층 시장

(1) 1997년 외환위기(foreign exchange crisis)로 루피아 환율이 약 5배 정도 상승하면서 기존의 중산층이 붕괴되었으나 2004년 이후 5% 이상의 경제성장과 임금인상을 통해 중산층 계층이 회복되고 있음

인도네시아의 소비문화를 주도하고 있는 자카르타의 경우 경영자들의 반발에도 불구하고 최저임금을 2005년에 711,843루피, 2006년에 819,100루피 그리고 2007년에 900,560루피로 지속적으로 인상해 왔다. 특히, 현 유도요노 정부에서는 공무원 임금의 현실화를 적극적으로 추진하면서 2006년 공무원 급여를 100% 인상하면서 중산층의 성장이 본격화되고 있다.

(2) 인도네시아의 실질적인 중산층은 가계지출이 월 80만 루피에서 175만 루피에 해당하는 계층으로 볼 수 있으며 주로 전문직, 기술자, 경영진과 일반 사무직 종사자로 인도네시아 전체인구의 37%, 자카르타 인구의 46%를 구성하고 있음

4.3 신흥 중산층 트렌드

(1) 인도네시아 신흥 중산층은 인지도가 높은 브랜드 제품은 품질과 안전을 보증받을 수 있다고 인식하여 외국브랜드 제품에 대한 선호도가 매우 높은 편임

① 유니레버

유니레버(Unilever)는 인도네시아에서 2003년 24%의 수익증가를 기록하였다. 이것은 2002년의 2배가 되는 수익증가율로 평가할 수 있다.

② 다농

인도네시아에 1998년 진출한 다농(Danone)은 매년 인도네시아에서만 30억 리터의 물을 판매하고 있다. 이것은 다농이 전세계에서 판매하고 있는 물의 12%에 이르는 규모이다.

(2) 인도네시아 신흥 중산층은 제품 안전성에 민감하여 안전마크나 품질기준이 표시된 제품을 선호하고 있으며 제품 구매 이전 포장지에 인쇄된 인증표시 또는 성분을 세심히 확인하고 있음

제 3 절 동남아시아 신흥 중산층 공략 전략

1. 트렌드의 선정

동남아시아 신흥 중산층 공략을 위한 트렌드의 선정을 각국별로 살펴본다.

1.1 베트남 : Entertaining

1980년대에 출생한 신세대 소비자들이 베트남의 소비주체로 부상하고 있다. 이들은 생필품 마련에 치중했던 이전세대들과 달리 외식, 해외여행, 쇼핑, 게임 등을 통해 즐거움을 추구하는 소비성향을 가지고 있다. 따라서 즐거움을 추구하는 베트남 신세대 소비자를 타겟으로 한 제품 개발이 필요하다. 특히, 온라인게임, MP4 등의 엔터테인먼트 품목과 3대 요소(Entertainment, Food, Beverage)를 갖춘 복합문화공간에 대한 수요가 증가하고 있다.

1.2 필리핀 : Luxury

필리핀 신흥 중산층은 높은 브랜드 추구성향과 한계소비성향을 가지고 있다. 이들은 상류층의 트렌드를 그대로 따라가고 있으며 선진국 소비자와 유사한 구매행태를 나타내고 있다. 신흥 중산층의 이 같은 특징을 공략하기 위해서는 우선 상류층을 목표로 한 고가 프리미엄제품 진출 전략이 필요하다. 상류층에게 인기가 많은 프리미엄 브랜드(premium brand)로 소비자에게 인지시킨 후 정기적인 세일을 통해 중산층이 구매할 수 있도록 하여 제품의 고급화 및 대중성을 함께 도모하는 전략이 효과적이다.

필리핀 진출 브랜드는 제품 프리미엄 전략을 통해 높은 마진율로 이윤 증대를 최대화하고 적절한 시기에 세일판매 등의 방법으로 재고를 해소하여 불필요한 비용을 감소시키고 있는 실정이다.

1.3 태국 : Convenience

태국의 신흥 중산층은 높은 교육수준과 도시생활로 인해 편리함을 추구하는 구매행태를 보이고 있다. 출퇴근이 편리한 방콕 시내중심의 콘도수요가 증가하고 있다. 태국 신흥 중산층을 공략하기 위해서는 소비자에게 편의성(convenience)을 제공해 줄 수 있는 제품 및 서비스 전략이 필요하다. 제품에서는 RTE 음식과 편의점에 대한 수요가 증가하고 있으며 판매방식 또한 향후 소비자들의 시간을 절약해 줄 수 있는 온라인, 방송 및 방문판매 등이 성장할 것으로 기대된다.

1.4 인도네시아 : Safety

인도네시아 신흥 중산층은 제품의 안전과 품질을 중시하여 신뢰할 수 있는 제품을 주로 구매하는 특성을 가지고 있으며 유명브랜드는 곧 안전을 보증해주는 것이라고 인식하는 경향이 있다. 국제표준(international standard) 획득과 현지 기술표준인 SNI와 같은 제도의 활용을 통해 제품이 국제적으로 인정받은 안전한 제품이라는 이미지 홍보가 필요하다. 또한, 보다 철저한 AS 제도를 통한 브랜드에 대한 소비자신뢰를 구축해야 한다.

다른 동남아시아 국가에 비해 가격에 대한 제품의 가치에 매우 민감한 인도네시아 신흥 중산층을 공략하기 위해서는 신뢰할 수 있는 제품 이미지의 홍보뿐만 아니라 우수한 가격경쟁력(price competitiveness)을 확보해야 한다. 일례로 인도네시아의 포카리스웨트는 선진국에서 인정받은 안전한 음료라는 이미지와 게토레이보다 우수한 가격경쟁력으로 성공하였다.

2. 공략 전략

동남아시아 신흥 중산층 소비시장의 공략전략으로 다음 3가지를 지적할 수 있다.

2.1 대중매체 광고의 적극적 활용

(1) 대중매체를 통해 서구의 문화를 신속하게 수용하는 시장특성(market characteristics)을 반영하여 직접광고와 협찬 등의 간접광고를 통해 브랜드 인지도를 제고시키는 것이 필요함. 현실적으로 적극적인 광고없이 제품력만으로 시장에 진출하기는 어려운 실정임

① 베트남

베트남에서 Tiger Beer는 중산층의 과시욕을 자극하는 광고를 통해 성공할 수 있었던 반면

에 Quang Dong Import Export Company사가 계약을 체결하고 수입한 유아용 Breast Pump는 대중매체를 통한 광고활동 없이 제품력만 믿고 판매한 결과 실패한 바 있다.

② 필리핀

필리핀에서 한국 화장품전문점인 The Face Shop은 한류스타를 전면적으로 모델로 내세우는 광고를 통해 브랜드 마케팅(brand marketing)을 활발히 진행하고 있다.

(2) 베트남, 인도네시아, 필리핀은 광고에 대한 신뢰도가 한국에 비해 월등하게 높은 편이며 TV와 신문 등의 대중매체를 통한 광고에 대해 높은 신뢰도를 보이고 있음. 이 같은 대중매체 광고에 대한 신뢰도를 효과적으로 활용할 필요가 있음

ACNielsen이 47개국을 대상으로 한 광고신뢰도(advertisement credibility) 조사에서 필리핀은 67%의 소비자들이 광고를 신뢰하는 것으로 나타나 가장 광고를 신뢰하는 국가로 조사되었다. 인도네시아, 베트남, 태국은 각각 61%, 60%, 51%로 모두 49%로 조사된 한국보다 높은 광고 신뢰도를 나타내고 있다. 베트남은 구전홍보, TV광고, 신문광고에 대해 각각 79%, 73%, 72%의 소비자들이 각 전통광고채널을 신뢰하는 것으로 나타났다. 온라인광고, 광고메일, 검색엔진광고는 58%, 38%, 52%의 소비자신뢰도를 얻음으로써 대중매체를 통한 광고에 대한 신뢰도가 높은 것으로 조사되었다.

2.2 선두진입을 통한 유통망 확보

동남아시아의 유통채널은 보다 다양해지고 있는 동시에 경쟁이 매우 치열해지고 있다. 다른 경쟁사보다 미리 시장진입을 하여 유통망을 확보하는 것은 적극적인 광고전략만큼이나 중요한 사항이 되고 있다. Tan Hiep Phat Co, Ltd사는 많은 시간과 비용을 들여 대대적인 대중매체 광고를 실시하였으나 2004년 시장진입 당시 이미 대부분의 대리점, 상점, 식당 등이 기(旣) 진출 맥주 브랜드들과 독점계약을 체결하여 유통망 확보가 불가능하였다. 결국 동 사는 소비자의 호응을 얻지 못하였다.

2.3 서구적이고 현대적인 이미지 구축

(1) 베트남, 필리핀 신흥 중산층은 서구브랜드를 통해 부(富)와 현대적인 감각을 과시하려는 경향이 있으며, 태국 신흥 중산층은 영문브랜드명의 제품을 선호하는 경향이 있음. 또한, 인도네시아의 신흥 중산층은 서구브랜드는 제품의 안전과 품질을 보장한다고 인

식하고 있음

(2) 이들 국가의 신흥 중산층을 공략하기 위해서는 제조사와 국적을 나타내지 않고 제품의 세련된 영문 브랜드명을 통해 서구적이고 현대적인 이미지를 구축하는 것이 중요함

베트남과 네덜란드가 합작한 Vietnam Brewery Ltd에서는 Tiger Beer라는 유명브랜드를 사용함으로써 고급제품을 소비하고자 하는 신흥 중산층의 취향을 만족시킨 바 있다

제 6 편

동북아시아 경제분석

17
chapter

한 국

제 1 절 차세대 성장동력의 확보

1. 개관

산업차원에서 차세대의 성장동력 확보 문제가 최근 들어 부상하고 있는 것은 외환위기(foreign exchange crisis) 이후 진행되고 있는 세계화(globalization), 기술혁신(technological innovation) 등 경제환경의 급격한 변화가 산업차원과 기업수준의 신속한 적응을 요구하고 있는 데에 기인하고 있다. 현재는 자동차, 조선, 반도체 등 주력 제조업이 우리경제의 성장을 리드하고 있으나 급속한 대외여건의 변화 속에서 이에 안주할 수는 없다. 따라서 10년 후 한국경제를 이끌고 나갈 주력산업이 무엇인지에 대한 고려가 그 어느 때보다 중요한 시점이라고 할 수 있다.

우선 대외경제상황을 고려할 때 2~3년 사이 중국경제의 고도성장과 2001년갈 세계무역기구(WTO) 가입 이후 세계경제 편입이 가속화되면서 우리의 주력 수출시장인 선진국에서 중국의 시장잠식이 본격적으로 진행되고 있다. 한편, 이전에 국내고용의 상당부분을 담당하던 가전, 섬유, 컴퓨터 등 노동집약적 산업(labor-intensive industry)의 해외투자를 통한 생산기반 해외이전이 확대되면서 국내 제조업의 공동화에 대한 우려가 제기되는 가운데 조립・완성재 산업의 경우에도 기술집약적 산업(technology-intensive industry)의 투자가 확대되면서 과거 산업화시대 제조업의 고용창출력이 크게 감소하고 소위 선진국형 '고용없는 성장(jobless growth)'이 우리에게도 현실화되고 있다.

이 같은 산업여건의 변화 및 국내 제조업 중심의 성장전략의 한계와 최근 심화되고 있는 우리경제의 양극화 및 글로벌시장(global market)에서의 경쟁심화 등을 고려할 때 다음 세대로 이어지는 우리경제의 성장모멘텀(growth momentum) 확보를 위한 새로운 성장동력의 발굴과 육성이 그 어느 때보다 긴요한 과제로 부상하고 있다. 산업차원의 차세대 성장동력으로는 3가지(① 신기술산업, ② 부품소재산업, ③ 서비스산업 중에서도 지식서비스산업)가 핵심과제라고 할 수 있다.

1.1 신기술산업

신기술산업은 기존의 주력산업이 가지고 있는 성장의 한계를 극복할 수 있는 기회를 제공하고 지속적으로 신규시장을 창출한다는 점에서 차세대에 있어 한국경제를 주도해 나갈 성장동력으로서의 역할을 담당할 것으로 판단된다. 또한, 이러한 신기술산업은 단독으로 우리경제의 성장성을 확대시키는 동시에 기존 주력산업과의 융합을 통하여 기존 주력산업이 성장할 수 있는 새로운 영역을 지속적으로 확대시켜 나갈 수 있을 것으로 전망된다. 특히, 이 같은 신기술산업은 정보통신기술(IT), 생명공학기술(BT), 나노기술(NT) 등 신기술을 기반으로 형성된 산업으로 주력산업과 달리 기술력의 확보와 이의 상업화가 성장의 요체가 된다. 따라서 이러한 신기술산업을 육성하기 위하여 정부가 사용할 수 있는 가장 중요한 정책 수단은 신기술 및 제품개발을 위한 연구·개발(R&D)에 대한 정책적 지원이라고 할 수 있다. 이는 신기술산업의 기술개발의 불확실성과 위험도(uncertainty and risk of technological development)가 기존 주력산업에 비해 매우 크고 신기술산업에 대한 민간투자의 진입장벽(entry barrier)을 낮추기 위해서도 공공부문의 역할이 매우 중요하기 때문이다.

1.2 부품소재산업

21세기는 특정산업의 경쟁력뿐만 아니라 해당산업과 관련된 부품소재의 생산, 조립, 판매 등 모든 관련업체가 종합적으로 경쟁하는 시스템 경쟁시대(systematic competitive era)라고 할 수 있다. 따라서 우리산업의 시스템 중 가장 취약부문인 부품·소재부문의 육성은 21세기 산업경쟁력 강화(intensification of industrial competitiveness)의 핵심이자 차세대 성장동력의 주요 후보산업이라고 할 수 있다.

1.3 서비스산업

우리의 서비스산업은 사업체 수, 매출액, 고용 등 여러 측면에서 구조적인 변화의 과정에 있다. 최근 급속히 성장하고 있는 사업지원 서비스, 문화오락 관련서비스, 정보통신서비스 등은 기존의 주력산업을 지원하거나 수출을 통해서 시장을 창출할 수 있는 가능성이 큰 신성장 동력분야로 평가할 수 있다. 이들 분야에 대한 지원제도의 정비와 체계적인 관리를 위한 정책대안을 마련하는 것이 시급한 실정이다. 특히, 서비스산업에 대한 포괄적인 지원을 통한 성장 촉진대책보다는 종합적인 육성대책과 병행하여 고부가가치, 타 산업에 대한 파급효과가 큰 분야를 선별하여 집중적으로 육성하는 전략이 효과가 클 것으로 판단된다.

2. 비전의 제시

2.1 제조업 발전방향

주요 선진국의 1960년대 이후 경제발전과정(economic development process)에서 제조업은 경제가 고도화될수록 생산과 고용측면에서 제조업의 비중이 점차 하락하는 탈(脫) 제조업화의 발전경로를 보이고 있다. 미국, 영국, 프랑스 등 선진국과는 달리 전후 산업화(industrialization)를 시작한 한국의 경우에는 1960~1990년 기간 중 제조업의 생산과 고용비중이 우상향하는 발전경로를 보였으나 1990년을 기점으로 선진국과 마찬가지로 제조업의 생산과 고용비중이 점진적으로 감소하는 탈 제조업화의 양상을 나타내고 있다.

그러나 현재 우리는 미국, 일본 등의 선진국에 비해 제조업의 생산비중이 상대적으로 클 뿐만 아니라 생산비중에 비해 고용비중이 매우 작은 특징을 보이고 있다. 더욱이 최근에는 생산비중은 25%를 초과하면서도 고용은 20%대를 유지함으로써 여타 선진국에 비해 상대적으로 적은 고용으로 더욱 많은 부가가치(value added)를 생산하고 있는 것으로 분석되고 있다. 이같이 우리의 제조업이 여타 선진국과는 다른 발전 경로를 보이는 것은 1990년 이후 반도체, 통신기기 등 IT 산업중심의 산업구조 고도화와 자동차, 조선, 일반기계, 철강, 화학 등 주력 제조업 분야에서 노동절약적인 기술채택과 설비투자를 통한 산업구조 고도화를 추진해왔기 때문으로 분석된다. 이러한 우리 제조업의 최근까지의 발전경로와 우리보다 앞서 선진경제(advanced economy)로 진입한 미국, 일본 등 선진국의 제조업의 발전경로를 고려할 때 향후 우리 제조업의 발전방향이 시사하는 바는 다음 2가지로 집약된다.

(1) 지속가능한 성장의 어려움과 실업증대

현 시점에서 제조업의 생산기반 약화로 인해 생산과 고용측면에서 제조업의 비중이 크게 감소할 경우 한국경제의 지속가능한 성장(sustainable growth)이 어려울 뿐만 아니라 대량실업이 초래될 수 있다.

(2) 제조업의 생산비중 확대 및 생산성 제고

한국경제의 지속가능한 성장을 위해서는 더 이상의 고용비중의 하락없이 제조업의 생산비중을 최소한 현재의 수준을 유지하거나 신기술의 적용, 또는 신산업의 창출로 한 단계 업그레이드(upgrade)를 통해 생산비중을 증대시키는 동시에 글로벌시장에서의 경쟁우위(competitive advantage in global market)를 유지하기 위한 생산성(productivity) 제고가 절대적으로 필요하다. 이를 위해서는 IT, BT, NT 등 소위 첨단신기술의 개발과 이들 개발된 기술의 조기 상업화를 통한 차세대 성장동력 산업의 육성발전이 필수적이라 할 수 있다. 또한 조선, 자동차, 철강, 반도체, 통신기기 등과 같이 글로벌시장에서 1・5위 생산능력과 경쟁력을 갖춘 전통 주력산업의 제품차별화(product differentiation)와 프리미엄 시장진출, 중국 등 후발개도국의 가격경쟁력(price competitiveness)에 기초한 시장잠식을 저지하지 위한 고도의 기능과 경쟁력을 가진 부품・소재의 개발과 육성이 필요하다.

2.2 서비스업 발전방향

1990년대 이후 제조업의 주도적인 역할이 상당히 약화되면서 서비스산업의 역할이 상대적으로 증대되고 있다. 이에 따라 국내총생산(GDP)과 고용에서 차지하는 서비스산업의 비중도 지속적으로 커지고 있다. 명목GDP에서 차지하는 서비스산업의 비중은 1970년 43.5%에서 1979년 40.6%까지 하락하였으나 이후 지속적으로 상승하여 2003년에는 57.3%를 기록하였다. 우리의 경우 서비스산업이 생산과 고용에서 차지하는 비중은 선진국과 마찬가지로 우상향하는 발전경로(GDP 비중이 증대되면서 고용이 증대되는 경로)를 보이고 있다. 이러한 서비스산업의 생산과 고용면에서 차지하는 비중변화는 향후 고용창출과 제조업에서의 생산성 제고에 따라 유휴화되는 인력의 흡수측면에서 서비스산업의 역할이 지대하다는 것을 시사한다고 할 수 있다. 우리의 서비스산업의 현황을 살펴보면 다수의 측면에서 향후 발전가능성과 역할이 크다는 것을 알 수 있다. 우선 우리의 서비스산업의 생산과 고용비중을 중심으로 주요 국가의 서비스산업과 비교해 볼 때 현재 우리의 서비스산업의 비중이 대부분 선진국의 생산과 고용비중에 비해 아직은 낮은 수준이라는 것을 파악할 수 있다.

즉 미국, 영국 등 일부 국가에서는 서비스산업이 생산과 고용에서 차지하는 비중이 70%를 상회하고 있으나 우리의 경우에는 60% 미만으로 우리경제의 서비스화가 이들 선진국에 비해서는 상당히 낮은 수준을 보이고 있다. 그러나 향후 우리경제가 발전해 가면서 여타 선진국과 마찬가지로 서비스산업은 생산과 고용측면에서 그 비중이 점차 커지게 되어 향후 생산과 고용 창출능력과 가능성이 크다고 할 수 있다. 다만 현재 우리의 경우 서비스산업의 생산성이 이들 선진국에 비해 크게 낮다는 것이 문제로 지적된다. 우리의 서비스산업 분야의 과제는 단순한 고용창출뿐만 아니라 주어진 자원으로 더욱 많은 부가가치(value added)를 생산할 수 있는 생산성 제고가 무엇보다도 시급하다고 할 수 있다. 따라서 향후 우리경제의 발전에 있어 서비스산업의 역할은 고생산성·고임금의 일자리를 제공하는 동시에 주어진 자원으로 보다 많은 부가가치를 창출하는 서비스를 제공하는 것이라고 할 수 있다. 따라서 이러한 고부가가치의 생산과 일자리 창출을 담당할 수 있는 전략적 서비스산업의 발굴과 육성이 필요하다.

2.3 10년 후 한국산업의 발전 비전

(1) 신기술산업군

10년 후 한국의 신기술산업의 비전은 선택과 집중(selection and concentration)을 통하여 특정분야에서 글로벌 기술 리더십(global technological leadership)을 확보함으로써 선진국의 추격자(follower)가 아닌 선도주자(front-runner)로서 글로벌시장을 선점하는 데 있어 주도적인 역할을 할 것으로 기대된다. 또한, 이러한 신기술산업은 주력 제조업분야를 혁신하는 원동력으로서 주력 제조업의 고부가가치화에 결정적으로 기여할 것으로 보인다. 향후 신기술산업과 차세대 성장동력 분야에 대한 전략적인 연구·개발(R&D) 투자와 산업발전 기반조성을 통해 현재 선진국 대비 50~60%에 불과한 신기술산업과 차세대 성장동력 산업의 기술수준을 80~90%로 제고시키는 데 있어 결정적인 역할을 수행해야 한다.

특히, 차세대 성장동력 기술 및 제품 개발과 상업화가 계획대로 이루어진다면 이들 분야의 독자적 글로벌 경쟁력(global competitiveness) 확보가 가능해질 뿐만 아니라 이들 제품과 관련된 기존 주력제품의 경쟁력 또한 크게 제고될 것으로 전망된다.

(2) 부품·소재산업군

중국, 인도 등 인구대국들의 급속한 경제발전으로 이들 지역이 최종재(final goods)의 최대 수요국으로 부상하고 있다. 이로 인해 세계 주요 업체들이 이들 지역 최종재 제품의 생산기지화가 되는 동시에 세계의 공장(global factory)이 되고 있다. 특히 의류, 가전 등 비교적 표준화된 생산공정을 저임금노동에 의존할 수 있는 산업들은 생산여건이 양호한 중국, 인도뿐만 아니라 동남아시아, 중남미, 동유럽 등으로 생산기지를 이동하고 있다. 이 같은 현상은 자동차, 기계 등 고숙련 기능이나 기술 및 높은 신뢰성이 요구되는 산업에까지 확산되고 있다.

따라서 최근 이러한 국제분업(international division of labor) 구조의 변화와 새롭게 등장하는 중국과 인도의 세계 공급기지화가 야기시키고 있는 부품·소재의 특수효과를 최대한 활용하기 위해서는 결국 우리의 산업구조도 부품·소재산업 중심으로 재편되고 부품·소재 중에서도 고품질·고급제품이나 첨단기술제품 위주의 생산과 연구·개발 및 마케팅기능이 강화되는 형태로 발전할 필요가 있다. 특히, 국내시장의 한계로 인해 한국 부품·소재산업의 발전은 기존 완제품산업의 발전패턴과 마찬가지로 '핵심부품·소재의 세계적 공급기지'를 추구해야 한다.

우리의 주력산업 생산원가에서 부품·소재의 비중이 최소한 60% 이상을 차지하고 있어서 부품·소재가 최종조립재의 가격 및 품질경쟁력(quality competitiveness) 확보에 가장 중요한 역할을 수행한다고 할 수 있다. 현재 부품·소재산업이 조립산업에 비해 수입의존도가 높고, 수출비중이 낮아 향후 수입대체(import substitution) 및 수출확대를 통해 높은 성장이 가능할 것으로 판단된다.

한편 IT, BT, NT 등 신기술은 부품·소재와 밀접한 관련을 가지고 있다. 전자정보기술의 발달로 전자BT업 내에서 단일칩·다기능 첨단부품이나 각종 첨단 디스플레이(display) 등 첨단전자부품이 부상하게 되고 기계, 자동차 등의 부품분야에서 전자정보기술이 접목된 신개념 제품들이 적극적으로 출시될 것으로 전망된다.

① NT

NT는 첨단신소재 개발을 촉진하고, 이를 통해 부품의 경량화가 더욱 확산될 것으로 보인다. 또한, 환경문제와 관련하여 각종 부품의 경량화는 중요한 핵심과제가 되고 있다.

② BT

BT도 자체적으로 새로운 소재의 개발이나 IT나 NT와 복합되어 신소재나 새로운 부품의 개발에 영향을 미치게 된다. 환경 및 에너지기술은 부품산업에 간접적으로 영향을 미치게 되며 환경친화적이고 새로운 에너지를 사용하는 기계나 기술은 이전과는 전혀 다른 부품·소재의 개발을 필요로 하게 된다.

③ IT

향후 IT의 지속적 발전으로 새로운 전자부품의 개발뿐만 아니라 이를 자동차 및 기계부품 등에 적용하는 부품의 전자화가 확산될 것으로 보인다.

④ 기능융합

IT와 BT가 복합하여 새로운 부품이 개발되고 BT와 NT는 독자적으로 혹은 기술융합을 통해 신소재 개발이 이루어지게 되며 이러한 신소재를 통해 부품의 경량화 및 신기능화가 촉진될 것으로 보인다.

(3) 지식서비스산업군

서비스산업은 2000~2003년 기간 중 사업체 수 5.2%, 매출 23.4%(경상가격 기준), 고용 11.9% 증가하고 있으나 업종별로 보면 구조적인 변화의 과정에 있다. 서비스산업의 부가가치 실질성장률을 보면 외환위기 직후인 1998년을 제외하면 1990년대 후반 5~7%의 비교적 높은 성장률을 기록하였다. 서비스업종별 비중을 살펴보면 금융 및 보험과 부동산이 각각 9.1%와 7.5%로 가장 크고 도・소매업이 6.9%로 그 뒤를 잇고 있다. 제조업 활동과 밀접한 관련이 있는 사업서비스의 비중은 5.2%를 기록하였다.

경제의 서비스화가 경제구조의 고도화에 중요하나 질적인 성장이 수반되지 않은 채 서비스의 비중이 증가한다고 해서 경제구조의 고도화를 달성할 수 있는 것은 아니다. 따라서 신성장동력으로서의 발전을 이루기 위한 서비스산업의 발전 비전은 '서비스산업과 함께 성장하는 국민경제' 또는 '국민경제의 성장과 고용을 견인하는 서비스산업'이 되어야 한다. 동시에 이러한 장기적인 목표의 달성과 함께 고부가가치의 서비스를 제공하면서도 고임금의 지식집약적 일자리 창출의 역할을 담당할 수 있어야 한다. 이러한 지식서비스산업의 발전은 제조업의 서비스화에 부응한 서비스산업 업그레이드(upgrade)의 의미를 내포하고 있다. 따라서 이러한 지식서비스산업의 발전은 자동차, 조선, 통신기기 등 기존의 주력산업들이 글로벌시장에서 경쟁력을 갖도록 하는 데 크게 기여할 수 있다.

최근 급속히 성장하고 있는 사업지원 서비스, 문화오락 관련 서비스, 정보통신서비스 등은 기존의 주력산업을 지원하거나 수출을 통해서 시장을 창출할 수 있는 가능성이 높은 신성장동력 분야라고 할 수 있다. 차세대 성장동력으로서의 서비스산업 발전을 위해서 선별되어야 할 업종은 다른 분야의 산업, 나아가 국민경제에 활력을 발생시키고 차세대 고용창출을 주도해 나갈 수 있는 분야라고 할 수 있다.

이에 적합한 업종으로서 다음 3가지를 지적할 수 있다.

① 사업지원서비스업

이는 다른 사업부문을 지원하는 서비스로서 연구・개발업, 컨설팅, 디자인, 광고, 마케팅, 홍보 등과 같은 업종과 물류와 같은 산업인프라의 기능을 하는 업종의 발전이 필요하다.

② 국민들의 삶의 질(quality of life)을 제고시킬 수 있는 분야

여기에는 문화 및 오락 관련 서비스업, 보건복지, 교육 서비스업 등이 포함된다.

③ 수출가능 서비스업

수출가능 서비스의 경우 기본적으로 비교역재(non-traded goods)의 성격이 강하나 경제의

글로벌화(economic globalization) 진전과 인터넷, 위성방송 등을 통하여 이미 정보의 장벽(informational barrier)이 무너지고 관련 인력의 이동이 자유로워지고 있기 때문에 경쟁력이 있는 특정부문에서는 수출이 활발해지고 있다.

수출 가능한 서비스 분야에는 컴퓨터관련 서비스, 컨텐츠, 문화서비스 등 정보재(informational goods) 또는 정보재와 연관된 서비스 등이 포함된다. 전체 산업과 경제를 활성화시킬 수 있는 이들 서비스 분야는 그 동안 지식서비스산업으로 지칭되던 분야들과 대부분 유사하다.

3. 현황과 평가

3.1 신기술산업

우리의 신기술수준은 세계 최고수준에 비해 크게 낮은 것으로 평가된다. 정보기술(IT)은 세계 최고수준의 80%를 상회하는 것으로 평가되고 있으나 생명공학기술(BT)과 나노기술(NT)의 현 수준은 세계 최고수준의 60% 정도인 것으로 평가되고 있다. 많은 부가가치를 창출할 것으로 보이는 신기술간 융합기술수준도 선진국 대비 50~60%대로 평가되고 있다.

〈표 17-1〉 국내 신기술 및 융합신기술 수준(세계수준=100)

(단위 : %)

	IT	NT	BT	INT	IBT	NBT	INBT
현재	83.9	58.1	61.9	63.1	55.0	52.6	48.7
2010	89.2	74.5	75.7	75.7	73.2	70.4	65.0

자료 : 산업연구원 실태조사(2004)

정부가 추진 중인 차세대 성장동력 10대 분야는 시장 및 기술의 성숙도와 국내 보유 경쟁력 수준 등에 따라 3개 군으로 분류될 수 있다.

(1) 저준위 정책지원 분야

국내의 기술경쟁력이 높고 초기시장도 이미 형성되어 있는 디지털 TV/방송, 디스플레이, 차세대 반도체, 차세대 이동통신, 지능형 홈네트워크 분야는 시장의 자율경쟁을 촉진하기 위한 '저준위 정책지원'이 필요한 군으로 분류된다.

(2) 중준위 정책지원 분야

디지털 컨텐츠(digital contents)와 SW 솔루션, 미래형자동차, 자동형 로봇, 차세대 전지 분야는 시장 창출 잠재력이 큼에도 불구하고 국내경쟁력이 낮아 일정 수준 이상의 정책지원과

산학연관간 긴밀한 협력이 필요한 '중준위 정책지원' 분야로 분류할 수 있다.

(3) 고준위 정책지원 분야

바이오신약장기 분야는 시장성숙도도 매우 낮고 국내경쟁력도 미약하여 정부의 적극적인 정책지원이 요구되는 '고준위 정책지원' 필요 분야이다.

선진국 대비 국내의 기술경쟁력(technological competitiveness)을 정책 지원 수준을 기준으로 분류된 3개 군 별로 살펴보면 I군의 경우 2005년 기준 80~90%로 세계시장 선점 가능성을 보유하고 있다고 평가되고 있으며 2012년 95% 수준까지 경쟁력을 제고시키는 것을 목표로 하고 있다. Ⅱ군과 Ⅲ군은 2005년 기준 선진국 대비 60~70% 수준 경쟁력을 보유하고 있는 것으로 평가되고 있으며 2012년까지 80~90% 수준까지 제고시키는 것이 세부 사업단별 목표로 제시되고 있다.

차세대성장 동력사업은 향후 5~10년 후 한국경제의 성장을 주도할 수 있는 기술과 제품을 선정하여 전략적 연구・개발 투자(strategic R&D investment)와 지원, 개발된 기술과 제품의 조기 상용화 및 산업화(수출산업화 포함)를 목적으로 추진되고 있다. 신기술산업은 기술개발의 불확실성과 위험도가 기존 주력산업에 비해 매우 클 뿐만 아니라 민간투자의 진입장벽을 낮추기 위해서도 공공부문의 역할이 매우 중요하다. 이에 따라 정부는 차세대 성장동력사업을 추진함에 있어 연구・개발 사업을 중심으로 하되 이를 지원할 수 있는 중장기 산업발전 인프라의 구축에도 주력하고 있다. 연구・개발 사업의 경우 사업단을 중심으로 출연연구소와 민간기업, 대학에 R&D 자금을 지원하고 있다. 또한, R&D 성과의 조기 사업화를 촉진하기 위해 인력양성, 제도개혁, 초기 시장형성 등 차세대 성장동력을 위한 중장기 산업발전 인프라 구축을 추진하고 있다.

특히, 정부와 민간부문의 역할 분담을 통한 협력체계 구축이 추진되고 있다. 예를 들면, 민간기업이 10대 성장동력 분야의 핵심기술의 실용화와 초기시장 선점에 집중적인 투자를 담당하고 정부는 기초・원천기술 개발, 초기시장 창출, 투자효율성(investment efficiency) 제고를 위한 제도개선, 규제완화(deregulation), 인력양성 등 간접적인 지원 중심의 정책을 추진한다는 전략을 수립하고 있다. 이에 따라 정부 R&D 지원사업추진의 결과로 개발된 기술과 제품의 사업화 지원과 이들 기술과 제품개발에 있어 필수적인 R&D 인력 및 산업화 과정에 필요한 고기능 인력의 공급체계 확보에 역점을 두고 각종 시책을 추진하고 있다. 현재 상기한 추진전략이 비교적 순조롭게 진행되고 있으나 R&D 과제 선정단계에서 기술성이 중심이 되면서 경제성평가가 다소 미흡한 측면이 있고 국가주도 분야와 민간주도 분야간 R&D 사업의 전략성이 부족한 점 등이 문제로 지적되고 있다.

3.2 부품 · 소재산업

현재 정부의 부품 · 소재산업 육성과 차세대 성장동력화 관련 정책은 '부품 · 소재전문기업 등의 육성에 관한 특별조치법'을 근거로 '부품 · 소재발전 기본계획'에 의해 추진되고 있다(이러한 특별법은 2011년까지 시행되는 한시법으로 2002~2005년 1단계 사업으로 발전기반 구축을 목표로 하고 있음). 기본계획에서는 '핵심 부품 · 소재의 세계적 공급기지화'를 부품 · 소재산업의 발전비전으로 설정하고 있다. 이러한 발전비전을 달성하기 위한 정책목표로서 전문 부품 · 소재기업 육성, 독자 기술기반 구축, 세계적 조달네트워크 참여 등을 제시하고 있다.

정부는 조세특례제한법, 법인세법 등의 세제지원과 '부품 · 소재 전문투자조합'의 결성을 통해 부품 · 소재업체의 전문화 및 대형화를 촉진하는 한편 대규모 기업집단에 속하는 기업이라도 자기계열회사에 대한 매출액이 50%를 초과하지 않는 부품 · 소재기업인 경우 전문부품 · 소재기업으로 인정하고 있다. 정부의 기술관련 지원사업은 크게 2가지(① 기술개발지원, ② 현장애로기술지원)로 분류할 수 있다. 기술개발지원은 핵심 부품 · 소재의 원천기술을 개발하기 위해 중점분야에 집중적으로 지원하고 시장친화적 개발(market-friendly development)을 유도하기 위해 민간의 투자를 활용하는 방식으로 추진되고 있다.

한편, 부품 · 소재의 세계적 조달네트워크 참여를 위한 정책의 일환으로 신뢰성(credibility) 확보에 중점을 두고 있다. 이를 위해 신뢰성평가 기준 제 · 개정 및 분석연구기반 구축, 신뢰성 평가 및 인증사업 실시, 신뢰성 보험제도 도입, 중소기업 신뢰성향상지원사업, 신뢰성 기초분석 연구 및 전문인력 양성사업 등을 추진하고 있다. 한편, 부품 · 소재에 특화된 수출지원정책보다는 KOTRA나 지방정부에서 일반적인 해외시장 개척을 위한 인력 및 정보지원, 해외전시회 참가 및 국내외 전시회 개최 지원 등을 실시하고 있다. 또한, 부품 · 소재 수출 Leading Company를 선정하여 업종별 대표기업으로서 부품 · 소재 수출의 모델로 활용하고 있다.

기업들의 노력과 정부의 정책적 지원에 힘입어 부품 · 소재의 신제품개발 및 생산기술은 정책시행 초기인 2001년에 각각 선진국의 66.4%, 77.8%에 불과했으나 2005년 기준 84.3%, 87.7%로 상승했으며 2010년에는 93.9%, 96.8%까지 제고될 것으로 전망된다. 품질수준도 2001년의 85%에서 2005년 기준 89.7%까지 상승했으며 2010년까지 96.5%까지 제고될 것으로 전망된다.

이 같은 기술 및 품질수준의 획기적인 개선으로 인해 2003년 이후부터는 부품소재의 수출증가율이 수입증가율을 크게 상회하는 양상을 보이고 있다.

〈표 17-2〉 부품 · 소재의 선진국 대비 수준 변화 추이

(단위 : %)

	초기(2001)	실적(2005)	예상(2010)
신제품개발기술	66.4	84.3	93.9
생산기술	77.8	87.7	96.8
품질수준	85.0	89.7	96.5

자료 : 산업연구원, 부품 · 소재발전기본계획 수립을 위한 연구(2001. 8), 한일 FTA가 부품 · 소재산업에 미치는 영향과 대책(2005. 6)

지난 10년간 이미 부품 · 소재의 수출증가율이 전산업의 수출증가율을 상회하고 있고 무역특화지수도 대폭 개선되는 추세를 보이고 있다. 이에 따라 부품 · 소재산업은 향후 한국경제의 성장을 주도할 뿐만 아니라 기존 조립산업과는 달리 생산 및 연구 · 개발(R&D), 경영, 마케팅 등에서 다수의 인력을 요구하므로 실업문제 해결에도 기여하게 될 것으로 전망된다.

〈표 17-3〉 부품 · 소재산업의 무역 및 경쟁력 변화 추이

(단위 : 백만 달러, %)

	1994			2004			연평균증가율 (1997~2004)	
	수출	수입	특화지수	수출	수입	특화지수	수출	수입
전산업	96,013	102,348	-0.032	253,845	224,463	0.061	10.2	8.2
부품소재	29,034	33,968	-0.078	107,871	92,664	0.076	14.0	10.6

자료 : 기계공업진흥회, 무역협회 등의 무역통계

그러나 상기한 부품 · 소재산업의 경쟁력수준 제고와 수출확대 등은 기존 범용부품 · 소재에 한정되고 있고 핵심 첨단부품 · 소재는 여전히 선진기업들과의 경쟁력에서 밀리고 있다. 따라서 핵심 첨단부품 · 소재의 개발 및 경쟁력 제고는 아직 핵심과제로 남아 있다. 향후 급속한 기술의 발전 및 융합화, 부품의 모듈화 · 시스템화 하에서 요구되는 국내 브품 · 소재기업의 대형화 유도정책 등이 추진될 필요가 있다.

3.3 지식서비스산업

정부의 서비스산업 육성 추진정책은 '서비스산업 경쟁력 강화 추진방안' 마련을 위한 관계부처 합동회의(2005. 3)를 기점으로 더욱 강화되고 있다.

지식서비스부문의 성장동력 확보를 위한 육성정책도 비교적 광범위하게 추진되고 있다. 이는 정책적 지원과 성과가 비교적 양호하게 모니터링(monitoring)되고 있는 분야로서 컴퓨터 관련 서비스업, 온라인 게임(online game), 모바일 게임(mobile game) 등은 이미 수출산업화

되고 있다. 영화산업은 국내시장 점유율 50%대를 유지하면서 높은 경쟁력을 기반으로 수출산업으로 성장하고 있다. 1990년대 초반까지만 해도 영화산업의 무역특화지수는 완전수입특화에 가까웠으나 2004년에 들어서는 수출입이 거의 균형상태에 이르고 있다. 향후 성장여하에 따라서는 수출특화산업으로 부상할 수도 있을 것으로 전망된다.

소프트웨어 및 컴퓨터관련 서비스업의 경우 전형적인 수출가능 서비스산업이자 지식기반산업(knowledge-based industry)으로 인식되고 있다. 전체 수출금액면에서는 2004년 기준으로 패키지소프트웨어(package software) 부문의 수출이 5억 1,500만 달러로 가장 많다. 이어서 컴퓨터 관련서비스업의 수출이 2억 3,800만 달러, 디지털 컨텐츠 부문이 1억 6,500만 달러를 나타내고 있다. 패키지소프트웨어부문은 지금까지 연간 무역수지 적자규모가 연간 3억~4억 달러에 이르고 있으나 디지털 컨텐츠와 컴퓨터관련 서비스업은 수출을 통해서 시장을 창출하는 산업분야로 성장하고 있다.

서비스산업 활성화를 위한 대책이 관계부처 합동으로 진행되고 있음에도 불구하고 소관부처가 업종별로 분산되어 있어 준비와 관심부족, 핵심사항에 대한 이견 등의 문제점이 여전히 남아있는 상태이다. 교육 및 의료기관의 영리법인화 허용, 법인약국 허용, 외국계 법률회사의 합작규제 완화 등에 대한 교육계, 의료계, 법조계 등 관련자들의 이해조정이 더 필요할 것으로 판단된다.

또한, 정부의 포괄적인 서비스산업 경쟁력 강화 대책에도 불구하고 지식기반산업으로 분류되고 있는 사업서비스업(디자인, 과학기술 전문 연구개발업, 컨설팅 등)과 삶의 질(quality of life) 향상에 기여하는 교육, 의료 등의 분야는 성장동력 산업화가 현저하게 나타나지 않고 있다. 특히, 사업서비스업의 경우 수요기업의 투자가 활성화됨으로써 동반성장할 수 있는 성격이 강하다고 할 수 있다. 이러한 점에서 공급측면의 자극을 통한 산업활성화에는 한계가 있다고 볼 수 있다.

4. 전략

차세대 성장동력을 확보하기 위한 전략은 다음 3가지 측면에서 살펴볼 수 있다.

4.1 차세대 정부 R&D 사업의 전략성 강화

(1) R&D 사업추진의 전략성 제고

R&D 사업추진의 전략성 제고는 다음 3가지 측면을 고려할 필요가 있다.

① 차세대 성장동력 R&D 지원과제 선정과 연구비 지원에 있어 정부와 민간의 주도적 역할 분담과 전략성 제고

민간과 정부의 역할 분담에 대한 기준을 명확히 하여 정부 R&D 지원이 민간투자를 구축(crowding-out)하지 않도록 한다. 즉, 민간이 자발적으로 연구・개발(R&D)과 혁신(innovation)을 수행할 수 있는 분야에서 정부가 지원함으로써 발생하는 연구・개발 투자의 비효율성이 발생하지 않도록 할 필요가 있다.

② 현재 진행되고 있는 과제들에 대한 연동계획을 철저히 수립하여 변화하는 기술 및 산업 환경에 적극적으로 대응함

이 때 제조업의 서비스화, 고령화 등 최근 산업여건 및 기술변화 추이, 경쟁대상국의 기술전략 등을 충분히 고려할 필요가 있다. 또한, 관련기술이 적용되는 제품의 개발 및 사업화, 조기 수출화로 인한 핵심부품 및 소재의 수입유발효과, 대・중소기업 간의 하도급 구조의 변화 등도 충분히 고려해야 한다.

③ 동 사업의 전략성을 제고하는 차원에서 10대 차세대 성장동력 분야별 R&D 지원 예산사업 중에서도 외국과의 경쟁가능성을 고려하여 선점할 필요성이 있는 분야를 중심으로 상대적인 우선순위를 부여하여 선택과 집중할 분야를 선정할 필요가 있음

전략적으로 중점 추진할 필요가 있는 원천기술 분야와 핵심기술(core technology)을 선별하고 이들 기술개발 과제에 대해 집중적으로 투자해야 한다.

(2) 민간투자 촉진을 위한 여건 조성

현재 차세대 성장동력사업은 사업단을 중심으로 핵심기술 및 시제품 개발에 중점을 두고 있다. 이 결과를 기반으로 이어지는 사업화는 기업의 적극적인 R&D 프로젝트 참여와 선행투자, 관련 생산기술 인력의 확보와 초기 시장형성이 중요한 사안이 된다. 최근까지 차세대 성장동력 분야에 대한 민간부문의 선행 설비투자가 당초 예상과는 달리 크게 미흡하여 이들 분야에 대한 기업의 투자재원조달과 대응투자를 유발할 수 있는 여건을 조성할 필요가 있다. 이를 위해서는 사업화 과정에서 발생하는 불확실성과 위험(uncertainty and risk)을 완화하기 위하여 사업화 지원관련 법, 제도, 규제 등을 개혁하여야 한다. 그동안 한시적으로 운영되어 온 기업의 R&D와 관련한 조세감면 등 정부의 R&D 조세지원제도가 사전에 특별한 연장조치나 법개정이 이루어지지 않는 한 조만간 종료될 예정으로 있다. 이는 장기간 R&D 투자를 필요로 하는 차세대 성장동력사업에 대한 투자를 위축시킬 가능성이 크다고 할 수 있다. 기업

관련 지원제도를 정비함에 있어서도 차세대 성장동력사업에 대한 투자가 저해되지 않도록 추진할 필요가 있다.

4.2 부품 · 소재산업의 차세대 성장동력화 강화

(1) 민간 주도의 글로벌 네트워크 참여 본격화

미래 발전의 핵심이 부품 · 소재산업이라는 시각에서 법적 근거를 가지고 이를 지원하는 현 정책방식은 산업발전비전에 기초한 지속적인 지원이라는 측면에서 바람직한 방향이라고 평가할 수 있다. 2005년까지는 부품 · 소재 발전기반을 구축하는 단계였으나 2006년 이후는 발전기반을 민간에 이양하여 글로벌 네트워크(global network)에 본격적으로 참여하는 단계라고 할 수 있다. 세부적인 기술개발과제 선정이나 각종 지원기관의 운영 등은 최대한 민간자율로 운영될 수 있도록 하고 정부는 중장기적인 발전방향의 수정 및 보완해야 할 기반구축에 핵심을 두어야 할 것으로 판단된다.

(2) 세계적 부품 · 소재기업의 육성과 부품 · 소재범위의 확대

현재 정부가 추진 중에 있는 중핵기업 육성은 핵심 부품 · 소재기업의 대형화라는 세부 발전목표를 보다 구체화하였다는 데 의미를 부여할 수 있다. 2001년 수립한 부품 · 소재 발전기본계획에서도 '세계적 품질 및 기술보유 부품 · 소재 전문기업 육성'을 발전목표로 설정한 바 있다. 기술개발 및 기술기반 구축, 신뢰성 제고, 사업화 및 시장진입 촉진 등의 부품 · 소재관련 시책이 원활하게 수행되면 결과적으로 중견 · 중소 · 부품업체들이 세계적 공급업체로 성장하여 중핵기업이나 세계적 품질 및 기술보유업체로 부상하게 된다.

따라서 중핵기업이라는 개념을 새롭게 구상한 것은 의미가 있으나 실질적인 내용에 있어서는 세계적 품질 및 기술보유 부품 · 소재 전문기업 육성 등과 같은 기존의 발전목표와 큰 차이가 없다.

부품 · 소재산업에서 대형업체를 육성하기 위해서는 기술개발이나 여타지원을 통해서 단기간에 이루어지기는 힘든 실정이며 조립대기업의 계열기업화나 기존 부품 · 소재업체간 인수 · 합병(M&A)을 통한 대기업화를 활성화할 필요가 있다. 일본의 덴소나 아이신은 도요타(TOYOTA)의 계열회사이고, 미국의 델파이나 비스티온 등은 GM과 포드(FORD)에서 독립해 나온 계열회사이며, 일본의 칼소닉칸세이는 자동차부품의 모듈생산을 위해 칼소닉과 칸세이가 합병한 회사이다. 따라서 조립대기업이 부품 · 소재관련 기업의 설립 및 분사, 지분참여 등을 자유롭게 할 수 있도록 각종 제약을 완화하는 것이 필요하다.

또한, 세제 및 금융상 인센티브를 주어 모듈생산을 위한 부품업체간 인수 · 합병의 활성화를 유도할 필요가 있다. 자동차부품산업 등에서는 부품의 모듈화가 일반적인 경향이므로 인수·합병을 통한 대형화가 어려울 경우 관련업체간 협업을 통해 모듈을 개발하고 생산하는 시스템을 구축하도록 하는 것이 바람직하다.

특히, 중핵기업 육성을 위한 대형 기술개발 지원이 활성화되어야 하는데 중기거점과제나 차세대성장동력 기술개발사업과 같은 여타 기술개발과제 선정에 있어 중핵 부품소재기업에 대해 우선순위를 높이는 것이 필요하다. 또한, 제조업뿐만 아니라 최근 중요성이 확대되고 있는 상품의 제조에 중간생산물로 사용되는 각종 소프트웨어 등의 생산기업도 부품·소재기업의 범위에 포함될 수 있도록 관련규정의 개정을 추진할 필요가 있다.

(3) 시장친화적 개발지원 지속과 수요업체와의 연계성 강화

부품·소재업체에 대한 대형기술 개발지원은 이미 중기거점 과제나 차세대 성장동력 기술개발사업 등에서 이루어지고 있다. 따라서 부품·소재 발전정책의 기술개발과제는 기존의 정책에서 지원되지 못하고 있는 부분을 대상으로 지원이 이루어져야 한다. 기존 부품·소재 발전정책에서 실시되고 있는 시장친화적 기술개발정책은 부품·소재의 세계적 공급기지화에 부합되는 정책으로 판단되며 이러한 지원정책은 여타 기술개발 정책과 차별화되고 있다.

사업화에 장기간이 소요되어 투자가 활성화되지 못하고 있는 소재 및 자동차부품, 기계부품, 소재 등에 대한 기술개발 지원에 대해서는 보완책을 마련할 필요가 있으나 현재 추진되고 있는 부품·소재 기술개발정책은 지속적으로 추진해야 한다. 향후 지원에 있어 수요업체와의 연계성 강화 및 개발된 제품의 사업화라는 차원에서 수요업체와의 공동개발이나 독자적인 개발과제라 하더라도 수요업체와 사전협의 또는 사전 수요조사 기능을 강화하는 것이 필요하다. 지원의 효율성이라는 관점에서 모듈부품의 경우 전체모듈은 대형모듈업체가 담당하게 하고 세부과제는 모듈업체의 책임 하에 단품업체를 선정하여 개발하도록 하는 방안도 강구할 필요가 있다.

또한, 신뢰성인증제도 등에 대한 수요업체들의 사전 인정협약 체결과 '부품·소재산업 진흥원'을 통한 지원시 수요 대기업과의 지원인프라 연계기능 강화에 초점을 맞추어 안정적 운영을 할 수 있는 방안 등도 적극적으로 모색할 필요가 있다.

(4) 해외마케팅 및 애로기술 중심의 중소부품·소재기업 지원 강화

모듈단위의 부품은 무게나 부피가 커서 조립업체 주변에 위치하는 것이 운송비용(transportation cost) 등에서 이점이 있으며 수입국의 현지화(localization) 요구 등으로 수출산업화 하기가 용이하지 않다. 따라서 향후 2차, 3차 부품업체 등이 수출의 핵심기업으로 부상할 것으로 기대된다. 그러나 중소부품·소재업체들은 규모의 영세성으로 정보, 기술, 마케팅 능력 등 전반적인 인프라가 취약하므로 지역기술혁신센터 등은 이들 기업에 대한 지원에 역점을 두도록 지원기반을 확대하는 것이 필요하다.

특히, 본격적인 부품·소재의 세계적 공급기지화를 위해 해외마케팅 능력이 부족한 중소 부품·소재업체에 대한 수출시장 정보 및 해외전문인력 등의 지원을 강화할 필요가 있다.

또한, 기술지원은 지역기술혁신센터나 공공연구기관 등의 인력 및 장비, 개발기능 등을 충분히 활용할 수 있도록 관련 연계기능을 보다 강화할 필요가 있다. '부품·소재 통합연구단'에서 확대 개편된 '부품·소재 산업진흥원'에서도 부품·소재업체의 애로기술 해결을 위한 연계사업이 핵심사업이 될 필요가 있다. 16개 공공연구기관뿐만 아니라 지역대학 및 혁신센터 등을 활용하는 방안도 모색될 필요가 있다. 이미 구축된 지역혁신 클러스터(cluster)의 대부분은 부품·소재와 관련되어 있어 이의 기능 확대 및 활용 강화를 통해 현장에서 용이하게 지원기능을 이용할 수 있도록 조치할 필요가 있다.

4.3 지식서비스산업의 전략적 육성

(1) 제조업과 서비스업의 상호보완적 역할을 고려한 산업정책 추진

제조업 중심의 사고로부터 탈피하여 제조업과 서비스업의 상호보완적 역할(mutually complementary role)을 충분히 인식하여 균형발전을 유도하는 방향으로 산업정책의 방향이 설정될 필요가 있다. 또한, 한국적인 상황에 적합한 서비스산업 육성 전략을 구축함으로써 구조고도화를 추진해야 한다. 일본의 경우 미국과 같은 서비스화 노선은 비교우위(comparative advantage)가 없다는 인식 하에 자국이 높은 경쟁력을 지닌 하드웨어에 소프트웨어를 결합한 제3의 상품군(Thirdware)을 전략산업으로 육성(정보가전, 고도도로 정보시스템(ITS) 등)하는 전략이 추진되고 있다.

더욱이 제조업과 대비하여 서비스산업을 하나의 산업으로 간주하여 접근하는 기존의 산업정책개발 방식을 탈피하여 제공되는 서비스의 특성을 고려한 중간단계의 정책목표가 필요하다. 일자리창출(단순노동력 혹은 전문인력 등), 제조업경쟁력 보완, 삶의 질 제고 등 정책우선순위에 따라 중점육성 분야가 변화되고 지원수단도 차별화되어야 한다.

(2) 전략적 업종에 대한 선별적 발전전략 추진

전략적인 육성정책이 필요한 분야는 다음과 같은 3가지 중간단계의 정책목표에 부합하는 분야가 될 수 있다.

① 부가가치가 높으면서도 제조업을 보완·지원해 줄 수 있는 제조업 관련 서비스에 유통 물류, 금융, 통신, 비즈니스서비스 등이 포함된다.

② 수출을 통하여 제한된 내수시장을 탈피할 수 있는 서비스부문에는 문화서비스(영상물, 컨텐츠 등), 정보통신 관련 서비스(통신서비스 노하우, 소프트웨어 등)가 있다.

③ 지식집약적인 투입의 비중이 높은 서비스부문은 국민들의 삶의 질 제고와 관련된 의료, 보건, 교육, 문화 및 오락 등이 포함된다.

5. 실행계획

실행계획은 다음 3가지 측면에서 살펴볼 수 있다.

5.1 정부와 시장의 역할 분담

차세대 성장동력을 확보하는 데 있어 정부와 민간의 효율적인 역할 분담은 매우 중요하다. 차세대 성장동력이 갖는 미래 불확실성과 위험(future uncertainty and risk), 초기시장의 미형성 등의 특성을 고려할 경우 정부의 역할이 중요하게 부각된다. 그러나 장기적인 관점에서 차세대 성장동력이 가지고 있는 성장가능성(growth possibility)과 수익성(profitability)을 고려할 경우 이들 성장동력 확보의 주체는 기업가적 마인드 등을 지닌 창의적인 민간기업(creative private company)이 되어야 한다. 다만 현재 우리의 경제발전단계나 시장규모를 고려하여 차세대 성장동력이 민간주도로 시장기능에 의해 형성될 수 있는 여건이 마련되어 있지 않은 분야에 대해서는 정부의 제한적인 개입을 고려할 수 있다. 특히, 우리의 경우 기존 성장동력산업의 성장 및 고용창출 기여도가 점차 감소되는 상황에서 이들 산업의 업그레이드와 새로운 산업의 지속적인 창출을 통해 양호한 일자리를 제공하는 정부의 기본책무를 고려할 때 정부의 적절한 역할이 기대되고 있다.

우선 차세대 성장동력으로 부상하고 있는 신기술산업과 부품소재산업, 지식기반 서비스산업의 발전과 관련한 정부와 시장의 상대적 중요성과 역할을 설정할 경우 정부의 역할과 중요성은 그 우선순위가 지식서비스산업, 부품소재산업, 신기술사업(차세대 성장동력사업)의 순서가 되어야 한다.

차세대 성장동력사업의 경우 지능형 로봇, 차세대 전지, 바이오신약 등 국내역량이 부족하고 상용화가지 장기간이 소요되는 분야에 한해 정부 R&D 투자를 집중하는 한편 차세대 반도체, 차세대 이동통신 등 민간역량이 축적되어 있는 분야의 투자는 최대한 민간의 자율적인 판단에 일임할 필요가 있다.

또한, 부품소재산업의 경우 정부의 역할은 세제, 금융상 인센티브를 강화하여 인수 · 합병(M&A)을 통한 대형업체 육성을 도모하고 소프트웨어 생산기업을 부품소재기업에 포함되도록 하는 등 제도개선 및 기반조성에 집중할 필요가 있다. 한편, 민간기업은 신기술개발을 통한 경쟁력 강화, 글로벌 네트워크(global network) 참여를 통한 생산기지화 추진 등 기술개발과 마케팅 역량을 지속적으로 강화하는 데 있어 주도적 역할을 담당해야 한다.

한편, 지식기반서비스산업(knowledge-based service industry)은 생산과 고용 창출의 가능성이 가장 큰 분야이므로 정부가 적극적인 규제개혁(regulatory reform)과 경쟁촉진, 단계적인 시장개방 등을 통해 경쟁력 강화를 유도하고 서비스통계 정비 및 서비스상품의 표준화 등 관련 인프라 정비에 주력할 필요가 있다. 민간부문은 지식경영(knowledge management)과 혁신을 통한 지속적인 가치창출 모델(vaule-creative model)을 개발하고 제조업 등 타 분야와의 연계발전을 통한 부가가치 제고에 역량을 결집시켜야 한다.

5.2 중점 추진과제

(1) 정부 R&D 과제의 경제성 평가 강화

차세대 성장동력사업은 시작 초기단계에 어떤 연구과제를 지원하는가에 역점을 두어왔다. 이 같은 상황에도 불구하고 과제 선정단계에서 기술성을 중심으로 과제를 선정했다는 점에서 민간의 참여를 촉진하는 데 한계가 있다. 경제성 평가는 사업화 가능성이 높은 기술을 선정함으로써 민간의 참여를 적극적으로 유도할 수 있으며 정부 입장에서는 차세대 성장동력사업의 사업화 목표 달성률을 제고함으로써 정부 연구 · 개발 투자의 효율성을 제고시킬 수 있다.

경제성 평가가 이루어지지 않을 겨우 연구 · 개발의 결과물이 사업화되어 경제적 성과(economic performance)로 연계되지 못하는 결과를 야기시킬 수 있다. 차세대 성장동력사업에 대한 민간 R&D 투자 참여와 사업화 관련 투자가 부진한 점을 고려하여 현재 추진 중인 과제가 경제성 측면에서 적절하게 선정되었는지 재검토해 볼 필요가 있다.

현재 산업자원부에서는 연구 · 개발 과제를 지원할 때 경제성 평가를 강화하는 새로운 평가 시스템을 구축하고 있다. 연구 · 개발 과제를 기획하고 선정할 때부터 중간, 최종단계에 이르는 전 단계에서 경제성 평가를 실시할 예정으로 있어 향후 정부의 연구 · 개발 사업, 특히 상업화를 목표로 하는 정부 연구 · 개발 사업으로 이를 확대 실시할 필요가 있다.

(2) 부품 · 소재관련 지원기반의 민간 독자적 운영체제 강화

대부분의 과제가 단기간에 종료될 수 있는 성격은 아니고 연차적으로 매년 실시하면서 중장기적으로도 지원을 지속해야 한다. 종합기술지원사업이나 핵심기술개발사업, 개발된 부품·소재의 사업화, 해외기술의 도입, 부품·소재기업의 수출기업화 지원 등 대부분의 지원이 계속사업으로 지속되어야 한다.

향후 보다 관심이 두어져야 할 지원과제는 부품·소재관련 지원기반을 민간이 독자적으로 운영하고 부족한 부분을 보완할 수 있는 방안 마련이다. 종합기술지원사업을 실시하는 기관을 보다 확대하고 관련지원이 중소부품·소재업체에까지 확산될 수 있도록 해야 한다. 또한, 상품의 제조에 중간생산물로 사용되는 각종 소프트웨어 등의 생산기업도 전문부품·소재기업의 범위에 포함될 수 있도록 관련규정도 개정할 필요가 있다. 부품·소재의 기술개발과제 선정은 수요업체의 의견을 적극적으로 반영하고 신뢰성향상사업을 포함한 수출관련 각종 전시회, 구매사절단 유치 등 수출산업화 관련정책도 더욱 강화된 형태로 지원이 이루어져야 한다.

(3) 지식서비스산업 활성화를 위한 제도적인 지원 강화

지식서비스산업의 중점 육성대상 업종에 대해서는 규제개혁, 지원프로그램의 활성화 등 제도적인 지원책을 강구해야 한다. 이와 관련하여 다음 4가지 사례를 지적할 수 있다.

① 서비스산업의 경우 연구·개발 활동이 제조업에 비하여 활성화되지 않는 특징을 고려하여 연구·개발 범위에 대한 인정 범위를 확대하는 방안

문화컨텐츠 업계의 프리프로덕션 단계(preproduction stage)의 투입 중 일정부분이나 소프트웨어 시제품 개발 등을 연구·개발로 인정함으로써 이들 업종의 창의적인 사전기획활동을 활성화시킬 필요가 있다.

② 부품소재산업과 관련된 지원정책에서 임베디드 소프트웨어(embedded software) 부문을 포함함으로써 관련 개발업체가 지원을 받을 수 있도록 하는 방안

산업용기기, 디지털가전 등 각종 기계장치에 임베디드 소프트웨어가 소요되는 분야가 크게 증가하고 있는 추세를 보이고 있다. 따라서 정보통신 관련 서비스 등 제조업을 지원하는 부문에 대해 제조업에 대한 지원과 유사한 정책수혜 대상으로 편입시킬 수 있는 분야를 찾아서 적용할 필요가 있다.

③ 한국의 정책성공 사례의 해외지원과 더불어 관련 서비스업체의 시스템수출을 지원하는 방안

한국의 앞선 정책사례를 관련 외국정부에 적극적으로 전수해 주고 그 과정에서 국내의 하드웨어뿐만 아니라 컨설팅, 설계용역 등 서비스 관련 업체들의 수출을 지원할 필요가 있다. 예를 들면, 이동통신서비스, DMB, WiBro, 통합교통카드시스템 등이 해당된다.

④ 의료, 교육 등의 지식서비스 부문에 대해서는 규제개혁을 통한 민간의 자발적인 투자활성화(investment vitalization)를 유도하는 방안

특히, 정부 부처간, 관련 민간부문간 이해가 대립하는 분야에 대해서는 이해를 조정하는 총괄 기능이 강화되어야 한다.

5.3 중장기 추진과제

중장기 추진과제는 다음 3가지로 요약할 수 있다.

(1) 정부 신기술 R&D사업 과제간 연계 강화

차세대 성장동력사업은 상업화를 목적으로 하는 대표적인 개발연구과제로 평가된다. 개발연구의 경쟁력은 기초연구의 경쟁력과 분리되어 육성될 수 없으며 관련 기초연구들과의 연계를 통해 시너지효과(synergy effect)를 창출할 수 있도록 R&D 정책이 기획될 필요가 있다. 즉, 기초연구 과제의 기획시 기술수요자라 할 수 있는 개발연구 부문의 관점이 고려될 필요가 있으며 개발연구 과제에서도 국내에서 수행 완료 혹은 추진되고 있는 기초연구 과제와의 연계성이 확보되어야 한다.

정부 연구·개발 사업 중 21세기 프론티어사업, 중기거점 기술개발사업, 차세대 신기술개발사업 등의 중장기 기술개발사업 중에는 차세대 성장동력 과제와 연관관계가 깊은 개발 전 단계의 과제들이 있다. 이들 과제를 서로 연계시켜 지원한다면 부족한 차세대 성장동력사업의 예산을 확대하는 효과가 있으며 시너지효과를 제고시킬 수 있고 수요자 중심의 기초연구가 가능하게 된다. 이를 위해서는 동일 부처 내에서의 프로그램간 연계는 물론 부처간 프로그램의 연계도 이루어져야 한다.

또한, 기초연구와 개발연구의 구분은 연구·개발 주체의 구분과도 관련이 있다. 기초연구는 주로 대학에서 수행하고 있으며 개발연구는 기업이 주로 수행하고 있는데 이들 양 연구개발 주체들의 연구·개발 목표 및 이해관계가 상이하여 양 부문간 연계가 제대로 이루어지지 못하고 있다. 따라서 기초연구과제 선정시 개발 및 상업화 과정을 고려하여 대학과 기업의 산학

협력을 실질적인 관계로 진전시켜야 한다.

(2) 부품 · 소재 기술개발 로드맵에 따른 지속적인 R&D 과제 추진

부품·소재의 기술개발과제 선정은 수요업체의 의견을 적극적으로 반영하고 신뢰성향상사업을 포함한 수출관련 각종 전시회, 구매사절단 유치 등 수출산업화 관련정책은 보다 강화된 형태로 지원이 이루어져야 한다. 특히, 기술개발지원은 부품·소재 기술개발 로드맵에 따라 확실한 개발목표를 선정하여 장기적인 계획에 따라 이루어져야 할 필요가 있다.

(3) 지식서비스산업의 생산성 제고를 위한 다양한 프로그램 개발

서비스산업 내부의 구조고도화를 위한 전략적인 선택과 더불어 지식서비스산업의 생산성 제고를 위한 다양한 정책 프로그램의 개발이 필요하다. 우선 서비스 업종의 혁신환경 조성을 위해서는 인적자원(human resources)의 개발 및 교육환경 개선, 규제개혁과 경쟁촉진, IT 활용도의 제고, 단계적이고 지속적인 서비스시장 개방, 서비스통계 정비 등이 단행되어야 한다. 또한, 서비스 상품의 표준화, 품질인증제, 소비자 피해구제제도, 유통구조 개선 등 국가적인 차원의 제도정비도 종합적인 서비스산업 육성 정책으로 추진되어야 한다.

특히, 전략적인 부문의 경쟁력 강화를 위한 근본적인 대책으로서 생산성 제고를 위한 개별 서비스 업종에 대한 지식기반화 촉진 정책이 필요하다. 중소기업들은 대기업들과는 달리 지식경영(knowledge management)의 필요성을 인식하면서도 지식경영 도입을 위한 전문적인 컨설팅에 접근하기가 어려운 실정이어서 관련지식과 방법론의 도입에 한계가 있다. 각 업종별 특성에 적합한 지식경영 방법론과 지식자산 측정을 통한 개별기업에 적합한 지식경영 컨설팅 등 중소기업을 대상으로 하는 지식경영의 확산은 서비스산업의 경쟁력 제고에 기여하게 된다.

〈참고〉 차세대 성장동력에 대한 2가지 접근 방식

범국가적인 전략적 대응을 필요로 하는 문제의 하나는 향후 10년, 더 나아가 미래에 있어 한국경제의 지속가능한 성장과 사회발전(sustainable growth and social development)을 보장해 줄 수 있는 성장동력은 무엇이며 이러한 성장동력을 어떻게 확보할 것인가라고 할 수 있다. 이러한 성장동력에 관한 논의와 정책에 있어서는 성장동력을 어떻게 정의하고 그 범위를 어떻게 설정하느냐에 따라 다양한 접근방법이 있을 수 있다. 또한, 성장동력을 어떻게 인식하느냐에 따라 성장동력 확충의 주체와 정책수요가 크게 상이해질 수 있다. 따라서 정부와 민간부문의 역할도 달라질 수 있다.

① 경제성장의 완화에 근거하여 성장동력을 인식하고 논의하는 방식

경제성장의 원천(sources)에 주목하여 성장동력을 파악하고 논의하는 것은 가장 일반적인 접근방식이라고 할 수 있다. 즉, 일국의 경제발전 초기에는 노동투입, 자본축적이 경제성장에 있어 주요 성장동력의 역할을 하게 된다. 그러나 경제가 점차 성숙단계로 진입하면서는 요소축적(factor accumulation)에 의한 성장의 한계가 노출되면서 전략적 R&D 투자와 장기적 시각의 교육투자에 의한 기술진보(technological progress)와 인적자원 확충, 사회 전반의 효율성 제고가 중요한 역할을 담당하게 된다. 따라서 이러한 접근방식에서 국가전략 차원에서 무엇보다 중요한 것은 사회 전반의 생산성이 증가하는 것이다. 결국 이러한 성장동력 확보에 있어서는 생산성 제고에 있어 핵심역할을 하는 기술과 인적자원의 확충이 무엇보다도 중요하다는 입장을 견지하게 된다.

② 경제성장을 주도하는 특정부문이나 산업을 성장동력으로 인식하는 방식

이 경우에는 대내외 여건 변화, 특히 기술진보와 시장수요 패턴 변화에 따라 시기별로 경제성장을 주도하는 부문이나 산업이 상이할 수 있다는 시각을 가지게 된다. 따라서 정부나 민간부문에서는 시대별 또는 대내외 여건변화에 따라 어떤 산업이 향후 성장과정에 있어 주도적인 역할을 담당할 것인지를 사전적으로 파악하고 이러한 미래의 성장동력 분야에 대해 자원과 역량을 집중하는 방식으로 성장의 모멘텀을 마련하여 이에 부합되는 사회제도의 개혁방향을 설정하여 추진할 필요가 있다. 이 같은 미래 성장동력은 그 자체로도 중요하나 그보다는 새로운 성장동력이 필요로 하는 새로운 인적자원과 사회제도를 체계적으로 준비하는 데 중요한 정보를 제공한다는 데 더욱 큰 의미가 있다고 할 수 있다.

제 2 절 글로벌 경쟁력의 강화

한국경제가 재도약을 하기 위해서는 기존의 요소투입형 성장에서 탈피하여 혁신에 기반을 둔 발전모델(innovation-based development model)의 구축이 필요하다. 중소기업은 '일자리 창출'과 '성장동력 강화'를 통한 혁신주도형 경제로의 이행에 있어 중요한 역할을 수행할 수 있다.

중소기업은 〈표 17-4〉와 같이 성장성과 수익성 등에서 대기업과 양극화가 확대되는 양상을 보이고 있다. 기업의 성장성 지표인 매출액 증가율과 수익성 지표인 매출액 경상이익률 격차가 2003년 이후 대기업과 중소기업간 확대되는 추세를 보이고 있어 이를 개선하기 위한 정책적 노력이 필요하다.

〈표 17-4〉 중소기업과 대기업간 성장성 · 수익성 지표 변화 추이

(단위 : %)

	대 기 업		중 소 기 업	
	매출액경상이익률	매출액증가율	매출액경상이익률	매출액증가율
2003	5.96	6.55	2.49	5.39
2004	10.23	19.85	3.29	12.32

자료 : 한국은행, 기업경영분석, 각 연도

정부는 대 · 중소기업간 양극화를 해소하고 중소기업의 혁신역량 및 경쟁력(competitiveness)을 강화하기 위한 방향으로 정책을 추진하고 있다. 특히, 선택과 집중을 통해 혁신형 중소기업을 선도그룹으로 육성하는 정책을 강화하고 있으며 정책적 보완이 필요한 소상공인 등 취약 분야에 대해서도 별도의 지원을 병행하고 있다.

그러나 향후 10년 내에 1인당 국민소득 30,000달러 시대의 선진경제(advanced economy)를 지향하는 데 있어 우리경제의 성장동력으로 육성하고자 하는 중소기업은 정부의 연구 · 개발(R&D) 지원자금 부족, 금융기관의 담보위주 대출관행 지속에 따른 만성적인 자금난, 대 · 중소기업간 상생협력 부진, 창업 관련 규제개혁(regulatory reform) 미흡 등으로 인해 중소제조업의 평균가동률이 70% 수준을 나타내는 등 활성화되지 못하고 있다.

〈표 17-5〉 중소제조업의 평균가동률 추이

(단위 : %)

	2004				2005						
	6	8	10	12	1	3	5	6	7	8	9
중소제조업	68.2	67.9	69.0	68.5	67.9	70.4	70.3	70.2	69.8	69.7	70.4
중기업	73.0	72.9	74.0	73.8	74.2	76.0	76.1	76.0	75.3	74.9	75.7

주 : 가동률은 생산능력 대비 생산실적이며, 정상가동은 가동률 80% 이상을 의미함

자료 : 중소기업협동조합중앙회

정부가 중점을 두고 있는 중소기업 부문의 발전 비전 및 중소기업 정책방향과 주요 전략과제를 분석한 국민경제자문회의의 경제보고서를 중심으로 살펴보고자 한다.

1. 비전의 제시

한국경제가 직면하고 있는 성장동력 저하 및 성장잠재력(growth potentials) 약화에 대처하기 위해서는 경제환경 변화에 대해 기동성과 유연성, 창조성을 발휘할 수 있는 경제주체의 역할이 매우 중요하다. 중소기업은 시장에서 압도적 다수를 차지하며 시장경쟁(market competition)을 활성화하고 혁신(innovation)을 통해 다양한 재화와 서비스를 제공하며 유연한 분업구조를 형성할 뿐만 아니라 매력적인 고용창출(attractive job creation) 원동력으로서의 역할을 수행해 오고 있다.

따라서 중소기업은 한국경제에서 혁신적 성장동력을 갖춘 경제활력(econmic vitality)의 원천으로 고용창출의 주체로서의 역할을 수행하여 향후 30,000달러 시대를 가능하게 할 주체가 되어야 한다.

국내 중소기업의 발전모델을 유형화해 보면 크게 2가지(① 협력형 중소기업, ② 독립형 중소기업)로 분류할 수 있다.

① 협력형 중소기업

협력형 중소기업은 대기업 등과 관계를 맺으며 발전하는 유형을 의미한다.

가. 대기업 전속형

대기업 전속형은 수요 대기업에 전속되어 핵심부품을 공급하며 대기업과 동반성장하는 기업이다.

나. 대기업 준전속형

대기업 준전속형은 특정 대기업에 전속적이지 않으나 다수의 대기업 및 중견기업 등에 부품・소재를 납품하며 성장하는 기업을 의미한다.

② 독립형 중소기업

대기업과 관계를 맺지 않으며 독자적으로 발전하는 독립형 중소기업이 존재한다.

가. 신기술 선도형 중소기업

신기술 선도형 중소기업은 첨단기술력을 기반으로 신시장을 창출하며 글로벌시장을 선도하는 기업을 의미한다.

나. 특화제품 주도형 중소기업

특화제품 주도형 중소기업은 특정제품 분야에서 독자적 브랜드로 고부가가치의 틈새시장(niche market)에 집중하여 발전하는 중소기업을 의미한다.

중소기업 중 다른 기업의 주문을 받아 제품을 생산·납품하는 수급기업의 비중은 2001년 66.2%에서 2002년 63.9%, 2003년 63.1%, 2004년 61.2%로 지속적으로 하락하는 추세를 보이고 있어 향후 중소기업은 협력형보다는 독립형 중소기업이 더욱 증가할 것으로 전망된다.

정부는 중소기업의 혁신역량 및 글로벌 경쟁력(global competitiveness) 강화를 정책목표로 설정하고 중소·벤처기업의 활력 제고를 위해 다음 4가지 중소기업 정책방향을 설정하고 있다.

① 벤처기업 및 Inno-Biz 등 혁신형 중소기업을 집중 육성하여 일반중소기업의 성장을 견인하는 방향의 정책 추진

이를 위해 벤처기업 활성화, 중소·벤처기업의 기술혁신역량 제고, 중소기업의 경영혁신 촉진에 정책역량을 집중하고 있다.

② 대·중소기업 및 소상공인간 동반성장을 통한 양극화현상 해소를 위해 정책역량 집중

이를 위해 대·중소기업 협력증진, 소기업 및 소상공인의 자생력 강화에 주력하고 있다.

③ 창업 및 퇴출이 원활한 중소기업 생태계 조성 주력

이를 위해 창업활성화와 사업전환 촉진에 매진하고 있다.

④ 수요자 특성별 맞춤형 지원 및 유형별 특화된 정책 추진

중소기업의 금융·인력 등 수요자 특성별 맞춤형 지원 및 유형별(혁신형-일반형-소상공인)로 특화된 정책을 추진하고 있다.

1.1 혁신형 중소기업 육성

정부는 한국경제가 혁신주도형 경제구조로 급속히 전환되어 감에 따라 선택과 집중을 통해 혁신형 중소기업을 육성함으로써 여타 중소기업의 동반성장을 유도하는 정책을 추진하고 있다. 혁신형 중소기업의 범주는 현행 제도상 벤처기업과 기술혁신형 중소기업(Inno-Biz)을 포괄하고 있다.

(1) 벤처기업 활성화

우선 정부는 벤처기업의 건전한 생태계를 구축하기 위해 '벤처기업 활성화 대책'을 마련하여 추진하고 있다. 즉, 중소기업투자 모태펀드를 조성(모태펀드(Fund of Fund)는 개별기업에 대한 직접투자를 하지 않고 펀드(조합)에 투자하는 펀드로 중산기금 출자 회수분과 정부의 추가 출연을 통해 2005~2009년 기간 동안 1조원을 조성하여 운영할 계획으로 있음)하여 창업·바이오·지방벤처 등 민간투자가 취약한 분야에 투자를 확대함과 더불어 기존의 직접투자 방식에서 민간 중심의 간접투자 방식으로 전환하여 지원하고 있다. 또한, 코스닥(KOSDAQ)시

장을 벤처기업 전용시장으로 운영하기 위해 중견기업 요건을 폐지하고, 벤처기업은 수익요건을 충족하지 못하는 경우에도 코스닥위원회가 기술력·성장성 등을 판단하여 상장이 가능하도록 하였다. 제3시장의 명칭을 프리보드로 개편하고 주식 양도차익에 대한 양도소득세 비과세 등 제도 개선을 통해 비상장 벤처기업의 직접금융 조달을 활성화할 수 있도록 하고 있다. 벤처캐피털(venture capital)에 대한 규제완화(deregulation)와 투명성(transparency) 제고를 위해 창업투자사 설립을 위한 납입자본금을 인하(100억원 → 70억원)하고 전문인력 요건을 완화(3인 → 2인)하였다. 또한, 창업투자 의무출자 비용도 인하(5/100 → 1/100)하고 성과보수 상환을 폐지하여 운영하고 있다.

(2) 중소기업 기술혁신 및 사업화 역량 제고

정부는 중소기업의 기술혁신 및 사업화 역량 제고를 위해 지원하고 있다.

① 기술혁신 제고

중소기업청은 2005년에 2,316억원 규모의 중소기업 전용 R&D 자금을 투입하고 있으며, 15개 공공기관 R&D 예산의 일정비율을 중소기업에 지원하도록 하는 KOSBIR 제도를 통해 기술개발자금 지원을 확대하고 있다. 또한, 예비 Inno-Biz 및 신산업 분야의 혁신형 중소기업을 발굴·육성하는 방안을 마련하여 Inno-Biz 기업의 발굴을 확대(2004년 2,646개 → 2005년 9월 3,166개)하고 있다. 산학협력을 통한 중소기업의 기술혁신 활성화대책으로 산학연기술개발컨소시엄사업에 대한 지원을 확대(2004년 391억원 → 2005년 421억원)하여 중소기업의 신제품 개발을 촉진함과 더불어 대학 실험실을 산학협력실로 지정·지원(33억원)하고 있다.

② 사업화 역량 제고

중소기업 개발기술의 사업화 촉진을 위해 신기술 및 아이디어의 사업화 타당성 평가 및 개발기술에 대한 사업화 지원을 확대(2004년 750억원 → 2005년 1,000억원)하고, 구매조건부 신제품 개발사업 참여기관 및 지원규모를 확대하고 있다(2004년 : 8개 기관, 40억원 → 2005년 : 26개 기관, 100억원).

(3) 금융지원 체계 개편

정부는 상대적으로 민간금융을 이용하기 어려운 혁신형 중소기업에 정책금융을 집중적으로 지원하기 위해 '중소기업 금융지원체계 개편방안'을 마련하여 추진하고 있다. 이를 위해 기술집약형 기업, 혁신형 창업기업 등에 대한 신용보증지원이나 정책자금 공급을 증대시키는 한편, 자금지원 방식도 고수익·고위험(high profit · high risk)의 혁신형 기업성격에 적합하도록 단순 융자지원 중심에서 투자 또는 투융자복합방식으로 전환하였다

또한, 기술혁신형 기업이 기술력과 사업성에 기초하여 금융을 이용할 수 있도록 기술평가금융을 활성화하고 있다. 특히, 혁신형 중소기업에 대한 보증제도 운영의 효율성 제고를 위해 그동안 신용보증기관이 중소기업을 대상으로 중복적으로 수행해오던 보증기능을 개편하여 신용보증기금은 일반혁신형 기업, 수출기업 및 영세소기업 지원에 특화하고, 기술신용보증기금은 벤처기업 및 Inno-Biz 등 기술혁신형 기업 보증에 특화하도록 하고 있다.

1.2 대 · 중소기업간 상생협력

정부간 기업부문간 동반성장을 통한 양극화 해소를 위해 대 · 중소기업간 상생협력대책을 추진하고 있다. 우선 대기업과 중소기업간 자율적 협력증진을 촉진하기 위한 협력기반 구축작업의 일환으로 '대 · 중소기업협력재단'을 설립하여 운영하고 있다. 동 재단을 통해 대기업 퇴직인력을 활용한 지도사업, 공동기술개발 및 품질지도, 대기업 판로망을 활용한 중소기업제품 판로지원, 기술교류 및 공동 설비이용 등을 위한 종합 정보 database를 설치하여 대 · 중소기업 협력사업을 지원하고 있다. 대기업과 중소기업간 공정한 거래관행을 조성하기 위해 위 · 수탁기업간 분쟁조정 및 거래실태조사를 통해 물품대금의 지급방식, 지급기간, 상업어음의 장당 금액 등에 관한 자료 제출을 요청할 수 있도록 하고 있다.

한편, 정부는 대 · 중소기업간 자율적 상생협력(相生協力)을 제도적으로 지원하기 위해 '대 · 중소기업 상생협력 촉진에 관한 법률' 제정을 추진하고 있다. 동 법의 주요 내용은 대 · 중소기업간 상생협력 성과의 공정한 배분체계 마련, 대 · 중소기업간 기술 · 인력 · 환경경영 협력촉진, 중소기업에 대한 대기업의 자본참여 촉진, 불공정거래행위 금지에 대한 특례규정, 공공기관의 중소기업 협력촉진을 포함하고 있다.

1.3 창업 촉진을 위한 규제완화

정부는 창업실태조사를 기반으로 '창업 및 공장설립 규제완화 추진계획'을 수립한 후 35건의 규제완화 과제를 발굴하여 추진하고 있다. 특히, 공장설립을 수반하는 창업자에 대한 공장설립 인 · 허가 사항에 대한 창업사업 계획승인 업무를 일괄의제 처리하여 공장설립이 원활히 이루어질 수 있도록 하고 있다.

2. 현황과 평가

정부의 중소기업정책은 중소기업의 성장단계별·기업유형별 특성에 부합하고 맞춤형·수요지향적 정책을 추진하고 있다는 점에서 긍정적으로 평가할 수 있다. 그러나 과도한 혁신형 중소기업 육성목표 설정, 지원재원의 확대없이 혁신형 중소기업 육성만을 강조하는 정책설계, 정부주도로 추진하는 대·중소기업 상생협력 대책, 창업 촉진을 위한 규제개혁 미흡 등은 개선되어야 할 필요가 있다.

2.1 과도한 혁신형 중소기업 육성 목표 설정

정부는 혁신형 중소기업 육성을 통한 일자리 창출 및 한국경제의 지속가능한 성장(sustainable growth)을 촉진시키기 위해 2005년 14,000개, 2006년 18,500개, 2007년 24,500개, 2008년까지 30,000개의 혁신형 중소기업 육성 목표를 설정하고 있다. 그러나 정부가 추진하고 있는 혁신형 중소기업은 과거 정부에서 추진하였던 벤처기업, Inno-Biz(기술혁신형 중소기업) 기업을 지원대상으로 설정하고 있기 때문에 새로운 개념의 중소기업을 육성한다고 할 수 없다. 또한, 벤처기업과 Inno-Biz 기업의 70%(2005년 8월말 3,106개 Inno-Biz 기업 중 2,203개가 벤처기업으로 확인)가 중복되고 있다.

〈표 17-6〉 혁신형 중소기업 육성 목표

(단위 : 개)

구 분	2003	2004	2005	2006	2007	2008
벤처기업	7,702	7,967	10,500	12,000	13,500	15,000
Inno-Biz	2,076	2,646	3,500	5,000	7,500	10,000
기 타	-	-	-	1,500	3,500	5,000
합 계	9,778	10,613	14,000	18,500	24,500	30,000

자료 : 중소기업청

혁신형 중소기업 육성 목표 설정(2008년 30,000개)도 과거 벤처기업 육성 목표와 같이 구호만 있고 목표를 달성하지 못할 뿐만 아니라 지원수단의 획기적 확충없는 혁신형 중소기업 육성 목표설정이 관련정책을 왜곡시킬 가능성을 지니고 있다고 할 수 있다.

2.2 혁신형 중소기업 육성정책 추진 미흡

정부의 중소기업정책은 '중소기업 경쟁력강화 종합대책'이 마련된 이후 혁신활동과 성과가 뛰어난 '혁신형 중소기업'을 집중 육성하여 여타 중소기업의 성장을 견인하는 정책을 추진하고 있다. 그러나 혁신형 중소기업 육성정책의 핵심을 이루는 '벤처기업 활성화대책'의 경우 기존 벤처기업정책의 부작용을 보완하여 시장시스템의 개선 등에 그치고 있다. Inno-Biz 사업의 경우에는 2001년 시행된 이후 점진적으로 양적 확대가 이루어지고는 있으나 구체적인 제도적 지원이 수반됨이 없이 운영되고 있다.

중소기업 금융지원 개편방안은 민간금융을 이용하기 어려운 혁신형 중소기업에 정책금융 지원을 확대해 나가는 것을 주요 내용으로 하고 있으나 기존의 정책금융을 확충하지 못한 채 선택과 집중에 의해 혁신형 중소기업에 더 많이 지원하는 방식을 취하고 있다. 특히, 중소기업에 대한 보증제도 운영의 효율성 제고를 위해 신용보증기금은 일반혁신형 기업, 수출기업, 영세소기업 지원에 특화하고 기술신용보증기금은 벤처기업, Inno-Biz 등 기술혁신형 기업지원에 특화하도록 하였다. 이 같이 신용보증기관간 보증대상의 차별화를 제시하고 있음에도 불구하고 신용보증기관에 대한 예산확보권(중소기업청)과 지도 · 감독권(재정경제부)은 여전히 이원화되어 있어 효율적인 신용보증제도 운용이 이루어지지 못하고 있다.

결국 정부가 추진하고 있는 중소기업정책은 정부가 '혁신'을 강조함에 따라 지원재원의 확충없이 기존의 정책을 혁신형 중소기업 육성에 집중하도록 관련정책을 보완하여 추진하고 있다고 평가할 수 있다.

2.3 대 · 중소기업 상생협력대책의 이행력 확보 문제

대 · 중소기업간 상생협력대책이 기업부문간 양극화 해소를 통해 동반성장을 달성하는 데 목적을 두고 있다면 무엇보다 대기업의 협력사업에 대한 인식 전환 및 중소기업과의 협력대책에 대한 이행력이 확보될 필요가 있다.

1990년대 초반의 '대기업사업의 중소기업이양사업' 추진 때나 1990년대 말 대 · 중소기업 협력의 필요성이 제기되었을 때 대기업들은 중소기업과의 협력확대 의지를 적극적으로 표명한 바 있다. 그러나 당시 대기업들이 스스로 공언하였던 협력프로그램들은 제대로 이행되지 못하였다. 이는 정부가 주도하는 대 · 중소기업협력 요구에 대기업들이 비자발적으로 협력 추진 의사를 표명했기 때문으로 해석할 수 있다.

최근 국회에서 '대 · 중소기업 상생협력촉진에 관한 법률' 제정이 추진되고 있다. 이와 함께 대기업들도 현금성 결제 확대 발표 등 중소기업과의 자발적인 상생협력을 확대하고 있다. 그러나 대기업 최고경영자(CEO)의 상생협력 의지가 아직은 중소기업과 거래하는 현장 부서 및 대기업 전체로 확산되지 못하고 있다.

향후 정부가 추진하는 대·중소기업협력사업이 대·중소기업간 양극화 해소에 기여하는 정도는 대기업들의 자발적이고 지속적인 협력 유도여부에 좌우된다고 할 수 있다.

2.4 창업 촉진적 규제개혁 미흡

정부는 창업기업의 공장설립과 관련하여 지속적인 규제완화를 통해 기업들의 애로사항을 해소하고 있다. 그러나 창업기업의 공장설립 이전 단계인 법인설립 과정에서는 구비서류 과다 및 비용과다 등이 여전히 개선해야 할 문제점으로 지적되고 있다. 산업연구원의 실태조사에 따르면 주식회사 설립에 따른 구비서류수는 모집설립의 경우 정관, 이사회의사록 등 37종류 58개 서류가 필요한 것으로 나타났으며 자본금 5,000만원인 주식회사 설립에 소요되는 실제 비용은 평균 100만 5,000원으로 조사되었다.

세계은행(World Bank)이 2005년 9월에 발표한 '기업활동보고서(Doing Business)'에 따르면 창업하기 좋은 국가 순위에서 한국은 조사대상 155개 국가 중 97위를 기록한 것으로 나타났다. 이는 창업 초기 기업을 위한 규제개혁이 상대적으로 미흡한 것으로 평가할 수 있다.

〈표 17-7〉 창업하기 좋은 국가 순위 및 창업단계·창업 소요기간

	창업 용이도 순위	창업단계 수	창업 소요기간(일)
캐나다	1위	3단계	3일
호 주	2위	2단계	2일
독 일	47위	9단계	24일
일 본	81위	11단계	31일
한 국	97위	12단계	22일

자료 : World Bank, Doing Business, 2005.

3. 전략

향후 혁신형 중소기업을 효과적으로 육성하여 10년 후 30,000달러 시대를 열어갈 활력있고 창조적인 중소기업 생태계를 조성하기 위해서는 중소기업의 기술력을 획기적으로 제고시키기 위한 기술개발 지원에 주력해야 한다.

중소기업 문제는 그동안 대부분 금융측면에서 발생했다고 할 수 있다. 향후 중소기업 금융문제를 해소하기 위해서는 선진 금융기법의 도입 및 중소·벤처기업에 적합한 금융상품을 개발해야 하며 중소기업금융을 활성화하기 위한 신용보증기능이 원활하게 작동되어야 한다.

중소기업이 국내의 협소한 시장을 탈피하기 위해서는 해외시장을 적극적으로 개척할 필요

가 있다. 정부는 맞춤형 지원을 통해 중소기업의 글로벌 네트워킹(global networking)을 적극적으로 지원하고 해외진출 중소기업에 대한 현지 지원을 강화할 필요가 있다.

또한, 그동안 마련해 온 중소기업정책의 이행사항을 점검하고 평가하여 정책의 실효성(policy effectiveness)을 제고해 나가는 것도 중요하다. 특히, 2005년 5월 이후 정책화되어 추진되고 있는 대·중소기업간 상생협력사업의 이행력 제고 등이 필요하다고 할 수 있다. 중소기업의 경쟁력 제고를 위해서는 정책자금 및 조세 지원 못지않게 규제개혁(regulatory reform)이 필요하며 지원대상을 합리적으로 설정할 필요가 있다.

정부는 향후 창업 등 기업활동에 따른 규제를 획기적으로 개선해 나가야 하며 중소기업의 범위를 합리적으로 조정할 필요가 있다.

중소기업의 혁신역량 및 글로벌 경쟁력을 강화시키기 위한 전략을 다음 5가지 측면에서 살펴본다.

3.1 중소기업 R&D 지원사업 강화

(1) 혁신형 중소기업 기술개발 지원자금 확충

혁신형 중소기업이 한국경제의 동력으로서 역할을 수행하도록 하기 위해서는 무엇보다 기술경쟁력(technological competitiveness) 확보를 위한 신제품·신기술 개발(사업화 직전 단계의 기술개발)을 적극적으로 지원해야 한다. 혁신형 중소기업에 대한 기술개발자금의 중심 축을 이루는 중소기업청의 기술혁신개발자금, 산학연공기술개발자금, 상용화기술개발자금 등의 지원규모는 2004년 2,120억 6,200만원에서 2005년에는 2,316억 6,000만원으로 195억 9,800만원 증가한 것으로 나타나고 있다.

〈표 17-8〉 중소기업청의 중소기업 기술경쟁력 강화 예산 규모

(단위 : 백만원, %)

	2003	2004	2005
기술혁신개발사업	110,100	130,550	142,200
산학연공동기술개발(균특)	34,120	39,120	42,100
협동형기술개발	2,000	2,500	2,500
상용화기술개발	9,952	9,902	15,900
직무기피요인해소사업	17,400	29,730	28,700
대학기술이전센터지원	450	260	260
합계(A)	174,022	212,062	231,660
한국의 R&D 예산규모(B)	5,576,800	6,099,500	6,736,800
A/B(%)	3.12	3.48	3.44

자료 : 중소기업청, 과학기술부

이 같은 혁신형 중소기업의 기술경쟁력 제고를 위한 기술개발 자금의 규모(2005년 기준)는 R&D 예산 대비 3.44%에 불과하여 혁신형 중소기업을 집중 육성하여 여타 중소기업의 동반 성장을 유도하는 데 한계를 노출시키고 있다. 특히, 2004년도 중소기업청의 기술개발자금 중 가장 큰 규모를 차지하는 기술혁신개발사업의 경우 지원율(지원/신청)이 업체 수 기준 44.2%, 금액기준으로는 35.98%에 불과하여 중소기업들의 수요에 비해 지원금액이 크게 부족한 실정이다.

〈표 17-9〉 중소기업 기술혁신·개발자금 수요 대비 지원비율

(단위 : 개, 억원, %)

	2003			2004		
	신청(A)	지원(B)	비율(B/A)	신청(A)	지원(B)	비율(B/A)
〈업체수 기준〉						
기술혁신개발사업	3,861	1,654	42.8	4,260	1,883	44.2
산학연공동기술개발	3,257	2,757	84.6	3,748	2,876	76.7
기업협동형기술개발	98	34	34.7	-	-	-
기업상용화기술개발	472	150	31.8	328	143	43.6
직무기피요인해소	117	57	48.7	378	159	42.1
합 계	7,805	4,652	59.6	8,714	5,061	58.1
〈금액 기준〉						
기술혁신개발사업	3,330	1,101	33.1	3,630	1,306	36.0
산학연공동기술개발	550	341	62.0	606	391	64.5
기업협동형기술개발	183	45	24.6	-	-	-
기업상용화기술개발	416	99	23.8	348	99	28.5
직무기피요인해소	442	174	39.4	844	297	35.2
합 계	4,921	1,760	35.8	5,428	2,093	38.6

자료 : 중소기업청

향후 중소기업의 기술개발을 촉진하고 원천 및 응용기술을 개발한 중소기업의 사업화 성공률을 제고시키기 위해서는 중소기업청의 기술경쟁력 강화 예산의 규모를 2005년 연구·개발(R&D) 예산 대비 3.44%에서 2006년 4.0%, 2007년 4.5%, 2008년에는 5.0% 수준까지 확대한다는 목표를 설정하고 단계적으로 증대시킬 필요가 있다.

이와 함께 향후 중소기업청의 기술개발자금은 사업화 직전단계 지원에 특화하여 여타 부처의 R&D 자금과 차별화되도록 하되, 여타 부처의 R&D 자금 운용실태를 점검하여 정부의 중소기업 기술개발자금이 효율적으로 집행되도록 해야 한다.

(2) 공공기관의 중소기업기술개발지원(KOSBIR) 사업 강화

KOSBIR 사업은 범정부적인 중소기업 기술개발 지원체계를 구축하기 위해 1998년부터 연간 300억원 이상의 연구·개발 예산을 운영하는 15개 정부부처 및 정부투자기관에 대해 중소기업청이 예산의 5%를 권장비율로 정하여 중소기업 기술개발에 지원하도록 하는 제도이다.

2004년의 경우 KOSBIR 사업에 참여하는 15개 기관의 R&D 예산 4조 2,006억원 중 15.8%인 6,624억원이 중소기업에 지원되었다.

그러나 KOSBIR 사업에 의한 기관별 중소기업 지원비율(5.0%)은 권장사항일 뿐이며 그 비율 또한 모든 기관에 일률적으로 적용되고 있기 때문에 기관별로 중소기업에 대한 기술개발 지원자금이 실질적으로 집행되고 있는지 확인하기 어려우며 중소기업에 대한 기술개발자금 지원을 확대하는 데에도 한계가 있는 실정이다.

〈표 17-10〉 기관별 KOSBIR 사업 지원실적 및 2005년도 계획

(단위 : 억원, %)

	2004			2005 지원계획		
	R&D예산 (A)	지원액 (B)	지원비율 (B/A)	R&D예산 (A)	지원액 (B)	지원비율 (B/A)
국 방 부	6,684	637	9.6	7,885	804	10.2
과학기술부	9,912	1,098	11.1	4,273	427	10.0
농 림 부	430	34	7.9	450	34	7.6
산업자원부	9,581	3,190	33.3	13,862	4,260	30.8
정보통신부	6,330	569	9.0	6,982	581	8.4
보건복지부	1,537	294	19.2	1,657	316	19.1
환 경 부	1,264	322	25.5	1,349	340	25.2
건설교통부	453	172	38.0	657	193	29.4
해양수산부	1,200	38	3.2	1,406	24	1.7
소계	37,391	6,354	17.0	38,521	6,979	18.2
전력공사	2,608	180	6.9	2,658	208	7.9
주택공사	355	21	6.0	893	46	5.2
수자원공사	809	30	3.7	1,075	55	5.2
도로공사	318	20	6.3	466	28	6.0
토지공사	255	3	1.2	388	9	2.4
가스공사	270	16	6.0	337	17	5.1
소 계	4,615	270	5.9	5,817	363	5.0
총 계	42,006	6,624	15.8	44,338	7,342	16.6

자료 : 중소기업청

정부는 2005년도 중소기업청의 중소기업 기술경쟁력 지원예산 2,317억원만으로는 혁신형 중소기업의 기술개발자금 지원수요에 부응하기 어렵다는 점을 고려하여 KOSBIR 사업 참여기관을 점진적으로 확대하는 방안을 강구해야 한다. 또한, KOSBIR 사업에 참여하는 해당기관에 대한 실태조사를 통해 부처별·기관별 실정에 부합한 중소기업 R&D 지원 목표비율을 설정해야 하며 해당기관별 중소기업 R&D 지원 목표비율 준수 의무화를 실시할 필요가 있다.

(3) 중소기업 기술 인프라 지원 확대

우리 중소기업의 전반적인 기술수준은 선진국의 73% 수준을 나타내고 있다. 이는 주로 중소기업의 기술인력 및 연구설비가 부족하고 연구·개발 투자역량 등이 미흡하기 때문으로 분석된다. 현실적으로 다수의 중소기업이 R&D 능력이 미흡하여 R&D 활동을 제대로 하지 못하고 있는 실정을 고려하여 중소기업들이 필요로 하는 보다 상업화 지향적이고 현장의 문제해결형 연구·개발 기능을 수행해주는 방식의 지원이 필요하다. 현재 이 같은 지원기능이 이미 생산기술연구원, 중소기업진흥공단, 산학연 공동연구개발 컨소시엄사업 등을 통해 수행되고 있어 향후 이런 지원기능을 보다 강화해야 한다.

대만의 경우 중소기업의 연구·개발 능력 부족을 공공연구기관인 ITRI(공업기술연구원)가 지원하고 있는데 한국과 상이한 점은 동 연구원이 단순히 R&D 수행을 넘어 담당 연구원을 참여시켜 직접 회사를 창설하는 분사화(spin-off) 기능까지 하고 있다는 점이다.

향후 중소기업의 기술혁신을 촉진시키기 위해서는 대학 및 연구기관의 기술인력 및 연구설비에 대한 database 구축을 통해 중소기업의 공동활용을 지원할 필요가 있다. 또한, 주요 거점별 디자인 혁신센터를 통해 디자인산업 등의 창의개발(C&D : Creation & Development) 지원도 확대해야 한다.

3.2 중소기업 금융(자금조달) 인프라 구축·정비

정부는 약 5조원 규모의 정책자금(융자)을 지원하고 있으나 정책적 차별성보다는 저금리 지원에 중점을 두고 있다. 특히, 기술혁신형 중소기업의 경우 기술평가의 전문성과 객관성 부족으로 기술력은 있으나 물적 담보 및 영업실적이 없어 자금을 조달하는 데 있어서 큰 어려움에 직면해 있다. 또한, 중소기업이 기술평가를 받았다고 하더라도 기관간 공동활용이 미흡하여 기술신용보증기금을 통한 보증지원을 제외한 기술거래 등에는 활용이 미미한 실정이다.

정부는 향후 중소기업 기술평가의 전문성을 강화하고 기술평가정보의 공동활용체제 구축 및 기술평가 표준모델 개발 등을 통해 원활한 기술거래 및 인수·합병(M&A)이 이루어지게 함으로써 기술기반 기업의 자금조달 인프라를 구축해야 한다. 한편, 그동안 중소기업에 대한 신용정보 및 신용평가자료가 부족하여 은행의 담보위주 대출관행을 지속시키는 요인으로 작용해왔다고 할 수 있다. 이 같은 문제점을 해소하기 위해 정부는 중소기업에 대한 신용정보 인프라가 조기에 정착할 수 있도록 4대 보험 정보 등 공공정보를 2005년 3월에 설립된 중소기업 전문 신용정보회사인 한국기업 데이터주식회사에 집중하는 방안을 추진하고 중소기업정책자금 지원시 (주)한국기업데이터의 평가보고서를 활용하는 방안을 수립하여 중소기업에 대한 신용대출과 투자활성화(investment vitalization)를 도모해야 한다.

벤처기업에 대한 투자는 2000년 코스닥 버블(bubble)이 붕괴되면서 투자가 위축되고 2004~2005년 기간에 만기가 도래하여 해산하는 창업투자조합이 많아 벤처기업에 대한 투자 규모의 감소 가능성이 제기되고 있다. 향후 벤처기업에 대한 투자를 확대시키기 위해서는 정부의 모태펀드(2005~2008년까지 1조원 규모)에 의한 창투조합 투자 확대와 함께 연기금의 창투조합 출자 확대, 산업은행 및 기업은행의 중소벤처기업 전문펀드 조성, 민간투자를 촉진하기 위한 세제 등의 투자유인 강화를 통해 벤처캐피털의 안정적 재원을 확보해야 한다. 한편, 정부는 중소기업의 부족한 담보력을 보완하여 금융기관을 통한 자금융통을 원활하게 하기 위해 신용보증기금과 기술신용보증기금을 설립하여 운영하고 있다.

그러나 중소기업금융의 보완기능을 수행하는 신용보증기관(신용보증기금, 기술신용보증기금)의 예산편성권은 중소기업청, 지도 · 감독권은 재정경제부로 이원화되어 운영되고 있다. 이는 신용보증기관의 예산 확보 및 중소기업 금융보완 기능을 원활하게 수행하게 하는 긍정적 측면이 있으나 예산편성 및 지도 · 감독기능의 이원화로 인해 해당기관들이 정책목적에 맞게 중소기업에 대한 신용보증기능을 수행하고 있는지에 대한 확인을 어렵게 하는 문제점이 있다.

최근 신용보증기금과 기술신용보증기금의 중복보증 현상이 심해 대위변제율이 제고되는 결과가 초래되고 있다. 실제로 2004년도 신용보증기금의 보증지원 중 기술신용보증기금과 중복되는 비율은 27.8%(8조 5,221억원), 기술신용보증기금은 전체의 53.9%(7조 2,042억원)로 나타났다. 이는 신용보증기관에 대한 예산편성권과 지도감독권이 이원화됨으로 인해 발생한 측면도 크다고 할 수 있다. 일본의 경우 중소기업사업단과 신용보험공고가 통합 · 운영되고 있으며 중소기업청이 예산 편성 및 관리 · 감독기능을 수행함에 따라 중소기업에 대한 보증기능이 효과적으로 이루어지고 있다.

향후 신용보증기관에 대한 예산편성권과 지도 · 감독권은 중소기업에 대한 신용보증 지원기능의 원활한 수행이라는 측면에서 단일 부처로 일원화하는 방안이 추진되어야 한다. 특히, 기술신용보증기금의 경우는 혁신형 중소기업 육성을 위한 보증지원으로 그 기능이 특화되었기 때문에 이에 부합할 수 있도록 해당기관의 예산 편성권 및 지도감독권을 중소기업청으로 일원화하여 운영하는 것이 바람직하다.

3.3 중소기업의 글로벌 네트워킹 지원 강화

중소기업의 수출은 우리 전체 수출의 약 40%를 차지하고 있으나 수출 중소기업의 수는 아직 30,000개 수준으로 수출잠재력(수출가능업체 10만개로 추산)에 비해 작은 편이라고 할 수 있다. 향후 중소기업의 글로벌화를 지원하기 위해 정부는 다음 5가지 측면을 고려해야 한다.

(1) 수출능력별 맞춤 지원을 통한 중소기업의 해외진출 확대

이를 위해 수출 초보 중소기업에 대해서는 KOTRA 등 전문기관을 활용하여 초기단계부터 해외시장조사 및 무역실무교육 등을 밀착 지원하고, 수출 경험이 풍부한 중소기업에 대해서는 해외전시회 파견 등 다양한 해외마케팅 기회를 제공할 필요가 있다.

(2) 해외 거점 진출기업에 대한 현지 지원 강화

이를 위해 수출인큐베이터(export incubator) 및 민간해외지원센터를 활용하여 현지 마케팅 및 법인설립 등 중소기업의 해외 현지 조기 정착을 지원하고 중소기업진흥공단 · KOTRA 등 해외 현지 수출지원기관과의 협력네트워크 구축을 통해 중소기업의 글로벌화(globalization)를 촉진시킬 필요가 있다.

(3) 비관세 수출장벽의 해소 지원

수출 중소기업의 디자인 · 브랜드 개발 및 글로벌 아웃소싱(global outsourcing) 참여를 위해 필요한 해외 유명규격인증(CE, UL 등) 획득을 지원하여 환경 · 안전 등에 대한 비관세 수출장벽(non-tariff export barrier) 해소를 적극적으로 지원해야 한다.

(4) 해외시장에 대한 정보제공 및 컨설팅 강화

최근에는 수출시장 중 해외 소매유통망과 국제조달시장이 유망한 시장으로 급부상하고 있다. 정부는 향후 수출 중소기업을 대상으로 해외유통시장, 국제조달시장 등에 대한 정보제공 및 컨설팅을 강화해야 한다.

(5) 해외 현지지원시스템 강화

주요 거점별로 공동물류센터 및 A/S센터 설치 등을 통해 해외 현지 지원시스템을 강화할 필요가 있다.

3.4 대 · 중소기업 상생협력의 이행력 제고

대 · 중소기업간 상생협력사업이 실효성있게 추진되도록 하기 위해서는 정부 주도의 사업추진이 아닌 당사자간 자발적 협력분위기를 조성해야 하며 상시적인 대 · 중소기업간 상생협력체제가 구축되도록 하는 것이 중요하다. 정부는 해당업계와 공동으로 대 · 중소기업 협력지표를 개발하고 대기업이 발표한 중소기업과 협력사업의 이행력을 제고할 수 있어야 한다.

이를 위해 대 · 중소기업 협력평가센터 설치를 통해 대 · 중소기업간 협력의 정도와 의지를 평가할 필요가 있다. 대·중소기업 협력평가센터는 산업에 대한 이해도가 높고 대·중소기업 협력과 관련하여 객관적이고 중립적인 평가업무를 수행할 정부출연연구기관에 설치하여 운영하는 것이 바람직하다.

대·중소기업 상생협력사업에 대한 평가결과 우수 협력사례가 발굴되면 이를 널리 홍보하고 이러한 성공사례가 확산될 수 있도록 해야 하며 세무조사, 공공구매사업 참여 등에서 강력한 인센티브 부여 방안을 마련하여 추진할 필요가 있다. 한편, 대·중소기업 상생협력사업은 기업의 사회적 책임(CSR : Corporate Social Responsibility) 논의와 연계하여 추진하는 방안도 강구해야 한다. 대·중소기업 협력의 경우 기본적으로는 기업의 경제적 이해(economic interest)에 기반을 두고 추진되어야 하나 한국경제의 지속가능한 발전(sustainable development)의 잠재력과 관련이 있다는 점에서 대·중소기업 협력을 사회적 책임 논의의 틀에서 포함시킬 필요가 있다. 기업의 사회적 책임은 최근 들어 단순 논의의 차원을 넘어 규범화되는 추세를 보이고 있다. 국제표준화기구(ISO)는 품질경영(ISO 9000)과 환경경영(ISO 14000)에 이어 2008년에는 사회적 책임경영도 ISO 26000으로 표준화할 계획으로 있다.

3.5 중소기업 관련 규제 및 제도 개선

한국경제가 활력을 찾고 지속적으로 성장해 나가기 위해서는 중소기업의 활발한 창업이 이루어져야 하며 지원대상 중소기업의 범위를 합리적으로 설정하여 운용할 필요가 있다. 창업을 촉진하기 위해서는 최저자본금제도의 폐지, 법인설립 서류 및 절차의 간소화가 필요하다. 또한, 한정된 재원으로 혁신형 중소기업을 효율적으로 지원하기 위해서는 중소기업 범위를 합리적으로 축소시킬 필요가 있다.

(1) 창업 촉진적인 규제개혁 추진

창업기업의 주식회사 설립에 따른 최저자본금제도는 주식회사의 남설·부실로 인한 채권자 보호, 소액주주 보호 및 주식회사의 신뢰성 확보에 있다고 할 수 있다. 그러나 상법에서 규정하고 있는 최저자본금제도(5,000만원 이상)는 위장 납입에 의해 운영되고 있다는 현실을 고려해 볼 때 실효성없는 제도로 평가할 수 있다. 최저자본금제도 운영과 관련하여 프랑스의 경우는 2004년도에 최저자본금(7,500유로)을 폐지하여 1유로의 회사 설립이 가능하도록 하였으며 일본도 2005년도에 회사법 개정을 통해 최저자본금 관련규정을 폐지한 바 있다.

우리의 경우 최저자본금제도가 실효성을 가지지 못하고 있으며 주식회사 설립에 따른 선진국의 최저자본금제도가 폐지되는 추세를 고려할 때 우리도 창업에 따른 최저자본금제도의 폐지를 추진해야 한다. 이는 최저자본금제도의 폐지는 주식회사 설립에 따른 구비서류 과다 및 절차 복잡화의 문제뿐만 아니라 창업기업의 비용절감에도 기여하게 되어 창업을 촉진할 수 있기 때문이다.

한편, 창업기업이 주식회사 설립등기시 제출해야 하는 관련서류는 대부분 정형화되어 있다. 따라서 창업자가 법인설립 서류를 직접 작성하여 등기절차를 이행할 수 있도록 정관, 이사회 의사록 등 관련서류를 표준화할 필요가 있다. 또한, 법인설립 관련서류의 견본 및 작성방법 등을 제시하여 창업자들이 용이하게 활용할 수 있도록 해야 한다. 법인설립 서류의 표준화가 이루어지면 단기적으로는 중소기업청의 '창업넷' 또는 시 · 군 · 구의 '창업민원정보망'(향후 구축) 등에 표준화된 법인설립 관련 서류양식 등을 등록함으로써 창업자들의 편의를 도모해야 하며 중장기적으로는 온라인 법인설립 등기제도를 도입함으로써 법인설립 절차를 간소화할 필요가 있다.

현재 주식회사 설립등기를 위해 정관, 창립총회의사록과 이사회의사록에 대한 공증인의 인증이 필요하다. 그러나 향후에는 일본과 같이 정관만 공증하여 활용할 수 있도록 개선할 필요가 있다.

또한, 주식회사 설립등기를 수행하는 과정에서 공증인에게 관련서류를 인증받기 위해 법무사 등이 중간자적 역할을 수행함에 따라 발생하는 비용부담의 문제점도 개선할 필요가 있다. 이를 위해서는 우선 법률구조공단(전국 57개소 지부 및 출장소)과 같은 기관에서도 주식회사 설립과 관련한 공증업무를 수행할 수 있도록 해야 하며 중장기적으로는 법무부가 전자공증제도 도입방안을 추진하는 데 있어 공증 주체로 전자공증시스템에 참여하는 변호사, 법무사, 법률구조공단 등에서도 공증업무를 수행할 수 있도록 제도를 개선할 필요가 있다.

(2) 중소기업 범위의 합리적 축소 조정

중소기업 범위는 중소기업정책의 적용대상을 정하는 가장 기본적인 사항이기 때문에 경제여건의 변화, 지원의 실효성 등을 고려하여 합리적으로 설정되어야 한다. 우리의 경우 중소기업의 범위는 그동안 지원재원 등 정책수단이 한정되어 왔음에도 불구하고 전반적으로 그 범위를 확대(1983년 500인 → 1986년 700인 → 1987~현재 1,000인)해 옴으로써 지원대상 기업들의 수요를 충족시키지 못해 정책의 실효성(policy effectiveness)을 저하시키는 요인으로 작용하였다. 이에 비해 광공업 부문의 업체당 평균 근로자 수는 1983년 56명에서 1993년 32명, 2003년 24명으로 지속적으로 감소 추세를 보이고 있다.

이 같이 광공업 부문의 업체당 평균 근로자 수가 1970년대 중반 이후 지속적으로 감소하는 추세를 보이고 있음에도 불구하고 상시 근로자 수 기준에 의한 중소기업 범위는 1983년 이후 상향 조정되어 왔다는 문제점이 지적되고 있다. 이는 중소기업 지원재원이 제약되어 있음에도 불구하고 신중한 판단없이 업계의 중소기업 범위 확대 요구를 정부와 정치권이 수용해왔기 때문으로 해석할 수 있다. 한편, 우리의 중소기업 범위는 일본, 대만, 유럽연합(EU) 등에 비해 높게 설정되어 있을 뿐만 아니라 중소기업 범위 한도를 제조업의 경우 상시 근로자 수 1,000인, 매출액 1,000억원까지로 규정하고 있다. 향후 중소기업의 범위는 한정된 재원의 효율적 활용이라는 차원에서 중소기업 지원에 따른 실효성을 제고할 수 있도록 합리적으로 축소 조정하는 방안이 수립되어야 한다. 이는 중소기업 지원재원이 제한되어 있는 상태에서 중소기업 범위만을 확대하면 상당수의 중견기업이 정책자금 등의 수혜대상이 되어 정부가 중점을 두고 있는 혁신형 중소기업 육성에 제약이 발생하게 된다.

〈표 17-11〉 상시 근로자 수 기준에 의한 중소기업 범위의 변화 과정

구분	1966	1976	1983	1986	1987~현재
광업 · 제조업	200	300	500	700	1,000

주 : 1982년까지는 '중소기업기본법' 상의 일반적 기준에 의한 범위이며 1983년부터는 특례업종의 상한 범위이고 현재는 업종별 중소기업 상한 범위임

〈표 17-12〉 중소기업 범위의 국제 비교(제조업 기준)

	중소기업 범위	중소기업 범위 한도
한 국	상시 근로자 수 300인 미만 또는 자본금 80억원 이하	근로자 수 1,000인 매출액 1,000억원
일 본	상시 근로자 수 300인 이하 또는 자본금 3억엔(30억원 수준) 이하	
대 만	상시 근로자 수 200인 또는 자본금 8,000萬元(25억원 수준) 이하	
EU	상시 근로자 수 250인 미만 연간 매출액 5,000만 유로(600억원 수준) 이하	

주 : 우리나라 중소기업기본법에 의한 중소기업은 제조업의 경우 상시 근로자 수 300인 미만 또는 자본금 80억원 이하로 규정되고 있으며 양 기준 중 하나를 충족하면 중소기업으로 인정하는 택일주의 방식을 적용하고 있음. 따라서 상시근로자 수 1,000인, 매출액 1,000억원까지의 기업이 중소기업으로 인정되고 있음

4. 실행계획

4.1 정부와 시장의 역할 분담

정부는 2004년 7월 '중소기업 경쟁력 강화 종합대책(7.7 대책)'을 발표한 이후 '벤처기업 활성화 대책', '중소기업 금융지원체계 개편 방안' 등 6차례에 걸쳐 중소·벤처기업 대책을 마련

한 바 있다.

이 같은 중소기업정책은 세부 추진과제 등이 구체적으로 제시되어 현재 이행과정에 있다. 향후 중소기업정책의 이행력 및 실효성 제고 차원에서 정부의 역할을 재검토해 보면 다음과 같다. 우선 정부는 '선택과 집중'에 의해 혁신형 중소기업 육성 정책을 추진하고 있으나 그 과정에서 과다한 양적 목표(2008년까지 30,000개의 혁신형 중소기업)를 설정하고 있다. 또한, 중소기업 지원의 실효성을 제고시키기 위해서는 지원대상 중소기업의 범위를 적정하게 설정할 필요가 있다. 중소기업 지원재원이 한정되어 있는 상태에서 중소기업 범위만을 확대할 경우 혁신형 중소기업 육성정책이 제약을 받게 되기 때문에 정부는 일부 서비스업을 제외한 중소기업 범위 확대를 지양해야 한다.

중소기업들도 내수지장에만 의존하지 말고 지속적인 경영 및 기술혁신을 통해 글로벌시장에 적극적으로 진출하여야 한다. 수요감소, 원가상승, 기술변화 등으로 더 이상 경쟁력을 확보하기 어려운 한계기업들은 해외투자, 업종전환 등 과감한 전략을 모색할 필요가 있다. 또한, 은행들도 담보위주의 대출관행에서 탈피하여 기술력 있고 창의적인 중소기업들에게 자금이 원활하게 유입될 수 있도록 보다 적극적인 경영활동을 전개할 필요가 있다.

4.2 중점 추진과제

정부가 추진하는 중소기업정책 중 그 우선 순위는 다음과 같다. 우선 혁신형 중소기업 육성을 통한 중소기업의 경쟁력 제고에 있어 중요한 원천은 기술력이다. 따라서 중소기업의 R&D 예산이 확대되어야 한다. 다음으로 창업과 성장단계에서의 원활한 자금조달을 위한 벤처캐피털(venture capital), 금융(자금조달) 인프라 확충 및 정비가 시급하다. 중소기업의 글로벌 네트워킹 지원, 대·중소기업 상생협력 등의 분야에서는 정부의 직접적 지원보다는 정보 제공, 공통 애로사항 해소, 유인수단 제공 등을 통해 간접적 지원자 또는 전략적 설계자의 역할을 수행할 필요가 있다.

정부가 중소·벤처기업의 활력을 제고시키기 위해 추진해야 할 중점과제(2006년)는 다음 5가지로 정리할 수 있다.

(1) 중소기업 R&D 지원사업을 강화하기 위해 중소기업청의 기술경쟁력 강화 예산을 2005년도 R&D 예산 대비 3.44%에서 2006년도에는 4.0%(2005년도 대비 400억원 확충)로 확대

이와 함께 KOSBIR 사업에 참여하는 부처별·기관별 중소기업 R&D 지원 목표비율을 설

정할 필요가 있으며 해당기관별 중소기업 R&D 지원 목표비율 준수의 의무화를 검토할 필요가 있다.

(2) 중소기업에 대한 신용정보 및 기술평가 인프라 구축, 벤처캐피털의 투자재원 확충을 통해 중소기업의 금융(자금조달) 원활화 도모

기술신용보증기금의 경우 혁신형 중소기업 육성을 위한 보증지원으로 그 기능이 특화되었기 때문에 이에 부합할 수 있도록 해당기관에 대한 지도감독권을 중소기업청으로 이관하여 운영해야 한다.

(3) 대・중소기업 상생협력 사업의 이행력 제고를 위해 대・중소기업 협력지표 개발

이와 함께 대기업이 발표한 중소기업과 협력사업의 이행력을 제고할 수 있도록 대・중소기업 협력평가센터를 설치하여 운영할 필요가 있다.

(4) 창업 촉진을 위한 규제완화(deregulation) 대책으로 최저자본금제도(5,000만원)의 폐지, 법인설립 서류의 표준화 및 절차간소화 추진

이와 함께 중소기업 범위의 합리적 축소 조정 방안도 검토할 필요가 있다.

(5) 기타 중소기업의 글로벌 네트워킹 지원, 대・중소기업 협력유도

이 같은 정책은 기존 정책의 실행상태를 점검하여 중소기업의 활력 제고 차원에서 지속적으로 추진해야 한다.

제 3 절 BRICs 진출 분석

1. 개관

BRICs 국가들은 1990년대에 들어 성공적인 시장경제로의 체제전환과 개혁・개방정책의 성과에 힘입어 급속한 경제성장을 달성하여 세계경제의 성장엔진으로 부상하고 있다. 최근 5년(2001~2005년)간 BRICs 국가들은 세계경제의 연평균 성장률 2.7%를 크게 상회하는 6.2%의 경제성장을 달성하여 세계경제의 성장을 주도하고 있다. 다만 브라질은 여타 국가에 비해 다

소 낮은 성장률을 기록하고 있다.

〈표 17-13〉 BRICs 국가의 경제성장 추이

(단위 : %)

	2001	2002	2003	2004	2005	5년 평균
브라질	1.3	1.9	0.6	4.9	2.3	2.2
러시아	5.1	4.7	7.3	7.2	6.4	6.1
인 도	5.2	4.1	8.6	7.5	8.4	6.8
중 국	8.3	9.1	10.0	10.1	9.9	9.5
세계 평균	1.5	1.8	2.7	4.0	3.5	2.7

자료 : Global Insight

급속한 경제성장으로 인해 이미 BRICs 국가들은 전세계 GDP 등 경제규모 면에서 위상을 확고히 하고 있다. BRICs 국가들의 명목GDP(2005년 기준)는 세계 10.3%를 차지하고 있으며 구매력 기준(PPP)으로는 26.5%에 달하여 BRICs 4국 모두 이미 세계 10위 내의 경제규모를 차지하는 등 거대 소비시장으로 부상하고 있다.[1] 이 같은 BRICs 국가의 잠재력을 반영해 골드만삭스(Goldman Sachs) 등 세계 유수의 경제전망기관들은 2050년에 BRICs 국가들이 미국, 일본과 더불어 세계 6대 경제대국으로 부상할 것으로 전망한 바 있다.

BIRCs 시장의 급성장과 더불어 최근 우리의 대(對)BRICs 진출도 크게 확대되고 있다. 최근 5년(2001~2005년)간 우리의 대BRICs 수출은 연평균 34.6% 증가해 동 기간 우리의 총수출 증가를 2배 이상 상회하였다.

대BRICs 해외직접투자(FDI)도 우리의 총 해외직접투자의 44.5%를 차지할 정도로 BRICs 국가는 우리의 주요 투자처로 부상하고 있다. 그러나 최근 BRICs 시장의 급속한 진출환경 변화에 따라 우리기업들, 특히 중소기업들의 전반적인 대BRICs 진출전략도 수정이 불가피한 상황이다.

우선 BRICs 국가 중에서도 우리기업의 최대 진출대상국인 중국에서는 고성장세 지속과 이에 따른 인건비 상승 등 공급부문에서의 비용 상승, 산업부문에서의 급진적인 구조조정 강화 등에 따라 우리기업의 진출여건이 크게 악화되고 있다. 반면에 나머지 BRICs 경제의 급성장에 따라 우리 중소기업들 사이에서는 인도, 러시아, 브라질을 신흥 소비시장이나 유망 투자처로 인식하는 경향이 뚜렷하게 나타나고 있다.

최근 중국시장의 변화, 인도 및 러시아 경제의 급성장 등 BRICs 시장의 급속한 진출환경

1) BRICs 국가들은 세계 인구 및 면적의 약 1/2. 1/3을 차지하고 있어 거대소비시장(great consumtion market)으로서의 잠재력을 보유하고 있으며 원유, 천연가스, 석탄, 철광석, 알루미늄, 주석 등 풍부한 부존자원을 보유하고 있다(대외경제정책연구원, KIEP 오늘의 세계경제, 제06-35호, 2006. 11. 6. 요약·재구성).

변화에 대응하여 우리 중소기업들이 BRICs 시장을 어떻게 인식하고 접근하고 있는지에 대해 수출, 투자, 수출과 투자로 진출방식을 대별해 2006년 9월 21일~10월 20일 기간 동안 국내 100개 중소기업을 대상으로 설문조사를 실시하고 그 결과를 분석한 대외경제정책연구원의 보고서를 중심으로 살펴본다.

2. 진출방식 변화와 진출 애로요인

2.1 BRICs 진출 현황 및 계획

(1) 조사대상기업 중 58.2%가 현재 BRICs 국가에 진출하고 있으며 향후 94.2%가 진출을 확대하거나 신규 진출을 계획하고 있는 것으로 나타남

BRICs 국가에 진출한 기업의 비중을 국가별로 살펴보면 중국 51.4%, 인도 22.9%, 러시아 14.2%, 브라질 11.5%로 나타나 우리기업들이 진출을 가장 선호하는 국가는 중국으로 조사되었다. 수출기업의 비중은 중국 23.4%, 인도 14.2%, 러시아 10.1%, 브라질 8.7%이며 투자기업의 비중은 중국 15.6%, 인도 5.0%, 러시아 2.3%, 브라질 1.4%이고, 수출과 투자를 모두 하는 기업의 비중은 12.4%, 인도 3.7%, 러시아 1.8%, 브라질 1.4%로 나타났다.

종합적으로 우리기업들의 진출방식은 수출 56.4%, 투자 24.3%, 수출과 투자 19.3% 순으로 나타났다. 이는 우리기업들이 수출을 통한 진출을 가장 선호하고 다음으로 투자진출방식을 선호하며 수출과 투자를 통한 동시진출방식을 상대적으로 덜 선호하는 것으로 해석할 수 있다.

(2) 향후 진출계획을 조사해 본 결과 '수출' 62.3%, '투자' 6.2%, '수출과 투자' 31.5%로 나타남

'수출 고려'는 기존 비중을 유지했으나 '수출과 투자 동시 고려'는 12.3%포인트 증가한 반면에 '투자 고려'는 18.1%포인트가 감소하여 우리기업들이 '투자를 통한 진출방식'보다는 '투자와 수출을 동시에 고려하는 진출방식'을 선호하는 등 BRICs 국가에 대한 우리기업의 진출방식에 커다란 변화가 있을 것으로 판단된다.

(3) 향후 진출계획을 국가별로 분류해서 조사한 결과 그 비중은 브라질 13.1%, 러시아 22.3%, 인도 31.5%, 중국 33.1%로 나타나 중국에 대한 진출은 감소하고 인도와 러시아에 대한 진출은 확대되며 브라질에 대한 진출은 현상 유지하는 것으로 나타남

'수출 고려'에서는 중국 23.4%→20.8%, 인도 14.2%→20.2%, 러시아 10.1%→13.1%, 브라질

8.7%→8.5%로 나타난 반면에 '투자 고려'는 중국 15.6%→0.8%, 러시아 2.3%→2.3%, 인도 5.0%→1.5%, 브라질 1.4%→1.5%로, '수출과 투자 고려'는 중국 12.4%→11.5%, 인도 3.7%→10.0%, 러시아 1.8%→6.9%, 브라질 1.4%→3.1%로 나타났다.

국가별로 진출방식을 조사한 결과 브라질의 경우 '수출' 및 '투자'는 현상유지, '수출과 투자 동시 고려'는 약간 증가한 것으로 나타났다. 러시아의 경우 '수출' 및 '수출과 투자 동시 고려'는 약간 상승, '투자 고려'는 현상유지로 조사되었다. 인도의 경으 '수출 고려'는 증가, '투자 고려'는 감소, '수출과 투자 동시 고려'는 증가로 나타났으며, 중국의 경우 '수출 고려' 및 '수출과 투자 동시 고려'는 감소, '투자 고려'는 대폭 감소로 조사되었다.

(4) 향후 진출 예정연도는 1년 이내 53.1%, 2~3년 이내 39.5%, 5년 이내 6.2%, 5년 이후 1.2%로 나타나 우리기업들은 이미 대부분 3년 이내에 BRICs 국가에 대한 진출계획을 가지고 있는 것으로 조사됨

〈표 17-14〉 BRICs국가 진출 예상연도

	1년 이내	2~3년 이내	5년 이내	5년 이후
업체수	43	32	5	1
비율	53.1	39.5	6.2	1.2

(5) 상기한 조사내용을 종합해보면 우리 중소기업들은 현재 '수출 위주의 진출'에서 '수출과 투자를 동시에 고려하는 진출'로 진출방식을 다각화하고 있으며 대중 투자를 감소시키는 대신에 대인도 투자를 상대적으로 크게 확대하고 러시아와 브라질에 대한 투자도 소폭 확대시켜 나갈 것으로 예상됨

향후 우리기업들은 수출의 경우 현 상태를 유지하되 투자 중심의 단순 진출방식보다는 수출과 투자를 동시에 고려하는 방식으로 진출을 전환해 나갈 것으로 판단된다.

2.2 진출동기 및 진출 장애요인

(1) 우리 중소기업의 BRICs 시장 진출동기로는 '내수시장 진출'과 '저렴한 원자재 및 인건비'가 가장 중요한 요소로 지적되었으며 '바이어 요구'와 제3국 수출', '한국의 기업환경 악화', '현지투자우대조치' 등도 중요한 진출동기로 지적되었음

〈표 17-15〉 BRICs 국가 진출동기

(단위 : %, 복수응답)

	응답업체	비율
내수시장 진출	46	35.7
저렴한 원자재 및 인건비	27	20.9
제3국 수출	15	11.6
현지투자우대조치	5	3.9
바이어 요구	19	14.7
한국 기업환경 악화	14	10.9
기타	3	2.3

(2) 조사대상 중소기업 중 아직까지 약 40%가 BRICs 국가에 진출(수출 또는 투자)하지 않은 것으로 조사되었는 데 이의 가장 큰 이유로는 '유통망 미확보'가 지적되었으며, 다음으로 '협소한 현지시장', '정치적 불안 및 비효율적인 관료제도' 등의 순으로 나타남

국가별로 진출방식을 구분해 진출하지 않은 이유를 조사해본 결과는 전체 BRICs 국가를 대상으로 한 조사결과와 차이가 없는 것으로 나타났다.

〈표 17-16〉 BRICs 국가에 수출 및 투자를 하지 않는 이유

(단위 : %)

	브라질	러시아	인도	중국	합계
협소한 현지시장- 수요부족	5.1	5.1	4.7	4.7	19.6
정치적 불안, 비효율적인 관료제도	3.4	3.4	3.0	2.1	11.9
생산비 상승	0.0	0.0	0.0	0.0	0.0
대금결제방식의 불안	2.6	2.6	2.1	2.6	9.8
수출시장에서의 경쟁 심화	0.0	0.0	0.0	0.0	0.0
다양하고 복잡한 현지시장구조	1.7	1.7	1.7	1.3	6.4
언어 및 문화적 차이	1.7	1.7	1.3	1.3	6.0
유통망 미확보	8.5	8.5	8.1	7.2	32.3
부족한 인프라 설비	0.9	0.9	0.4	0.4	2.6
미래의 불확실성	0.9	0.9	0.4	0.0	2.1
가격경쟁력	1.7	1.7	0.9	1.7	6.0
기타	0.9	0.9	0.9	0.9	3.4
합계	27.2	27.2	23.4	22.1	100.0

(3) 다음으로 우리 중소기업들이 현지 기업활동에서 직면하는 애로사항은 '정보습득', '현지화', '마케팅', '투자결정', '재정확보', '현지정부와의 관계' 등의 순으로 나타남

〈표 17-17〉 투자기업 중 현지 기업활동에서 가장 어려운 요인

(단위 : %, 복수응답)

	응답업체	비율
투자결정	16	12.4
정보습득	28	21.7
노동관리	12	9.3
현지화	26	20.1
재정확보	14	10.8
현지정부와의 관계	14	10.8
마케팅	19	14.7
기타	0	0.0
합계	129	100.0

(4) 우리 중소기업의 BRICs 진출시 가장 큰 애로사항인 정보습득과 관련 우리기업의 정보습득채널 및 정보습득능력에 대하여 질문한 결과 우리기업의 정부수집능력은 매우 낮음이 27.8%를 나타내는 등 우리기업의 전반적인 정보습득 능력수준은 디체로 낮은 것으로 평가됨

우리 중소기업들의 현지 기업활동과 관련된 정보수집채널은 '인적 네트워크', '외부전문기관', '신문 등 간행물', '현지정부', '주변 한국계 기업' 등의 순으로 나타났다.

〈표 17-18〉 국내기업의 BRICs 시장진출 정보습득 수준

(단위 : %)

매우 높음	약간 높음	약간 낮음	매우 낮음
5.6	34.7	31.9	27.8

〈표 17-19 우리기업의 BRICs 시장 진출 정보습득채널

(단위 : %)

인적 네트워크	외부 전문기관	신문 등 간행물	현지정부	주변 한국계기업	기타
38.6	22.7	15.9	11.4	10.2	1.1

(5) 향후 BRICs 시장 진출시 우리 중소기업이 가장 필요로 하는 정보는 BRICs 국가에서 모두 '세관 및 통관정책' 20.8%, '각종 산업정보' 19.6%, '두역투자정책' 16.1% 등의 순으로 나타남

국가별로는 필요정보가 약간 상이한 것으로 나타났다. 브라질, 러시아, 중국에 진출하려는

기업들은 향후 추진될 자유무역협정(FTA : Free Trade Agreement)에 대한 정보가 추가적으로 필요하다고 응답하였다. 반면에 인도 진출기업들은 금융시장제도에 대한 정보가 추가적으로 필요하다고 지적하였다.

〈표 17-20〉 진출시 가장 필요한 정보

(단위 : %, 복수응답)

	브라질	러시아	인도	중국	평균
무역투자정책	21.2	18.0	10.6	12.4	16.1
세관 및 통관정책	18.2	18.0	22.4	20.2	20.8
자유무역협정관련	15.2	13.1	8.2	12.4	9.5
경제특구제도	9.1	6.6	8.2	5.6	5.4
사회 · 문화 · 정치 일반	3.0	3.3	7.1	5.6	6.0
금융시장제도	6.1	4.9	14.1	5.6	9.5
각종 산업정보	24.2	26.2	17.6	21.3	19.6
근로 및 노조 등 인력관리	0.0	3.3	3.5	9.0	6.5
경제 일반 정보	3.0	4.9	5.9	4.5	4.8
기타	0.0	1.6	2.4	3.4	1.8

3. 시사점

3.1 우리 중소기업들은 아직까지 BRICs 국가 중 중국을 가장 투자매력도(investment attractiveness)가 높은 국가로 인식하고 있으나 이번 조사결과 이러한 인식에 차츰 변화가 있는 것으로 조사되었으며 다수의 중소기업이 향후 중국에 대한 진출을 감소시키는 대신에 인도 등 나머지 BRICs 국가에 대한 진출을 확대할 계획인 것으로 나타남

아직까지 BRICs 국가 중 우리 중소기업들의 진출은 중국에 편중되어 있으며 나머지 BRICs 국가에 대한 진출은 매우 미미한 수준을 보이고 있다. 우리 중소기업들의 진출이 중국에 편중될 수밖에 없는 이유는 보완적 무역구조(complementary trade structure)를 형성하기 용이하고, 풍부하고 저렴한 생산요소를 쉽게 활용할 수 있으며, 부품 등에 대한 수요가 지속적으로 창출되고 지리적으로 인접해 있는 등 장점이 풍부하기 때문으로 분석된다. 반면에 나머지 BRICs 국가는 아직 수출시장으로서나 투자대상지로서 성숙하지 못한 것으로 인식하고 있다.

3.2 진출방식에서도 우리 중소기업들은 순수한 '투자' 방식보다는 '투자와 수출'을 동시에 고려하는 보완적 진출방식으로 전환하고 있어 BRICs 시장에 대한 진출방식도 크게 변하고 있는 것으로 나타남

우리 중소기업들은 중국에 대한 수출과 투자를 대폭 감소시키는 대신에 인도나 러시아에 대해서는 '수출과 투자'를 동시에 증대시키는 계획을 갖고 있는 것으로 조사되었다. 특히, 중국을 제외한 나머지 BRICs 국가에 대해 보다 적극적으로 진출하려는 의도가 있는 것으로 조사되었다. 이는 인도, 러시아, 브라질 시장에 대한 우리 중소기업들의 인식 전환을 반영한 것으로 해석할 수 있다. 반면에 우리 중소기업들이 중국 진출에 적극적이지 않은 이유는 중국시장이 이미 경쟁 격화로 더 이상 이윤을 창출하는 데 한계에 이르렀다는 인식을 반영한 것으로도 판단된다.

3.3 더욱이 우리 중소기업들의 BRICs 국가 진출은 저렴한 원자재 및 인건비를 활용하고 이를 통해 내수시장을 확보하는 '요소추구형(resource or efficiency seeking)'과 '내수시장추구형(market seeking)'을 동시에 도모하는 형태를 나타내고 있음

이는 상대적으로 열악한 제조업을 가진 반면 잠재력이 큰 내수시장을 공략하기 위해서는 단순투자형 진출보다는 수출과 투자를 동시에 고려하는 진출전략을 선택하고 있는 것으로 판단된다. 즉, 우리 중소기업들은 진출국가의 저렴한 생산요소를 적극적으로 활용하면서 새롭게 부상하고 있는 BRICs 국가의 내수시장을 공략하기 위해 투자를 전개하고 있으나 현지국가의 미약한 제조업 기반으로 인해 부품 및 소재를 현지에서 조달하는 것보다는 한국에서 조달하고 대신에 제품 생산 및 조립은 현지화하는, 즉 수출과 투자의 보완적 관계 구축을 통한 진출전략을 구사하는 것으로 평가할 수 있다.

따라서 우리 중소기업들은 현지의 풍부하고 우수한 인력과 자원을 충분히 활용하여 비용을 절감함과 동시에 현지 시장수요에 적합한 신제품 개발 및 제품 개조 등의 차별화된 내수시장 진출전략을 적극적으로 추진할 필요가 있다. 한편, 우리 중소기업의 수출과 투자를 동시에 고려한 대BRICs 진출 전략은 현재 가속화되고 있는 국내의 산업공동화(industrial hollowization) 속도를 점차 감소시킬 가능성도 큰 것으로 해석된다.

3.4 우리 중소기업의 BRICs 시장 진출시 가장 중요하게 고려하는 요인은 내수시장 형성 여부로 조사되었으며 현재 BRICs 시장에 진출하지 않는(전체 대상기업의 약 40%) 이유는 각 국가에서의 유통망 미확보로 밝혀졌는 데 이 2가지 요인을 동시에 고려할 경우 우리 중소기업의 BRICs 시장진출의 실질적인 결정요인은 시장접근의 용이성에 있다고 평가할 수 있음

BRICs 국가들은 공통적으로 아직 시장이 성숙되지 못하고 독특한 상관행이 상존하고 있으며 유통구조 및 시설이 매우 낙후되어 있는 것으로 평가된다. 이는 진출지역의 시장성도 중요하나 실질적으로는 해당지역에 대한 시장접근 및 관련 네트워크가 우리 중소기업에 매우 중요한 진출요인으로 작용하고 있다는 점을 시사한다고 할 수 있다.

3.5 아직까지도 우리 중소기업들은 정보이용채널을 '인적네트워크'에 의존하고 있으며 외부 전문기관이나 정부 관련기관 등으로부터는 정보를 활용하지 못하고 있는 실정임

이는 주로 3가지 요인(① BRICs 국가들의 정보에 대한 비체계화, ② BRICs 관련 전문기관 부족 및 기능 미비, ③ 각 기업의 지역전문가 양성 미흡 및 부족)에 의한 것으로 해석할 수 있다.

3.6 이에 따라 국가별 특성에 따른 맞춤형 정보(tailored information) 제공 및 관련 정보지원센터 설립이 필요함

우리 중소기업들이 BRICs 국가에 대한 정보 중 가장 필요로 하는 내용은 무역투자정책(trade investment policy), 세관 및 통관 절차, 각종 산업정보(industrial information)로 나타났다. 또한, 일부 국가에 대해서는 자유무역협정(FTA) 등의 정보가 요구되는 것으로 조사되었는 데 국가별 수요 및 특징에 맞는 정보를 제공해야 할 것으로 판단된다. 한편, 우리기업들이 정보수집을 인적 네트워크에 의존한다는 사실은 그만큼 정보 제공 관련기관들이 효율적으로 운용되고 있지 않거나 이를 지원하는 기관의 부재(不在)에 따른 것으로 평가할 수 있다.

따라서 최근 대외경제정책연구원(KIEP)이 주관이 되어 구축한 'BRICs Information Center(www.bricsinfo.org/bricsinfo)'를 적극적으로 활용하는 한편 이를 가칭 BRICs 지원센터로 확대 개편하는 등 BRICs 국가에 대한 정보 활용을 다각화해나가야 할 필요가 있다. 대외경제정책연구원의 설문조사에서도 BRICs 국가에 진출하기 위해서 가장 중요한 것은 'BRICs 지역전문가 상담기구 설립'인 것으로 나타났다.

※ 정부지원관련 설문조사 결과 'BRICs 지역전문가 상담기구 설립' 30.3%, '해외투자자금 지원 확대' 21.2%, '전문가 파견', '무역관, 상무관, 기타 정부 관련기관 설치 확대' 각각 9.1%, 이외 '안정적 자금결제방식 마련' 6.1%, '현지 인력 연수 확대' 6.1%, '장기비자발행 및 편리한 영사지원' 6.1%, '현지 공단 건설' 3% 등으로 나타남

3.7 BRICs 진출을 용이하기 위해서는 금융지원 확대가 필요함

BRICs 국가에 대한 진출은 자원개발(resource development), 플랜트 수출 등 막대한 자금과 장기간의 회수기간이 요구되고 있는 데다 현지 금융조달도 어려운 실정이다. 따라서 수출입은행이나 수출보험공사 등 공적 수출신용기관을 중심으로 재원을 확대하여 진출기업의 금융조달을 원활하게 해줌으로써 우리기업의 진출을 보다 용이하게 해 주어야 할 필요가 있다..

18
chapter

중 국

제 1 절 중국경제의 평가 및 과제

1. 평가

중국당국은 서방과는 다른 시각에서 처음으로 세계 7대 강국의 국력을 구체적인 수치로 종합평가한 보고서를 발표하여 세계경제계의 이목을 집중시키고 있다. 2000년 9월 14일 중국 인민일보에 따르면 중국정부의 싱크탱크(think tank)인 '현대국제관계연구소'가 경제 · 군사 · 과학기술 · 자원 등 4개 분야에 걸쳐 7개국의 국력을 종합분석한 결과 미국, 일본, 프랑스가 각각 1, 2, 3위를 차지하였다고 밝혔다.[1)]

이번 국력조사 결과 미국은 종합점수 8,371점을 획득하여 2위인 일본(5,112점)은 물론 타 경제대국의 국력(미국의 60% 수준)보다 월등하게 높음을 보여주었다. 미국은 자원을 제외한 경제, 과학기술, 군사 등 3개 분야에서 모두 1위를 차지하였다. 특히, 프랑스는 제3차 산업, 핵을 포함한 군사분야, 인구수, 국토면적, 수자원, 1인당 경지면적, 에너지 자급능력 등에서 독일을 훨씬 능가하여 종합국력 3위에 올랐다.

스위스 로잔의 비영리기관인 국제경영개발원(IMD)이나 세계경제포럼(WEF)이 각각 발표하는 국가경쟁력 순위가 상대평가인 반면, 중국 '현대국제관계연구소'가 분석한 국력은 수치로

---

1) 이 같은 주요 국가의 국력평가는 동 연구소가 중국 내 100여명의 연구인력을 동원하여 해당국가의 최근 11년 동안의 통계를 입력하여 분석하였다(경향, 2000. 9. 15. 참조).

나타내는 절대평가인 점에서 특색이 있다. 즉, 동 연구소가 분석한 국력평가는 한 국가의 경제, 정치, 군사, 과학기술, 교육 등 여러 분야에서의 현실적인 역량과 잠재력을 함께 수치로 나타낸 것이 기존의 국가경쟁력평가와는 상이한 점이라 할 수 있다.

〈표 18-1〉 세계 주요 국가의 국력평가 비교

국가 / 점수	미국	일본	프랑스	영국	독일	러시아	중국
종합점수1)	8,371	5,112	4,270	4,070	3,918	3,203	2,175
종합점수2)	6,090	3,088	3,254	2,830	2,710	1,604	1,101

주 : 1) 경제 · 군사 · 과학기술 · 자원 등 4개 분야
2) 위의 4개 분야에 정치 · 사회 · 국제 영향력 등 3개 분야를 더한 것

자료 : 중국현대국제관계연구소, 경향, 2001. 9. 15.

2. 과제

2000년 하반기 이후 지속되고 있는 세계경제의 침체 하에서도 고속성장을 거듭해 온 중국도 2001년 하반기 이후 수출둔화, 기업의 수익악화, 주가급락, 홍콩의 경기침체 등으로 인해 세계경제의 침체에 동반하리라는 경고가 잇달아 제기되고 있다. 중국의 경제부문 고위관리들과 언론들은 중국경제가 더 이상 세계경제 침체의 예외지역이 될 수 없으며 정부당국이 이 문제를 심도있게 논의해야 할 시점이라고 지적하고 있다. 중국 국가경제무역위원회는 세계경제를 강타하고 있는 수요감소로 인해 향후 중국의 경제성장률이 둔화될 것이라고 전망하고 있다. 특히, 중국경제는 향후 민간부문의 투자증대에 큰 어려움을 겪을 것이며 이러한 투자감소로 인한 제(諸) 문제들이 서서히 나타나고 있다고 지적하고 있다.

중국 국가개발기획위원회의 졩 페이안 위원장은 중국이 당면하고 있는 가장 큰 문제로 세계경제의 악화를 들었으며 이미 중국도 세계경제의 침체영향을 받고 있음을 시인하고 있다. 세계경제침체에 따른 세계 각 지역의 전반적인 수요감소로 중국의 수출증가율이 둔화되고 있으며 이 같은 수출증가율의 둔화로 국영기업의 감원을 비롯한 사회전반적인 실업증대가 초래될 것으로 예상된다.

또한, 수십년만의 가뭄으로 인해 식량생산에도 중대한 차질이 발생되고 있으며 유휴인력을 흡수해야 할 서비스산업부문도 아직 제대로 발달되지 않아서 중국경제에는 이러한 대내외적인 경제상황의 악화가 큰 부담이 되고 있다.

중국경제가 당면하고 있는 과제를 몇 가지 핵심적인 측면에서 지적해 보고자 한다.

2.1 중국경제에 대한 과대평가

중국이 지난 수년간 이룩한 경이적인 고도경제성장에는 활발한 수출증대가 가장 큰 요인이었다고 평가할 수 있다. 그러나 중국의 수출이 지금까지 호조를 보인 데는 저기술에 바탕을 둔 제조업에서 만들어낸 수출품에 크게 의존하고 있고 이들 제조업은 사실상 저임의 노동집약산업이 주종이라고 할 수 있다. 저기술에 바탕을 둔 제조업은 일본이나 여타 선진국으로부터 중국으로 지속적으로 이전될 것으로 기대되지만 이는 중국의 저렴한 노동력에 의한 것이지 결코 중국의 급속한 기술향상에 의한 것이 아니기 때문에 중국이 기대하는 산업구조의 고도화와는 거리가 멀다고 할 수 있다. 또한, 중국의 수출은 해외투자자본에 크게 의존하고 있는데 이것은 결국 해외투자자본의 흐름에 중국 수출이 쉽게 영향받을 수 있다는 취약성을 나타내는 것이기도 하다.

중국의 첨단기술 부문에 대한 합작투자는 반도체 생산공장처럼 전세계적으로 공급과잉(oversupply)되고 있는 분야에도 이루어지고 있어 큰 문제점을 야기시키고 있다.[2] 중국은 상하이(上海)를 중심으로 IT관련 기술을 축적해 왔으나 대부분의 중국 첨단기술 상품은 일본, 대만을 비롯한 외국기업들의 노하우(know-how)와 중국정부의 외자기업에 대한 세금감면에 따른 산물이라고 할 수 있다. 주지하는 바와 같이 중국의 제조업 경쟁력은 자체적인 기술수준에 의한 것이 아니기 때문에 2001년말 세계무역기구(WTO) 가입 이후 자국상품에 대한 보호막이 상당폭 제거되고 있어 일본과 한국의 자동차, 철강, 가전제품의 경쟁력에 크게 뒤떨어지게 된다. 따라서 중국은 엔지니어링을 비롯한 자체의 기술수준을 제고시키고 선진경영기법을 조속히 습득하여야 한다. 또한, 중국 내륙의 도로망을 비롯한 사회기본 인프라의 취약성으로 인한 엄청난 물류(物流)비용도 중국의 경쟁력을 크게 저하시키는 요인이 되고 있다.

총체적으로 중국에 대한 외국기업의 투자는 중국의 경쟁력 있는 노동력과 상업적 하부구조의 효율성에 의한 것이라기보다는 중국정부의 외자기업에 대한 세금감면 등의 특혜와 중국시장의 무한한 잠재력에 의한 것이라고 할 수 있다. 중국의 외국자본 유치는 국내의 경제성장을 이루는 데 크게 기여했지만, 중국 상품의 수출경쟁력은 외국인 소유기업의 노동집약상품에 한정되어 있다고 할 수 있다. 싱가포르, 대만, 말레이시아는 수년전 공통적으로 경기침체 현상을 보인 바 있는데 이들 국가 모두 서구자본과 소비자에게 지나치게 의존하고 있는 데서 경기침체(recession)의 주요 요인을 찾을 수 있다. 중국경제 역시 해외자본과 기술에 지나치게 의존하고 있는 현실을 감안할 때 이들 국가와 유사한 문제를 안고 있다고 할 수 있다.

2) 이처럼 초과공급현상을 보이는 반도체 부문에 대한 외국투자자들의 중국 내 투자는 부분적으로는 중국정부의 보조금, 세제혜택, 산업보호에 대한 묵시적 동의에 기인하고 있다.

2.2 소득격차

만민평등을 근본이념으로 하는 공산주의 국가 중국은 그동안 개혁·개방정책의 적극적인 추진으로 비약적인 경제성장을 이룩하였으나 이러한 급속한 경제성장과정에서 도시-농촌, 동부-서부간 소득격차가 크게 확대되어 이러한 소득격차의 확대가 사회안정을 위협할 정도로 심각한 사회문제로 부상하고 있다. 소득격차를 파악할 수 있는 대표적인 경제지표인 지니계수(Gini coefficient : 지니계수는 0과 1 사이의 값을 가지며 그 값이 클수록 소득분배가 분균등함을 나타냄)의 경우 0.4를 넘어서면 소득분배 구조에 심각한 문제가 있는 것으로 파악할 수 있는데 중국은 2000년에 지니계수가 0.458을 기록하였다. 이것은 이미 중국사회가 심각한 소득불평등상태에 진입하였음을 의미한다. 실제로 중국은 소득상위계층 1%가 국가 전체 부(富)의 45%를 차지할 정도로 소득분배구조가 크게 왜곡(歪曲)되어 있는 실정이다.

상기(上記)한 바와 같이 도농(都農)간 소득격차는 이미 우려의 수준을 넘어서고 있으며 임금노동자들의 소득도 지역과 업종에 따라 차이가 크게 발생하고 있는 상황이다. 2000년 농업종사자들의 소득증가율은 2.5%에 불과한 반면에 도시근로자들의 소득증가율은 8.4%에 달해 도농간 소득격차는 해를 거듭할수록 심화되고 있다. 이와 관련하여 2001년 3월 12일 개최된 '전국인민대표자회의'에서 주룽지(朱鎔基) 총리는 "농촌지역주민과 일부 도시빈민의 소득이 별로 증가하지 않고 있는 것이 중국경제와 사회의 심각한 문제"라고 지적한 바 있다.

한편, 농촌지역의 전반적인 저소득상태로 인해 이미 일부지역에서는 한푼의 돈이 아쉬워 매혈을 하고 있으며 이러한 매혈이 에이즈 감염으로 이어지고 있어 심각한 사회문제가 되고 있다. 이와 관련하여 2001년 8월 23일 인다쿠이(殷大奎) 중국 위생부 부부장은 현재 중국의 에이즈 감염자수는 60여만명이며 이 중 3만~5만명은 매혈에 따른 에이즈 감염자라고 밝힌 바 있는데 그동안 에이즈 감염자들의 대부분이 마약중독자들이라고 주장해 온 중국정부가 농촌지역 주민들이 생계차원에서 돈이 아쉬워 매혈을 하다가 에이즈에 감염된 것을 처음으로 인정한 것이라고 할 수 있다.[3)]

중국정부는 2001년부터 2005년까지 '신경제개발 5개년 계획'에서 이런 소득격차문제를 개선하기 위해 주력할 방침임을 밝히고 있는데 보고서는 소득분배시스템, 세제 등 다방면에서 제도개선책을 제시하고 있다.

---

3) 중국대륙의 중남부 허난(河南)성 상차이(上蔡)현의 경우 매혈주민 1,300여명 중 무려 43%에 이르는 550여명이 에이즈에 감염된 것으로 나타났으며 인근의 원러우촌과 원깅촌도 매혈을 한 주민의 33%, 20%가 각각 에이즈에 감염된 것으로 밝혀졌다. 중국정부는 1999년 이 지역의 에이즈 집단감염 사실을 확인했으나 농산물판매에 대한 악영향을 우려하여 이 사실을 공표하지 않았는 데 이것이 결국은 이 지역의 에이즈 확산을 초래하였다고 할 수 있다.

〈표 18-2〉 중국정부의 소득분배 불균형 해소방안

분야	정 책 목 표
부의 분배	사회적 분배시스템의 표준화, 지나치게 높은 소득단속, 극빈층 지원확대, 불법소득 단속강화, 최저소득보장
국영기업	감독 및 행정시스템 강화로 독점횡포 방지
세제	소득세법 개정, 상속세 도입, 합법적 소득원 보호

자료 : 서경, 2001. 3. 14.

2.3 실업증대

2001년말 중국의 WTO 가입으로 인해 실업문제가 심각하게 대두되고 있다. 중국정부는 WTO 가입으로 약 4,000만명의 실업자가 추가로 발생할 것으로 예상하고 있다. 실업의 증대는 결국 소비수요의 감퇴 및 국가재정부담의 증대를 초래하게 되어 이 부문의 해결이 향후 중국경제의 지속적인 성장을 가능하게 하는 핵심사안이 될 것으로 보인다.

2.4 정보통제

중국은 세계무역기구(WTO) 가입과 2008년 베이징(北京)올림픽 유치를 계기로 사회적 안정(social stability)을 위해 중국정부에 비판적인 정보에 대한 통제를 강화시키고 있다.

(1) 인터넷 통제

미국의 정부기구가 민간업체를 이용하여 중국당국의 인터넷검열을 무력화시키기 위한 '인터넷 정보전쟁'을 전개시키고 있다. 중국의 인터넷 이용자들은 현재 국제사면위원회와 워싱턴 포스트 등 중국정부에 비판적인 국제기구와 언론사 사이트를 검색할 수가 없는 실정이다.[4] 중국 네티즌들은 여태까지 세이프 웹(Safe Web)의 '트라이앵글 보이(Triangle Boy)'라는 기술을 이용하여 검열장치를 속여 왔으나 최근 당국에 적발된 이후 완전히 차단된 상태이다. 미국의 소리(VOA) 방송을 운영하는 국제방송국(IBB)은 민간 네트워크업체인 세이프 웹에 자금을 지원하여 중국의 네티즌들이 검열을 피할 수 있도록 새로운 소프트웨어를 개발하였다.

VOA 중국 라디오방송은 1989년 톈안먼(天安門) 사태 이후 전파방해로 사실상 중단된 상태이며 웹 사이트는 1997년 폐쇄된 바 있다. 캘리포니아에 소재한 세이프 웹은 수십 개의 사설서버 네트워크를 운영하고 있는 인터넷회사로 사설서버를 통해 중국 내 인터넷 이용자가 폐쇄된 사이트에 접속할 수 있도록 도와주고 있다. 한편, 일부 중국문제 전문가들은

4) 중국정부 당국은 중국 내 네티즌의 수가 급속히 확산되자 불건전 정보의 유포를 방지하기 위해 각 인터넷 서버에 필터장치의 설치를 의무화하여 워싱턴 포스트와 국제사면위원회 등 중국정부에 비판적인 주요 국제기관들의 홈페이지 등에 대한 접속을 막고 있다.

VOA의 이번 조치가 자칫하면 중국의 인터넷검열을 더욱 강화시킬 수도 있다는 우려를 나타내고 있다.

(2) 사상통제

중국정부가 당내 보수파활동을 봉쇄한 데 이어 파룬궁(法輪功) 수련자들에 대해 중형을 선고하고 티베트 불교의 최대 강원(講院)인 세르타르사원에 머물고 있는 승려와 비구니들에게 강제퇴거를 통보하는 등 사상통제를 강화하고 있다. 중국정부의 이러한 사상통제 강화 움직임은 2002년 제16차 당대회때 장쩌민(江澤民) 주석의 '3개 대표(三個代表)' 이론을 당의 지도방침으로 만들기 위해서는 보수파세력을 사전에 제거하는 것이 필요하다는 인식에서 이루어지고 있다.[5)]

중국 당 중앙선전부는 당내 보수파세력의 활동을 봉쇄하기 위해 마르크스주의의 발전이론을 통한 장주석의 '3개 대표' 이론의 홍보, 지방 및 군부의 장주석에 대한 확고한 지지확보, 보수파 잡지 발행 정지 등 6개 항목의 지시를 내리고 있다.[6)]

3. 한국경제에의 시사점

중국경제의 급속한 성장은 한국으로서는 기회인 동시에 위기가 될 수 있다는 분석이 잇따라 제기되고 있다. 한국이 중국의 경제성장을 새로운 도약의 기회로 활용하기 위해서는 기회의 요인을 최대한 이용하고 위기의 요인을 정확히 인식하여 효과적으로 대처해야 한다.

3.1 긍정적 요인

중국은 세계경제의 침체 하에서도 9~10%의 고도성장을 이룩하였다. 2001년 상반기 일본·대만·싱가포르·한국 등이 수출부진을 보이고 있을 때에도 중국의 수출은 8.8% 증가하였으며 WTO 가입과 2008년 올림픽 유치로 경제가 한 단계 도약할 수 있는 계기를 마련하였다.

국제통화기금(IMF)은 최근 발표한 중국경제관련 보고서에서 중국이 2010년경에 세계총생산의 20%를 차지하여 미국(16%)을 추월할 것으로 전망한 바 있다. 국제통화기금은 중국경제에 대한 이러한 낙관적 시각의 근거로 13억 인구의 거대 내수시장, 국내총생산(GDP)의 40%

5) 이와 관련하여 중국 당 중앙선전부는 최근 장쩌민 국가주석을 비판한 당내 보수파 세력의 활동을 봉쇄하라고 지시한 바 있다(대한매일, 2001. 8. 28. 참조).

6) 사영기업인의 공산당 입당 허용방침과 관련하여 장주석을 비판한 보수파 이론지 '진리의 추구(眞理的追求)'와 '중류(中流)'가 정간당했다. 과거 민주와 자유를 대변하다 정간명령을 받은 간행물은 있었어도 좌파시각을 대변하다 정간처분을 받은 것은 이번이 처음이다.

에 이르는 민간저축, 효과적인 국가성장전략, 강력한 정치적 리더십, 국민적 단결, 안정된 환율정책 등을 지적하고 있다.

따라서 한국으로서는 중국경제의 비약적인 발전에 따라 대외수입규모도 크게 증대될 것으로 예상되므로 우리상품의 대중국 수출기반을 확충해야 하며 무엇보다도 WTO 가입과 올림픽 개최 등으로 향후 중국시장의 환경이 급변할 것으로 예상되는 바 이에 대한 적절한 대응방안을 모색해야 한다.

3.2 부정적 요인

국제금융센터는 2001년 8월 8일 '중국의 부상과 우리의 대응전략'이라는 보고서를 통해 한국이 중국과 일본의 사이에서 경쟁력을 상실하고 있다고 분석하였다. 일본에 대해서는 기술수준과 자본측면에서 경쟁력이 떨어지고 중국에 대해서는 시장규모와 노동비용 등에서 뒤떨어진다고 밝히고 있다. 또한, 최근의 수출감소가 자본재 및 주요 부품의 수입감소로 이어지고 이는 결국 설비투자의 위축을 초래하여 기본 경쟁력을 상실할 수 있다고 경고하고 있다.

따라서 한국경제가 중국경제의 고도성장에 적절하게 대응하지 못할 경우 경제위기에 처할 수도 있는데 최근 중국이 무역수지면에서 미국보다 중요한 교역파트너임을 감안할 때 중국전문가의 육성과 한국관련 중국 내 인맥의 데이터베이스(database)화가 무엇보다 중요하게 부각되고 있다.

이와 관련하여 대한무역진흥공사(KOTRA)는 중국관련 보고서에서 중국이 외국의 긴급수입제한조치에 대응하기 위해 무역보복 조치를 취하는 사례가 빈번해지고 있기 때문에 이에 대한 적절한 대응이 필요하다고 지적하고 있다. 실제로 1997년 이후 중국의 반덤핑(anti-dumping) 조사 9건 중 7건이 한국산 제품이었다는 사실은 중국 측으로 볼 때는 한국이 중국의 공격적 통상정책의 주요 타겟임을 여실히 나타내는 것이라 할 수 있다.[7)]

7) 중국언론과 정부관련 연구기관들은 반덤핑 전문홈페이지(www.cacs..gov.cn)를 통해 각국의 반덤핑제소 관련정보를 자국기업들에게 제공하고 있으며 이와 함께 자국 내 외국상품의 덤핑경쟁을 방지하기 위해 조사요원을 대폭 확대하는 등 2001년 11월 WTO 가입을 앞두고 공격적인 통상정책을 펴고 있다(한경, 2001. 8. 9. 참조).

〈표 18-3〉 중국경제의 고속성장이 한국경제에 미치는 영향

	긍정적 요인	부정적 요인
대내적 요인	· 13억 인구의 거대 내수시장 · 지속적인 경기활황 · 문화적 동질성으로 인한 문화상품 및 서비스부문의 진출 용이	· 거대한 인적자본 형성 · 공세적 통상정책 · 해외자본의 적극적 유치로 인한 기술격차 축소 · 반도체·조선 등 주력산업에서 강력한 경쟁자로 부상
대외적 요인	· WTO 가입, 올림픽 유치로 중국 특수 기대 · 지리적 인접성으로 인해 한국이 동북아시아 경제거점으로 성장 가능 · 중국과의 경제협력체제 강화로 인한 남북한 간 긴장완화 및 경제협력강화 효과 기대	· WTO 가입 등으로 아시아의 맹주로 급부상 · 미국과 일본과의 경제교류 확대로 한국의 입지 축소 가능성

제 2 절　무역정책의 변화

중국은 교역량 기준(2003년 기준)으로 한국의 2번째 대상국이며 한국은 중국의 6번째 대상국이다. 양국의 교역규모는 570억 달러로 전년 대비 38.7%가 증가했다. 한국은 중국에 351억 달러를 수출하고, 중국으로부터 219억 달러를 수입하여 132억 달러의 무역흑자(trade surplus)를 기록했다. 한국의 주요 수출품은 반도체, 철강, 플라스틱, 이동전화기 등이었고, 중국의 주요 수출품은 의복, 화공약품, 옥수수, 석탄, 수산물 등이었다.

한중 양국의 교역은 1992년 수교 이후 비약적으로 증가해왔는 데 급속한 교역증가는 한편으로 양국 간의 무역마찰(trade conflict)을 초래하고 있다. 중국은 자국의 경제개발과 산업보호를 위해 높은 수준의 비관세장벽(NTBs : Non-Tariff Barriers)을 구축하고 있다. 중국 상무부의 통계에 따르면 한국은 중국의 제1위 수입규제 대상국으로 2004년 5월말 기준 19건의 반덤핑(anti-dumping) 조사 및 규제를 받고 있어 일본 15건, 미국 13건을 상회하고 있다. 이 같은 수입규제는 한국의 수출에 장애요인이 되고 있을 뿐만 아니라 양국 간의 교역증대에도 부정적으로 작용하고 있다.

중국의 WTO 가입전후의 무역정책[8], 한중 양국의 무역마찰 현황과 중국의 무역협상 전략에 대해 살펴보고 대응방안과 한국에의 시사점을 도출하고자 한다.

---

8) 최근에는 통상정책이라는 용어를 많이 사용하고 있으나 학자들 간에 통상정책이 무역정책보다 광의의 개념 이라는 의견이 지배적이므로 본 장에서는 수출입관련 정책 등을 주로 취급한다는 관점에서 통상정책보다는 무역정책이라는 용어를 사용한다(수출입은행, 수은해외경제, 2004. 7. pp. 4~20 요약·재구성).

〈표 18-4〉 한국의 대중국 산업품목별 수출추이

(단위 : 백만 달러)

	1차 산품	공산품			총 계
		경공업제품	중화학제품		
			IT 제품	기타	
1992	17	678	94	1,864	2,653
1993	45	1,242	228	3,636	5,151
1994	86	2,019	264	3,834	6,203
1995	196	2,895	332	5,720	9,143
1996	199	3,673	545	6,960	11,377
1997	254	4,092	902	8,323	13,571
1998	200	3,193	970	7,581	11,944
1999	184	3,530	1,757	8,213	13,684
2000	258	4,273	3,014	10.909	18,454
2001	199	3,949	2,956	11,086	18,190
2002	235	4,040	6,554	12,925	23,754

자료: 한국무역협회, KOTIS

1. WTO 가입 이전[9)]의 무역정책

1.1 무역정책의 변화 과정

중국은 1978년 12월에 개최된 '제11기 3중 전회'에서 등샤오핑(鄧小平)에 의해 공식적으로 대외개방의 경제건설방침이 거론됨으로써 대외무역체제가 개선되기 시작했다. 대외개방을 실시한 1979년 이후 중국의 대외무역체제 변화를 단계별로 분류하면 4단계로 구분된다.

① 개혁 준비 시기(1979~1984. 9)

② 소극적 개혁 시기(1984. 9.~1986)

③ 개혁 확대 시기(1987~1997)

④ 개혁 성숙 시기(1997~2001)

1979년부터 2001년까지 중국의 대외무역정책 변화는 기존의 통제와 보호주의의 틀에서 탈피하여 대외무역에 자율성과 경쟁을 도입함으로써 사회주의 시장경제체제(socialist market economic system)와 자본주의 시장경제요소(capitalist market economic factor)의 조화를 유

9) WTO 가입이전의 기간은 중국이 대외개방정책을 표명한 1979년 이후부터 WTO 가입 이전인 2001년까지의 시기를 의미한다.

지하는 방향으로 진행되었다. 대외무역의 행정관리를 강화하면서 정부의 무역관리권 이양을 통해 무역기업의 적극적인 자율성을 유도하고, 수출입대리제(輸出入代理制)와 전면적 수입경영대리제(輸入經營代理制)의 실시를 통해 무역회사의 대외무역경영관리를 개선했다. 또한, 수입허가증 대상을 축소하고 수입관련 세제를 정비하며 관세를 인하하여 시장을 외국기업에 점진적으로 개방하기 시작했다. 이 같은 변화는 중국의 수출입규모가 매년 평균 10% 이상 증가하는 상황에서 미국 등 선진국들의 시장개방 압력과 관세 및 무역에 관한 일반협정(GATT) 재가입[10] 추진에 따른 것으로 해석할 수 있다.

〈표 18-5〉 중국의 단계별 무역체제 개혁

구 분	주 요 내 용
개혁 준비 시기 (1979~1984. 9.)	· 외자 및 선진기술 도입을 위한 경제특구의 도입(1980년) · 대외무역을 관할하는 기관을 대외경제무역부로 흡수통합(1982년) · 대외무역공사와 대외위탁공사로 대외관리 이원화(1982년)
소극적 개혁 시기 (1984. 9.~1987)	· 수출입대리제 실시(1984년) · 수출허가증 관리 및 수입할당제 실시(1985년)
개혁 확대 시기 (1987~1997)	· 대외개방지역 확대(1992년) · 수입조절세 폐지(1992년) · 대외무역법 제정(1994년)
개혁 성숙 시기 (1997~2001)	· 사영기업에 독자적인 수출입권한 부여(1999년) · 수출허가증 대상 품목 축소(2000년) · WTO 가입(2001년)

1.2 주요 무역정책 현황

주요 무역정책을 다음 4가지 측면에서 살펴보고자 한다.

(1) 무역업 허가 관리

대외개방 이전 중국의 대외무역은 수출입을 전담하는 소수의 수출입전업공사(輸出入專業公司)가 독점하고 있었다. 그러나 대외개방 이후 경제규모와 무역규모가 확대됨에 따라 대외무역을 취급하고자 하는 기업이 증가하게 되어 대외무역의 독점체제(monopolistic system)는 다수의 문제점을 노출시키기 시작했다. 이에 따라 중국정부는 1982년 대외경제무역부에게 대외무역기업의 설립을 일괄적으로 관리할 수 있는 권한을 부여했다. 그 결과 공무공사(工貿公司), 변경무역공사(邊境貿易公司), 무역서비스공사(貿易服務公司) 등이 설립되게 되었다. 이들 기업은 형태에 따라 무역업에만 종사하는 기업, 기존의 업무를 하면서 무역업무를 하는 기업,

10) 중국은 1947년 10월 GATT 출범시 창립회원국으로 참여하였으나 1949년 10월 중국인민공화국이 건국되면서 탈퇴하였다. 그 후 1986년 7월 GATT 재가입을 신청한 바 있다.

대외무역과 관련된 자문, 광고, 운송 등의 서비스를 제공하는 기업으로 분류된다.

무역기업의 설립 조건으로는 다음 3가지를 지적할 수 있다.

① 자립경영의 독립경제실체로서 재무상으로는 독립채산제, 손익자기책임을 해야 함
② 고정된 명칭과 완비된 정관을 구비하고 명확한 업무범위와 수출입상품목록이 있어야 함
③ 국가규정에 합치되는 자금, 고정된 영업장소, 업무진행에 필요한 기타 물적 조건을 갖추고 있어야 함

상기 조건을 구비하고 중국 내에서 수출입에 종사하고자 하는 기업은 대외경제무역부 또는 대외경제무역부가 권한을 위임한 각 지방의 대외무역 관련 주관부서의 허가를 받은 후 중앙 또는 각 지방 공상행정기관에 등기를 함으로써 무역업 취급자격을 취득할 수 있게 되었다.

한편, 중국의 대외무역 관리의 법률적 기반인 '중화인민공화국대외무역법'에 따르면 대외무역권의 신청자격은 중국의 법인과 기타 조직으로서 자연인이나 외국법인은 포함되지 않는다. 그러나 외국인투자기업(外商投資企業)의 경우에는 외국인투자기업에 대한 법규에 의거하여 기업자체 사용물품의 수입 및 기업생산에 필요한 각종 설비, 원료, 기타 물자의 수입, 그 생산품의 수출은 가능하게 되어 있다.

(2) 수출입 품목 허가 관리

1980년 이전의 대외무역은 국가기관인 수출입전업총공사(輸出入專業總公司) 및 그 지사가 수출입 권한을 가지고 국가계획에 따라 수출입을 하였기 때문에 별도의 수출입허가증은 필요하지 않았다. 그러나 대외개방 이후 수출입업무를 취급할 수 있는 기업이 증가하게 되면서 내구소비재의 대량수출과 무분별한 수입증가 등의 현상이 발생하게 되었다. 이러한 문제를 해결하고 무역기업에 대한 통제를 하기 위해 대외경제무역부는 1980년 6월 '수출허가증제도에 관한 잠정규정'을 제정하였으며 국무원은 1984년 1월 '수입허가증에 관한 잠정조례'를 공포한 바 있다.

① 수출허가증 제도

수출허가증 제도를 살펴보면 수출업체가 수출허가대상품목[11]을 수출하고자 할 때는 반드시 수출 전에 대외경제무역부 등 지정된 발급기관에 신청하여 수출허가증(E/L: Export

11) 수출허가대상품목은 다음 4가지(① 국가에서 수출할당이 주어진 상품, ② 대외경제무역부가 최저수출가격을 규정한 상품, ③ 관련기관에서 수출을 제한하거나 금지한 상품, ④ 국제시장의 변화나 국가정책으로 인해 일정기간 수출을 제한하는 상품)로 구성되어 있다.

Licence)을 수령한 후 세관에 수출 신고시 제출해야 한다. 수출허가증은 일반적으로 한 번 수출시 한 장의 허가증이 요구되며 매번 발행일로부터 최장 3개월을 초과하지 않는 수출허가증을 가지고 유효기일 내에 단 한 번만 사용할 수 있다. 다만 외국인투자기업의 수출품, 보상무역 수출품, 중국 특산품의 경우에는 수출허가증이 유효기간이 최장 6개월이며 이 기간 내에 12회까지 복수로 사용할 수 있다.

② 수입허가증 제도

수입업체는 수출과 마찬가지로 수입 전에 지정된 발급기관에서 수입허가증(I/L: Import Licence)을 발급받아야 한다. 다만 수입허가증을 신청하기 전에 국가계획위원회 등이 발급하는 수입유효증서를 발급받아 이을 수입허가증 신청서에 첨부해야 한다. 이는 수입허가 전에 수입물품의 적합성 등을 검토한 뒤 수입허가증을 발급함으로써 무분별한 수입증가를 적극적으로 통제하기 위한 것이다. 수입허가증 유효기간의 연장은 최장 6개월까지 가능하며 일단 유효기간이 연장된 수입허가증은 어떠한 경우에도 다시 연장받을 수 없다.

(3) 관세 및 통관제도

중국정부에게 관세는 대외개방 이전까지만 하더라도 단지 주요 수입원 중 하나에 불과했다. 그러나 대외개방 이후 대외무역량의 증가에 따라 중국정부는 관세를 수출입의 조절기능과 국내산업의 보호기능으로 활용할 필요성을 인식하게 되었다. 이에 따라 1980년에 대외무역부 관세국을 관세총국으로 개칭하고 국무원 산하 조직으로 승격시켰다. 또한 1985년에 '수출입관세조례', 1987년에 '중화인민공화국세관법'을 공포함으로써 중국의 관세제도의 기본 틀을 구축하게 되었다.

중국이 관세관련 법률들을 통해 표명하는 관세의 기본원칙은 다음 6가지로 요약할 수 있다.

① 국가경제와 국민생활에 꼭 필요하지만 국내에서 생산이 불가능한 수입품에 대해서는 관세를 면제하거나 저율의 관세를 부과함

② 원자재의 관세율은 반제품 혹은 완제품보다 낮게 책정함

③ 국내에서 생산이 불가능하거나 품질이 일정한 수준에 이르지 못한 기계설비 및 기기를 제작하는 데 필요한 각종 부품의 관세율은 완제품보다 낮게 책정함

④ 국내에서 생산이 가능하며 국가경제와 국민의 생활에 직접적으로 필요하지 않은 제품에 대해서는 높은 관세율을 적용함

⑤ 국내에서 생산 및 공급이 가능하고 국내산을 보호할 필요가 있는 제품은 높은 관세율을

부과함

⑥ 수출을 증대하기 위해 대부분의 수출상품에 대하여 수출관세를 면제함

중국은 복합관세제도를 실시하고 있다. 중국과 관세협정을 체결하고 있는 국가에 대해서는 우대관세율을 적용하고, 관세협정을 체결하지 않은 국가에 대해서는 우대관세율보다도 높은 관세율인 보통관세율을 적용하는 차별적인 관세제도를 운영하고 있다. 또한, 중국은 수출상품 영세율(零稅率) 원칙에 근거하여 1983년부터 수출상품 세금환급정책을 시행하기 시작했다. 이것은 지정된 수출화물에 대하여 중국 내에서 부과하는 증치세[12](增値稅)를 돌려주거나 중국 내 생산과 유통 중에 부과된 간접세를 돌려주는 것을 의미한다. 관련기관은 세수증감 및 수출량의 증감에 따라 증치세의 환급률을 조정하여 적용할 수 있다.

한편, 중국의 통관제도는 중국 내로 유입되거나 또는 반출되는 모든 화물 및 운송수단은 세관을 거쳐야 한다는 원칙 하에 운영되고 있다. 세관을 통과하려면 수출입 허가증명과 기타 공적인 증명서류가 있어야 하며 상품에 따라 상품검사, 동식물검역 등 검사증명서가 요구되기도 한다. 중국의 수입조사제도는 수입품에 대해 국산품보다 더욱 높은 품질기준을 요구하고 있어 국내산업을 보호하기 위한 비관세장벽의 작용을 하고 있다.

〈표 18-6〉 중국의 주요 상품 평균관세율

품 목	조정[1]전	조정후
컬러TV	100	60
PC	50	20
전화교환기	30	19
방직기계	20	10
화장품	120	55
포클레인	20	10

주: 1) 1994년 1월 1일자로 중국은 이전보다 큰 폭의 관세인하를 실시하였음
자료: 한경, 1993. 11. 16.

(4) 무역구제조치

중국의 대외무역 구제조치[13]에 관한 법체계는 1994년 세계무역기구(WTO) 가입에 대비하여 '대외무역법'을 제정하면서 시작되었다. 대외무역법은 총 8장 44조로 구성되어 있다. 이 중

12) 증치세(增値稅)는 상품의 생산 및 판매과정, 용역제공 과정에서 발생한 상품의 가치 증가분에 과세되는 세목을 의미한다. 이는 한국의 부가가치세(value-added tax)에 해당된다.

13) 대외무역조치에는 3가지(반덤핑 관세, 긴급수입제한, 상계관세)가 있으나 본 장에서는 중국에서 주로 사용하는 반덤핑 관세에 대해서 주로 논의한다.

제30조에서 반덤핑 관련 조항을 규정하고 있다. 그러나 '대외무역법' 시행 이후에도 관련 시행령이나 규칙의 미비로 대외무역 구제조치가 실시되지 못하다가 1997년 '반덤핑 조례'를 제정하면서 시행하게 되었다.14)

중국의 반덤핑 조례는 보호주의 성향이 지나치게 강한 것으로 평가할 수 있으며 다음 3가지 문제점을 가지고 있다.

① 반덤핑 운용 절차를 당국의 내부규정에 맡겨두고 있어 투명성(transparency)이 결여되어 있다.
② 사법심사에 대한 언급이 없어 절차의 공정성에 대한 의문이 제기되고 있다. 즉, 최종판정 이후 결과에 불복하면 어떠한 절차로 행정조치가 되는지가 명확하지 않다.
③ 동종 상품의 정의와 정상가격 산정의 방법이 명확하지 않다. 이 같이 규정이 불명확하여 사건 발생시 중국이 유리한 방향으로 해석할 수 있다.

한편, 반덤핑 조례는 일방적 보복조치를 가능하게 하는 조항을 가지고 있어 무역상대국으로부터 많은 비난을 받고 있다. 반덤핑 조례 제40조에는 '어떤 국가나 지구(地區)가 중국상품에 대하여 차별적인 반덤핑조치를 취하면 중국 역시 이러한 상황에 근거하여 해당국가나 지구에 대하여 상응하는 조치를 취할 수 있다'고 되어 있다. 중국은 어떤 국가와의 무역역조가 심화되면 이 조항을 적용하여 보복을 취하는 경향이 있다. 한국은 중국과의 무역수지가 지속적인 흑자를 나타내고 있어서 석유화학, 철강 등 제품에 대해 타 국가보다 많은 반덤핑 조치를 받고 있다. 이것은 일방적 보복조치를 금지하고 있는 WTO의 다자주의(multilateralism)에 대한 명백한 위반이라고 할 수 있다.

2. WTO 가입 이후 무역정책

2.1 변화 배경

중국은 국제정치·경제적 위상 제고와 WTO 가입에 따른 최혜국대우의 획득 등을 위해 WTO 가입을 추진해 왔다.15) 15년의 협상 끝에 2001년 11월 카타르 도하에서 개최된 '제4차

14) 1997년 12월에 실시된 한국산 신문지에 대한 반덤핑조사가 외국산 제품에 대한 최초의 반덤핑 조사였다.
15) 최혜국(MFN : Most Favored Nation) 대우란 일국이 어떤 외국에 이미 부과하고 있는 가장 유리한 대우를 타국에도 제공하는 것을 의미하며 다자주의를 표방하고 있는 WTO의 기본 원칙 중 하나이다.

WTO 각료회의'에서 가입이 승인된 바 있다. WTO 가입은 중국정부에게 각종 무역장벽(trade barrier)이나 제도적인 문제점 등을 국제기준(international standard)에 맞게 수정해야 한다는 과제도 동시에 가져왔다. 무역상대국이 요구하고 있는 관세인하 및 무역제한 조건의 철폐, 국영무역에 대한 정리, 무역장벽의 완화 등이 대표적인 개선과제라고 할 수 있다. 이에 따라 중국의 경제 및 무역정책(economic and trade policy)은 WTO 가입과 더불어 더욱 급속히 변화하고 있다.

〈표 18-7〉 WTO 가입시 무역관련 양허조건

구 분	주 요 내 용
원 칙	· 중국은 모든 WTO 회원국에 대하여 WTO 회원국으로서의 지위에 상응하는 대우를 하여야 하며 가입협상에 합의한 조건과 일정에 따라 양허를 이행하여야 함
관세인하	· 공산품 평균관세율을 2005년까지 현행 17%에서 9.4%로 인하 · 농산품 평균관세율을 2004년까지 현행 19%에서 17%로 인하
무역제한	· 수입허가증 관리제를 2006년까지 폐지(현행 35종 373개 품목) · 2004년까지 모든 기업에 대외무역권 부여
수량제한	· 수입쿼터제를 2006년까지 폐지(현행 28종 245개 품목)
예외사항	· 곡물, 담배, 연료, 광물 등에 대해서는 국영무역 유지 가능 · 중국 국내에서의 물품 분배와 운송에 대해서는 규제 가능

2.2 각종 제도 개선

WTO 가입이후 각종 제도의 개선은 다음 3가지 측면에서 살펴볼 수 있다.

(1) 대외무역법 개정을 통한 제한 완화

중국의 무역규모는 2003년에 8,500억 달러를 돌파하여 세계 순위가 11위에서 4위로 급상승하는 등 급속한 성장을 보이고 있다. 이러한 성장세를 고려할 때 다수의 경제전문가들은 기존의 대외무역법으로는 변화하는 무역환경에 적응하는 데 한계가 있다는 지적을 하고 있다. 이에 따라 중국정부는 WTO의 규정에 의거하여 미국, 유럽연합(EU), 일본의 입법사례를 참고하여 대외무역법을 개정하였다. 동 법은 2004년 4월 6일 '제10기 전국인민대표회의 상임위원회'에서 통과되어 2004년 7월 1일부터 시행되고 있다. 개정 대외무역법은 총 11장으로 구성되어 있는데 주요 내용은 다음 3가지로 정리할 수 있다.

① 개인도 수출입업무를 수행하는 무역업자가 될 수 있음

개정 이전에는 중국의 자연인은 수출입에 종사하는 대외무역경영자가 될 수 없었다.[16] 이

번 조치로 일반 개인의 무역활동 참여가 크게 증가할 것으로 보인다.

② 전략비축물자(戰略備蓄物資)의 교역을 부분적으로 일반 무역업자에게도 허용했음

석유, 곡물, 비료, 면화, 설탕 등과 같은 전략비축물자의 수입은 그동안 국유기업에 제한되었으나 이제는 일반기업도 수입 허가를 득할 수 있으며 전략비축물자의 일정 비율에 대하여는 비(非)허가업체도 무역을 할 수 있게 되었다. 따라서 중국은 WTO 가입시 약속했던 수출입 대상 품목의 전면적 개방을 이행하게 되어 상기 품목의 교역증대도 가능하게 될 것으로 보인다.

③ 지적재산권(intellectual property rights) 보호 조항의 신설

개정법에서는 지적재산권을 침해한 상품의 수입을 금지하고 기존 수입품도 지적재산권을 침해하거나 대외무역질서를 교란시킨 것으로 판명될 경우 수입금지 조치를 취한다는 것이다. 또한, 중국기업과 개인의 지적재산권을 보호하기 위한 조치를 단행하지 않은 국가에 대해서는 국제조약과 협정에 따른 대응조치를 취할 수 있도록 했다. 현재 중국은 세계에서 복제품이 가장 많이 유통되는 국가로 비난을 받고 있으며 미국, 일본, EU로부터 지적재산권 보호를 위한 조치를 취하라는 압력을 지속적으로 받고 있다.

중국은 대외무역법의 개정을 통해 중국이 자유무역(free trade), 공정무역(fair trade)을 표방하는 국가이며 WTO 양해각서 이행을 위해 노력한다는 입장을 표명함으로써 분쟁상대국의 이해를 구하는 동시에 지속되는 무역장벽 논란을 감소시킬 수 있기를 기대하고 있다.

(2) 관세 및 통관 관리

중국은 WTO 가입시 약속한 관세인하를 대체로 충실히 이행하고 있다는 평가를 받고 있다. 중국은 2010년까지 평균관세율을 9.8%까지 인하하기로 약속했었다. 이에 따라 2002년 이후 2차례나 관세율을 인하한 바 있으며 2003년말 기준 중국의 평균 관세율은 10.4%로 인하되었다. 제품별로는 농산물은 15.6%, 광공업품은 9.5%이고, 정보기술협정[17] 해당품목 중 대부분에 대하여 관세감면을 이행하여 대부분 영세율을 적용하게 되었다. 그러나 중국 내수용 일부

16) 대외무역경영자란 공상등록 등 수속을 마친 이후 대외무역법 등 관련법규에 의거하여 허가를 받은 대외무역경영활동에 종사하는 법인, 기타 조직 및 개인을 의미한다.

17) 정보기술협정(ITA : Information Technology Agreement)은 정보통신과 관련된 모든 상품 및 서비스의 관세를 폐지하자는 협정으로서 1996년 APEC 지도자 회의에서 제안되어 1997년에 WTO에서 구속력 있는 협정으로 체결되었다.

반도체 및 통신장비에 대해서는 아직까지 관세가 인하되지 않고 있을 뿐만 아니라 최종 사용처 증빙을 요구하고 있어 외국기업들에 대한 차별조치로 지적되고 있다.

〈표 18-8〉 WTO 가입 이후 중국의 관세인하 내용

구 분	주 요 내 용
1차 인하 (2002. 1. 1)	· 관세법 개정을 통한 관세율표 수정 · 전체의 73%에 해당하는 5,300개 품목의 관세 인하 · 2002년말 기준 평균관세율 11.1% 기록
2차 인하 (2003. 1. 1)	· 관세법 개정을 통한 관세율표 18차 수정 · 전체의 41%에 해당하는 3,019개 품목의 관세 인하 · 2003년말 기준 평균관세율 10.4% 기록

(3) 무역구제 조치

중국은 '대외무역법'에 근거하여 대외무역 구제조치 관련법률인 '보장조치(세이프가드)[18]조례', '반덤핑조례', '반보조금조례'를 제정하고 운영하여 왔다. 그러나 이들 법령은 외국기업에 대해 투명하고 공정한 대우를 보장하는 구체적 내용이 결여되어 있다는 지적을 받아왔다. 따라서 2004년 4월 개장된 대외무역법의 기초 하에 중국은 대외무역 구제조치 관련법률을 대외개방 확대와 정책의 투명성(policy transparency) 확보에 초점을 두고 개정하여 2004년 6월 1일부터 시행하게 되었다. 이것은 WTO의 관련법칙에 부합되게 개정한다는 의의가 있으며 향후 무역환경(trade environment)의 평등한 경쟁과 국내산업의 권익을 지켜나가기 위한 법률적 보장을 제공해 주게 된다는 효과가 있다.

'보장조치(세이프가드) 조례' 개정안은 총 5장 34조로 구성되어 있으며 주요 개정내용은 다음 2가지로 요약할 수 있다.

① 이전에는 예비판정 후에 최종결정을 내려 세이프가드를 발동했으나 개정 후에는 예비판정을 생략하고 바로 최종결정을 내릴 수 있도록 했음

즉, 이전에는 수입제품의 증가로 국내산업이 심각한 피해를 입거나 그러한 우려가 있을 경우 관련사항을 조사하고 그 결과에 기초하여 예비판정을 내리고 다시 일정기간의 추가조사를 거쳐 최종결정을 내렸다. 예비판정에서 세이프가드 조치가 취해질 것으로 판정이 난 경우 최종 결정 시까지 대상국에게는 그 결과에 대응할 시간적 여유가 주어졌던 것이다.

18) 세이프가드(safeguard)는 특정물품의 수입이 급격히 증가해서 국내 경쟁산업에 심각한 피해를 주거나 피해를 줄 우려가 있을 때 취하는 대응조치로 긴급수입제한조치라고도 한다.

② 세이프가드 실시기한을 최장 10년으로 연장했음

이전 세이프가드의 실시기한은 4년을 초과하지 못하고 그 피해정도가 심각한 경우에 한하여 실시기한을 4년 더 연장할 수 있었다. 그러나 개정안에서는 실시기한을 이전과 같이 4년을 초과할 수 없다고 규정했으나 연장기한을 6년으로 하여 최장 10년까지 증가시켰다. 이는 'WTO 세이프가드 협정'에 명시된 총 연한 8년보다도 긴 것으로 향후 다른 회원국들의 반발이 예상된다.[19)]

개정된 '반덤핑조례'의 특징으로 다음 3가지를 지적할 수 있다.

① 조사기관의 통일

개정 조례에서는 과거 대외경제무역합작부와 경제무역위원회가 책임지던 반덤핑 조사를 상무부가 모두 관할하는 것으로 되어 있다. 상무부가 통일된 원칙과 절차에 대한 조사를 수행함으로써 외국의 업체들이 반덤핑조례의 가장 큰 문제로 지적한 조사과정의 복잡함과 중복을 감소시킨다는 방침이다.

② '반덤핑관세는 공공이익에 부합해야 한다'는 조항이 추가됐음

이전에 반덤핑관세가 특정산업의 요구에 따른 수입제한 기능을 주로 했다는 비난을 회피하기 위해 공공이익이라는 정당성을 추가하였다.

③ 반덤핑관세의 소급적용을 강화했음

이전에는 수입상품이 국내산업에 손해를 입힌 사례가 있거나 단기에 다량으로 수입된 경우에 한해서 반덤핑관세 부과 결정일로부터 90일 전까지 소급하여 반덤핑관세를 부과할 수 있었다. 그러나 개정안에서는 상무부의 조사 결과 상기 사항에 모두 해당될 경우 반덤핑관세를 소급적용할 수 있다고 명시하면서 반덤핑관세의 소급적용에 대한 구체적인 기간을 명시하지 않음으로써 소급기간을 연장한 것으로 판단된다. 또한, 상기의 경우에 해당하는 상품은 수입계약을 체결하기 전에 수입상품에 대한 수입등기를 하게 하여 수입절차를 까다롭게 변경했다.

한편, 상계관세라고도 지칭되는 '반보조금조례'는 조례 내용상어 특별한 개정사항은 없다.[20)]

---

19) WTO 세이프가드 협정 제7조에 따르면 '세이프가드 조치는 4년을 초과하여 발동할 수 없다. 이 기간은 연장될 수 있으나 세이프가드 조치가 적용되는 총 기간은 8년을 초과할 수 없다'라고 명시되어 있다.

20) 상계관세(countervailing duties)란 수출국에서 제조, 생산, 수출에 관하여 직·간접으로 장려금이나 보

그러나 관련 정부기관의 명칭이 대외무역경제합작부(對外貿易經濟合作部)에서 상무부(商務部)로 수정되는 등의 정도로 개정되었다. 중국은 2002년에 동 법률을 제정한 후 현재까지 교역상대국에 대해 보조금 관련조사를 시행한 적이 없으며 이러한 맥락에서 볼 때 상계관세와 관련된 거래상대국과의 대외분쟁은 많지 않을 것으로 판단된다.

2.3 전망

WTO 가입시 약속사항의 이행수준에 대한 미국, 일본, 유럽연합(EU) 등 주요 국가의 평가를 보면 성공적이지도 크게 미진하지도 않다는 의견이 다수를 차지하고 있다. WTO 가입후 2년간 투명성 부문에 가장 큰 진전이 있었으나 중국의 자국기업 우대정책에 대한 개선은 미진한 것으로 지적되었다. 특히, 반덤핑 조치, 쿼터제도(quota system) 등 보호무역주의(trade protectionism)에 입각한 정부의 무역정책과 지적재산권 분야가 교역증대의 주요 장애요인으로 지적되고 있다. 또한, CCC[21] 도입 등 새로운 표준 및 기술요건 제한조치에 대한 투명한 운영과 개선이 요구되고 있다.

따라서 중국정부는 반덤핑 등 무역구제 조치에 대한 투명성(transparency)과 공정성(fairness)을 확보하기 위한 법개정에 더욱 적극적인 조치를 취해야 한다. 지적재산권 보호를 위해서는 행정 · 사법제도를 강화하고 각종 조사기관과의 연계를 통한 권리침해품의 신속한 몰수폐기를 철저히 실시해야 한다. 이러한 과정을 통해 중국은 세계 4위의 교역국가에 적합한 투명한 무역정책을 실시하는 국가로 부상하게 된다.

조금을 받은 물품의 수입으로 인하여 수입국의 국내산업이 피해를 받거나 받을 우려가 있을 때 관세에 추가하여 부과하는 관세를 의미한다.

21) CCC(China Compulsory Certification)는 '중국 인증'으로 번역할 수 있다. 이는 중국이 WTO에 가입함에 따라 중국에 진출한 외국기업 및 상품을 내국인과 동등하게 대우해야 할 필요성이 발생하면서 만들어진 제도이다. 중국의 경우 기존에 중국 내 생산된 107개 제품에 대해서는 CCEE를, 해외에서 생산된 104개 제품에 대해서는 CCIB 인증을 요구했었는데, CCC는 CCEE와 CCIB를 통합하면서 인증이 요구되는 제품의 품목과 인증관련 기구 등을 재정비한 것이다. 2003년 5월 1일부터는 CCC 마크만 사용가능하다.

〈표 18-9〉 CCC 인증 적용품목

상품분류(영문명)	품목수
전선 및 케이블(Electrical Wires and Cables)	5
전기스위치 및 보호장비, 전기접속장치 (Switches for Circuits, Installation Protective and Connection Devices)	6
저압형 전기장비(Low-voltage Electrical Apparatus)	9
저공률 전동기(Small Power Motors)	1
전동공구(Electric Tools)	16
전기용접기(Welding Machines)	15
생활용 전기제품(Household and Similar Electrical Appliances)	18
음향제품(단, 라디오방송 및 자동차용 음향설비 제외) (Audio and Video Apparatus (not including the Acoustics Apparatus for Broadcasting Service and Automobiles)	16
정보기술장비(Information Technology equipment(IT))	12
조명장비(Lighting Apparatus)	2
정보통신 단말기 설비(Telecommunication Terminal Equipment)	9
자동차 및 안전부품(Motor Vehicles and Safety Parts)	4
자동차 타이어(Motor Vehicle Tyres)	3
안정용 유리(Safety Glasses)	3
농기계 제품(Agricultural Machinery)	1
라텍스 제품(Latex Products)	1
의료기기(Medical Devices)	7
소방기기(Fire Fighting Equipment)	3
기술안전보호제품(Detectors for Intruder Alarm Systems)	1
합계: 19개 분류, 132개 품목	

〈표 18-10〉 중국의 대한국 연도별 반덤핑 규제 현황

(단위 : 건 수)

	1997	1998	1999	2000	2001	2002	2003
조사개시	1	0	4	1	6	9	6
예비판정	0	1	2	2	1	4	7
최종판정	0	0	1	3	2	1	12

자료: 외교통상부

3. 한중 무역마찰

3.1 무역마찰의 배경

한국은 중국으로부터 총 23건의 수입규제[22]를 받았으며, 2004년 5월말 기준 19건이 반덤핑 조사 및 규제 중에 있다. 이것은 일본 15건, 미국 13건 등을 초과하는 수치로 최대의 반덤핑

22) 반덤핑 관세와 긴급수입제한 조치를 포함한 수치이다.

규제 대상국이 되고 있다.

한국이 이렇게 많은 규제를 받는 이유로 다음 3가지를 지적할 수 있다.

(1) 대중 무역수지의 흑자 지속

한국은 1992년 한중 수교 이후 지속적인 무역수지 흑자를 기록하고 있으며, 2003년까지 누적 무역흑자(accumulated trade surplus)가 493억 달러를 기록하고 있다. 이러한 무역수지 흑자에 대해 중국이 불만을 가지고 있는 것이다.

(2) 석유화학 등 일부 품목의 대중 수출비중 과다 및 국내업체간 과당경쟁

석유화학 및 철강제품의 대중 수출비중은 각각 36.3%, 30.7%로 매우 높은 편이고 국내업체간의 경쟁도 심해서 중국의 관련업체들로부터 심한 견제를 받고 있다.

(3) 중국정부의 한국 의존형 산업구조의 개선 노력

중국정부는 한국과의 교역 상품구조가 수직적인 산업구조(vertical industrial structure)를 보이고 있어서 향후 한국 의존형 경제가 될 것을 우려하고 있다. 따라서 한국상품에 대한 수입규제(import regulation)를 통해 이러한 가능성을 시정하고자 한다.

〈표 18-11〉 중국이 주장하는 한국의 무역장벽

구 분	주 요 내 용
관 세	한국은 시장보호를 위해 조정관세, 반덤핑관세, 상계관세, 보복관세, 긴급관세를 부과
통 관	통관시 수입자의 서면동의를 받도록 되어 있는데, 한국측이 이것을 악용하여 가격할인 등을 요구
기술검사	'공업표준화법', '전기용법안전법'에 의해 다수의 기술표준에 맞출 것을 요구하여 중국기업의 비용 증가 초래
정부구매	정부의 농산물 수매입찰시 농수산물유통공사의 보증금 납부 요구 등 엄격한 규정 적용
지적재산권	중약을 양약과 동일시하여 수입시 제조장법 등을 신고하게 되어 있어 중약제조회사의 지적재산권 보호 곤란
기 타	원산지표시제의 과도한 운용, 상용 복수비자 발급 지연 등

3.2 무역마찰 현황

중국의 한국에 대한 수입규제의 특성으로 석유화학, 철강 등 일부 수출주력상품에의 집중을 지적할 수 있다. 규제 대상품목을 업종별로 살펴보면 석유화학 12건, 종이 2건, 철강 2건, 기타 2건으로 석유화학제품에 대한 규제가 가장 많은 편이다.

〈표 18-12〉 중국의 대한국 품목별 반덤핑 규제 현황(2004년 5월말 기준)

조사 품목	조사개시	예비판정	최종판정	부과관세율
신문 용지	1997. 12	1998. 7	1999. 6	9~55%
폴리에스텔필름	1999. 4	1999.12	2000. 8	13~46%
스테인레스스틸강판	1999. 6	2000. 4	2000.12	27~57%
이염화메탄	2000. 12	2001. 8	2002. 6	4~28%
폴리스티렌	2001. 2	-	무피해종결	무피해종결
라이신	2001. 6	-	무피해종결	무피해종결
폴리에스터칩	2001. 8	2002. 10	2003. 2. 8	6~52%
폴리에스터단섬유	2001. 8	2002. 10	2003. 2. 8	2~48%
아크릴산에스테르	2001. 10	2002. 12	2003. 4.10	2~20%
아트지(동판지)	2002. 2. 6	2002.11. 27	2003. 8. 6	4~51%
무수프탈산(PA)	2002. 3. 6	2003. 1. 7	2003. 9. 2	4~13%
합성고무(SBR)	2002. 3. 19	2003. 4. 16	2003. 9. 9	7~27%
냉연강판	2002. 3. 23	2003. 5. 20	2003. 9. 23	3~40%
PVC	2002. 3. 29	2003. 5. 12	2003. 9. 29	6~76%
TDI	2002. 5. 22	2003. 6. 10	2003.11. 22	3~5%
페놀	2002. 8. 1	2003. 6. 9	2004. 2. 1	5~16%
MDI	2002. 9. 20	-	조사종결	
콜로로포름	2003. 5. 30	2004. 4. 8	-	-
광섬유	2003. 7. 1	-	-	-
히드라진히드레이트	2003.12. 17	-	-	-
골판지	2004. 3. 31	-	-	-
비스페놀 A	2004. 5. 12	-	-	-

(1) 석유화학제품

한국의 대중국 석유화학제품 수출은 매년 지속적인 증가세를 보이고 있다. 특히, 2003년에는 6,784백만 달러를 수출하여 전체 수출 중 36.3%의 물량이 중국으로 유입되었다. 이것은 지리적 이점(geographical advantage)과 더불어 중국이 장치산업인 석유화학산업에 아직까지 충분한 투자를 못했기 때문으로 풀이할 수 있다. 더욱이 기초소재분야에 한국제품을 많이 사용하고 있는 현실에 대한 중국기업의 견제가 정부에 영향력을 행사하여 수입규제를 강화하고 있다. 최근에는 중국 최대 화공기업인 란싱화공(藍星化工)의 제소로 비스페놀 A[23]에 대한 반덤핑 조사가 개시되었다. 따라서 중국기업이 일정수준의 기술력을 가지고 한국제품과 경쟁할 수 있을 때까지는 수입규제의 강도가 더욱 심해질 것으로 보인다.

23) 비스페놀 A(Bisphenol A)는 페놀과 아세톤에서 추출된 백색 고체로 건축자재 원료, 에폭시 수지 등의 원료로 사용되는 유기화학물이다.

〈표 18-13〉 석유화학제품 수출 추이

(단위 : 백만 달러, %)

	1992	1999	2000	2001	2003
중국 수출(A)	619	3,484	4,554	4,584	6,784
전체 수출(B)	5,084	12,662	15,724	14,108	16,684
비 중(A/B)	12.2	27.5	29.0	32.5	36.3

자료: KOTRA

(2) 철강금속제품

중국의 부동산 등 고정자산 투자로 한국의 대중국 철강수출은 대규모로 증가했다. 중국이 과열경기 현상을 보였던 2003년에는 3,907백만 달러를 수출하여 전년 대비 73%의 증가를 기록하였다. 특히, 주력 상품인 냉연강판[24]은 중국의 자동차산업 호황으로 인해 2003년 수출이 31억 달러를 기록하며 전년 대비 72% 급증하였다. 그러나 냉연강판은 중국의 긴급수입제한 품목에 해당되어 관세쿼터 적용을 받고 있으며 2003년 9월에는 반덤핑 최종판정을 받은 상태다.[25]

〈표 18-14〉 철강금속제품 수출 추이

(단위 : 백만 달러, %)

	1992	1999	2000	2001	2003
중국 수출(A)	857	1,516	1,741	1,805	3,907
전체 수출(B)	7,895	10,361	11,166	9,630	12,737
비중(A/B)	10.8	14.6	15.6	18.7	30.7

자료: KOTRA

(3) 전기전자제품

최근 중국의 수입제한 조치의 특성 중 하나는 석유화학, 철강, 제지 등 주로 소재산업 및 중간재산업에 편중되었던 반덤핑 조사가 전기 · 전자, 기계류 등 첨단 기술제품 쪽으로 확대되고 있다는 점이다. 특히, 2003년 7월 IT 산업에 대한 최초의 사례로 광섬유에 대한 반덤핑 조사가 개시되었으며 2004년 5월 16일에 덤핑 예비판정이 내려졌다.[26] IT 제품은 공산품 중 수출증가율이 매우 높고 중국과의 기술차이도 있어서 향후 수입규제 대상에 포함될 가능성이

24) 냉연강판은 열연강판을 압연하여 만든 두께가 균등하고 표면이 매끈하며 광택이 나는 강판으로 자동차 차체, 계측기 등 내구소비재에 사용된다.

25) 냉연강판에 대한 반덤핑관세 부과는 현재 긴급수입제한 규제 중인 동 제품에 대한 이중규제 조치 부과에 따른 중국 내 철강 수요업체의 부담을 고려하여 유예하기로 결정되었다.

26) 광섬유(optical fiber)는 통신 네트워크의 정보전달매체로 사용되는 것으로 2003년 대중국 수출은 1,760만 달러였으며 전체 수출 중 중국 수출비중이 44.5%를 차지하였다. 한편, 덤핑 예비판정률은 7~46%를 부과받았다.

매우 큰 편이다.

〈표 18-15〉 전기 · 전자제품 수출 추이

(단위 : 백만 달러, %)

	1992	1999	2000	2001	2003
중국 수출(A)	208	2,609	4,249	4,232	12,936
전체 수출(B)	5,084	53,403	68,885	54,182	77,438
비중(A/B)	4.1	4.9	6.1	7.8	16.7

자료: KOTRA

3.3 중국의 전략

중국이 외국과 무역마찰 발생시 나타내는 협상전략의 특징으로 다음 3가지를 지적할 수 있다.

(1) 대응보복 및 보복위협 전략

중국의 대외무역법에 따르면 기본적으로 무역상대국의 선행조치가 있어야만 보복조치를 발동할 수 있다. 그러나 이해 당사자의 청원서 제출과 같은 정규절차에 의한 것이 아니라 정부 차원에서 상대국의 무역조치에 대하여 대응조치를 취하는 것이 특징이다. 즉, 어떠한 법률적인 절차 요건에 따라 합리적으로 발동하는 것이 아니라 양국 간의 무역수지 등을 고려하여 보복적으로 발동한다는 것이다. 특히, 상대국의 무역제재나 보복에 대해서는 반드시 그보다 강력한 보복대응 또는 보복위협을 하고 있다. 이 같은 사례로 1994년 중미 지적재산권 분쟁, 2000년에 발생한 한중 마늘분쟁을 지적할 수 있다.[27)]

(2) 융통성

중국은 자국의 국력을 기준으로 무역상대국에 비해 자국의 국력이 약하다고 판단하는 경우 다자간협상(multilateral negotiations)을 선호하고, 국력이 우월하다고 평가하는 경우 양자간 협상(bilateral negotiations)에 의존하고 있다.

(3) 실리성

중국은 다수의 협상의제 중에 자국의 이해관계가 적다고 판단되는 것은 신속한 양보를 하고 자국산업의 보호 등을 위해 반드시 필요하다고 생각하는 안건은 협상을 마지막까지 진행시키면서 최대한의 양보를 얻어내는 협상을 구사한다.

27) 한중 마늘분쟁은 2000년 중국산 마늘 수입 급증에 따른 농가의 피해를 감소시키기 위해 한국정부가 중국산 마늘에 긴급관세를 부과한 것에 대한 보복조치로 중국이 한국산 폴리에틸렌 및 휴대폰(cellular phone)에 대해 잠정수입중단 조치를 취한 것을 의미한다.

4. 한국에의 시사점

한국의 무역의존도(trade dependence)는 2003년에 70%에 도달하였으며 대중국 무역의존도는 2003년에 18.1%를 기록하였다. 이 같이 무역이 한국경제에 미치는 중요도는 점차 증대되고 있고 중국과의 무역관계는 더욱 심화되는 추세를 보이고 있다. 한편, 중국은 WTO 가입 이후 다수의 분야를 개방하고 있으며 이와 더불어 합법적인 수단을 이용하여 자국산업을 보호할 대책을 적극적으로 마련하고 있다. 2003년 3월에는 미국의 무역대표부(USTR)와 유사한 기능을 갖는 상무부를 출범시켜 비관세장벽 등을 통한 수입규제를 강화하고 있다. 그 결과 외국과의 무역마찰이 증가하고 있으며, 특히 한국에 대한 통상압력은 더욱 증대되고 있다.

전술한 바와 같이 한국은 중국의 제1위 반덤핑 규제 대상국이며 분쟁 해결을 위해 다수의 무역협상을 진행하고 있다. 중국과 무역협상에 임할 때 만족스러운 결과를 도출시키기 위해 필요한 대응방안에 대해 다음 3가지 측면에서 살펴보고자 한다.

4.1 충분한 사전예방의 필요성

중국으로의 수출은 해외투자와 마찬가지로 충분한 사전계획과 준비가 필요하다. 즉, 중국의 무역정책 및 관련 법제도에 대한 사전연구와 특정상품에 대한 시장분석을 통한 수입규제 가능성 검토, 동종 기업과 사전 조율을 통한 과당 경쟁 지양 등 사전 준비 및 예방이 필요하다. 이를 위해 중국의 관련 산업계의 수입규제 동향 파악 및 무역정보의 신속한 입수를 위한 채널 확보, 중국의 수입자 그룹과의 교류를 통한 이해관계를 형성해야 한다. 또한, 중국의 수입규제에 대한 지속적 감시를 위해 동종기업간 협의체를 구성하여 상호정보교류를 활성화하고 기업간 자율조정을 통한 시장 진출 전략을 수립해야 한다.

4.2 중국의 보복위협에 대해 강력한 대응 자세의 견지

상기한 바와 같이 중국의 협상전략 중 하나는 보복위협이다. 한국은 중국과의 협상에서 정부부처 및 업계 간의 이해관계의 차이로 강력한 대응을 하지 못한 전례를 가지고 있다. 일본은 2001년 발생한 중일 버섯분쟁에서 중국의 보복위협에 대해 끝까지 자신들의 입장을 견지하여 중국으로부터 유리한 협상성과를 도출한 바 있다.[28] 이 같이 중국의 보복위협에 대해서

28) 일본이 중국산 버섯 등에 대해 잠정 세이프가드를 발동하자 중국은 이에 대한 대응으로 일본산 자동차, 휴대폰, 에어컨에 100% 특별관세를 부과하겠다고 위협하였다. 협상중단 발표 등 일본의 강력대응에 중국은 향후 버섯생산 및 수출에 대해 일본과 협의하는 안을 제시하여 8개월 만에 협상이 타결된 바 있다.

는 적절한 대응보복으로 나설 경우 보다 나은 협상성과를 얻을 수 있다. 이를 위해 정부는 관련부처간 정책 조정을 통해 대외적으로 일관된 시각으로 대응해야 한다. 또한, 기업에서는 동종 협회를 통해 의견을 통일하고 통상관련 지식을 가진 전문가를 선정하여 협상에 적극적으로 임할 필요가 있다.

4.3 수입규제 실시시 적극적인 이의 제기

중국의 반덤핑 조사에 대해 적극적으로 거부활동을 하고 필요시 대정부 항의까지 필요하다. 또한, 법에 보장된 덤핑 재심제도를 최대한 활용하여 예비판정에서 부과된 덤핑관세율을 최대한 감소시켜야 한다. 사례를 살펴보면 재심 청구 등 적극적인 대응을 한 제품의 평균 덤핑관세율이 6.5%였던 것에 비해 대응하지 않은 업체들의 평균 덤핑관세율은 57.9%로 나타났다. 특히, 미국의 경우 전문가를 통한 협상과 정부차원의 종합적인 대응을 통해 한국보다 저수준의 덤핑관세율을 부과받고 있다. 따라서 한국도 무역협상 전문가를 양성하고 무역마찰 발생시 정부차원의 적극적인 대응이 필요하며 기업은 정부에게 관련정보를 제공하는 등 상호 협력해야 한다.

일국의 무역정책(trade policy)은 외국과의 교역을 활성화시키면서 자국의 산업을 보호해야 하는 상반된 기능을 가지고 있다. 이에 따라 세계 각국은 외국과의 무역마찰의 최소화(minimization of trade conflict)를 도모하면서 자국의 이익을 증대시키기 위한 무역정책을 시행하고 있다. 한국도 WTO 회원국의 의무를 충실히 이행하면서 동시에 국내산업을 최대한 보호할 수 있는 무역정책을 시행하고 있다고 평가할 수 있다. 특히, 주요 교역상대국인 중국의 무역정책에 따른 적절한 대응의 수립 필요성이 그 어느 때보다 필요한 시점이 되고 있다.

제 3 절 외국인투자환경 분석

1. 외국인투자 정책

1.1 외국인투자 정책의 배경과 운용

(1) 1978년 개혁 · 개방과 함께 외국인투자 유치를 위한 법률 및 제도정비의 가속화

중국정부는 1978년 대외개방 정책을 천명한 바 있는데 이러한 대외개방 정책을 구체적으로 시행하기 위해 경제특구 설치를 통한 대외개방지역 지정 등 외국인투자 유치를 위한 법률 및 제도정비를 강화하고 있다. 대외개방은 동남부 연해지역을 중심으로 추진되어 왔으나 1992년 등샤오핑(鄧小平)의 남순강화(南巡講話) 이후 중국 전역으로 확대되었다.

(2) 2001년말 WTO 가입을 계기로 국제규범에 적합한 시장경제체제 정비의 가속화

WTO 규정은 국제적 합의(international consensus)에 근거한 투명하고 공정한 여건 하에서 자유무역(free trade)을 강조하고 있으며 정책의 투명성 제고, 내 · 외국인 차별 대우 폐지, 관세인하 및 비관세장벽(non-tariff barriers)의 철폐, 세제상의 우대정책 축소 등으로 시장경제체제(market economic system)의 전환을 가시화하고 있다. 2004년에는 중국기업과 외국인 투자기업에 대한 법인세율 동일 적용을 위하여 '기업소득세잠정규정(企業所得稅暫行條例)'과 '외국인투자기업과 외국기업소득세법(外商投資企業和外國企業所得稅法)'을 통합한 바 있다.[29)]

(3) 다국적기업(MNCs)의 선진설비와 기술을 통한 자국산업 육성을 위하여 산업정책과 연계한 외국인투자 유치 정책의 운용

1994년 2월 '자동차 산업정책'에 이어 1994년 3월 기계, 전자, 석유화학, 자동차, 건설 등 국가 기간산업 육성을 도모하기 위해 '1990년대 국가 산업정책 요강'을 발표하는 등 중국이 제도적으로 시장경제체제로 전환을 시작하면서 산업정책을 발표하였다. 1995년 6월 '외국인투자

29) 중국 정부는 외국인투자법(합자기업법, 합작기업법, 단독투자기업법) 개정을 통해 외국인 투자기업의 애로사항이었던 국산품 조달, 경영 및 생산 계획의 관련기관 앞 보고 등 각종 의무사항을 폐지하였으며 수출 의무 를 수출 장려로 완화하였다(수출입은행, BRICs 국가현황 및 우리의 진출 방안, 2004. 1. pp. 211~255 요약 · 재구성).

산업지도방향'과 더불어 '외국인투자 산업지도목록'을 제정(2002년 2월과 3월에 각각 개정)하여 양적인 규모의 투자에서 질적인 효율성(qualitative efficiency) 제고의 투자로 전환하고 첨단산업(high-tech industry)에의 투자를 적극적으로 유도하였다.

〈표 18-16〉 외국인투자법 주요 개정 내용

구분	단독투자기업법	합작기업법	합자기업법
개정시기	2000. 10. 31	2000. 10. 31	2001. 3 15
수출의무	의무 → 장려	-	-
국내조달의무	장료조항 삭제	-	-
외화수지균형의무	삭제	삭제	-
고용 · 해고	-	-	고용계약에 의거
노동조합	-	-	설치 의무
보험계약	-	-	중국 소재 외국계 보험사와의 계약 인정
분쟁해결	-	-	법원판별 추가
생산계획제출의무	삭제	-	삭제

자료: 수출입은행, 중국 투자환경과 투자사례, 2002. 6.

(4) 외국인직접투자(FDI) 유치를 통한 산업구조의 고도화 추진 강화

중국정부는 2002년 4월부터 외국인 투자정책 방향, 외국인투자에 대한 각종 우대조치 부여 및 품목별 외국인투자 허가 기준이 되는 '외국인투자 지도방향 규정'과 '외국인투자 산업지도목록' 개정을 통해 첨단산업 위주의 투자유치 정책을 지속적으로 추진하고 있다. 특히 IT, 항공우주, 기계, 신소재, 에너지 등 총 11개 분야 917개로 구성된 '첨단기술 제품에 대한 외국인투자 장려 산업목록(2003. 6. 7)'을 제정하여 인센티브를 부여하는 등 적극적으로 첨단산업 분야에 대한 외국인투자를 유치하고 있다.

(5) 국토의 균형발전과 소득격차 해소를 위한 외국인투자의 적극적인 활용

중국정부는 2000년에 '서부대개발' 정책을 발표하는 등 중 · 서부 지역의 인력과 자원을 효율적으로 활용하기 위한 정책을 시행함으로써 경제성장은 물론 사회 · 정치적 안정(sociopolitical stability)을 도모하고 있다.

2004년 1월에는 노후 공업지역이 밀집한 동북지역 개발을 위해 2004년을 '동북 투자의 해'로 선언하고 1단계로 610억 위안의 프로젝트를 추진하고 있다. 또한, 산업구조 개편을 위하여 과감한 외국인투자 유치 및 민영화(privatization) 방안을 마련할 계획이다.

(6) 생산비 절감효과는 감소하나 제도적 투자환경의 개선 전망

중·서부 내륙지역과 특정 첨단산업을 제외한 세제상의 인센티브 축소, 인건비 상승 등으로 생산비 절감효과는 감소할 것으로 예상되나 WTO 가입에 따라 대외개방이 확대되고 외국인투자 정책의 투명성 제고, 내·외국인 동등 대우 등 제도상 투자환경(investment environment)은 점차 개선될 것으로 보인다.

〈표 18-17〉 중국의 외국인직접투자 도입 관련 주요 정책

일 시	주 요 내 용
1978. 12	개혁개방 정책 추진 천명
1979. 7	深圳, 珠海, 廈門 등 도시 경제특구로 지정 '中外合資經營企業法' 제정
1983. 9	'中外合資經營企業法實施細則' 제정
1984. 4	沿海 14개 도시 개방 및 경제기술개발구 설치 인가
1986. 4	'外資企業法(단독투자기업법)' 제정
1988. 4	해남성을 經濟特區로 추가 지정 遼東반도, 山東반도를 경제개방구로 지정 '中外含作經營企業法' 제정
1990. 4 12	상해 포동개발구 건설 결정 '外資企業法實施細則' 제정
1991. 3 4	27개 도시에 첨단기술산업개발구 지정 '4沿(沿海, 沿江, 沿線, 沿邊)개방정책' 천명
1992. 2 7 8 10	鄧小平, '南巡講話' 실시 上海, 大連, 天津, 廣州, 深圳 등 5개 도시 보세구 지정 長江연안의 5개 도시와 내륙지역 15개 省都 개방 제14기 공산당대회에서 '사회주의시장경제' 체제 채택
1993. 9 10	금광업 대외개방(운남, 귀주, 사천성) 외국 법률서비스 회사(22개) 영업허가
1994. 3	'1990년대 산업정책 요강' 제정
1995. 6 9	'外商投資方向指導暫行規定', '外商投資產業指導目錄' 제정 '中外合作經營企業法實施細則' 제정
1996. 4 10	'외자기업의 기계설비 수입관세 면제조치' 철폐 중서부 지역 합자유통업 허용(중국측 대주주 조건)
1997. 12	'외자기업의 기계설비 수입관세 면세조치' 부활
1998. 1	'外商投資方向指導暫行規定', '外商投資產業指導目錄' 개정
2000. 10	단일투자기업법, 중외합작경영기업법 개정
2001. 3 11	중회합자경영기업법 개정 중국 WTO 가입 : 금융, 유통 등 주요 시장개방 일정 확정
2002. 2 3	'外商投資方向指導暫行規定' 개정 '外商投資產業指導目錄' 개정

자료: 수출입은행, 중국 투자환경과 투자사례, 2002. 6.

1.2 외국인투자 우대 및 규제조치

(1) 우대조치

① 법인세 2년 면제 3년 반감의 기본 세제 우대혜택 부여

외국인투자 관련 법률 및 외국인투자 장려에 관한 규정(1986년 제정, 1999년 개정) 등을 근간으로 하여 외국인 투자기업에 투자지역, 투자업종 등에 따라 우대 내용을 상이하게 하여 각종 인센티브(incentive)를 부여하고 있으며 법인세 2년 면제 3년 반감의 기본 세제 우대혜택을 부여하고 있다.

중국이 WTO 가입 이후 내·외국인 동등대우 원칙을 표방하고 있고 조만간 관련법률이 정비될 것으로 보여 2005년 이후에는 외국인투자기업에 부여해 왔던 세제상의 우대조치가 점차 폐지·축소될 것으로 보인다. 현재 외국인 투자기업에게 부과되는 법인세율은 30%이며, 여기에 지방소득세 3%(기업소득세 10%)가 추가되어 세제 혜택을 받지 못할 경우 모두 33%의 소득세를 납부해야 하나 개정되는 법인세율은 25% 수준이 될 것으로 보인다.

② 중국 내 생산이 불가능한 설비, 부품 등의 수입시 관세 및 증치서(부가가치세) 면제

'외국인투자 산업지도목록(2002년 3월 개정)' 상의 외국인투자 장려품목 투자기업, '중·서부지역 비교우위 투자산업지도목록'에 종사하는 기업, 기술개발센터(R&D Center) 설립 기업, 첨단기술기업, 수출기업을 대상으로 총 투자금액 범위 내에서 수입하는 기계설비·기술·부품·원부자재에 대한 관세 및 증치세가 면제되며 '외국인투자 산업지도목록'의 '장려' 분야와 '국가 중점 장려 산업·제품·기술목록'에 해당되는 투자사업은 총 투자금액 범위 내에서 중국산 설비를 구입하는 경우에도 증치세가 환급된다.30)

〈표 18-18〉 관세 및 증치세 면제 예외품목

구 분	품 목
外商投資項目不予免稅的進口商品目錄	TV, 캠코더, VTR, 음향설비, 에어컨, 냉장고, 냉동고, 세탁기, 카메라, 복사기, 전화교환기, 퍼스널컴퓨터, 전화기, 무선호출기, 팩시밀리, 전자계산기, 타자 및 문자처리기, 자동차, 오토바이, 중국 관세율표 1~83류, 91~97류 등
國內投資項目不予免稅的進口商品目錄	중소형 농업기계 및 디젤엔진, 일반 및 건축용 기계류, 발전설비, 중형 주조기계, 식품포장기계, 금속절삭가공용 선반, 계기류, 영화촬영기, 자동차/오토바이 및 그 부분품, 84~90류 중고기계설비, 방직기계, 전자설비, 선박설비, 경찰소방 설비, 의료설비, 건축설비, 전력설비 등

30) 중고설비를 구입하는 경우와 중국측의 현물 출자분은 제외되며 '외국인 투자사업의 면세 불허 대상품목'과 '국내 투자사업의 면세 불허 대상품목'은 세제 혜택이 부여되지 않는다.

③ 재투자시 기업소득세 환급

외국인 투자기업이 이익금으로 증자하거나 별도 법인에 5년 이상 재투자시 이익금 재투자분에 대해 기납부 소득세의 40%가 환급되며 이익금을 첨단기술기업이나 수출기업의 설립, 증자를 위해 재투자를 실시할 경우 재투자분의 기납부 소득세의 100%가 환급된다.

④ R&D 투자 및 수출기업에 대한 세제 혜택

외국인투자 R&D 기업이 중국 소재 기업에 기술 양도시 영업세가 면제되며 첨단기술을 수출하는 외국인 투자기업은 국무원의 인가를 얻어 영업세와 기업소득세가 면제된다. 또한, 외국인투자기업의 기술개발비가 전년 대비 10% 이상 증가한 경우 세무당국의 인가를 얻어 기술개발비 실제 발생액의 50%를 당해연도 기업소득세에서 공제하며 외국인 투자기업의 중국 내에서의 고정자산투자에 대한 고정자산투자 방향 조절세가 면제된다.

한편, 외국인투자기업이 생산활동을 위해 토지 점유시 토지점유세가 면제되며 수출품에 투입된 원자재에 부과된 증치세는 최대 17%가 환급된다.

⑤ 지방별로 외국인투자 유치관련 규정을 제정하여 다양한 인센티브 부여

가. 지방소득세 감면

일부 지방정부는 기업소득세의 10%인 지방소득세를 투자관련 규정에 의거하여 감면하고 있다.

나. 기업소득세 반환

일부 지방정부는 외국인투자 유치를 위해 기업소득세 중에서 지방재정 귀속분의 일부를 반환하는 우대정책을 시행하고 있다.

다. 가속 감가상각 인정

일부 지방정부는 고정자산(fixed assets)의 가속 상각을 허용하고 있다.

라. 이월 결손의 보전

결손이 발생할 경우 순이익 발생시점에서 기업의 신청에 의거하여 이의 보전을 허용하고 있는데 다만 5년 초과는 불가하다.

〈표 18-19〉 지역별 세제혜택 비교

(단위 : %)

구분		①	②	③	④	⑤	⑥
1. 생산활동 종사기업		30	15	15	15	24	24
2. 비생산활동 종사기업		30	15	30	30	30	30
3. 특정산업	지식·기술집약 사업으로 3,000만 달러 이상 투자하고 투자회수기간이 장기인 사업	30	15	15	15	15	15
	에너지·교통·항구 사업 및 국가가 특별히 인가한 장려사업	15	15	15	15	15	15
	규정에 의한 우대기간 만료후 생산제품 70% 이상 수출기업	15	10	10	10	12	12
	1,000만 달러 이상 투자, 사업기간 10년 이상의 금융기관	30	15	15	15	15	15

주 : ① 전국공통, ② 경제특구, ③ 국가급 경제기술개발구, 국가급 보세구, ④ 서부지역, ⑤ 국가급 변경 경제합작구, ⑥ 개방도시 및 지역(沿海, 沿江, 내륙, 변경), 省급 경제기술 개발구

자료 : 수출입은행, 중국 서부지역의 진출 유망산업과 우리의 진출전략, 2003. 12.

⑥ 서부지역 및 경제특구, 개발구 등을 중심으로 세제 우대 실시

특구와 개발구 등 지역별로 차등 실시하고 있으며 서부대개발이 실시되는 서부지역 진출 외국인투자 기업에 대해서는 2010년까지 장려산업에 한하여 다양한 우대혜택을 부여하고 있다.

⑦ 소프트웨어와 집적회로(IC) 등 IT 산업 우대

가. 소프트웨어 산업에 대해서는 2000년 6월 '소프트웨어와 집적회로 산업 발전 장려를 위한 정책', 2002년 12월 '소프트웨어 산업 진흥을 위한 행동강령' 등을 마련하여 2005년까지 소프트웨어 및 PC관련 서비스 시장규모를 2,500억 위안 이상 확대하고 50억 달러 이상의 수출실적 달성 목표의 설정

나. 선진국 수준의 기술개발 및 생산량 달성을 위하여 북경, 상해 등에 소프트웨어 개발단지 구축, 증치세 환급 등 우대 정책 실시

연구개발 및 생산확대를 위하여 2010년까지 제품 판매시 부과되는 증치세의 3% 초과분을 징수 즉시 환급하며 신설 소프트웨어 기업에 대한 기업소득세는 이익 발생연도부터 2년 면제, 3년 50% 감면하고 있고 수입 기계설비, 부품 등에 대해 수입관세와 증치세를 견제하고 있다. 그러나 '외국인투자 사업의 면세 불허 대상품목'과 '국내투자 사업의 면세 불허 대상품목'은 세제혜택에서 제외하고 있으며 중국 수출입은행(進出口銀行)의 수출자금 융자대상 및 수출신용보험 부보 대상에 포함하고 있다. 또한, 고정자산으로 구입한 소프트웨어의 최단 2년의 가속 감가상각을 허용(세무당국의 인가 필요)하고 있다.

다. 집적회로(IC) 기업의 경우 투자규모와 기술수준에 따라 우대혜택 부여

연구개발(R&D) 및 생산규모 확대를 위하여 2010년까지 제품 판매시 부과하는 증치세의 6% 초과분에 대해 징수 즉시 환급하고 있으며 투자규모가 80억 위안(9.7억 달러) 또는 0.25μm 이하 제품을 생산하는 기업은 기업소득세 1~5년 면제, 6~10년 50% 감면 혜택을 부여하고 있다. 또한, 투자규모 80억 위안(9.7억 달러) 또는 0.25μm 이하 제품 생산기업에 대해 기계설비, 부품 수입관세와 증치세를 면제하고 있으며 최단 3년의 생산설비 가속 감가상각을 허용하고 있다.

(2) 규제조치

① 산업구조 고도화 정책 강화에 따라 저급품 생산 투자 지양

중국정부는 2002년 4월부터 외국인투자 정책 방향, 외국인투자에 대한 각종 우대조치 부여 및 품목별 외국인투자 허가 기준이 되는 '외국인투자 지도 방향 규정'과 '외국인투자 산업지도목록' 개정을 통해 첨단산업(high-tech industry) 위주의 투자유치정책을 지속적으로 추진하고 이미 중국 내에서 과잉생산되고 있거나 기술력이 저하된 제품의 생산과 투자는 제한하고 있다.

② 주요 광물의 채굴과 가공에 대해 외국인 투자기업의 참여 배제

희토류, 방사성 광산의 탐사, 채굴, 선광 등에 대한 외국인투자를 금지하고 있으며 귀금속과 텅스텐, 주석, 안티몬, 몰리브덴, 중정석, 형석 등 주요 광물의 탐사, 채굴과 석유 및 희토류 정제 등 가공은 합자(합작)투자로 제한하고 있다.

③ 사회질서 유지에 영향을 미칠 수 있는 문화, 교육, 오락부문 투자 제한

교육기관, 출판물의 발행 및 수입, 언론, 방송부문에 대해 제한 또는 금지하고 있으며 골프장 건설 · 운영이나 도박, 복권 등 사행성 업종도 제한 또는 금지하고 있다.

④ 자국기업 경쟁력 강화를 위해 주요 산업에 대한 외국인투자 규제

2001년말 WTO 가입으로 인한 전면 개방에 앞서 각 산업 부문별로 중국기업들의 경쟁력 강화를 위하여 원부자재의 국산화 조달비율 등을 제정하여 외국인투자 기업에 대한 진입장벽을 높이고 있다. 일례로 중국정부는 자국 휴대전화 업체 육성을 위해 부품을 수입하여 조립 · 판매하는 방식으로써 수입의존도가 큰 SKD(Semi Knock Down) 방식을 전면 규제하고, 부품의 일부를 현지 조달해야 하며 생산 · 조립 라인을 구축해야 하는 CKD(Completed Knock Down) 방식을 장려하는 움직임을 보이고 있어 관련 외국인투자기업의 부담 가중이 예상되고 있다.

1.3 외국인투자 형태 및 절차

(1) 형태

① 외국인직접투자 형태의 진출

가. 중국 내에서 설립 가능한 외국인투자기업의 기업형태는 三資企業(합자(合資), 합작(合作) 및 독자(獨資) 기업)이며 이들 기업은 중국의 公司法(회사법)에 근거하여 2종류(유한회사와 주식회사)로 분류됨[31]

나. 이익 및 손실분담 방식에 따라 합작과 합자투자의 차이 발생

조직 형태에서 합자는 유한회사로 설립해야 하나, 합작은 유한회사 또는 연합경영 형태를 취할 수 있다. 합자기업은 출자비율에 의거하여 이익과 손실을 분담하는 데 반해 합작기업은 출자비율에 관계없이 합작계약서에 따른다. 출자비율이 50 : 50이라고 하더라드 청산시 고정자산을 중국측에 무상 귀속시킬 경우 이익 및 손실 분담 비율을 초기 3년은 60 : 40, 그 다음은 70 : 30 등으로 정함으로써 투자과실을 조기에 회수할 수 있기 때문에 외국인 투자자가 조기 이익 회수를 위한 목적으로 활용이 가능하다.

다. 내수시장 개척을 위한 투자시 합작(자)[32] 투자 선호

중국정부가 외국인단독투자를 금지하고 있는 항공기, 핵발전소, 변전설비 등 일부 업종의 경우 합작이 필수적이며 회사설립이나 각종 인허가상의 편의를 도모하기 위해서도 합작투자가 선호되기도 하나 주로 내수시장 개척을 위한 합작투자자의 판매망 활용 등의 목적에 따른 합작 경향이 강하게 나타나고 있다. 외국인투자비율이 25% 이상인 경우 외국인 투자기업으로 분류되어 각종 인센티브를 누릴 수 있기 때문에 중국기업들이 위장합작을 희망하는 경우도 발생하고 있다.

라. 현지화 필요성이 적은 저임노동력 활용을 위한 투자의 경우 단독투자 선호경향이 강함

중국의 저임노동력과 원·부자재를 활용해서 현지에서 생산된 제품을 국내 반입하거나 제3국에 수출함으로써 기존시장을 확보하기 위한 경우에는 파트너와의 업무협조가 용이하지 않

31) 합자기업은 中外合資經營企業法 및 실시세칙, 합작기업은 中外合作經營企業法 및 실시세칙, 단독투자기업은 外資企業法 및 실시세칙에 의거하여 설립되며, 주식회사는 외국인투자 주식회사 설립에 관한 규정에 의거하여 설립되는 등 각기 독립된 외국인투자법을 제정하여 시행하고 있다.

32) 본 장에서는 특별히 명시하지 않는 한 '합작'에는 합자 형태를 포함하는 것으로 한다.

은 합작의 필요성이 적다.

〈표 18-20〉 합자, 합작, 단독투자 기업의 비교

구 분	합자기업	합작기업	단독투자기업
근거법	중외합자경영기업법 및 실시조례	중외합작경영기업법 및 실시세칙	외자기업법 및 실시세칙
조직형태	유한책임회사	· 유한책임회사 · 연합경영체	유한책임회사
경영권 · 이익배분	출자비율	계약내용	투자자 단독 결정
법인세	동 일		
최고의사결정	이사회	· 이사회 · 경영관리수탁자	투자자
자본감자	원칙상 불가, 인가기관의 허가받아 감자가능		
외국투자자 최저지분	등록자본금의 25%	등록자본금의 25%	등록자본금의 100%
청산후 자산처리	지분 비율로 배분	계약에 따라 배분	잉여자산 회수
장 점	· 현지 업무 처리 원활 · 현지화의 성공가능성 큼		· 파트너와의 불화 방지 · 모기업과 협조 원활
단 점	· 파트너와의 분쟁소지 큼 · 모기업과의 업무협조 애로		· 문제 해결 부담 · 내수시장 진출 불리

자료: 수출입은행, 중국 투자환경과 투자사례, 2002. 6.

② 주식회사 형태의 진출

가. 최근 주식회사 형태의 외국인 투자기업이 증가할 것으로 예상됨

㉠ '외국인투자 주식 유한공사 설립 관련 잠정규정(1995. 1. 10)' 마련에 따라 주식회사 형태의 외국인투자기업 설립 가능

중국 주식회사의 최소 등록자본금이 1,000만 위안(120만 달러)인데 반해 외국인투자 주식회사의 최소 등록자본금은 3,000만 위안(360만 달러) 이상으로, 외국인 투자기업의 최소 등록자본금이 50만 위안(6만 달러)에 불과한 점을 감안하면 설립요건은 엄격한 편이다.[33)]

㉡ 중국 자본시장이 급속히 성장하고 있고 '외국인 투자기업의 상장관련 문제에 관한 의견(2001. 11. 8)' 등 관련법률의 정비로 기존 외국인 투자기업의 주식회사 전환이 점차 증가할 것으로 예상됨

2003년 4월 동목(東睦) 신 재료 주식유한공사(절강성 영파시 소재 일본계 기업)가 외국인 투자기업 가운데 최초로 중국 증권관리위원회 상장 심사를 통과하여 4,500만주(약 4억 위안)

33) 외국인투자 관련법에는 외국인 투자기업의 최소 등록자본금에 대한 요구 사항이 없으나 중국 회사법에 유한회사를 설립할 경우 제조업은 50만 위안, 도소매업은 30만 위안, 과학기술개발 · 컨설팅 · 서비스업종은 10만 위안으로 명시되어 있어 이를 준용하고 있다.

를 공모 발행하기로 결정하였으며 코닥, 유니레버, 미쉐린 등 20여개 회사가 상장을 준비하고 있다.

나. 외국인 투자기업의 주식회사 전환 여건 역시 엄격함

㉠ 설립 후 일정기간이 경과한 우량기업에 대해서만 주식회사 전환 허용

ⓐ 회사의 자본금이 5,000만 위안 이상(신주공모 이후의 자본금 기준)

ⓑ 설립후 3년 이상 경과되고 최근 3년 연속 흑자

ⓒ 회사가 최근 3년 내에 중대한 위법행위가 없고 재무회계보고 상에 허위기재가 없을 것

ⓓ 기타 국무원이 별도로 정하는 요건

㉡ 외국인 투자기업의 주식회사 전환은 대외무역경제합작부 및 국무원 증권관리위원회 등의 인가 필요

ⓐ 공모와 상장에 대한 증권관리위원회의 비준 획득

ⓑ 증권거래소(上海거래소 또는 深圳거래소)와 증권상장 합의

증권거래소는 증권시장의 건전한 발전과 투자자보호를 위해 IPO 전 1년동안 해당 기업에 대한 증권회사의 "상장 지도" 실시가 요구된다.

ⓒ 주식공모 발행

액면가 기준 1,000위안 이상의 주식을 소유한 주주가 1,000명 이상이고 공개발행한 주식이 회사 주식총수의 25% 이상이어야 한다. 단, 자본 총액이 4억 위안을 초과하는 경우에는 공모발행 주식의 비중이 15% 이상(회사법 152조)이다.

ⓓ 증권거래소에 상장 신청 및 상장

최초 상장비용은 회사 자본총액의 0.03%(한도 : 3만 위안)로 상장 2일전 납부해야 한다.

③ 인수합병(M&A)[34]을 통한 외국인투자

가. 중국정부가 국유기업 개혁의 수단으로 장려

1993년 중국정부가 현대기업제도의 구축이라는 명분 하에 합병, 분리매각, 파산, 주식발행·매각 등 국유기업의 재산권 거래를 허용한 이후 외국기업의 중국 국유기업에 대한 M&A를 장려하고 있다. 1997년 5월 외국인 투자기업 합병·분할·출자 지분 변경 및 자산양도 등의 소득세 처리에 관한 잠정규정 및 1999년 9월 외국인 투자기업의 합병 및 분리에 관한 규정을

34) 현재 중국에서 M&A와 관련되어 다수의 용어가 혼용되어 사용되고 있다. 일반적으로 M&A라 함은 중국어로 購併이라고 하며, 兼併(Merger), 合併(Consolidation), 收購(Acquisition), 接管(Takeover) 등을 모두 포괄하여 사용하고 있다.

제정하여 제도적 기반을 마련하였다.

나. 투자비용 및 시간절감이 가능하나 회계투명성(accounting transparency) 확보 문제 등으로 M&A에 의한 외국인투자 활성화는 지연되고 있음

㉠ M&A 투자는 신규 현지법인 설립시 토지사용권 취득과 공장건물 신축에 소요되는 시간 및 이외의 비용을 절감하여 단기간 내 조업이 가능하고, 현지기업이 기 확보한 판매망을 활용한 내수시장 개척이 용이함

㉡ 중국 국유기업의 재무상황이 투명하지 않은 데다 매각대상 기업이 대부분 견실하지 못해 실제 M&A 투자가 활성화되지는 못한 상태임

국유기업은 일반적으로 과잉노동력을 고용하고 있는 경우가 많기 때문에 인수 계약 시점에서 고용 현황과 고용 형태, 그리고 적정 인원수 및 인건비 등의 정확한 파악이 필요하다. 또한, 과거 사회주의체제의 복리후생 차원에서 퇴직한 근로자에 대해서도 연금 및 의료비를 지급하고 있기 때문에 이러한 퇴직 직원 처리사항의 계약서 명시가 필요하다.

상당수의 국유기업이 거액의 금융기관 차입금을 보유하고 있을 가능성이 크기 때문에 국유기업에 대한 M&A 계약시 채권 · 채무 승계에 대한 문제를 명확히 해야 한다. 일례로 기업간 M&A시 채권 · 채무 승계 문제를 명확히 하지 않고 계약서를 체결함으로써 인수기업이 피인수기업의 모든 채무를 부담해야 한다는 판례도 있다.[35)]

다. 외국인투자 정책의 방향 및 해당산업에서 정하고 있는 자격요건에 부합하는 M&A 투자만 허용됨

㉠ '외국인투자방향 지도 잠정규정(2002년 2월)'과 '외국인투자 산업지도목록(外商投資産業指導目錄, 2002년 3월 수정)' 규정에 부합하는 투자만 허용

㉡ 피인수(합병) 기업은 '회사법'에 따라 설립된 유한책임회사 또는 주식회사이고, 인수(합병)기업은 인수(합병)후 해당산업에 대한 중국 법률이 정하고 있는 자격조건에 부합해야 하며, 피인수(피합병) 기업 직원의 취업 및 합리적 배치에 대한 보장 의무를 지니며 외국인투자자의 지분은 인수(합병)회사 등록자본의 25% 이상임

---

35) 파산절차 및 말소등기를 전제로 한 M&A 투자는 외자기업 형태로 등기를 다시 해야 하기 때문에 기존 국유기업의 채권 · 채무를 승계하지 않고 계약을 체결한 중국측 당사자가 승계하는 것이 일반적이다.

라. 브랜드가치를 유지하기 위해서는 인수가, 채권 · 채무의 승계와 관련한 분쟁의 소지를 불식 시키기 위해서는 합병이 유리함

M&A는 한 회사가 다른 회사를 인수하는 형식으로 인수회사만이 계속 존속하고 피인수 회사는 해산되는 인수(merger)와 2개 이상의 회사가 합쳐져서 신생회사를 설립하는 합병(consolidation)으로 구분된다. M&A 이전 기업의 브랜드가치를 유지하는 것이 유리할 경우 합병보다는 인수가, 인수후 우발채무 발생 위험을 제거하기 위해서는 기존 회사의 청산을 전제로 한 신생회사 설립 방법인 합병이 유리하다.

마. 인허가 기관은 M&A 이후 기업규모와 형태를 기준으로 결정됨

㉠ 합병후 총투자규모가 당초 허가기관의 허가 범위를 초과할 경우에는 이에 상응한 권한을 가진 인가기관의 인가가 필요함

㉡ M&A 이후 총투자규모가 3,000만 달러를 초과하거나 어느 한 쪽이 주식회사인 경우 상무부가 심사 · 인가권을 지니며 상장기업과의 인수합병은 관련법률에 의거 국무원 증권관리위원회의 심사 · 비준이 필요함

바. M&A 절차는 인수합병 기업이 담당하며 피인수 · 피합병 기업은 해산절차를 진행함

㉠ 인수 절차의 진행은 인수기업이 담당하며 피인수 기업은 설립 당시 비준기관에 해산 신청서를 제출하는 등 해산절차를 진행함

당초 비준기관이 피인수 기업의 해산을 동의하지 않는 경우 인수 및 피인수 기업의 비준기관을 모두 관할하는 상급 대외경제무역 부문이 해산관련 인가 권한(30일 이내 승인여부 통보)을 가진다.

㉡ 구체적인 인수절차는 인수계약서 작성 → 이사회 의결(결의서 작성) → 인가기관에 승인 신청(1차) → 1차 승인(신청후 45일 이내, 최대 180일까지 연장가능) → 채권자 통지(승인후 10일 이내) → 채권자 권리행사(통지후 90일 이내, 기간 내 권리 미행사시 권리포기로 간주) → 인수 확정 승인 신청 → 최종 합병 승인(신청후 30일 이내) → 인수기업은 공상행정관리국에 등기 변경신고, 피인수 기업은 사업자 등기 말소 신청 → 공상행정관리국의 영업허가서 발급이며, 영업허가서를 발급받은 후 인수금액이 지불되면 인수절차가 종결됨

㉢ 인수기업은 영업허가서 발급일로부터 3개월 내에 인수금액을 전액 지불함

적절한 사유가 있을 경우 영업허가서 발급일로부터 6개월 내에 60% 이상을 지불하고 나머지는 1년 이내에서 연장이 가능하다.

〈사례〉 승인 신청시 필요 서류

(채권자 최고 이전)
① 각 회사 대표자가 서명한 회사합병 신청서 및 합병 협의서
② 각 회사 최고 의사결정기관의 합병에 관한 결의서
③ 각 회사의 계약서, 정관
④ 각 회사의 비준증서와 영업허가증 사본
⑤ 자산평가기관이 각 회사에 발급한 자산평가보고서
⑥ 각 회사의 대차대조표 및 재산목록
⑦ 각 회사의 전년도 회계감사보고서
⑧ 각 회사의 채권인 명단
⑨ 합병 후 회사의 계약서, 정관
⑩ 합병 후 회사의 최고경영진 명단
⑪ 허가기관에서 요구하는 기타 서류

(채권자 최고 이후)
① 회사가 신문에 3회에 걸쳐 게재한 회사합병 증명 내용
② 회사가 채권자에게 통지한 증명
③ 회사의 관련채권 · 채무에 대한 처리와 상황설명서
④ 비준기관에서 요구하는 기타 제출 서류

사. 피인수 · 피합병 기업의 자산평가는 M&A 성사의 핵심과정

㉠ 외국인투자기업이 중국 내 국유기업을 인수하는 경우에는 자산의 장부가액을 시가로 평가하여 조정하며, 평가결과를 국유자산을 관리부서가 확인함

㉡ 외국인투자기업이 중국 내 국유기업을 합병하는 경우에는 피합병 기업의 보유자산, 주가(상장기업인 경우), 미래현금흐름(future cash flow) 등을 고려하여 1주당 가치를 산정함으로써 합병 비율을 결정함

중국에서는 감자를 위해서는 특별인가가 필요하기 때문에 합병 대상기업이 자본잠식 상태인 경우라도 합병 전 감자는 사실상 어려운 실정이다.

(2) 투자의 기본절차

① 투자의향서 작성

가. 투자의향서는 투자하려는 기업이 중국 측과 투자사업에 관한 협의를 하는 것으로 단독투자(獨資企業)인 경우는 지방정부 내지는 개발구 관리위원회와, 합작(合資, 合作企業)인 경우는 합작 파트너와 작성함

나. 총 투자규모와 등록자본의 규모 및 지분비율, 사업 내용, 사업 기한 등을 정하게 되는데, 합작투자일 경우 일반적으로 합작 파트너가 토지나 건물을 제공하지만 단독투자일 경우 토지(사용권)나 건물을 임차 내지 구입해야 하기 때문에 이와 관련된 사항의 협의가 필요함

② 사업건의서(項目建議書) 신청

가. 사업건의서는 합작 목적(수출, 기술도입 필요성 및 가능성), 경영 범위, 생산제품의 국내외 수요 및 생산량, 주요 판매지역, 총 투자규모(고정자산, 운전자금 등), 자금조달 방법 및 지분비율, 생산기술 및 설비 수준, 원·부자재, 용수, 가스, 전력 등의 수요량 및 조달 방법, 소요 인적자원 및 그 구성 등과 관련된 내용이 포함되므로 합작투자자와의 협의가 필요함

나. 사업건의서에는 투자자에 대한 정보가 기재되며 투자자의 법인 등기부 등본 사본, 영업허가서 사본 등의 사전 준비가 필요함

③ 사업 타당성 연구(可行性硏究) 보고서 작성

가. 사업건의서에 포함된 내용과 크게 상이한 바가 없으나 경영 리스크(business risk) 및 생산제품 시장, 생산제품의 국내외 시장 수급과 중국 내 기존 및 건설 중인 생산능력, 생산기술과 설비 수준 및 그 채택 사유, 환경오염(environmental pollution) 처리, 근로안전 및 위생시설, 현물 출자시 출자물 평가와 관련기관 인가, 수입설비에 대한 가격 적정성 평가 등 보다 구체적이고 세분화하여 작성된다는 점이 차이가 있음

나. 합작투자자에 대한 신용분석(credit analysis)이 필요하며 일반적으로 합작투자자 측에서 은행에서 발급하는 신용상태 증명서(資信證明)를 요구하는 경우가 있는데 여기에 특별한 양식이 있는 것이 아니기 때문에 거래은행으로부터 의견을 받아 중국어로 번역하여 제출하면 됨

④ 투자인가기관 앞 합작계약서, 정관 등의 인가 신청

가. 합작계약서, 기술도입 계약서 등의 사업계약서와 모든 기업이 작성해야 하는 정관 등

기본 서류는 중문으로 작성하여 제출함

분쟁 발생시 중문본이 우선시되기 때문에 중문 서류의 정확한 작성에 유의해야 한다.

나. 계약서와 정관에 반드시 명시하여야 하는 주요 사항 조사

투자자금 분할 납입은 투자규모에 따라 법정기한이 정해져 있기 때문에 반드시 계약서와 정관에 명시하여야 나중에 분할 납입에 따른 불이익의 방지가 가능하다.

⑤ 공상행정관리국 등 관련기관 등록 절차

투자인가 취득후 1개월 내에 공상행정관리국에 등록하여 영업허가서(營業執照)를 발급받은 후 세무, 외환, 노동, 세관, 재정, 통계 담당 관련기관에 등록함으로써 투자관련 절차가 종결된다.

⑥ 단독투자는 합작투자의 '사업건의서 신청' 대신 '단독투자 설립신청'을 하며 각 지역 외국인투자 서비스센터 등을 이용하는 것이 효과적임

단독투자의 경우 합작투자의 '사업건의서 신청'에 해당하는 '단독투자 설립신청'을 하게 되는데, 합작투자자의 협조를 얻을 수 있는 합작투자와는 달리 서류작성에 어려움이 수반되므로 각 지역 외국인투자 서비스센터 등에 작성을 위임하는 것이 효과적이라고 할 수 있다.

〈그림 18-1〉 외국인투자 절차도

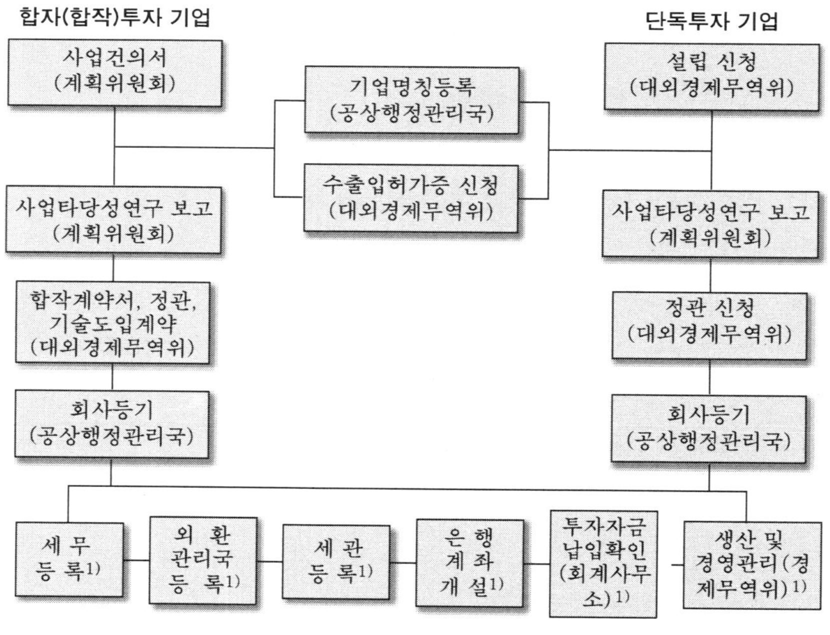

주: 1) 현지 관할지역 각 관련기관에 등록

2. 외국인투자 여건

2.1 무역 및 외환관리제도

(1) 무역

① WTO 가입에 따라 모든 외국인투자기업에 대해 대외무역권이 부여됨

2003년까지는 소수 지분을 가진 합작기업에 대해서만 대외무역권을 부여해 왔으나 2004년부터는 모든 외국인투자기업에 대해 투자인가 취득시 명시했던 영업범위 내에서 대외무역권이 자동적으로 부여된다.

② 관세율의 지속적인 인하

가. 2004년 1월 1일부터 7,151개 수입품목의 평균관세율이 11.0%에서 10.4%로 인하되어 제품별로 농산품은 15.6%, 광공업품은 9.5% 수준임

나. 특정국가와 쌍무간협정(bilateral negotiations) 등을 통해 적용되는 209개 잠정세율 품목에 대한 관세율은 그대로 유지되며 홍콩, 마카오와 체결한 경제무역관계강화협정(CEPA)이 적용되는 273개 품목에 대해서는 관세율 하향조정 예정

2001년말 WTO 가입 당시 2010년까지 평균관세율을 9.8%까지 인하하기로 약속하기는 했으나 최근 예상보다 빠른 관세율 인하는 ASEAN을 포함한 주요 국가와의 FTA 체결 확대 의도로 해석이 가능하다.

③ 수입쿼터 관리 대상품목은 축소되나 수입허가증 관리품목은 증가

가. 중국은 비자동 허가품목[36] 중 대량으로 수입할 경우 국내산업과 외환보유고에 영향을 주는 품목과 국민생활과 밀접한 관련이 있는 주요 품목에 대하여 수입쿼터제를 시행하고 있음

주요 수입쿼터 관리 대상품목은 각각 기계, 전자, 대형 플랜트 설비, 자동차 및 부품과 원유, 석유제품, 양모, 비료, 농약 등이다. 2004년에는 밀, 식용유, 설탕 등 10개 농산물과 인산암모늄 등 3종류의 화학비료에 대한 쿼터관리는 현행대로 유지되나 석유제품, 천연고무, 자동차타이어와 일부 자동차 및 주요 부품에 대한 수입쿼터관리를 취소하였다.

36) 중국은 '상품수출입관리조례'에 의거하여 수입품목을 종류에 따라 자동허가와 비자동허가로 분류하고 이 중 비자동 허가품목을 수입쿼터관리, 수입허가증제도, 관세쿼터관리, 특정제품관리제도로 관리하고 있다.

나. 수입허가증 관리 대상 품목은 오존파괴물질을 포함하여 CD 생산설비, 자동차 및 주요 부품, 화학무기 원료, 제조가 용이한 유독 화학품의 5개 종류로 증가하였으며 HS 8자리 기준으로 123개 품목임

수입허가증의 유효기간은 1년(최장 3개월 1회 연장 가능)으로 매매 및 양도가 불가능하며 필요한 경우 매 건별로 상무부, 15개 항구 소재 상무부 사무소, 30개 지방정부, 14개 계획단열도시 대외경제무역청(위원회)에 발급을 신청하게 된다.

다. 일부 품목의 수입규제가 폐지된다 하더라도 최근 '위생'과 '환경보호' 등을 이유로 안전검사와 환경보호기준을 새로운 비관세장벽으로 활용할 가능성이 큼

④ 수출시장의 안정적 확보를 위한 수출상품 관리

국민생활과 밀접한 상품은 자율적, 해외시장에서 경쟁력을 갖추고 있어 수입국의 수량제한 요청이 있는 품목에 대해서는 피동적 쿼터관리를 하고 있다. 수출 허가품목은 50종류로 HS코드 8자리 기준으로 총 319개 품목이며 수출쿼터 허가증관리상품, 수출쿼터 입찰상품, 수출쿼터 유상사용상품, 수출쿼터 무상입찰관리상품, 수출허가증 관리상품으로 관리하고 있다.

〈표 18-21〉 주요 수출 허가품목

분 류	품 목
수출쿼터 허가증관리상품	옥수수, 쌀, 밀, 면화, 차, 실크, 석탄, 코크스, 원유, 석유제품, 희토, 안티몬, 텅스텐, 아연, 주석, 백은, 파라핀 등
수출쿼터 입찰상품	골품제품, 탄화규소, 불석, 활석괴, 마그네시아
수출쿼터 유상사용상품	알루미나, 인조강옥, 감초 및 관련제품
수출쿼터 무상입찰관리상품	선풍기, 자전거, 오토바이 및 오토바이 모터
수출허가증관리상품	생우, 생돼지, 생닭, 소고기, 돼지고기, 닭고기, 중수, 화학무기 원료, 제조가 용이한 유독 화학품, 백금(가공무역방식수출), 전자계산기

자료: 中國商務部

⑤ 가공무역[37)]은 수입 원부자재 및 가공무역을 영위하는 기업의 신용도를 중심으로 분류하여 별도 관리함

가. 1999년부터 가공무역에 필요한 수입품목을 3가지(금지, 제한, 비제한)로 분류하고 있음

'대외무역법'에서 정한 수입금지 품목은 금지, 수입물품의 가격변화가 크고 세관이 관리하기 쉽지 않은 품목은 제한, 기타 가공무역을 위해 수입보증금 예치가 불필요하고 관세가 면제되는 품목은 비제한 품목으로 분류하고 있다.

37) 외국인투자기업이 중국의 저임 노동력을 활용하기 위해 원·부자재를 수입하여 생산한 제품을 수출하는 형태로 중국에는 주로 임가공료 등의 경비만 지급된다.

〈표 18-22〉 수입금지 및 제한품목 현황

금지 품목	제한 품목
헌옷, 음란서적, 유해물질 및 방사성 물질을 포함한 산업폐기물 : 중고 자동차 · 오토바이 및 주요 부품: 종자, 종묘, 화학비료, 사료, 첨가제 및 항생제 등	에틸렌 등의 플라스틱 원료, 폴리에틸렌, 테레프탈레이트, 화섬 단섬유 : 면화, 면사, 면직물 : 철강제 : 설탕류 : 콩 · 땅콩 · 해바라기 · 옥수수 · 참깨 등의 식물성 유지 : 천연고무: 양모 등

나. 가공무역 기업은 교역규모, 과거 위법행위 여부 등에 따라 4단계(A, B, C, D) 기업으로 관리함

㉠ A 기업

A 기업은 연간 수출입 실적이 3,000만 달러 이상 또는 수출액이 2,000만 달러 이상의 대외무역기업과 수출액이 1,000만 달러 이상인 제품 수출기업(전기전자 업종인 경우 수출액이 500만 달러 이상)으로 다음에 부합하는 기업을 지칭한다.

· 기업을 설립한지 2년 이상임
· 최근 6개월간 밀수 등 위법행위가 없어야 함
· 최근 2년간 관세를 체납한 사실이 없어야 함
· 수출입 관련서류가 사실에 부합하고 정상적인 수출입활동을 하여야 함
· 세관 통과시 상품검사 면제 협의후 2년 동안 부실 보고가 없어야 함
· 세관업무 전담자가 지정되고 최근 2년간 수출입 신고내역의 착오율이 5% 이내이어야 함
· 보세창고를 운영하며 창고관리 등이 양호한 업체이어야 함

㉡ B 기업

B 기업은 A, C, D에 해당되지 않은 기업 및 처음 세관 통관 등록을 하는 외국인투자기업을 지칭한다.

㉢ C 기업

C 기업은 연간 2회 이상 불법 및 위법 행위(밀수 제외)가 있거나 탈세액이 5만 위안 이상, 50만 위안 미만인 기업을 지칭한다.

· 관세 등의 체납액이 100만 위안 이하이거나 수출관련 서류를 제시하지 않은 기업

· 1년간 수출입 신고내용 착오율이 10% 이상인 기업
· 기업명의를 무단 대여 또는 수출입 업무를 대행하도록 한 기업
· 수출입 활동과 관련 경고 또는 주의를 받은 기업

㉣ D 기업
D 기업은 다음 사항에 해당하는 기업을 지칭한다.

· 2년간 밀수, 탈세액이 50만 위안 이상, 금지물품 수입 기업
· 수출입 허가증 위조 또는 허위서류 신고 기업
· 세관관리화물 운반도구에 밀수품 은닉 및 관세 체납액이 100만 위안 이상인 기업
· 대외무역 허가를 정지당했거나 취소된 기업
· 밀수로 사법기관으로부터 형사처벌을 받은 기업

⑥ 제한품목 수입하거나 등급이하 기업에 대한 가공무역 보증금제 운용

가. 가공무역을 실시하는 기업은 보증금 대장제도에 따라 관세와 증치세에 상당하는 금액을 거래은행에 예치하고 은행으로부터 보증서를 발급하여 세관에 제출

A 기업과 B 기업은 보증금 대장제도의 空轉(보증금 대장에 기록만 하고 현금 또는 보증서가 불필요) 제도의 적용을 받아 은행에 예치금을 예치하지 않아도 되며 보증서도 필요없다. C 기업과 D 기업은 實轉(관세와 증치세의 일정액에 해당하는 현금 또는 중국은행이 발행한 보증서 제출 필요) 제도의 적용을 받아 보증금을 예치해야 하고 은행으로부터 보증서를 발급받아 세관에 제출해야 한다.

나. D 기업이 2년 동안 D 기업 분류 기준에 해당하는 사항이 발생하지 않으면 C 기업으로 재분류되며, C 기업은 1년 동안 C 기업 분류 기준에 해당하는 사항들이 발생하지 않으면 B 기업으로 재분류됨

B 기업이 A 요건에 부합해도 A 기업으로 재분류되는 데는 상당한 시일이 소요되나 A 기업의 B 기업으로의 분류는 신속한 편이다.

다. 최근 가공무역 관련제도는 다소 완화되고 있음

규정위반으로 인한 벌금이 10,000위안 이하의 경우 C 기업으로 분류하지 않으며 1년 이내에 2회 이상의 위반행위가 있었던 기업으로 그 횟수가 전년도 통관횟수의 1,000분의 1을 초과하지 않으면 C 기업으로 분류하지 않고 있다.

라. 중국은행에 한정하여 이전의 현금 보증 외에 중국은행이 기업 신용, 저당, 질권, 예금 등 담보를 근거로 발급한 보증서도 인정하고 있음

〈표 18-23〉 등급별 가공무역 기업 관리

	A 기업	B 기업	C 기업	D 기업
관리내용	·세관에 전담창구 설치 또는 출장검사 실시 ·은행 보증금 대장관리 면제 ·세관 전산망과 연결 수출입신고 허용 ·가공무역용 원자재 수입시 가공무역 등 기관련 서류 우선 발급 ·담보제공 필요 시에도 보증서에 의한 통관 허용 ·제한류의 상품을 수입할 때도 보증금 면제	·일반 세관관리 제도 적용 ·신규 가공무역 실시 기업	·담보 제공물의 현금 담보 요구 ·가공무역용 원자재 수입시 일정비율의 보증금 예치 ·수출입 물품의 중점 검사 및 엄격한 사후 관리 실시 ·관할세관 이외 지역의 수출입 신고 불허	·신규 가공무역 불허 ·수출입 물품에 대한 개장 검사 실시 ·수출입 신고자격, 보세 운송자격 등의 일시 정지 또는 취소 ·관련부처에 대외무역권의 일시 정지 또는 취소 요청

자료: 수출입은행, 중국투자환경과 투자사례, 2002. 6.

⑦ 수출가공구 소재 외국인투자기업에 대한 우대조치

가. 중국은 수출증대를 위한 가공무역의 활성화와 밀수 억제를 위한 가공무역업체 감독 강화를 위하여 2000년 4월 경제기술개발구 내에 수출가공구를 신설하였음

수출가공구는 국무원 비준사항으로 지방정부가 자체적으로 설립할 수 없으며 현재 중국 내 수출가공구는 大連(遼寧), 天津, 天竺(北京), 煙臺(山東), 威海(山東), 昆山(江蘇), 蘇州工業園(江蘇), 松江(上海), 杭州(浙江), 厦門杏林(福建), 深圳(廣東), 廣州(廣東), 武漢(湖北), 成都(四川) 등 38개 지역이다.

나. 수출가공구 소재기업에 대해서는 '수출가공구 가공무역 관리 잠정방법(2001. 4)'에 따라 가공된 모든 제품을 수출한다는 조건 하에 각종 우대조치를 부여하고 있음

㉠ 생산에 필요한 설비와 원부자재 수입시 수입관세와 증치세 면제 및 중국 내에서 구입한 기계설비와 원·부자재에 대한 증치세 환급

㉡ 은행의 가공무역 보증금대장 제도 시행 대상에서 제외

㉢ 생산된 제품에 대해 증치세 납부 면제

㉣ 국외 수출상품에 대하여 수출쿼터나 수출허가를 면제하나 수입국이 쿼터 규제를 하는 품목, 화학무기, 고체 폐기물 등은 예외임

㉤ 생산에 필요한 기계설비와 공장, 창고 건설에 필요한 물자, 모형, 수리용 부품, 수출가공구 소재 기업이 사용하는 사무용품, 가공수출에 필요한 원·부자재, 부품, 포장재료, 소모성 재료의 수입에 대해 세제를 우대하고 있으나 기업이 사용하는 차량, 에너지 소비가 높은 제품은 과세 대상임

㉥ 제품 및 가공과정에서 나온 찌꺼기, 손실된 재료, 흠이 있는 물건, 폐품 등의 수출시 수출관세 면제

⑧ 제3국 수출이 목적인 경우 수출가공구 입주가 유리함

세관절차의 간편성, 각종 세제 혜택 등으로 가공무역형 외국인투자가 유리하나 중국 내수시장 진출이 주된 투자목적이라면 매 건마다 정식 수출절차를 거쳐야 하기 때문에 부적절하다. 따라서 초기 투자목적이 제3국 수출형일지라도 중장기적으로 내수시장 개척을 목표로 하고 있다면 수출가공구로의 진출은 보다 신중할 필요가 있다.

⑨ 입주가능 범위면에서 수출가공구와 보세구[38]의 차이 존재

가. 해외에서 가공구로 반입되는 원·부자재, 설비에 면세혜택을 부여하고 외부와의 거래를 수출입 거래로 간주한다는 점에서 보세구와 유사함

나. 그러나 보세구 내에서는 간단한 가공을 필요로 하는 제조업체, 운수·창고·무역업체설립이 가능한 반면에 가공구에는 가공업을 위한 제조업체, 가공무역과 직접적인 관련이 있는 창고·운수업체만이 제한적으로 입주할 수 있다는 점에서 보세구와는 차이가 있음

보세구의 주요 기능은 중계무역, 수출가공, 보세창고 등의 운영으로 국가가 지정한 수입금지 품목 취급 외의 영업 제한사항이 없으며 국외기업 및 국내기업(보세구에 위치하지 않은 중국 내 기업)과 자유로운 무역활동이 가능하다.

⑩ 보세구 소재 외국인투자기업에 대해서도 다양한 세제혜택 부여

가. 외국으로부터 수입되거나 외국으로 수출되는 화물에 대한 관세, 증치세(부가가치세), 소비세 면세, 허가증 면제

나. 외국으로부터 수입하여 보세구에서 사용할 기계설비, 고정자산, 사무용품, 관리설비 및

---

38) 수출가공구와 같은 개방구로서 현재 大連, 天津, 青島, 張家港(江蘇省), 上海外高橋, 寧波(浙江省), 福州(福建省), 厦門(福建省), 深圳沙頭角, 沈圳福田, 廣州, 海口(海南省), 沈圳鹽田, 珠海(廣東省) 등 총 16개의 보세구가 설립되어 있다.

가공 수출제품에 필요한 원 · 부자재, 부품, 연료, 포장재료(국가가 정한 수입제한 품목 포함)는 관세, 증치세(부가가치세), 소비세 면세

(2) 외환

① 자본거래에 대한 엄격한 외환관리제도 운용

가. 주식이나 채권 투자와 같은 자본거래는 국내 금융기반의 취약성을 감안하여 엄격하게 통제하고 있으나 외국인직접투자(FDI) 유치를 위해 1996년 12월, 기업경영과 관련된 수출입 대금, 차입금 원리금 상환, 배당금 등과 같은 경상거래에 대해서는 위안(Yuan)화의 자유태환을 허용하고 있음

외국인 투자기업은 지정 거래 외국환은행을 통하여 이와 관련한 자금의 매매가 가능하다.

나. 외국인투자기업의 경상 및 자본거래는 외환관리국의 사전허가가 필요함

㉠ 외국인투자기업은 외환관리국이 발급하는 '외화등기증'과 '계좌개설 통지서'를 발급받아야 외화 예금계좌 개설이 가능하며 자본거래가 필요할 경우 경상거래와 자본거래 계좌를 구분하여 개설

㉡ 경상거래에 필요한 외화는 외환당국의 허가없이 관련서류를 첨부하여 기업 계좌에서 직접 인출하거나 은행에서 매입하여 결제 또는 송금 가능

㉢ 2001년 12월부터 상해, 광동 등 11개 지방에서는 자본금 규모 100만 달러 이상의 투자자금 불입과 관련한 자본거래를 은행이 대신 확인하도록 조치

㉣ 수수료, 로열티(royalty) 및 배당금 송금 또한 법률상 아무런 제약이 없으나 일부 지방에서 구비서류를 엄격하게 요구하는 등 해외송금을 간접적으로 제한하는 경우가 있음

㉤ 현지법인의 해외 외화차입금은 향후 외화 원리금 상환을 위하여 차입 당시 외환관리국의 인가 · 등록이 필수적임

다. 중국정부가 위안화의 평가절상(appreciation) 기대감에 따른 핫머니(hot money, 단기 투기성 자본) 유입 등으로 인한 금융시장의 불안정을 방지하기 위해 당분간 자본거래는 허용하지 않을 전망이나 금융시장이 WTO 가입 5년 후에 완전 개방되는 것을 고려할 때 점진적인 자본거래 자유화 조치가 취해질 것으로 예상됨

② 수출대금 수입으로 확보한 외화자금의 예치한도 규정 운영

가. 중국은 외국인투자기업에 대해서 수출활동으로 확보한 외화자금을 100% 유보하도록 한 바 있으나 최근에는 외화관리국이 개별 외국인투자기업 실제 투자규모, 경상거래의 외화자금 수요 등을 고려하여 최고 한도액(일반적으로 개별기업의 전년도 경상거래의 3배 수준)을 설정하고 있음

㉠ 한도 초과시 외국환은행에 매각하여야 함

㉡ 외화 계좌의 예치한도는 투자규모와 수출입 규모 등을 고려하여 외환관리국이 조정함

나. 중국은 경상거래 부문에 대한 자유태환 허용에 따라 1998년 외환조절센터를 폐지하고, 2000년 10월 외환 과부족을 자체적으로 해결하도록 요구하였던 관련 외국인 투자법의 조항(外資企業法 제18조와 合作企業法 제20조)을 삭제한 바 있음

〈표 18-24〉 외화 예치한도의 산정

자본금〉수출액		자본금〈수출액	예치한도액 부족한 경우
단위 : 만 달러		(전년도 수출대금 회수액×60%+불입자본금×40%)×15%	최근 6개월 동안 지급액이 수취액보다 큰 경우는 월평균 지급액, 경우에 따라 동 기간 최고 지급액(월 단위)의 80~90%로 한도 산정
불입 자본금	예치 한도액		
1~199	30		
200~599	90		
600~2,999	450		
3,000 이상	750		

자료: 수출입은행, 중국 투자환경과 투자사례, 2002. 6.

③ 위안화 환율은 당분간 안정적인 수준을 유지할 것으로 전망됨

가. 중국은 1994년 1월부터 이중환율제도(공식환율과 외화조절센터 환율)를 폐지하고 관리변동환율제도(managed flexible exchange rate system) 하의 단일환율제도를 채택하고 있음

위안화는 환율변동폭이 0.3%에 불과한 데다 중앙은행인 중국인민은행과 외환전담은행인 중국은행의 거래가 전체 외환시장의 70%를 차지하고 있기 때문에 1997년부터 미국 달러당 8.28 수준으로 안정되어 있다.

나. 최근 주요 선진국들의 위안화 평가절상 압력이 가중되고는 있으나 중국정부가 안정적인 환율 유지가 외국인투자 유치를 통한 지속적인 경제성장에 기여한다고 판단하고 있기 때문에 당분간 안정적 기조를 유지할 것으로 보이나 환율변동폭은 1~2%로 확대될 것

으로 전망됨

④ 외화의 해외유출 방지를 위한 수출, 수입대전 관리

가. 1998년 8월부터 수출화물 선적 전에 소재지 외환관리국에 수출관련 내용을 등록하는 수출등록제도를 실시하고 있으며, 1999년 5월에는 수출대금 회수율 제고를 위한 '수출대금 회수 시행세칙'을 마련한 바 있음

은행은 매월[39] 기업의 수출대금 회수여부를 확인하여 수출대금을 기업의 외화예금계좌에 입금하고 '수출대금 회수확인 전용통지서'를 교부한다.

나. 은행과 외환관리국은 수입대금의 과다 지급을 통한 외화 부정 유출을 방지하기 위해 수입대금 결제액과 수입화물의 수입대전 금액의 일치 여부를 철저하게 관리확인하고 있음

외국인투자기업은 일반적으로 원격지에 소재한 외국계 은행 지점과 거래하는 경우가 많은데, 외국인투자기업이 원격지 외국계 은행과의 대외거래를 통한 불법 외화취득, 해외유출 등의 사례가 발생함에 따라 1998년부터 원격지 은행에 대한 수입신용장 개설 등 대외거래 관리를 강화하고 있다.

⑤ 별도의 관리규정 마련을 통해 보세구 내 기업의 대외거래 편의를 도모하고 있음

가. 보세구는 수출자유지역과 동일한 개념으로 1990년 上海의 外高橋에 수출자유지역을 설치하여 1992년 정식으로 기능을 시작한 이후 현재 전국 16곳에 설치되어 있으며 기업들의 편의를 도모하는 동시에 외화유통이 비교적 자유로운 보세구 내 외환관리를 위해 1995년 12월부터 '보세구외환관리방법'을 제정 · 시행하고 있음

나. 보세구 내 기업은 '보세구 외화등기증'을 근거로 수출입에 필요한 외화의 자유로운 인출이 가능하며 일상적인 비용의 정산은 외환관리국의 승인없이 기업과 은행간 체결한 계약서에 의거하여 진행하고 있음

㉠ 보세구 내 면세화물의 수출입은 외화로, 기타 화물은 외화 또는 위안화 결제 가능하나 무역업을 영위하는 기업은 위안화 환전을 통해 구입한 외화로 대외결제가 불가능함

㉡ 보세구 내 기업은 보세구 내외의 금융기관에 외화 결제계좌 개설이 가능함

㉢ 수취 외화 및 외화 차입금의 위안화 교환시 외환관리국의 허가가 필요함

---

39) 중국정부는 2001년 12월부터 기업 불편을 해소하기 위하여 수출대금 회수확인을 건별에서 월별로 제도 운용을 완화한 바 있다.

2.2 금융 · 조세제도

(1) 금융제도

① 중국의 은행은 4가지(정책은행, 국유상업은행, 민간은행, 외국계 금융기관)로 분류되고 있으며 국유상업은행의 시장점유율이 압도적인 편임

가. 정책은행은 1994년 공공성의 성격을 지닌 대규모 프로젝트 등의 지원을 위해 설립된 3개 은행(국가개발은행, 수출입은행, 농업개발은행)을 지칭함

나. 국유상업은행은 중앙은행인 중국인민은행으로부터 상공업 대출 업무를 분리하여 설립한 4개 은행(중국농업은행, 중국은행, 중국건설은행, 중국공상은행)을 지칭하며 예금총액의 약 57%, 대출총액의 약 59%를 차지하고 있음

다. 민간상업은행은 민간기업 또는 외국기업이 지분을 보유한 은행으로 전국적인 영업이 가능한 交通銀行, 中信實業銀行, 光大銀行, 華夏銀行 등 전국은행과 해당지역에서만 영업이 가능한 中國招商銀行, 廣東發展銀行, 深圳發展銀行, 福建興業銀行, 上海浦東發展銀行 등 지방은행으로 분류됨

라. 기타 외국은행의 지점, 中外合資銀行 및 외국인 100% 출자한 外資銀行을 포함한 외국계 은행, 非은행 금융기관 등이 있음

〈그림 18-2〉 중국의 금융기관 현황

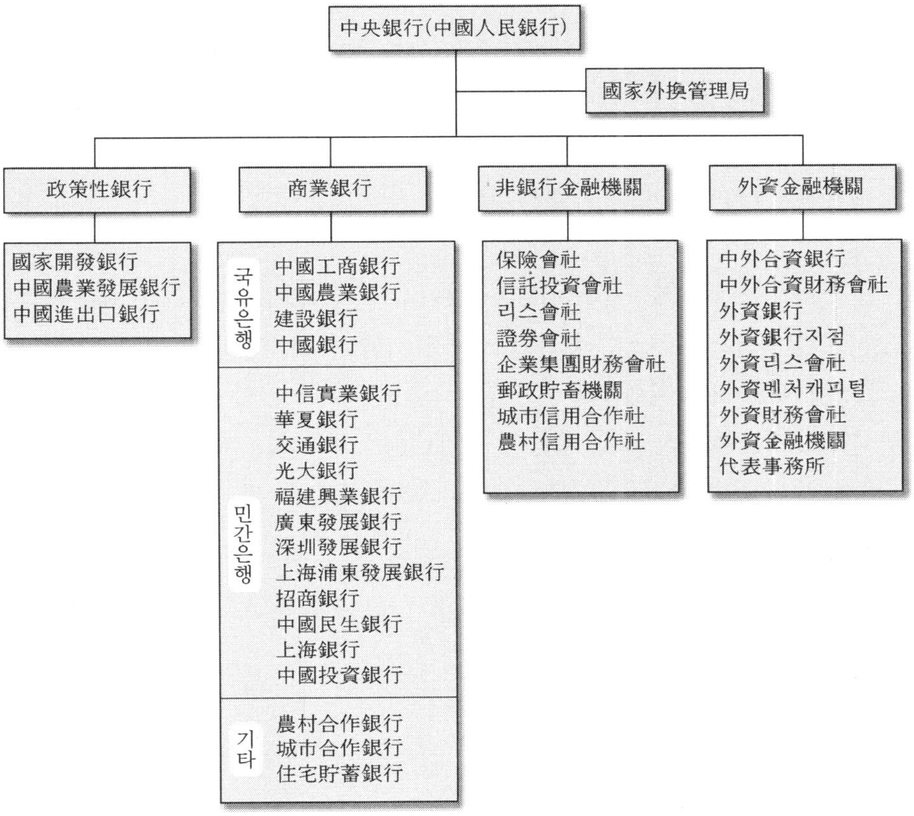

자료 : 수출입은행, 중국 투자환경과 투자사례, 2002. 6.

중국 내 외국계 은행(2003년 10월말 기준)은 191개, 자산총액은 466억 달러이며 대표사무소는 211개에 이르고 있다.

② 고정자산 투자자금에 대한 대출금액은 매년 국가가 지역별로 할당함

가. 토지, 설비, 공장건물 등의 고정자산투자에 사용되는 고정자산 투자자금 대출 규모는 매년 국가계획위원회가 중국인민은행을 포함한 국무원 주요 정부부처와 협의하여 결정하고, 이를 해당지역의 프로젝트별 중요성을 고려하여 할당함

나. 원부자재 구입, 재고관리 등 기업에 대한 운영자금은 고정자산 투자자금과 달리 행정적 통제를 받지 않으며, 각 은행이 예대율(총대출잔액/총예금잔액 × 100)의 75%를 초과하지 않은 한도 내에서 자율적으로 운용되고 있음

다. 활발한 부동산 건설과 기업들의 대규모 프로젝트 추진 등에 따라 중국 금융기관 대출이 급증 추세를 보이고 있음

㉠ 정부의 사회간접자본(SOC) 건설, 기업들의 설비투자, 개인의 부동산 및 자동차 구입 관련 대출 등으로 2003년 은행대출 규모는 약 3조원 이상 증가한 것으로 추정됨

㉡ 중국계 은행의 대출규모(2003년 기준)는 15조 7,701억 위안(약 1조 9,050억 달러)로 단기대출 비중이 50%를 상회하였음

이 중 외국인투자기업이 차지하는 비중은 2002년 기준 3.6%에 불과하나 최근 풍부한 유동성으로 중국계 은행의 대출경쟁이 확산되고 있어 외국인투자기업이 대출을 받기가 용이해지고 있다. 그동안 예금 담보 외에는 부동산 담보대출을 받기가 거의 불가능하였으나 최근 토지사용권을 담보로 하는 부동산 담보 대출 및 신용대출이 확대되는 추세를 보이고 있다.

〈표 18-25〉 금융기관 대출규모 추이

(단위 : 억 위안, %)

	1998	1999	2000	2001	2002	2003. 11
단기대출	60,613 (2.8)	63,888 (3.1)	65,748 (3.1)	67,327 (4.8)	74,248 (3.6)	83,402 (-)
중장기대출	20,718	23,968	27,931	39,328	48,642	61,802
신탁대출 등	5,193	5,878	5,692	5,749	8,404	12,497
합 계	86,524	93,734	99,371	112,404	131,294	157,701

주: ( )안은 외국인투자기업에 대한 대출 비중

자료: 중국통계연감, 중국인민은행

③ 금리는 중앙은행에 의해 결정됨

가. 상업은행은 중앙은행이 결정한 대출 기준금리를 기준으로 고객별로 0.9~1.7배 내에서 금리 조정이 가능함(2004년 1월 1일 시행)

현재 중앙은행의 만기 1년 대출이자 기준율 5.31%에 개정 변동폭을 적용하면 연 4.78~9.03%를 기록하고 있다.

나. 1997년 이후 중국은 내수확대와 기업의 금융부담 경감을 위해 7차례나 금리인하를 단행한 바 있으며 현재 1년 만기 예금 · 대출 금리는 각각 2.25%, 5.85%에서 1.98%, 5.31% 수준을 보이고 있음

④ 금리비용은 중국계 은행이 유리하나 대출 부대비용 부담이 큰 편임

가. 지속적인 금리인하로 현재 중국계 은행의 대출금리가 한국 내 은행, 중국에 진출한 국내은행에 비해 낮은 수준이기 때문에 금리면에서 현지금융 조달이 유리함

외국계 은행의 위안화 영업범위가 아직까지 제한을 받고 있는 데다[40] 외국인투자기업이 외국계 금융기관으로부터 달러화 자금을 조달할 경우에는 환리스크(foreign exchange risk)가 발생하게 된다.

나. 한국은행들은 현지 담보의 집행 경험이 부족하고 절차의 복잡성 등으로 인해 주로 모기업 보증을 요구하나 중국계 은행은 현지 부동산 담보대출이 용이함

중국계 은행의 부동산 담보 대출은 토지사용권, 건물, 기계설비 담보 평가금액의 각각 100%, 70%, 40% 수준에서 대출을 실행하며, 부채비율이 70%를 초과하는 기업에 대해서는 대출을 규제하고 있다.

다. 중국계 은행도 외화 예금담보를 가장 선호하여 부동산 담보대출은 신용도 평가에 따라 엄격하게 운용하여 왔으나 최근 부동산 담보대출에 대한 기피현상이 완화되었으며 대기업이나 신용도가 우수한 중소기업에 대해서는 신용대출도 확대되는 추세를 보이고 있음

라. 중국계 은행이 결재단계 축소 등 업무의 편의를 위해 부동산 담보대출을 1년 이내의 단기대출로 운용하는 경우가 많아 담보물 평가와 설정비, 관련기관 등록비 등 부대비용의 부담이 가중되고 있음

대출기한은 5년까지 가능하나 통산 1년 이내로 운용하며 정부의 산업정책에 따라 제조업에 대한 대출이 우선시되고 있다.

(2) 조세제도

① 외국인투자기업에 대한 기업소득세 우대혜택 축소 예정

가. 기업소득세의 세율은 국세 30%, 지방세 3%로 총 33%이며 내외국인 구분없이 적용되고는 있지만 외국인투자기업에게는 각종 세제상의 혜택을 부여하고 있음

중국정부는 세제상의 차별대우를 개선하기 위해 기업소득세율을 25% 수준으로 인하함과

40) 2001년말 WTO 가입과 동시에 上海, 深圳, 2002년 天津, 大連, 2003년 廣州, 青島, 南京, 武漢, 2004년 濟南, 福州, 成都, 重慶, 2005년 昆明, 珠海, 北京, 廈門, 2006년 瀋陽, 寧波, 西安, 2007년 중국 전역에서 위안화 영업이 가능하며 한국 금융기관으로는 산업, 우리, 외환, 조흥, 중소기업은행의 위안화 영업이 가능한 상태이다.

더불어 이전에 외국인투자기업 등 기업별로 부여했던 우대는 취소하고 산업별 우대혜택으로 전환할 것으로 보인다.

나. 과세 대상소득은 업종에 따라 다음과 같이 산출됨

㉠ 제조업 : 매출이익 + 영업외이익 + 기타 영업이익 - 영업외지출

· 매출이익 = 매출액 - (매출원가 + 매출세액 + 판매비 + 관리비 + 재무비용)

㉡ 서비스업 : 영업순수입 + 영업외수입 - 영업외지출

· 영업순수입 = 영업총수입 - (영업수입세액 + 영업비용 + 관리비 + 재무비용)

다. 과세 대상소득에서 금융기관 차입금이자, 납세자가 근로자에게 지급한 임금, 노조경비(과표총액의 2%), 직원복리비(과표총액의 14%), 직원교육비(과표총액의 1.5%), 공익 또는 구호사업에 사용한 기부금(과세표준 소득액의 3%)은 공제 허가대상 항목으로 이를 제하여 과세 표준액을 산출함

라. 공제 불가항목은 고정자산 구입 및 건축비, 무형자산(intangible asset)의 이전이나 개발 관련비용, 자본이자, 각종 소득세, 불법 경영에 의한 벌금 및 몰수 재산 손실액, 각종 세금 체납액, 벌금, 과태료, 본사에 지불하는 특허사용료, 각종 찬조금, 자연재해 또는 불의의 사고손실에 대한 배상금 등이 해당됨

② 증치세 환급률을 평균 15%에서 12%로 3%포인트 인하

가. 증치세 기본세율은 17%이며 곡물, 식용유, 수도, 냉·난방, 액화석유·천연메탄가스, 도서, 신문, 잡지, 사료, 농약, 농기계, 농업용 비닐 등 국민생활과 밀접한 재화에 대해서는 13%를 적용함

나. 중국정부는 자국상품의 수출 촉진(export promotion)을 위하여 1994년부터 수출물품에 대해 증치세 환급제도를 운영하고 있으며 2004년부터 증치세 환급률을 평균 15%에서 12%로 3%포인트 인하하였음

다. 선박, 자동차 및 부품, 공작기계, 통신설비, 의료용 기기 등 정부가 정책적으로 육성하는 주요 제품에 대해서는 증치세 환급률을 17%로 유지함

〈표 18-26〉 주요 품목별 증치세 환급률

환급률	제 품
17%	선박, 자동차 및 부품, 디지털제어식 공작기계, 건설기계, 유선전화, 광통신설비, 의료용기기, 철도용 기관차, 휴대용 디지털형 자동자료 처리기계, 항공기 및 부품, 금속제련설비, 인쇄회로
13%	정밀분쇄 또는 조쇄한 밀 · 옥수수 · 맵쌉 등의 식용분말, 오리 · 거위 · 토끼 등의 절단육, 냉장육
8%	몰리브덴광과 그 정광, 황인과 인, 니켈 괴, 페로망간, 페로 실리콘, 페로 실티콘 망간, 페로크롬, 알루미늄의 괴

자료: 수출입은행, 증치세 환급률 변화의 영향, 2003. 12.

③ 오락업에 대해서는 영업세를 증과세함

교통운수, 건설, 금융보험 등 서비스업 분야와 토지사용권 등 부동산 거래, 특허권 등 무형자산 양도자에 대해 영업세를 부과하고 있다.

④ 소비세 과세 품목이라 하더라도 수출하는 경우에는 비과세 대상임

가. 중국은 담배 30~50%, 주류 5~25%, 화장품 30%, 귀금속 10%, 자동차 3~8% 등 11개 기호품과 사치품 등에 3~50%의 다양한 세율을 적용하고 있음

나. 해당품목을 다른 제품 생산에 사용하거나 수출하는 경우에는 비과세 대상김

⑤ 한국과 중국은 양국간 이중과세방지협정 체결로 배당금, 이자, 로열티, 소득세 경감효과의 향유가 가능하게 되었음

가. 외국인투자기업의 해외 모기업에 대한 배당과 이자, 로열티, 수수료 등의 해외지급에 대해 각각 20% 소득세 원천 징수하나 한국은 중국과 이중과세방지협정 체결에 따라 10%만 부과함

㉠ 외국인이나 외국인투자기업이 투자한 B주 배당금에 대해서는 배당소득세 면제

㉡ 국제금융기관(international financial institutions)이 중국정부 및 국유은항(state banks)에 융자하거나 외국은행이 우대금리로 국유은행에 융자하여 발생한 이자에 대해서는 이자소득세 면제

㉢ 정부은행인 한국수출입은행 등이 중국 현지기업에 융자하여 발생한 이자에 대해서는 이자소득세 면제

㉣ 해외 기술도입 확대 정책에 따라 농림축산, 과학연구, 에너지개발, 교통사업 등 중요기술개발에 제공된 로열티(royalty)는 10%로 경감되며 첨단기술 관련 로열티는 면제됨

나. 중국은 한국을 포함한 다수의 국가와 배당, 이자, 로열티 등에 부과되는 원천징수 세율을 낮추는 이중과세방지협정을 체결하였음

〈표 18-27〉 업종별 영업세율

세율	분야	업종
3%	교통운수업	버스, 택시, 오토바이, 도선, 화물운송
	건축업	시공, 인테리어, 설비, 토목공사, 천공공사, 교량보수, 수리공사, 녹화사업
	통신업	우편, 전신, 전화
	문화체육업	방송, 영화관, 촬영소, 체육관, 경기장, 음악 감상실, 문화관, 공원
5%	금융업	금융, 보험, 전당포, 증권사
	서비스업	대리점, 여관, 요식, 여행, 창고, 임대, 광고
	부동산 거래, 무형자산 양도	토지사용권, 상표권, 저작권, 특허권, 비특허 기술
20%	오락업	노래방, 무도장, 가라오케, 골프, 볼링장

자료: 稅收信息網

⑥ 기타 인지세, 토지증치세, 자원세, 자본세 등 부과

가. 인지세는 모든 계약, 공증, 정부인허가 신청시 적용되며, 세율은 금전소비대차 약정서 0.005%, 부동산임대차 계약서 0.1%, 구매 · 판매계약서, 건축공사 청부계약서, 기술계약서 0.03% 수준임

나. 토지사용권 또는 지상건물 양도시 취득가격의 초과부분에 대해 토지 증치세 과세

다. 자원세는 외국인투자기업의 광산물 채굴시 적용되며 원유 8~30위안/톤, 천연가스 2~15위안/톤, 석탄 0.3~5위안/톤, 기타 비금속광물 0.5~20위안/톤임

라. 차량 · 선박세는 지역에 따라 상이하나 선박은 적재중량에 따라 0.6~5위안, 차량은 크기에 따라 1.2~320위안 부과함

2.3 노동 · 토지제도

(1) 노동제도

① 근로조건은 계약에 의하여 수습기간은 최장 6개월 이내임

가. 노동계약은 기업과 근로자의 직접계약과 회사와 노동조합(labor union)과의 단체계약 모두 가능하며 노조가 결성되지 않은 기업은 전체 근로자 과반수 이상의 찬성을 얻어 선임된 근로자 대표가 회사와 협상 가능함

계약체결후 1개월 내에 노동부문에 보고해야 하고, 15일 내에 이의가 없을 경우 효력이 발

생된다.

나. 신규채용 근로자의 경우 수습기간은 최장 6개월 초과가 불가능함

㉠ 노동 계약기간 6개월 이하 : 수습기간 15일 이내

㉡ 노동 계약기간 6~12개월 : 수습기간 30일 이내

㉢ 노동 계약기간 1~2년 이하 : 수습기간 60일 이내

② 근로조건은 협상에 의하나 대체로 법적으로 정해져 있어 지역별로 별 차이없이 대동소이함

가. 임금협상은 일반적으로 연 1회로 전년도에 정한 임금 시한 만료 60일 전에 어느 일방의 임금협상 요구서 제출로 시작됨

임금협상 합의내용은 7일 내에 보고해야 하며 노동부문이 합의서 접수후 15일 내에 이견을 표시하지 않을 경우 효력이 발생된다.

나. 임금은 동일 지역, 동일 업종 수준을 근거로 대체로 비슷한 수준이며 시간외 근무수당 역시 평일은 통상임금의 150%를, 휴일 및 법정공휴일은 각각 200%, 300%를 지급하는데 1일 3시간, 월 36시간 초과가 불가함

다. 근로 연령은 16세 이상으로 아동 근로에 대한 규제가 엄격하며 퇴직연령은 여자 55세, 남자 60세임

라. 중국은 1995년 5월부터 주 5일 근무제를 시행하고 있으며, 법정 근무시간은 주당 40시간(1일 8시간)임

③ 지역별로 다양한 휴가제도 규정

가. 노동법상 1년 이상 근속자에 연차 유급 휴가를 부여하고 있으며 天津市의 경우 1년 이상 근속시 7일로 누적 사용이 가능하며 미사용시 미보상하는 것이 원칙이다. 광동성의 경우 근무기간 1~5년은 5일, 5~10년은 7일, 10~20년 10일, 20년 이상은 14일을 부여하고 있음

나. 지리적인 특수성을 고려한 장기 귀성휴가 부여

㉠ 기혼자는 왕복 소요일수 포함 연 30일의 배우자 방문휴가 부여

㉡ 미혼자는 연 1회의 왕복 소요일수 포함 20일의 부모 방문휴가 부여

㉢ 기혼자는 매 4년마다 1회의 부모 방문휴가 20일의 부여

다. 경조사 휴가 중 결혼 휴가는 유급으로 3일이 부여되며 지역에 따라 晩婚 장려정책으로

남성 25세, 여성 23세 이상일 경우 10일간 추가 부여, 직계 존비속의 유고 시에는 3일의 유급휴가 부여

라. 출산휴가는 90일이나 난산 및 쌍둥이 출산의 경우에는 105일이 부여되며, 유산한 경우에도 병원진단서에 의거 임신 4개월 미만은 15~30일, 4개월 이상은 42일의 휴가 부여

1세 미만의 영아를 둔 근로자에게는 1일 30분의 수유 시간 제공이 의무화되어 있다.

④ 노동조합 설립 의무를 법에 명시

가. 근로자 25인 이상의 사업장은 노동조합(공회)을 설립해야 하며, 근로자가 200인 이상의 경우 기업주와 노조의 협의에 따라 상근 노조위원장을 둘 수 있음

나. 상근 노조위원장과 부위원장 등의 임기는 3~5년이며, 위원장과 부위원장의 임기 동안에는 임의로 근무지를 변경할 수 없고 근무상 이동이 필요할 경우에는 노조와 상급 노조의 동의 필요

다. 노동조합(labor union)은 기업과 단체계약 체결권을 가지고 있으며 기타 노동조합 활동은 업무시간 이외의 시간에 가능함

업무시간 중 조합활동은 기업의 동의를 얻어야 하며 비상근 노동조합 간부의 업무시간 중 노조활동은 매월 3영업일을 초과할 수 없고 급여는 정상 지급하여야 한다.

라. 기업은 전체 근로자 임금 총액의 2%를 노조 경비(공회비)로 지급해야 하며 일부 지방은 노동조합 조직 이전이라 하더라도 공회비를 적립하여 조합 설립 이후 지급하도록 규정

⑤ 규정과 절차에 따른 근로계약 해지 가능

가. 회사는 3가지 경우(노사 쌍방의 합의, 수습기간 중에 채용기준 불부합 사유 발생, 근로자가 노동계약을 이행하지 않았거나 회사가 자체적으로 정한 규정을 위반한 경우)에 한해 노동계약 해지가 가능함

직업병, 직무상 상해로 관련규정에서 정한 치료기간 중인 경우, 임신 기간 및 출산휴가 기간에는 근로자 해고가 불가능하다.

나. 근로자를 해고하고자 할 경우에는 해당 근로자에게 30일 전에 서면으로 통지하고 노조의 동의를 얻어야 하며 이 경우 회사는 근무연수에 따라 생활보조비를 지급해야 함

㉠ 직업병이 아닌 질병, 직업상의 사고가 아닌 상해 발생으로 완쾌 후에도 작업을 할 수 없는 경우

㉡ 연수, 순환 근무에도 불구하고 근무를 수행할 수 없는 경우

㉢ 계약 체결 당시와 상황이 변화되어 원래의 노동계약을 이행할 수 없고 새롭게 노동계약

을 체결할 수 없는 경우

다. 직업병이나 공상으로 인한 근로계약 해지의 경우에는 생활보조비 외에 의료보조비도 지급해야 함

㉠ 생활보조비는 근무기간 1년 단위로 1개월의 실질임금을 일시불로 지급함

㉡ 의료보조비는 근무기간 5년 미만일 경우 3개월의 실질임금을, 5년 이상일 경우 6개월의 실질임금을 지급(근무기간이 6개월 이상 1년 미만인 경우는 1년으로 간주)함

⑥ 각종 사회보험제도로 임금 이외 회사부담이 상당한 수준임

기업은 관련규정에 따라 양로 · 실업 · 의료 등의 보험 부보 의무를 지게 된다.

⑦ 외국인투자기업에 대해서는 별도 규정으로 감독함

가. 외국인투자기업은 '외국인투자기업 노동관리규정'(1994년 8월 공포)에 의거하여 필요인력을 중국 내에서 채용하여야 하며 외국인을 채용하고자 할 경우에는 당해 지역 노동부문의 인가를 얻은 후 채용이 가능함

나. 중국 정부는 외국인투자기업이 중국 노동법상 근로규정을 위반할 경우 이를 고발하는 사람에게는 벌금의 일정비율을 상금으로 지급하는 등 근로규정 위반행위에 대해 강력히 감시하고 있음

(2) 토지제도

① 중국의 모든 토지는 소유권이 국가에 귀속되어 있음

가. 토지의 소유권은 국가 또는 지방자치단체(집체)에 있음이 헌법에 명시되어 개인이나 법인의 토지에 대한 권리는 토지사용권에 한정되며 중국에서의 토지거래는 사용권의 취득, 임대를 의미함

도시지역의 토지는 국가가, 농촌 및 도시교외 지역의 토지는 국가 또는 지방자치단체가 소유하고 있다.

나. 토지의 등록 및 변경에 대해서는 토지관리국이, 토지 · 건물 등기, 매매 및 임대가격 관리는 부동산(房地産)관리국이 담당함

② 외국인투자기업은 대체로 유상양도나 임차 방식으로 사용권을 취득함

가. 외국인투자기업의 토지사용권 취득방법은 다음 5가지가 있음

㉠ 정부로부터 무상으로 토지사용권을 취득하고, 매년 토지사용비를 납부하는 무상 양도(劃

拔)

㉡ 토지 대금을 납부하고 일정기간 동안 토지사용권을 소유하는 유상 양도(出讓)

㉢ 토지사용권을 취득한 자로부터 사용권 잔여기간 내에 토지사용권을 다시 취득하는 재양도(轉讓)

㉣ 토지사용권을 취득한 자 혹은 정부와 직접 토지임대차 계약을 체결하는 임차(出租)

㉤ 중국측 합작선의 토지사용권 출자에 따른 토지사용권 취득

나. 법률상 외국인투자기업도 무상양도 방식의 토지 취득이 가능하도록 되어 있으나 실질적으로는 거의 불가능하며 외국인투자기업은 주로 협의나 입찰에 의한 유상양도 또는 임차를 통해 토지사용권을 취득하고 있음

다. 토지사용권 사용 기간은 토지의 이용 용도에 따라 주택은 70년, 공업, 교육, 과학기술, 문화, 위생, 체육용지 등은 50년, 상업, 관광용지는 40년 정도를 부여하고 있음

③ 토지관련 비용은 취득 방식에 따라 상이함

가. 토지사용권을 취득하는 경우에는 취득 및 개발비용을 지급하여야 하며 취득비용은 취득시점에서 일괄 지급하는 것이 원칙이나 지역에 따라 분납이 가능함

㉠ 분납 과정에서 토지의 기준시가가 상승할 경우에는 토지 취득비 추가 부담문제가 발생할 수 있으며 미납금액에 대해 연 이자를 납부해야 함

㉡ 토지 개발비는 토지사용권을 취득한 뒤 당해 토지를 기업 용도에 맞게 개발하는 데 소요되는 비용임

나. 토지를 임대로 취득한 경우 정부와의 임대계약은 계약 체결 이후 4년차부터 임대료 조종이 가능하며 인상폭은 기존 임대료의 30%를 초과할 수 없음

다. 기업이나 개인과의 임대계약은 임대료 변경이 수시로 가능하나 과다한 임대료 인상을 방지하기 위해 계약서는 정부와의 토지계약 조건을 가정하여 이를 준용하여 작성하는 것이 바람직함

라. 토지사용료는 매년 토지 등급에 따라 납부해야 하는 일종의 지원세 성격의 비용으로 각 지방정부가 자체적으로 결정함

㉠ 토지사용료 가격은 지역마다 차이가 있으나 대체로 3~5년(지역마다 상이함)에 한 번씩 인상되며 1회 인상폭은 원래 가격의 30% 이내임

㉡ 합작투자자가 토지를 현물 출자한 경우 토지사용료는 합작투자자가 합작기업으로부터

얻은 이익금으로 납부하는 것이 원칙임

④ 지방정부별로 장려분야 투자기업 등에 대해 토지관련 인센티브제 운영

가. 일부 지역의 경우 외국인투자 유치를 위하여 일정기간 동안 토지 무상임대 등 파격적인 조건을 제시하고 있음

㉠ 일부 지방정부가 외국인투자 유치에 급급하여 적법한 토지사용권 보유자가 아님에도 불구하고 우대혜택을 남발하는 경우가 다수 존재하고 있어서 실질적인 토지사용권 보유여부의 확인이 필요함

토지 무상제공 등의 혜택은 투자 규모와 업종 등을 고려하여 인민회의 의결 등 엄격한 기준에 따라 운용되고 있다.

㉡ 2003년 8월부터는 중국정부가 개발구를 중심으로 불법 토지전용 및 개발비용 이하의 토지양도 등에 대한 단속을 강화하는 추세임

나. 첨단산업 또는 사회간접자본(SOC) 분야 투자 기업에 대해서 토지사용료 감면

감면 내용은 지방마다 약간씩 차이가 있으나 대개 5년간 면제, 추가 5년간 감면 형식을 취하고 있다.

⑤ 임차는 초기 투자비용 절감 효과가 크나 향후 임대료 인상 가능성과 건물 신증축 등에 따른 문제점이 발생할 가능성이 큼

가. 토지사용권을 취득하는 경우 계약체결 후 60일 이내에 취득대금을 납부해야 하나 임차의 경우 계약기간에 따라 3~12개월마다 임차료만 납부하기 때문에 초기 투자비용을 절감할 수 있으며 사업환경 변화에 따른 신속한 대응이 가능함

토지사용권을 매각할 경우에는 매입대상자 물색, 가격 협상 등으로 시간이 소요되기 때문에 토지사용권을 저가로 매각할 위험이 큰 편이나 임차는 영업지역 이전이나 철수시 신속한 대응이 가능하다.

나. 그러나 임차기간 동안의 과다한 임대료 인상 가능성, 임대후 직접 공장 등 건물을 건축하여 운영할 경우 건축비 회수가 불가능한 점 등으로 인해 임대계약 체결전 주의가 필요함

㉠ 주변지역 토지의 임대가격을 확인하고 임대료 조정폭을 계약서에 명시할 필요가 있음

㉡ 임대 토지 내 건물 신·증축은 절차가 복잡하고 건축비 회수가 불가능하며 원상복구 요

구에 따라 철거비용 부담 가능성까지 있기 때문에 주의가 필요함

㉢ 계약법(제114조)에 따르면 외국인투자기업의 운영기한은 50년인데 반해 임대계약은 최장 20년이므로 중간에 재임대계약 체결에 따른 추가임대료의 상승 가능성이 있음

㉣ 저당권 설정 토지 및 불법으로 취득한 사용권은 임대가 불가능하므로 임대 가능 여부를 소재지 관할 토지관리국과 부동산관리국의 토지 등기로 확인할 필요가 있으며 임대차계약의 토지관리국 허가 및 부동산관리국 보고 등 원칙적인 절차를 이행해야 함

⑥ 유상양도(出讓) 및 재양도(轉讓) 방식의 국유토지 취득이 유리함

국가소유 토지가 아닌 집체 토지인 경우에는 유상양도, 재양도 방식으로 취득한다 하더라도 재양도, 임대 및 저당이 불가능하다. 이는 합작투자기업 설립시 중국 측 합작투자자가 토지를 출자하는 경우에도 동일하게 적용된다. 또한, 집체 토지를 유상양도, 재양도받고자 할 경우에는 먼저 소정의 금액을 납부하고 국유토지로 전환하는 것이 유리하다.

19 chapter

일 본

제 1 절 일본경제의 회복

1990년대 장기간의 경기침체(recession)에 직면했던 일본경제가 2003년 이후 급속한 회복세를 시현하면서 다시 한 번 경제대국으로서의 위상을 보이고 있다. 일부 경제학자들은 일본경제가 1990년대에 각기 2차례의 마이너스 성장과 회복국면을 경험했던 점을 상기할 경우 최근의 경기회복세에 큰 의미를 부여할 수 없을 뿐더러 일시적인 현상으로 지적하기도 한다. 그러나 현재 일본경제가 이전과 상이한 점은 경제성장을 견인하고 있는 동인(動因)이 국내총생산(GDP)의 80%를 차지하고 있는 설비투자와 민간소비 등 그동안 침체 상태를 보였던 내수부문의 회복이라는 점이다. 물론 미국경제의 회복과 중국경제의 호황에 따른 수출증대도 중요한 회복요인 중의 하나로 작용하고 있지만 수출부문이 GDP의 10% 비중이라는 점을 고려하면 경기회복은 내수부진 탈피에 기인하는 바가 크다고 할 수 있다.

1990년대 초 일본경제는 자산가격(지가 및 주가) 폭락에 따른 경제버블의 붕괴(collapse of economic bubble)로 인해 기업과 금융기관이 도산하는 초유의 사태를 초래하여 결국 장기불황에 직면하게 되었다. 일본정부는 130조엔에 달하는 재정지출과 제로금리(zero interest rate)를 시행하면서 경기부양을 위해 노력했으나 결과적으로 이러한 전통적인 경제정책(traditional economic policy)은 경기를 회복시키는 데는 역부족이었다. 오히려 이러한 단편적이고 미온적인 경제정책으로 인해 부실채권문제는 더욱 심화되었으며 결국 1997~1998년에는 금융위기(financial crisis)에 직면하기도 하였다.

이번 일본의 경기회복 특징은 과거를 답습하는 정부의 경기부양책에 의해 주도되었다고 하기보다는 정부와 기업의 인식전환과 이에 따른 강도높은 구조조정 노력의 성과가 내수회복으로 이어지면서 나타난 자연스런 현상이라는 점에서 과거의 회복기와 전혀 다른 양상을 보이고 있다고 평가할 수 있다.

이 같이 일본경제가 상승세로 전환되는 데 주요한 역할을 하고 있는 설비투자와 민간소비부문의 회복요인을 분석하고 이를 통해 내수부진으로 경기침체조짐을 보이고 있는 한국경제에의 시사점을 도출하고자 한다.[1)]

1. 내수부문의 회복요인 분석

1.1 경제동향

일본경제는 2002년 2분기를 저점으로 완만한 성장세로 진입한 이후, 2003년에는 3.2%의 높은 경제성장률을 시현하였다. 그리고 이러한 회복기조는 2004년에도 유지되었다. 2004년 1분기 실질 국내총생산 성장률(real GDP growth rate)은 전분기 대비 1.6%(연율 6.1%)를 기록하였으며 2분기에는 0.3%(연율 1.3%)의 성장률을 보이면서 다소 상승세가 둔화된 것으로 나타났으나 여전히 9분기 연속 플러스 성장률을 보인 바 있다.

2004년 2분기 GDP 성장률의 둔화조짐은 자동차 등의 재고투자가 감소하면서 설비투자부문의 증가율이 전분기 대비 둔화된 데 따른 요인이 크게 작용했으나 이에 더하여 공공투자부문의 감소폭이 예상보다 컸던 것이 직접적인 원인으로 지적되고 있다. 따라서 2004년 2분기 성장률 감소가 반드시 내수부문의 둔화를 의미하는 것은 아니라고 할 수 있다. 특히, 2003년 하반기 이후 일본기업들의 수익력이 버블경제(bubble economy) 이후 최고 수준을 경신하면서 수익성구조의 안정성(stability of profitability structure)을 구축하고 있는 것으로 파악되고 있어 오히려 향후 설비투자 증대에 대한 기대감은 더욱 고조되고 있다고 할 수 있다.[2)]

---

1) 2003년 이후 일본경제는 내수회복을 기반으로 한 선순한 성장기조를 기대할 수 있는 기초 여건을 강화시키고 있다는 측면에서 정부의 일관된 정책방향 제시 및 추진과 이를 기반으로 한 기업의 적극적인 구조조정 노력의 결실을 보여주고 있다. 이를 반영하듯 해외 및 일본의 주요 경기예측기관은 일본경제의 지속적인 회복세를 전망하고 있다(대외경제정책연구원, 세계경제, 2004. 10. pp. 74~83 요약 · 재구성).

2) 일본경제신문은 2004년 9월 10일자에서 과거 일본기업들의 경영실적이 가장 악화되었던 1993년에는 매출이 8% 정도 감소하면 적자를 기록했으나, 2003년에는 매출이 15%나 감소하더라도 이익이 발생하고 있는 것으로 보도한 바 있다.

〈표 19-1〉 일본의 주요 경제지표 추이

(단위 : 전기 대비, %)

	2002	2003	2003				2004	
	실질	실질	1분기	2분기	3분기	4분기	1분기	2분기
실질GDP 성장률	1.1	3.2	0.1	0.9	0.7	1.8	1.6	0.3
민간소비	1.0	1.6	-0.1	0.2	0.6	1.1	1.0	0.6
설비투자	-3.5	12.4	2.3	4.7	0.0	6.6	1.7	1.2
주택건설투자	-2.3	0.3	-1.2	-0.2	3.2	-0.8	0.5	0.4
공공투자사업	-5.1	-12.3	-2.3	-4.0	-5.4	-1.6	-3.4	-7.1
수출	12.0	10.9	0.7	1.8	3.5	5.2	4.5	3.5
수입	5.4	4.5	0.6	-1.0	2.6	2.7	3.1	1.9

자료: 일본내각부, 국민소득통계

1.2 설비투자의 회복 가속화

버블붕괴 이후 불황이 장기화되면서 일본기업들은 설비투자에 소극적이었으나 이제까지의 채무감소를 통한 비용극소화(cost minimization)에서 탈피하여 설비투자를 통한 이윤극대화(profit maximization)로 기업의 형태를 변화시켜 왔다. 이에 따라 일본기업의 설비투자는 2002년 2분기를 저점으로 증가세로 전환되어 2003년에는 전년 대비 12.4%의 높은 증가율을 기록함으로써 일본경제가 3.2%의 높은 성장률을 시현하는 데 크게 기여하였다. 특히, 설비투자의 선행지수인 기계수주 역시 2002년 1분기를 저점으로 상승세로 전환되면서 동 시기부터 기업의 설비투자가 회복기조로 전환되었음을 보여주고 있다.

이러한 설비투자 회복에 기여한 것은 무엇보다도 일본기업의 수익력 제고에 따른 경상이익의 확대라고 할 수 있다. 2004년 2분기 일본기업들의 경상이익은 전(全)산업을 기준으로 11조 6,157억엔(전년동기 대비 34.3% 증가)으로 8분기 연속 전년동기 대비 수준을 상회하는 실적을 기록하는 등 기업의 수익구조 개선이 가속되고 있음을 보여주고 있다.

〈표 19-2〉 일본기업의 경상이익 추이

(단위 : 억엔, %)

	2003. 1분기		2003. 2분기		2003. 3분기		2003. 4분기		2004. 1분기		2004. 2분기	
	금액	증감률	금액	증감률	금액	증감률	금액	증감률	금액	증감률	금액	증감률
전산업	103,277	10.0	86,860	13.6	78,960	9.4	105,726	16.9	128,696	24.6	116,654	34.3
제조업	37,953	36.6	35,913	36.3	32,688	16.3	42,784	2.4	47,486	25.1	49,496	37.8
비제조업	65,324	-1.2	50,948	1.6	46,272	5.0	62,941	29.4	81,210	24.3	67,157	31.8

자료: 일본재무성, 법인기업통계조사

이를 업종별로 살펴보면 일본기업 수익의 회복세는 업종과 기업규모에 따라 약간 상황이 상이하나 제조업은 일반기계와 전기기계의 높은 증가세에 힘입어 37.8% 증가하였으며 비제조업도 31.8%로 큰 폭의 증가세를 시현하였다.

한편, 2004년 2분기의 설비투자는 전산업을 기준으로 전년동기 대비 9.7% 증가한 9조 1,178억엔을 기록하면서 5분기 연속 플러스를 보였다. 특히, 제조업에 비하여 회복이 지연되었던 비제조업의 설비투자가 큰 폭으로 회복되었다. 업종별 설비투자를 살펴보면 제조업은 자동차 등의 수송기계와 전기기계 등 수출관련 기업의 실적 호조로 인해 전년동기 대비 6.6% 증가하였으며 비제조업도 운수 · 통신업과 서비스업의 증가로 11.1% 증가율을 기록하였다.

〈표 19-3〉 일본기업의 설비투자 추이

(단위 : 억엔, %)

	2003. 1분기		2003. 2분기		2003. 3분기		2003. 4분기		2004. 1분기		2004. 2분기	
	금액	증감률	금액	증감률	금액	증감률	금액	증감률	금액	증감률	금액	증감률
전산업	107,230	-3.0	83,119	6.4	92,697	0.4	99,957	5.1	118,214	10.2	91,178	9.7
제조업	31,605	-5.5	26,377	3.8	31,528	7.7	31,706	15.0	37,820	19.7	28,118	6.6
비제조업	75,625	-1.9	56,742	7.7	61,168	-3.1	68,252	1.1	80,394	6.3	63,060	11.1

자료: 일본재무성, 법인기업통계조사

이 같이 일본기업의 수익구조 개선은 주가상승과 소비 및 투자심리를 회복시켜 설비투자를 증대시키고 있으며 이는 저수익 사업의 합리화, 아웃소싱(outsourcing) 활용, 인력 감축 등을 통해 고비용구조를 개선시켜 온 일본기업의 지속적인 구조조정의 산물이라고 평가할 수 있다.

더욱이 일본은행이 분기별로 기업의 단기적 체감경기 상황을 나타내는 '단칸지수'에 의하면 2004년 3분기 일본기업의 체감경기지수는 대기업과 중소기업 모두 지속적으로 개선되어 6분기 연속 상승세를 보였다. 이를 반영하듯 2004년도 일본기업의 경상이익은 전산업에서 전년도 대비 13.2% 증가할 것으로 전망되고 있다. 이에 힘입어 설비투자규모도 3.5% 수준의 증가세를 나타낼 것으로 보인다.[3] 특히, 경상이익의 경우 대기업과 중소기업의 제조업, 비제조업에서 모두 대규모 증가세를 보였다는 것은 최근 일본경제의 회복세가 이전과는 달리 선순환 경기흐름 하에서 본격화되고 있음을 입증하는 것으로 해석할 수 있다. 물론 국제유가 급등 전망과 미국, 중국경제의 조정국면 진입 여부 등으로 일본기업의 수출환경 악화가 우려되고 있으나 단칸지수가 경기상황을 반영한 일본기업의 향후 수익 전망 및 이를 통한 설비투자 증감

3) 단칸지수는 기업이 경기상황을 판단하는 데 있어 '좋다'고 답변한 기업의 비율에 '나쁘다'고 답변한 비율을 제(除)한 값을 지수화한 것으로서 기업의 체감경기 상황을 판단하는 선행지표로 사용된다.

여부를 판단하는 지표로 활용되고 있는 점을 고려하면 향후 설비투자부문의 확대 가능성은 크다고 할 수 있다.

한편, 상기한 일본기업의 설비투자 회복에는 지난 10여년 동안 장기불황 속에서 일본경제의 성장률을 견인해온 수출(10.9%) 부문의 호조가 크게 기여하고 있다는 점도 지적할 수 있다. 수출은 2001년도에 전년 대비 6.6%나 감소하였으나 2002년부터 호조를 보이기 시작하여 전년 대비 8.5%의 수출증가율을 기록하였다. 수출증가추세는 2003년에도 지속되어 전년 대비 6.4%의 성장을 시현하였으며 2004년 이후에도 이러한 증가추세는 이어지고 있다. 일본 재무성의 무역통계에 의하면 2003년도 무역흑자 규모는 전년 대비 16.2% 증가한 11조 2,230억엔을 기록하였으며 2004년 들어서는 1~7월 기간 동안 이미 2003년 수준에 육박하는 10조 5,600억엔의 흑자를 보인 바 있다.

1.3 민간소비의 회복 본격화

설비투자와 수출과 더불어 최근 일본경제의 상승세를 견인하고 있는 것이 국민총생산(GDP)의 60%를 차지하고 있는 민간소비부문의 회복이다. 민간소비는 2002년 4분기를 저점으로 증가세로 전환되면서 완만하지만 지속적인 증가세를 보이고 있다. 2003년도 민간소비의 증가율은 전년 대비 1.6%를 기록하면서 1996년 이후 7년 만에 높은 수준을 시현하였으며 2004년 이후에도 이러한 회복세는 유지되고 있다.

민간소비가 회복세로 전환된 가장 큰 요인은 무엇보다도 기업의 수익향상에 따른 설비투자 증가를 지적할 수 있다. 즉, 기업의 설비투자 회복이 고용환경 개선 및 소득증대를 유발하여 소비심리를 크게 호전시키고 있다고 평가할 수 있다. 또한, 2004년 5월부터 본격화된 주가상승에 따른 자산가격의 상승도 경색된 소비심리에 긍정적인 역할을 하고 있다. 사실 일본경제는 지난 10여년 동안 주식 및 부동산 등 자산가치의 하락 및 임금하락 등의 영향으로 가처분소득(disposable income)은 지속적으로 감소한 반면에 주택대출 등의 부담이 상대적으로 증대됨에 따라 소비심리의 위축이 지속되어 왔다.

특히, 1993년(2.5%) 이후 악화상태를 보이면서 한때 5.6% 수준까지 급상승하던 완전실업률은 2002년 5.4%를 정점으로 2003년에는 5.3%를 기록하면서 10년 만에 처음으로 하락세로 전환되었다. 2004년 8월 기준 4.8%까지 하락하는 등 실업자수도 300만명 수준으로 감소경향을 보이고 있다. 이는 일본기업의 만성적인 과잉고용문제가 지속적인 구조조정 추진으로 인해 상당 부분 해소되고 있음을 보여주는 것으로 평가할 수 있다. 일본경제신문(2004. 3. 17)이 조사한 바에 의하면 일본기업들의 신규채용 규모는 2004년 5.6% 수준에서 2005년에는 무려

18.8%로 확대되며 조사대상기업 중 64%는 임금인상과 보너스 개선을 고려하고 있는 것으로 나타나 고용 및 소득증대와 이로 인한 민간소비 회복세 유지에 긍정적인 영향을 미칠 것으로 예상된다.[4] 물론 1990년대 초 2%대의 저실업률 수준을 고려하면 아직 고용회복이나 임금인상 등 소비회복의 전제조건이 형성되는 초기단계라고 할 수 있어 민간소비부문이 완전히 회복되었다고는 보기 어려우나 기업의 수출증가와 이에 따른 수익성 제고, 그리고 설비투자 증가 등으로 인해 완만하나마 회복세의 지속가능성은 크다고 할 수 있다.

이 같이 지난 10여년 동안 일본경제의 불황탈출에 장애요인이 되었던 민간소비부문의 회복세는 설비투자, 수출과 더불어 일본경제가 내수 주도의 선순환 경기회복 국면에 진입하는 데 직접적인 요인으로 작용하고 있다고 할 수 있다.

1.4 기업 구조조정의 성과

내수회복에 힘입어 완연한 경기상승세를 보이고 있는 일본경제를 분석하는 데 있어서 또 하나의 회복요인으로 중요하게 작용하는 것이 바로 일본기업의 구조조정 노력과 그 성과라고 할 수 있다.

일본정부는 2000년 이래 총리의 직속기관으로 '산업경쟁력회의'를 설치하고 장기불황과 디플레이션(deflation) 탈피를 위해 강력한 기업구조조정을 시도하였다. 소위 과잉설비, 과잉채무, 과잉고용에 직면해 있는 기업의 생산성(productivity) 제고와 경쟁력(competitiveness) 강화에 정부의 전역량을 결집시켰다. 이러한 배경 하에 일본기업들은 부실사업을 통폐합하거나 매각을 단행하였으며 동시에 과감한 인원 감축과 이를 통한 인건비 절감 등 강도높은 구조조정을 전개하였다. 또한, 그동안 불문율로 여겨져 왔던 부실경영에 대한 최고경영자(CEO)의 퇴진이라는 극단의 조치까지 단행되었다.

1990년대 초 카메라, 복사기, 레이저프린트, 반도체장치 등 일본의 대표적 전자업체인 캐논(CANON)은 버블붕괴에 다른 후유증으로 과잉설비와 과잉채무에 직면하게 되면서 재무구조(financial structure)가 크게 악화되었다. 이러한 상황에 직면하게 되면서 캐논은 불필요한 사업부문을 정리하여 재무구조를 개선하는 데 초점을 둔 대대적인 구조조정을 단행하였다. 그리고 가장 먼저 추진한 것이 사업다각화(business diversification)의 일환으로 전개해온 PC사업으로부터의 철수였다. 즉, 도시바(TOSHIBA)나 NEC, 후지쓰(FUJITSU) 등과 달리 자체적으로 LSI(대규모 집적회로)를 생산할 수 없는 캐논으로서는 더 이상 경쟁력도 채산성도 없는 사업을 지속할 수 없었다.

4) 동 조사는 자동차 전기, 조선, 철강, 비철금속 업종을 중심으로 총 42개사를 대상으로 실시하였다.

이는 기업경영에 있어서 원천기술의 보유여부가 얼마나 중요한가를 보여주는 단적인 사례라고 할 수 있다. 또한, 제조부문의 비용삭감과 자원활용의 합리화(rationalization of resource utilization)를 위해 벨트컨베이어(Belt Conveyer) 방식을 포기하고 셀(Cell) 생산방식 및 JIT(Just In Time) 방식을 도입함으로써 재고감소와 비용절감(cost reduction)에 주력하였다. 이를 통해 캐논은 연간 50억엔 규모의 비용절감효과를 거두면서 재무상태를 개선해 나갔으며 철수한 PC 사업부문의 기술력 또한 디지털복사기의 핵심역할을 하는 컨트롤러(controller, 기계제어장치) 개발에 활용하여 오히려 복사기업체간 경쟁에서 우위를 확보하는 데 기여하였다. 1995년 당시 캐논의 은행차입금은 8,400억엔에 이르렀으나 8년 만에 약 7,000억엔 규모를 상환하였다. 결국, 캐논은 버블경제기의 부(負)의 유산인 과잉설비, 과잉채무를 해소하기 위해 '선택과 집중'(Selection and Concentration)을 토대로 강력한 구조조정을 단행하게 되었고 이를 통해 경쟁력 확보에 따른 이익증대효과를 유발하면서 최고의 수익을 거두고 있다고 평가할 수 있다.

캐논 이외에도 일본기업은 버블경제기의 과다한 은행차입과 사업다각화 등으로 인해 3가지(과잉채무, 과잉설비, 과잉고용) 딜레마에 직면했으며 전례가 없었던 상황에서 이를 극복하기 위해서 값비싼 대가와 기회비용(opportunity cost)이 수반되었다. 일본은 1992년 버블경제의 붕괴(collapse of bubble economy)에 따른 경기침체 상황을 인식하는 데 무려 5년(1997년까지)이라는 세월이 소요되었다. 그만큼 일본정부를 비롯한 국민들은 불황에 처했다는 사실을 인정하지 않으려 하였으며 기업들 또한 구조조정 없이 미온적인 경기대책(재정지출확대정책 추진)에만 의존했기에 엄청난 대가를 치러야 했다. 캐논의 사례는 '선택과 집중'을 통한 강력한 구조조정만이 기업의 체질개선과 이를 통한 경쟁력 확보 및 이익 창출을 유발하여 위기국면을 극복할 수 있음을 단적으로 보여주고 있다.

이러한 결과는 일본경제의 회복이 구조조정을 통한 기업의 수익력 제고에서 비롯되었음을 의미하고 있다. 이는 곧 주가상승 → 설비투자 확대 → 고용환경 개선으로 이어지면서 민간소비 회복을 견인하는 데 가장 큰 동인(動因)으로 작용하고 있음을 의미한다.

2. 시사점

상기한 바와 같이 최근 일본경제는 그동안 경기회복의 장애요인이 되었던 민간소비와 설비투자가 증가세로 전환되면서 수출과 더불어 높은 경제성장률을 시현하고 있다. 이는 곧 일본경제가 수출에 의존하는 저성장구조에서 탈피하여 내수 주도의 선순환 성장국면에 진입하고 있음을 의미한다고 할 수 있다.

물론 현재 일본경제의 상승세가 곧바로 디플레이션(deflation)에서 벗어난다는 것을 의미하는 것은 아니며 이를 위해서 일본경제가 극복해야 될 과제가 다수의 부문에서 상존하고 있는 것도 사실이다. G-7국가 중 최고수준을 보이고 있는 재정적자(fiscal deficit)와 출생률 저하·고령화문제 및 소비진작의 지속성 여부 등의 국내문제와 더불어 국제유가 상승압력과 미국, 중국경제의 조정국면에 의한 해외시장 여건 악화 등 대외적으로 경기회복을 저해하는 잠재불안요인이 다수 존재하고 있는 실정이다.

그러나 최근의 일본경제는 내수회복을 기반으로 한 선순한 성장기조를 기대할 수 있는 여건이 마련되었다는 점에서 정부의 정책일관성(policy consistency) 제시 및 추진과 이를 토대로 한 기업의 적극적인 구조조정 노력의 결실을 보이고 있다고 평가할 수 있다. 이를 반영하듯 해외 및 일본의 주요 경기예측기관은 일본경제의 지속적인 회복세를 전망하면서 향후에도 3%대 중반의 높은 경제성장률을 견지할 것으로 예측하고 있다.

한편, 2003년 이후 한국경제 역시 수출의 호조에도 불구하고 내수부진에 따른 경기침체 지속가능성이 제기되면서 일부 경제학자들은 '일본식 장기불황'의 가능성을 제기하고 있다. 물론 한국경제의 수출확대가 기업의 수익성 제고와 설비투자 증대, 고용환경 개선 및 민간소비 회복으로 연결되지 않는 등 1990년대 일본이 경험한 악순환을 답습하는 구조적 문제와 유사하다는 점에서 경기전망을 불투명하게 하는 요인으로 작용하고 있다는 것은 부인할 수 없는 사실이다. 최근의 일본경제의 회복이 내수회복에서 비롯되고 있으며 이는 일본기업의 적극적인 구조조정의 노력과 이를 통한 수익구조의 체질개선에 의한 것으로서 결코 전통적인 경제정책(재정확대 및 금융완화 등) 하에서 이루어진 것이 아니라는 점은 우리에게 시사하는 바가 크다 하겠다.

제 2 절 기업지배구조 분석

기업지배구조(corporate governance)는 주주와 경영자를 중심으로 하는 기업의 이해관계자들 간의 이해를 조정하여 기업이 효율적 경영(efficient management)을 하도록 경영자를 규율하고 통제하는 시스템을 의미한다. 이러한 기업지배구조가 각국 간에 상이하게 나타나는 것은 국가마다 역사를 통하여 형성된 사회적·제도적 조건들이 다르며, 또한 이를 통해 형성된 보편적 기업관이 상이하기 때문이다. 예를 들면, 미국은 주주중심의 일원적 기업관, 독일은 주주와 근로자 쌍방에 의한 이원적 기업관, 일본은 다수의 이해관계자로 구성되는 복합적 기업관을 갖고 있다. 반면 미국경제의 압도적 경쟁력의 영향과 경제협력개발기구(OECD), 세계은행(World Bank) 등 국제기구에서의 기업지배구조 국제규범화에 따라 미국식 주주중심 지배구조로의 제도개선이 전세계적으로 확산되고 있는 추세를 보이고 있다. 이에 따라 전세계에서 소위 기업지배구조의 분화(divergence) 및 수렴(convergence) 현상이 진행되고 있다.

일본에서는 2003년 상법 개정에 따라 미국형 기업지배구조 형태인 '위원회등설치회사' 제도의 선택적 도입이 가능해지면서 일본의 기업지배구조는 일대 전환기를 맞이하고 있다. 즉, 일본기업은 종래형의 감사회제도를 유지하거나 또는 미국형의 '위원회등설치회사'(감사회 폐지)를 선택할 수 있게 되었다. 2005년 5월 기준 일본에서는 100여개의 대기업이 미국형 시스템을 도입하고 있다.

1. 기업지배구조의 변화(1990년대 이후)

일본기업의 전형적인 지배구조는 감사회제도를 기반으로 기업경영자를 모니터링(monitoring)하는 구조를 가지며 회사의 의사결정기관인 주주총회, 집행기관인 이사회, 감독기관인 이사회와 감사임원으로 구성된다. 이사회를 채택한다는 점에서 미국형과 유사하지만 감사회를 병행하는 점에서 독특하다고 할 수 있다. 또한, 다수의 기업은 이사회(BOD : Board of Directors)의 회의 가운데 중요한 의사결정과 안건처리를 위해 상무회를 설치하고 있다.

그러나 이러한 일본의 기업지배구조는 다음 4가지 단점을 내포하고 있다.

① 경영자에의 광범위한 재량권 부여로 인해 경영자의 독선적인 행동이 조성될 수 있음
② 이사회가 실질적인 업무결정기능을 상무회 등에 위임하면서 결정과 감독이라는 2가지 본래적인 기능을 상실하고 있음
③ 대표이사를 감시해야 하는 이사가 경영자 대표인 사장과 회장의 의향에 따라 선임되어 평(平)이사의 발언이 제한되는 등 이사회 자체가 형식화되어 있음
④ 이사회의 계층적 구조로 인해 신속한 의사결정이 이루어지기 어려움

〈표 19-4〉 일본의 기업지배구조 관련 제도 변화

시기	상법	독점금지법	회계기준
1997	· 합병절차의 간소 · 합리화 · 스톡옵션(stock option)제도 도입	· 독점금지법 개정 (지주회사설립의 해제)	
1998	· 자기주식의 취득, 소각요건의 완화		
1999	· 주식교환 · 이전제도의 도입 · 금전채권(金錢債權)의 시가평가 도입	· 독점금지법의 운용기준(합병, 주식보유 등에 관한 기업결합규제)의 완화	· 연결재무제표제도의 개선 · 연결현금흐름계산서의 도입 · 세효과회계의 도입
2000			· 금융상품에 대한 시가평가 도입 · 퇴직급부회계 도입 · 중간연결재무제표제도 도입
2001	· 회사분할법제 도입 · 금고주(金庫株) 도입 · 단원주제도 도입		· 상호보유주식의 시가평가
2002	· 신주예약권제도 도입 · 스톡옵션제도 개정 · 종류주식제도의 개정 · 회사관계서류의 IT화 · 감사회제도의기능 강화 · 주주대표소송제도의 개정		
2003	· 위원회등설치회사, 중요재산위원회 등의 도입		
2005			· 토지, 건물, 설비 등의 감손회계 도입

1.1 최근의 제도 개선

일본정부는 1990년대 후반부터 기업지배구조의 개선을 위한 제도마련에 적극적인 모습을 보였다. 최근에는 감사임원제도 강화(2002년), '위원회등설치회사' 도입(2003년) 등 주요한 상법개정이 이루어졌다. '위원회등설치회사' 제도는 감사임원이 필요없는 미국형 기업지배구조라고 할 수 있다. 이 제도의 선택여부는 회사의 자유이나 일단 이 제도를 선택하면 감사위원회 · 보수위원회 · 지명위원회 및 업무진행임원을 반드시 설치 · 선임하여야 한다. 또한, 각 위원회는 사외이사 중심으로 구성하고 그 위원회의 결정에 대해서는 이사회가 번복할 수 없도록 하고 있다.

최근 일본 기업지배구조의 변화는 2가지 형태로 나타나고 있다.

① 종래형의 기업지배구조(감사회제도)를 유지하면서 경영투명성을 확보하려는 기업형태
② 2003년 상법 개정에 따라 종래의 제도를 폐지하고 미국형 기업지배구조(위원회등설치회사)를 채택하는 방식

양자 모두 경영투명성(business transparency)을 확보하기 위해 이사회를 개혁하는, 즉 내부통제(internal control) 중시를 목표로 하고 있는 점에서 공통점을 가지고 있다고 할 수 있다.

1.2 종래형(일본형)을 중시하는 흐름

종래형의 기업지배구조는 감사회제도의 유지(감사임원 기능 강화를 위해 임기 연장 3년→4년, 인원 확대 2명→3명, 사회감사 도입), 집행임원제 채택을 포함한 이사회의 슬림화(이사 수 감축·임기 단축), 사외이사 도입을 특징으로 하고 있다. 일본 대기업의 이사 수는 20~30명 정도(그 중에는 50~70명도 있음)였다. 그러나 최근에는 50% 정도까지 감소하였다. 집행임원제의 도입에 따라 이사회는 본래의 경영 결정·감독기능을 담당하는 것이 가능한 규모에 이르고 있다고 할 수 있다. 그리고 실질적인 최고의사결정기관이던 상무회의 지위가 저하하여 최고의사결정기관의 운영방식이 변화되고 있다. 또한, 이사회의 기능 강화 및 충실도를 도모하기 위해 사외이사의 도입을 검토하고 있다(상법상 사외이사의 선임은 임의임).

1.3 미국형을 채택하는 흐름

2003년 4월에 시행된 상법 개정에 따라 대회사의 기업지배구조는 미국형 '위원회등설치회사'로의 이행이 가능하게 되었다. 각 3명 이상으로 구성되는 감사위원회, 보수위원회, 지명위원회가 이사회에 설치되고, 각 위원회의 과반수는 사외이사이어야 한다(상법 21조의 8·4항). 사외이사의 요건은 해당회사 또는 자회사의 업무를 집행하는 이사, 지배인, 기타 사용인이 아닌 자이어야 한다는 점이다. 집행임원은 이사회의 결의에 따라 업무집행을 수행하고 3개월에 1회 이상 이사회에서 직무의 집행상황을 보고해야 한다.

각 위원회의 역할은 다음 3가지로 정리할 수 있다.

① 감사위원회는 이사와 집행임원의 업무집행을 감시하는 역할은 종래의 감사회제도와 동일하나 이사회의 멤버로서 경영감독 전체를 책임지는 점이 상이하다.
② 보수위원회는 이사와 집행임원의 개별 보수를 전적으로 결정한다. 종래의 제도에서는 주주총회에서 임원보수의 총액만을 정한 후 배분은 이사회에 위임되고, 사장이 여타 이사

의 개별보수를 정하는 것이 일반적이었다.

③ 지명위원회는 주주총회에 제출하는 이사의 선임과 해임에 관한 의안내용을 결정한다.

상기한 '위원회등설치회사' 채택의 이점(merit)으로 경영투명성 제고와 의사결정의 신속화를 지적할 수 있다. 종래의 감사회제도 하에서 사장에 집중되어 있던 권한이 세 위원회로 분산됨으로써 감독기능의 작동이 용이해지는 등 경영(집행)과 감독의 분리가 조직상 철저하게 되기 때문에 경영의 투명성이 제고된다. 또한, 이사회의 결의에 따라 집행임원에게 대폭적인 권한 위임이 가능하게 되므로 실제 업무에서 의사결정의 신속성이 이루어져 기업경쟁력(corporate competitiveness)이 강화될 수 있다.

일본감사역협회에 따르면 2005년 5월 기준 '위원회등설치회사'는 103개사로 조사되고 있다. 업종별로는 비제조업을 제외하면 전기산업에 속하는 기업이 비교적 많으며 기업속성 측면에서는 그룹전략을 중시하는 기업, 외국인투자가가 주요 주주인 기업, 외자계기업의 산하 기업 등에서 주로 채택되고 있다.

2. 사례연구(도요타와 소니의 기업지배구조)

2.1 도요타

도요타(TOYOTA)는 '장기안정적인 주주가치의 제고'를 가장 중요한 경영과제로 설정하고 있다. 도요타의 기업지배구조에 관한 기본원칙 3가지는 다음과 같다.

① 업무집행조직시스템 내에 상호 감시의 사고방식이 확립되고 이 시스템이 업무집행의 비즈니스 모델(business model)과 연동하여 변화하는 탄력성을 가져야 한다는 점이다(도요타에서는 이를 가장 중시).

② 규모가 큰 경영에서는 내부통제시스템(internal control system)이 정비되어야 한다는 점이다(이는 고정화된 것이 아니라 다양하게 변화하는 유연한 내부통제시스템을 의미함).

③ 독립된 관점에서 업무집행을 점검하는 시스템(감사회의 감사)을 가져야 한다는 점이다.

도요타는 2003년 6월 주주총회를 거쳐 이사수의 슬림화, 상무임원의 신설 등을 포함한 새로운 경영제도를 도입하였다. 이러한 경영제도는 다음 5가지 측면에서 살펴볼 수 있다.

〈그림 19-1〉 도요타의 신 · 구경영조직 비교

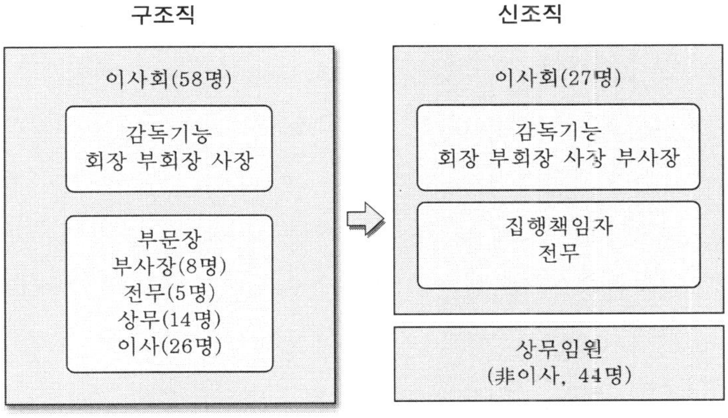

① 이사회의 슬림화

도요타는 경영의사결정을 수행하는 이사회를 슬림화하기 위해 전무 이상을 이사로 하였다(2003년 6월말 기준 27명이며, 임기는 1기 1년).[5] 부사장 이상은 주로 전사적 전략을 심의하고, 전무이사와 상무임원은 주로 담당 업무집행에 전념하는 형태로 되었다. 전무는 업무집행의 총괄책임자이자 이사회 멤버로서 경영과 현장을 연결하는 역할을 수행한다.[6] 그리고 도요타는 의사결정단계를 단순화하기 위해 부문(기능)별 집행을 담당하는 상무임원(非이사)을 신설하였다(2003년 6월말 기준 44명이며, 임기는 1기 1년).

② 감독기능의 강화

도요타는 감독기능의 강화를 위해 감사역을 7명(사외감사 4명, 사내감사 3명)으로 증원하였다. 특히, 사외감사 중심의 감사회로 변모하였다. 그리고 1996년부터 정치, 경제, 환경, 비즈니스 등 다양한 분야의 해외 전문가 10명 내외로 구성된 국제자문단(IAB : International Advisory Board) 회의를 연 2회 정도 개최하고 있다.

5) 도요타 이사회는 보통 아이치(愛知)현 도요타시의 공장, 나고야 지사, 도쿄 본사의 3곳에서 영상회의로 진행된다. 도요타 본사의 경우 선임 임원들이 테이블을 차지하고 신임 이사는 뒤쪽에 배석하는 등 원활한 회의를 하기에는 인원이 과다한 편이었다.

6) '전략결정'과 '업무집행'을 분리하게 되면 업무집행의 기본인 현장의 요구를 파악하지 못한 채 전략결정을 하게 될 수 있다. 도요타의 기업풍토에서는 이 2가지를 제도적으로 분류하는 것은 비효율적이어서 경쟁력을 제고시키고 주주의 기대에 부응하는 것에는 적당하지 않다. 2003년 6월의 조직변경은 도요타의 강점인 '현장중시'를 활용하면서 경영스피드를 신속하게 하는 데에 목적을 두었다(대외경제정책연구원, 세계경제, 2005. 5. pp. 67~79 요약 · 재구성).

③ 주주 · 투자자에 대한 설명책임 강화

도요타는 주주와 투자자에 대한 설명책임(accountability)을 충실히 하기 위해 2002년부터 분기별로 결산정보 공시 등을 통해 재무정보(financial information)를 제공하고 있다. 또한, 2003년부터 연결재무제표를 미국 기준에 통일하여 재무제표의 적시성, 투명성 등을 제고시켰다.

④ 기업윤리 강화

법률준수(compliance)의 측면에서 도요타는 부사장 이상의 이사 및 감사임원의 대표로 구성되는 '기업행동윤리위원회'를 설치하여 기업윤리(corporate ethics), 법률준수 및 리스크 관리(risk management)에 관한 중요 과제 및 대응에 대해 심의하고 있으며 근로자에 대해서는 사외변호사를 접수창구로 하는 '기업윤리상담창구'를 설치하였다.

⑤ 사회적 책임의 강화

도요타는 사회적 책임(social responsibility)의 이행을 위해 경영과 기업행동을 점검할 목적으로 사내에 '사회공헌활동위원회'와 '도요타환경위원회' 등을 설치하고 있다.

〈표 19-5〉 도요타의 임원 구성

(단위 : 명)

	1998. 3	1999. 3	2000. 3	2001. 3	2002. 3	2003. 6
사내이사	56	56	56	58	58	27
사외이사	0	0	0	0	0	0
이사합계	56	56	56	58	58	27
사내감사	3	3	3	3	3	3
(그 중 상근)	(3)	(3)	(3)	(3)	(3)	
사외감사	2	2	2	2	3	4
(그 중 상근)	(0)	(0)	(0)	(0)	(0)	
감사합계	5	5	5	5	6	7

2.2 소니

소니(SONY)는 2003년 6월 일본 상법에 기초해 미국형 기업지배구조형태인 '위원회등설치회사' 제도를 채택함으로써 일본 재계에 새로운 경영 패러다임(new business paradigm)을 제시하였다. 이를 통해 소니는 사외이사가 과반수를 차지하는 지명 · 감사 · 보수의 3대 위원회 및 집행임원을 설치하였다. 이사회 및 3대 위원회는 소니그룹의 경영기본방침을 결정하는 것과 함께 소니그룹의 경영 적법성 · 타당성을 확보하는 것을 통해 기업가치의 제고(increase of corporate value)를 목표로 하였다.

2003년 '위원회등설치회사' 제도의 도입에 따른 이사회 및 각 위원회의 주요한 역할은 다음과 같다. 우선 이사회는 다음 4가지 역할을 수행한다.

① 소니그룹의 경영 기본방침 결정
② 소니그룹의 업무집행 감독
③ 위원회를 조직하는 이사의 결정
④ 집행임원의 선임 및 해임

각 위원회별로는 지명위원회에서 이사의 선임 및 해임 의안을 결정하며, 감사위원회에서는 이사 및 집행임원의 직무집행 감사, 회계 감사인의 선임 및 해임안을 결정하며, 보수위원회에서는 이사 및 집행임원의 개인별 보수를 결정한다.

또한, 설비투자와 자본제휴 등 개별 업무 집행에 관련된 의사결정권한은 집행임원에게 대폭적으로 이양되었다. 그리고 업무집행임원은 사업단위, 연구 · 개발(R&D), 본사기능 등 특정 영역에 대한 업무집행 책임을 담당하고 이사회 및 집행임원이 결정하는 기본방침 하에서 담당업무를 수행한다.

소니가 '위원회등설치회사'로 이행한 후 이사회에서의 논의는 이전보다 활발하게 이루어지고 있다. 소니는 이제까지 업무집행에 관한 다수의 중요 안건을 최고의사결정기관인 이사회에서 결정하였다. 이에 대해 '위원회등설치회사'로 이행한 후에는 이사회로부터 집행임원에게로 권한이 위임됨으로써 업무집행에 관련된 대부분의 결정이 집행임원에 의해 이루어지고 있다. 즉, 2가지 기능(① 감독기능으로서의 이사회, ② 집행기능으로서의 집행임원)이 명확하게 분리되었다고 할 수 있다.

각 기관의 구성멤버와 관련해서는 2004년 6월 22일에 개최된 주주총회에서 사외이사 8명을 포함한 16명의 이사가 선임되었다. 또한, 주주총회 직후에 개최된 이사회에서 3대 위원회의 구성멤버와 함께 2명의 대표집행임원을 포함한 15명의 집행임원이 선임되었다.

소니는 이전부터 지명위원회, 보수위원회가 있었다. 또한, 사외이사도 이미 선임되어 있었기 때문에 '위원회등설치회사'로의 이행도 원활하게 이루어졌다. 기업지배구조 강화를 목적으로 '위원회등설치회사'가 채택되었다고 할 수 있다. 또한, '위원회등설치회사'의 법제화에 맞춰 소니가 독자적으로 도입해온 각 제도의 법적 안정성(legal stability)을 제고시키기 위해 실시한 것이라고도 할 수 있다.

한편, 이러한 조직개혁이 가능했던 배경으로 소니 자체의 해외매출비율이 높고 외국인주주도 많으며 더욱이 일찍부터 뉴욕증권거래소(NYSE : New York Stock Exchange)에 상장했기 때문에 미국적인 경영체제의 장단점을 충분히 이해하고 있었다는 점을 지적할 수 있다. 또한, 소니는 창업초기부터 지배주주가 있었던 것이 아니라 학연, 지연, 혈연으로 연결된 다수가 주주로 참여해 설립된 회사인 만큼 이사회 중심의 지배구조가 성공할 수 있었던 것으로 평가할 수 있다.

〈그림 19-2〉 소니의 기업지배구조(2003년 이후)

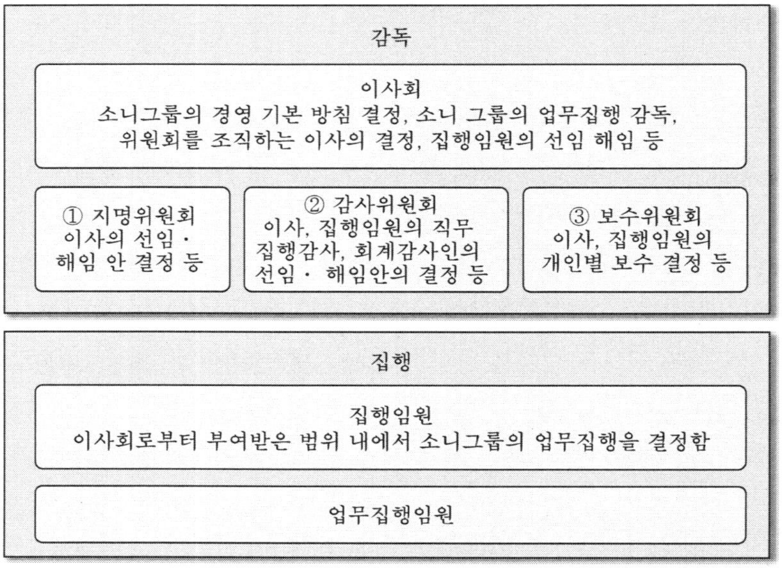

자료: SONY Annual Report 2004

2.3 도요타와 소니의 비교 평가

최근에 이루어진 도요타와 소니의 기업지배구조 개혁에서의 공통된 특징을 다음 3가지로 정리할 수 있다.

① 이사 수의 대규모 감축(현재 도요타 58명→27명, 소니 38명→16명)

글로벌 경영환경(global business environment)의 변화에 신속한 경영의사결정으로 대응하기 위해 양사 모두 이사회의 슬림화를 중요하게 판단하고 있다. 소니의 경우 1997년 당시 이사회 임원을 38명에서 10명으로 감축하면서 오가 노리오(大賀典雄) 회장은 이사회에서 탈락된 28명을 경영에만 전념할 수 있도록 집행임원으로 발령함으로써 내부의 동요를 방지하였다.

② 사외(독립)성 강화를 통한 경영투명성의 제고

도요타는 사외감사 4명을 선임(사내감사 3명)하고 있으며 소니는 사외이사 8명을 선임(사내이사 8명)하고 있다. 그러나 일본 사외이사(감사)시장이 아직 두텁지 못한 편이며 독립성이 형식적으로는 정비되어 있으나 실질적으로는 기능하지 못하고 있다는 평가를 받고 있다.

③ 기업의 사회적 책임(CSR : Corporate Social Responsibility) 강조

특히, 기업과 사회의 조화로운 성장, 제품·서비스 안전, 환경보전 등을 중요시하고 있다. 도요타는 사내에 '사회공헌활동위원회'와 '도요타환경위원회'를 설치하고 있으며, 소니는 기업의 사회적 책임(CSR) 활동의 구체적인 노력을 담은 '소니 CSR 리포트'를 매년 발간하고 있다.

한편, 도요타와 소니는 주주 구성의 측면에서 상당한 차이점을 보이고 있다. 즉, 도요타는 금융기관의 비중이 절대적으로 높고 다음으로 다른 기업과 외국인투자자의 비중이 높게 나타나고 있다. 반면에 소니는 외국인투자자의 비중이 매우 높고, 다음으로 금융기관과 개인주주의 비중이 높게 나타난다.

도요타와 소니의 기업지배구조에 대한 시장의 평가를 살펴보면 먼저 Nikkei Business가 일본 내 기관투자가를 대상으로 실시한 '2003년 이사회랭킹' 가운데 Best Board Ranking에서 도요타는 1위(전년도 3위)를 차지한 반면, 소니는 6위(전년도 1위)를 기록하였다(Nikkei Business, 2003. 12. 1). 한편, 소니의 경우 Worst Board Ranking에서 처음으로 6위를 기록하였다. 이는 2003년도 실적 악화 전망과 이의 적시 정보공개 소홀 등에 대한 시장의 비판적 평가에 기인하는 것으로 해석할 수 있다. 양사의 주가흐름을 살펴보면 도요타는 지속적으로 안정된 가운데 점진적으로 상승하는 추이를 보이고 있는 반면에 소니는 2000년 이후 크게 하락했다가 최근 안정된 추이를 보이고 있다.[7]

7) 소니는 1990년대 후반부터 2000년대 초에 걸쳐 내부개혁(internal reform)이 일시 정체했다고 지적한 바 있다(Nikkei Business, 2004. 4. 12). 소니의 경영악화는 2003년 4월에 최고 수준을 보였다. 최근 소니는 이러한 경영악화에 직면하여 이데이 노부유키(出井伸之)회장 등 최고경영진의 교체를 단행한 바 있다.

〈표 19-6〉 도요타와 소니의 주주 구성

(단위 : %)

		1998. 3	1999. 3	2000. 3	2001. 3	2002. 3
정부 및 지방 공공단체	도요타	0.00	0.00	0.00	0.00	0.00
	소니	0.01	0.01	0.01	0.01	0.01
금융기관	도요타	62.01	62.83	60.31	61.27	55.52
	소니	33.68	33.74	29.17	29.48	28.35
증권회사	도요타	0.21	0.23	0.30	0.37	0.33
	소니	0.61	0.56	0.80	1.47	0.50
사업법인 등	도요타	21.86	21.11	21.04	18.03	17.74
	소니	8.32	7.91	7.02	6.01	5.21
외국법인 등 (그 중 개인)	도요타	8.91 (0.00)	8.83 (0.00)	11.77 (0.00)	12.63 (0.00)	16.45 (0.00)
	소니	45.28 (0.02)	45.40 (0.02)	44.84 (0.01)	39.82 (0.02)	38.81 (0.02)
개인 기타	도요타	7.01	7.00	6.58	7.70	9.96
	소니	12.10	12.38	18.16	23.21	27.12
합계	도요타	100.00	100.00	100.00	100.00	100.00
	소니	100.00	100.00	100.00	100.00	100.00

3. 시사점

최근 일본에서 진행되고 있는 기업지배구조의 2가지 흐름은 양자 모두 내부통치의 개혁을 중심으로 하고 있으나 현실적으로는 사외이사의 기능에 대한 정립이 제대로 이루어지지 않은 것으로 판단된다. 즉, 감사회제도를 유지하는 종래형의 기업에서는 실제로 사외이사의 참가 정도가 상대적으로 낮은 편이며 사외감사가 사외이사에 대신하고 있다는 점이 지적되고 있다. 이는 사외이사에게 기대되는 역할이 발휘될 수 있는 환경이 구축되어 있지 않다는 점을 시사한다. 또한, '위원회등설치회사'로 전환한 기업은 전략을 확실하게 실행할 수 있는 집행체제의 구축, 사외이사 도입 등의 측면에서 이전에 비해 이해하기 쉬운 의사결정구조로 전환되었으나 이사회의 기능이 충분하게 작동할지는 여전히 불투명한 실정이다. 현재 나타나고 있는 문제점으로는 3가지를 지적할 수 있다.

① 사외이사의 독립성 확보 곤란

② CEO(Chief Executive Officer, 최고경영자)에 비교한 사외이사의 비대칭적 정보 입수

③ 사외이사의 자질

일본 기업지배구조의 개혁에 관한 2가지의 흐름에서 일본기업들이 최종적으로 어떠한 시스템을 선택할 것인가는 광범위한 이해관계자로부터 평가 및 지지, 지속적인 경쟁력(competitiveness) 제고에의 기여 등의 관점에서 이루어질 것으로 보인다. 또한, 새로운 기업지배구조시스템의 정착 여부는 이에 요구되는 제도보완적인 요소가 제대로 준비되어 있는가에 크게 좌우된다. 특히, '위원회등설치회사'로 이행한 기업에서 이 점은 향후 커다란 의미를 가질 것으로 보인다.

일반적으로 기업지배구조는 표준화할 수 있는 것과 없는 것이 양립하고 있어서 유일한 형태는 존재하지 않는 것으로 인식되어 있다. 1998년 영국 함펠지배구조위원회(Hampel Committee)의 최종보고서에서는 정보공개를 중심으로 한 설명책임(accountability)에 기초한 '건전성'의 확보를 위해서 적절한 규칙과 규제는 필요하나 '기업의 번영'(Corporate Prosperity)을 가져오는 단일한 공식은 없음을 강조한 바 있다.

향후 일본의 기업지배구조는 일본형(감사회제도)과 미국형(위원회등설치회사)이라는 이중형태가 지속될 것으로 전망된다. 즉, 기업의 역사 및 이념에 따라 감사회제도 또는 위원회등설치회사(감사위원제도)로의 선택적 대응이 지속될 것으로 판단된다.[8] 그러나 일본 기업지배구조는 일본형과 미국형이라는 기업유형의 외형적 분화(divergence)와 함께, 다른 한편으로 전술한 바와 같이 내용적으로는 이사회 개혁(이사회의 슬림화), 경영감시에서의 사외성 강조 등 보편적 요소를 도입하는 형태로 수렴(convergence)하고 있는 것으로 보인다. 따라서 일본의 기업지배구조는 분화와 수렴이 공존하면서 수렴현상이 확대될 것으로 보인다.

일본 기업지배구조의 형태와 관련하여 도요타(일본형)와 소니(미국형) 가운데 어느 것이 우위에 있느냐를 논하는 것은 무의미하다고 본다. 왜냐하면 특정 기업지배구조 유형의 선택은 해당기업이 처한 환경에 의해 좌우되기 때문이다. 각각의 '제도' 하에서 경영투명성 제도와 경영진에 대한 감시 강화 등에서의 실효성(effectiveness)을 제고시키기 위해 '사람'이 어떻게 실천해 나갈 것인가가 핵심이라고 할 수 있다.

---

8) 井上輝一(도요타자동차 고문)은 일본기업의 실태에서 일본형과 미국형은 현실적으로 별 차이가 없으며 '제도' 보다는 '감사의 질'을 확실히 확보하는 것이 중요하다고 지적한 바 있다.

제 3 절 금융 · 자본시장의 국제화

일본은 1990년대 후반 외환법의 전면적인 개정에 의해 국내외 거래가 원칙적으로 자유화되었다. 또한, 금융시스템개혁법에 의해 금융 · 자본시장의 종합적인 개혁이 실시됨으로써 현재 제도적으로는 미국과 유럽 등의 선진국 수준에 이르고 있다.

그러나 최근 들어 일본의 국제금융센터(International Finance Center)로서의 지위는 전반적으로 저하되고 있는 것으로 나타나고 있다. 즉, 비거주자에 의한 일본에서의 기채는 감소경향이 있는 한편 일본 증권거래소에서의 해외기업 신규상장은 유럽 · 미국과 싱가포르 등에 비해 상당히 위축되고 있다. 또한, 비거주자에 의한 일본 주식 · 채권의 취득도 부진할 뿐만 아니라 일본의 외환시장이 세계에서 차지하는 비중도 감소하는 경향을 보이고 있다.

이에 따라 일본은 금융 · 자본시장을 국제화하여 국제금융센터로서의 기능을 제고시키고 시장을 통한 국내외 자금흐름을 확대시키기 위해 노력하고 있다. 더구나 아시아 각국이 국제금융센터를 목표로 자국의 시장 정비에 주력하고 있는 것에 자극받아 전략적 관점에서 금융 · 자본시장의 국제화를 추진하고 있다.

이 같은 일본의 금융 · 자본시장 정비노력은 1980년 초반부터 시작된 엔(Yen)의 국제화와 긴밀하게 연관되어 있다. 특히, 엔의 국제화에 대한 논의는 2000년대 이후 본격화되고 있다. 1998년 7월 일본은 대장성(현 내무성) 내에 '엔의 국제화 전문부회'(1999년 9월에는 '엔의 국제화 추진위원회'로 전환)를 설치하고 엔의 국제화에 관련된 과제 및 문제점에 대해 광범위하게 연구해왔다. 또한, 2003년에는 '엔의 국제화 추진연구회' 이외에 '일본 금융 · 자본시장의 국제화를 위한 연구회'를 설치하여 최근 약화되고 있는 일본의 국제금융센터로서의 지위를 회복하고 이를 통해 엔의 국제화를 도모하고자 활발한 연구를 진행해오고 있다. 2003년 7월 동 위원회는 5개월여의 활동을 정리한 「일본의 국제금융센터로서의 지위향상을 목표로」라는 보고서를 발표한 바 있다.

동 보고서의 주요 내용을 정리하고 일본의 금융 · 자본시장의 국제화 현황 및 향후 방향과 일본의 금융 · 자본시장의 국제화를 위한 구체적 방안들을 지적한 대외경제정책연구원의 보고서를 중심으로 살펴보고자 한다.

1. 금융 · 자본시장 국제화 현황

1.1 세계에서의 일본 금융 · 자본시장의 지위

(1) 채권에 의한 자금조달

채권에 의한 자금조달 현황을 살펴보기로 한다. 비거주자에 의한 기채의 상황을 보면 영국이 압도적인 비중을 차지하고 있으며 그 비중은 증가 추세를 보이고 있다. 영국에 이어서 미국, 스위스, 일본의 순서이나 일본에서의 비거주자에 의한 기채는 감소하고 있다

〈표 19-7〉 각국에서의 비거주자에 의한 채권 발행

(단위 : 10억 달러)

	1990~1994 평균	1995~1999 평균	2000	2001	2002
전세계	352	614	804	830	848
영국	259	483	707	751	786
미국	43	68	40	40	28
스위스	20	25	21	17	27
일본	10	16	21	13	5
유럽	3	4	0	0	0
홍콩	-	-	2	1	1
싱가포르	-	-	2	6	1

주 : 유럽은 영국, 스위스 제외

한편, 일본 내 사무라이 채권시장(Samurai Bond Market)에서의 기채는 1990년대 후반부터 2000년에 걸쳐 소버린채권(Sovereign Bond)의 발행 확대 등을 위해 증가했다. 그러나 최근에는 감소 추세에 있으며 2002년의 기채액은 1990년대 중반수준으로 감소하고 있다. 한편, 비거주자에 의한 엔화표시 기채액에 대해 살펴보면 유로시장에서 기채액은 사무라이 채권시장에서 기채액의 10배 수준을 나타내고 있다.

〈표 19-8〉 사무라이 채권 · 비거주자 유로엔 채권의 기채액 추이

(단위 : 조엔)

	1995	1996	1997	1998	1999	2000	2001	2002
사무라이채	1.0	1.3	0.7	0.2	1.0	2.8	1.7	1.3
비거주자 유로엔채	10.9	12.9	17.8	12.3	13.9	16.8	17.2	12.3

(2) 주식에 의한 자금조달

주식에 의한 자금조달을 살펴보면 일본증권거래소에서의 신규 상장액 및 증자액은 1990년대 후반 이후 대체로 뉴욕, Euronext[9], 런던, 프랑크푸르트를 뒤따르고 있으며 홍콩을 조금 상회하고 있는 상황은 변화가 없다. 또한, 도쿄증권거래소(Tokyo Stock Exchange) 등 일본 내 거래소에서 해외기업의 신규 상장사 수는 뉴욕, 런던, Euronext, 프랑크푸르트, 싱가포르 등에 비하면 상당히 작은 것으로 나타난다.

〈표 19-9〉 각국 증권거래소에서의 신규 상장액 및 증자액

(단위 : 10억 달러)

	1996	1997	1998	1999	2000	2001	2002
뉴욕	156	179	156	175	223	81	46
Euronext	31	42	76	88	111	80	34
런던	31	22	17	23	36	30	26
프랑크푸르트	18	9	24	22	26	30	0
일본	19	10	12	89	17	17	16
홍콩	11	32	5	19	60	8	14
한국	6	3	10	31	5	4	6
상하이 · 선전	-	-	-	-	-	9	8
싱가포르	-	-	-	2	2	1	1

주 : 2000년 이전의 Euronext는 암스테르담, 브뤼셀, 파리, 리스본의 수치임

(3) 금융 · 외환시장을 통한 자금조달

금융 · 외환시장을 통한 자금조달에서 일본 금융기관의 외화잔고는 횡보추세를 보이고 있으나 그 비중은 감소하고 있다. 또한, 일본의 offshore 시장의 잔고도 1990년대 후반 이후 지속적으로 감소하고 있다. 일본의 외환시장이 세계에서 차지하는 비중도 1980년대 후반 이후부터 장기적으로 하락하는 추세를 보이고 있다.

---

9) Euronext는 유럽 최초의 통합증권거래소를 의미한다. Euronext는 2000년 9월에 프랑스, 네덜란드, 벨기에 증시를 통합해 출범하였으며 이후 2002년 2월 포르투갈 리스본증권거래소와 통합하였다(대외경제정책연구원, 세계경제, 2003. 9. pp. 26~40 요약 · 재구성).

〈표 19-10〉 각국 시장에서의 대외 대부잔고

(단위 : 조 달러)

	1995	1996	1997	1998	1999	2000	2001	2002
일본	1.2	1.1	1.2	1.3	1.2	1.2	1.2	1.2
미국	0.6	0.7	0.8	0.8	0.9	0.9	1.1	1.2
영국	1.4	1.5	1.7	1.9	1.8	2.1	2.2	2.5
유럽	3.1	3.2	3.4	3.9	4.1	4.3	4.5	5.6
홍콩	0.7	0.6	0.6	0.5	0.5	0.5	0.4	0.4
싱가포르	0.4	0.4	0.5	0.4	0.4	0.4	0.4	0.4

〈표 19-11〉 일본 offshore 시장의 규모 추이

(단위 : 조엔)

	1992	1993	1994	1995	1996	1997	1998	1999	2000	2001	2002
외화표시	29	24	23	25	24	33	35	21	20	23	21
엔화표시	51	53	54	64	58	64	49	33	28	26	27

1.2 금융 · 자본시장의 지위하락 요인

일본 금융 · 자본시장의 지위는 미국, 영국 등 주요 국제금융 · 자본시장의 지위에 비해 상대적으로 하락하고 있다. 하락의 주요 요인 중 특히 일본시장 자체의 요인으로 다음 5가지를 지적할 수 있다.

(1) 일본경제의 장기침체에 기인하는 기업의 자금수요의 위축과 주가하락 등어 따른 일본시장 내 자금조달 감소

(2) 국채의 대량 발행, 공적부문의 존재, 투자가의 리스크 회피 태도 등에 따라 리스크와 리턴(risk and return)이 적정하게 반영되는 가격형성에 왜곡 경향 존재

(3) 상당한 정도의 정보 비대칭성(informational asymmetry)에 따른 해외시장과의 재정거래(arbitrage) 기능 부족

(4) 매력적인 금융상품의 미개발, 융자와 관련된 리스크 관리(risk management) · 심사능력의 미흡, 부실채권문제 등에 따른 충분한 금융중개기능의 결여

(5) 글로벌 스탠더드(global standard)에 부적합한 시장관행 · 규제 존재, 특히 그 변경과 운용 등에서의 투명성(transparency) 결여

2. 금융 · 자본시장 국제화를 위한 과제

금융 · 자본시장 국제화를 위한 과제로 다음 2가지를 지적할 수 있다.

2.1 국제금융센터로서의 기능 제고

일본이 국내 금융 · 자본시장을 국제화하고 일본시장을 통한 대내외자금흐름을 확대시키기 위해서는 3가지 측면(① 해외기업 등의 자금조달 촉진, ② 해외투자자의 투자 확대, ③ 금융중개기능 강화)에 중점을 두면서 일본시장이 가지고 있는 국제금융센터로서의 기능 향상을 위한 노력을 강화시킬 필요가 있다.

2.2 일본시장의 정비

아시아 각국이 급성장하면서 아시아 각국의 시장도 급속하게 확대되고 있으므로 일본시장의 정비를 조속히 실시하는 것도 긴요하다.

3. 금융 · 자본시장 국제화를 위한 방향

금융 · 자본시장 국제화를 위한 방향은 다음 3가지로 살펴볼 수 있다.

3.1 일본시장의 저비용 · 고효율 · 매력 제고

일본의 제도는 빅뱅(Big Bang) 등에 따라 이미 구미 등의 수준에 이르고 있으나 법제도 · 회계 · 결제 · 세제 등에 있어서 더욱 개선될 필요가 있다. 따라서 일본 금융 · 자본시장의 국제화를 위해 목표로 해야 할 방향으로서는 일본 금융 · 자본시장을 저비용 · 고효율 · 매력이 있는 시장으로 만들어야 한다. 이를 위해서는 시장의 유동성(market liquidity) 제고 및 풍부함이 있는 시장을 형성해야 한다. 구체적으로는 시장에의 진입과 거래의 장애 요인으로 작용하고 있는 제도적인 측면을 제거하는 한편 시장의 유동성 제고를 촉진하는 시책이 필요하다.

3.2 일본시장의 장점 활용을 통한 시장의 매력 제고

일본시장을 국제화시키기 위해서는 제도, 결제 등 시장 특유의 인프라(market-specific infrastructure) 뿐만 아니라 IT, 인재 등의 시장과 관련한 환경(market-related environment)을 정비하는 것이 필요하다. 또한, 하나의 지역 및 국가 중에서도 다극(多極)적으로 시장이 성장해가는 것이 각 시장이 가지는 장점을 활용할 수 있을 뿐만 아니라 일극(一極) 집중의 폐해를 방지할 수 있으므로 이를 위한 시책도 요구된다.

3.3 아시아의 금융 · 자본시장과의 연계 강화

일본의 금융 · 자본시장 국제화를 위해 아시아의 금융 · 자본시장과의 연계 강화에 중점을 두어야 한다. 한편, 아시아 금융 · 자본시장의 발전정도에는 현저한 격차가 존재할 뿐만 아니라 제도와 규제가 국가별로 상이하므로 미래를 충분히 전망하면서 아시아 금융 · 자본시장의 제도와 규제를 통일적으로 정비해 나갈 필요가 있다. 따라서 일본으로서는 아시아 금융 · 자본시장 제도와의 조화를 위해 협력하는 것이 중요하다.

4. 금융 · 자본시장 국제화를 위한 구체적 방안

금융 · 자본시장 국제화를 위한 구체적 방안은 다음 6가지 측면에서 살펴볼 수 있다.

4.1 해외기업 등 비거주자의 자금조달 활성화

(1) 채권에 의한 자금조달의 원활화

일본시장에서 비거주자의 채권을 통한 자금조달 활성화를 위해서는 사무라이 채권시장이 유로엔 채권시장에 비해 기채비용이 높다는 취약점이 개선되어야 한다. 특히, 발행조건의 결정에 탄력성이 결여되어 있고 사무부담이 크다는 점 등 사무라이 채권시장의 이용에 제약을 초래하는 제도에 대해서는 신속히 개선해야 한다. 예를 들면, 2003년 7월부터 offshore 시장에서 증권회사와 생손보사의 시장참가에 따라 시장참가자(market participant)의 확대와 함께 해외기업이 발행하는 채권 등의 취급이 인정되므로 향후에는 offshore 시장을 활용한 사무라이 채권 기채의 원활화를 위한 추가적인 제도 개선 등을 검토해야 할 필요가 있다.

(2) 주식에 의한 자금조달의 확대

일본시장에서 비거주자의 주식을 통한 자금 조달은 일본 주식시장의 침체 등의 영향으로 인해 저조한 상태에 있다. 그러나 2002년 중국은행 그룹의 신규 공개가 일본에서 순조롭게 소화된 것처럼 일본시장은 아시아기업 등의 주식을 통한 자금조달에 대해 공헌하고 있으며 그 잠재력은 크다고 할 수 있다. 따라서 일본 증권거래소에서 해외기업의 상장을 위한 노력을 지속하는 것과 함께 해외, 특히 아시아기업의 자금조달을 원활하게 하는 것이 필요하다. 이를 위해서는 일본 증권거래소와 해외 증권거래소에서의 공동상장을 개시하는 등 일본시장과 해외시장의 연계를 촉진시킬 필요가 있다.

(3) 무역금융의 원활화

아시아기업에 대한 엔화표시 파이낸스가 원활하게 이루어지고 있지 않기 때문에 아시아와의 무역거래에서 엔화표시의 비중이 일본의 수출시 50%, 아시아 각국의 수입에서는 30%에도 미치지 못하고 있다. 따라서 아시아 각국과 일본의 무역거래에 대한 엔화표시 파이낸스 등의 원활화를 위한 대책이 요구된다.

일본과 아시아 각국 간의 무역금융의 원활화를 촉진할 필요가 있다. 예를 들면, 아시아 각국의 기업이 일본기업에 대해 보유하고 있는 무역채권과 일본기업이 아시아 각국의 기업에 대해 보유하고 있는 무역채권을 담보로 하는 CP시장(ABCP시장)의 창설을 위한 환경정비가 이루어질 필요가 있다. 이 같은 무역채권담보 CP시장의 창설은 아시아 채권시장의 육성에도 기여할 것으로 기대된다. 또한, 일본 국내에서도 아시아 기업과 거래하는 다수의 기업이 지역에서 상기한 거래를 수행하면 해당지역의 금융 · 자본시장 국제화를 위해서도 공헌하게 된다.

〈표 19-12〉 무역채권담보 CP시장의 창설을 위한 대책

항목	주요 내용
신용보완의 활용	· 아시아기업의 리스크에 대해 신용보완업무를 행하고 있는 아시아개발은행(ADB) 활용 검토 · 일본 금융기관에 의한 신용보완과 공적신용보증제도 활용 검토 · 중소기업의 경우 해당지역의 지자체에 의한 공적신용보완 검토 · 아시아개발은행과 지자체간 연계에 의한 무역신용제공 검토 · 모럴해저드(moral hazard) 발생 주의, 재정부담 감안 등 전제
사무라이전자CP에 대한 원천징수 면제	· 외국법인에 대한 사무라이전자CP의 원천징수 면제 필요
일본은행에 의한 operation 매수	· ABCP를 일본은행의 operation 매수 대상으로 검토

4.2 비거주자의 투자활성화

(1) 채권시장을 통한 비거주자의 투자 촉진

① 국채시장

국채시장에의 비거주자 투자를 촉진하기 위해서는 다음 2가지 측면을 고려할 필요가 있다.

가. 비거주자 등이 보유하는 TB(단기할인국채)·FB(정부단기증권)의 상환차익에 대한 비과세를 국제적인 증권결제를 위한 계좌관리 등을 수행하고 있는 해외금융기관 등을 통해 보유하고 있는 경우까지로 확대

나. 이자부국채에 대해 비거주자의 원천징수면제에 관련된 요건으로서 본인확인방식의 간소화 등에 대한 조속한 검토

② 회사채 시장

회사채 시장에 대한 비거주자의 투자를 촉진하기 위해서는 세제상의 조치와 더불어 회사채의 무서류(paperless)화를 비롯해 대체결제제도의 착실한 정비가 필요하다.

(2) 주식시장을 통한 비거주자의 투자 촉진

일본 주식시장에 대한 비거주자의 투자는 1999년에 크게 확대되었으나 최근에는 감소경향을 보이고 있다. 이는 일본의 주식시장 침체에 영향을 받았기 때문이다. 주식시장에 대한 비거주자의 투자를 촉진시키기 위해서는 일본의 거래소와 아시아 거래소간 공동상장 실시뿐만 아니라 일본 거래소와 아시아 거래소를 전자적으로 접속시키고 거래시간의 공통화를 위해 일본 거래소의 거래시간을 연장하는 것 등으로 해외증권거래시장과의 연계 강화 등을 도모할 필요가 있다.

4.3 금융중개기능의 강화

일본에서의 금융중개기능의 강화를 위해서는 다음 4대 부문에서의 시장정비를 실행해야 한다.

① Offshore 시장의 활성화
② 증권결제시스템의 정비
③ 외환법 개선
④ 기관투자가 및 투자펀드의 육성

〈표 19-13〉 금융중개기능 강화를 위한 대책

항목	주요 내용
Offshore 시장 활성화	· 최근 홍콩 · 싱가포르에 비해서도 작은 규모 · 자금 운용 · 조달기능의 강화 도모 · 원천징수 면제에 관련된 조치의 영구화
증권결제시스템 정비	· 통일적인 증권결제법제의 정비와 결제기간의 단축, 증권인도와 대금 지급의 동시결제제도(DVP : Delivery Versus Payment) 실현 필요 · 2002년 헤이그 국제사법회의에서 채택된 「계좌관리기구가 보유하는 증권에 대한 권리의 준거법에 관한 조약」의 조기 비준 필요
외환법 개선	· 외환법상의 보고 · 신고의무의 간소화 필요
기관투자가 · 투자펀드 육성	· Risk-taking형 기관투자가와 투자펀드의 육성을 위한 환경정비 검토 필요

4.4 아시아 금융 · 자본시장과의 연계 강화

(1) 아시아 채권시장의 육성

아시아 금융시스템(Asian Financial System)이 취약한 원인의 하나로서 자본시장의 미성숙을 지적할 수 있다. 그 결과 아시아 각국의 저축률은 높은 반면에 현지의 금융기관에 저축된 예금은 구미의 국제금융센터를 통해 아시아에 환류되고 있다.

따라서 아시아 채권시장을 육성하여 역내 저축을 역내에서 유효하게 활용하는 것이 아시아에서의 안정적인 장기자금의 공급 확보에, 그리고 통화안정 등을 포함한 역내 금융 · 자본시장의 안정에도 기여하게 된다.

〈표 19-14〉 아시아 채권시장 육성을 위한 대책

항목	주요 내용
아시아 채권시장 육성에 의한 역내 투자 · 자금조달 원활화	· ASEAN+3 재무장관회의를 통해 역내 채권시장의 육성을 위한 노력 강화
규제 · 제도의 조화와 역내 각국에 대한 기술지원 제공	· 역내 규제 · 제도의 조화를 고려하면서 각국 규제 · 제도의 정비 도모 · 역내 각국의 경험을 공유하는 차원에서 기술지원에 대한 적극 공여 중요
채권시장의 벤치마크(benchmark)로 되는 국채시장 · 국제금융기관 채권시장의 육성	· 각국 국채시장 육성을 통한 금리벤치마크의 형성 긴요 · 국제금융기관의 역내 통화 기채 유효 · 신용있는 역내 정부계 금융기관과 민간 금융기관의 역내 통화표시 채권발행 검토 필요
보증기능의 활용	· 국제개발금융기관과 각국 정부계 금융기관 등의 보증기능 활용 바람직함. 일례로 아시아개발은행(ADB)과 일본의 공적보증제도 활용 유익 · 아시아보증기구의 창설에 대해 ASEAN+3 재무장관회의를 통해 검토
역내 증권결제시스템의 정비	· 역내 각국은 결제시스템의 정비, 결제기간 단축, DVP의 도입 노력 필요 · Asia Clear라는 공동증권결제시스템의 창설 검토
역내 신용평가기관의 육성	· 역내 신용평가기관의 평가방법 개선 · 공통화 작업 필요. 이를 위한 기술지원도 필요 · 중장기적으로는 국제적 평가능력을 갖춘 신용평가기관의 창설 목표
증권화와 투자신탁 등을 활용한 신용리스크와 통화변동 리스크의 경감	· 역내 통화로 구성된 바스켓통화표시 자산담보채권과 신탁수익증권 조성 필요. 아시아통화단위(ACU) 표시 채권발행으로의 연결 가능성 기대 · 증권화(securitization)와 투자신탁 조성을 위한 환경정비 요구. 이를 위한 과제로 아시아 통화바스켓인덱스와 아시아통화표시 채권인덱스 개발 필요

(2) 아시아 통화거래시장의 확대

아시아 역내에는 자국통화의 안정 등을 목적으로 국경간 자본이동을 관리하는 국가가 다수 존재하고 있다. 자본이동 관리는 환율의 안정(stability of exchange rate), 금융정책의 독립성(independence of financial policy) 유지, 투기 방지 등의 관점에서 이루어지고 있다. 이 같은 자본이동관리의 유효성이 높은 경우도 있으나 다른 한편으로는 국제적인 자금이동의 제약이 역내에서의 자금거래와 증권거래 등에 장애로 작용할 뿐만 아니라 성장에 필요한 자금의 조달을 저해할 수도 있다. 〈표 19-15〉는 아시아 통화거래시장의 확대를 위한 대책을 정리하고 있다.

〈표 19-15〉 아시아 통화거래시장의 확대를 위한 대책

항목	주요 내용
아시아통화의 경화(硬貨)화와 역내 통화거래시장의 확대	· 향후 역내통화의 경화(hard currency)화 도모, 각국 통화의 거래 시장 확대 긴요 · 역내 자본이동의 동향 모니터링 충실, 자본이동 관리의 개선 및 완화 노력
역내 환율결제제도의 향상	· 역내 외환결제제도의 향상을 위한 기술협력제공 필요 · 역내 자금결제 및 증권결제를 일원적으로 수행하는 Asia Clear 설치 검토
엔과 아시아통화의 직접거래	· 엔과 아시아통화 간의 환거래량 확대 필요 · 자금이동관리의 완화 및 역내 엔화표시 자본거래 확대 필요

(3) 지역금융협력의 강화

일본 금융 · 자본시장과 아시아 금융 · 자본시장 간의 연계를 강화하기 위해서는 아시아의 시장안정 확보와 통화위기(currency crisis)의 재발방지가 중요하다. 따라서 이를 위해서는 ASEAN+3 각국 간의 지역금융협력(regional financial cooperation)을 강화시킬 필요가 있다.

2002년부터 시작된 ASEAN+3 각국에 의한 정책대화를 더욱 충실히 하는 것과 함께 치앙마이 이니셔티브(Chiangmai Initiative)에 기초한 ASEAN+3 각국 간의 양국간 통화스왑(currency swap)을 강화시켜야 한다. 예를 들면, 다국간 통화스왑으로의 발전, 나아가 ASEAN+3 각국이 외환보유고의 일부를 활용해 역내 유동성위기(liquidity crisis)에 대응해야 한다.

4.5 일본시장의 매력 제고

일본 금융 · 자본시장이 보유하고 있는 매력을 더욱 제고시키기 위해서 다양한 노력이 요구되고 있다. 이는 다음 3가지 측면에서 살펴볼 수 있다.

(1) IT 이용

IT의 이용에 있어서 전용회선이용료 등은 일부 외국에 비해 비싼 편이며 정보단말사용료 등에서도 외국에 비해 뒤지고 있다는 지적도 있어 이러한 측면에서의 개선이 요구된다.

(2) 인재

인재의 측면에 있어서는 일본의 비즈니스 스쿨(business school)과 법과대학원의 비즈니스에 대응한 인재육성 노력과 해외의 비즈니스 스쿨 및 로스쿨(law school) 등을 유치해야 한다. 더욱이 일본에서 학위를 취득한 유학생에 대해 일본에서 활약할 수 있도록 장을 제공해주는 것도 중요하다.

(3) 기타

기타 사법의 신속화, 국제학교(international school)의 설립 · 운영의 원활화 등 외국인 거주 · 생활환경의 정비 등 광범위한 분야에서의 개선이 필요하다.

4.6 일본 국내에서의 다극적인 시장 · 금융센터의 정비

금융 · 자본시장에 의한 자금중개기능에는 규모의 이익이 존재하기 때문에 금융 · 자본시장은 집중화가 발생하는 측면도 있다. 그러나 다른 한편으로 각각의 금융 · 자본시장이 각각의 특성에 대응해 다극적인 발전을 보이고 있다는 점도 일본의 금융 · 자본시장의 국제화 추진시 고려해야 할 부분이다. 다극적인 시장 · 금융센터의 정비에 있어서는 각각의 시장 · 금융센터의 특성을 활용할 필요가 있다.

〈표 19-16〉 다극적인 시장 · 금융센터의 정비를 위한 방안

항목	주요 내용
연구 · 교육기관 등을 중심으로 한 국제금융센터의 정비	· 각 지역(지자체)은 국제적인 금융거래에 관한 교육과 연구에 있어서 국제적으로 인정되고 있는 기관과 시설을 유치하는 것이 필요 · 각 지역은 시장 인프라 정비를 포함한 환경정비를 위해 스스로 적극적인 노력이 필요
지역산업의 특성을 반영한 금융거래	· 아시아와 무역거래가 많은 지역은 지역 내 기업이 가진 무역채권을 담보로 하는 ABCP시장을 육성하는 것을 검토 · ABCP시장의 창설을 위해 어느 정도의 발행액이 확보될 필요가 있으므로 각 지역의 중소기업에 대한 ABCP 이용 확대 권장 노력 긴요
국제회의 유치	· 국제회의 유치를 통한 지역시장의 정보 제공
국제기관과 그 기능 유치	· 지역도시의 국제화를 위해 국제기관 유치 필요. 우선 연수 등 국제기관의 기능 일부 유치 및 대표사무소 유치 노력 필요

5. 시사점

일본정부 내 '일본 금융 · 자본시장의 국제화를 위한 연구회'가 이번 보고서를 통해 일본의 금융 · 자본시장 국제화를 강조한 것은 다음 4개 측면을 배경으로 하고 있다.

① 위축된 국제금융센터로서의 기능 향상 및 지위 회복

② 이를 통한 침체된 경제의 회복

③ 최근 아시아 각국에서 국제금융센터화의 적극 추진에 대한 대응
④ 엔의 국제화 적극 도모[10)]

동 위원회는 이번 보고서에서 일본의 국제금융센터로서의 기능제고를 위해 다음 3가지 요소를 중점과제로 제시하였다.

① 해외기업 등 비거주자의 자금조달 활성화
② 해외투자가 등 비거주자의 투자 촉진
③ 금융중개기능의 강화

또한, 일본 금융·자본시장의 국제화를 위한 방향으로서 다음 3가지 전략을 제시하였다.

① 일본시장의 저비용·고효율·매력 제고 도모
② 일본시장의 장점을 활용한 시장의 매력 제고를 위한 환경정비
③ 아시아의 금융·자본시장과의 연계 강화

또한, 이러한 방향 하에서 채권시장, 주식시장의 환경정비, 일본시장 자체의 매력 제고 등에 관련된 구체적인 과제들을 제시하고 있다.

상기한 일본의 국제금융센터로서의 지위 향상을 위한 노력은, 특히 최근 동북아 금융허브(Financial Hub in Northeast Asia)를 지향하는 한국에게 다수의 시사점을 제공해 주고 있다. 아직은 시작단계에 있는 우리에게는 동북아 금융허브를 위한 전략과 구체적 조치 마련이 요구되고 있다. 일본 보고서는 이미 국제금융센터로서 기능하고 있는 일본시장을 더욱 개선시키고자 하는 구체적 조치에 관한 것이라고 평가할 수 있다. 일본정부가 계획하고 있는 비거주자를 위한 규제완화(deregulation), 국내시장의 매력 제고, 국제기관의 유치 등의 과제는 우리의 동북아 금융허브전략의 추진에 있어서 세심하게 참고해야 할 구체적 실천사항에 해당한다고 볼 수 있다.

---

10) 일본에서 엔의 국제화에 대한 논의는 경제규모, 특히 무역규모가 커지면서 1980년대부터 시작되었다. 1985년 일본정부는 대장성 내의 외환심의회를 통해 엔의 국제화에 대한 적극적인 추진의지를 표명했으나 1990년대 초반의 버블경제의 붕괴(collapse of bubble economy) 이후 일본경제의 침체로 이에 대한 관심도 약화되었다. 그러나 1997년 아시아 금융위기(Asian Financial Crisis), 1999년 유로(Euro)화의 출범 등을 계기로 1990년대 후반부터 새롭게 엔 국제화에 대한 논의가 제기되고 있다.

〈표 19-17-1〉 1980년대 이후 일본의 금융 · 자본시장제도 정비

	주요 제도정비
1980년 12월	 · 외환법의 전면개정(원칙자유의 법체계로 전환)
1984년 4월 6월 12월	 · 실수요원칙(선물환거래를 수출입 등의 실수요에 기초한 경우만 인정) 철폐 · 미일 엔 · 달러위원회보고서('금융자유화, 엔의 국제화에 대한 현황과 전망') · 유로엔 채권 주간사를 외국업자에 개방 · 비거주자 유로엔 채권의 발행규제 완화(해외민간기업 등에 대해 해제)
1985년 3월 10월 11월 12월	 · 외국환等심의회 답신('엔의 국제화에 대하여') · 도쿄증권거래소, 채권선물거래 개시 · 엔화표시 외채, 이중통화(dual currency) 채권 등 신규상품의 발행 해금 · 도쿄증권거래소, 외국증권회사에 대한 회원권 개방 결정
1986년 4월 5월	 · 비거주자 유로엔 채권 발행 가이드라인의 완화(適債기준을 평가제도로 전면적으로 이행) · 엔화표시 외채의 적채기준 완화 · 외환법의 일부 개정(offshore 시장의 창설)
1987년 5월 6월 11월	 · 외환전문은행 등의 해외금융선물거래 허용 · 오사카증권거래소, 주식선물 '주식50'의 거래 개시 · 비거주자 유로엔 CP 해금
1988년 9월	 · 도쿄 · 오사카증권거래소, 각각 주식지수선물거래 개시(TOPIX, 일경225)
1989년 4월 6월 10월	 · 도쿄금융선물거래소 창설 · 비거주자 유로엔 채권 발행에 관한 적채기준의 추가 완화(평가등급을 묻지 않음) · 비거주자 유로엔 채권(4년 미만 채권) 해금 · 오사카증권거래소, 주가지수(일경225) 옵션거래 개시 · 도쿄증권거래소, 주가지수(TOPIX) 옵션거래 개시
1990년 2월 5월	 · 국내CP발행의 신규정실시(발행적격기준 완화, CP평가 의무화 등) · 도쿄증권거래소, 채권선물옵션거래 개시
1991년 10월	 · 증권보관대체제도 개시. 주식장외시장시스템(JASDAQ) 개시
1992년 7월	 · 증권거래 등 감시위원회 발족
1993년 4월	 · 금융제도개혁법 시행
6월 7월	· 특채법 시행 · 비거주자 유로엔 채권 적채기준 폐지
1994년 1월 4월 7월	 · 거주자 외채 · 사무라이채권의 적채기준 완화(A→BBB 이상) · 비거주자 유로엔 채권의 환류제도 일부 폐지(소버린物) · 10억엔을 초과하는 주식매매의 위탁수수료 자유화. 국채거래의 동시결제제도(DVP)화 · 엔화표시 외채의 적채기준 완화

〈표 19-17-2〉 1980년대 이후 일본의 금융 · 자본시장제도 정비

시기	내용
1995년	
4월	· 비거주자 유로엔 채권 · 비거주자 국내채권에 대한 허가 · 신고절차 탄력화
6월	· Offshore 시장에 관한 규제완화(비거주자 확인절차 간소화)
7월	· 주식장외시장, 제2호 기준(벤처기업 대상) 창설
8월	· '엔고시정을 위한 해외투융자 촉진 대책에 대하여' 발표(비거주자 유로엔 채권 환류제도의 조기 완전 철폐 등)
1996년	
1월	· 비거주자 국내채권의 적채기준 철폐
4월	· 유로엔CP의 발행규정 폐지(국내 持込 정의 실질적 폐지) · 공모증자규제 철폐 · 채권레포거래 개시 · 리스 크레디트회사의 자산담보증권(ARS) 발행 해금
1997년	
4월	· 국채의 결제기간 단축(7일 후부터 3일 후로)
7월	· 도쿄 · 오사카증권거래소, 개별주옵션거래 개시
1998년	
4월	· 개정외환법 시행(외환업무자유화) · 주식위탁수수료의 일부 자유화 · 지방채, 사업채 등의 일반채권의 DVP화
6월	· 금융감독청 발족 · 채권양도측례법 시행
9월	· SPC법 시행
12월	· 금융시스템개혁법 시행(증권derivative 해금, 증권회사의 면허제에서 원칙등록제로 이행, 거래소 집중의무 철폐, PTS(사설거래시스템)의 도입 등) · 일괄청산netting법 시행
1999년	
3월	· 유가증권거래세 폐지
4월	· TB · FB의 상환차익에 관한 원천징수 면제
9월	· 비거주자의 일괄등록국채의 이자에 대해 비과세조치 실시
10월	· 주식매매 위탁수수료의 완전자유화
11월	· 도쿄증권거래소, 'Mothers' 개설
2000년	
5월	· 오사카증권거래, '나스닥재팬' 개설
7월	· 금융청 발족
11월	· 신SPC법 및 투신법 시행
2001년	
1월	· 일본은행 당좌예금, 국채의 RTGS화
4월	· 매매형태의 레포거래(新현선물거래) 도입
5월	· 도쿄 · 오사카증권거래소, 상장주식의 DVP결제 개시
7월	· 도쿄 · 오사카증권거래소, 주가지수연동형의 상장투자신탁 거래 개시

〈표 19-17-3〉 1980년대 이후 일본의 금융 · 자본시장제도 정비

2002년	
4월	· CP에 관한 대체법제의 시행(CP의 무서류(paperless)화, 단일구조의 대체제도 창설 가능) · 국경 간에서 발생되는 레포거래에 대해 비거주자가 받는 대부금이자에 관해 원천징수 면제
10월	· 오사카증권거래소, '나스닥재팬' 철퇴
12월	· 오사카증권거래소, '헤라클레스' 설립
2003년	
1월	· 증권거래시스템개혁법 시행(통일적 증권결제법제의 대상을 CP에서 사채, 국채 등으로 확대. 다층구조의 대체결제제도의 창설 등). Stripe 국채의 도입
7월	· 외환슈의 시행(offshore 시장의 기능 확충)

〈표 19-18〉 아시아 채권시장 육성에 관한 동향

	주요 회의
2002년	
11월 12~13일	· ASEAN+3 비공식 재무차관 · 중앙은행 부총재 회의(도쿄)
12월 17일	· ASEAN+3 비공식 Session(태국 치앙마이)
2003년	
2월 28일	· 아시아 채권시장 육성에 관한 ASEAN+3 비공식회의(도쿄)
3월 1일	· 아시아 채권시장 육성에 관한 ASEAN+3 고위급 세미나(도쿄)
4월 4일	· 증권화 등을 이용한 신상품 및 신용보증 메커니즘의 제1회 작업반회의(서울)
6월 2일	· 동아시아 · 오세아니아 중앙은행임원회의(EMEAP) 회원 중앙은행에 의한 아시아 채권 펀드 창설 발표(태국 방콕)
6월 16일	· ASEAN+3 재무장관 프로세스 '아시아 채권시장 육성' 작업반회의(도쿄)
17일	· ASEAN+3 재무장관 프로세스 보증에 관한 회의(도쿄)
6월 21~22일	· 아시아협력대화(ACD) (태국, 치앙마이)
7월 5~6일	· ASEM 재무장관회의(인도네시아 발리)
9월 4~5일	· APEC 재무장관회의(태국 푸켓)

20 chapter

몽 골

제1절 개 황

몽골은 중앙아시아 고원지대 북방에 위치한 내륙국가로 인구 260만명이 몽골족(94%)과 카자흐족(5%) 등으로 구성되어 있으며 주요 종교는 라마교이다. 1921년 중국으로부터 독립한 후 구소련 스타일의 1당 체제를 유지하다가 1989년 정치개혁(political reform)을 통해 의원내각제 형식의 정치체제로 변화하였다. 1992년 사회주의 중앙계획경제체제(socialist centrally planned economic system)에서 자본주의 시장경제체제(capitalist market economic system)로 전환하였다. 전국토의 40%가 사막으로 구성되어 있으며 동, 금, 석탄 등 천연자원이 풍부한 편이나 광업, 목축업 등 1차 산업에 의해 경제성장이 크게 좌우되는 경제구조의 취약성을 보이고 있다.1)

〈표 20-1〉 일반지표

면 적	1,567천㎢	G D P	19억 달러(2005년)
인 구	2.65백만명(2005년)	1 인 당 G D P	726달러(2005년)
정 치 체 제	민주공화제	통 화 단 위	Tugrik(Tug)
대 외 정 책	친서방 실리외교	환 율 (달 러 당)	1,180.00(2006년)

1) 몽골은 최근 거시경제구조(macroeconomic structure)의 개선과 양호한 재정정책 등으로 인해 높은 성장세가 지속되고 있다(수출입은행, 수은해외경제, 2007. 2. pp. 126~133 요약 · 재구성).

제 2 절 경제동향

1. 경제구조

1.1 대외 무역의존도의 심화

외채(external debt) 상환과 재정기금의 상당부분이 해외원조로 충당되고 있고 중국에 대한 수출의존도(2006년 4월말 기준 총수출액의 67% 차지)가 높아 중국정부의 정책이나 경기변화가 몽골경제에는 가장 중요한 변수가 되고 있다. 또한, 열악한 인프라와 저수준의 산업기술 등으로 주로 원자재를 중국에 수출하여 중국이 가공하는 취약한 분업구조를 나타내고 있다. 또한, 러시아에 대한 에너지 수입의존도가 높아 2006년 4월말 대러 수출은 총수출의 1.6%, 수입은 36.6%에 이르는 등 양국간 무역불균형(trade imbalance)이 지속되고 있다.

1.2 교통 · 인프라 구축 미비로 물류 · 유통산업 취약

도시 발달이 균형되지 못하고 교통 및 기본 인프라가 미비해서 물류와 유통부문이 취약하며 혹한으로 인한 농업부문 생산량이 낮은 편이다. 목축지 개발이 이루어지지 않아 대부분 가축들을 방목하고 있어 체계적인 생산유통 시스템 구축 및 운용에도 큰 어려움이 수반되고 있다.

1.3 시장경제체제로 이행단계

다자간섬유협정(MFA)이 2005년 초에 종결되어 섬유수입품의 쿼터(Quota)제가 폐지되면서 직물산업이 타격을 받았다. 유럽연합(EU)의 몽골산 섬유수입 완화조치에도 불구하고 중국산과 가격경쟁력(price competitiveness)에서 열세를 보이고 있다. 한편, 몽골은 사회주의 계획경제체제에서 자본주의 시장경제체제로 이전하는 단계에 있으며 시장개방(market opening)을 이루기 위한 정부와 민간부문의 노력이 지속되고 있어 외국인투자자들로부터 긍정적인 평가를 받고 있다.

1.4 외국인투자 유치를 위한 조세법 개정과 광물산업법 제정

2006년 5월 초과 이윤세(Windfall Tax) 발표로 인한 광물업부문 외국인투자 위축이 우려되었으나 7월 법인소득세 인하, 부가가치세율 조정을 포함하여 친기업적으로 광물산업법을 개정함에 따라 투자여건이 개선되었다. 몽골정부의 투자환경(investment environment) 개선노력으로 실질 외국인투자 유입액은 증가하고 있다. 특히, 국제원자재 가격의 상승세 지속으로 외국인직접투자(FDI : Foreign Direct Investment)는 1999년 약 3,000만 달러에서 2003년 1억 3,100만 달러로 크게 증가하였다. 2003년 전체 FDI의 50%가 광물산업에 유입되어 특정산업에 대한 외국인투자 편중현상이 나타나고 있다.

1.5 세계 경제성장 완화와 국내산업 다각화 추진

몽골의 최대 수출대상국인 중국의 과열경기가 진정국면을 나타냄에 따라 국제원자재 가격이 하락하는 추세를 보이고 있으며 몽골의 대표 수출품목인 구리의 재고량 증가와 가격 폭락으로 향후 상품수지 적자폭이 증가할 것으로 보인다. 내수경기 회복을 위한 농업부문의 활성화(vitalization of agricultural sector)와 에너지 · 광물분야를 주력 수출산업으로 육성하고 관광산업 개발을 위한 적극적인 해외자본 유치를 통해 고용창출(job creation)과 서비스산업 역량강화를 도모하고 있다. 몽골은 인구가 지속적으로 증가하고 있으며 의료혜택을 받는 인구가 증가하면서 영아사망률 저하로 경제활동 인구수가 증가하여 향후 풍부한 노동시장이 형성될 것으로 전망된다.

2. 경제정책

2.1 소농가구 피해보상 대책

목축업(방목)과 농업경제가 국내총생산(GDP)의 큰 부분을 차지하고 있어 겨울 혹한이나 자연재해로 인한 소농가구의 피해 보상과 대응체계 마련이 시급한 현안이 되고 있다. 빈곤퇴치와 소득불균형(income imbalance) 해소를 위한 정부의 노력이 지속되고 있으나 개혁의지에 대한 국민들의 불만이 제고되고 있는 실정이다.

2.2 조세제도 개편

2007년 1월 1일부터 발효되는 조세개편으로 소득세 정액세율 적용, 법인세와 부가가치세 대폭 인하조치가 시행되어 정부의 재정부담이 가중될 것으로 보인다. 특히, 2007년 들어 국제원자재 가격 하락세가 지속될 것으로 보여 재정수지에 악영향을 미칠 것으로 전망된다.

3. 국내경제 동향

3.1 GDP 증가 및 상품수지 적자폭 축소

국제원자재 가격의 강세 영향으로 광물업부문 해외투자가 활성화되고 수출증가로 상품수지 적자폭은 2004년 1.5억 달러에서 2005년에는 8,400만 달러로 개선되었다. 2006년에는 칭기즈칸의 몽골제국 건국 800주년을 맞아 관광산업이 활성화되면서 1~9월까지 서비스부문 성장이 전년 동기보다 60%나 증가한 바 있다.

3.2 중국 소비재의 대량 유입으로 인플레 압력 완화

고유가 영향으로 인플레 우려가 있으나 식료품값 하락과 저렴한 중국산 소비재가 대량 유입되면서 인플레 압력(inflationary pressure)이 크게 완화되고 있다. 혹한으로 인한 식량공급에 차질이 발생하지 않는 한 물가상승률은 2007년 정부 목표치인 6% 수준을 달성할 것으로 전망된다.

〈표 20-2〉 주요 국내경제지표

(단위 : %)

	2002	2003	2004	2005	2006e
경 제 성 장 률	4.0	5.6	10.6	6.2	7.5
재정수지 / GDP	-5.4	-4.0	-2.0	3.2	-
소비자물가상승률	0.9	5.1	8.2	12.7	-

자료 : IMF, EIU

4. 대외거래 동향

수출 증가로 경상수지 적자폭은 매년 감소하는 추세를 보이고 있다. 국제통화기금(IMF)에 따르면 몽골의 외환보유고(foreign exchange reserves)는 2004년 2억 2,500만 달러에서, 2005년 4억 3,000만 달러, 2006년 5월말 기준 8억 2,600만 달러를 기록하며 큰 폭으로 상승하였다.

〈표 20-3〉 주요 국제경제지표

(단위 : 백만 달러, %)

	2002	2003	2004	2005e
경 상 수 지	-158	-148	-25	-
재정수지 / GDP	-13.2	-11.0	-1.5	-
상 품 수 지	-156	-200	-29	-84
수 출	524	627	872	1,065
수 입	680	827	901	1,148

자료 : EIU

제 3 절 정치 · 사회동향

1. 정치동향

1.1 집권당에 대한 국민 지지도 하락

몽골인민혁명당(MPRP)이 이끄는 신정부는 기존 정부의 부정부패 청산이란 난제에 직면해 있다. 2006년 4월 캐나다 회사인 Ivanhoe사와의 구리광산개발권 협약 문제로 수도 울란바토르에서 대규모 시위가 발생하는 등 집권당에 대한 국민들의 지지도가 하락하고 있다. 도시지역을 중심으로 거대야당인 몽골민주당(DP)에 대한 지지도가 2005년 11월 20%에서 2006년 4월 29%로 증가한 반면에 집권당인 몽골인민혁명당(MPRP)의 지지도는 35%에서 26%로 하락하고 있다.

몽골정부는 국민지지도를 회복하기 위해 2006년 7월 '반부패법'을 통과시키고 고위급 반부패관리 조직을 건설할 것을 천명한 바 있다.

1.2 당내 · 원내 갈등의 심화

소수정당들의 발언권이 약화되고 소수당 의원들이 선거위원회 구성에서 제외되는 등 소수정당들이 의회 내 입지를 확보하는 데 있어 어려움에 직면하면서 원내갈등이 심화되고 있다. 2006년 9월초 지역 보궐선거에서 몽골인민혁명당(MPRP) 소속 후보가 57%의 득표율로 당선되면서 몽골인민혁명당(MPRP)은 1석 차이로 의회(76석)에서 과반수 의석(39석)을 확보하였다. 그러나 당내 신진세력과 구세력의 갈등으로 당내 갈등과 여야간 원내 갈등 등 정국이 불안정한 상태를 보이고 있다.

2. 사회동향

2.1 종족 및 종교간 갈등은 없으나 소득불균형으로 인한 사회갈등 상존

몽골은 다민족국가이나 영토가 넓고 인구가 적으며 유목생활 방식을 고수하는 인구가 많아 종교나 인종간 갈등이 없어 전반적으로 사회안정(social stability)을 이루고 있다. 그러나 기득권의 부정부패, 사회계층간 소득불균형(income inequality) 등으로 인한 사회적 갈등(social conflict)이 상존해 있으며 국가 기간산업인 광물산업부문 외국인투자에 과도하게 관대한 정부 정책으로 인해 경제성장과정(economic growth process)에서 그 혜택을 누리지 못하는 국민이 증가하고 있는 실정이다.

2.2 저기술 노동력으로 고용창출효과 미미

외국인투자자들이 기대하는 수준의 기술과 업무지식을 갖춘 현지 노동력의 부족으로 광물업투자에 따른 실질적인 고용창출효과는 미미한 수준을 나타내고 있다.

2.3 빈곤퇴치를 위한 정부 정책의 수립

몽골은 최빈국 중의 하나로 평가할 수 있으며 전체 인구의 40% 이상이 극빈층으로 추산되고 있다. 조류독감이나 구제역과 같은 질병 발생시 정부의 대처능력이 미약해 이의 개선에 정부 정책의 초점이 맞추어지고 있다.

빈곤퇴치 정책의 실패로 고조된 국민 불안이 2006년 4월 국민적 시위로 발생한 바 있다. 정부의 국정운영 능력에 대한 불신으로 사회개혁(social reform)을 위한 다양한 지지기반을 확보하는 데 실패한 것으로 판단된다.

제4절 국제신인도 및 대외지급능력

1. 국제신인도

몽골은 외채잔액(2004년말 기준)이 4,651백만 달러로 GDP 대비 82%를 차지하여 채무부담이 과중한 편이나 장기채무 비중이 77% 이상이며 이 중 99%가 양허성 차관이다. 한편, 일본 정부는 2006년 4월 180만 달러의 기금을 운용하여 러시아와 카자흐스탄으로부터 밀을 구입해 몽골에 식량을 공급한 바 있다. 미국도 자국의 비영리단체인 월드비전(World Vision)을 통해 수익금을 조성하여 몽골 개발기금으로 운용하는 등 특히 미국과 일본의 지원을 받고 있다.

2006년 3월 몽골 총리의 방일 기간 중 일본국제협력은행(JBIC)은 몽골의 난방연료인 저질 석탄연소로 인한 대기 오염도를 감소시키고 중소기업신용대출개선기금을 조성하는 데 합의한 바 있다.

2. 주요 기관별 신용도 평가등급

· Moody's : B1(2005. 10. 3)
· S&P : B(1999. 12. 23) → B+(2006. 12. 22)
· Fitch : B+(2005. 7. 18)

제 5 절 한국과의 관계

2006년 5월 한-몽골 정부간 신재생에너지분야 MOU 체결, 9월 더르너고비(Dornogovi) 유연탄광에 대한 철로 운송권 MOU 체결 등 에너지 및 광물자원 개발분야에서 경제협력(economic cooperation)을 가속화하고 있다. 양국의 교역관계는 몽골의 자원과 한국의 자본 및 기술이 결합하여 상호간 협력을 공고히 하는 방향으로 전개되고 있다.

※ 한-몽골 교역현황(2005년)

· 수출 : 77.6백만 달러(3.1% 증가)
· 수입 : 4.9백만 달러(6.6% 증가)
· 대몽골 투자 : 97건, 55백만 달러(2005년 누계기준)

제6절 평가

몽골의 주요 산업인 농업과 목축업은 혹한으로 인해 생산량에 차질을 보이고 있으며 섬유산업도 다자간섬유협정(MFA)이 종결됨에 따라 몽골산 섬유제품에 대한 우대혜택이 사라져 중국과의 경쟁이 심화되는 등 시장경쟁력(market competitiveness)이 약화되고 있다. 2007년 들어 6%대 경제성장률을 주도해 온 몽골의 주력 수출품목인 구리와 금 등 광물가격의 하락으로 경제성장률이 둔화될 것으로 보이나 1월부터 기업소득세(corporate income tax)를 대폭 인하한 친기업적 조세제도(corporate-friendly tax system) 개혁안 발효와 신광물산업법을 통한 외국인투자 여건과 제도개선은 경제에 긍정적 영향을 미칠 것으로 보인다.

2006년 실시된 선거에서 다수당인 몽골인민혁명당(MPRP)이 과반의석을 확보하는 데 성공했으나 여야간 대결양상이 여전하고 구세력과 신진세력간 견제가 심해 정국 불안이 지속되고 있다. 한편, 정부는 국민지지를 회복하기 위해 반(反)부패법을 통과시키는 등 정치개혁(political reform)을 위해 대내외적으로 노력하고 있다. 몽골은 지속적인 대외원조자금 유입 등으로 당분간 국가신인도에는 큰 변화가 없을 것으로 전망된다.

제 7 편

동남아시아 경제분석

21 chapter

인도네시아

제1절 개 관

인도네시아는 17,508개의 섬으로 이루어진 세계 최대의 도서국가이다. 아시아 유일의 석유수출국기구(OPEC : Organization of Petroleum Exporting Countries) 국가로서 원유, 천연가스 등 천연자원(natural resources)의 부국이며 인구(2007년 기준)는 2억 3,200만명인 ASEAN 핵심국가 중의 하나로 평가할 수 있다. 그러나 천연자원 수출 이외의 확고한 수출기반이 없는 점과 열악한 인프라, 만연한 부정부패 등이 경제성장을 저해하는 요인으로 지적된다. 또한, 소수민족의 독립운동, 과격회교단체(JI)의 테러행위 등이 사회불안 요인이 되고 있다. 유도요노 대통령은 부정부패 척결, 빈곤퇴치, 투자환경(investment environment) 개선 등의 개혁정책 추진을 강조하고 있으며 개혁조치가 완만하게 진행되고는 있으나 지속적으로 추진되고 있다.

〈표 21-1〉 일반지표

면 적	1,904천 ㎢	G D P	4,188억 달러(2007)
인 구	231.8백만명(2007)	1 인 당 G D P	1,784달러(2007)
정 치 체 제	대통령중심제	통 화 단 위	Rupiah(Rp)
대 외 정 책	비동맹중립	환 율(달 러 당)	9,348Rp(2007)

제 2 절 경제동향

1. 국내경제

1.1 경제성장

인도네시아 경제는 2006년에 수출 증가와 민간부문 지출 증가에 힘입어 5.5%의 양호한 성장세를 시현하였다. 개발사업과 인프라(infrastructure) 확충을 위한 정부지출(government expenditure)은 전년 대비 크게 증가하지는 않았으나 저이자율에 기인한 민간소비 확대, 인도네시아 주요 수출품인 원유, 천연가스(natural gas), 고무, 야자유 등의 국제가격 인상에 의한 수출 총액 증가 등이 경제성장을 견인하였다고 평가할 수 있다.

특히, 민간소비 부문이 2007년 2분기 중 4.7% 성장을 기록하며 지난 11분기 중 가장 큰 폭의 성장세를 보였으며 수출도 양호한 증가세를 유지하여 2007년에는 6.2%의 경제성장을 이룰 것으로 추정되며 이 같은 성장세는 2008년에도 지속될 것으로 보인다.

1.2 물가

2005년 11월 연료보조금 삭감으로 인한 국내 연료가격 인상의 영향으로 소비자물가상승률이 2006년 13%를 상회하였다. 그러나 2006년 이후 유가 안정 및 루피아(Rupiah)화 강세 등 물가상승 압력(inflationary pressure)이 약화되어 2007년에는 6.3%로 안정될 것으로 기대된다.

한편, 급속히 상승했던 물가와 불안정한 환율이 안정을 회복함에 따라 중앙은행은 이자율을 인하하여 경제성장을 도모하고 있다(2006년 4월 : 12.75% → 2007년 3월 : 9.00%).

1.3 재정

국내총생산(GDP) 대비 재정수지 적자폭은 2004년 이후 1% 내외의 양호한 수준을 유지하고 있다. 2007년 재정수입과 재정지출은 각각 10% 내외의 증가가 예상되고 있으며 2007년에도 GDP 대비 1%대의 재정수지 적자(fiscal deficit)가 유지될 것으로 보인다.[1)]

---

1) 인프라 개발을 위한 정부지출이 예정대로 추진되지 못할 경우 중장기적으로 인도네시아 경제에 부정적인 영향을 미칠 수 있다(수출입은행, 수은해외경제, 2008. 2. pp. 86~96 요약 · 재구성).

〈표 21-2〉 주요 국내경제 지표

(단위 : %)

	2003	2004	2005	2006	2007e
경 제 성 장 률	4.7	5.1	5.7	5.5	6.2
재정수지/GDP	-1.7	-1.1	-0.4	-1.1	-1.7
소비자물가상승률	6.8	6.1	10.5	13.1	6.3

자료 : IFS, EIU

2. 경제구조

2.1 경제기반의 취약

인도네시아는 자체적으로 축적된 자본과 기술로 경제발전을 달성할 수 있는 국가적 역량이 부족하여 외국으로부터의 투자에 크게 의존하고 있는 실정이다. 따라서 외형적인 경제지표가 호조를 보이고 있을 경우에도 정치 및 사회적 불안정(political and social instability)으로 외국투자자들의 신뢰를 상실할 경우 경제기반(economic foundation)이 붕괴될 수 있는 취약한 경제구조를 지니고 있다. 또한, 최근 수출증가가 수입증가를 초과하고 있으나 자원수출 이외에는 뚜렷한 수출기반이 없는 상태로 대외교역구조(external trade structure)도 매우 취약한 편이다.

2.2 산업인프라의 미비

전기가 공급되지 않는 가구가 전체에서 약 47%를 차지하여 인구 수 기준으로 약 9,000만명이 전기혜택을 받지 못하고 있으며 전력생산의 효율성 및 공급서비스의 질적 수준 등도 저조한 실정이다. 또한, 도로운송 여건이 양호하지 않은 곳이 많고 컨테이너의 운송 및 통관 등에 상당한 비용이 초래되고 있다.

2.3 지역간 불균형 발전

풍부한 천연자원을 기반으로 적극적인 외국인투자 유치를 시도하면서 점진적인 경제성장을 이루고 있으나 자카르타 또는 발리 등 일부 대도시 지역에만 성장의 과실(果實)이 집중되고 있어 지역간·종족간 경제적 격차가 심화되고 있다. 특히, 자원이 풍부한 아체 지역이나 파푸아 지역에서 발생하는 경제적 이익(economic benefit)을 중앙정부가 거의 독점하고 있어 이 지역 주민의 상대적 박탈감(relative deprivation)이 분리 독립 움직임의 주요 요인이 되고 있다.

2.4 행정의 비효율성과 부정부패의 만연

유도요노의 신정부 출범 이후 제도 개선으로 인해 이전에 비해서는 많이 개선되었으나 여전히 외국인투자 시에 제도상의 투자허가기간에 비해 수 배의 시간이 소요되고 있는 실정이다. 또한, 개발도상국(developing country)에서 일반적으로 나타나는 자의적인 법해석 및 편법이 성행하며 부정부패 문제도 경제성장의 장애요인이 되고 있다.

2.5 풍부한 에너지 자원 보유

인도네시아는 총 원유매장량이 약 97억 배럴, 총 천연가스 매장량이 약 385조 ft^3, 총 석탄매장량은 약 388억톤에 이르는 것으로 추정되고 있으며 아시아에서 유일한 OPEC 회원국인 에너지 자원부국으로 평가할 수 있다. 인도네시아는 동남아시아 최대의 석유생산국으로서 가장 오랜 석유생산 역사를 지닌 국가 중 하나이나 다수의 유전들이 매장량 고갈과 재투자(reinvestment) 부족으로 급격한 생산량 감소에 직면해 있다. 최근 5년간 생산량은 OPEC 쿼터를 하회하였으며 2004년에는 처음으로 석유 순수입국이 되었다.

현재 법적 · 제도적 불안정성으로 인해 재투자가 원활히 이루어지고 있지 않으나 정부는 여전히 투자자들에게 유리한 투자환경을 제공하여 적극적인 자원개발을 추진하겠다는 의지를 표명하고 있어 향후 투자증가와 자원개발 활성화(vitalization of resource development)가 기대되고 있다. 또한, 전세계적인 자원확보 경쟁도 동국 내 자원개발 사업에 유리하게 작용할 것으로 기대된다.

2.6 풍부한 저임 노동력

인도네시아 전체 인구(2007년말 기준)는 약 2억 3,200만명으로 중국, 인도, 미국에 이어 세계 4위의 인구 대국이다. 현재 인도네시아의 인구구조로 볼 때 0~14세 인구가 28.8%에 이르고 있어 적어도 향후 20~30년간 경제발전에 필요한 풍부한 인력공급이 이루어질 것으로 판단된다.

3. 경제정책

3.1 경제개혁 추진

유도요노 대통령은 취임 이후 경제발전을 위해 외국인투자 확대의 필요성을 인식하고 외국인투자를 저해하는 각종 규제를 철폐하고 부정부패 근절을 추진하는 한편, 인프라 서밋 개최 등 외국인투자 유치를 위한 활동을 적극적으로 전개하고 있다. 또한, 정부가 이전의 1차 산업과 원료의 단순가공을 위주로 해 왔던 경제구조를 탈피하여 고부가가치 산업을 육성하겠다는 의지를 천명하고 있으며 투자자들에게 유리한 환경을 제공하기 위하여 구체적 제도를 추진하고 있다.

3.2 부진한 경제개혁 성과

경제개혁정책(economic reform policy)의 일환으로 외국인투자자의 권익 보호 강화, 투자절차 간소화, 투자제한 부문 축소 등을 주요 내용으로 하는 외국인투자법 개정안이 2007년 4월 의회에 상정되었으나 실제로 통과된 법안에는 일부 대형투자자의 경우를 제외하고 일반 투자자들에게는 규제가 오히려 강화되는 방향으로 외국인투자법이 개정되는 등 인도네시아 정부의 경제개혁정책에 대한 우려가 증대되고 있다. 또한, 2005년에 제안된 소득세 및 부가가치세법 개정안은 아직도 국회에 계류되어 있는 상태이고 법인세법 개정안도 당초 현행 30%인 법인세율을 25%로 인하시키는 개정안에서 28%로 낮추는 것으로 추진되고 있는 등 개혁정책의 추진이 부진한 실정이다.

4. 국제경제

4.1 경상수지

상품수지는 2006년에 원유 및 천연가스 부문 수출의 10.9% 증가와 그 외 부문의 19.6% 수출증가로 역대 최대인 297억 달러를 기록하였다. 특히, 중국경제의 성장에 따른 수입수요 증가와 함께 천연자원의 해외수요 증대 및 가격 상승의 영향으로 수출이 크게 증가하였다. 국제유가 상승에 따른 원유수입 감소로 수입증가폭은 수출증가폭을 하회하였다. 인도네시아 주요 수출국 경제의 견조한 성장에 따라 수출증가세는 2007년에도 유지될 것으로 보여 상품수지는 340억 달러를 상회할 것으로 보인다.

한편, 인도네시아는 수출입 화물의 95%를 외국 선박회사가 취급하고 있어 서비스 수지에서 항상 적자를 보이고 있다. 또한, 소득수지도 외국인투자기업의 배당금 송금과 외채에 대한 원리금 상환으로 적자를 기록하고 있어 경상수지 흑자폭은 상품수지 흑자폭에 못 미치고 있다. 그러나 지속적인 상품수지 및 경상수지 흑자(current account surplus)로 외환보유고(foreign exchange reserves)는 증가하는 추세를 보이고 있다.

2006년 11월 일본과 체결한 경제협력협정(EPA : Economic Partnership Agreement)에 따라 향후 7년간 약 90%의 양국간 교역품에 대한 관세가 면제되어 일본과의 교역이 더욱 활성화될 것으로 기대된다.

4.2 외채

총 외채액이 총수출과 국내총생산(GDP)에서 차지하는 비중이 매년 대폭 감소하고 있으며, DSR(Debt Service Ratio)은 외채의 조기 상환으로 일시 상승세를 나타내고 있다.[2)]

〈표 21-3〉 주요 국제경제지표

(단위 : 백만 달러, %)

	2003	2004	2005	2006	2007e
경 상 수 지	8,107	1,563	278	9,937	10,403
경상수지/GDP	3.4	0.6	0.1	2.7	2.5
상 품 수 지	24,563	20,152	17,534	29,646	34,071
수 출	64,109	70,767	86,995	103,514	117,988
수 입	39,546	50,615	69,462	73,868	83,917
외환보유고	34,724	34,724	32,926	40,866	51,553
총외채잔액	136,908	140,649	138,300	131,700	136,700
총외채잔액/GDP	58.3	55.4	48.8	39.9	35.3
D S R	33.5	27.1	25.2	35.5	31.0

자료 : IMF, EIU

제 3 절 정치 · 사회동향

1. 정치동향

1.1 정치적 안정의 유지

유도요노 대통령이 이끄는 민주당이 의회 총 의석 중 차지하는 비율이 10%에 지나지 않는 등 대통령의 의회 내 지지기반이 취약한 편이다. 그러나 2006년 11월 하원 내 제1당인 Golkar당의 지지가 재천명되었고 국민들로부터의 지지도 양호한 수준을 유지하고 있어 당분간 정치적 안정(political stability)은 지속될 것으로 보인다. 2009년으로 예정되어 있는 대통령 및 의

2) DSR은 외채상환능력지표로 외채원리금상환액을 경상외환수입으로 나누어 구한다. 일반적으로 DSR이 20% 미만이면 외채원리금 상환부담이 크지 않은 것을 의미한다.

회선거 시기에 각 당들은 독자적인 차별화 전략을 추진할 것으로 보이나 2008년까지는 현재의 연정상태가 지속될 것으로 전망된다.

1.2 개혁정책 추진 지연에 대한 불만 증대

유도요노 대통령이 2004년 대선시 공약으로 제시하였던 부패척결, 외국인투자 유치 확대, 일자리 창출(job creation), 빈곤 감소(poverty reduction) 등이 잘 이행되지 못하고 있다는 비판이 증가하고 있다. 이에 따라 현 연정의 결속력이 약화되고 있으며 개혁정책 추진에 대한 각 정당의 이해관계에 따라 2009년 대선을 염두에 둔 정치적 갈등(political conflict)이 발생할 가능성이 큰 편이다.

1.3 ASEAN에서 주도적 역할 수행

인도네시아는 제3세계 비동맹의 창설회원국으로 기본적으로 비동맹 중립외교노선을 채택하고 있다. ASEAN 회원국으로 ASEAN을 정치적 · 경제적 지역협력체로 발전시키고 ASEAN 내에서 주도권 확보를 위해 주력하고 있다.

1.4 주변국가와의 관계 악화

(1) 싱가포르

최근 싱가포르와는 '범죄인인도협약'과 '공동방위협약'을 체결한 바 있으나 싱가포르에 대한 화강석 및 모래수출 금지 문제와 인도네시아 천연자원 약탈에 대한 언론 비판 등으로 관계가 악화되고 있다.

(2) 말레이시아

말레이시아와는 Ambalat 해상에 대해 장기간 영역 분쟁이 있으며 말레이시아의 군사 훈련시 동 영역을 침범하는 문제로 분쟁 가능성이 존재하고 있으나 이 같은 문제가 양국간 군사적 충돌로 발전될 가능성은 희박한 상태이다.

2. 사회동향

2.1 테러 위협 상존

Poso 및 중부 Sulawesi 지역의 종교분쟁, 과격회교단체인 Jemaah Islamiyah(JI)의 테러 활동, 사회 각층에 만연된 부정부패 등으로 인해 사회불안정(social instability)이 지속되고 있다. 한편, 지속되는 경제성장에도 불구하고 실업률(unemployment rate)이 증가하는 것은 향후 사회불안정을 초래할 수 있는 요인이 될 수 있다. 인도네시아는 국민의 약 85%가 이슬람교도이기는 하나 비교적 온건한 성향의 신앙을 가진 사람들이 대부분이어서 종교분쟁으로 인한 사회불안정의 영향은 국지적이고 제한적이다. 현실적으로 경제적 양극화 심화와 석유보조금 삭감 등으로 인한 빈곤층의 불만이 사회불안정의 주요 요인이 되고 있다.

2.2 아체지역 평화 정착

핀란드 헬싱키에서 2005년 8월 인도네시아 중앙정부와 아체해방군(GAM) 간의 분쟁종결 평화협상이 체결된 바 있다.[3)]

2005년의 헬싱키 협정은 2000년 및 2002년의 협정과는 달리 국제기구의 지도 하에 구체적인 협의사항이 명시되었고 현재 점진적인 절차가 순조롭게 진행되고 있는 점을 고려할 때 아체 내에 장기적인 평화가 유지될 수 있을 것으로 기대된다. 또한, 선출된 주지사의 지도자로서의 역량과 국제기관의 지원 의지가 아체의 향후 경제발전에 큰 영향을 미칠 것으로 판단된다.

제 4 절 국제신인도 및 대외지급능력

1. 국제신인도

1.1 주요 기관별 신용도 평가순위

① S&P : B+ → BB- (2006. 7)
② Moody's : B1 (2006. 5) → Ba3 (2007. 10)
③ Fitch : BB- (2005. 1)
④ OECD : 5등급 (2006. 4) → 5등급 (2007. 3)
⑤ I.C.R.G. : 93/140 (2007. 2) → 77/140 (2007. 10)
⑥ I.I. : 76/174 (2007. 3) → 75/174 (2007. 9)
⑦ Euromoney : 89/185 (2007. 3) → 81/185 (2008. 9)

3) 2006년 12월 실시된 아체주 주지사 선거에서 전 반군 지도자 출신인 이르완디 유스프가 38.2%를 득표하여 주지사에 당선됨에 따라 이 지역에 본격적인 평화가 정착된 것으로 평가된다.

루피아화 급락 사태가 2005년 8월에 진정된 이후 환율 안정과 외환보유고 증가, 정부의 투자환경 개선과 경제개혁(economic reform) 의지 확인 등의 요인으로 인해 외국인투자자들의 신뢰가 회복되고 있다. 특히, Moody's사는 석유보조금 삭감 및 정부부채(government debt)의 현지화 비율 확대로 정부 대외부채의 변동성이 감소하고 정부 부채 총액도 감소하고 있음을 반영하여 2007년 10월 18일 인도네시아에 대한 외화표시 장기채권 등급을 기존 B1에서 Ba3로 한 단계 상향 조정한 바 있다.

1.2 주요 ECA 인수 태도

① US EXIM : 공공부문에 대한 전액 인수, 민간부문에 대한 제한적 인수
② ECGD : 제3국 확인신용장에 대한 단기 인수가능, 중기인수
③ Hermes : 단기 인수가능하나 제약조건이 있을 수 있음

2. 대외지급능력

인도네시아 정부가 채무상환 연기를 요청할 것이라는 예상과는 달리 2006년 1월 채무재조정(debt rescheduling)을 하지 않겠다는 입장을 발표하였으며 현재 정상적인 채무상환을 하고 있다. 한편, 최근 외환보유고 증가와 경제상황의 호전으로 2010년까지 상환하도록 되어 있는 국제통화기금(IMF : International Monetary Fund) 차관 중 37.6억 달러를 2006년 6월에, 나머지 31.8억 달러를 2006년 10월에 조기 상환하여 현재는 차관잔액이 없는 상황이다.

제5절 평 가

인도네시아 정부는 재정수지 적자폭을 양호한 수준에서 안정적으로 관리하고 있으며 중앙은행도 경제활성화(economic vitalization)를 위해 금리인하 조치를 취하고 있다. 수출 확대와 경상수지 흑자의 지속으로 외환보유고도 꾸준히 증가하고 있으며 2006년에는 IMF차관 전액을 조기 상환하는 등 외채도 효과적으로 관리되고 있다.

정치적으로 유도요노 대통령은 취임 이후 대중 및 연합정부의 지지 하에 지속적인 개혁을 추진하고 있다. 그러나 외국인투자법, 세법, 노동법 개정안의 지연이 정치적 갈등을 유발하고 대내외적인 신뢰도 제고에 장애요인이 되고 있다. 한편, 2006년 12월 주지사 선거의 원활한

진행으로 유혈투쟁이 지속되던 아체지역 분리독립 움직임이 완화됨에 따라 동 지역에 본격적인 평화가 정착된 것으로 평가되고 있다.

최근의 경제성과(economic performance)를 반영하여 주요 경제지표가 지속적으로 개선되고 있으나 유도요노 대통령의 개혁정책 추진이 당초 기대에 못 미치고 있고 이에 따른 정치적 갈등 증폭의 가능성이 상존하고 있다.

22
chapter

태 국

제 1 절 일반개황

일반	위 치 : 중국 남쪽, 말레이반도 면 적 : 514 ㎢ (한반도의 2.3배) 기 후 : 고온다습한 아열대성 인 구 : 62.4백만명 (2004) 수 도 : Bangkok (6백만명) 민 족 : 백타이족 (75%), 화교 (14%) 언 어 : 타이어 (공용어) 종 교 : 불교 (95%), 이슬람교 (4%)
정치	독 립 일 : - 정 부 형 태 : 입헌군주제 국 가 원 수 : Bhumibol Adulyadej국왕 (Thaksin Shinawatra수상) 의 회 : 양원제 (상원 200석, 하원 500석) 주 요 정 당 : TRT당, 민주당(DP), 차 타이당 국제기구가입 : UN, IMF, World Bank ASEAN, WTO
경제	G D P : 1,635억 달러 (2004) 1인당 GDP : 2,535달러 (2004) 화폐단위 : Baht (Bt) 회계연도 : 10. 1~9. 30 산 업 구 조 : (2004) 서비스업 46.0%, 제조업 35.2%, 농업 9.9% 주요수출품 : (2004) 기계부품, 전자제품 주요수입품 : (2004) 전자제품, 연료 및 윤활유 주요부존자원 : 천연고무, 주석, 텅스텐, 천연가스 경제개발계획 : - 경제적강점 : 풍부한 천연자원 및 노동력 경제적약점 : 사회간접자본 부족

제 2 절 경제동향

1. 국내경제

1.1 경제성장

빈곤퇴치 관련 재정지출이 확대되고 민간부문의 투자가 증가하면서 실질GDP가 성장하였다. 그러나 국제유가 상승, 수출증가율 감소, 지속되는 한발, 지진해일 피해로 인한 관광산업의 저조 등으로 인해 향후 크게 둔화될 것으로 전망된다.

1.2 재정수지

재정수지 개선을 위해 유류보조금 지급 감축, 인프라 확충 사업비용의 정부은행 차입 조달 등으로 정부지출을 조절한 결과 2003~2004년 재정수지는 균형을 이루었다. 그러나 경기촉진을 위한 정부지출 확대로 2005년에는 GDP 대비 0.7%의 적자를 기록할 것으로 보인다.

1.3 물가

소비자물가상승률은 2005년 7월 유류보조금 철폐에 따른 유류가격 상승, 공공부문 인건비 5% 인상, 정부의 사회인프라 개발투자 확대 및 국제 고유가 등으로 인해 2004년 2.8%에서 2005년에는 4.5%로 인상될 것으로 보인다.

〈표 22-1〉 주요 국내경제지표

(단위 : %)

구 분	2001	2002	2003	2004	2005f
경제성장률	2.2	5.3	6.9	6.1	3.8
재정수지/GDP	-2.6	-1.5	0.3	0.0	-0.7
소비자물가상승률	1.6	0.5	1.8	2.8	4.5

자료: EIU, Country Report

2. 국제경제

2.1 상품수지

2002~2004년 전자제품 및 농산물의 수출 증가로 총수출의 확대가 지속되었으나 최근 경제협력개발기구(OECD) 국가들의 해외 수입수요 감소, 국제고유가로 인한 생산비용 상승 등으로 수출증가율이 큰 폭으로 하락하였다. 또한, 국내 투자수요 확대에 따른 자본재 및 원자재의 수입증가, 국제유가 상승 등으로 인해 수입부담도 크게 증가하였다. 따라서 상품수지가 2004년 약 109억 달러 흑자에서 2005년에는 12억 달러의 적자로 급반전될 것으르 보인다.

2.2 경상수지

최근 외채이자 지급 감소 등과 같은 소득수지 개선요인이 있었으나 외국인투자기업의 배당금 송금 등으로 인해 해당분야의 수지 개선에 큰 영향을 미치지 못하였다. 따라서 상품수지가 적자로 급반전되면서 경상수지도 2004년 약 70억 달러 흑자에서 2005년에는 58억 달러의 적자를 기록할 것으로 전망된다.

2.3 자유무역협정

2003년 10월 인도와 자유무역협정(FTA)을 타결하였으며 2004년 7월 호주, 2005년 4월 뉴질랜드와도 포괄적 자유무역협정을 체결한 바 있다. 그리고 일본과는 자유무역잠정협정을 2005년 7월 체결하였으며 중국 및 미국과도 자유무역협정 체결을 위한 협상이 진행 중에 있다.

〈표 22-2〉 주요 국제경제지표

(단위 : 백만 달러, %)

구 분	2001	2002	2003	2004	2005f
경 상 수 지	6,191	7,015	7,953	7,009	-5,800
경상수지 / GDP	5.4	5.5	5.6	4.3	-3.3
상 품 수 지	8,545	9,081	11,175	10,934	-1.200
수 출	63,083	66,089	78,084	96,284	105,800
수 입	54,538	57,008	66,909	85,350	107,000
외 환 보 유 고	32,355	38,046	41,077	48,664	n/a
총 외 채 잔 액	67,384	59,400	51,800	51,100e	49,500
총외채잔액/GDP	58.2	46.7	36.1	31.3e	28.4
DSR	25.0	22.9	15.3	9.7e	10.5

자료: EIU, Country Report

제 3 절 정치 · 사회동향 및 대외관계

1. 정치동향

1.1 탁신 내각의 확고한 의회지지 기반

2005년 2월 6일에 실시된 총선에서 탁신 총리가 이끄는 집권 TRT당이 압승하였다. 집권 TRT당은 총의석 500석 중에서 377석을 차지하여 의회지지 기반을 확고히 하였다.

2. 사회동향

말레이시아와 인접한 태국 남단의 나라티왓, 얄라, 파타니 등 3개 주에는 약 100만명의 회교 말레이인들이 거주하고 있다. 이들은 오래전부터 회교 분리주의 운동을 지속해 왔으며 최근 매우 과격한 양상을 보이고 있다.

최근 남부지방의 테러 공격이 더욱 과격해지자 탁신 정부는 이에 대한 대응책으로 2005년 7월 현장 검열 및 구금권을 강화하는 비상조치를 발표한 바 있다. 한편, 국내외 인권단체들은 탁신 정부의 대테러 정책에 대해 권위주의적 인권침해로 간주하여 비난하고 있다.

3. 대외관계

말레이시아, 인도네시아 등의 인접 회교국들이 남부 회교밀집 지역에서 발생하고 있는 유혈 충돌사건의 해결에 지원 의사를 표시하고 있으나 태국 정부가 이를 무시하고 있어 주변국들로부터의 소외 가능성을 배제할 수 없다.

제 4 절 국제신인도 및 대외지급능력

1. 국제신인도

국제신용도평가기관의 평가 순위는 다음과 같다.

① Moody's : Baal (2003. 11)
② S&P : BBB+ (2004. 8)
③ Fitch : BBB+ (2005. 5)
④ OECD : 3등급 (2004. 4) → 3등급 (2005. 4)
⑤ I. C. R. G. : 58/140 (2004. 12) → 60/140 (2005. 6)
⑥ Euromoney : 54/185 (2004. 9) → 56/185 (2005. 3)
⑦ I. I. : 50/173 (2004. 9) → 45/173 (2005. 3)

2. 대외지급능력

외환위기 이후 지속적인 외채상환 및 신규차입 감소 등으로 외채규모가 크게 감소하였으며 외환보유고(foreign exchange reserves)도 경상수지 흑자(current account surplus) 기조 유지로 매년 증가세를 보여 왔다. 그러나 최근 상품수지의 악화로 2005년에는 경상수지가 적자를 보일 것으로 전망되며 국제유가 상승 및 국내투자수요 확대로 수입도 크게 증가하고 있어 외환보유고 대비 수입개월 수가 감소하는 등 대외지급능력의 약화가 초래될 것으로 보인다.

제 5 절 전 망

국제유가 상승과 관광산업의 저조 등의 악영향으로 경제성장은 둔화되고 물가는 상승하는 스태그플레이션(stagflation) 현상을 보이고 있다. 그러나 향후 국제유가가 하향 조정되고 관광객이 증가할 경우 경제회복이 달성될 것으로 보인다.

최근 남부지방 회교분리주의자들의 테러행위가 다소 과격해지고 있으나 탁신 정권의 확고한 의회 지지기반 등을 고려할 때 정치, 사회적 안정성이 크게 악화되지는 않을 것으로 보인다.

제 6 절 투자환경

1. 투자관련법

1.1 1977년 투자촉진법(1992년 개정) : 정부가 우대하는 업종에 투자하는 국내외 투자자에 부여하는 세제 및 비세제면에서의 우대조치를 규정

① 1972년 외국인 사업규제법 : 외국인의 사업활동을 제한하는 업종을 규정. 2000년에 외국인 사업법이 시행됨
② 투자위원회 포고
③ 민상법전(비공개 주식회사 편)
④ 1992년 공장법 : 공장 내의 안전, 환경보호를 규정

2. 최저 투자액 및 인가원칙(투자위원회의 우대조치 수혜시)

2.1 원칙적으로 규정이 없음. 다만 우대조치의 대상이 되기 위해서는 토지와 운전자금을 제외하고 최저 100만 바트의 투자가 필요함

(1) 투자액이 500백만 바트 미만(토지와 운전자금 제외)의 프로젝트는 매출의 20% 이상 부가가치 발생이 요구됨(다만 전자, 농업 가공업 및 경제기여도가 특별히 인정된 프로젝트는 제외)
(2) 자본금 및 기타 자기자본에 대한 차입 채무비율은 3배를 초과할 수 없음(다만 확장 프로젝트 경우는 건별로 허가)
(3) 투자액이 500백만 바트(토지와 운전자금 제외) 이상의 프로젝트는 Feasibility Study를 제출하여야 함

3. 투자신청

3.1 관할 부처는 투자위원회(BOI : Board of Investment)임. BOI는 우대 대상업종의 결정, 투자의 심사, 허가 및 다양한 우대조치를 제공하고 있음

(1) BOI의 투자서비스 센터는 투자자에게 적절한 정보를 제공하고 우대조치의 혜택을 받고자 신청하는 기업을 지원함. 동 센터는 고용허가, 공장라이센스 등 인허가에 대하여 필요한 사항을 지원함
(2) 외국인 사업규제법은 태국 내에서 외국인의 투자가 제한되는 업종을 명시하고 있는데 다음 3가지로 분류되어 있음

① 규제받는 업종은 외국인의 영업을 금지하는 업종(List 1)
② 국가안전보장에 관계되거나 문화, 전통, 현지공예, 천연자원·환경에 영향을 미치는 업종(List 2)
③ 태국인이 외국인과 경쟁할 준비가 되어 있지 않은 사업(List 3)

(3) 비규제업종은 200만 바트, 규제업종은 300만 바트로 최저 자본금이 정해져 있으나 BOI로부터 우대조치를 받는 경우에는 외국인 사업규제법의 적용을 받지 않음
(4) 회사의 등록은 상무부 상업등록국에 신청함

4. 투자분야

4.1 우대분야

(1) 투자위원회가 발표한 우대대상 업종은 다음 7가지임

① 농업 및 농업제품

② 광물, 금속, 세라믹

③ 경공업

④ 금속제품, 기계 및 운수기기 제조

⑤ 전자전기산업

⑥ 화학공업, 종이 및 플라스틱

⑦ 서비스 및 공공시설

(2) 중요산업으로 지정되어 세제 면에서 더 많은 혜택을 부여받는 업종은 다음 5가지임

① 농업 및 농산물 가공업

② 기술개발 및 인적자원의 개발과 관련되는 사업

③ 공공사업, 공공시설, 기본 서비스

④ 환경보전 대책과 관련되는 사업

⑤ 특별 목적의 사업

(3) Supporting Industry를 유치하기 위해 최대한 노력하고 있음

4.2 규제분야

외국기업의 참여를 규제하는 업종은 외국인사업 규제법에 따른다.

5. 우대조치

5.1 세제상의 우대조치

(1) 태국을 3개 지역으로 구분하여 공장의 입지에 따라 우대조치

※ 상기 감면 혜택에 있어서 토지와 운전자금을 제외한 투자액이 10백만 바트 이상인 프로젝트의 경우 조업을 개시하여 2년 이내에 ISO 9000 인증 또는 그에 상당하는 국제기준

을 취득하지 않으면 안 됨. 이 인증을 받지 못하면 1년 간의 법인세 혜택이 취소됨

(2) 기타 Supporting Industry에 대한 우대 조치, 특별 중요산업에 대한 우대조치, 공장의 지방이전에 대한 우대조치, 연구 · 개발(R&D) 프로젝트에 대한 우대조치, 무역투자 지원사업에 대한 우대조치가 있음

〈참고〉 지역 구분에 따른 세제 우대 사항

1. 제1지역 : 방콕 등 6개 주

① 기계 수입관세를 50% 감면
② 조건에 따라 3년간 법인세 면제
③ 수출용 원재료 혹은 자재에 대한 수입관세 1년간 면제

2. 제2지역 : 근교 11개 주와 푸켓

① 기계 수입관세의 50% 감면
② 3년간 법인세 면제, 조건에 따라 5년으로 연장
③ 수출 상당분의 생산에 필요한 원재료 혹은 자재의 수입관세 1년간 면제

3. 제3지역 : 기타 주

① 기계 수입관세의 면제
② 법인세 8년간 면제, 입지조건에 따라 추가로 5년간 법인세 50% 감면
③ 수출 상당분의 생산에 필요한 원재료 혹은 자재의 수입관세 5년간 면제
④ 입지 조건에 따라 법인소득이 발생한 날로부터 10년간 수송, 전력, 수도 경비의 2배까지 공제
⑤ 입지 조건에 따라 설비의 설치 및 필요 인프라 건설에 투입된 금액의 25%를 순이익에서 공제할 수 있음

6. 투자비율 규제

투자위원회의 우대조치를 받은 경우 출자비율은 다음과 같다

① 농업, 목축업, 수산업, 채광 및 광산업 또는 서비스산업 프로젝트는 태국인이 등록자본금의 51% 이상을 소유하여야 함
② 제조업 프로젝트는 입지에 관계없이 등록자본금의 과반수 또는 전부를 외국인 투자자가 소유할 수 있음(과거에는 수출비율, 입지에 따라 규제하였음)
③ 합당한 이유가 있는 경우 위원회는 혜택을 부여하는 업종에 한하여 외국인의 주식소유

비율을 조정할 수 있음

7. 세 제

조세는 태국 국가세입법에 규정되어 있으며 법인세, 부가가치세, 개인소득세로 구분된다.

① 법인세 : 태국 내에서 사업을 영위하는 법인은 순이익의 30%를 소득세로 납입하여야 한다.
② 부가가치세 : 수입·생산과정의 모든 단계에서 발생되는 부가가치에 7%의 세율이 적용된다.
③ 개인소득세 : 거주자, 비거주자를 불문하고 개인이 태국 내에서 고용 또는 사업에서 과세대상 수입을 얻거나 태국 내에 자산을 가지고 있는 경우 개인소득세 납부 의무가 있다. 개인소득세는 소득의 지급장소가 태국 내·외에 관계없다. 세율은 5~37%의 누진세율이 적용된다.
④ 기타 : 석유수입세, 인지세, 가옥토지세, 간판세 등이 있다.

8. 금 융

차입은 외국기업과 태국기업간 차별없이 상업은행, 태국산업금융공사, Finance Company를 통하여 이루어진다. 우대조치를 받은 기업은 인가조건으로서 부채를 자본금의 3배 이내로 억제하여야 한다.

① 투자자금과 대출금의 송금은 자유로우나 외화 취득 후 15일 이내에 공인은행에 외화를 매각하거나 외화계정에 예치해야 됨
② 회사채를 발행하기 위해서는 Office of the Securities and Exchange Commission의 허가가 필요함. 회사채는 공개 주식회사에 한하여 100백만 바트까지 발행할 수 있음

9. 외국인 노동자

우대조치 혜택을 받은 기업은 투자위원회로부터 기술자, 전문직 외국인을 외국으로부터 초청하는 것을 허가받을 수 있다. 그러나 위원회는 태국인을 매니저 및 기술자로 고용하는 것을

장려하고 있다. 태국 내에서 외국인의 취업이 인정되지 않는 직종은 38개이다. 또한, 태국 내에서 취업하는 모든 외국인은 사전에 취업허가증을 득해야 한다.

10. 토지 소유

토지법은 외국인에게 토지소유를 허용하지 않고 있다. 그러나 투자위원회의 우대조치 혜택을 받은 기업으로 인정받은 경우에는 소유할 수도 있다. 또한, 공업단지개발공사(IEAT)가 개발한 공업단지에 입주함으로써 토지를 소유할 수 있다.

23
chapter

말레이시아

제 1 절 일반개황

일반	위 치 : 말레이 반도 및 보르네오섬 북부 면 적 : 330천 ㎢ (한반도의 1.5배) 기 후 : 고온다습한 열대 인 구 : 25백만명(2004) 수 도 : Kuala Lumpur (1.4백만명) 민 족 : 말레이계 (60%), 중국계 (30%), 인도계 (7%) 언 어 : 말레이어, 중국어, 영어, 타밀어 종 교 : 이슬람교, 불교, 기독교
정치	독 립 일 : 1957. 8. 31 (영국) 정 부 형 태 : 내각책임제 국 가 원 수 : Syed Sirajuddin 국왕 (Abdullah Ahmad Badawi총리) 의 회 : 양원제 (상원 70석, 하원 219석) 주 요 정 당 : 말레이연합당 (UMNO), PAS (회교계) 국제기구가입 : UN, IMF, IBRD, ILO, ASEAN, WTO, APEC 등
경제	G D P : 1,178억 달러 (2004) 1인당 GDP : 4,712달러 (2004) 화폐단위 : Ringgit 또는 Malaysian Dollar (M$) 회계연도 : 1. 1~12. 31 산 업 구 조 : (2004) 서비스업 48.6%, 제조업 31.2%, 농업 9.5% 주요수출품 : 전자전기기기, 야자유, 석유 및 LNG, 화학제품 주요수입품 : 제조부품, 기계, 수송장비, 금속제품 주요부존자원 : 석유, 천연가스, 천연고무, 주석 경제개발계획 : Vision 2020, 제2차 산업발전 마스터플랜 (1996~2005) 경제적강점 : 부존자원 풍부 경제적약점 : 종족간 · 지역간 심한 소득격차

제 2 절 경제동향

1. 국내경제

1.1 경제성장

말레이시아 경제는 내수와 수출의 고른 호조로 2004년 7.1%의 양호한 경제성장을 이루었으나 고유가로 인한 국내 소비와 수출 감소 등으로 이후 상승세는 다소 둔화되고 있다. 그러나 최근 민간 소비와 투자가 회복되는 양상을 보이고 있고 대규모 경상수지 흑자도 유지될 것으로 보여 향후 전망은 밝은 편이다.

서비스부문이 가장 급속한 성장을 보이고 있으며 소비자 지출 증가와 관광산업 성장, 무역 관련 활동 증가 등으로 인해 이 같은 성장세는 당분간 지속될 것으로 전망된다.

1.2 물가

고유가로 인한 정부의 연료 보조금 삭감, 주류·담배·식료품에 대한 세금 인상으로 인해 2005년 물가상승률은 예년에 비해서 비교적 높은 수준을 보일 것으로 예상된다. 그러나, 금리 인상 등으로 인해 물가상승 압력은 향후 미약할 것으로 보여 2006년 물가상승률은 2%대의 안정적 수준을 유지할 것으로 전망된다.

1.3 재정수지

만성적인 재정수지 적자(fiscal deficit)를 보이고 있는 말레이시아는 재정건전화를 이루기 위해 주력하고 있다. 향후에도 농업부문과 중소기업 지원을 중심으로 상당한 지출이 예상되나 세수가 증대되면서 재정적자 폭은 점차 축소되는 추세를 보이고 있다.

1.4 환율제도

말레이시아는 1998년 이후 외국자본 이탈 방지와 금융시장 안정을 위해 링기트화의 가치를 미 달러화에 연동시켜 왔다(1U$=RM3.8). 그러나 점증하는 링기트화의 평가절상(appreciation) 압력과 중국의 전격적인 위안(Yuan)화 평가절상에 따라 2005년 7월 말레이시아 정부는 링기트화의 가치를 주요 교역국의 통화바스켓에 연동시키는 관리변동환율제(managed floating exchange rate system)를 채택하였다.

링기트화 환율은 현재 달러화에 대해 안정적인 움직임을 보이고 있으며 향후에도 대달러 링기트화 환율은 점진적으로 하락할 것으로 전망되고 있다.

〈표 23-1〉 주요 국내경제지표

(단위 : %)

구 분	2001	2002	2003	2004	2005f
경 제 성 장 률	0.3	4.4	5.4	7.1	4.9
재 정 수 지 / G D P	-5.5	-5.6	-5.3	-4.3	-3.2
소 비 자 물 가 상 승 률	1.4	1.8	1.1	1.5	2.9

자료: EIU, Country Report

2. 국제경제

2.1 상품수지

말레이시아는 수입에 비해 수출이 활발하여 매년 대규모 상품수지 및 경상수지 흑자를 시현하고 있다. 수입 품목 중 수출을 위한 중간재(intermediate goods)의 비중이 커서 수출 규모가 증가하는 경우 수입 규모도 동반 증가하는 경향을 보이고 있다.

전기전자제품이 수출 품목의 50% 이상을 차지하고 있으며 이 중 상당 부분이 미국, 유럽연합(EU), 일본 등 선진국과의 거래여서 이들 국가의 경제 상황에 따라 수출규모가 크게 영향을 받는 대외의존적인 교역구조를 가지고 있다. 세계 반도체 산업의 지속되는 위축으로 인해 전자제품의 수출 성장세는 둔화될 것으로 보인다. 한편 대규모 경상수지 흑자 시현에 따라 외환보유고(foreign exchange reserves)는 크게 증가하는 추세를 보이고 있다.

2.2 경상수지

세계경제의 성장이 둔화됨에 따라 말레이시아의 수출규모 상승세도 다소 둔화될 것으로 보인다. 수입 성장세의 위축 속도가 수출 성장세의 둔화 속도를 앞질러 상품수지 흑자폭은 지속적으로 확대될 것으로 보인다. 그러나 관광 수입이 크게 증가할 것이라는 기대에도 불구하고 운송비 증가와 기타 서비스 부문의 적자로 서비스 수지 적자폭은 확대될 것으로 예상된다. 향후 대규모의 경상수지 흑자는 지속되겠으나 그 폭은 점차 축소될 것으로 보인다.

2.3 외국인직접투자

정부의 적극적인 투자 유치 노력에도 불구하고 외국인직접투자(FDI) 구모는 답보 상태를 보이고 있다. 특히, 말레이시아 경제에서 중추적인 역할을 담당하고 있는 전기전자제품 생산의 상당 부분을 담당하는 일부 다국적기업들(MNCs)이 생산기지를 중국으로 이전하고 신규 투자 유치는 제대로 이루어지지 않는 등 투자회복 조짐은 나타나지 않고 있다.

〈표 23-2〉 주요 국제경제지표

(단위 : 백만 달러, %)

구 분	2001	2002	2003	2004	2005f
경 상 수 지	7,287	7,190	13,381	14,770	15,200
경상수지 / GDP	8.3	7.6	12.9	12.5	11.8
상 품 수 지	18,384	18,135	25,710	27,519	28,200
수 출	87,981	93,383	104,999	126,642	146,300
수 입	69,597	75,248	79,289	99,123	118,100
외 환 보 유 고	30,474	34,222	44,515	66,384	88,674
총 외 채 잔 액	44,600	48,900	49,000	52,300	52,900
총외채잔액/GDP	50.7	51.4	47.3	44.4	40.8
DSR	5.9	7.0	7.7	5.9	4.6

자료: EIU, Country Report

제 3 절 정치 · 사회동향 및 대외관계

1. 정치동향

2003년 10월 마하티르 전 총리의 정계 은퇴에 따라 취임한 바다위 총리의 정치적 역량에 의문이 제기된 바 있다. 그러나 2004년 3월 치러진 첫 총선에서 바다위 총리의 말레이 연랍당(UMNO)이 주도하는 국민전선(Barisan Nasional)이 압승하여 바다위 총리가 당초의 불안을 극복하고 지지기반 구축에 성공한 것으로 평가된다. 바다위 총리는 강력한 일련의 부패척결 조치를 취하는 등 마하티르 전 총리와는 다른 독자적 노선을 추구하고 있다.

2. 사회동향

다양한 민족구성, 소득격차 및 말레이인 우대정책 등으로 민족 간의 갈등요소는 상존하고 있으나 이로 인한 사회불안 발생 가능성은 작은 편이다.

3. 대외관계

3.1 대미관계

대말레이시아 주요 투자국이며 최대 교역국인 미국과는 실용주의(pragmatism)에 입각하여 관계를 유지하고 있다. 미국의 대외정책에 대해서는 비판적 태도를 보이고 있으나 반테러 입장과 이슬람 극단주의에 대한 반대 입장은 계속 고수할 것으로 전망된다. 향후에도 대미 협력을 통한 양국간 교역확대를 추구할 것으로 보인다.

3.2 대인도네시아 관계

말레이시아 내 불법 체류 근로자의 80% 정도가 인도네시아 출신인 상황에서 2004년 3월 1일부터 시행된 불법 체류 근로자 추방 문제와 관련하여 인도네시아와의 관계가 악화되고 있다.

또한, 칼리만탄섬(인도네시아 영토) 동부 술라웨시해에 위치한 유전지대의 영유권을 둘러싼 양국간 갈등, 인도네시아 수마트라섬에서 발생한 산불로 인한 말레이시아의 환경오염 피해 등으로 인도네시아와의 관계는 원만하지 않은 실정이다.

제 4 절 국제신인도 및 대외지급능력

1. 국제신인도

1.1 주요 기관별 신용도 평가 순위

① Moody's : A3 (2004. 12)

② S&P : A- (2003. 10)

③ OECD : 2등급 (2004. 4) → 2등급 (2005. 4)
④ I. C. R. G. : 29/140 (2004. 12) → 37/140 (2005. 6)
⑤ I. I. : 35/173 (2004. 9) → 35/173 (2005. 3)
⑥ Euromoney : 47/185 (2004. 9) → 47/185 (2005. 3)

1.2 주요 ECA의 지원태도

① US EXIM : 전액 인수 가능하나 제약조건이 있을 수 있음
② 네덜란드 Atradius : 최고 부보율 적용
③ 영국 ECGD : 최고 부보율 적용
④ 독일 Hermes : 단기 전액 인수 가능

2. 대외지급능력

공공채무 및 민간채무 리스케줄링(rescheduling)의 경험은 없으며 장기 외채잔액은 감소 추세를 보이고 있으나 경기회복 등의 영향으로 단기외채차입액이 증가해 총외채는 소폭 증가하고 있다. 총외채 증가폭에 비해 총생산과 수출 증가폭이 상대적으로 커 GDP 및 총수출 대비 외채잔액 비율은 큰 폭으로 감소하고 있다.

마하티르 전 총리의 독자적인 경제위기 극복방안이 성공한 이후 최근 GDP 대비 외채총액과 DSR은 지속적으로 하락추세를 보이고 있다. 경상수지 흑자 유지로 외환보유고도 증가세를 보이고 있어 말레이시아의 외채상환능력은 양호한 것으로 평가된다.

제5절 전 망

1. 정치 · 사회부문의 안정성 유지

마하티르 총리의 뒤를 이은 바다위 총리의 국정 장악력이 의문시되고 있으나 정치 · 사회부문은 안정적인 양상을 보일 것으로 전망된다. 말레이시아 경제가 지식기반경제(knowledge-based economy)로의 전환을 도모하는 가운데 서비스부문의 성장세가 현저하여 당분간 안정적 경제성장이 기대된다.

2. 상품수지 및 경상수지 흑자의 지속

수출증가세가 수입증가세를 추월하고 있어 상품수지 및 경상수지가 지속적으로 큰 폭의 흑자를 보이고 있다. 외채구조도 양호한 편이며 외환보유고도 최근 대폭 증가하는 등 대외경제부문도 안정적인 모습을 보이고 있다.

제 6 절 투자환경

1. 투자관련법

1965년 회사법	말레이시아에서 사업을 영위하는 모든 기업에 대한 등기절차와 가이드라인 규정
1967년 소득세법	주요 분야에 대한 세제상 우대조치 규정
1975년 공업조정법	공업개발의 효율화와 우대대상 업종 규정
1986년 투자촉진법	제조업 및 농업에 대한 우대조치 규정. 1968년 투자우대법을 대체한 것으로 그 대상에 중속기업, 호텔, 관광업이 추가됨

2. 최저 투자액 : 규제 없음

3. 투자신청

3.1 관할부서는 말레이시아 공업개발청(MIDA : Malaysian Industrial Development Authority)와 국제통상산업부(MITI: Ministry of International Trade & Industry)임

3.2 1975년 공업조정법(ICA)에 따라 모든 제조업 근로자는 해당 제조활동에 대하여 MIDA로부터 라이센스를 취득하여야 함

자본금이 RM2.5백만 이상 또는 상시 근로자가 75명 이상의 제조회사는 라이센스를 신청할 의무가 있다.

3.3 투자센터에서 주 단위로 투자자에 대해 적절한 안내를 제공하고 있는데 투자센터는 특별위원회에서 지원하고 있으며 라이센스 절차, 인허가 사항 및 주정부 단계에서 직면할 수 있는 문제를 해결해주고 있음

3.4 말레이시아에서 사업을 영위하는 외국인 기업은 1965년 회사법에 따라 영업계약 체결을 포함한 영업활동을 개시하기 전에 회사등기소에 등록하여야 함

(1) 자본금 투자(capital investment)와 근로자(employee)의 비율(C/E 비율)이 1인당 RM55천 이하인 프로젝트는 제조 라이센스 및 세제상의 우대조치를 받는 대상이 되지 못함

(2) 다만 부가가치가 30% 이상인 프로젝트, MTS Index(관리, 기술현장관리 근로자의 비율)가 15% 이상, 하이테크 기업으로 인정된 사업 및 제품 리스트에 게재된 프로젝트, 말레이시아 반도 동해안 Sabah, Sarawak 지역에 위치한 프로젝트, 이상 4개 조건을 충족하면 본 가이드라인의 적용을 받지 않음

4. 투자분야

4.1 High Technology, 자원 활용, 자본집약 및 기술집약산업을 우대하고 있으며 Supporting Industry의 유치에 역량을 결집시키고 있음

우대업종 리스트는 MIDA(www.mida.gov.my)가 발행하는 말레이시아 제조업 투자를 참조할 수 있다.

5. 우대조치

5.1 제조업, 농업 및 관광업에 대한 우대조치는 1986년 투자촉진법에 명시되어 있으며 우대조치의 주요 내용은 소득세의 감면임

(1) 일반적 우대조치

① Pioneer Status : Pioneer Status로 인정받은 회사는 법정소득의 30%에 대하여만 과세한다. 면세기간은 국제통상산업부가 결정하는 생산일로부터 기산하여

5년 간이다. 다만 지정된 우대지역에 입지하는 기업은 5년간 법적 소득의 15%에 대하여 과세한다.

② 투자세액공제 : 투자세액공제를 인정받은 회사는 프로젝트 인가일로부터 5년 이내 발생된 적격 자본지출에 대하여 60%의 공제를 받을 수 있다. 다시 동 공제는 부과연도의 법정소득의 70%를 상쇄하는 데 이용되며 미이용 공제액은 동 금액이 이용될 때까지 다음해로 이월된다. 잔여 30%는 현행 법인세율이 적용된다. 지정된 우대지역에 입지한 기업은 발생된 적격 자본지출에 대하여 80%의 공제를 받게 된다. 이 공제액은 매년 부과연도의 법정소득의 85%를 상쇄하는 데 이용된다.

(2) 기타 우대조치

기타 하이테크 산업(high-tech industry)에 대한 우대조치, 수출 프로젝트에 대한 우대조치, 연구 · 개발(R&D) 프로젝트에 대한 우대조치, 중소기업에 대한 우대조치, 지역본부(Operational Headquarter)에 대한 우대조치 등이 있다.

6. 투자비율 규제

제조업에 대한 외국인투자비율 제한은 없다.

7. 세 제

7.1 법인세는 거주자 또는 비거주자를 불문하고 28%임

7.2 개인소득세

① 거주 개인 : 인적 공제후 합계소득에 대하여 0~28%의 누진세가 부과된다.

② 비거주 개인 : 일반적으로 말레이시아에서의 고용기간이 60일을 초과하지 않으면 면세된다. 또한, 조세협약에 따라 183일 이하 체재하고 그 업무가 말레이시아 비거주자를 위하여 제공되며 말레이시아 국내의 기관이 소득을 부담하지 않는 경우에는 말레이시아의 국내 소득세는 면제된다.

③ 원천소득세 : 비거주자에 대한 지급에 대하여 원천소득세가 부과된다. 로열티(royalty),

노하우(know-how) 및 특정 서비스에 대한 지급, 동산 이용에 대한 지급에 대하여는 10%, 이자에 대하여는 15%, 계약에 따른 용역제공에 대하여는 10%가 부과된다.

8. 금 융

8.1 국내에서의 차입에 관한 규정

(1) 국내기업은 국내의 모든 금융기관으로부터 관리당국의 허가없이 RM10백만까지 차입할 수 있음. 다만 차입금의 60% 이상은 말레이시아에 설립된 금융기관에서 차입하여야 하며 RM10백만을 초과하는 차입의 경우에는 중앙은행의 승인이 필요함. 다만 외국인 기업은 자본금을 포함한 적정한 자본금을 납입하고 있어야 함

(2) 외국인 기업이 RM10백만 이상 차입하는 경우에는 자기자본금의 3배로 차입 한도가 설정되어 있음

8.2 해외에서의 차입에 관한 규정

(1) 역외금융에 대한 규제에 따라 RM1백만 상당 이상의 외화를 차입하는 경우에는 사전에 관리당국의 허가를 필요로 함

국제금융센터로 현재 육성 중에 있는 Labuan의 발전을 위하여 Labuan International Finance Center에서 차입하는 것을 장려하고 있다.

9. 외국인 노동자

9.1 외국인이 납입한 자본금이 미화 200만 달러 이상인 제조회사는 주요 직책 5인을 포함하여 10인의 외국인 근로자를 자유롭게 고용할 수 있음. 외국인 주재원은 최대 10년간 임원(executive post)에 취임할 수 있으며 그 외 직위에는 5년간 취임할 수 있음

9.2 외국인이 납입한 자본금이 미화 20천 달러 이상 200만 달러 미만의 제조회사는 주요 직책 1인을 포함하여 5인의 외국인을 자유롭게 고용할 수 있음. 외국인 주재원은 최대 10년간 임원에 취임할 수 있으며 그 외 직위에는 5년간 취임할 수 있음

9.3 말레이시아 자본에 의한 제조회사는 연구 · 개발(R&D) 등을 포함한 기술직으로 외국인 주재원 고용은 기업의 요청에 따라 자동적으로 허가되고 있음

10. 토지 소유

10.1 일반적으로 사업을 영위하기 위해 토지를 취득하는 것을 규제하지는 않음. 그러나 경우에 따라 환경을 고려하여 제한을 두기도 함

(1) 국내에는 170개의 공업단지가 있으며 이들 공단은 도로, 전기, 수도, 통신 등 인프라가 완비되어 있고 수출가공지구도 있음

(2) 대부분의 공업단지가 주 경제개발공사(SEDC)에 의해 개발되었으며 30년부터 99년까지 임대해 주고 있음. 민간이 개발한 공업단지도 존재함

24
chapter

싱가포르

제1절 개 관

싱가포르는 말레이반도 남단의 섬나라로 인구(2006년 기준)는 약 440만명이며 1819년 말라카 술탄이 영국 동인도회사 앞으로 양도하였다가 1955년 영국으로부터 자치정부 수립, 1963년 말레이연방 편입, 1965년 말레이연방으로부터 독립하였다. 동국은 의회민주주의를 채택하고 있으며 1959년 선거에서 리콴유가 이끈 국민행동당이 승리한 이후 지금까지 동일정당이 계속해서 집권하고 있다. 1990년까지 리콴유가 총리직에 있었으며 그 이후 2004년 8월까지는 고촉통, 이어서 리콴유의 장남 리센룽이 현재까지 총리 겸 재무장관으로 재임하고 있다. 리콴유는 총리 재임기간 중에 비약적인 경제발전을 이룩하여 대내외적으로 동국의 기반을 구축한 것으로 평가받고 있다.[1)]

〈표 24-1〉 일반지표

면 적	1천㎢	G D P	1,342억 달러(2006)
인 구	440만명(2006)	1 인 당 G D P	30,509달러(2006)
정 치 체 제	내각책임제	통 화 단 위	싱가포르 달러(S$)
대 외 정 책	비동맹중립	환 율(달 러 당)	1.59(2006년 평균)

1) 싱가포르는 효율적인 경제정책 추진과 노동생산성(labor productiviy) 제고 등을 통해 1인당 GDP(2006년 기준)가 30,000달러를 초과하였다. 세계경제포럼(WEF : World Economic Forum)에서 실시하는 국가경쟁력(national competitiveness) 평가에서도 항상 선두그룹에 속하고 있다. 동국의 주요 산업으로는 가전제품 조립, 석유정제 및 선박수리 산업 등이 해당되었으나 1980년대부터 반도체 등 전자산업을 집중적으로 육성하고 있다(수출입은행, 수은해외경제, 2007. 2. pp. 134~140 요약 · 재구성).

제 2 절 경제동향

1. 경제구조

1.1 경제구조의 취약성

(1) 국내총생산(GDP) 대비 산업별 생산비중(2005년 기준)은 제조업 26.8%, 금융 및 상업 서비스 23.4%, 운송 및 통신 11.9%, 건설 3.6%, 기타 34.3%로 나타났음

① 주요 수출상대국(2005년 기준) : 말레이시아(13.2%), 미국(10.2%), 홍콩(9.4%), 중국(8.6%), 일본(5.5%)
② 주요 수출품목(2005년 기준) : 전기전자제품, 석유화학제품
③ 주요 수입품목(2005년 기준) : 전기전자제품, 석유화학제품

(2) 싱가포르는 대표적인 소규모 개방경제체제(small open economic system) 국가로서 대외적인 요인이 싱가포르 경제전반에 영향을 미치고 있음. 즉, 국가규모와 부존자원의 한계로 외부경제(external economy)에 의존할 수밖에 없는 구조를 가지고 있어 대외경제여건이 악화될 경우 싱가포르 경제전반이 어려워질 수 있음. 2001년 미국의 IT 산업 침체로 전자제품 수요가 감소함에 따라 싱가포르는 마이너스 성장을 경험한 바 있음

(3) 전자산업에 집중된 싱가포르 제조업기반의 구조적 취약성으로 인해 대외적인 경기 불안정시 탄력적인 대응을 저해하는 문제를 해결하기 위해 최근 의료산업 · 화학산업 육성, 내수시장 확대, 관광산업 활성화 등 다변화를 도모하고 있음

1.2 성장잠재력

(1) 싱가포르는 도시국가이나 교역규모로 보면 동남아 최대시장이고 세계적인 전자산업 다국적기업들(MNCs : Multinational Corporations)의 생산 및 유통기지 역할을 담당하고 있음. 또한, 자유무역(free trade) 및 완전경쟁시장(perfectly competitive market)으로서 AT

Kearney와 Foreign Policy지가 공동으로 시행한 2005년 기준 '세계화지수'(globalization index) 조사에서도 1위를 차지한 바 있음

(2) 자유시장경제(free market economy) 및 개방 노력은 부족한 자원을 효율적으로 배분하고 경쟁력(competitiveness) 강화의 기반이 되고 있음. 이에 따라 싱가포르는 가장 기업하기 편리한 국가로 인식되고 있어 다수의 다국적기업을 유치하고 있는 실정임

(3) 거시경제정책의 안정성(stability of macroeconomic policy)을 통해 정부가 효율적이고 투명한 서비스를 제공하면서 민간 및 다국적기업들에게 적합한 환경을 제공하고 있으며 도로, 항만, 공항, 통신 등 경제인프라(economic infrastructure)에 대한 집중적 개발과 함께 공공주택, 국민의료, 도시환경 정비 등 사회개발(social development) 투자를 확대하고 있음. 또한, 근로자들의 기능을 향상시키기 위하여 교육과 훈련을 지속적으로 실시하는 엘리트 교육제도는 국가경쟁력(national competitiveness) 강화의 주요 요인이 되고 있음

2. 경제정책

싱가포르 정부는 경제발전과 개방경제체제를 유지하기 위하여 적극적인 시장개입과 산업정책을 실시하고 있다. 경제정책 추진의 핵심은 외국인투자 유치의 극대화가 이루어질 수 있도록 국내 기업활동 비용을 최소화하는 데 있다. 이와 관련된 정책추진으로 기업활동과 관련된 제반 세율을 낮게 유지하고 임금제도의 탄력적 운영 등을 지적할 수 있다. 그리고 대외개방도가 높은 경제특성상 해외물가상승요인 등의 국내 유입을 차단하기 위하여 외환제도의 효율적인 운영에도 만전을 기하고 있다.

3. 국내경제

3.1 경제성장

싱가포르는 대외의존도(external dependence)가 매우 높은 개방형 소규모 그도산업경제국으로 평가할 수 있다. 싱가포르의 주요 수출품인 전자제품, 의약지품에 대한 수요증가로 제조

업 성장이 두드러져 싱가포르 경제는 2006년 8% 이상의 성장을 시현하였으며 1인당 국내총생산(per capita GDP)도 30,000달러를 초과한 것으로 추정된다. 내수시장도 지속적으로 성장하고 있으며 실업률 감소와 실질임금(real wage) 상승 등으로 소비자의 경제에 대한 신뢰가 높고, 관광산업 활성화로 소매업 성장세가 지속되고 있다. 다만 2007년에는 세계경제 성장세가 둔화됨에 따라 경제성장률은 4%대를 기록할 것으로 보인다.

3.2 물가

소규모 개방경제체제인 싱가포르는 국제상품의 가격, 특히 유가의 영향에 직접적인 영향을 받게 된다. 2006년 고유가 현상도 싱가포르 내 전기료와 유류가격, 교통요금에 영향을 미쳐 물가상승률이 전년에 비해 소폭 상승한 1%를 기록하였다. 그러나 경제성장과 수출활성화(export vitalizations)로 인한 환율의 평가절상(appreciation)은 물가상승 압력(inflationary pressure)을 완화시키고 있다. 2007년에도 물가상승률은 1% 수준에서 안정될 것으로 기대된다.

3.3 재정

재정수지는 2003년 이래 지속적으로 흑자를 유지하고 있다. 이에 따라 사회인프라(social infrastructure) 구축 등 정부투자도 차질없이 진행되고 있다.

〈표 24-2〉 주요 국내경제지표

(단위 : %)

	2002	2003	2004	2005	2006
경 제 성 장 률	4.04	2.93	8.72	6.38	8.24
재정수지/GDP	-1.64	6.45	5.57	6.89	-
소비자물가상승률	-0.40	0.50	1.70	0.50	1.00

주 : IMF · IFS, 2006. 12 및 EIU, ViewsWire, 2006. 12.

4. 국제경제

4.1 경상수지

2004년 이래 전세계적 IT 산업의 성장세로 싱가포르의 주요 수출품에 대한 수요가 지속적으로 증가하였다. 이에 따라 싱가포르의 상품수지와 경상수지는 대규모 흑자를 기록하고 있다. 이 같은 추세는 2007년에도 유지될 것으로 보인다.

4.2 외환보유고

외환보유고가 수입 5개월 수준에 이를 정도로 높은 수준을 유지하고 있다. 국내총생산(GDP)과 총수출 대비 총외채잔액 비중도 지속적으로 감소하고 있을 뿐만 아니라 DSR(Debt Service Ratio)도 2% 이내를 기록하고 있어 외채상환능력 관련지표들은 매우 양호한 것으로 평가된다.

〈표 24-3〉 주요 국제경제지표

(단위 : 백만 달러, %)

	2002	2003	2004	2005	2006
경 상 수 지	11,918	22,317	26,318	33,121	34,100
경상수지/GDP	13.47	24.04	24.48	28.29	25.40
상 품 수 지	18,818	29,567	32,926	37,890	37,400
수 출	170,200	197,900	247,700	283,800	332,700
수 입	155,200	171,800	218,000	248,800	291,600
외환보유고	81,367	94,975	111,498	115,334	133,860
총외채잔액	20,700	22,200	23,600	23,800	24,300
총외채잔액/GDP	23.39	23.91	21.95	20.33	18.10
D S R	2.00	1.80	1.50	1.40	1.30

자료 : IMF · IFS, 2006. 12
EIU, ViewsWire, 2006. 12.

제 3 절 정치 · 사회동향 및 대외관계

1. 정치동향

국민행동당(PAP)은 1959년부터 지금까지 집권하고 있으며 2006년 5월 총선에서도 84개의 의석 중 82석을 차지하여 집권여당의 의회지지 기반이 매우 확고한 편이다. 2004년 8월 총리에 취임한 리셴룽 수상은 리콴유 전 수상의 장남으로 1998년부터 총리에 취임하기 전까지 싱가포르 중앙은행 총재 겸 부총리를 역임하였으며 군 고위급 출신이어서 군부와도 긴밀한 관계를 유지하고 있다. 리셴룽 총리는 국가지도부를 신세대로 교체하고 자신의 권력기반을 새롭게 구축하기 위하여 2006년 의회를 해산하고 총선을 실시하여 압도적 의석은 확보하였으나 2001년 총선에 비해 낮아진 66.6%의 득표율을 기록한 바 있다. 향후 지지도를 만회하기 위해 다양한 정책을 개발하여 제시할 것으로 보인다.

2. 사회동향

싱가포르를 주도하는 민족은 중국인이며 1960년대 말레이인 등 여타 소수민족들과의 인종분쟁을 경험한 바 있다. 따라서 인종분쟁 재발을 방지하기 위하여 소구민족에 속하는 말레이인 및 인도인에 대한 각종 유화 및 견제를 동시에 취하고 있다.

3. 대외관계

3.1 ASEAN

말레이시아와는 물 공급원 확보와 말레이시아 정치인들의 싱가포르 인종차별정책 비난 등으로 인해 다소 마찰이 있어 왔으나 국가간 충돌로 비화할 가능성은 없는 것으로 판단된다. 또한, 인접국들이 모두 ASEAN 회원국이기 때문에 국가 간의 상호 유대관계를 원만히 유지하고 있어 인접국들과의 분쟁발발 가능성은 매우 희박하다고 할 수 있다.

3.2 중국

최근 싱가포르의 주요 수출시장으로 부상하고 있는 중국과의 관계가 개선되고 있다. 2006년 10월 리센룽 총리는 원자바오(溫家寶) 중국 총리와의 회담에서 긴밀한 협력관계 구축을 표명한 바 있다. 싱가포르는 2005년 기준 중국의 6대 외국인 투자국이며, 홍콩을 포함할 경우 중국은 싱가포르의 최대 수출국이다(총수출액의 19.4%).

제 4 절 국제신인도

1. 주요 신용도평가기관의 신용도 추이

① OECD	: 0등급 (2005. 4) → 0등급 (2006. 4)
② ICRG	: 5/140 (2005. 9) → 5/140 (2006. 8)
③ Euromoney	: 20/185 (2006. 3) → 19/185 (2006. 9)
④ I.I.	: 17/173 (2006. 3) → 15/173 (2006. 9)
⑤ Moody's	: Aaa (Stable, 2002. 6)
⑥ S&P	: AAA (Stable, 1995. 3)
⑦ FITCH	: AAA (Stable, 2003. 4)

2. 주요 ECA의 인수 태도

① 미국 US EXIM	: 최고 부보율 적용
② 영국 ECGD	: 최고 부보율 적용
③ 독일 Hermes	: 최고 부보율 적용

3. 한국과의 관계

3.1 수출입현황 : 2005년 기준 수출 74.1억 달러, 수입 53.2억 달러

※ 주요 수출품목 : 전자전기제품, 석유화학제품
주요 수입품목 : 전자전기제품, 석유화학제품

3.2 해외직접투자현황 : 2006년 9월 기준 227건, 13.3억 달러

제5절 평 가

싱가포르는 2006년 1인당 GDP가 30,000달러를 초과하였으며 양호한 수출실적과 내수시장의 안정된 성장으로 경제성장률도 8% 이상을 기록하였다. 물가상승률도 1%대를 유지할만큼 효과적으로 관리되고 있으며 재정수지도 2003년 이래 흑자를 나타내고 있다. 이 외에도 수출관련지표 및 외채상환 관련지표도 지속적으로 호전되고 있다.

2006년 5월 총선에서 여당인 국민행동당이 국민의 압도적 지지로 집권함으로써 기존의 정책을 안정적으로 추진할 것으로 보이며 주변국과 충돌이 발생할 가능성도 거의 없다고 할 수 있다.

25 chapter

필리핀

제 1 절 일반개황

일반	위 치 : 남중국해상 도서국 면 적 : 300천 ㎢ (한반도의 1.3배) 기 후 : 고온다습한 아열대성 인 구 : 86.2백만명 (2004) 수 도 : Manila (10백만명) 민 족 : 말레이족, 모로족 언 어 : 타갈로그어 (공용어), 영어 (공용어) 종 교 : 가톨릭 (83%), 개신교 (9%), 이슬람교
정치	독 립 일 : 1946. 7 (미국) 정 부 형 태 : 대통령중심제 국 가 원 수 : Gloria Macapagal Arroyo 대통령 의 회 : 양원제 (상원 24석, 하원 212석) 주 요 정 당 : LAKA당, NPC당(보수주의 연합), Laban당 국제기구가입 : IMF, IBRD, ADB, ASEAN, WTO, APEC 등
경제	G D P : 846억 달러 (2004) 1인당 GDP : 981달러 (2004) 화폐단위 : Peso (P) 회계연도 : 1. 1~12. 31 산 업 구 조 : (2004) 서비스업 52.8%, 제조업 23.0%, 농업 15.3% 주요수출품 : (2004) 전기 · 전자장비, 의류, 농산물 주요수입품 : (2004) 통신설비, 반가공제품, 전기장비제조부품 주요부존자원 : 동, 금, 니켈, 석유, 목재 경제개발계획 : 기존 경제구조의 전면 개편, 저소득층 중심 개발 경제적강점 : 풍부한 천연자원 및 노동력 경제적약점 : 지역간 · 계층간 심한 소득격차, 취약한 수출구조

제 2 절 경제동향

1. 국내경제

1.1 경제성장

필리핀은 농업부문의 작황 호조, 관광산업 등 서비스부문의 활성화, 수출증가세 등에 힘입어 2004년 6.1%의 성장을 시현하였다. 그러나 2005~2006년 기간 중에는 중국과 경제협력개발기구(OECD) 국가들의 경제성장 둔화 등의 영향으로 수출증가율이 하락할 것으로 예상되어 경제성장률이 5.0%를 기록할 것으로 전망된다.

1.2 재정수지

부실한 조세제도 및 세수기반의 부족 등으로 인해 재정수지가 만성적인 적자기조를 보이고 있으나 긴축 재정정책 운용 등을 통해 재정적자(fiscal deficit)를 감소시키기 위해 주력한 결과 2003년부터 GDP 대비 적자비중이 감소하고 있다. 세수 증대를 위해 조세제도(tax system)를 정비하고 있을 뿐만 아니라 국영 전력회사의 민영화(privatization) 등을 추진하고 있어 재정수지 적자폭의 지속적 축소는 가능할 것으로 전망되나 단기에 큰 폭의 개선은 힘들 것으로 전망된다.

1.3 물가

소비자물가수준은 국제유가 상승에 따른 국내 수송·교통비 및 전기요금의 인상으로 인한 가격상승 요인(cost push)과 경제규모 확대와 관련된 수요증가 요인(demand pull)이 동시에 작용하여 2003년 2.9%에서 2004에는 6.0%로 상승하였다. 향후에도 국제유가의 상승으로 소비자물가의 상승세가 다소 강하게 나타날 것으로 보인다.

1.4 경제정책

경제정책 추진의 최우선 과제가 만성적 재정적자의 해소에 있으므로 세수증대를 위한 세제관련 법제도의 개선 및 정비 작업을 추진하고 있다. 2004년 12월에는 주류 및 담배의 물품세율을 인상하는 법안이, 2005년 1월에는 징세효율법이 의회에서 가결된 바 있다.

또한, 부가가치세의 세율 인상 및 면세대상 축소 조정을 위한 관련법안도 20C5년 6월말 의회에서 통과되었다.

〈표 25-1〉 주요 국내경제지표

(단위 : %)

구 분	2001	2002	2003	2004	2005f
경 제 성 장 률	1.8	4.4	3.6	6.1	5.0
재 정 수 지 / G D P	-4.1	-5.4	-4.7	-3.9	-3.2
소 비 자 물 가 상 승 률	6.1	3.1	2.9	6.0	8.2

자료: EIU, Country Report

2. 국제경제

2.1 경상수지

일본, 중국 등 아시아권 국가들의 수입수요 증가로 2004년 수출증가율이 약 10%에 달하였으나 국제유가 상승 등으로 인해 수입부담도 급증하여 상품수지 적자폭이 더욱 확대되었다. 2005~2006년에는 중국 및 OECD 국가들의 경제성장 둔화로 상품수출 증가율이 감소할 것으로 예상되나 민간부문의 소비재, 수출관련 중간재(intermediate goods) 및 자본재(capital goods) 등의 수입증가율이 더욱 하락할 것으로 보이므로 상품수지 적자폭은 다소 축소될 것으로 전망된다.

또한, 2005~2006년에 해외송금 및 관광수입 등이 증가하여 해당기간의 상품수지의 적자에도 불구하고 경상수지 흑자폭은 다소 확대될 것으로 보인다.

2.2 수출

상품 수출에서 전자제품이 차지하는 비중이 2003년 기준으로 68.0%를 기록할 정도로 수출품목의 편중이 심한 편이다. 또한, 총수출(2003년 기준)의 약 24.6%가 미국에 집중되어 수출의 대미의존도가 큰 점 등을 고려할 때 수출구조(export structure)가 취약한 것으로 분석된다.

〈표 25-2〉 주요 국제경제지표

(단위 : 백만 달러, %)

구 분	2001	2002	2003	2004	2005f
경 상 수 지	1,323	4,383	1,396	2,400	4,000
경상수지 / GDP	1.9	5.7	1.8	2.9	4.2
상 품 수 지	-743	407	-5,455	-6,381	-5,500
수 출	31,243	34,377	35,342	38,728	41,000
수 입	31,986	33,970	40,797	45,109	46,500
외 환 보 유 고	13,429	13,136	13,457	12,452	
총 외 채 잔 액	57,800	59,300	63,200	66,500	66,700
총외채잔액/GDP	81.2	77.3	79.7	77.9	69.2
DSR.	19.6	19.7	20.6	15.7	16.2

자료: EIU, Country Report

제 3 절 정치 · 사회 동향 및 대외관계

1. 정치동향

1.1. 아로요 대통령의 탄핵정국 극복

아로요 대통령은 대선부정 의혹 및 가족들의 뇌물수수 조사 등으로 인해 야권 정치세력, 종교계 및 교육계 등으로부터 대통령 퇴직 압력을 강하게 받고 있어서 2005년 6월말 대통령 탄핵안이 하원에 제출되었으나 의회 내의 확고한 친정부 세력의 지원으로 부결된 바 있다. 필리핀 하원 의석 212석 중 주요 정당별 의석수는 아로요 대통령의 라카스당(Lakas)이 91석, 국가수호 국민연립당(NPC) 58석, 라반당(Laban) 15석이며, 친정부 태도를 견지하고 있는 국가수호 국민연립당을 비롯하여 하원 내 정부를 지지하는 의석수는 181석에 이르고 있다.

또한, 상원(의석수 24석)도 친정부 세력이 주도권을 장악하고 있어 아로요 대통령의 의회 내 지지기반은 확고한 것으로 평가할 수 있다. 한편, 헌법 개정을 통해 현 대통령 중심의 중앙집권제를 내각책임의 연방제로 변경하는 정치체제 개혁 작업이 추진되고 있다.

1.2 군부의 부정부패 조사 관련 동요 가능성

군부의 부정부패 조사와 관련하여 군부 내 일각에서 동요가 발생할 가능성이 제기되고 있다. 2003년 7월 간부급 장교들이 주도한 쿠데타 시도 등을 고려할 때 군부 내 부정부패에 대한 조사가 정국 불안으로 연결될 가능성을 전혀 배제할 수 없는 상황이다.

2. 사회동향

2.1 회교 분리주의세력 등과의 무력충돌 지속

모로 국가해방전선(MNLF) 및 모로 이슬람해방전선(MILF) 등 민다나오섬의 회교 분리주의세력들과 정부군 간의 무력충돌이 지속되고 있으며 예전에 비해 강도는 상당히 감소되었으나 루손섬을 중심으로 공산주의 게릴라단체인 신인민군(NPA)의 활동도 지속되고 있다.

2.2 민다나오섬의 회교 분리주의 세력과의 협상 추진

민다나오섬의 회교 분리주의세력들과는 협상이 계속 진행되고 있으며 이미 민다나오섬의 일부 지역에는 자치권이 인정되고 있다(루손섬 북부 코딜레라 지역에 대해서도 역사 및 문화의 특유성을 인정하여 완전한 자치권을 부여하였음).

한편, 미국에서는 회교반군 진압과 관련하여 군비를 포함한 군사지원을 계속하고 있다. 회교반군들이 주로 활동하는 무대는 마닐라 등과 같은 경제중심지가 아닌 남부 섬지방이다.

〈참고〉 필리핀 정국불안 지속의 배경

1. 글로리아 마카파갈 아로요 대통령이 본인의 대선부정 의혹 및 가족들의 뇌물수수 조사 등으로 인해 야권 정치세력, 종교계 및 교육계 등으로부터 퇴진 압력을 강하게 받고 있음

2005년 6월말 대통령 탄핵안이 하원에 제출되었으나 의회 내의 확고한 친 정부세력의 지원으로 탄핵 정국에서 탈피할 수 있었다. 한편, 아키노 전(前) 대통령과 같은 유력한 여권정치인들도 대통령의 도덕성 손상을 지적하면서 사임을 지속적으로 종용하고 있어 필리핀 정국은 안정이 회복되지 않고 있다.

2. 필리핀 사회불안의 역사적 배경

2.1 필리핀은 전통적으로 국내 과격단체들에 의한 납치, 테러 및 무장충돌 등이 자주 발생하여 사회불안정이 상존해 왔음

민다나오섬의 회교 분리주의세력인 모로 국가해방전선(MNLF) 및 모로 이슬람해방전선(MILF) 그리고 루손섬을 주 활동무대로 하는 공산주의 게릴라단체인 신인민군(NPA) 등이 대표적인 무장과격단체에 해당된다.

※ 모로(Moro) : 필리핀 남쪽 섬에서 전통적으로 거주하는 회교도들을 지칭함

2.2 최근에는 남쪽 바실란섬을 근거지로 하여 아부 사야프가 이끄는 과격회교단체의 활동이 사회적으로 물의를 일으키고 있음

이들은 독립회교국 건립 투쟁을 표방하고 있으나 관광객 또는 주민을 납치하여 금품을 요구하는 행위를 일삼고 있다.

※ 바실란섬 : 민다나오섬에 속하는 작은 섬으로 민다나오의 서쪽에 위치

2.3 민다나오섬의 분쟁은 그 기원이 16세기 스페인의 필리핀 지배가 시작되면서 토착 회교도를 천주교도를 개종시키는 과정에서 연유된 것으로 약 500년의 역사가 있음

특히, 1950~1960년대에 루손 및 비사야스 지역으로부터 기독교 계통의 주민들이 민다나오섬으로 대거 이주하면서 회교 분리주의세력들의 활동은 더욱 적극성을 보이기 시작하였다.

※ 비사야스 지역 : 루손 및 민다나오섬 사이에 있는 사마르, 파나이, 네그로스, 체부, 레이테 등의 섬들을 총체적으로 지칭함

2.4 민다나오섬의 회교 분리주의세력과 Jemaah Islamiyah(JI)의 연계 가능성에 대해서도 논의가 진행되고 있음

아부 사야프는 자신의 조직원을 오사마 빈 라덴이 아프가니스탄에서 운영한 바 있는 알 카에다(al Qaeda) 훈련소에 파견 훈련시킨 적이 있음을 표명한 것으로 알려지고 있다.

※ JI : 1980년대 인도네시아에서 이슬람 공동체 형식으로 출범하여 동남아지역에 근본주의 이슬람국가 건설을 목표로 하고 있으며 1990년대 중반 al Qaeda 조직과 연관을 맺으면서 테러 활동을 전개하고 있음

2.5 1969년에 발족한 NPA는 1950년대 중반 루손섬에서 발생한 후크발라합 봉기의 근본이념을 계승하여 농촌지역으로 침투하여 세력확대를 지속하였음

1985년 정규군이 25,000명에 달하였으며 전국 농촌의 약 20%가 NPA의 영향권 하에 있었다.

2.6 공산당도 1992년에 합법정당으로 인정되면서 NPA는 국가민주화전선(NDF)을 산하 정당으로 설립하였으며 현재 좌익 정치세력으로 하원에도 진출하고 있음

정부의 지속적인 유화정책 추진 등이 주효하여 NPA 정규군의 수는 10,000여명으로 감소하였다.

2.7 1986년 마르코스 하야 이후 지난 19년 동안 10여 차례의 군부쿠데타 시도가 있었음

2003년 7월에는 특수부대(Scout Rangers) 장교 및 장병 323명이 마닐라 시내 고급아파트 단지의 고층 1개 동을 급습하여 23시간 동안 점거하면서 군부 내 부패일소와 처우개선 등을 요구하는 사건이 발생한 바 있다.

2.8 현재 필리핀 군인들은 군장비의 부족 및 노후화, 불충분한 의료시설 및 병영막사, 군부 고위층의 부정부패 등으로 인해 심각한 사기 저하 상태에 있음

사기진작을 위한 적절한 조치가 단행되지 않을 경우 추가 쿠데타 시도가능성도 배제할 수 없는 상황이다.

2.9 고질적인 부정부패, 높은 실업률, 빈곤층의 불만 등으로 인해 대정부 항의시위가 빈발하고 있으며 정치적 문제로 인한 군중시위도 자주 발생하는 점 등을 고려할 때 필리핀 국민들은 시위문화에 익숙해져 있는 것으로 판단됨

1986년 2월 마르코스, 2001년 1월 에스트라다의 권좌로부터 축출도 민중의 힘(People Power)이 주도한 것으로 평가할 수 있다.

3. 정국불안 심화의 근인(近因)

3.1 대통령 가족들에 대한 뇌물수수 조사

아로요 대통령의 남편은 고위직에 대한 인사 청탁과 불법 복권게임 운영업자들로부터의 뇌물수수 의혹을 받고 있으며 의회 특별위원회의 조사가 진행되고 있다. 하원의원인 아로요 대통령의 아들과 시동생도 불법 복권게임 운영업자들로부터 각각 매월 50만 페소의 뇌물을 받았다는 의혹이 제기되고 있으며 이들에 대한 조사도 의회 차원에서 진행되고 있다. 또한, 아로요 대통령 본인도 2004년 5월 대선 당시 불법 복권게임 운영업자들로부터 선거자금을 수수하였다는 의혹을 받고 있다.

3.2 강력한 개혁정책 추진에 따른 반작용

(1) 조세제도의 개혁

필리핀 정부는 국가경제에 큰 부담으로 작용하고 있는 만성적 재정적자를 해소하기 위해 2004년 10월 세제 관련 법제도의 개혁을 통한 재정안정화 계획(financial stabilization plan)을 발표한 바 있다. 동 재정안정화 계획은 주류 및 담배 물품세율의 인상, 징세 효율성 제고, 연체세금의 탕감, 투자인센티브의 합리화(rationalization of investment incentive), 부가가치세의 세율 인상 및 면세대상 축소, 소득세 산출체계의 조정, 통신망 독점세의 도입 등 8개 조세 관련법의 제·개정 작업을 추진하는 것을 주요 내용으로 하고 있다.

8개 조세 관련법 중에서 주류 및 담배의 물품세율을 인상하는 법안이 2004년 12월, 그리고 징세 효율성 제고를 위한 법안은 2005년 1월 의회에서 가결되었다. 부가가치세의 세율 인상 법안 및 면세 대상 축소법안도 2005년 6월 의회에서 통과되었으나 연체세금 탕감 법안 및 투자인센티브 합리화 법안은 2004년 12월 하원을 통과하였지만 아직도 상원에서 계류되어 있으며 7번째의 소득세 산출체계의 조정과 8번째 통신망 독점세의 도입에 대해서는 아직까지 정부 측에서 하원에 관련법안도 제출하지 않은 상태이다.

2005년 7월 1일 부가가치세법이 발효되자 야당 의원들이 관련법의 위헌을 제기하면서 대법원에 효력중지 청원을 제출하였으며 대법원은 부가가치세법에 대해 발효후 불과 수 시간 이내에 잠정효력중지 조치(Temporary Restraining Order)를 취하였다. 2005년 10월 18일 대법원은 부가가치세법이 위헌소지가 없는 것으로 판결하고 효력중지를 해제한 바 있다.

한편, 세율 인상과 관련하여 관련업계 및 일반 소비자들이 부정적인 반응을 보이고 있다. 특히, 부가가치세율 인상 및 면세대상 축소로 인해 유류및 가스, 전기, 국내 항공 및 해운, 의료 및 법률 서비스, 비식용 농산품 등 국민들의 일상생활과 직결된 분야에서 가격인상이 예상된다.

(2) 정치체제의 개혁

아로요 대통령은 헌법 개정을 통해 현 대통령 중심의 중앙집권제를 내각책임의 연방제로 변경하는 정치체제 개혁 작업을 추진하고 있다. 그러나 조세제도의 개혁(reform of tax system) 등 경제관련 사항이 시급하여 헌법개정 작업의 추진에 집중하지 못하고 있는 실정이다. 입법절차의 쇄신, 관료적 형식주의 탈피, 선거비용이 필요치 않은 선거제 도입, 기존헌법의 경제관련 조항에 대한 재정비 등도 이번 헌법개정 작업에 포함되어 있다.

연방제 도입은 회교분리주의자들이 득세하고 있는 민다나오섬 등 남부지방의 안정화에는 기여할 수 있을 것으로 판단되나 정치체계(political system)의 변화에 대해 기득권층에서는 부정적 태도를 견지하고 있다.

3. 대외관계

ASEAN의 주요 회원국으로서 여타 회원국들과의 관계 강화를 위해 외교적 노력을 경주하고 있다. 중국과는 남중국해에 위치한 남사군도(Spratly Islands)에 대한 영유권 문제가 양국간에 존재하고 있다. 남사군도에 대해서는 베트남, 말레이시아, 브루나이 등도 일부분에 대한 영유권을 주장하고 있어 국제적 차원에서의 해결 접근이 필요한 사안으로 판단된다.

제 4 절　국제신인도 및 대외지급 능력

1. 국제신인도

국제신용도평가기관의 평가순위는 다음과 같다.

① Moody's	: B1 (2005. 2)
② S&P	: BB- (2005. 1)
③ Fitch	: BB (2005. 7)
④ OECD	: 5등급 (2004. 4) → 5등급 (2005. 4)
⑤ I. C. R. G.	: 71/140 (2003. 10) → 75/140 (2004. 4)
⑥ Euromoney	: 65/185 (2003. 9) → 70/185 (2004. 3)
⑦ I. I.	: 65/172 (2003. 9) → 65/172 (2004. 3)

2. 대외지급능력

경제규모 및 총수출에 대한 총외채 비중(2004년 기준)이 각각 77.9%, 123.6%를 기록할 정도로 외채상환부담이 과중한 편이다. 또한, 2004년 기준 외환보유고 수준도 외채상환 등으로 인해 전년 대비 감소세를 보였다. 그러나 최근 들어 DSR 및 단기 외채비중은 개선되고 있어 단기에 대외지급불능이 발생할 가능성은 크지 않은 편이다.

한편, 최근 국제신용평가기관들도 필리핀 정부가 재정부족의 일부를 해외차입으로 해결하고 있으면서도 만성적인 재정적자 해소를 위한 노력이 부족한 것으로 보고 국가신용등급을 하향조정한 바 있다.

제5절 전 망

필리핀은 부족한 재정의 일부를 해외차입으로 충당할 정도로 정부의 재정여건이 어려운 상황에 직면해 있다. 만성적인 재정적자 기조를 탈피하고 과중한 외채상환부담에서 벗어나는 것이 필리핀이 추구하고 있는 최우선 과제로 평가된다. 따라서 재정적자 해소와 관련 있는 제반 법제도의 개선 및 정비작업이 순조롭게 추진될 경우 단기에 심각한 경제문제에 직면할 가능성은 작다고 할 수 있다. 한편, Adu Sayyaf의 과격회교단체에 의한 테러행위가 사회안정(social stability)을 저해하는 가장 위협적인 요소로 지적될 수 있으며 민다나오섬 회교분리주의세력들과는 협상을 추진하고 있다.

제 6 절 투자환경

1. 투자관련법

1987년 Ommibus 투자법(법률 제226호)은 외국인 및 내국인 투자에 대한 기본 법률로서 우대조치를 규정하고 있다.

① 1991년 외국인투자법(법률 제7042호) : 우대조치를 받지 않는 외국인 투자에 대한 기본 법률로서 negative list에 기재된 분야 이외의 외국인투자는 100% 허용된다.

② 1995년 특별경제구역법(법률 제7916호) : 수출가공구 및 특별경제구(SEZ : Special Economic Zone)에 대한 포괄적인 법률로서 가장 많은 우대조치를 규정하고 있다.

2. 최저 투자액

주식회사의 최저자본금은 5,000페소이다.

3. 투자신청

3.1 우대조치를 받는 경우

외국인 투자비율에 관계없이 투자선에 따라서 투자위원회(BOI : Board of Investments) 또는 필리핀 경제구역청(PEZA : Philippine Economic Zone Authority)에 신청한다. 승인후 파트너십 또는 주식회사의 경우는 증권거래위원회(SEC : Securities and Exchange Commission)에, 개인기업인 경우에는 무역산업성·소비자보호국(BTRCP : Department of Trade & Industry, Bureau of Trade Regulation and Consumer Protection)에 등록한다.

3.2 우대조치를 받지 않은 경우

파트너십 또는 주식회사의 경우 SEC에, 개인기업은 BTRCP에 등록하면 된다.

4. 투자분야

4.1 제한분야

외국인 투자비율에 제한이 있는 분야는 negative list에 기재되어 있다.

4.2 우대분야

매년 발표되고 있는 투자우선계획에 기재된다. Pioneer/非Pioneer로 분류되어 우대조치를 받는 조건이 상이하다.

5. 우대 조치

우대 조치의 내용 및 조건은 외국인 투자비율, 투자분야, 투자지역에 따라 상이하다.

5.1 BOI 등록기업

투자우선계획(Investment Priorities Plan)에 기재된 분야에 투자 또는 수출지향형 산업(수출비율 70% 이상)의 경우에는 다음 13가지의 혜택이 부여된다.

① 일정기간의 소득세 면제
② 인건비에 대한 추가공제
③ 수입자본재 및 관련 spare parts에 대한 과세 면제
④ 국산자본재에 대한 세액공제
⑤ 통관절차의 간편화
⑥ 위탁설비의 무제한 사용
⑦ 외국인의 고용
⑧ 번식용 가축과 유전학용 자재의 면세수입
⑨ 국산 번식용 가축과 유전학용 자재에 대한 세액공제

⑩ 수출제품의 원재료에 대한 세액공제
⑪ 보세공장, 보세창고의 사용
⑫ 수입 spare parts에 대한 과세면제(생산품의 70% 이상 수출시)
⑬ 부두세, 수출세, 관세, 공과금 및 수수료 면제

5.2 특별경제구역에 진출하는 경우

BOI 등록기업에 대한 상기 우대조치에 다음 4가지의 혜택이 추가된다.

① 100% 외국인 출자가 인정되며 자본양도에 대한 규제는 없음
② 국세, 지방세가 면제되고 과세는 5%의 특별세뿐임
③ 교육훈련비(노무비 및 관리비)의 추가공제
④ 외국인 투자자와 그 가족에 대한 영주권 부여

6. 투자비율 규제

다음 조건의 경우에는 100% 출자가 가능하다.

6.1 우대조치를 받는 경우

① 수출가공지역 내 또는 특별경제구역에 설립(자본양도 규제 없음)
② BOI 등록기업으로서 투자우선계획에 기재된 pioneer 분야에 투자하는 경우(30년 이내에 60%의 자본양도 규제가 있음. 다만 생산품이 100% 수출되는 경우는 제외)
③ BOI 등록기업으로 투자우선계획에 기재된 非pioneer 분야에 투자하는 경우로서 생산품의 70%가 수출되는 경우
④ BOI 등록기업으로 저개발지역에 입지하는 경우

6.2 우대조치를 받지 않는 경우로 negative list에 기재된 분야 이외의 투자

① 생산품의 60% 이상을 수출하는 경우는 어떤 제약도 없음
② 내수위주의 기업(수출비율 60% 이하)은 다음 사항을 장려함
가. 필리핀인을 파트너로 하고 간부로 채용
나. 필리핀인에 대한 기술이전, 경제개선을 위한 고용확대

다. 필리핀 노동자의 기술육성을 통하여 필리핀인의 사업 참여를 확대시키는 대책을 수립할 것

6.3 상기 이외의 경우는 외국인 투자비율이 40%까지로 제한됨

7. 세 제

① 법인세 : 내외국인을 불문하고 일률적으로 32%, 과세대상 소득은 사업소득, 이자, 배당소득, 서비스 제공에 따른 소득 등 합한 소득원천으로부터 발생된 소득이다.

② 개인소득세 : 5~33% 범위에서 누진 과세되며 과세 대상 및 세율은 납세자에 따라 상이하다.

③ 부가가치세 : 세율은 10%이며 물품의 판매·수입, 서비스 제공에 대하여 과세된다(연간 매출액 20만 페소 이상인 경우).

④ 기타 조세 : 관세, 물품세, 고정자산세, 인지세, 지방세 등이 있다.

8. 금 융

8.1 국내에서의 차입에 관한 규정

(1) 외국인 투자비율 40% 이상인 경우

① 사전에 IAC(Inter-Agency Committee : 중앙은행, 투자위원회, 국가경제개발청 및 재무부의 대표로 구성되며 외국인 기업의 국내차입에 대한 정책 및 시행세칙을 관리 및 실시하는 조직)에 신청하고 허가를 받음

② 차입 규모에 대한 제한은 자본금 대비 다음 비율을 유지해야 함

가. BOI 및 PEZA에 등록된 수출지향형 산업 : 자기자본 30, 차입금 70

나. 기타 제조업 : 자기자본 35, 차입금 65

다. 비제조업 : 자기자본 40, 차입금 60

(2) 외국인 투자비율 40% 이하인 경우

필리핀 현지기업과 같은 조건으로 차입이 가능하다.

8.2 해외에서의 차입에 관한 규정

외화의 차입은 원칙적으로 자유로운 편이나 향후 원금상환 및 이자지급이 은행을 통한 외환거래를 이용하는 경우 중앙은행의 사전 승인(중장기차입의 경우) 또는 등록(단기차입의 경우)이 필요하다(승인을 받지 않고 차입하는 것도 가능하나 향후 원금 및 이자 상환을 위한 외화를 은행 이외로부터 조달하여야 함).

9. 외국인 노동자

① BOI 등록기업은 필리핀인으로 충당하기 어려운 경우 외국인의 고용이 인정되며 기간은 등록 시부터 5년 간이나 BOI가 동의하면 연장할 수 있음. 인정되는 직책으로는 경영자, 기술자, 고문 등이 있음

② 외국인 투자비율 50% 이상의 기업은 사장, 경리부장, 총무부장 또는 동등한 지위의 외국인을 충당하는 것이 가능하며 상기 제한을 받지 않음

③ PEZA 등록기업도 동일한 우대조치를 받고 있음

10. 토지 소유

토지의 소유는 필리핀인과 필리핀 자본금 60% 이상인 기업에 인정된다. 외국인의 토지소유는 금지되어 있다. 토지의 사용은 장기 임차방식(임차기간 50년, 연장 25년으로 최장 75년까지 가능함) 또는 필리핀인 파트너와 토지보유회사를 설립하고 그 회사로부터 임차하는 방식을 선택한다.

26
chapter

베트남

제1절 개 관

베트남은 사회주의공화국으로서 1986년 이후 시장경제체제(market economic system)로 전환하면서 경제개혁(economic reform) 및 민영화정책(privatization policy)을 추진하고 있다. 동국은 전통적인 농업국이었으나 최근 들어 제조업부문의 비중이 점진적으로 증대되면서 경제성장을 주도하고 있다. 농업부문은 쌀(세계 2위 수출국) 이외에도 수출작물로 커피생산이 늘고 있으며 최근에는 석유개발 성공으로 원유가 최대 수출상품이 되고 있다.

1997년 아시아 경제위기(Asian Economic Crisis) 이후 외국인투자 감소 및 수출부진으로 심각한 경제적 타격을 받았으나 2000년부터는 경제가 회복세를 보이고 있다. 최근 5년 간은 7% 이상의 고도 성장세를 유지하고 있다. 특히, 외국인직접투자(FDI : Foreign Direct Investment)가 급증하고 있는 추세를 보이고 있다. 베트남은 2006년 11월 7일 세계무역기구(WTO : World Trade Organization)에 가입하고 동년 12월에는 미국으로부터 항구적정상무역관계(PNTR) 지위도 얻음으로써 경제가 한 단계 더 도약할 수 있는 계기를 마련하게 되었다.

〈표 26-1〉 일반지표

면 적	330천㎢	G D P	615억 달러(2006)
인 구	84.9백만명(2006)	1 인 당 G D P	724달러(2006)
정 치 체 제	사회주의공화제	통 화 단 위	Dong
대 외 정 책	사회주의지향 친서방 노선	환 율(달 러 당)	16,037(2006)

제 2 절 경제동향

1. 국내경제

1.1 경제성장

사회주의공화국인 베트남은 1986년 대외개방정책인 도이머이(刷新) 정책을 추진하면서 경제가 비약적으로 발전하게 되었다. 특히, 동아시아 외환위기(East Asian Foreign Exchange Crisis) 이후 미국과의 무역협정이 발효되면서 연평균 7% 이상의 경제성장을 지속하고 있다.

2006년에는 고유가 지속과 선진국의 수입수요 감소 전망에도 불구하고 베트남의 WTO 가입으로 그동안 쿼터(quota) 제한을 받아오던 베트남 섬유류의 대미 수출이 증대될 것으로 예상되는 등 섬유산업의 호조 지속으로 8.2%의 성장을 시현할 것으로 기대된다.

- 1995년 : ASEAN 가입(7월), 미국과 국교 정상화(8월)
- 1998년 : APEC 가입(11월)
- 2001년 : 미-베트남 무역협정 발효(11월)
- 2006년 11월 7일 : WTO 가입
- 2006년 11월 18~19일 : APEC 개최
- 2006년 12월 : 미국 항구적일반무역협정(PNTR) 지위 부여

제2위 수출품목인 섬유 및 직물산업을 중심으로 하는 제조업 부문이 2007년에도 5년 연속 10% 이상의 성장을 보이고 있고, 개인소비와 고정투자(fixed investment)가 확대되면서 8.4%에 이르는 고도성장을 지속할 것으로 전망된다.[1)]

1.2 재정

경제호황에 따른 세수 확대와 원유 수출 증대로 정부 재정적자(fiscal deficit) 규모는 목표치인 국내총생산(GDP) 대비 5%를 달성할 것으로 추정된다. 향후 재정수지는 국내 개발수요

1) 베트남은 내수활황에 힘입어 제조업이 성장을 주도하고 있으며 산업생산의 중심이 이전의 호치민 중심 남부지역에서 하노이, 하이퐁 지역으로 확대되고 있다(수출입은행, 수은해외경제, 2007. 7. pp. 125~136 요약 · 재구성).

확대로 인한 지출 증대, 금융개혁(financial reform) 추진에 따른 정부부담 증가로 점차 적자 규모가 확대될 것으로 보인다.

1.3 물가

소비자물가상승률은 물가지수 구성의 50% 이상을 차지하는 식료품가격과 석유제품의 소매가격이 상승하면서 2005년에 8.3%로 대폭 상승하였으며 2006년에도 7.9%를 기록하여 중앙은행 목표치(7%)를 초과하였다. 그러나 2007년 이후에는 고유가 지속과 식료품가격 상승세에도 불구하고 중앙은행이 신용증가율을 2005년 30%에서 2006년에는 25%까지 억제한 후 2007년 목표를 20%로 하향 조정하는 등 강력한 인플레 억제정책을 추진하고 있어 물가상승률이 하락세로 전환될 것으로 보인다.

1.4 금리

중앙은행(SBV)은 2003년 3월 이후 변동이 없었던 우대금리를 2005년 2월에 0.3%포인트 인상한 7.8%로 변경하였으며 동년 12월에는 8.25%로 다시 인상하였다. 그러나 최근의 물가상승에도 불구하고 우대금리의 추가 인상은 고려하지 않고 있는 것으로 알려지고 있다.

2. 경제정책

베트남 정부는 경제개혁정책으로서 금융기관의 부실채권 해소와 함께 2002년 기준 5,196개에 이르는 국영기업 중 2002~2005년 중 2,857개를 민영화할 계획이었으나 그 실적은 미미한 편이다. 그동안 2,000여개의 국영기업이 민영화되었으나 이들이 전체 국영기업에서 차지하는 비중이 6%에 불과하여 기업구조조정 및 개발위원회(Steering Board of Enterprise Reform and Development)는 대형 국영기업의 민영화(privatization)가 부진한 것으로 인식하고 있다.

이 같이 구조조정이 부진한 것은 기업들이 민영화할 법적 의무가 없어 이사회 및 지방정부의 반발에 직면할 뿐만 아니라 민영화 절차가 명확히 규명되어 있지 않기 때문으로 분석된다. 또한, 다수의 국영기업들이 채무를 지고 있어 기업의 자산과 부채(asset and liability)를 측정하는 데 장시간이 소요되는 점도 민영화 부진의 요인으로 지적되고 있다.

〈표 26-2〉 주요 국내경제지표

(단위 : %)

	2003	2004	2005	2006	2007f
경 제 성 장 률	7.3	7.7	8.4	8.2	8.4
재정수지/GDP	-1.2	0.9	-1.2	-1.2	-2.3
소비자물가상승률	3.1	7.8	8.3	7.9	6.7

주 : IMF, Country Report, 2007. 6.

3. 국제경제

3.1 경상수지

2006년에는 고도 경제성장에 따른 자본재(capital goods) 및 원자재 수입수요가 증가하였으나 대미 수출확대와 전체 수출의 22% 이상을 차지하는 석유의 국제가격 상승으로 상품수지 적자는 축소되는 추세를 유지하였다. 또한, 경상수지는 해외근로자 및 해외교포의 송금증대 등에 힘입어 소규모 흑자를 기록하였다. 2007년에는 원유 수출량 증대, WTO 가입에 따른 수출쿼터 해제 등에도 불구하고 섬유류의 수출경쟁(export competition) 심화, 아세안자유무역지역(AFTA : ASEAN Free Trade Area) 진행에 의한 수입 확대, 국내 내수시장의 호조에 따른 자본재 및 소비재 수입수요 증대 등으로 상품수지 및 경상수지가 모두 적자를 보일 것으로 예상된다.

3.2 외환보유고

베트남의 외환보유고는 상품수지 적자 지속에도 불구하고 외국인투자 및 대외원조자금 유입 확대와 베트남 해외교포의 송금 증가 등으로 지속적으로 늘어나면서 2006년 말에는 사상 최대규모인 120억 달러를 기록하였다. 특히, 베트남 중앙은행은 베트남 해외교포로부터의 송금이 2005년 40억 달러에 이른 것으로 추정하고 있다. 2007년에는 비공식 송금까지 포함할 경우 70억 달러에 이를 것으로 예상된다.

3.3 세계무역기구 가입

베트남은 WTO 가입을 위한 사전신청을 제출하고 유럽연합(EU : European Union), 한국, 중국, 일본, 스위스, 미국 등 양자협상 대상 28개국과 WTO 가입의 전제조건인 양자협상을 조기 타결하는 등 2006년까지 정식가입을 목표로 제반 준비를 착실히 진행하였다. 특히, 베트남 WTO 가입의 최대 이해당사국인 미국과의 양자협상(bilateral negotiations)이 2005년 5월

14일 미국 워싱턴에서 타결됨으로써 2006년 11월 7일 WTO 일반이사회(General Council)에서 베트남의 WTO 가입이 반대없이 승인된 바 있다.

3.4 외국인투자

내국인투자법 및 외국인투자법을 통합한 투자법을 2006년 7월 제정하고 기업법을 개정하여 외국인투자 허용분야 및 인센티브(incentive)를 확대하고 제조업 및 유전개발 분야에 대한 투자를 장려함으로써 FDI 유입액이 증가세를 보이고 있다.

베트남 기획투자부(MPI)는 2006년 외국인투자 승인액이 약 1,319건, 105억 달러를 기록하였다고 발표하였다. 동년 말 기준 외국인투자 잔액은 288억 달러에 이르고 있다. 2006년 외국인투자를 형태별로 보면 전체 승인액의 67%가 제조업부문에 집중되어 있는 것으로 나타났다. 지역별로는 공업지대 및 수출가공지대로의 투자가 전체의 1/3을 차지하고 있으며 베트남 경제발전에 중요한 역할을 수행하였다고 평가할 수 있다.

〈표 26-3〉 주요 대외거래지표

(단위 : 억 달러, %)

	2002	2003	2004	2005	2006e
경 상 수 지	-6.1	-19.3	-9.6	2.2	1.0
경상수지/GDP	-1.7	-4.9	-2.1	0.4	0.2
상 품 수 지	-10.5	-25.8	-22.9	-8.4	-3.8
수 출	167.1	201.5	264.9	324.4	398.0
수 입	177.6	227.3	287.7	332.8	401.7
FDI 유 입 액	14.0	14.5	16.1	19.5	2.6
외 환 보 유 고	41.2	62.2	70.4	90.5	117.8

자료 : IMF, Country Report, 2007. 6.

4. 베트남 경제의 과제

베트남 경제의 과제로 다음 3가지를 지적할 수 있다.

4.1 관료주의(bureaucratism) 극복

외국인투자시 제도상의 투자허가 기간보다 수 배의 시간이 소요되고 있다. 투자허가와 그 이후의 토지 사용계약, 공장 건축허가 등의 업무가 이원화되어 있어 실제 공장가동에 어려움이 많으며 당초 예상보다 인허가 관련비용이 크게 증가하고 있다.

4.2 사회인프라(social infrastructure) 확충

전력부문은 전국적인 전력망이 형성되어 있으나 송전 및 배전망의 부족으로 대부분의 지역에서 전력 손실, 전력품질의 저하, 정전이 흔히 발생하고 있다. 도로 및 철도 인프라도 열악한 실정이다.

4.3 균형발전(balanced development) 추진

베트남이 대외개방정책을 추진하면서 급속한 경제성장을 이루었으나 성장의 과실(果實)이 외국인투자 집중지역인 호치민, 하노이, 하이퐁 등의 대도시에서만 집중되고 있어 도시지역과 농촌지역과의 빈부격차가 매우 큰 실정이다. 또한, 개방경제에서 자본주의체제(capitalistic system)에 신속히 적응한 계층이 신흥 부유층으로 부상하고 있는 반면에 그렇지 못한 계층은 점차 소득향상의 기회를 상실하고 있는 실정이어서 향후 이들 계층 간의 갈등이 증대될 가능성이 상존하고 있다.

5. 성장잠재력

베트남 경제의 성장잠재력(growth potentials)은 다음 3가지 측면에서 살펴볼 수 있다.

5.1 경제성장 잠재력

1986년말 '제6차 공산당 전당대회'에서 시장경제원리(principle of market economy)의 도입을 주요 내용으로 하는 개방·개혁정책을 채택한 이후 외국인투자법 제정, 재정금융개혁 등의 개혁정책을 추진한 결과 물가안정, 재정적자 축소, 외국인투자 증대 등 비교적 안정적인 경제성장을 지속하고 있다. 이후 베트남 경제는 양호한 성과를 이루어 최근 10년간 연평균 7%를 초과하는 경제성장률을 기록하고 있다. 특히, 구매력(purchasing power) 기준 1인당 GDP가 3,010달러(2005년 기준, 세계 148위)에 이르고 있어 국내 내수시장을 중심으로 하는 경제성장 가능성도 크다고 할 수 있다.

5.2 양질의 풍부한 저임 노동력

베트남은 사회주의체제(socialistic system)의 영향으로 국민 기본교육이 잘 시행되고 있다. 과거 남베트남 시절의 자본주의 영향으로 시장경제체제(market economic system)로의 전환이 비교적 순조롭게 이루어지고 있다. 한편, 베트남의 통일과정에서 상당수의 월남 난민들이 홍콩, 호주, 미국 등으로 이주하였는 데 이민사회에서 안정적인 기반을 확립한 해외교포들 및 이들 자녀의 국내 귀환이 최근 급증하고 있어 외국에서 유학한 고급 노동력 유입이 용이하게 이루어지고 있다.

5.3 정치적 안정

베트남의 정치체제(political system)는 총서기장, 총리, 대통령이 적절한 상호견제와 균형을 도모하고 있다. 사회적으로도 공산당 일당체제에 대한 반발세력이 미약해 상당기간동안 정치적인 안정(political stability)을 유지할 것으로 보인다.

제 3 절 정치 · 사회동향 및 대외관계

1. 정치동향

베트남은 1976년 통일 이후 남부출신의 총리, 중부출신의 대통령, 북부출신의 총서기장 등 권력의 3축을 중심으로 안정적인 권력구조를 유지해 왔다. 그러나 2006년 4월 18~25일까지 개최된 '제10차 공산당 전당대회'를 통해 총리와 대통령을 모두 남부지역 출신이 차지하면서 정치적 배분 보다는 경제개혁(economic reform)에 더욱 치중할 것으로 보인다.[2]

또한, '제10차 전당대회'를 통해 1930년 노동자 정당으로 출범한 베트남 공산당이 당헌을 개정하여 자본가의 공산당 영입을 허용함으로써 사회경제적 변화(socioeconomic change)에 지대한 영향을 미칠 것으로 보인다.

2. 사회동향

2.1 부정부패의 만연

공무원 및 국영기업 간부의 부정부패 만연으로 인해 경제효율성(economic efficiency)이 저

2) '제10차 공산당 전당대회'에서 현 농 득 만 총서기를 제외하고 대통령은 응웬 민 찌엣, 총리는 응웬 떤 중이 선출되었다. 공산당 서기국 서기인 쯔엉 떤 상 서기와 함께 남부출신 경제전문가들이 대통령, 총리, 서기국 서기 등을 차지하여 향후 베트남의 경제개혁이 가속화될 것으로 기대되고 있다.

해되고 있다. 부정부패 해소를 위해 판 반 카이 전(前) 총리는 '반부패위원회'를 신설하였으며 국회도 국가감사원의 설립을 검토하고 있다. 특히, '제10차 전당대회'를 앞두고 'PMU 프로젝트 횡령사건'으로 지칭되는 일본 ODA 자금의 대규모 횡령사건에 정부 내 다수의 고위 관리들이 연류된 것으로 알려지면서 전당대회에까지 영향을 미친 바 있다.

2.2 소수민족과의 갈등 상존

베트남은 중앙고원지역에 다수의 소수종족이 산재해 있는데 이들의 생활여건 향상과 경제여건 개선 조치를 통해 2001년 초에 있었던 것과 같은 대규모 소요사태 예방에 주력하고 있다. 특히, 라오스와의 국경 산악지대에 거주하고 있는 몽족과의 마찰이 지속되고 있는 실정이다. 이는 몽족들이 과거 베트남 전쟁에서 미국을 도와 북베트남과 대립하였고 현재에도 체제 불안요인으로 작용하고 있기 때문으로 판단된다.

2.3 빈곤층의 감소

최근 들어 정부의 각종 보조지원과 국제원조로 인해 빈곤층이 감소한 것으로 나타났다. 특히, 베트남 정부는 2005년 9월초 대대적인 빈곤층 지원사업을 위해 2010년까지 39억 2,000만 달러를 투입하기로 결정하고 빈곤층에 대한 우대금리 대출, 재활사업, 보건, 직업훈련(job training), 교육 등에 대한 장기적 지원을 계획하고 있다.

3. 대외관계

종전 후 최초로 판 반 카이 총리가 2005년 6월 미국을 방문한 이후 2007년 6월 18일에는 응웬 밍 찌엣 대통령이 미국을 방문함으로써 양국관계가 완전 정상화되었다. 한편, 국경마찰 등 역사적으로 다수의 분쟁을 겪은 바 있는 중국과의 대외관계도 2005년 7월 당시 쩐 득 르엉 대통령이 중국을 방문하고 중국과의 해상 및 육상 국경 분쟁을 2008년까지 해결하기로 합의하는 등 주변 강대국들과의 관계가 호전되고 있다.

제4절 국제신인도 및 대외지급능력

1. 국제신인도

1.1 주요 기관별 신용도 평가순위

① OECD : 5등급 (2005. 4) → 5등급 (2006. 4) → 4등급 (2007. 3)
② Euromoney : 75/185 (2005. 3) → 80/185 (2006. 9) → 78/185 (2007. 3)
③ I.I. : 80/173 (2005. 9) → 78/173 (2006. 9) → 77/174 (2007. 3)
④ I.C.R.G. : 76/140 (2005. 9) → 67/140 (2006. 8) → 70/140 (2007. 5)

경제협력개발기구(OECD : Organization for Economic Cooperation and Development)는 2007년 3월 베트남의 열악한 법률 시스템(legal system) 및 사회인프라(social infrastructure)에도 불구하고 2006년 WTO 가입, PNTR 지위 획득 등을 반영하여 베트남에 대한 평가등급을 4등급으로 한 단계 상향 조정한 바 있다.

1.2 주요 ECA 인수태도

① US EXIM : 공공부문에 대한 전액 인수, 민간부문에 대한 제한적 인수
② Atradius : 승인신용장에 대한 단기 인수가능, 재량한도 없음
③ ECGD : 최고부보율 적용
④ Hermes : 단기 인수가능하나 제약조건이 있을 수 있음

1.3 주요 신용도 평가기관의 평가등급

베트남은 아직은 투기적 등급에 속하고 있으며 무디스(Moody's)는 2005년 7월 베트남의 경제성과(economic performance) 등을 반영하여 외화표시 장기채권의 신용등급을 한 단계 상향 조정하였다. 2007년 3월 15일에는 최근의 경제상황을 고려하여 등급전망을 안정적에서 긍정적으로 상향 조정함으로써 향후 등급상승 가능성이 큰 것으로 판단된다.

스탠더드 앤드 푸어스(S&P)도 2006년 9월 7일 베트남의 투자환경(investment environment)

이 개선되고 있음을 들어 베트남의 국가신용등급을 BB-에서 BB+로 한 단계 상향 조정한 바 있다.

① Moody's : B1 → Ba3 (2005. 7, Stable) → Ba3 (2007. 3. Positive)
② S&P : BB- (Positive) → BB+ (2006. 9, Stable)
③ Fitch : BB- (Stable)

비효율적인 공공기업 개혁, 금융기관들의 약 30%에 이르는 부실여신 해소, 조세개혁(tax reform) 등이 향후 신용등급 제고의 관건이 되고 있다. 한편, 베트남은 2006년 1월 7억 5,000만 달러에 이르는 최초의 국제채 발행에 성공함으로써 국제금융시장(international financial market)에 진입하게 되었다. 만기 10년, 표면이율 7.125%인 이번 채권 발행에는 모집금액의 6배에 이르는 45억 달러가 집중되었는 데 조성된 자금은 국영조선소인 Vinashin사, 베트남 전력청, 베트남 항공사 등에 배분되었다.

2. 대외지급능력

2.1 양호한 외채구조

외채가 주로 국제통화기금(IMF) 및 세계은행(World Bank) 차관을 포함해 양허성 차관으로 이루어져 있고 DSR도 낮은 수준을 유지하고 있어 단기적인 외환위기(foreign exchange crisis) 가능성은 낮은 편이다.

2.2 HIPC 대상국에서 제외됨

베트남은 세계은행이 분류하고 있는 HIPC 국가 중 sustainable cases(기존 채무구제방식에 의한 외채해결 가능국가)로 분류되어 있었으나 2005년 3월 발표된 세계은행의 HIPC 대상국 리스트에서 sustainable cases들이 HIPC 대상국에서 제외되었다. 베트남은 세계은행과의 협상을 통해 세계은행이 제시한 포괄적 빈곤감축 및 성장전략(CPRGS : Comprehensive Poverty Reduction and Growth Strategy)을 성공적으로 수행하고 있다.

제5절 평 가

베트남은 최근 5년 동안 공업 및 민간부문의 비약적인 성장으로 연평균 7.8%의 경제성장률을 기록하고 있다. 또한, 2006년말 WTO 가입 및 미국으로부터의 PNTR 지위 획득 등으로 베트남 경제가 한 단계 더 발전할 수 있는 계기를 마련한 바 있다. 이에 따라 향후 외국인직접투자(FDI) 증대, 민간소비 확대, 내수시장의 호황 등으로 고도성장을 지속할 것으로 기대된다. 베트남은 총리, 대통령, 총서기 등 권력의 3대 축을 중심으로 안정적 정권을 유지하고 있고 최근 부정부패 척결, 국영기업 민영화(privatization), 외국인 투자여건 개선, 부실금융 해소 등의 개혁조치를 추진하고 있으며 중국 및 미국과의 대외관계도 크게 개선되고 있다.

특히, 2006년 4월에 개최된 '제10차 공산당 전당대회'에서 남부출신의 경제 전문가들이 대통령, 총리, 서기국 서기 등을 차지함으로써 개혁조치의 추진이 가속화될 것으로 보인다. 베트남은 열악한 사회인프라, 행정적 비효율성(administrative inefficiency), 부정부패 등의 부정적인 요인에도 불구하고 양허성차관 위주의 외채구조를 가지고 있으며 경제여건 및 국제관계도 지속적으로 개선되고 있다. 상기한 제반 여건을 고려할 때 베트남 경제의 중장기적 전망은 양호한 것으로 평가할 수 있다.

제 8 편

동아시아 경제협력

27
chapter

동아시아의 경제성장과 과제

아시아 지역의 인프라에 대해 가장 많은 투자와 지원을 하고 있는 아시아개발은행(ADB), 일본국제협력은행(JBIC), 세계은행(World Bank) 등 3개 기관은 2005년 3월에 'Connecting East Asia : A New Framework for Infrastructure'라는 제목의 3개 기관 최초 합동연구결과를 공개하였다.[1] 연구결과의 발표를 위한 합동 심포지엄이 도쿄 시내에 위치한 게이단렌(經團連)[2] 회관에서 개최되었는 데 주최기관인 ADB, JBIC, World Bank는 물론 일본 재무성, 베트남, 인도네시아 등의 정책담당부서, 학계 전문가 등이 대거 참가하여 아시아 지역의 인프라 발전방향에 대해 논의하였다.[3]

동 연구의 계기는 아시아에서 경제성장과 빈곤감축(economic growth and poverty reduction)에 주요한 역할을 했던 인프라 투자가 1997년 외환위기(Foreign Exchange Crisis) 이후 급격히 감소한 데 따른 것으로 이해할 수 있다.[4] 즉, 아시아 지역에 대한 인프라 투자는 소위 '동아시아의 경제기적'을 과시하던 1993년에 146억 달러에서 1997년에는 413억 달러로 정점을 기록하였다. 그러나 외환위기가 닥친 1998년에는 122억 달러로 급감하였고 2001년이 되어서야 겨우 1993년 수준을 회복하였다.

---

1) 본 장은 아시아개발은행, 일본국제협력은행, 세계은행의 공동연구 결과인 Connecting East Asia: A New Framework for Infrastructure를 중심으로 정리한 수출입은행의 보고서를 요약 · 재구성하였다(수출입은행, 수은해외경제, 2005. 6. pp. 43~54).

2) 게이단렌은 일본경제단체연합회(日本經濟團體連合會)를 의미한다.

3) 연구보고서가 포함하는 대상국은 캄보디아, 중국, 피지, 인도네시아, 키리바시, 라오스, 말레이시아, 마샬군도, 미크로네시아 연방, 몽골, 미얀마, 팔라우, 파푸아뉴기니, 필리핀, 사모아, 솔로몬제도, 태국, 동티모르, 통가, 바누아투, 베트남 등이다.

4) '경제적 인프라'는 에너지, 홍수방지 및 배수, 관개, 정보통신(IT), 운송, 상 · 하수도 등을 의미하는 반면에 '사회적 인프라'는 교육, 보건, 사회보장 등을 지칭한다.

세계은행(World Bank)은 한동안 중단되었던 인프라 관련 대출을 재개하면서 인프라 개발을 위한 전략 재검토 필요성이 있었으며, 가장 많은 인프라 투자지원을 담당하던 ADB와 JBIC에게는 본 연구가 주요 관련기관들과 함께 협의하면서 효과적이고 효율적인 전략을 수립할 수 있는 양호한 기회가 될 수 있었다. 따라서 3개 기관은 공동연구를 추진하기로 결정하고 ADB의 인프라개발 연구(Technical Assistance for Infrastructure Development in East Asia)의 시작을 계기로 본 연구에 착수하게 되었다.

한편, 선행연구에 의하면 인프라의 발전은 경제성장 및 빈곤감축과 정(+)의 상관관계를 가지고 있다. 즉, 인프라의 발전은 장기적으로 지속가능한 성장(sustainable growth)을 위한 잠재력을 제고시키고, 빈곤층이 성장으로부터 혜택을 받고 다시 성장에 기여하는 역량을 확충시키는 역할을 하게 된다. 또한, 인프라는 생산성(productivity)을 증진시켜 빈곤층이 성장의 결과를 공유함으로 소득수준을 향상시킨다고 평가한다.

이들 3개 연구기관의 목적은 다음 3가지로 요약된다.

① 경제성장과 빈곤감축에 기여하는 인프라의 역할 재조명
② 정책결정자들에 실질적인 지침 제공
③ 인프라와 관련된 개발파트너와의 협의과정 지원

또한, 3개 기관이 협의한 연구의 주제는 다음 5가지로 정리할 수 있다.

① 빈곤감축에 있어 인프라의 역할
② 공공 및 민간부문의 역할 조화
③ 환경, 사회 및 관리체제(governance)에 미치는 영향
④ 도시화(urbanization), 탈집중화, 통합(integration) 등의 구조적 변화
⑤ 재정 및 금융 문제

상기한 문제의식을 가지고 ADB, JBIC 및 World Bank는 합동연구팀을 구성하여 2차에 걸친 워크숍과 연구발표회를 개최한 바 있다.

제 1 절 아시아 인프라개발의 주요 이슈

아시아 전체로 살펴볼 경우 지난 10여년간 연평균 7% 이상의 성장을 달성하는 등 괄목할 만한 경제적 성과를 기록하였다. 일부 국가는 해마다 국내총생산(GDP)의 7% 이상을 투자할 만큼 인프라개발 성과도 크게 향상되어서 하루 2달러 미만으로 생활하는 극빈층 인구가 2억 5,000만명이나 감소하였다.[5)]

그러나 세계에서 가장 많은 인구를 가진 중국과 가장 적은 인구를 보유한 남태평양군도, 1인당 GNI가 3,000달러를 초과하는 말레이시아와 300달러 정도인 캄보디아, 급속한 경제성장을 시현하고 있는 중국 및 베트남과 마이너스 성장을 나타내는 동티모르가 공존하는 등 다양한 다양성을 가진 아시아 개도국들(developing countries)은 성장률, 국부(national wealth), 인구, 빈곤정도 등에 따라 인프라 개발성과도 커다란 편차를 나타내고 있다.

ADB, JBIC, World Bank는 아시아 지역의 인프라와 관련하여 몇 가지 주요 이슈를 제시하고 있다.

1. 경제성장 및 도시화

아시아의 경제적 성과(economic performance)는 급속한 도시화와 더불어 인프라에 대한 집중투자와 밀접한 관련이 있다. 특히 중국, 인도네시아, 태국, 말레이시아, 베트남 등이 대표적인 사례로 지적될 수 있다. 인프라에 대한 지속적인 투자와 효율적인 운용을 하고 있는 태국과 말레이시아는 인프라 부문에서 상당한 경쟁우위(competitive advantage)를 달성하였다. 중국, 인도네시아, 베트남 등은 태국, 말레이시아보다는 못하나 다른 아시아 국가들보다는 상대적으로 양호한 인프라를 구축하고 있다.

아시아 국가는 일반적으로 다른 지역의 개도국보다 집중적인 인프라 투자를 통해 경제성장 기반을 강화해 왔다고 평가할 수 있다. 아시아 금융위기(Asian Financial Crisis) 이후 경제가 급속히 회복된 것은 직접적으로 국내소비와 수출 증가의 결과인 동시에 노동생산성(labor productivity) 제고와 혁신역량을 강화한 데 따른 결과로 이해할 수 있으나 집적된 인프라가

5) 이는 2명 중 1명꼴에서 3명 중 1명꼴로 향상된 것으로 동 기간 아프리카, 중남미, 중동, 동유럽, 중앙아시아 등에서는 빈곤층이 증가한 것과 대비되는 결과이다.

없었다면 이 같은 양호한 결과는 상당부분 훼손되었을 것으로 판단된다.

〈표 27-1〉 국가별 GDP 대비 인프라 투자 비율

캄보디아, 인도네시아, 필리핀	라오스, 몽골	중국, 태국, 베트남
0~4%	4~7%	7% 이상

한편, 아시아지역 경제발전의 주요 결과 중 하나는 도시화의 심화이다. 도시의 인구는 급속도로 증가하고 있으며 도시지역이 경제성장의 약 70%를 담당하고 있다. 아직까지 세계수준과 비교하면 아시아지역의 도시인구 비율이 높은 편이라고는 할 수 없으나 급격하게 증가하고 있다.6)

그러나 도시지역의 인구밀도가 높아짐에 따라 인프라 수요는 급증하게 되는데 적기에 공급이 따르지 못하는 인프라 갭(gap)이 점점 심각한 문제가 되고 있다. 이 문제는 도시의 경쟁력(competitiveness) 저하는 물론 성장지연의 원인으로 작용하면서 도시 빈곤층과 도시에 의존하고 있는 농촌 거주인구에도 부정적 영향을 미치게 된다. 따라서 성장잠재력(growth potentials) 유지를 위해서 인프라에 대한 투자는 절대적으로 중요한 관건이 되고 있다.

〈표 27-2〉 총 도로연장 및 총 발전량 비교

구 분	총 도로연장(Km)			총 발전량(GW)			연평균GDP 성장률(%)
	1990	2000	증감(%)	1990	2000	증감(%)	
중 국	1,028,348	1,679,848	63	127	299	136	9
인도네시아	288,727	355,951	23	13	25	98	4
라 오 스	13,971	23,922	71	0	0	92	6
필 리 핀	160,560	201,994	26	7	12	81	3
태 국	52,305	60,354	15	8	19	125	4
베 트 남	105,557	215,628	104	2	6	180	7
아르헨티나	215,357	215,471	0	17	24	37	4
브 라 질	1,670,148	1,724,929	3	52	69	32	2
인 도	2,000,000	3,319,644	66	72	108	51	5
폴 란 드	363,116	364,656	0	27	29	9	4
남 아 공	185,751	362,099	95	31	40	28	2
한 국	56,715	86,990	53	20	50	150	5

6) 도시인구 비율은 16%(1960)→21%(1980)→36%(2000)로 증가했으며, 2025년에는 50%를 초과할 것으로 예상된다.

2. 환경문제

이전에는 도로, 발전, 폐기물 소각, 상·하수도 등 다양한 인프라의 개발이 추진되면 환경파괴(environmental destruction) 문제가 필연적으로 수반될 수밖에 없었으며 환경의 희생을 통해 경제개발을 우선시하는 경향이 강하였다. 그러나 최근에는 환경도 일종의 자원으로 인식하고 환경보존을 성장의 장애요소로 인식하기보다는 '환경의 고갈'이 오히려 성장에 장애요소로 간주될 정도로 점차 환경의 중요성에 대한 인식이 변하고 있다.

최근 들어 인프라 정책과 계획은 점차 환경개선이나 환경위험 최소화 등의 척도를 고려하고 있다. 아시아 지역에서 환경요인의 고려가 점차 중요해지면서 도심의 대기를 개선하고 온실가스에 영향을 미치는 공해물질 배출을 감소시키며 상·하수 서비스를 향상시킴과 동시에 삶의 질(quality of life)을 제고시키는 친환경시스템의 기능을 유지하는 것이 주요 과제가 되고 있다. 다만 인프라개발이 항상 환경에 무조건 유해하다는 이전의 고정관념에서 탈피하여 환경요인에 대한 복합적인 고려를 통해 인프라 개발문제를 인식할 필요성이 있다. 즉, 수력발전 계획이 하천지역의 환경에는 부정적인 영향을 미칠 수 있으나 화력발전을 감소시킴으로써 이산화탄소(CO_2) 방출 감축에는 긍정적인 효과를 발생시키기 때문에 다면적인 요인을 모두 고려해야 한다.

〈표 27-3〉 동아시아 인프라 투자 및 유지 · 보수 소요

구 분	금액(백만 달러)			GDP 비율(%)		
	투자	유지·보수	계	투자	유지·보수	계
전 기	63,446	25,744	89,190	2.4	1	3.4
통 신	13,800	10,371	24,171	0.5	0.4	0.9
도 로	23,175	10,926	34,102	0.9	0.4	1.3
철 도	1,170	1,598	2,768	0	0.1	0.1
상 수 도	2,571	5,228	7,799	0.1	0.2	0.3
하 수 도	2,887	4,131	7,017	0.1	0.2	0.3
계	107,049	57,998	165,047	4	2.3	6.3

3. 정치적 갈등요인

인프라개발 분야는 일반적으로 수혜자와 비용 부담자가 상이하여 시장실패(market failure)가 발생하는 대표적 분야인데 관리자인 정부, 서비스 이용자, 서비스 제공자 등 3자간 이해상충으로 인한 갈등의 가능성을 내포하고 있다. 주로 이용요금과 관련한 갈등이 발생하게 된다. 이는 일반적으로 경제적 이익(economic benefit)을 추구하는 서비스 제공자는 요금인상을 요구하는 반면에 정치적 부담을 지니고 있는 정부는 요금인상을 억제하려고 하기 때문이다.

특히, 1997년 외환위기를 경험하면서 아시아 지역에서는 다수의 인프라개발을 위한 민간투자 계약이 취소되거나 환율 평가절하(depreciation), 리스크 증가(risk increase) 등으로 인해 사업재조정 비용이 크게 상승하였다. 더욱이 다수의 아시아 국가들이 민주화(democratization)의 정치적 변화에 직면하게 되면서 정부의 인프라 정책에 비판적인 시민단체의 영향력이 제고되었다. 이는 민간투자자의 인프라개발 이익을 억제하고 각국 정부는 재임기간을 초과하는 장기 인프라사업이나 리스크가 있는 분야를 과감하게 추진할 수 없게 되는 등 인프라개발에 더욱 신중하게 되었다.

경제위기 상황은 종료되고 상당한 수준으로 경제성장이 회복되면서 민간투자는 다시 활성화되고 있으나 아직도 인프라에 대한 투자는 매우 신중하게 추진되고 있다.

4. 인프라개발을 위한 재원조달

아시아는 향후 5년간 인프라 개발을 위하여 매년 약 2,000억 달러의 재원이 필요할 것으로 전망된다. 이 중 65%는 신규개발에, 나머지 35%는 기존 인프라의 유지·보수를 위해 필요한 것으로 평가되고 있다.

이들 3개 기관의 연구에 따르면 인프라개발을 위한 재원은 궁극적으로 사용자 요금이나 납세자가 부담하는 정부 보조금으로 충당될 것으로 예상되고 있다. 따라서 궁극적으로 민간부문이든 공적 대주이든 재원 조달자는 실질적인 재원 공급보다는 자금상환 또는 인프라 운영의 기간조절 역할에 그칠 것으로 분석된다.

〈표 27-4〉 인프라 재원 조달 방식

조달 방식	특 징
사용자 부담(이용요금)	· 분야에 따라 비용을 커버할 수 있는 요금산정방식 상이
납세자 부담(보조금)	· 미시적 문제: 투명성, 기간설정, 투자와 유지의 균형 유지 등 · 거시적 문제: 재정안정, 성장 및 빈곤감축 등
민간부문 재원	· 적은 규모, 최근 회복기미를 보이나 국가별로 차이가 있음 · 공공부문과 리스크 분담 요구
공적 대주(원조 포함)	· 극히 적은 규모 · 공적자금의 효과를 극대화시키는 방법의 도색이 관건

제 2 절 빈곤감소를 위한 인프라 개발 방안

빈곤을 감소시키기 위한 인프라 개발 방안으로 다음 3가지 측면을 살펴보고 자 한다.

1. 인프라와 빈곤의 관계

이들 3개 기관 연구의 핵심적 주제 중 하나는 '포괄적 발전'을 촉진함에 있어서 인프라의 역할이다. 포괄적 발전은 성장과 함께 빈곤감축을 위한 성장의 혜택을 공유하는 것을 의미한다. 아시아의 경험에 따르면 포괄적 발전은 상호 의존을 통하여 정치적 응집력을 강화시키고 사회적 안정(social stability)을 증진시킨다. 한편, 인프라는 이러한 상호 의존을 뒷받침해왔으며 발전의 방식을 포괄적 성격으로 만드는 데 중요한 역할을 하였다.

우선 빈곤을 협의로 정의할 경우 포괄적 발전은 빈곤선 이하로 살아가는 사람들의 수입과 생계에 초점을 두고 있다. 이에 따라 인프라 개발로 빈곤층의 실질소득이 얼마나 증대되는가에 관심을 가진다. UN이 제시한 새천년 개발목표(MDG)는 빈곤을 보다 포괄적으로 정의하여 사회적 통합(social integration), 인간의 역량과 자유 신장에 초점을 두고 운송과 통신으로 말미암아 공동의 활동에 참가하고 광범한 정보에 접근할 수 있는 능력을 갖추는 것을 강조하고 있다.

이와 관련된 선행연구에 따르면 교통, 통신 및 전력은 성장과 빈곤감축에 전반적으로 매우 중요하며 농촌 도로, 상·하수도는 극빈층의 빈곤감축에 결정적인 역할을 한다고 평가된다.

그러나 모든 사람이 인프라 투자를 통해 혜택을 받거나 그 혜택이 동등하게 공유되는 것은 아니다. 실제 인프라 투자가 수행될 때 혜택을 받는 층과 그렇지 못한 층이 발생하게 된다. 또한, 동시에 성장에 중점을 두는 인프라 투자를 선택할지 아니면 빈곤감축에 중점을 두는 투자를 선택할지를 결정해야 한다. 그리고 담당기관은 빈곤층과 중산층의 이해관계가 상충됨과 동시에 인프라의 혜택을 동등하게 공유해야 할 것을 고려해야 하는 정치적 판단을 해야 하는 상황에 직면하기도 한다.

〈참고〉 새천년 개발목표(Millennium Development Goals)

1. UN이 '새천년 정상선언'(2000. 9) 이행을 위해 IMF, World Bank, OECD와 협력하여 마련한 저개발과 빈곤문제 해결을 위한 국제사회의 달성 목표임
2. 중점 8개 목표와 18개 세부목표로 구성되며, 국제사회는 8개 목표를 2015년까지 달성하기로 합의하였음
3. 중점 8개 목표
   ① 절대빈곤 및 기아인구 감소, ② 모든 아동의 초등학교 혜택 제공, ③ 교육수혜에서 성별간 차이 제거, ④ 영아 사망률 감소, ⑤ 산모 사망률 감소, ⑥ AIDS 등 감염률 감소, ⑦ 지속가능한 환경(sustainable environment) 유지, ⑧ 공적개발 원조 확대

2. 국가 조정기능의 변화

아시아의 인프라 개발경험이 의미하는 바는 전략적 비전(strategic vision)과 그 비전을 현실화시키는 국가의 능력 형성을 의미하는 '큰 그림'(Big Picture)이 담당부처나 인프라 제공자만큼 중요하였다는 것이다. 이 같은 국가의 능력을 조정기능(coordination)이라고 할 수 있다. 조정기능은 다수의 목적 간에, 특히 다양한 행위자가 관련되어 있을 경우 이해관계 및 득실을 고려하는 능력이 요구된다.

인프라 개발에서 강력한 조정능력 발휘의 예는 현재 아시아 지역의 최선진국인 일본과 홍콩, 대만, 한국, 싱가포르, 말레이시아에서 찾아볼 수 있다. 이들 6개국에서는 정치 지도자와 고위 정책입안자가 장기 발전비전과 분야별 전략을 수립하는 데 중요한 역할을 하였다. 각국에는 인프라 개발을 기획하는 기획기관[7]이 있으며 이들 기관은 상당한 정치적 영향력을 행사하였다. 인프라 투자는 때때로 수요를 예상하고 추진되었으나 대체적으로 공급을 위주로 진

7) 이의 예로 한국의 경제기획원, 싱가포르의 경제개발위원회, 말레이시아의 총리실 산하 중앙기획 정책결정국, 일본의 관련부처와 자문위원회 등을 지적할 수 있다.

행되었다. 그러나 추진과정에서 문제에 직면하게 되면 담당기관은 신속하고 전략적으로 대응하였으나 결과적으로 무용지물로 전락한 다수의 사업을 과감히 수행하기도 하였다.

현재는 국가의 역할이 더욱 복잡해지고 목적이 다양해지면서 국가는 조정능력을 발휘하여 대규모 사업에 집중하고 세부적인 부분은 사업자, 감독기관, 지방정부, 시민사회 및 시장에 위임할 필요가 있다.

인프라 개발에 있어 그동안 국가의 조정기능이 당면하였던 도전은 기획(기획투자부)과 재원도달(재무부) 간의 문제였다. 분야간 조정이 효율적이지 못하면 사업이 지속되지 않거나 지연되고 완공에 이르지 못하게 되며 결과적으로 재정적인 압박에 직면하게 되었다.

또한, 아시아의 개발경험에 따르면 지방자치의 진전으로 지방정부간 과도한 경쟁이 발생할 경우 중앙정부의 조정기능 작동이 효과를 발휘하지 못하게 된다 과도하게 기능적인 분권화(decentralization)로 인해 재정·규제 조정기구가 부재한 상태에서 인프라 개발을 경쟁적으로 추진하게 되면 소위 '파괴적인 경쟁'(destructive competition) 상태에 이를 수도 있다. 따라서 이런 경우 국가가 개입하는 수직적 조정을 통한 효율적인 개발이 필요하게 된다.

그러나 이제 지난 수십 년간 발전을 선도했던 이 같은 일본 및 아시아 선진개발국들의 상명하달식의 모델은 상황의 복잡성과 다양한 도전으로 인하여 후발국의 발전방식으로의 효용성이 저하되게 되었다. 이에 대한 대응으로 관련국가들은 분권화된 지방정부, 민간부문, 지역사회, 시민사회조직 및 시장에의 권한 위임을 고려하기 시작하였다. 따라서 전반적으로 권한 위임, 참여, 효율적인 서비스 제공을 포괄하는 제도를 고안할 필요가 있다.

〈표 27-5〉 국가 기능의 범위

최소기능	중간기능	적극적 기능
순수공공재 제공 국방, 법, 치안 재산권 거시경제 관리 공중보건 공평성 증대 빈곤층 보호	외부 역점사안 교육, 환경 독점 규제 불충분한 정보개선 보험, 금융규제 사회보험	산업정책 부의 재분배

자료 : 프랜시스 후쿠야마, 강한 국가의 조건, 황금가지, 2005.

3. 책임 부여와 리스크 관리

3.1 책임 부여

성과(performance)에 따라 보상(reward)과 벌칙(penalty)을 적용하는 것은 책임(responsibility)의 강화를 통해서 조직, 서비스 등의 안정적인 운영을 보장하기 위해서이다. 특히, 공공재(public goods)적 성격이 큰 인프라 분야는 서비스 제공자의 사업 책임이 매우 중요하다. 동시에 인프라 개발과 관련된 책임 부여에 대하여 정부, 지역사회, 투자자, 인프라 제공자, 시민사회 등 다양한 행위자들은 보상을 극대화하고 리스크를 최소화하기 위해 노력한다.

인프라 개발에 있어 책임을 강화시키기 위한 방식과 관련하여 아시아 지역의 경험을 살펴보면 적극적인 지역사회의 참여, 경쟁, 규제 등이 주요한 역할을 하고 있음을 알 수 있다.

(1) 지역사회에의 적극적 참여

우선 인프라 개발에 책임을 부여하는 방법으로 지역사회에 자체적인 사업을 기획하고 운영할 수 있게 하는 재량권을 부여하되 주로 소규모의 인프라에 국한한다.

(2) 경쟁

경쟁의 도입을 통해 서비스 제공자에 책임을 부여하는 방법도 고려되고 있다. 이 방법에 따르면 사용자를 만족시키지 못하는 서비스 제공자는 퇴출당하게 된다. 그러나 아시아 국가들은 일반적으로 인프라개발에 경쟁을 도입하는 것을 회피하거나 도입하더라도 제한적으로 적용하는 경향이 있다.

(3) 규제

규제(regulation)를 통해 서비스 제공자들에 책임을 부여할 수도 있다. 그런데 일반적으로 효율적인 규제를 위한 선행조건은 독립성과 책임이다. 아시아 국가에서 인프라 개발은 매우 정치적 성격을 띠고 있으며 규제를 담당기관의 정치적 책임(political responsibility)과 분리해서 생각할 수 없는 경우가 많다. 따라서 독립적 감독체제는 매우 완만하게 진행되고 있다.

3.2 리스크 관리

책임 부여와 관련된 리스크 관리(risk management)의 방법으로 정부 보조금 지원이 있다. 일반적으로 보조금은 인프라 제공자와 정부 간의 책임관계를 희석시키는 부정적인 효과를 발생시키는 것으로 인식되어 있다. 즉, 가장 효율적인 방법으로 서비스를 제공하려는 유인을 약화시킨다는 것이다. 그러나 아시아의 상황에서는 정부 보조금을 지원함에 따라 리스크 공유의 효과를 나타내 오히려 민간투자자에 책임을 부여하는 데 기여하는 경우도 있다. 지불능력과 유동성(liquidity)을 지원함으로써 민간투자자로 하여금 서비스 제공자로서의 책임을 가질 수 있도록 한다는 것이다. 또한, 그 자체로는 그다지 중요하지 않을 수 있는 소유권 부여를 통해 책임을 부여하고 리스크를 관리하기도 한다. 민간에 명목상의 소유권을 부여함으로써 인프라 개발에 있어 책임을 강화시키고 정부 부담을 감소시키는 효과를 얻기도 하는 것이다. 실제로 아시아 국가의 경험을 통해 보면 민간 서비스 제공자가 공공 사업자보다 경쟁과 규제(competition and regulation)에 신속한 대응을 하는 경향이 있는 것을 알 수 있다.

제 3 절 인프라 개발을 위한 과제

ADB, JBIC, World Bank 3개 기관의 연구는 향후 인프라 발전을 위한 12개의 기본 행동과제를 제시하고 있다. 이는 이들 기관의 연구보고서 작성 과정에서 정책입안자, 정책수행자, 인프라 공급자, 시민사회 및 관련 당사자들과 논의를 통해 도출된 주요 관심항목들로 구성된다.

1. 정부의 중심역량 강화

인프라(infrastructure)는 경제와 사회의 핵심이며 생활을 위한 기본적 자원을 제공함과 동시에 환경에 중요한 영향을 미친다. 또한, 경제적 · 기술적으로 복잡하며 결과물은 장기적인 효과를 나타낸다. 전통적인 상의하달식의 경제계획 방식은 지양해야 하나 전략적인 관점에서 계획을 수립하고 조정하는 중앙정부의 중심적 역량은 강화될 필요가 있다.

2. 수직 · 수평적 조정의 필요성

동아시아 국가들의 분권화(decentralization)가 확산되면서 지방의 수요에 부응한 인프라개발이 증가하고 있다. 따라서 지방자치의 확산 자체가 중요한 정책적 역할을 하고 있다. 다만 동시에 지방자치의 확대로 인하여 중앙-지방정부간(수직적), 지방정부간 또는 국가기관 간에(수평적) 다양한 조정의 문제가 발생하게 된다.

3. 재정확보 역량의 중요성

모든 인프라는 궁극적으로 사용자에 의한 요금이나 납세자에 의한 보조금으로 운영된다. 그러나 사용자의 부담으로 비용을 충당하는 것이 장기적으로 중요한 목표라고 할 수 있다. 최근 다수의 인프라개발 사례에서 높은 사용료를 부과하는 민간재원 조달방식이 확대되는 것은 물론, 공공부문도 함께 위험을 분담할 것을 요구받고 있다. 따라서 적정한 경제적 수익률(proper economic profit rate)을 고려한 보증 등의 재정확보 역량(fiscal space)이 필요하다.[8]

4. 보조금의 양면성

인프라 개발에 있어 정부 보조금(government subsidy)은 환경보호 및 빈곤감축 등의 목적을 위해 정당화될 수 있다. 일반적으로 국민들은 공공재를 향유하면서도 비용을 지불하지 않으려는 경향이 있기 때문에 사실상 인프라의 효용을 실현하기 위해 정부 보조금의 지원이 필요하게 된다.

그러나 일반적으로 보조금은 용이성 때문에 관성적으로 사용될 가능성이 있다. 이로 인하여 재정원칙을 훼손하고 책임소재를 불분명하게 하며 이로 인해 필수 불가결한 개혁이 지체될 수도 있다. 따라서 정부 보조금은 신중하게 사용되어야 한다.

5. 독립적 감독체제 구축

경쟁이 아직 정착되지 않은 곳에서는 규제나 조정이 집중되는 것이 필요하다. 다만 인프라 개발과 관련된 규제와 조정을 담당하는 주체는 소비자, 정책담당자 및 투자자들과 점진적으로 신뢰관계를 구축해야 한다. 여기서 신뢰, 더 나아가서 독립적 감독체제(regulatory independence)는 투명성 담보를 통해 제고될 수 있다. 만일 임의적인 재량권이 증가하면 예측불가능(unpredictability)과 불안정(instability)의 문제를 야기시킬 수 있기 때문이다.

따라서 독립적 감독체제는 상대적인 개념으로 장기간의 단계적인 과정을 거쳐 이루어져야 한다.

---

8) 재정확보 역량은 정부가 재정상태 유지에 영향을 받지 않은 상태로 계획된 목표를 위하여 동원할 수 있는 재원확보 역량을 의미한다.

6. 경쟁체제의 강화

인프라는 원래 독점적 재화(monopolistic goods)의 성격이 강하나 제도적·기술적 혁신을 통해 경쟁의 가능성이 확대되었다. 다만 동아시아 국가들은 인프라 분야에 경쟁을 도입하는 데 신중함을 보이고 있다. 이는 그동안 효율적인 인프라 개발을 위하여 보상을 제공하기보다는 문제지역에서 더욱 많은 인프라 개발을 수행하는 것을 선호해 왔기 때문이다.

이 같은 방식은 기초 인프라가 이미 구축되어 있고 경제적 목적이 단순하며 상명하달식의 지휘방법이 광범위하게 확산되어 있을 때 효과적일 수 있다. 그러나 복합성이 증가할수록 앞의 방식보다는 경쟁체제(competitive system)의 역할이 강화될 필요가 있다.

7. 시민사회의 역할 강화

시민사회나 지역공동체(regional community)는 때로 지역의 인프라사업을 관리하거나 지역사회와 관련되는 인프라에 관한 의사결정과정(decision-making process)에 참여하게 된다. 따라서 시민사회는 의회나 소비자 감시기구 등의 참여를 통해 인프라관리 및 개발의 책임의식을 강화하는 데 중요한 역할을 할 수 있다. 즉, 시민사회 기구와 비정부기구(NGO)는 소규모의 인프라 개발을 담당할 수 있다. 또한, 부정·부패를 감시하고 보다 지속가능한 인프라 정책을 지지하는 등 그 역할이 확대될 수 있다.

8. 부정·부패방지의 중요성

인프라는 일반적으로 독점적으로 제공되므로 광범한 지대(rent)를 야기할 가능성이 존재한다. 따라서 재정원칙이 약화되고 정치적 개입이 확대되며 지대추구 행위가 확산되면 부정·부패가 만연될 가능성이 증대될 수도 있다. 따라서 부정·부패 억제를 인프라 개발의 우선순위로 삼아야 한다. 그동안 이와 관련된 법적·행정적 주요 개혁과제가 반부패활동(anti-corruption activities)에 집중되었던 이유도 여기에 있다.

9. 공공부문의 제한적 활용

민간투자에 대한 거부감이 강하거나 고용효과에 영향을 주고 구조조정이 어려운 분야, 규모나 수익성이 저하되는 분야 등에는 민간투자를 이용하기가 어려우므로 일반적으로 공공부문을 통해 인프라 개발이 수행된다.

따라서 해당부문의 효율성(efficiency) 증대를 위해 공공개혁(public reform)의 중요성이 부각된다. 다만 공공부문 확대의 부작용을 고려하여 현실적이고 적절한 수준으로 활용이 제한되어야 한다.

10. 민간투자의 회복 유도

동아시아 인프라에 대한 민간투자는 1997년 정점을 기록한 이후 외환위기로 인하여 급락하였으나 최근 들어 서서히 회복되고 있다. 결국 민간투자가 동아시아 인프라 분야에서 완전 사라진 것은 아니나 그렇다고 현재 대규모의 투자를 실현하고 있지는 않다. 따라서 민간투자가 증대될 수 있도록 보다 예측가능한 정책(predictable policy)이 실행되어야 한다.

11. 국내자본시장의 양성

국제경제계에서는 그동안 아시아의 경제적 성공(economic success)이 부분적으로 높은 저축자금의 국내투자 및 인프라 개발로의 유입에 있다고 평가하고 있다. 그러나 1997년 외환위기로 인하여 국내저축 및 국내자본시장의 취약함이 여실히 노출된 바 있다. 따라서 장기적으로 금융분야의 기여도를 제고시키기 위해서는 인프라개발을 위한 투자분위기를 개선하는 정책이 최우선시 되어야 한다.

12. 신뢰성있는 유능한 개발파트너의 필요성

동아시아 국가들과 인프라를 개발하는 파트너의 역할이 재조명되고 있다. 인프라 개발은 장기간 소요되기 때문에 파트너가 장기간 머물면서 신뢰할 수 있는 파트너십(credible partnership)을 형성하는 것이 중요하다. 따라서 정부와의 관계에서 신속한 문제해결 능력과 조화로운 수행과정을 유지하는 역량을 가진 개발파트너가 필요하다고 할 수 있다.

28 chapter

ASEAN + 3 정상회의

1995년 출범한 WTO 체제 하에서도 유럽연합(EU), 북미자유무역협정(NAFTA), 남미공동시장(MERCOSUR) 등 지역적인 경제통합(regional economic integration)이 강화되고 있는 추세에도 불구하고 그동안 동아시아는 역내경제통합을 진전시키기 위한 본격적인 논의를 하지 못하였다. 그러나 지난 1997년 이후 정기적으로 개최되고 있는 'ASEAN + 3 정상회의'를 통해 한·중·일 동북아시아 3국과 인도네시아·태국·말레이시아·싱가포르·베트남 등 ASEAN 10개국은 이 지역의 경제협력을 강화시키고 있다.

사실 동아시아지역은 인구·경제규모·교역 면에서 거대한 시장을 형성하고 있다고 평가할 수 있다. 19억의 인구와 6조 5,000억 달러의 내수시장, 2조 6,000억 달러의 교역규모를 가지고 있으며 부존자원(natural resources) 및 경제발전단계(economic development stage) 등에 있어서 상호 보완성(mutual complementarity)이 커서 경제협력의 가능성 및 이점이 매우 크다고 할 수 있다.

특히, 한·중·일 동북아 3국은 'ASEAN + 3 정상회의'를 통하여 동북아 3국의 경제협력에 대한 논의와 더불어 동북아 3국의 대(對)동남아 경제협력을 강화하는 데 더욱 큰 비중을 두고 있다. 우리의 경우에도 동남아는 교역·투자·건설분야 등에서 잠재력이 큰 시장이며 실질적으로 우리경제에 적지않은 이익을 주고 있는 시장으로 평가할 수 있다.[1)]

---

1) 한국으로 볼 때도 동남아는 중요한 교역파트너로서 부상하고 있다. 동남아는 우리의 4위 교역시장, 2위 건설시장(2000년까지 누계치 325억 달러), 3위 투자시장(2000년까지 누계치 69억 6,000만 달러)으로 자리잡고 있으며 2000년을 기준으로 할 때 383억 달러(수출 : 201억 달러, 수입 : 182억 달러)의 교역규모와 19억 달러의 무역수지 흑자를 기록하고 있다.

제 1 절 설립과정

1967년 동남아국가연합(ASEAN)이 처음 창설된 이후 ASEAN 회원국 정상들만 참여한 회의가 비정기적으로 개최되어 오다가 1997년 말레이시아에서 개최된 ASEAN 창설 30주년 기념행사에서 마하티르 말레이시아 수상이 한·중·일 정상을 동(同) 회의에 비공식 초청함에 따라 'ASEAN + 3 정상회의'가 처음으로 개최되었다. 이후 1998년 2차 정상회의(베트남), 1999년 3차 정상회의(필리핀), 2000년 4차 정상회의(싱가포르), 2001년에 5차 정상회의(브루나이)가 개최되어 'ASEAN + 3 정상회의'는 동아시아 지역의 정기적인 정상회의체로서의 위치를 공고히 하고 있다.

제 2 절 1～3차 정상회의

1～3차 정상회의 주요 의제는 동아시아 금융위기의 극복과 역내 회원국간 경제협력의 강화에 대한 것이었다. 특히, 1999년 필리핀에서 개최된 3차 정상회의에서는 동아시아의 장기적인 협력을 원칙으로 '동아시아 협력에 관한 공동성명'이 채택되었다. 이 공동성명에 포함된 경제협력 분야의 주요 내용은 통상·투자, 기술이전(technology transfer), 정보기술(IT), 전자상거래, 농업, 중소기업 강화, 관광진흥, 메콩강 유역개발, 민간부문 참여, 구조개혁, 금융통화협력, 국제금융체제 개편, 사회 및 인적자원개발, 과학 및 기술개발분야의 능력 배양 등 다양한 분야의 내용들이 망라되어 있다.

제 3 절 4차 정상회의

싱가포르에서 2000년 11월 24일 개최된 'ASEAN + 3(한·중·일) 정상회의'에서 김대중 대통령은 동아시아 경제협력체 구성을 위한 구체적인 실천방안을 제시하여 참가국 정상들의 큰 호응을 얻었다. 김 대통령의 동아시아 경제협력체 구성 제안에 대해 말레이시아 마하티르 총리는 좋은 제안이라고 평하였으며 'ASEAN + 3 정상회의'를 '동아시아 Summit'으로 할 것을 제안하기도 하였다. 이번 회의의 의장인 고촉통 싱가포르 총리도 'ASEAN + 3 정상회의'의 명칭을 당장 '동아시아 Summit'로 결정하기는 이르지만 합의가 이루어진 만큼 '동아시아 연구그룹'에서 명칭문제를 논의할 것을 제안하였다.

김 대통령의 동아시아 경제협력체 구상은 유럽연합(EU)이나 북미자유무역협정(NAFTA) 처럼 동아시아를 하나의 블록으로 묶는 역내공동체 구상이라는 점에서 주목을 받고 있다. 김 대통령은 이제 동북아와 동남아의 구분이 없어지고 있으며 따라서 동아시아를 연결하는 협력체제, 즉 '동아시아 경제블록화'가 필요하다고 강조하였다. 이는 현재의 ASEAN 경제블록에 한・중・일이 포함된다는 것을 의미한다. 김대통령이 제안한 내용은 3가지로 정리할 수 있다.

1. 동아시아 연구그룹의 설치

김 대통령은 1998년 말레이시아 쿠알라룸푸르에서 처음 이 같은 구상을 제의한 바 있다. 이에 따라 민간인으로 구성된 '동아시아 비전그룹'이 출범하였는 데 이번 'ASEAN + 3 정상회의'에서는 이를 정부간 연구모임으로 격상해 검토한다는 합의가 이루어졌다.

동아시아 경제협력체제가 구성될 경우 한국과 ASEAN 교역량이 크게 증대되고 동아시아 지역의 메콩강유역 개발과 인도네시아 고속도로 건설 등이 촉진되며 ASEAN의 석유와 액화천연가스(LNG) 등 자원개발이 가속화될 수 있다.[2] 또한, 동남아는 저렴한 운송료로 석유・천연가스・목재 등 천연자원을 공급받을 수 있는 지리적 이점을 지니고 있다고 볼 수 있다. 그러나 경제발전 정도의 차이에 따른 동남아 국가들의 경계심과 이 지역에 지대한 정치・경제적 이해관계를 가지고 있는 미국측의 거부반응 등이 장애요인으로 작용할 것으로 기대되기 때문에 이 같은 구상이 구체적으로 실현되기까지는 상당한 시일이 소요될 것으로 보인다.

2. 금융위기 예방을 위한 실천 프로그램 마련

이와 관련하여 김 대통령은 '외환위기 예방실천 프로그램'을 제안하였다. 이 프로그램은 통화불안을 경험하고 있는 아시아 국가들이 선언 수준이 아닌 실질적인 금융협력체제를 갖추는 방안을 제시하고 있다. 제안사업의 주요 내용은 크게 3가지로 요약할 수 있다.

2) '동아시아 경제협력체' 구성은 말레이시아 마하티르 총리가 1998년 쿠알라룸푸르 'ASEAN + 3 정상회의'에서 처음 제의했던 것으로 당시 일본 등이 적극 지지하였으나 또 다른 지역경제 협력체의 탄생을 꺼려하는 미국의 반대로 무산된 바 있다.

① 한 · 중 · 일과 ASEAN이 양자간 통화 SWAP (통화교환) 협정을 조기 체결한다.

② 동아시아 국가간 단기자본 이동 모니터링 채널을 가동한다.

③ 외환위기 조기경보체제 공동모델을 개발하여 활용한다.

이 같은 제안의 배경에는 최근 동아시아 지역 일부 국가들의 환율이 급등하는 등 외환시장의 불안정한 모습이 작용하였다고 볼 수 있다. 따라서 금융 및 외환위기를 경험했던 아시아국가들이 금융분야의 실질적인 협력방안 마련이 시급한 과제로 부각되고 있다.

김 대통령의 제안은 지역국가 간의 구체적인 협력 방안을 담고 있어서 아시아 통화불안의 예방을 위해서 매우 실질적인 방안으로 평가할 수 있다. 우선 외환보유고가 상대적으로 많은 한 · 중 · 일과 ASEAN 국가들이 양자간 SWAP 협정을 체결할 것을 제안하고 있다.

이는 한국이 중국, 일본, 홍콩 등과 체결하였거나 체결을 추진 중인 SWAP 협정을 동남아국가 전체로 확대하는 것이 된다. Hedge fund(단기투기성자금)의 감시방안에 대해서는 ASEAN 회원국과 한 · 중 · 일 3국이 양자간 협정을 통해 증권과 채권시장에서의 외국인 동향과 국제수지 자료 등을 매월 교환하자는 것을 제안하고 있다.

3. 정보격차 해소를 위한 동아시아 특별기금의 설치

역내국가간 정보격차(digital divide) 해소를 위해 동아시아 특별기금의 설치가 제안되었다. 특별기금이 조성되면 동아시아의 정보 인프라 구축에 유용하게 사용될 것으로 기대되고 있다.

4. 한 · 중 · 일 3국 정상회의

2000년 11월 24일 싱가포르에서 개최된 한 · 중 · 일 3국 정상회담에서는 경제 · 통상 등 비정치분야에서 3국간 협력을 대폭 강화하는 것을 핵심으로 한 주요 관심사를 논의하여 5개 항에 합의하였는 데 3국간 실질적인 협력을 위한 기본틀의 마련 및 한 · 중 · 일 3국이 경제블록을 형성할 수 있는 기초가 될 수 있다는 점에서 그 의의가 크다고 할 수 있다.[3)]

김대중 대통령과 모리 요시로(森喜朗) 일본총리, 주룽지(朱鎔基) 중국총리의 합의사항 중 가장 두드러지는 부분은 경제협력 증진을 위한 공동연구이다. 한 · 중 · 일 3국은 2001년 1월

3) 김 대통령은 2000년 11월 24일 숙소인 싱가포르 샹그리라 호텔에서 개최된 한 · 중 · 일 3국 정상조찬회동에서 향후 ASEAN + 3 회의 때마다 3국 정상회담을 정례화할 것을 제안하였으며 모리 총리와 주룽지 총리도 동의를 표하였다.

부터 본격적인 공동연구 작업을 시작하였으며 각국의 연구기관으로는 한국의 대외경제정책연구원(KIEP), 중국의 국무원발전연구중심(DRC), 일본의 총합연구개발기구(NRIA)가 선정되었다. 첫 과제로는 중국의 WTO 가입 이후의 3국간 무역·투자문제를 연구테마로 정하였다. IT 분야의 산업협력을 위해 국장급 전문가그룹을 설치·운영하기로 한 점도 의미가 크다.

또한, 3국간 환경정보 네트워크를 구성하여 환경분야에서 미래지향적 협력을 추진하기로 하였는데 중국의 황사피해 등에 대해 인접국들이 공동보조를 취할 수 있는 토대가 마련되었다고 볼 수 있다. 한편, 사회·문화교류로는 2002년을 한·중·일 3국의 '국민교류의 해'로 지정하여 서울·베이징·도쿄 등 3국 수도 간 교류를 확대하고 청년지도자간 협력을 강화하기로 하였다.

〈표 28-1〉 한·중·일 정상회담 합의 사항

분 야	내 용
회담 정례화	·ASEAN + 3 정상회의 계기로 매년 정례화 ·2001년 회동은 일본이 주최
경제협력 공동연구	·2001년 1월부터 공식 착수 ·대외경제정책연구원 (KIEP·한국), 국무원발전연구중심 (DRC·중국), 총합연구개발기구 (NRIA·일본) 참여
문화·인적교류 활성화	·2002년을 한·중·일 국민교류의 해로 지정 ·한·중·일 청년지도자 협력프로그램
IT 협력	·국장급 전문가 그룹 설치
환경 협력	·3국간 환경 정보네트워크 구축 ·환경협력프로그램 마련

제 4 절 5차 정상회의

'5차 ASEAN + 3 정상회의'는 2001년 11월 5~6일간 브루나이에서 '긴밀한 동아시아 파트너십 구축'을 주제로 개최되었다. 5차 정상회의에서는 테러근절을 위한 역내 공동노력을 강화하고 'ASEAN + 3 정상회의'를 '동아시아 정상회의'로 전환하며 카타르 도하에서 개최되는 WTO 총회에서 출범하게 될 뉴라운드의 개시를 지지하는 논의가 이루어졌다.

각국 정상들은 9·11 미 테러사태 이후 국제적으로 점증하고 있는 안보위협과 테러에 적극적으로 공동대응하기 위해 국제 및 지역차원에서 협력강화 방안을 논의하였으며 'ASEAN과 한·중·일 반(反)테러선언'을 채택하였다.

또한, 역내 무역 및 투자자유화(trade and investment liberalization)를 강화하기 위한 노력을 경주할 것과 'ASEAN + 3 재무장관회의'를 개최하여 '동아시아 비전그룹(EAVG) 보고서'를 논의하는 등 다양한 의제에 대한 진지한 논의가 이루어졌다.

이번 5차 정상회의에서 논의된 주요 의제를 살펴보고자 한다.4)

1. 동아시아 경제협력의 제도적 강화

각국 정상들은 'ASEAN + 3 정상회의'를 '동아시아 정상회의'로 전환하여 동아시아의 협력을 제도적인 측면에서 강화하기로 하였다. 사실 기존의 'ASEAN + 3 정상회의'는 성격상 정례적인 'ASEAN 정상회의' 기간 중 일정시간에 ASEAN 정상들과 한·중·일 동북아 3국의 정상들이 회동하는 형식이어서 기본적으로 'ASEAN 정상회의'에 동북아 3국 정상들이 초대받은 것이라고 할 수 있다. 따라서 'ASEAN + 3 정상회의'가 진정한 의미에서 실질적인 동아시아 전체의 정상회의라기 보다는 동북아와 동남아로 나누어진 정상회의이며 지역적으로 양분된 회의체라고 평가할 수 있다.

따라서 동아시아지역이 북미·유럽에 대응할 수 있는 경제권을 효과적으로 구축하기 위해서는 'ASEAN + 3 정상회의'가 지역적으로 양분된 정상회의가 아닌 실질적인 의미에서 '동아시아 정상회의'로 거듭나야 한다.

2. 동아시아자유무역지대의 창설

동북아지역은 세계경제의 블록화 추세 속에서 그 어느 지역경제블록(regional economic bloc)에도 포함되어 있지 않아서 교역·투자측면에서 타 지역보다 상대적으로 불리한 상황에 직면해 있다. 특히, 한국은 가장 큰 타격을 입게 될 것으로 분석되고 있다.

사실상 동남아시아 각국은 AFTA를 통해 역내 경제블록을 형성하였고 중국은 대만·홍콩 및 동남아시아의 화교권 경제를 포함하는 거대한 '중화경제권'을 형성하고 있다. 일본도 최근 싱가포르와 자유무역협정을 체결한 데 이어 멕시코, ASEAN과도 FTA를 활발하게 추진하고 있다. 한국도 칠레와의 FTA 체결 이후 다수의 국가와 FTA 협상을 전개하고 있다.

이에 따라 한국은 '동아시아자유무역지대'의 창설을 검토하기 위해 '동아시아포럼'을 제안하였는 데 동 포럼은 정부와 민간전문가로 구성되어 '동아시아자유무역지대' 창설의 타당성과

4) 대외경제정책연구원, 세계경제, 2001. 11. 참조

추진전략을 검토하게 된다. 한편, '동아시아자유무역지대'의 창설은 동아시아뿐만 아니라 한·중·일 동북아 3국의 경제협력을 더욱 강화하는 계기가 될 것으로 전망된다.[5]

3. ASEAN + 3 재무장관회의의 활성화

세계경제의 침체에 대응하고 이 지역의 경제활성화 및 금융안정을 이루기 위해서는 동아시아 국가간 교역·투자 및 금융협력이 긴밀히 이루어져야 한다. 즉, 경제협력의 효율성 및 역내 금융위기의 사전예방능력을 제고하기 위해 'ASEAN + 3 재무장관회의' 등 실무대화채널을 통해 역내 금융과 경제상황에 대한 상호 정보를 교환하고 정책적 협의를 활성화해야 한다.

3.1 동아시아 금융협력 논의

최근 들어 동아시아 경제협력은 1997년 동아시아 외환위기를 계기로 무역과 투자보다는 금융분야의 협력이 더욱 중요시 되고 있다. 동아시아의 금융협력에 대한 논의는 'ASEAN + 3 정상회의'가 개최된 1997년부터 시작되었다고 할 수 있다. 당시 태국을 시초로 하여 인도네시아 등 동남아시아 국가들에서 시작된 금융위기가 한국 등 동북아시아 지역으로 확대되자 동아시아 국가들은 금융위기(financial crisis)를 역내의 가장 중요한 문제의 하나로 인식하고 이로 인한 피해의 축소와 제2의 금융위기를 방지하기 위한 방안에 대해 논의를 하기 시작하였다.

1999년 '3차 ASEAN + 3 정상회의'에서는 역내 금융위기를 방지하기 위해 'ASEAN + 3 정상회의' 체제를 통해서 동아시아 역내 금융지원 메커니즘을 강화할 것에 합의한 바 있다.

3.2 치앙마이 이니셔티브

태국 치앙마이에서 2000년 5월 개최된 'ASEAN + 3 재무장관회의'에서 역내 외환위기에 대비하기 위하여 '치앙마이 이니셔티브(Chiangmai Initiative)'를 추진하기로 합의하였다. 치앙마이 이니셔티브의 목표는 한·중·일 3국과 ASEAN 각국 중앙은행 간에 상대국의 금융위기시 약정금액을 지원하는 양자간 SWAP/Repo 계약네트워크의 구축이라고 평가할 수 있다. 또한, ASEAN 5개국 통화스왑계약(currency swap agreement)을 모든 ASEAN 회원국으로 확대하여 향후 발생할지도 모를 제2의 외환위기를 사전에 방지하는 것을 내용으로 하고 있다.

한편, 2001년 5월 하와이에서 개최된 'ASEAN + 3 재무장관회의'에서는 양자간 스왑계약

---

5) 경제발전단계가 상이한 동 지역에서 자유무역지대의 창설은 다수의 과제를 안고 있다. 따라서 역내국가간 주요 과제를 효과적으로 해결하기 위해서는 '동아시아자유무역지대'의 창설은 중장기적인 목표로 추진되어야 한다.

협상이 진전되는 상황을 발표하고 이를 보다 적극적으로 추진하기로 합의하였다.[6)]

4. 역내 최빈개도국 지원 강화

각국 정상들은 역내 최빈개도국(캄보디아, 미얀마, 라오스 등)에 대한 지원을 강화하기로 합의하였다. 주지하는 바와 같이 동아시아지역에는 세계 2위의 경제대국 일본, 4위 대국 중국, 경제규모는 작지만 경제의 질적인 면에서 선진대열에 올라서 있는 싱가포르, 그리고 경제규모 및 교역수준이 세계 11~13위 수준인 한국 등과 상기(上記)한 최빈국들이 공존하고 있는 실정인데 역내 경제협력이 효과를 거두기 위해서는 최빈국에 대한 지원이 필수적이라고 할 수 있다.

특히, 동아시아지역 내의 동북아지역, 그 중에서도 한국과 일본은 동아시아에 대한 경제지원국의 입장에 있다고 평가할 수 있으며 그동안 다양한 형태로 이 지역 개도국 내지 최빈국들을 지원하는 사업을 시행하고 있다.

한편, 4차 정상회의에 이어 이번 5차 정상회의에서도 역내지역간 갈등과 빈부격차를 해소하기 위해 역내국간 정보격차(digital divide)를 해소하고 인적자원(human resources)을 개발하는 등 경제협력이 긴요하다는 데에 각국 정상들이 공감하고 이를 지원하는 방안을 향후 심도있게 논의하기로 하였다.

5. 동아시아비전그룹(EAVG) 보고서

이번 '5차 ASEAN + 3 정상회의'에서 가장 주목을 받은 의제는 동아시아비전그룹 보고서라고 할 수 있다. EAVG는 1998년 베트남에서 개최된 '2차 ASEAN + 3 정상회의'에서 한국의 제안으로 설치되었으며 13개 회원국에서 각각 2명씩 총 26명의 전문가들로 구성되었다. 1998년말 말레이시아의 마하티르 수상이 '동아시아경제협의체(EAEC)'의 창설을 주창한 바 있으나 미국, EU 등의 반발과 역내 회원국들의 적극적인 참여부족으로 진전을 보지 못하였다. 그러나 1997년 동아시아 외환위기 이후 지역경제협력체의 구축 필요성을 동아시아 각국이 인식하게 되면서 'ASEAN + 3 정상회의'가 정례화되었고 이후 동아시아 경제협력에 대한 논의가 활성화되고 있다.

---

6) 한국도 현재 일본과 기존 50억 달러에 20억 달러를 추가한 스왑계약을 체결하였으며 중국·태국 및 여타 동남아국가들과도 스왑계약을 추진 중에 있다.

EAVG의 의미, 주요 내용 및 평가에 대해 살펴보고자 한다.

5.1 동아시아비전그룹 보고서의 의미

EAVG 보고서는 동아시아경제협력의 청사진을 제시했다는 점에서 큰 의미를 부여할 수 있다. 사실 '동아시아자유무역지대', '동아시아통화기금' 등 일부 제안사업은 현실적으로 단기간 내에 추진되기는 어렵지만 EAVG 보고서에서 지적한 '동아시아공동체'를 구축하기 위해서는 필수적인 사업이라고 평가할 수 있다.

5.2 동아시아비전그룹 보고서의 주요 내용

EAVG 보고서는 동아시아지역이 지향(指向)해야 할 목표로 동아시아공동체(East Asian Community)의 형성을 지적하였으며 이러한 목표를 달성하기 위해 경제·사회·문화·정치 등 각 방면에서 다양한 협력방안을 제안한 동아시아 협력에 대한 청사진이라 할 수 있다.

EAVG는 지난 2년간 5차례의 회의를 통해 EAVG 보고서를 작성하여 이번 5차 정상회의에 제출하였다. 세계경제가 WTO 체제 출범 이후 다자주의(multilateralism) 체제로 나아가면서도 각 지역별로 경제블록을 형성하는 지역주의(regionalism)가 강화되고 있다. 이 같이 세계경제질서가 급변하고 있음에도 불구하고 그동안 동아시아지역에서는 지역협력을 강화하기 위한 인식이 부족하였고 구체적인 논의가 이루어지지 못하였다고 평가할 수 있다. 따라서 동아시아지역의 협력수준을 제고시키기 위해서는 동아시아 전지역이 공감대를 형성할 수 있는 장기발전계획과 비전(vision)이 제시되어야 하며 이러한 역할을 충실히 수행하기 위해 EAVG가 결성되었다고 할 수 있다.

EAVG 보고서가 제안한 사업 중 경제부문과 관련한 핵심내용을 간략히 살펴보고자 한다.

(1) 무역활성화

EAVG 보고서는 무역활성화와 관련하여 동아시아자유무역지대를 APEC의 보고르(Bogor) 목표 이전에 설립할 것을 제안하고 있다. 이를 달성하기 위해서 구체적 전략을 수립하기 위한 각료급회의를 개최할 것을 권고하였다. 또한, 무역자유화(trade liberalization)로 인한 경제적 혜택(economic benefit)을 역내 회원국들이 공유(共有)하기 위해 역내 저개발국들(underdeveloped countries)을 위한 일반특혜관세 및 특혜조항의 도입을 강조하였다.

(2) 투자환경 조성

역내 투자환경의 조성과 관련하여 '동아시아 투자정보네트워크(EAIIN)' 설립·중소기업의 투자증진 및 행정·금융지원체제의 수립·동아시아투자지역(EAIA)의 설립 등을 제안하였

다.[7]

(3) 역내지역개발

역내지역개발을 위해 동남아성장지대 내의 자원과 인프라를 공동개발할 것과 이를 위해 금융지원과 민간기업들의 적극적 참여를 권고하였다. 특히, 사회간접자본(SOC), 정보통신기술(IT), 인적자원개발 등의 분야에 우선적으로 지원을 확대할 것을 제안하였다.

또한, 역내 저개발국에 대한 ODA를 확대하고 기술이전 및 공동기술개발을 통한 역내협력 강화를 강조하였다.

(4) 금융분야 협력

EAVG 보고서는 금융분야의 협력으로 '동아시아차입협정(East Asian Arrangement to Borrow)' 또는 '동아시아통화기금(EAMF : East Asian Monetary Fund)'의 설립을 제안하였다. 금융분야의 구체적인 협력사업으로 다음 3가지가 지적되었다.

① IMF 기능보안을 위한 역내 모니터링(monitoring)과 감시체제의 강화
② 거시경제 및 금융분야의 의견교환을 위한 포럼 설립
③ 금융안정 및 경제개발을 위한 역내 환율 공조체제 추진

5.3 EAVG 제안사업에 대한 평가

EAVG가 제시한 보고서에 나타난 역내 협력사업 중 가장 핵심적인 부문은 동아시아자유무역지대(EAFTA : East Asian Free Trade Area)의 설치와 동아시아 통화기금의 설립이다. 이 두 부문을 간략히 평가해 본다.

(1) 동아시아자유무역지대의 설치

동아시아자유무역지대의 설치에 대해서 아직 역내 회원국들의 인식과 지지가 낮은 수준에 머물러 있다고 평가할 수 있다. 현재 동남아지역은 AFTA가 2002년 중에 목표관세율(0~5%)을 달성하고 교역자유화를 위한 여러 관련조치들을 추진하고 있으며 중국은 ASEAN과의 FTA 체결에 원칙적으로 합의를 보고 있는 상황이고 일본은 2002년 1월 13일 처음으로 싱가포르와 자유무역협정(FTA)을 체결한 바 있다.

2001년 말 이후 아시아경제권에 대한 주도권 쟁탈에 있어 일본과 중국의 움직임이 활발해지고 있는 가운데 고이즈미 준이치로 일본총리는 2002년 초에 고촉통 싱가포르 총리와 회담

7) EAIA와 관련하여서는 아세안투자지역(AIA)을 동아시아지역으로 확대하는 내용을 담고 있다.

을 갖고 자유무역협정을 포함한 '일-싱가포르간 경제제휴협정'에 정식 조인하였다. 이어 고이즈미 총리는 2002년 1월 14일 동아시아 외교기본방침 정책연설에서 동남아국가연합(ASEAN)과의 자유무역을 포함한 포괄적 경제제휴 구상을 정식 제안하였다. 아시아국가 간의 FTA는 이번이 처음으로 이를 계기로 한·중·일을 비롯한 동아시아 국가들이 추진 중인 '동아시아자유무역지대' 구상이 가속화될 것으로 보인다.

한국은 그동안 경제성장의 핵심전략으로 채택해 왔던 수출지향적인 경제성장 전략(export-oriented economic growth strategy)을 향후에도 유지할 수밖에 없는 입장이며 따라서 다자차원 또는 지역차원에서도 무역자유화가 우리경제에 이득이 됨은 자명한 사실이다. '동아시아자유무역지대'의 설치가 한국경제에 미치는 영향에 대한 국내 경제학자들의 연구결과에 따르면 동아시아 자유무역지대의 결성으로 한국은 국내총생산(GDP) 2.14%, 수출 30%, 수입 25%, 무역수지 8억 8,000만 달러를 개선시킬 수 있을 것으로 분석되었다.

현실적인 여건을 고려할 때 동아시아자유무역지대는 중장기적인 관점에서 추진되어야 할 것으로 전망되며 회원국간 동아시아자유무역지대 결성을 위한 논의가 활발하게 이루어질 것으로 기대되고 있다.

(2) 동아시아통화기금의 설립

1997년 동아시아 외환위기 직후 일본이 제안하였던 아시아통화기금(AMF : Asian Monetary Fund) 설립 제안은 미국과 미국이 주도하고 있는 IMF 등의 반대로 무산된 바 있다. 따라서 이러한 현실을 감안하여 EAVG 보고서는 IMF의 기능을 보안하는 장치로서 EAMF의 설립을 제안하고 있다. 즉, EAMF의 기능을 IMF를 대체하는 데 두지 않고 역내 금융위기에 보다 효율적으로 대처하기 위해 IMF의 지역적인 기능을 보완하는 데 국한시키고 있다. 그렇게 함으로써 미국 등 역외국들의 반대를 완화시킬 수 있을 것으로 기대하고 있다.

6. 한국에의 시사점

이번 '5차 ASEAN + 3 정상회의'는 주요 선진권경제의 침체와 더불어 세계경제가 동반불황을 겪고 있는 상황 하에서 동아시아 국가들의 경제협력을 모색하는 중요한 계기가 되었다고 평가할 수 있다. 이번 정상회의에서 검토한 EAVG 보고서는 궁극적으로 동아시아지역의 경제공동체를 구축하고 세계경제에서의 동아시아지역의 위치를 공고히 하는데 중요한 역할을 할 것으로 기대된다.

현실적으로 EAVG가 제시하는 다수의 제안들이 실효성을 거두기 위해서는 동아시아 지역협정이 다자체제와 합치 내지는 보완하는 기능을 할 수 있음을 미국을 비롯한 주요 역외국들에게 인식시켜야 될 것으로 보인다. 이러한 역할을 수행하는 데 있어서 한국은 역내 회원국들과 긴밀하게 협조해야 한다.

한편, 동남아시아 지역을 비롯한 동아시아 지역은 한국의 중요한 교역파트너이다. 특히, 동남아시아는 우리에게 지속적으로 무역수지 흑자를 가져다주는 지역이므로 전략적인 측면에서 경제협력을 더욱 강화시켜야 한다. 또한, 세계화(globalization) 및 경제블록화가 가속화되고 있는 상황 하에서 중국과 일본을 비롯한 동아시아 지역과의 역내협력에 대한 중장기적 전략을 나름대로 수립하고 구체적인 협력방안을 모색해야 하며 주요 지역과의 자유무역협정(FTA) 체결도 적극적으로 추진해서 향후 동아시아 경제협력 틀을 구축하는 데 있어서 중추적인 역할을 수행할 수 있어야 한다.

〈표 28-2〉 주요 제안사업 현황

제안연도	사 업 명	경 과
1998	EAVG 창설	· 1999. 10 제1차 회의(창설), 2001. 5 제5차 회의(종료) · 2001. 11 제5차 ASEAN+3 정상회의에 EAVG 보고서 제출
1999	업종별 민간협의회	· 2000. 5 제1차 대표간사회의 개최(서울) · 정보통신부문 민간협의회 설립 관련 - 2001. 7 정보통신 민간협의회 주관기관회의 개최(서울) - 2001. 11 베트남, 캄보디아 주관기관과의 협의 - 2002. 10 ASEAN+3 정보통신민간협의회 총회 개최 · 관광부문 민간협의회 설립 관련 - 2001. 6 관광부문 민간협의회 구성을 위한 사전협의회 개최 - 2001. 10 아세안관광포럼과의 연계 제안
2000	EASG 설치	· 2001. 3 제1차 회의(창설) · EAVG 제안 57개 협력사업 중 단기조치 17개, 중 · 장기조치 9개 선정 완료 · 2002. 11 제6차 ASEAN+3 정상회의시 보고서 제출
	외환위기 재발방지를 위한 협력	· 치앙마이 이니셔티브에 따른 역내 통화 SWAP 협정 체결 - 한국 : 일본(완료, 50억 달러+20억 달러), 중국(계약절차 진행 중, 20억 달러), 태국(계약절차 진행중, 10억 달러), 필리핀 · 말레이시아(협의중) - 일본 : 한국(완료, 50+20억 달러), 태국(완료, 30억 달러), 필리핀(완료, 30억 달러), 말레이시아(완료, 10억 달러), 중국(완료, 30억 달러), 싱가포르 · 인도네시아(협의중) - 중국 : 태국(완료, 20억 달러), 일본(완료, 30억 달러), 한국(계약절차 진행 중, 20억 달러), 말레이시아 · 필리핀(협의 착수) · 투기성 단기자본(hot money) 감시체제 마련 - 한국 · 일본 · 태국 · 베트남 · 필리핀 · 인도네시아 · 브루나이 등 7개국이 현재 양자간 자본이동자료 교환에 합의하고 실무협의 추진 중임 · 외환위기 예측방안 마련 - 현재 ADB 주관으로 역내 외환위기 조기경보체제 기본모델개발 추진(2001. 12 태국에서 1차 워크샵 개최)
	동아시아 특별협력 기금 설치	· 2001. 7 기본계획 확정(한 · 중 · 일 3국이 1,500만 달러 기금 조성) · 기금설치에 대한 일 · 중의 소극적 반응으로 한국 주도로 중국, 일본 및 세계은행 등 국제기구와 협조하여 프로젝트 베이스로 동아시아 정보격차(digital divide) 해소사업 추진하기 · 2001. 11 제5차 ASEAN+3 정상회의시 특별기금의 조성보다는 특별프로그램 설치에 의한 역내 정보격차 해소를 추진한다는 의미의 '동아시아 특별협력 이니셔티브' 제안

제안연도	사 업 명	경 과
2000	동아시아 IT 인턴십 프로그램	· 2002년 중 100명의 동아시아 연수생을 초청, IT분야 기초교육 및 민간기업에서 현장실습 위주의 교육 실시 - 전자상거래, 광전송기술, 초고속정보통신기술, 멀티미디어 컨텐츠(multimedia contents), 네트워킹 시스템 등 5개 과정에 20명씩 연수 실시 - 사업규모 : 50만 달러(KOICA 예산)
	아세안국가 표준 및 적합판정 능력 배양	· 2001. 10 ASEAN 국가표준제도 및 정밀측정에 대한 연수실시(한국표준과학연구원) · 2002. 10 ASEAN 국제표준화 적합성평가 구축에 대한 연수실시 (산자부 기술표준원)
	동아시아 백신프로 그램	· 2002년도 KOICA 무상협력사업 예산 기 확보(50만 달러) · 2002. 5 사업대상국에 KOICA 사전조사단 파견 · 2002. 8 국제백신연구소측과 협의, 사업내용 확정

〈표 28-3〉 ASEAN + 3 경제장관회의 후속조치

제안연도	사 업 명	경 과
2001	동아시아 지역협력 강화	· EASG에서 동아시아 정상회의 · 동아시아 포럼 · 동아시아 자유무역지대 구상 포함 동아시아 지역협력 방안 중점 검토 중
	동아시아 특별협력 이니셔티브 추진	· 2002년도 사업예산 100만 달러 기 확보(정통부, 일반회계) · 2002. 5 동 사업실시 계획(안) 확정을 위한 관계기관회의 개최 - IT 인프라 구축 지원 및 IT 교육 훈련 실시(신형 컴퓨터 100대 지원 계획) - IT 기술 · 정책자문 제공 - 국제심포지엄 개최 및 ASEAN+3 정보통신민간협의회 운영 지원
	후발 ASEAN 국가에 컴퓨터 300대 제공	· 2002년 KOICA 무상협력사업에 반영(30만 달러 기 확보) - 캄보디아 · 라오스 · 미얀마 · 베트남에 국별로 신형 컴퓨터 지원 - '동아시아 특별협력 이니셔티브'상의 신형컴퓨터 100대 공여 계획과의 사전 조율 필요 · 2002. 5 노동부가 베트남에 중고컴퓨터 700대 기(旣) 기증
	ASEAN+3 중소기업 통합 정보 검색사이트 구축	· 2002. 6. 3 기준 일본을 제외한 12개국 focal point 지정 · 2002. 6. 11~12 서울에서 W/G 회의 개최
	중견 ASEAN 고위관리 초청, 연수	· 한국개발연구원(KDI) 주관으로 동 사업을 추진하되 예산은 한-ASEAN 협력기금 활용 - 2002. 4 제6차 한-ASEAN Dialogue시 ASEAN 측에 예산지원 요청

〈표 28-4〉 ASEAN + 3 승인사업

일련번호	사업명	제안국
1	ASEAN 국가 적합성 평가능력 배양	한 국
2	ASEAN 중소기업 경쟁력 강화 (중소기업인 초청 연수)	말레이시아, 미얀마
3	환경보호기술연수 프로그램	중 국
4	IT 기술자 공동자격기준 이니셔티브	일 본
5	메콩강유역 인적개발사업	태 국
6	ASEAN 인공위성 영상자료 공동 활용	태 국
7	e-학습이니셔티브	일 본

〈표 28-5〉 신규 및 미승인사업(검토 요망)

일련번호	사업명	제안국	한·중·일 지지국
1	ASEAN+3 산업협력 연구사업	인도네시아	한국
2	ASEAN 영상회의 체제 구축	말레이시아	
3	동아시아 경쟁정책 정보 교환	필리핀	
4	동아시아 유기농검사 인증기구 설립	필리핀	
5	ASEAN + 3 연예산업 진흥	태 국	일본
6	ASEAN 식량안보 정보 시스템 구축	태 국	한국
7	2003 아시아 인큐베이터사업	태 국	일본
8	다중언어 번역기 개발	태 국	
9	ASEAN 기술센터 건립	베트남	
10	중고컴퓨터 기증사업	캄보디아	한·중·일

〈표 28-6〉 EASG에서 선정한 협력조치 목록(26개)

		구 체 내 용
단기협력 조치	경제적 협력	· 동아시아 Business Council 설립 · 최빈개도국에 대한 GSP 지위 및 특혜조치 부여 · 해외직접투자(FDI) 확대 위한 투자유인환경 조성 · 동아시아 투자정보, 네트워크 설립 · 성장지대 내 자원 · 인프라 공동개발, 금융지원 및 민간참여 장려 · 인프라, IT, 인적자원개발 등 3개 우선분야의 지원 및 협력 제공 · 기술이전 및 공동기술 개발을 통한 협력 - FDI 및 전략적 제휴(strategic alliance) · 인터넷 access 확대를 위한 인터넷 IT 공동개발 및 통신 인프라 구축
	정치적 협력	· 해적, 마약 거래 등 새로운 안보문제에 있어서의 협력메커니즘 강화 · 동아시아 think tanks 네트워크 구축
	사회 · 문화 · 교육 협력	· 빈곤감소 프로그램 수립 · 기초 의료서비스 제공을 위한 공조 · 포괄적 인적자원개발 프로그램 이행 · 동아시아 정체성 및 공동체 의식 함양을 위해 문화, 교육기관과의 공동 노력 · 예술, 문화재 및 문화유산의 보존을 위한 네트워크 증진 및 전문가 교류 · 역내 동아시아 연구 증진
	제도적 협력	· 동아시아포럼 설립
중 · 장기 협력 조치	경제적 협력	· 동아시아자유무역지대 설립 · 중소기업에 의한 투자 확대 · ASEAN 투자지대 확대를 통한 동아시아 투자지대 설립
	금융협력	· 동아시아 차입협정 또는 동아시아 통화기금 설립 · 금융안정 및 경제개발을 위한 역내 환율공조체제의 긴밀화 추진
	환경, 에너지 협력	· 에너지 정책 및 전략 기본방향 수립 및 범ASEAN 에너지 네트워크 프로젝트 형태의 이행계획 수립 · 동아시아 전역에서의 해양환경협력 증진
	사회, 문화, 교육협력	· 시민참여 및 국가-시민 partnership 증진을 위한 정책자문 및 공조에 있어서 NGO와 긴밀한 협력
	제도적 협력	· 동아시아 정상회의

29
chapter

동북아지역의 경제협력

북미지역, 유럽연합(EU)과 더불어 세계경제의 3대 축으로 지칭되는 동아시아지역이 지난 1997년 동아시아 외환위기(EAFEC : East Asian Foreign Exchange Crisis) 이후 경제통합(economic integration)을 추진하고 있다. 일본, 중국 등 동북아는 물론이고 미국, 인도 등과의 자유무역협정(FTA : Free Trade Agreement) 체결을 추진 중이다.

또한, 'ASEAN + 3 정상회의'와 관련된 회의(EAVG, EASG)에서는 동아시아 차원의 FTA를 검토 중에 있다. 이러한 경제협력 동향 중 우리에게 있어 가장 중요한 것은 동아시아 경제의 약 90%를 차지하는 동북아의 한・중・일 3국이 지역주의(regionalism)에 공식 참여하였고 3국간 FTA의 체결가능성도 검토하였다는 점이다. 한・중・일 3국의 FTA 정책은 향후 동아시아 경제통합의 방향에 지대한 영향을 미칠 것으로 기대된다.

동아시아의 FTA는 다양한 채널을 통해 달성될 수 있지만 다수의 경제학자들은 동북아의 한・중・일 3국간 FTA를 체결하고 이를 동남아의 AFTA와 연계시키는 것이 가장 바람직한 것으로 지적하고 있다.

동북아의 역사적 관계를 간단히 살펴보면 한국은 일본의 한반도 강점에 따라 주권을 오랜 기간 상실한 바 있으며 중국은 중일 전쟁을 통해 일본의 직접적인 피해국으로 고통을 당한 바 있다. 그러나 제2차 세계대전 이후 냉전시대(Cold War Era)에는 정치 및 이념의 차이(political and ideological difference)로 인해 한국과 일본은 중국과 대립・갈등관계에 놓여 있었으며 지역 내 패권경쟁, 영토분쟁, 과거사 문제, 중국의 사회주의적 경제체제, 경제적 격차 지속 우려 등으로 동북아 3국간 경제통합에 대한 논의는 사실상 불가능하였다. 그러나 구소련의 붕괴로 인해 냉전이 종식된 후 정치 및 군사적 대립관계가 약화되고 동아시아 금융위기 이후 인근국가와의 경제협력 강화 필요성을 각국이 인식하게 되면서 3국간 FTA 논의가 시작되었다.

동북아 한·중·일 3국간 지역경제협력(regional economic cooperation)을 그 필요성을 중심으로 다음 4가지 측면에서 살펴보고자 한다.

제 1 절 동북아 3국의 긴밀한 경제협력의 직·간접효과의 증대

경제발전단계 및 인적·물적자원의 차이에 따른 보완성(complementarity)에 비추어 이들 국가 간에 경제협력이 강화되면 동북아는 NAFTA, EU에 필적하는 경제블록이 될 수 있을 것으로 전망되고 있다. 이는 역내국 상호간 무역장벽의 제거(removal of trade barriers)를 통해 무역자유화(trade liberalization)를 실현함으로써 지속적인 경제성장(sustainable economic growth)을 도모할 수 있기 때문이다.

1. 경제적 효과

동북아 및 동아시아 전역이 FTA 체결을 통해 단일시장(single market)을 형성할 경우 이로부터 파생되는 경제적 이익(economic benefits)은 실로 막대하다 할 수 있다. 이는 또한 세계경제의 블록화 추세에 대응하고 동아시아 경제를 북미, 유럽과 더불어 세계 3대 경제중심축의 하나로 발전시키기 위한 시금석이 될 수 있다.

한국, 중국, ASEAN의 1990~2001년 연평균 교역증가율은 전세계 교역증가율보다 높게 나타났다. 특히, 고도성장을 지속하고 있는 중국은 1990년 교역량 1,166억 달러에서 2001년에는 401.7% 증가한 5,868억 달러를 기록했으며, 연평균 교역증가율은 36.7%로 고도성장세를 시현하고 있다.

2. 경제외적 효과

WTO 체제 하에서도 세계적으로 확대, 심화되고 있는 지역주의 추세에서 제외된 역외국가로서 당면할 수 있는 불확실성(uncertainty)에 대한 대비와 불이익의 최소화, 통상현안에 대해 역내국가 간의 해결방안 모색, 국제사회에서 필요에 따른 정치적 및 외교적 유대강화에 따른 대외협상력 제고 등을 지적할 수 있다.

〈표 29-1〉 동아시아지역 교역신장 추이

(단위 : 십억 달러, %)

국가・지역	1990	1995	2000	2001	연평균증가율
한 국	142.2	266.4	337.5	296.8	9.9
일 본	523.0	779.1	857.7	767.5	4.3
중 국	116.6	281.1	486.4	586.8	36.7
ASEAN	307.6	683.2	793.0	749.4	13.1
동아시아(A)	1,089.4	2,009.8	2,474.6	2,400.5	10.9

주 : 1990~2001년 기준임

한・중・일 3국의 경제성장에도 불구하고 그동안 역내 경제협력의 수준은 북미, 유럽 등에 비해 낮은 수준을 보여왔다. 동북아 핵심국가들인 한국, 일본, 중국간 교역 및 직접투자는 지속적으로 증가해 왔다. 3국간 역내교역의 비중은 1990년 11.3%에서 2000년에는 19.8%로, 역내직접투자의 비중은 1990년 2.3%에서 2000년에는 6.1%로 증가하였다. 2001년의 경우 한국, 중국, 일본의 대동북아 역내교역 비중은 각각 25.1%, 17.2%, 20.3%에 불과하나 북미와 유럽은 50~60%선을 유지하고 있다. 만약 이들 국가 간에 FTA와 같은 제도적 통합과 역내무역 자유화가 이루어진다면 역내교역량은 큰 폭으로 증가하게 된다.

〈표 29-2〉 동아시아 국가들의 역내교역 현황

(단위 : 백만 달러, %)

국 가		대동북아(A)	비중(A/D)	대ASEAN(B)	비중(B/D)	대동아시아(C)	비중(C/D)	대세계(C)
한 국	수 출	34,695	22.6	16,459	10.7	51,154	33.4	153,218
	수 입	39,936	27.8	15,916	11.1	55,852	38.9	143,608
	계	74,631	25.1	32,376	10.9	107,007	36.1	296,826
일 본	수 출	56,240	13.8	54,273	13.3	110,513	27.1	408,528
	수 입	75,747	21.1	56,045	15.6	131,792	36.7	358,984
	계	131,987	17.2	110,318	14.4	242,305	31.6	767,512
중 국	수 출	60,057	18.7	19,467	6.1	79,524	24.7	321,615
	수 입	58,878	22.2	22,469	8.5	81,347	30.7	265,154
	계	118,935	20.3	41,935	7.1	160,870	27.4	586,769

주 : 2001년 기준임

제2절 역내 정치적 안정성의 제고

한·중·일 FTA는 역내의 정치적 안정(political stability)을 위해서도 필요하다. 한·중·일 3국간 갈등관계를 협력의 동반자관계로 발전시키는 데는 경제적 협력의 강화(intensification of economic cooperation)가 필수적이라고 할 수 있다. 최근 일본과 중국이 동남아지역의 국가들과 경쟁적으로 FTA 체결을 추진하는 배경에는 경제적인 측견 외에 지역적 패권확보를 위한 정치적 목적과 깊이 연관되어 있다. 또한, 일본이 한국과 FTA를 체결하려는 것도 중국의 부상을 견제하면서 동아시아 경제통합의 주도권을 확보하려는 전략으로 해석할 수 있다. 한·중·일 FTA는 중국을 역내국으로 포함시킴으로써 일중간 지역패권경쟁보다는 동북아, 넓게는 동아시아 공존번영을 위한 협력의 관계로 발전시킴으로써 지역의 발전과 안정(regional development and stability)을 도모할 수 있다.

제3절 역내 시장잠재력이 가장 큰 중국시장에 대한 효율적 접근 가능

한·중·일 FTA는 1990년대 이후 세계에서 가장 역동적인 경제성장세를 시현하고 있는 중국시장에의 효율적 접근을 가능하게 한다. 향후 중국경제의 지속적인 고성장 전망으로 인해 우리의 수출 및 경제성장에 중국시장의 중요성이 더욱 커질 것으로 예상된다. 향후 20여년간 중국경제가 연평균 7%대의 성장세를 실현할 경우 구매력(purchasing power) 기준으로 평가할 때 2020년에는 중국의 GDP가 19조 6,000만 달러로 세계 1위의 경제대국으로 부상할 것이란 분석도 제기되고 있는 실정이다.

향후 중국경제는 세계무역기구(WTO) 가입 이후 중국의 수출시장 접근 확대, 2008년 북경 올림픽 및 2010년 세계박람회 개최, 서부대개발사업 추진 등으로 외형적인 경제성장의 지속이 예상된다. 또한, 중국경제의 이러한 고성장 유지는 외국인직접투자(FDI : Foreign Direct Investment)의 유입과 주요 선진경제권의 활발한 기술이전(technology transfer), 저렴하고 우수한 노동력, 세계 최대의 내수시장 규모, 급속한 기술발전 등에 기인한다.

중국경제는 국유기업의 비효율성, 사회주의체제의 한계, 금융부실, 급속한 경제발전에 따른 빈부격차의 심화 등 다수의 성장제약 요인을 가지고 있지만 향후 경제개혁 및 개방정책의 지속으로 고도성장의 잠재력이 세계에서 가장 높은 국가임에는 재론의 여지가 없다. 또한, 중국은 WTO 가입을 계기로 시장개방(market opening)을 확대하고 있으며 지속적으로 통상제도를 개선시켜 나가고 있다.

〈표 29-3〉 중국과 세계 주요 국가의 경제성장 속도 예측치 비교

(단위 : %)

국 가 명	1950~1998	1913~1998	2000~2020[1)]
독 일	3.62	2.16	3.60
미 국	3.44	3.18	3.00
일 본	5.95	4.31	3.00
중 국	5.97	3.32	7.10
세 계	3.92	3.01	3.90

주 : 1)은 예측치임

자본주의 시장경제체제(capitalist market economic system)로의 전환과 세계경제체제(global economic system)로의 편입이 가속화되고 있는 가운데 그동안 양적인 경제성장(quantitative economic growth)에서 질적인 경제성장(qualitative economic growth), 즉 투입물의 효율성 증대를 추구하고 있다.

경제시장으로 세계 최대 인구(13억~14억명으로 추산됨)의 소득증가로 소비수요가 증대됨으로써 이러한 내수가 안정적 경제성장을 가능하게 할 것으로 기대된다. 세계적 경영컨설팅기관인 AT Kearney가 최근에 1,000개의 기업을 대상으로 조사하여 발표한 '2002년 FDI 신뢰지수(2002 FDI Confidence Index)'에 따르면 중국은 세계 1위의 투자대상국가로 조사되었다. 1998~2001년 조사에서는 미국이 세계 1위 자리를 유지하였으며 중국은 미국의 뒤를 이어 가장 투자하고 싶은 국가로 평가된 바 있다.

한편, 일부 경제분석기관들은 중국경제의 미래에 대한 지나친 낙관을 경계하는 분석을 제기하고 있어 주목을 끌고 있다. 이들 분석기관은 중국경제의 리스크 요인으로 금융기관 및 국유기업의 개혁 지연, 노동력의 질적 효율성 제고 부진, 민간의 저축률 하락으로 인한 투자부진, 노령화 사회진입으로 인한 재정적자의 증가, 민주화(democratization) 요구 증대로 인한 사회불안정 심화 등을 지적하고 있다. 그러나 다수의 경제분석기관들은 중국의 이러한 경제성장 제약요인들에도 불구하고 경제개혁·개방정책이 중국 지도부의 강력한 리더십 하에 차질없이 추진되고 있어서 중국경제는 향후 20여년간 연평균 7%대의 고도성장을 지속할 수 있을 것으로 예상하고 있다.

최근 중국에 대한 수출증가에도 불구하고 중국의 수입규제조치 강화, 수입시장 다변화 전략 등의 영향으로 중국시장 내에서 한국상품의 점유율은 오히려 하락하고 있어 중국경제의 성장 속도를 한국의 대중국 수출증가가 따라가지 못하는 양상을 보이고 있다. 한국의 중국수입시장 점유율은 1998년 10.7%에서 2000년에는 10.3%로 낮아졌고 2002년에는 9%대로 하향추세를 보이고 있다.

〈표 29-4〉 중국의 5대 수입국가 및 시장점유율 추이

(단위 : 억 달러, %)

순 위	1998년			2000년			2001년 1~9월		
	국가명	수출액	점유율	국가명	수출액	점유율	국가명	수출액	점유율
1	일 본	283.1	20.2	일 본	415.2	18.4	일 본	385.4	18.1
2	미 국	170.0	12.1	대 만	255.0	11.3	대 만	273.5	12.9
3	대 만	166.9	11.9	한 국	232.1	10.3	한 국	200.0	9.4
4	한 국	150.2	10.7	미 국	223.7	9.9	미 국	198.5	9.3
5	독 일	70.0	5.0	독 일	104.1	4.6	독 일	121.4	5.7

제4절 역내 수요창출기반의 확대

한·중·일 3국간 FTA가 체결되면 세계경제의 침체에 대비한 역내 수요창출기반이 확대된다. 한·중·일을 포함한 동아시아 지역의 경제는 미국 등 역외국가의 수입수요에 크게 의존하고 있는 것이 사실이며 경제발전 추진전략에 있어서 산업 및 기술수준이 가장 앞서 있는 일본이 경제발전단계의 선두에 서고 한국·싱가포르·대만 등 선진개도국들(advanced developing countries)이 일본을 잇고 그 다음에 후발개도국들이 위치하는 기러기형 경제발전 모델(flying-geese economic development model)을 채택하였다.

그러나 중국이 전통적인 가공산업에서부터 최첨단 IT 제품까지 전영역의 공산품을 생산하고 이 지역 최선진국인 일본이 10년 이상 장기적인 경제침체 상태에 있으며 이로 인해 신산업 개발이 지연되고 있다. 또한, 제조업의 급속한 해외이전으로 인해 산업공동화 현상이 발생하고 있고 이로 인한 실업률 상승으로 이 지역 후발개도국에 대한 산업 및 기술이전이 부진해짐으로써 역내 산업구조조정이 지연되고 있다. 특히, 일본은 고령화사회 진전으로 노동인력의 부족에 직면해 있으며 IT, 서비스, 금융 등 고부가가치 산업으로의 재편이 절실히 필요하나 아직도 전기, 전자, 자동차 등 제조업이 산업의 핵심을 구성하고 있다.

따라서 동북아지역은 자동차, 반도체, 기계류, 석유화학, 조선 등에서 과잉설비의 문제를 내포하고 있다. 한국과 일본의 경우 석유화학업계의 통폐합이 극히 부진한 편이며 자동차 및 부품업계는 국내업체보다는 구미업체 주도로 산업재편이 이루어지고 있다. 이러한 산업협력을 효율적으로 달성하고 국가간 분업시스템을 제고하기 위해서 경제관계가 밀접한 국가간 FTA가 유효한 수단임은 주지의 사실이다.

한편, IT 산업의 급속한 발전과 정보통신혁명으로 다국적기업들(MNCs : Multinational Corporations)의 활동이 강화되고 기업의 합병 및 퇴출이 용이해졌으며 첨단기술(high-tech)은 물론이고 기존제품에 대한 지적재산권(intellectual property rights) 보호, 표준화(standardization) 필요성 대두, 경쟁정책(competition policy)의 국제적 조화 등을 위한 지역내 협력 필요성이 대두되고 있다. 동북아지역은 한자문화권과 불교문화권의 공유 및 지리적 인접성 등으로 3국 기업간 협력의 잠재성과 상기한 산업협력의 필요성에도 불구하고 그동안 역내기업들 간에는 협력이 제대로 이루어지지 못하였다고 평가할 수 있다.

동북아 3국간 FTA 체결은 역내기업들이 상호협력하면서 협력의 인센티브(cooperational incentive)를 제공할 수 있기 때문에 산업구조조정 및 산업협력의 원활화를 도모하고 인적·물적 교류를 활발히 추진함으로써 역내기업들이 지역경제의 환경변화에 적응할 수 있는 역량을 강화하도록 유도할 수 있을 것으로 기대되고 있다.

30 chapter

동남아지역의 경제협력

동남아국가연합(ASEAN : Association of Southeast Asian Nations)은 역내 회원국 간의 경제협력 및 지역 내의 안정 등 여러 부문에 걸친 협력을 모색하기 위해 1967년 8월 인도네시아·싱가포르·태국·필리핀·말레이시아 5개국이 태국 방콕에 모여 결성한 동남아지역의 국제협력기구이다. ASEAN은 창립당시 채택된 '방콕선언'에서 회원국 간의 경제발전·사회개발·정치안정이라는 주요 목표를 표명하였다.

이들 5개국은 경제적으로는 미국·일본 등의 경제대국 사이에서 이들 지역의 경제협력을 토대로 독자적인 세력을 구축하기 위한 목적이 있었으며, 정치적으로는 동서냉전의 구도 하에서 베트남·캄보디아 등이 경험한 공산화 도미노를 방지하기 위한 것이었다.

1984년에는 브루나이가 추가로 가입하였으며, 1995년 베트남이 가입하였고, 1998년에는 라오스와 미얀마가 그리고 1999년에는 캄보디아가 베트남 하노이에서 가입 서명식을 가짐으로써 ASEAN은 창설 32년 만에 역내 10개국을 회원국으로 구성하는 동남아시아 지역의 지역협력체가 되었다.

제 1 절 추진배경

ASEAN은 당초 경제분야에만 국한되지 않은 다방면의 협력을 목적으로 설립된 국제기구였으나 1960년대 미·소 냉전의 구도 하에 창설초기에는 인도차이나 반도의 공산화에 대응하기 위한 반공안보기구의 성격이 강하였다. 그러나 1970년대 후반 이후 ASEAN은 역내 회원국 간의 교역에 적응되는 특혜무역협정과 공동공업프로젝트 채택 등을 통해 회원국 경제의 안정적 성장을 도모하기 위한 경제협력체로 발전하였다.

제 2 절 베트남의 ASEAN 가입 의의

사회주의 국가인 베트남의 ASEAN 가입은 변화하는 ASEAN의 모습을 분명하게 보여준다. 즉, 1967년 반공동맹으로 결성된 ASEAN이 베트남을 가입시킨 것은 동남아시아에서 이데올로기의 대립에 종지부를 찍는다는 것을 의미한다.

1. 경제적 측면

베트남의 입장에서는 1986년 도이모이(쇄신)정책 도입 이후 경제개혁과 외교다각화를 추진해 온 상황 하에서 ASEAN이란 든든한 경협 파트너를 얻게 되었다. ASEAN 국가의 입장에서는 베트남의 기입이 ASEAN 발전에 견인차가 될 것으로 기대하고 있다.

베트남 가입으로 ASEAN은 인구 8,500만명의 자원이 풍부한 새로운 시장이 생기게 되고 역내 무역확대 및 산업부흥이 대폭 촉진될 것으로 기대된다. 즉, ASEAN은 베트남 가입으로 인구 4억명이 넘게 되고 GDP는 5,400억 달러에 이르는 NAFTA, EU, 일본에 이은 세계 4위의 거대경제권을 형성하게 된다.

2. 안보적 측면

베트남 가입으로 동남아시아 지역안보에 상당한 변화가 초래될 것으로 예상된다. 미군의 필리핀 철수로 인한 이 지역의 군사적 공백을 중국이 급속히 파고들고 있다고 우려하는 ASEAN은 중국의 팽창주의를 견제할 강력한 우군을 확보한 셈이 된다. 이를테면 중국과의 남사군도(스프래틀리제도) 영유권 분쟁에 있어서 가장 많은 섬을 확보하고 있는 베트남의 가입으로 관련당사국들은 대중국 협상력을 크게 높일 수 있는 계기가 마련되었다.

〈표 30-1〉 ASEAN 주요 국가의 경제지표

구분		2003	2004	2005								
				4월	5월	6월	7월	8월	9월	10월	11월	12월
실질 GDP 증가율[1)] (%)	인도네시아	4.9	5.1	←	5.8	→	←	5.3	→	←	4.9	→
	태국	6.9	6.1	←	4.6	→	←	5.4	→	←	4.7	→
	말레이시아	5.3	7.1	←	4.4	→	←	5.3	→	←	5.2	→
	필리핀	4.7	6.1	←	5.1	→	←	4.5	→	←	6.2	→
	싱가포르	1.4	8.4	←	5.7	→	←	7.6	→	←	8.5	→
소비자 물가 상승률 (%)	인도네시아	6.8	6.1	8.1	7.4	7.4	7.8	8.3	9.1	17.9	18.4	17.1
	태국	1.8	2.8	3.6	3.7	3.8	5.3	5.6	6.0	6.2	5.9	5.8
	말레이시아	1.1	1.4	2.7	3.1	3.2	3.0	3.7	3.4	3.3	3.5	3.2
	필리핀	3.0	5.9	8.5	8.5	7.6	7.1	7.2	7.0	7.0	7.1	6.6
	싱가포르	0.5	1.7	0.4	0.0	-0.2	0.1	0.7	0.6	1.1	1.0	1.3
수출 (십억 달러)	인도네시아	61.1	69.6	6.8	7.2	6.9	7.2	7.3	7.5	8.0	6.9	8.1
	태국	80.2	96.3	8.1	9.0	9.2	9.4	10.1	10.3	9.4	9.7	9.4
	말레이시아	93.3	125.8	11.5	11.2	11.7	11.5	12.4	12.7	13.2	11.5	13.1
	필리핀	35.8	39.4	3.3	3.6	3.6	3.5	3.5	3.7	3.6	3.6	3.9
	싱가포르	143.9	179.4	16.2	16.7	16.9	17.0	18.7	18.1	21.1	20.3	22.1
수입 (십억 달러)	인도네시아	32.3	45.6	5.1	5.0	4.8	5.0	5.5	4.9	4.9	4.1	4.8
	태국	75.2	95.3	9.8	10.6	10.9	9.7	10.3	9.5	9.8	9.9	9.5
	말레이시아	91.0	104.8	9.2	9.5	9.7	9.9	9.8	10.6	10.4	9.2	10.6
	필리핀	37.4	40.8	4.1	3.8	4.2	3.8	4.2	4.3	4.2	4.0	4.2
	싱가포르	129.2	163.9	15.2	15.0	15.7	15.7	17.0	16.5	18.9	17.1	18.3
경상 수지 (십억 달러)	인도네시아	7.5	3.8	←	0.9	→	←	-0.1	→	←	1.3	→
	태국	8.0	7.1	-1.6	-1.6	0.33	0.27	0.38	1.12	0.30	1.32	0.94
	말레이시아	13.4	14.9	←	4.4	→	←	5.0	→	←	4.7	→
	필리핀	3.4	5.1	-0.03	0.27	0.10	0.39	0.09	-0.15	0.32	0.49	0.31
	싱가포르	28.4	28.6	←	8.0	→	←	10.0	→	←	9.5	→
외환 보유고 (십억 달러)	인도네시아	36.2	35.6	36.4	34.6	33.9	32.2	31.2	30.3	32.6	33.2	34.7
	태국	42.1	48.3	49.2	48.2	48.4	48.4	49.4	49.8	49.8	50.7	52.1
	말레이시아	44.9	62.9	73.3	74.4	74.8	78.3	79.8	80.0	76.7	72.7	70.2
	필리핀	16.9	15.9	16.7	17.3	17.7	17.7	17.9	18.5	18.1	18.1	18.5
	싱가포르	96.3	110.1	116.6	116.0	115.2	116.3	116.4	115.6	114.9	114.9	116.6
환율 (자국화폐/ US$)	인도네시아	8,555	8,925	9,555	9,525	9,629	9,809	9,994	10,231	10,085	10,041	9,847
	태국	41.6	40.3	39.55	39.84	40.92	41.76	41.19	41.05	41.07	41.12	41.07
	말레이시아	3.80	3.80	3.80	3.80	3.80	3.79	3.76	3.77	3.78	3.78	3.78
	필리핀	55.6	56.3	54.44	54.33	55.26	55.99	55.96	56.13	53.45	54.51	53.45
	싱가포르	1.74	1.69	1.65	1.65	1.67	1.68	1.66	1.68	1.67	1.70	1.67

자료 : 대외경제정책연구원, 세계경제, 2006. 5.

제3절 주요 내용

1. 특혜무역협정의 시행

ASEAN은 특혜무역협정(PTA : Preferential Trading Agreement)을 통해 역내 무역촉진을 위한 관세인하 및 비관세장벽의 완화를 추진하고 있다. 관세인하방식은 2개국간 특정상품에 대해 특혜관세를 제공한다는 내용이며 이를 여타 회원국에 확대하는 품목별 인하방식과 회원국간 수입규모 1천만 달러 이하의 품목에 대해 관세 25%를 일괄적으로 인하하는 일괄인하방식 등 2가지 방법을 동시에 사용한다.

2. ASEAN 공업프로젝트의 시행

ASEAN 공업프로젝트(AIP : ASEAN Industrial Project)는 역내국 간에 중복투자의 방지, 규모의 경제 확대, 분업체계의 확대 등을 통해 가맹국이 특정공업제품의 생산에 특화하는 것을 목표로 하고 있다. 프로젝트의 추진방식은 공장이 위치하고 있는 회원국이 60%의 지분을 보유하고 나머지 40% 중 싱가포르가 1%, 기타 3개국이 13%씩 보유하게 하며 각국 지분의 1/3 이상을 정부가 보유하도록 하는 것으로 되어 있다.

3. ASEAN 공업보완계획의 시행

ASEAN 공업보완계획(AIC : ASEAN Industrial Complementation Program)의 사업시행 부진으로 인해 민간차원의 ASEAN 상공회의소가 특정산업에 대해 회원국 간의 분업을 통한 생산확대 및 교역증대를 도모하고 4개국 이상의 회원국이 참여하여 50%의 특혜관세를 부여하는 방식을 채택하고 있다. 자동차, 화학, 가구, 섬유, 농기구 등을 AIC의 대상으로 선정하였으나 각국의 이해관계 불일치로 다른 프로젝트에 비해 역내국 간의 협력이 미진하여 별다른 진전을 보이지 못하고 있다.

4. ASEAN 합작계획

ASEAN 합작계획(AIJV : ASEAN Industrial Joint Venture)은 ASEAN 공업프로젝트와 ASEAN 공업보완계획의 사업추진 지연에 따른 대안으로 2개국 이상이 참여하는 제조업체에 대해 조세 및 관세특혜를 부여하는 프로그램으로서 자동차부품공장 등 11개 프로젝트가 생산중이거나 또는 공장건설 중에 있어 ASEAN 역내국의 경제협력사업 중 비교적 좋은 성과를 기대할 수 있다고 볼 수 있다.

5. 성장의 삼각지대 설치 운영

인접국가 및 지역의 상이한 부존자원과 생산요소를 결합하여 외국인 투자유치 및 성장을 촉진하는 것을 목표로 하고 있다.

성장의 삼각지대(TGA : Triangle Growth Area)는 인도네시아, 싱가포르의 Riau지역(바탐섬 및 빈탐섬)과 말레이시아 Johor주를 지칭한다. 이 지역의 결합은 싱가포르의 자본과 기술, 말레이시아와 인도네시아의 풍부한 천연자원(natural resources) 및 저렴한 노동력의 상호보완적인 결합으로 이미 상당한 성과를 거두고 있다.

제 4 절 ASEAN 자유무역지역의 탄생

ASEAN 자유무역지역(AFTA : ASEAN Free Trade Area)은 ASEAN 6개국(인도네시아 · 태국 · 싱가포르 · 말레이시아 · 필리핀 · 브루나이)이 1993년 1월 1일부터 결성하기로 함에 따라 탄생되었으며 EU, NAFTA에 이은 3번째 규모의 경제공동체가 되었다. 1995년 7월에 베트남이 신규가입하였고, 1997년 7월에 라오스와 미얀마가 추가가입함으로써 현재 AFTA의 회원국은 9개국으로 구성되어 있다. AFTA 회원국들은 1997년 이 지역을 강타한 외환위기 이후 경제성장이 둔화되고 있기는 하나 여전히 동북아와 함께 세계에서 가장 성장잠재력이 큰 지역으로 남아 있다.

1. AFTA의 주요 내용

AFTA의 주요 내용을 크게 4가지 측면에서 살펴보고자 한다.[1)]

1.1 관세장벽의 철폐

AFTA는 공동유효특혜관세(CEPT : Common Effective Preferential Tariff) 제도를 통해 1993년 1월 1일부터 모든 회원국들이 향후 15년간 점진적인 관세인하를 단행하여 최종유효관세를 0~5% 수준으로 인하함으로써 역내국간 관세장벽의 철폐를 유도하고 있다. 관세인하 대상품목으로는 자본재 및 가공 농산품을 포함하는 모든 제조상품에 이르고 있고 농산품과 서비스부문은 포함하지 않고 있다.

1.2 수량제한 및 기타 비관세장벽의 철폐

AFTA는 CEPT 협정의 시행과 더불어 공동유효특혜관세 품목에 대한 모든 수량제한 조치를 철폐하고 관세인하 종료후 5년 이내에 점진적으로 여타 비관세장벽도 제거하고자 한다.

1.3 외환규제의 완화

CEPT 품목에 대하여는 수출입대금 결제와 관련된 외환규제조치를 완화하고자 한다.

1.4 기타협력분야

상기한 내용 이외에도 AFTA 회원국들은 무역자유화를 보완한다는 측면에서 회원국 간의 협력가능성을 검토하기로 합의하였다. 주요 협력분야로는 제품 검사보증의 상호인정, 외국인 투자장벽의 제거, 거시경제정책에 대한 협의, 공정경쟁규제의 제정, 그리고 벤처자본(venture capital)의 장려 등이 있다.

2. AFTA의 성격

ASEAN은 시장통합만을 추구하는 경제통합체가 아니며 그보다는 오히려 경제협력에 보다 더 큰 비중을 두는 일종의 개발지역주의(developmental regionalism)의 한 형태로 발전해

1) 산업연구원, AFTA의 결성과 대ASEAN 직접투자전략, 1993, pp. 7~10 참조

왔다고 볼 수 있다. 특히, 1976년 AIP(ASEAN 산업프로젝트 : ASEAN Industrial Project), 1977년 PTA(특혜무역협정), 1980년 AICS(ASEAN 산업보완계획 : ASEAN Industrial Complementation Scheme), 그리고 1983년에 AIJV(ASEAN 합작사업계획 : ASEAN Industrial Joint Ventures) 등을 통해 경제협력기능을 강화하여 왔다.

한편, AFTA의 결성은 ASEAN의 성격을 이러한 경제협력단계에서 경제통합단계로의 발전을 추구하는 것이라 할 수 있다.

3. ASEAN 경제에 미치는 영향

AFTA의 결성이 ASEAN 경제에 미치는 영향을 3가지 측면에서 파악하고자 한다.[2)]

3.1 역내교역의 확대

AFTA의 역내 관세철폐(현재 ASEAN의 평균관세율은 24%에 이르고 있음)는 향후 15년간에 걸쳐 2단계로 추진된다.

(1) 제1단계

제1단계 관세인하조치기간(1993년부터 5~8년간) 중에는 평균관세율이 20% 수준으로 인하되어 역내교역에 있어 무역창출효과(trade creation effect)가 제한적으로 나타날 것으로 기대된다.

(2) 제2단계

모든 제조상품의 관세율이 0~5% 수준으로 인하되는 제2단계에서는 AFTA 회원국 간의 역내교역이 크게 확대될 것으로 예상된다.

3.2 역내분업의 촉진

AFTA의 탄생으로 역내관세율이 인하됨과 아울러 관세구조가 통일되게 되면 광역 ASEAN 시장이 형성될 수 있어서 역내 회원국 간의 산업협력이 크게 강화될 것으로 기대된다. 또한, ASEAN 시장으로의 외국인직접투자(FDI)가 증대되어 ASEAN 회원국 간의 역내분업이 보다 활발해질 것으로 전망된다.

---

2) 산업연구원, ASEAN 자유무역지역 결성의 영향과 대응, 1992, pp. 8~14 참조

〈표 30-2〉 AFTA 결성 이후 ASEAN 국가간 분업생산 구도 변화

국가	성장세가 가속화될 산업	성장세가 둔화될 산업
인도네시아	노동·자원집약적 산업 (섬유, 의류, 목재가공, 제지 등)	식품, 비금속, 수송기계
말레이시아	노동집약적 산업 (의류, 목제품 등) 자본집약적 산업 (일반기계, 전기기계 등)	식품, 유리제품, 비금속제품
필리핀	자본집약적 산업 (비금속제조, 전기기계, 일반기계 등)	목제품, 화학
싱가포르	자본집약적 산업 (화학, 철강, 수송기계 등)	노동집약적 산업 (섬유, 의류 등)
태국	식품, 피혁, 금속, 비금속, 전기기계	목제품, 기계

자료 : ASEAN Secretariat, ASEAN Economic Cooperation for the 1990s, 1992.

3.3 산업경쟁력의 강화

1980년대 후반 이후 급속히 발전하고 있는 ASEAN 경제는 대외경제의 양호한 상황과 더불어 AFTA의 체결로 경제적 분업체제의 구축, 자원의 효율적 활용, 시장확대로 인한 규모의 경제효과(economies of scale effect), 내외국인 투자의 증대 등을 기대할 수 있게 되어 ASEAN은 회원국의 경제여건에 따라 상이함은 나타날 수 있으나 전반적으로 산업의 국제경쟁력(international competitiveness of industry)이 크게 제고될 것으로 기대된다.

5. 산업별 분업체제 강화

ASEAN은 2003년 7월 13일 ASEAN 자유무역지역(AFTA)의 본격적인 가동을 위해 회원국 간 역내산업의 분업체제 구성 및 '무역분쟁심판소' 설립에 합의했다고 발표했다. 인도네시아 자카르타에서 2003년 7월 12~13일 양일간 개최된 ASEAN 회원국 간 비공식 경제장관회의에서 회의 의장인 브루나이의 압둘 라만 타이브(Abdul Rahman Taib) 무역장관은 AFTA의 실행을 위해 원산지표시·세관통과·무역분쟁 등에 관한 구체적인 내용을 논의하였음을 밝힌 바 있다.

논의사항에 따르면 역내 회원국 장관들은 역내투자 및 교역을 확대하기 위해 산업별 코디네이터(industry coordinator)를 두기로 합의하였다. 인도네시아는 목재 및 자동차, 태국은 항공 및 관광, 말레이시아는 고무 및 섬유·의복, 싱가포르는 전자상거래 및 건강, 필리핀은 전자, 미얀마는 농업 및 어업 등을 분담하기로 결정하였다.

ASEAN 회원국들이 이처럼 산업별 분업체제를 추진하는 이유는 최근 중국으로 외국인직

접투자(FDI : Foreign Direct Investment)가 집중되면서 동남아시아로 유입되는 FDI가 감소하고 있기 때문이다. 따라서 산업별 코디네이터를 두고 역내는 물론 역외국가르부터 FDI를 적극적으로 유치하는 전략을 수립하게 된 것이다.

싱가포르의 스트레이츠 타임스(Straits Times)는 2003년 7월 14일 보도한 자료에서 ASEAN 경제장관들이 역내 회원국 간 무역분쟁을 취급할 독립적인 무역분쟁심판소의 설립에도 합의했다고 밝힌 바 있다. 이는 북미자유무역지역(NAFTA)과 유럽연합(EU)의 무역분쟁심판소와 유사한 제도를 도입함으로써 정치적 영향력에서 벗어나 독립적으토 무역분쟁을 해소하기 위한 것이라 할 수 있다.

부 록

Ⅰ. 세계 속의 한국

Ⅱ. 중국의 외국인 산업투자 지도목록

Ⅲ. 2010 중국 비즈니스 이정표

Ⅳ. 국제 ODA 동향과 남북교류협력

Ⅴ. 약어표

Ⅵ. 용어설명

Ⅰ. 세계 속의 한국

1. 국내총생산(GDP)

2005년 한국의 국내총생산(당해연도 가격 기준)은 전년보다 15.7% 증가한 7,875억 달러로 세계 12위를 차지하였다. 2004년과 비교해 보면 세계 15위 규모였던 브라질이 한국을 앞지른 것으로 나타났다. GDP 규모가 가장 큰 나라는 미국(12조 4,872억 달러)으로 한국의 15배를 상회하며, 이어서 일본(4조 5,588억 달러), 독일(2조 7,953억 달러), 영국(2조 1,988억 달러) 등의 순으로 나타났다.

〈표 1〉 국내총생산(2005년)

(단위 : 십억 달러)

국가명	2001년	2002년	2003년	2004년	2005년	순위[1)]
미 국	10,127.9	10,469.6	10,971.2	11,734.3	12,487.2	1
일 본	4,087.7	3,904.8	4,231.3	4,584.9	4,558.8	2
독 일	1,890.1	2,017.9	2,441.8	2,752.4	2,795.3	3
영 국	1,434.2	1,571.9	1,807.1	2,132.9	2,198.8	4
프 랑 스	1,339.2	1,456.8	1,800.0	2,060.9	2,126.9	5
중 국	1,191.2	1,303.6	1,470.7	1,936.5	…	6
이탈리아	1,116.9	1,218.5	1,507.2	1,725.3	1,762.7	7
캐 나 다	715.0	736.1	867.0	991.7	1,129.3	8
스 페 인	608.1	685.8	881.0	1,040.1	1,124.8	9
인 도	483.5	504.0	592.5	688.8	800.3	10
브 라 질	508.4	460.8	505.7	604.0	796.1	11
한 국	482.0	546.9	608.0	680.9	787.5	12
멕 시 코	621.9	648.6	638.7	683.5	768.4	13

주 : 1) 2005년 자료가 없는 국가는 2004년 자료를 비교하여 순위화하였음

자료 : 한국은행, http://ecos.bok.or.kr, 2006. 7.
IMF, International Financial Statistics, 2006. 7.

2. 1인당 국민총소득(per capita GNI)

2005년 한국의 1인당 국민총소득(당해연도 가격 기준)은 전년보다 14.8% 증가한 16,291달러로 세계 29위 수준을 기록하였다. 1인당 국민총소득이 많은 나라로는 룩셈부르크(65,228달

러), 노르웨이(63,423달러), 스위스(53,688달러 2004년), 덴마크(47,720달러), 미국(41,802달러), 아이슬란드(41,042달러, 2004년), 아일랜드(40,667달러) 등의 순으로 나타났다.

〈표 2〉 1인당 국민총소득(2005년)

(단위 : 달러)

국 가 명	2001년	2002년	2003년	2004년	2005년	순위[1)]
룩셈부르크	40,666	43,678	51,901	62,983	65,228	1
노르웨이	37,220	41,914	49,098	55,635	63,423	2
스 위 스	36,768	39,704	48,247	53,688	...	3
덴 마 크	29,517	31,943	39,375	45,093	47,720	4
미 국	35,753	36,302	37,565	39,644	41,802	5
아이슬란드	25,854	28,889	35,229	41,042	...	6
아일랜드	22,484	24,989	31,455	37,313	40,667	7
일 본	32,651	31,133	33,701	36,536	36,431	12
한 국	10,160	11,499	12,720	14,193	16,291	29
대 만	13,348	13,476	13,752	14,770	15,676	30

주 : 1) 2005년 자료가 없는 국가는 2004년 자료를 비교하여 순위화하였음

자료 : 한국은행, http://ecos.bok.or.kr, 2006. 7, IMF International Financial Statistics, 2006. 7. OECD, National Account of OECD Countries, 2006. 7, UN, http://esa.un.org/unpp, 2006. 7.
대만, http://www.stat.gov.tw, 2006. 7.

3. 교역규모

3.1 수출

2005년 한국의 수출은 2,844억 1,900만 달러로 세계 총수출액의 2.8%를 점유하여 세계 12위 규모를 차지하였다. 2005년 수출액은 2004년에 비해 12.0%(305억 7,400만 달러) 증가하였는데 독일이 세계 최대 수출국으로 세계 총수출액의 9.6%(9,778억 2,400만 달러)를 점유한 것으로 나타났다.

3.2 수입

2005년 한국의 수입은 2004년에 비해 16.4% 증가한 2,612억 3,800만 달러로 세계 13위 규모를 차지하였다. 최대 수입국은 미국으로 세계 총수입액의 16.3%(1조 7,323억 5,000만 달러)를 점유한 것으로 나타났다.

〈표 3〉 교역규모(2005년)

(단위 : 백만 달러)

국가명	수출			국가명	수입		
	2004년	2005년	순위		2004년	2005년	순위
세계	9,082,200	10,230,900	-	세계	9,346,570	10,634,700	-
독일	911,582	977,824	1	미국	1,525,680	1,732,350	1
미국	818,520	907,158	2	독일	718,045	777,465	2
중국	593,439	762,068	3	중국	560,683	660,159	3
일본	565,675	594,905	4	일본	454,542	514,922	4
홍콩	259,260	289,337	11	스페인	257,588	287,584	12
한국	253,845	284,419	12	한국	224,463	261,238	13
러시아	183,207	243,569	13	싱가포르	173,585	200,047	14

자료 : 한국무역협회, 무역통계, 2005.
IMF, International Financial Statistics, 2006. 7.

4. 무역의존도

2005년 한국의 무역의존도는 69.3%로 경제협력개발기구(OECD) 국가 중 9위 수준이며, 2004년에 비해 1.0%포인트 감소하였다. 2002년 57.5%, 2003년 61.3%, 2004년 70.3%로 국가경제 규모에서 무역규모가 차지하는 비중이 지속적으로 확대되고 있다.

벨기에(176.4%), 슬로바키아(147.0%), 체코(124.6%), 헝가리(116.4%) 등은 무역의존도가 높고 일본(24.4%), 미국(21.2%) 등은 낮은 편이다. 일본은 수출의존도(13.1%)가 수입의존도(11.3%)보다 다소 높은 반면에 미국은 수입의존도(13.9%)가 수출의존도(7.3%)보다 훨씬 높은 양상을 나타내고 있다.

〈표 4〉 무역의존도(2005년)

(단위 : %)

국가명	무역의존도				국가명	무역의존도			
		수출	수입	순위			수출	수입	순위
벨기에	174.6	90.5	85.9	1	스위스	67.0	34.4	32.6	11
슬로바키아	147.0	69.0	78.0	2	독일	62.8	35.0	27.8	15
체코	124.6	63.0	61.6	3	영국	38.9	16.9	22.0	26
헝가리	116.4	56.6	59.8	4	오스트레일리아	32.7	15.0	17.7	27
네덜란드	105.0	55.4	49.6	5	그리스	29.0	6.9	22.1	28
한국	69.3	36.1	33.2	9	일본	24.4	13.1	11.3	29
스웨덴	67.5	36.4	31.1	10	미국	21.2	7.3	13.9	30

자료 : IMF, International Financial Statistics, 2006. 7.

5. 외환보유고

2005년말 기준 한국의 외환보유고는 2,103억 9,100만 달러로 세계 4위 수준을 기록하였다. 2004년과 비교하면 5.7%(113억 2,500만 달러) 증가하였다. 세계 최대 외환보유국은 일본(8,355억 600만 달러)으로 한국의 4배 수준이며 이어서 중국, 대만, 한국, 러시아 인도, 홍콩 등의 순으로 조사되었다.

〈표 5〉 외환보유고[1)](2005년)

(단위 : 백만 달러)

국가명	2001년	2002년	2003년	2004년	2005년	순위
일 본	396,237	462,357	664,569	835,228	835,506	1
중 국	218,698	295,202	412,225	618,574	825,588	2
대 만	126,572	166,046	211,140	246,560	257,952	3
한 국	102,821	121,413	155,352	199,066	210,391	4
러 시 아	36,622	47,793	76,938	124,541	182,240	5
인 도	48,200	70,377	102,261	130,401	136,026	6
홍 콩	111,174	111,919	118,388	123,569	124,278	7

주 : 1) 외환보유고는 총액기준으로 외환, SDR, IMF포지션, 금평가액(자국 평가기준) 등을 모두 포함(연말기준)

자료 : 한국은행, 조사통계월보, 2006. 7, IMF, International Financial Statistics, 2006. 7, 대만, Financial Statistics, 2006. 7.

6. 경제성장률

한국의 2005년 경제성장률(기준연도 가격 GDP 기준)은 4.0%로 OECD 국가 중 7위이며 터키(7.4%), 슬로바키아(6.1%), 체코(6.1) 등은 한국보다 높고 일본(2.6%), 영국(1.9%), 프랑스(1.2%)는 한국보다 낮은 경제성장률을 보였다. 2004년 4.7%에 비해서는 0.7%포인트 감소하였다.

〈표 6〉 경제성장률(2005년)

(단위 : %)

국가명	2001년	2002년	2003년	2004년	2005년	순위
터　　키	-7.5	7.9	5.9	8.9	7.4	1
슬로바키아	3.2	4.1	4.2	5.4	6.1	2
체　　코	2.5	1.9	3.6	4.2	6.1	3
한　　국	3.8	7.0	3.1	4.7	4.0	7
미　　국	0.8	1.6	2.7	4.2	3.5	10
폴 란 드	1.1	1.4	3.8	5.3	3.4	12
오스트레일리아	2.4	3.9	3.3	3.2	2.7	17
일　　본	0.4	0.1	1.8	2.3	2.6	19
영　　국	2.3	2.1	2.7	3.3	1.9	23
프 랑 스	1.9	1.0	1.1	2.3	1.2	26

자료 : 한국은행, http://ecos.bok.or.kr, 2006. 7.
OECD, Main Economic Indicators, 2006. 7.

7. 소비자물가상승률

2005년 한국의 소비자물가상승률은 2.7%로 OECD 국가 평균(2.6%)과 비슷한 수준을 보였다. 2004년 3.6%에 비해 0.9%포인트 물가상승률이 하락하였다. 프랑스(1.8%), 영국(2.8%), 미국(3.4%) 등 선진국은 2~3% 내외의 물가상승률을 보인 반면에 터키(10.3%)는 높은 물가상승률을 보였다. 일본은 1999년 이후 소비자물가상승률이 마이너스를 기록하고 있다.

〈표 7〉 소비자물가상승률(2005년)

국 가 명	2005년 소비자물가지수 (2000=100)	소비자물가상승률(%)				
		2001년	2002년	2003년	2004년	2005년
일　　본	97.8	-0.7	-0.9	-0.3	0.0	-0.3
프 랑 스	109.9	1.6	2.0	2.1	2.1	1.8
한　　국	117.8	4.1	2.7	3.6	3.6	2.7
영　　국	112.8	1.8	1.7	2.9	3.0	2.8
미　　국	113.4	2.8	1.7	2.2	2.7	3.4
멕 시 코	127.2	6.4	5.0	4.6	4.7	4.0
아이슬란드	122.5	6.4	5.2	2.1	3.2	4.0
터　　키	342.0	54.0	45.5	25.0	10.7	10.3
OECD평균	114.2	3.5	2.5	2.5	2.4	2.6

자료 : 통계청, 2005 물가연보, 2006. 4.
OECD, Main Economic Indicators, 2006. 7.

8. 비교물가 수준

2005년 한국의 비교물가 수준(한국=100)은 OECD 국가 중 비교적 낮은 편으로 나타났다. 슬로바키아(68)와 헝가리(72), 멕시코(84) 등은 한국에 비해 낮은 물가수준을 보인 반면에 일본(145), 스위스(162) 및 아이슬란드(192) 등은 한국보다 높은 물가수준을 보이고 있다.

〈표 8〉 비교물가 수준[1)](2005년)

(단위 : 한국 = 100)

국가명	2001년	2002년	2003년	2004년	2005년
슬로바키아	56	52	55	77	68
헝가리	72	79	86	85	72
멕시코	122	106	96	81	84
터키	68	79	88	78	84
미국	160	148	142	118	116
일본	217	204	217	174	145
스위스	186	197	221	193	162
아이슬란드	148	170	202	197	192

주 : 1) 국가간 물가수준 차이를 측정하기 위해 US$를 기준으로 하여 '각국 환율에 대한 PPP율 × 100'으로 계산한 수치임. 지수상으로 한국이 100인 경우 일본이 145라면 일본은 한국보다 45% 정도 물가가 비싸다는 것을 의미함(PPP율이란 미국에서 1US$로 구매할 수 있는 상품·서비스량과 동일량을 해당국에서 구입하기 위해 소요되는 자국 화폐액을 의미함. 자료는 매년 12월 기준임)

자료 : OECD, Main Economic Indicators, 2002. 3.~2006. 2.

9. 실업률

2005년 한국의 연평균 실업률은 3.7%로 경제협력개발기구(OECD) 국가 중 아이슬란드(2.6%)에 이어 2번째로 낮은 수준으로 나타났다. 2002년 3.3%, 2003년 3.6% 2004년 3.7% 등 2002년 이후 3%대의 실업률을 유지하고 있다. OECD 국가 중 일본(4.4%), 미국(5.1%) 등은 4~5% 수준이나 스페인(9.2%), 프랑스(9.9%), 폴란드(17.8%) 등은 높은 실업률을 보였다.

〈표 9〉 실업률(2005년)

(단위 : %)

국가명	2001년	2002년	2003년	2004년	2005년	순위[2]
아이슬란드	2.3	3.2	3.4	3.1	2.6	1
한국	4.0	3.3	3.6	3.7	3.7	2
멕시코	2.4	2.7	3.3	3.8	...	3
일본	5.0	5.4	5.3	4.7	4.4	6
미국	4.7	5.8	6.0	5.5	5.1	12
스페인	10.6	11.5	11.5	11.0	9.2	24
프랑스[1]	8.7	9.1	9.9	10.0	9.9	26
폴란드	18.3	19.9	19.7	19.0	17.8	30

주 : 1) 계정조정(s.a)

2) 2005년 자료가 없는 국가는 2004년 자료를 비교하여 순위화 하였음

자료 : 통계청, 경제활동인구, 2006. 7, OECD, Main Economic Indicators, 2006. 7.

10. 조강 생산량

2005년 한국의 조강 생산량은 4,782만톤으로 세계 총생산량의 4.2%를 점유하여 세계 5위 수준을 기록하였다. 2002년 독일을 근소한 차이로 추월한 이후 격차를 더욱 확대시키고 있다. 조강 생산량이 가장 많은 나라는 중국으로 세계 총생산량의 30.9%(약 3억 5,000만톤)를 차지하고 있으며 뒤이어 일본, 미국, 러시아의 순으로 나타났다. 특히, 중국은 2001년 이후 연평균 20% 이상의 급속한 증가세를 보이고 있다.

〈표 10〉 조강 생산량(2005년)

(단위 : 천톤, %)

국가명	생산량			국가명	생산량		
		구성비	순위			구성비	순위
세계	1,129,268	100.0	-	한국	47,820	4.2	5
중국	349,362	30.9	1	독일	44,524	3.9	6
일본	112,473	10.0	2	우크라이나	38,641	3.4	7
미국	93,285	8.3	3	인도	38,083	3.4	8
러시아	66,146	5.9	4	브라질	31,610	2.8	9

자료 : 한국철강강협회, 철강통계연보, 2006, IISI, Steel Statistcal Yearbook, 2005.

11. 선박 건조량

2005년 한국의 선박 건조량은 1,023만 7,000CG/T으로 2002년 일본을 추월한 이후 계속 세

계 수위를 유지하고 있다. 2004년 대비 일본은 4.3% 증가한 반면에 한국은 23.1% 증가하여 양국간 선박 건조량의 격차는 더욱 확대되었다. 한국을 비롯한 동아시아 3국이 세계 선박의 75% 이상을 건조하고 있다. 한국이 세계 총건조량의 35.2%, 일본이 28.6%, 중국이 14.4%를 점유하고 있다.

〈표 11〉 선박 건조량[1)](2005년)

(단위 : 천 CG/T)

국 가 명	2001년	2002년	2003년	2004년	2005년	구 성 비	순 위
세 계	19,982	21,392	22,454	24,774	29,083	100.0	-
한 국	6,447	6,824	7,265	8,319	10,237	35.2	1
일 국	6,477	6,656	6,809	7,971	8,314	28.6	2
중 국	1,367	1,572	2,569	3,090	4,194	14.4	3
독 일	1,134	1,176	877	828	1,034	3.6	4
폴 란 드	600	552	368	481	640	2.2	5
크로아티아	197	318	251	511	398	1.4	6

주 : 1) 100G/T 이상 선박 대상. 2000년부터 집계단위가 G/T에서 CG/T(표준화물선 환산톤수)로 변경

자료 : 한국조선공업협회, 조선자료집, 2005.
Lloyd's Register, World Shipbuilding Statistics, 2006. 7.

12. 자동차 생산량

2005년 한국의 자동차 생산량은 369만 9,000대로 세계 총생산량의 5.5%를 차지하여 세계 5위 수준을 기록하였다. 이는 2004년 세계 5위였던 프랑스를 15만대나 추월한 수치이다. 자동차를 가장 많이 생산한 나라는 미국으로 세계 총생산량의 17.7%(1,197만 7,000대)를 차지하였으며 이어서 일본, 독일, 중국 순으로 나타났다. 특히, 중국은 최근 5년간 연평균 20% 이상의 급속한 증가세를 보이고 있다.

〈표 12〉 자동차 생산량(2005년)

(단위 : 천대)

국 가 명	2001년	2002년	2003년	2004년	2005년	구 성 비	순 위
세 계	57,246	60,023	61,831	65,046	67,513	100.0	-
미 국	11,425	12,244	12,087	11,960	11,977	17.7	1
일 본	9,777	10,257	10,286	10,512	10,800	16.0	2
독 일	5,692	5,469	5,507	5,570	5,758	8.5	3
중 국	2,334	3,248	4,444	5,057	5,708	8.5	4
한 국	2,946	3,148	3,178	3,469	3,699	5.5	5
프 랑 스	3,386	3,702	3,620	3,666	3,549	5.3	6
스 페 인	2,850	2,855	3,030	3,012	2,753	4.1	7

자료 : 한국자동차공업협회, 한국의 자동차산업, 2001~2005

13. 쌀 생산량

2005년 한국의 쌀 생산량은 643만 5,000톤으로 세계 총생산량의 1.0%에 해당되며 세계 13위 수준을 기록하였다. 중국(1억 8,545만톤)과 인도(1억 2,900만톤)가 각각 30.0%와 20.9%를 점유하여 세계 총생산양의 50%를 차지하였다. 한국의 ha당 쌀 성산량은 6,568Kg으로 세계 10위 수준을 나타내었다. Ha당 쌀 생산량은 이집트, 오스트레일리아, 미국 등에 비해서는 적은 편이나 일본, 중국 등 아시아권 국가 중에서는 가장 많은 수준이다.

〈표 13〉 쌀 생산량[1)] 및 단위 면적당 생산량(2005년)

(단위 : 천톤, Kg/ha)

국 가 명	쌀 생산량			국 가 명	단위면적당 생산량	순 위
		구성비	순 위			
세 계	618,535	100.0	-	이 집 트	9,539	1
중 국[2)]	185,454	30.0	1	오스트레일리아	8,600	2
인 도	129,000	20.9	2	미 국	7,401	3
인도네시아	53,985	8.7	3	모 로 코	7,348	4
브 라 질	13,141	2.1	9	한 국	6,568	10
일 본	10,989	1.8	10	일 본	6,541	12
한 국	6,435	1.0	13	중 국[2)]	6,330	14

주 : 1) 조곡 기준임 2) 대만 포함
자료 : 농림부, 작물통계, 2005.
FAO, http://www.fao.org, 2006. 7.

14. 인터넷 이용자수

2004년 한국의 인구 100명당 인터넷 이용자수는 66명으로 2003년과 동일한 세계 3위 수준을 기록하였다. 2003년에 비해 인구 100명당 인터넷 이용자수가 61명에서 66명으로 5명(8.2%) 증가하였다. 아이슬란드(77명), 스웨덴(75명)은 인터넷 이용자수가 한국보다 다소 많은 편이며 오스트레일리아(65명), 미국(63명), 영국(63명), 네덜란드(62명) 등은 한국보다 다소 적은 수준을 나타내었다.

〈표 14〉 인터넷 이용자수[1)](2004년)

(단위 : 명)

국 가 명	2002년	2003년	2004년	순 위	국 가 명	2002년	2003년	2004년	순 위
아이슬란드	65	67	77	1	영 국	42	...	63	7
스 웨 덴	57	...	75	2	네 덜 란 드	51	52	62	9
한 국	55	61	66	3	일 본	45	48	50	16
오스트레일리아	53	57	65	4	프 랑 스	31	37	41	25
미 국	55	56	63	5	말레이시아	32	34	39	29

주 : 1) 인구 100명당임

자료 : ITU, http://www.itu.int, 2006. 6.

15. 인간개발지수

2003년 한국의 인간개발지수는 0.901로 세계 28위이며 2002년과 동일한 수준을 나타내었다. 2001년 0.879로 세계 30위, 2002년 0.888로 세계 28위 수준을 나타낸 바 있다. 세계에서 인간개발지수가 가장 높은 나라는 노르웨이로 0.963에 이르며 이어서 아이슬란드, 오스트레일리아 등의 순으로 나타났다. 한국과 비슷한 수준으로는 포르투갈(0.904), 키프러스(0.891) 등이 있다.

〈표 15〉 인간개발지수(Human Development Index)[1)](2003년)

국 가 명	인간개발 지수	평균수명 (세)	문자해득률 (%)	취학률 (%)	1인당 실질 GDP (PPP US$)	순위
노 르 웨 이	0.963	79.4	…	101	37,670	1
아 이 슬 란 드	0.956	80.7	…	96	31,243	2
오스트레일리아	0.955	80.3	…	116	29,632	3
일 본	0.943	82.0	…	84	27,967	11
포 르 투 갈	0.904	77.2	92.5	94	18,126	27
한 국	0.901	77.0	97.9	93	17,971	28
키 프 러 스	0.891	78.6	96.8	78	18,776	29

주 : 1) UN이 각국의 평균수명, 교육수준(성인의 문자 해득률, 초·중·고등교육기관 총 취학률), 국민소득 등 주요 통계를 활용하여 인간개발성취의 정도를 평가하는 지표임

자료 : UNDP, Human Development Report, 2005.

16. 초등학교 교사 1인당 학생 수 및 여교사 비율

16.1 초등학교 교사 1인당 학생 수

2005년 한국의 초등학교 교사 1인당 학생 수는 29명으로 많은 수준을 나타내었다. 2002년 32명, 2003년 31명, 2004년 30명으로 매년 감소하였으나 여전히 많은 수준으로 평가할 수 있다.

16.2 초등학교 여교사 비율

한국의 초등학교 여교사 비율은 74%로 외국에 비해 높은 편은 아닌 것으로 평가된다. 이탈리아(95%), 오스트리아(91%), 미국(88%) 등은 여교사 비율이 높은 반면에 스페인(69%), 인도(44%)는 낮은 편으로 나타났다.

〈표 16〉 초등학교 교사 1인당 학생수 및 여교사 비율(2004년)

교사 1인당 학생수(명)					여교사 비율(%)				
국가명	2001년	2002년	2003년	2004년	국가명	2001년	2002년	2003년	2004년
스 웨 덴	11	11	11	10	이탈리아	95	95	95	95
포르투갈	13	11	11	12	오스트리아	…	91	90	91
오스트리아	…	13	13	13	미 국	86	88	88	88
영 국	18	17	17	18	핀 란 드	73	74	75	76
한 국[1)]	32	31	30	29	한 국[1)]	72	72	73	74
필 리 핀	35	35	35	35	스 페 인	71	71	70	69
인 도	40	41	41	40	인 도	36	36	44	44

주 : 1) 한국은 2002~2005년 자료임

자료 : UNESCO, www.unesco.org, 2006. 6.

17. 에너지 소비량

2005년 한국의 1차 에너지 총소비량은 2억 2,460만 TOE로 세계 총소비량의 2.1%를 점유하여 세계 10위 수준을 나타내었다. 한국의 1인당 에너지 소비량은 4,651Kg으로 세계 평균소비량 1,630Kg의 2.9배를 소비하는 것으로 나타났으며 이는 세계 16위 수준으로 평가된다. 최대 에너지 소비국은 미국으로 세계 총소비량의 22.2%인 23억 3,660만 TOE를 소비하였으며 1인당 소비량은 카타르가 세계 평균의 13.7배인 22,263Kg을 소비하여 1위를 기록하였다.

〈표 17〉 1차 에너지[1] 총소비량 및 1인당 소비량(2005년)

(단위 : 백만TOE[2],Kg)

국가명	1차 에너지 총소비량			국가명	1인당 소비량	
		구성비	순위			순위
세계	10,537.1	100.0	-	세계평균	1,629.9	-
미국	2,336.6	22.2	1	카타르	22,263.2	1
중국	1,554.0	14.7	2	아랍에미리트	12,144.1	2
러시아	679.6	6.4	3	미국	7,835.3	8
일본	524.6	5.0	4	한국	4,650.7	16
인도	387.3	3.7	5	프랑스	4,332.5	20
독일	324.0	3.1	6	일본	4,095.7	23
한국	224.6	2.1	10	영국	3,809.4	26

주 : 1) 천연상태의 에너지로서 전환과정을 거치지 않은 에너지(석탄, 석유, 천연가스, 수력, 원자력)

2) TOE = Tonnage of Oil Equivalent(석유로 환산한 톤 단위)

자료 : BP Amoco, BP Amoco Statistical Review of World Energy, 2006.

18. 총인구

2006년 한국의 총인구는 4,849만 7,000명으로 세계 총인구의 0.74%를 차지하여 세계에서 25번째로 많은 수준을 나타내었다. 중국(13억 2,400만명과 인도(11억 2,000만명)가 세계 총인구의 37.3%를 차지하고 있으며 이어서 미국은 3억, 인도네시아는 2억을 상회하고 있고 브라질, 파키스탄, 방글라데시, 러시아, 나이지리아, 일본, 멕시코 7개 국가가 1억을 상회한 것으로 나타났다.

〈표 18〉 총인구(2006년)

(단위 : 천명, %)

국가명	총인구			국가명	총인구		
		구성비	순위			구성비	순위
세계	6,540,283	100.0	-	방글라데시	144,437	2.2	7
중국	1,323,636	20.2	1	러시아	142,537	2.2	8
인도	1,119,538	17.1	2	일본	128,219	2.0	10
미국	301,029	4.6	3	미얀마	51,009	0.78	24
인도네시아	225,465	3.4	4	한국	48,497	0.74	25
브라질	188,883	2.9	5	남아공화국	47,594	0.73	26
파키스탄	161,209	2.5	6	콜롬비아	46,279	0.71	27

자료 : 통계청, 장래인구특별추계, 2005. 1, UN, http://esa.un.org/unpp, 2006. 7.

〈표 19〉 주요 지표의 한국 순위

주요지표	비교연도	수치	비교국가	순위
국내총생산(GDP)	2005년	7,875억 달러	94	12
1인당 국민총소득(GNI)	2005년	16,291달러	61	29
수출액	2005년	2,844억 1,900만 달러	99	12
수입액	2005년	2,612억 3,800만 달러	94	13
무역의존도	2005년	69.3%	30	9
외환보유고(연말)	2005년	2,103억 9,100만 달러	78	4
경제성장률	2005년	4.0%	30	7
조강 생산량	2005년	4,782만톤	66	5
선박 건조량	2005년	1,023만 7천CG/T	23	1
자동차 생산량	2005년	369만 9천대	41	5
쌀 생산량	2005년	643만 5천톤	72	13
단위면적당 쌀 생산량	2005년	6,568Kg/ha	73	10
인터넷 이용자수	2004년	인구 100명당 66명	72	3
인간개발지수	2003년	0.901	177	28
1차 에너지 총소비량	2005년	2억 2,460만TOE	65	10
1인당 에너지 소비량	2005년	4,650.7Kg	65	16
총인구	2006년	4,849만 7천명	193	25

주 : 지표별 순위는 최근 연도 자료를 기준으로 하되 최근 연도의 자료가 없는 국가는 전년도 자료를 비교하여 보정하였음. 그러나 비교 가능한 국가만을 대상으로 하였으므로 절대적인 순위로 볼 수는 없음

Ⅱ. 중국의 외국인 산업투자 지도목록(2007년 12월 시행)

1. 외국인투자 장려대상

1.1 농업 · 임업 · 목축업 · 어업

(1) 산출량이 적은 농지의 개조
(2) 목본 식용류, 조미류, 공업원료 등의 재배 및 개발, 생산
(3) 채소(식용균, 멜론과일 포함), 말린 과일류나 신선한 과일류, 차등의 무공해 재배기술 및 개발, 생산
(4) 설탕작물, 과수, 화훼, 목초 등 농작물의 우량품종 및 신기술개발(유전자 변환 품종 제외)
(5) 화훼 생산과 묘포기지 건설 및 경영
(6) 천연고무, 사이잘마(sisal), 커피 재배
(7) 한약재 재배, 양식(합자, 합작에 국한)
(8) 농작물 줄기(폐기물)의 재활용, 유기비료 자원의 개발 생산
(9) 임목(대나무 포함) 조림 및 우량종 재양, 배수체 육종, 유전자 변환 품종 재양
(10) 수산물 우량종 번식(중국 고유의 진귀한 우량품종은 제외)
(11) 사막화 수토 유실을 예방하는 목초 재배 등 생태환경 보호 건설공정 및 경영
(12) 수산품 양식, 심수(深水) 그물 양식, 수산품 공장화 양식(육상수조식), 해양생물의 생태 양식

1.2 채굴업

(1) 석탄층가스 탐사 및 개발, 갱내에서 발생하는 가스 이용(합자, 합작에 국한)
(2) 석유 · 천연가스의 리스크 탐사 및 발굴(합자, 합작에 국한)
(3) 저 침투 유전 개발(합자, 합작에 국한)
(4) 원유 채취율 제고 신기술의 개발 및 응용(합자, 합작에 국한)
(5) 유정(油井)측정 등 석유 탐사와 발굴을 위한 신기술 개발 및 응용

⑹ 오일셰일(oil shale), 오일샌드(oil sand), 일반중유 및 고급중유 등 석유자원 탐사 및 발굴
⑺ 철, 망간 광산의 채굴 및 광산 선정 작업
⑻ 폐광산 이용률을 높이기 위한 선진기술 개발 및 응용, 광산 생태환경 복구 기술 등의 종합적 응용
⑼ 심해저의 가스 하이드레이트 탐사 및 개발(합작에 국한)

1.3 제조업

(1) 농(農) 부식품 가공업

① 생물사료, 볏짚사료, 수산사료의 개발 및 생산
② 수산물 가공, 조개류 정화 및 가공, 해조 기능식품의 개발
③ 야채, 과일(말리거나 신선한), 조류가축 제품의 저장 및 가공

(2) 식품 가공업

① 유아, 노년 식품 등 기능식품의 개발과 생산
② 산림 식품의 개발, 생산 및 가공
③ 천연 유기농식품 첨가제, 식품 조미료 생산(합자, 합작에 국한)

(3) 음료 제조업

① 과일야채 음료, 단백질 음료, 차음료, 커피음료, 식물성 음료의 개발 및 생산

(4) 담배 제조업

① 셀룰로오즈 아세테이트 가공(합자, 합작에 국한)
② 제지법을 이용한 연초 박편 생산(합자, 합작에 국한)
③ 담배필터 가공생산(합자, 합작에 국한)

(5) 섬유업

① 첨단기술을 이용한 산업용 특수 섬유제품 생산
② 고급 직물 원단의 염색 및 후기 가공
③ 친환경적 특수 천연섬유(양모를 제외한 기타 동물성 섬유, 마섬유, 대나무 섬유, 견사, 색깔있는 면화 등) 제품 생산
④ 직접회로(IC) 제조시스템을 이용하여 생산한 복장
⑤ 고급 융단, 자수품, 수놓아서 만든 공예품(커튼, 책상보, 손수건 등) 생산

(6) 피혁, 모피, 우모(융) 및 기타 제조법

① 피혁, 모피 정화기술 가공

② 피혁 후기공정 신기술 가공

③ 고급피혁(쇼파, 자동차 시트) 가공

(7) 목재가공, 죽, 등, 종려, 초 제품업

① 임업지역의 "저급" 목재 및 대나무 종합이용 신기술, 신상품 개발 및 생산

(8) 제지 및 종이 제품

① 임업원료기지와 목재펄프 단일화 체제로 건설된 연간 생산능력 30만톤 이상의 화학 목재펄프 연간 생산능력 10만톤 이상의 화학 기계펄프, 또한 고급제지와 판지 생산(합자와 합작에 국한)

(9) 석유가공 및 코크스 생산

① 침상(針狀) 코크스와 콜타르의 재가공

(10) 화학원료와 화학제품 제조업

① 연간 생산능력 80만톤급 이상 규모의 에틸렌 생산(중국측이 대주주)

② 에틸렌원료 파생물의 가공제조, 에틸렌 부대제품 C4~C9 제품(부타디엔 합성고무 제외)의 종합이용

③ 연간 생산능력 20만톤급 이상 규모의 폴리염화비닐(PVC)수지(에틸렌법)

④ (Ca(Cl)2H2O), 폴리염화비닐, 유기 정밀가공품 생산

⑤ 벤졸, 톨루엔, 디메틸벤젠 등 기본원료 및 파생물 생산

⑥ 합성재료의 배합원료 : 비스페놀A, 과산화수소 산화프로필렌법으로 생산한 에톡시 프로판

⑦ 합성 섬유원료 : 테레후탈산, 카프라락탐, 나일론 66염, melt-spun 스판덱스 수지 생산

⑧ 합성고무 ; SOR라텍스(열가소성 라텍스 제외), 부틸고무, 이소아밀고무, 폴리우레탄고무, 아크릴고무, 크로로히드린고무, EPR, NBR. 플루오르 고무, SR등 특수고무 생산

⑨ 엔지니어링 플라스틱 제품 및 플라스틱 합금 생산 : PPO, 엔지니어링 플라스틱 나일론11과 나일론12, 폴리이미드(PI), PSF(폴리에스터단섬유), 폴리아릴레이트(PAR), 액정폴리에스테르(LCP) 등 생산

⑩ 정밀화공 : 촉매제, 조제 및 석유첨가제 신제품·신기술, 염료 상품화 가공기술, 전자 및 제지용 첨단 화학제품, 식품 첨가제, 사료 첨가제, 피혁 화학품(N-N DMF(Dimethylformamide)

제외), 유전 보조제, 표면 활성제, 水처리제, 접착제, 무기 나노재료, 도표 표면 처리 가공

⑪ 低정제 高내구성의 카본블랙(Carbon black) 생산
⑫ 친환경 인쇄 잉크, 친환경 방향족 탄화수소 오일(Arene oil) 성산
⑬ 천연 향료, 합성 향료, 단리 향료(Isolate) 생산
⑭ 고성능 페인트, 자동차용 수성도료, 수성수지 조성물 생산
⑮ 염화불화탄소(CFC, chloro fluoro carbon) 대체물 생산
⑯ 유기염소 화학물 생산(영화불화탄소(CFC) 및 수소화 염화불화탄소(HCFC, hydro chloro fluor carbon), 4불화에틸렌 수지(PTEE) 제외)
⑰ 인(P) 화공, 아연 제련 중 불소원소 추출 생산
⑱ 대형 석탄원료 화공제품 생산(중국측이 대주주)
⑲ 임업 화학제품의 신기술, 신제품 개발 및 생산
⑳ 가성소다용 하이드로니엄(Hydronium) 이온막, 무기 분리막, 기능성 격막 성산
㉑ 환경보호용 유기, 무기, 생물막 개발 및 생산
㉒ 신형 비료 개발 및 생산 : 생물비료, 고농도 화학비료, 복합비료, 복합미생물 접종제, 복합 미생물 비료, 짚 및 쓰레기 개량제, 특수기능의 미생물 조제제
㉓ 高효능·低독성 화학약품 잔존율이 낮은 농약원료 개발 및 생산
㉔ 생물농약 및 병해 방제제 개발, 생산 : 미생물 살충제, 미성물 균제제, 능업용 학생제, 천적 곤충, 미생물 제초제
㉕ 폐가스, 폐액체와 폐찌꺼기 종합이용 및 처리
㉖ 유기 고분자 재료 생산 : 유기 변성 실리콘 선박 외곽 도료, 비행기 기낭 도료, 희토류 가황 세륨 붉은 색 염료, 무연화의 전자 포장 재료, 색채 등 이온 모니터 전용 계열의 광학 펄프, 소직경대비표면적 미세섬유질, 고정밀도 연유 여과기, 리튬 이온 전지 격막, 플라스틱 가공용 다용도 복합 보제, 구연산 다이글리세리드(Citric acid diglyceride), 후루디옥소닐(Fludioxonil), 시아조파미드(Cyazofamid)

(11) 의약 제조업

① 신형 화합물 약물 및 활성 성분 약물 생산(원료약품 및 제조제 포함)
② 아미노산류 : 세린, 트립토페인, 히스타딘, 사료용 메티오닌 (Methionine) 등 생산
③ 신형 항암약물 및 신형 심·뇌 혈관약, 신형 정신신경계 약 생산
④ 신형·고효능·경제적 피임약·도구 생산

⑤ 생물 공학기술을 이용한 신형 약물 생산

⑥ 불소치환기 함유 헤테로고리화합물 등 불소치환기가 함유된 高 생리활성약품 및 의약 합성 중간체 생산

⑦ 高기술에 의한 왁친 생산(에이즈병 왁친, B형 간염 왁친, 피임왁친 등)

⑧ 생물 항체 생산

⑨ B.C.G. 백신, 척수 회백질염 백신 생산

⑩ 해양약물 개발 및 생산

⑪ 약품 제조제 : (방출조절, 미사일요법, 피부흡수 등 신기술을 도입한 신제형(新劑型), 신제품)

⑫ 신형 약용 보조제의 개발 응용

⑬ 생물의학재료 및 제품 생산(시체 및 그 표본, 인체기관조직 및 그 표본 가공은 제외)

⑭ 동물용 항생 원료약 생산(항생 물질, 화학합성 류 포함)

⑮ 동물용 항생제, 구충약, 살충약, 신제품 및 신제형 개발 및 생산

⑯ 신형 진단시약 생산

(12) 화학섬유 제조업

① 차별화 화학섬유 및 芳香섬유, 탄산섬유, 고강도 폴리에틸렌, PPS(POLY PHENYLENE SULFIDE)수지 등 高기술 화학섬유 생산

② 新용제법 섬유소섬유(LYOCELL)등 친환경 화섬 생산

③ 섬유용 및 非섬유용 신형 폴리에스테르 생산 : PTT(Polytimethylene Terephthalate)섬유, PEN(Polythylene 2.6-Naphthalate)섬유, (PBT : Polybutylene Terephthalate)섬유

④ 재활용 자원이용, 생분해 기술로 신형 섬유재료 생산 : 폴리유산(PLA)섬유, 프로판디올(PDO)계섬유 등

⑤ 1대 생산라인 당 일일 100톤 혹은 그 이상 폴리아미드(PA) 생산

⑥ 자오선 타이어용 아라미드 섬유 및 타이어 코드 생산

(13) 플라스틱 제조업

① 신기술, 신형 농업용 막(광분해, 다기능 막 및 원료 등) 개발 및 생산

② 폐플라스틱 분해 및 재활용

③ 플라스틱 연포장 신기술, 신상품 (高 봉합기술, 다기능 막 및 원료)개발, 생산

(14) 비금속광물 제조업

① 신형 절전, 친환경 건축재료 개발 생산 : 경질 고강력의 다기능 벽체 재료, 고급 친환경 장식재료, 양질의 방수밀봉 재료, 고효율 보온재료

② 철강 대체 플라스틱, 토목 대체 플라스틱, 절전 고효율 화학 건축제품 생산

③ 연간 1000톤 평방미터 및 그 이상의 탄성체, 가소성 개질 아스팔트(Modifying asphalt) 방수재료, 넓이 2미터 이상의 3성분계 에틸렌 프로필렌 고무(Ternary ethylene propylene rubber) 고분자 방수재 및 부속 재료, 내구성을 갖춘 폴리염화비닐(PVC) 필름재, 열가소성 폴리올래핀(TPO) 방수성 필름재 생산

④ 전자파차폐유리, 마이크로 전자용 유리기반, 적외선투과 무연유리, 대형 석영유리 확산판, 2-3차원의 미세채널판(Micro Channel Plate : MCP), 광섬유 면판, 도립상(倒立像) 기기, 유리 광추(光錐) 생산

⑤ 연간 50,000톤 이상 유리섬유(가마공예 생산라인) 및 FRP(강화유리)제품생산

⑥ 유리섬유 연속 원사(原絲) 모전(毛氈), 유리섬유 표면 모전(毛氈), 마이크로 전자용 유리섬유포, 초박 모전(毛氈) 생산

⑦ Image bundles 및 레이저 의료용 광섬유 생산

⑧ 연간 100만 건 혹은 그 이상의 위생도기 생산

⑨ 도자기원료용 표준화 정제품, 도자기용 고급 장식재료 생산

⑩ 시멘트 가마(Lime kiln, cement kiln), 고급유리(전자용), 도자기, 유리섬유, 미소공성의 탄소벽돌(Microporous carbon brick) 등 가마화로에서 제조된 내열성 재료 생산

⑪ 자동차 촉매장치용 세라믹(도자기)분체, 질화알루미늄 세라믹 기판(AIN Ceramic Base material), 다공도 도자기 생산

⑫ 무기 비금속 재료 및 제품 생산(인공 크리스털, 탄소/탄소합성재료, 특수유리, 고속의 오일씰(Oil seals), 특수도자기, 특수 밀폐재료, 특수 젤(GEL)재료, 특수 라텍스(Latex)재료, 수성고무제품, 열전도 0.025W/mk 혹은 그 이하의 절열재료 등)

⑬ 高기술 복합(합성)재료 생산 : 연속섬유 열경화성 복합재료 및 프리플레그(Prepreg), 내온도>300℃ 합성수지 성형(星型) 공예용 보조재료, 합성수지 재료의 패들, 합성수지 재료의 지하수용 복합 재료제품, 의료 및 재활용 복합재료 제품, 탄소/탄소합성재료 및 ??, 고성능 세라믹 합성제품, 금속 합성 재료 및 제품, 금속 층상 합성재료 및 제품, 압력≥320MPa의 초고압 합성고무관, 대형여객 비행기 타이어

⑭ 정밀고성능 세라믹(도자기) 및 기능성 세라믹 원료 생산 : 탄화규소(SiC) 초정밀분체

(순도>99%, 평균 직경<1um), 질화규소(Si3N4) 초정밀분체(순도>99%, 평균 직경<1um), 고순도 초정밀 알루미늄 미세가루(순도>99.9%, 평균직경<0.5um), 저온 소결(Sintering)된 지르코니아(Zirconia, Zr02)분체(소결온도<1350℃), 고순도 질화알루미늄(AIN)부체(순도>99%, 평균직경<1um), 금홍석(金紅石)형 이상화티타늄(TI02)(순도>98.5%), 백색 카본 블랙(Carbon black)(직경<100nm), 티탄산바륨(BaTi03)(순도>99%, 평균직경<1um)

⑮ 금강석 석막 공구, 두께 0.3mm 및 그 이하의 초박 인공 금강석 톱양 생산

⑯ 비금속광 정밀 재가공(극세 분쇄, 정화, 정제, 개조)

⑰ 초고공률 흑연 전극 생산

⑱ 주광운모 생산(직경 3-150um)

⑲ 편직 방직물, 모방형 방직품 생산

⑳ 신형 건조법을 이용한 시멘트 가마로 공업폐기물 및 쓰레기의 무공해처리

(15) 비철금속 제련 및 압연가공업

① 직격 200mm이상 실리콘 단결정(Silicon single crystal)및 실리콘 웨이퍼링 공정(Polished wafers), 다결정(Poly silicon)생산

② 高기술 비철금속 재료 생산 : 신형 고성능 수소저장 재료, 리튬이온(Li+) 전지재료, 화합물 반도체 재료(GaAs, InAs, InP, GaN), 고온 초전도 재료, 형상기억 합금재료(Ti-Ni, Cu합금, Fe합금 등 형상기억 합금), 초밀도(Nano) CaC2, 초밀도(Nano) WC-Co, 초강도 합성재료, 귀금속 합성재료, 라디에이터(radiator)용 알루미늄박, 중고압 캐소드용량(Cathode capacitance)용 알루미늄박, 특수 대형 알루미늄 합금 금형 재료, 알루미늄합금 정밀 형단조(型鍛造, Die forging), 전기화 철도 가공선로(Overhead line), 초박형 구리(Cu)벨트, 고온내식성 치환기 구리합금 재료, 고성능 Cu-Ni, Cu-Fe 합금 벨트, Be-Cu 벨트·선·관 등 가공재, 내고온 텅스텐 필라멘트(Tungsten filament), 마그네슘합금, 무연솔더(Lead free solder), 마그네슘 합금 및 응용생산물, 베릴륨-구리(Beryllium Copper, BeCu)발포 알루미늄(Foam aluminum), 티타늄 합금 봉(Titanium alloy strip) 및 용접 튜브(Welding connecting tube), 원자 레벨급 Sponge zirconium, 텅스텐 및 몰리브덴(Mo) 정밀 가공품

(16) 금속 제품업

① 자동차, 오토바이 경양화 및 친환경 소재 제조(알루미늄 차체, 알루미늄-구리 합금재료, 오토바이용 알루미늄합금 차체 등)

② 건설용 금속기계류, 온수기 자재, 금속기계류 개발, 생산

③ 각종 식물성유지, 식품, 과일, 음료 및 일상품등의 포장재 중 금속 포장제품(두께 : 0.3) 제조 및 가공(제조품 포장내외의 인쇄 가공도 포함)

(17) 일반기계 제조업

① 디지털 기계선반 및 핵심 부품제조 : 5축 베어링 연동 디지털 기계선반, 디지털 표준 트로웰링·밀링 가공센터(Digital programmed coordinated troweling and milling processing center), 디지털 표준 연삭기, 5축 베어링 연동 제어 시스템 밑 보조장치, 정밀 디지털 가공용 고속 초강력 절단 도구

② 1000톤 및 그 이상 몰딩 기계(Moulding machine)

③ 자동차 폐기처분 설비 제조

④ FTL 생산라인 제조

⑤ 공업용 로봇, 용접용 로봇 및 그 용접 장비설비 제조

⑥ 특수 가공기계 제조 : 레이저 컷팅·용접 설비(Laser cutting and welding equipment set), 레이저 정밀가공설비(Accuracy laser processing), Numerical contrcl LSWEDM Machine Tool, Subnanometer단계 초정밀 분쇄기

⑦ 300톤 이상 바퀴식, 괘도식 크레인(기중기) 제조

⑧ 압력(35~42Mpa)

⑨ 전기 유압식 서보기계(Electric Hydraulic proportion servo component) 제조

⑩ 압력(21-31.5Mpa) 복합벨브, 공률 0.35W이하 기동 전자석 벨트, 200㎐이상 건기봉합(실험장비 포함)의 개발 및 제조

⑪ 수압 구동장비(Static Hydraulic driving device) 설계 및 제조

⑫ 압력 10MPa 이상 비접촉식 봉합 씰(Non-contact film seal), 압력 10MPa이상 건기 봉합(실험장비 포함)의 개발 및 제조

⑬ 자동차용 고분자재료(마찰편, 페놀-알데하이드 피스톤(Phenolic aldehyde piston), 비금속 수압 마스터실린더(Master Cylinder)등) 설비 개발 및 제조

⑭ 제3·4대 승용차 바퀴통 축(축 내·외 고리의 플랜지 및 전감기의 바퀴통 축 기능 부품), 중고급 디지털 선반과 가공 중심 축(가공중심은 3축 이상의 연동 기능, 중복 정위치의 정밀도 3-4um) 고속선재, 판재 압연기 축(선재 압연기의 압축 속도 120m/s 이상, 박판 압연기 가공판 두께 2mm이상 지탱, 작업 가능한 롤러축), 고속철로 축(200km/h 이상의 속도로 운행), 진동수 24이하의 저소음 축(Z4, Z4P, V4, V4P 소음급), 각 종류

축 P4, P2 급 축 제조

⑮ 내고온 절연재료(절연등급 F, H급)및 절연가공 제품 제조

⑯ 액압 작동용 고무재질 밀봉 제품 개발 및 제조

⑰ 12.9급 이상 고강도 견고물 제조

⑱ 자동차, 오토바이용 정밀주조 및 반가공품 정밀 제조

⑲ 공작기계, 자동차 부소품(5대 기계본체 제외), 공정 기계 재(再)제조

(18) 전문 설비 제조업

① 무궤도(Rampway system)식 채굴 · 적재 · 운반설비, 100톤 및 그 이상 기계전동 광산덤프트럭, 이동식 분쇄기, 3,000㎥/h이상 굴착기, 5㎥ 이상 광산용 페이로더, 2000Kw 이상 전기 견인석탄 체굴기 설비 등

② 물리 탐사, 시추 탐사 설비 제조 : MEME 지진검파기, 원격 디지털 지진계, 디지털 영상, 디지털 시추 타사 시스템, 수평정, 정향정, 착정기 설치 및 기구, MWD LWD

③ 석유 탐사, 착정, 집수 설비 제조 : 수심 500M 이상 수심의 부유식 착정 시스템과 부유식 생산시스템, 600미터 이상 수심의 해저 채유 및 집수설비, 3000kw 이상 공률의 권양기, 부팅 최고 속도 850kw 이상, 착정의 펌프률 1800kw 이상의 심해용 석유착정기, 심도 9000미터 이상의 육지석유착정기와 사막석유착정기, 1000만톤/y 정유설비용 80통 이상의 피스톤 반복 압축기, 디지털 석유 탐정 측정기, 석유 착정시 진흙 구멍 고정 설비

④ 직경 6미터 이상의 쉴드 머신 시스템 접성 설계 및 제조, 직경 5미터 이상의 전단면 터널 굴착기계(TBM)시스템 접성 설계 및 제조, 구경 1미터 이상 심도 30미터 이상의 대구경용 로터리 드릴링기계 제작, 직경 1.2미터 이상 추진 공법 기계 장치 설계 및 제작, 예항력(Towing power) 200톤 이상의 대형 비채굴 지하관선 배치 플랜트 제조, 지하 연속벽 시공 착정기 제조, 자동 수직 착정 시스템 제조

⑤ 100톤 이상 대형 조관기, 320마력 이상 대형 도랑 굴착기의 설계 제조

⑥ 접지압력 0.03MPa 이하, 공률 220마력이상의 무한궤도 불도저, 520마력 이상 대형 불도저 설계 및 제조

⑦ 100 입방미터/h 이상 규모의 준설기, 1000톤 이상의 준설선의 준설 장치 설계, 제조

⑧ 홍수 예방의 제방용 파이핑현상 방지용 콘크리트 벽 시공 장치 설계, 제조

⑨ 수하(水下) 토석방 시공 기계 제조 : 수심 9미터 이하의 불도저, 페이로더, 굴착기 등

⑩ 도로 · 교량 보수, 자동 검측설비 제조

⑪ 도로 · 터널 운영통제시스템, 통풍, 방화 및 긴급구조 시스템 설비 제조

⑫ 철도 대형시공 및 보수 설비 설계 및 제조

⑬ (아스팔트)리놀륨 기와 설비, 도금 아연 강판 등 금속 지붕 생산 설비 제조

⑭ 환경 보호 에너지 절약형 스프레이 우레탄 수지 방수 보온 시스템 설비, 우레탄 수지 밀봉 연고형 조제 기술, 생산 설비 제작, 변성 실리콘 접착제 제조 기술, 생산 설비 제조

⑮ 박판 연속주조기, 고정밀도 압면기(정밀도 두께 10 미크롱) 설계 제조

⑯ 직접 환원철과 용해 환원철 설비 제작

⑰ 50톤 이상의 대공률 직류 전호로 제조

⑱ 색도금, 판재 도금 설비 제조

⑲ 다원소, 미립자, 분별 및 처리가 어려운 금속 광산의 선광 장치 제조

⑳ 80만톤/년 이상 에틸렌 플랜트 중의 매우 중요한 설비 제조 : 열분해 기체, 에틸렌-프로필렌 원심 압축기, 연간 10만톤 이상의 처리 능력 혼합 분쇄기, 직경 800mm이상의 원심분리기, 250℃ 이상 온도, 15MPa이상 압력의 고온고압의 부식 방지 펌프, 밸브, -55℃ 이하의 저온, 초저온 펌프 등(합자, 합작에 국한)

㉑ 대형 탄화공정 플랜트 제조(합자, 합작에 국한)

㉒ 금속제품 틀(동, 알루미늄, 티타늄, 지르코늄의 관, 막대기 형체 압력 틀) 설계, 제조, 수리

㉓ 자동차 차체 덮게 압력 틀 설계, 제조, 자동차, 오토바이 부품 고정, 검사 기구 설계와 제조

㉔ 0.02mm 보다 높은 정밀도(0.02mm 포함)의 정밀 압력 틀, 0.05mm보다 높은(0.02mm 포함) 정밀도 형강을 압연하는 틀 표준규격품 설계, 제조

㉕ 비금속품 틀 설계, 제조

㉖ 6만병/h 이상의 맥주 병 포장 가공 설비, 5만병/h 이상의 음료 온, 열 병 포장 설비, 3.6 만병/h이상의 무균 병 포장 가공 설비 제조

㉗ 아미노산, 효소제, 식품첨가제 등 생산기술 및 핵심 설비 제조

㉘ 10톤/h 및 이상 사료 가공 플랜트설비, 핵심부품 생산

㉙ 0.75mm 이하 높이의 가벼운 기왓고랑 판지 및 종이 상자 설비 제조

㉚ 반절지 한 장의 다색 오프셋 인쇄 속도가 16,000장/h (720×1020mm)이상, 양면 반절지 한 장의 다색 오프셋 인쇄 속도가 13,000장/h (720×1,020mm), 전지 한 장의 다색 오프셋 인쇄 속도 13,000장/h (1,000×1,400mm)인 인쇄기 제조

㉛ 한 폭 신문 인쇄용 종이 오프셋 인쇄 속도가 75,000반절지 한 장/h(787×880mm)이상 더블 폭 신문 인쇄용 종이 오프셋 인쇄 속도가 170,000반절지/h(787×880mm) 이상, 상업

용 신문 인쇄용 종이 오프셋 인쇄 속도가 50,000반절지 한 장/h(787×880mm)인 인쇄기 제조

㉜ 속도 300m/분 이상, 폭 1,000mm 이상의 다색 유판 인쇄기 제조

㉝ 컴퓨터 배진동 원격제어장치(Overtone remote-control), 배진동 설계장치(Overtone perset), 인쇄품 품질 자동 검사, 추적 시스템, Shaft-less drive, 75,000장/h 속도의 고속 자동 접지기, 급지기와 자동 원격 조종 조절 가능한 고속 접지기, 자동 중복 인쇄 시스템, 냉각 장치, 실리콘 적용 시스템 제조

㉞ 평판 유리 심가공 기술 및 설비 제조

㉟ 고기술의 특수 공업 재봉기 제조

㊱ 신형의 제지 기계(펄프 포함) 등 플랜트 제조

㊲ 피혁 후 정리 신기술 설비 제조

㊳ 농산품 가공 및 저장 신 설비 개발, 제조 : 양식, 식물유 원료, 채소, 건과 및 청과류, 육류품, 수산품 등 상품의 가공 저축, 보관, 등급, 구별, 포장, 건조 등 신 설비, 농산품 품질 측정기 설비, 농산품 품질 무손상 검측기기 설비, 레오미터, 패리노크래프, 초미분쇄기, 고효율 탈수 설비, 5개 이상 기능의 高효율 과즙 농축 설비, 가루 종류 식품 살균 설비, 고체·반고체 식품의 구균 포장 설비, 무균 포장용 포장 재료, 유제품 생산용의 DVS 스타터, 탁상형 원심 분리기

㊴ 농업 기계 제조 : 농업시설설비(온실 자동 관개 설비, 영양액 자동 배치와 시비 설비, 고효율 채소 모종 설비, 토양 양분 분석 기계), 발동기 부품 120kw 이상 공률의 트랙터 및 부품 농업 공구, 높은 연비, 저소음 저배출 디젤 및 엔진 기구, 대형 트랙터 부품 중의 먼지 회수 장치의 분무기, 고성능 벼 이앙기, 목화기계, 면화기계, 자동식 옥수수 수확기(액체 압력 부팅, 기계 부팅)

㊵ 농업, 임업 기계 신기술 설비 제조

㊶ 농작물 줄기 대의 밭에 재활용 및 종합이용 설비 제조

㊷ 농업용 폐기물의 종합이용 및 규모화 가축·가금 양육 폐물의 종합이용 설비 제조

㊸ 비료 절약, (농)약 절약, 물 절약형 농업기술 설비 제조

㊹ 유전 관련 전기 기계 세척 설비 및 세척 약물 생산 설비 제조

㊺ 전자 내시경 제조

㊻ 안저(眼底)촬영기 제조

㊼ 의학용 영상 장비(MRI, CT, X선 컴퓨터단층, B선 등)

㊽ 의학용 초음파 변환기(3D) 제조
㊾ 중성자빔 이용 암치료 장치 시설 제조
㊿ X선 입체원격방사치료 시스템 제조
51 혈액 투석기, 혈액 여과기 제조
52 전 자동 효소 면제 시스템(샘플 채집, 표본, 부화, 데이터 사후 처리 등 성능 포함)설비 제조
53 약품 품질 제어 신기술, 신설비 제조
54 중약 유효 물질 분석의 신기술, 채출 신기술, 신설비 개발, 제조
55 신형 약품 포장 재료, 영기, 선진 제약 설비 제조
56 신형 방직 기계, 중요 부속품과 방직 검측 및 실험기기 개발, 제조
57 컴퓨터 도안 인조 모피기 제조
58 태양 에너지 건전지 생산 정문 설비 제조
59 오염 방지 설비 개발 제조
60 도시 쓰레기 처리 설비 및 농촌의 유기물 쓰레기 종합 이용 설비 제조
61 폐 비닐, 전기기구, 필름, 건전기의 회수 처리 재생 이용 설비 제조
62 수생생태계의 환경 보고 기술, 설비제조
63 하루 생산량 10만 입방미터 이상 해수 담화 및 순환 냉각 기술 플랜트 개발 제조
64 기상 이변 관측, 분석 설비 제조
65 지진관측소, 지진관측망, 유동 지진 관측기 시스템 개발, 기기 설비 제조
66 3 Drum 이상의 자오선 타이어 제조기기 제조
67 회전 저항력 실험기, 타이어 소음 실험실 제조
68 열공급 계량, 온도 제어 장치의 신기술 설비 제조
69 소수 에너지 설비, 저장 운성 설비, 검사 시스템 제조
70 아스팔트유 기화 노즐, 공기누설률 0.5% 이하의 고효율 증기 트랩, 1000℃ 이상 고온 도자기 환열기 제조
71 폐타이어의 종합 이용 장치 제조

(19) 교통운수설비제조업

① 자동차 완성차 제조(외자비율의 50% 초과 못함)및 자동차 연구개발센터 건설
② 자동차 엔진 제조, 엔진 재생제조 및 엔진 연구개발 기구 건설 : 엔진(승공률(Power per liter) ≥ 50kw), 디젤유 엔진(승공률(Power per liter) ≥ 40kw), 배출량 ≤ 3L),

디젤유 엔진(승공률(Power per liter) ≥ 30kw), 배출량 ≥ 3L), 연료전지와 혼합연료 등 新에너지형 엔진 제조

③ 자동차 핵심 부품 제조 및 핵심기술 연구개발 : 디스크 브레이크 전체, 드라이브 브리지 전체, 자동변속장치, 디젤기연료펌프, 엔진인레트밸브증압기, 점성연축기(네 바퀴 기동용), 액압 태핏, 전자조합계기, 자동차용 구축 및 태핏, Anti-lock break system(ABS, ECU, VELVE, Sensor), ESP, BBW, EBD, 견인력공제시스템, 자동차에어백용기체발생기, 디젤유전자제트시스템, 연유공궤분사기술(최대분사압력이 1600Pa 이상), 가변 단면 터보 증압 기술(VGT), 중국Ⅳ계단 오염물 배출표준에 달하는 엔진방출공제장치, ITM 및 커플러전체, 전선조종시스템, 디젤유 과립포착기, 지능실린더, 자동차용특종고무부품

④ 자동차 전자설비 장치 제조 및 연구개발 : 엔진과 전자통제시스템 및 주요부품, 자동차 기재전자기술(자동차정보시스템 및 네비게이션시스템), 자동차전자네트워크기술(합작에 국한), 전자통제시스템의 입력(센서 및 견본추출시스템) 및 출력(집행기계)부품, 전동조력전향시스템 전자통제기(합작에 국한), 삽입식 전자 합성시스템(합자, 합작에 국한), 전기통제식공기스프링, Electronic control-suspension system, 전자 베기문 시스템 장치, 전자브레이크, 동력전지(니켈수소 및 리튬이온) 및 통제시스템(합작에 국한), 일체화전기기계 및 통제시스템(합작에 국한), 바퀴통전기기계, 다공능 통제기(합작에 국한), 연료전지 및 부품, 자동차용 수소저장시스템, 자동차, 오토바이 시험 및 수리용 검측 시스템

⑤ 오토바이 핵심부품제도 : 오토바이 전공 연유분사기술(합자, 합작에 국한), 중국 오토바이Ⅲ 계단 오염방출표준에 도달한 엔진방출통제장비

⑥ 궤도교통운수설비(합자, 합작에 국한) : 고속철도, 철도 객운 전용선, 도시주변철도, 철도간선 및 도시궤도교통운서설비의 완성품 및 핵심부품(견인전동시스템, 공제시스템, 제동시스템)의 연구개발, 설계 및 제조 : 고속철도, 철도고객운수전용선, 도시주변철도 및 도시궤도 교통 여객복무 시설 및 설비의 연구개발, 설계 및 제조, 정보화 건설 중 정보시스템에 대한 설계 및 연구개발 : 고속철도 철도고객 운수전용선, 도시주변철도의 궤도와 교량설비 연구개발 설계 및 제조, 궤도교통운수통신신회시스템의 연구개발 설계 및 제조, 전기화 철도 설비와 기재의 제조, 철도소음 및 진동공제기술의 연구개발, 철도 객차 오염배출 설비제조, 철도 운수 안전 감측 설비 제조

⑦ 민용 비행기 설계, 제조 및 수리 : 간선, 지선비행기(중국측 대주주), 통용비행기(합자, 합작에 국한)

⑧ 민용 비행기 부품제조 및 수리

⑨ 민용 헬기 설계 및 제조 : 3톤급이상 시(중국측 대주주), 3톤급 이하(합자, 합작에 국한)
⑩ 민용 헬기 부품제조
⑪ 지면, 수면효과 비행기제조(중국측 대주주)
⑫ 무인비행기, 부공기(浮空器) 설계 및 제조(중국측 대주주)
⑬ 항공엔진 및 부품, 항공보조 엔진 시스템 설계, 제조 및 수리(합자, 합작에 국한)
⑭ 민용 항공기재설비 설계 및 제조(합자, 합작에 국한)
⑮ 민용 탑재로켓 설계 및 제조(중국측 대주주)
⑯ 항공지면설비제조 : 민용공항시설, 민용공상운행보장설비, 비행실험지면설비, 비행시뮬레이션 및 훈련설비, 항공지면테스트 및 계량설비, 항공지면시험설비, 기재설비종합테스트설비, 항공제조 전용설비, 항공재료 시험제작 전용설비, 민용항공기지 면접수 및 응용설비, 탐재로켓지면 테스트설비, 탑재로켓 역학 및 환경실험설비
⑰ 항공우주용 센서 제품, 항공기 온도통제제품, 천체(星)상 제품테스트 설비 항공기 구조 및 기구제품제조
⑱ 경연기 터빈제조
⑲ 하이테크선박 및 해양공정장비의 설계(합자, 합작에 국한)
⑳ 선박(선박의 일부분도 포함) 및 해양공정설비의 수리, 설계 및 제조(중국측 대주주)
㉑ 선박 저・중・고속 디젤기의 설계(합자, 합작에 국한)
㉒ 선박디젤기 부품의 설계 및 제조(합자, 합작에 국한)
㉓ 선박 저・중속 디젤기 및 구축의 설계 및 제조(중국측 대주주)
㉔ 선박 선실기계, 갑판기계의 설계 및 제조(중국측 상대적 대주주)
㉕ 선박 통신 네비게이션 설비의 설계 및 제조 : 선박통신시스템 설비, 선박 전자 네비게이션 설비, 선용레이더, 자이로콤파스(Gyro compass) 자동제어, 선박내부 라디오시스템 등
㉖ 원양고기잡이선박, 유람선의 설계 및 제조(합자, 합작에 국한)

(20) 전기기계 및 기자재제조업

① 60만kw초 임계, 100만kw초초 임계 화력발전소용 핵심설비제조(합자, 합작에 국한) : 보일러급수펌프, 순환물 펌프, 작업온도 400℃이상, 작업압력이 20MPa이상의 주 증기회로 고온 고압밸브
② 100만kw급 원자력 발전소용 핵심설비제조(합자, 합작에 국한) : 핵Ⅰ급, 핵Ⅱ급 펌프와 벨브
③ 화력발전소 탈류, 탈초(脫硝), 부대진공청소기기술 및 설비제조

④ 원자력, 발전소 설비의 밀봉 설계 및 제조

⑤ 원자력설비용 대형 금속주형(Casting and forging)제조

⑥ 출력변전설비(합자, 합작에 국한) : 비정태 합금변압기, 500kw 이상 고압전기용 대선도 파이프, 고압 스위치용 조작기구 및 자주형 전체 접촉호, 직류 전기주입용 건성리액턴스, 6인치 직류교환 펌프용 대공률정체펌프관의 설비 및 제조, EU RoHS의 지령에 부합되는 전기접촉두 재료 및 Pb, Cd가 없는 땜납 제조

⑦ 新에너지 발전 플랜트 및 핵심설비제조(합자, 합작에 국한) : 전기발전, 지열발전, 조수발전, 파도발전, 쓰레기발전, 소택지발전, 1.5Mw이상의 풍력발전 설비

⑧ Stirling발전 세트 제조

⑨ 직선 및 평면전기 및 구공시스템의 개발 및 제조

⑩ 태양 에너지 에어콘, 난방시스템, 태양에너지 건조장치 제조

⑪ 생물건조 열분해 시스템, 생물 기화장치 제조

⑫ 교류주파수 변조 압력조절 견인장치제조

⑬ 지능화플라스틱 하우징단로기(전압380V, 전류1000A), 대형공정지능화 탱크식 및 서랍식 단로기, 전기모선을 지닌 지능화 전기공제 배전세트 장치제조

(21) 통신설비, 컴퓨터 및 기타 전기 설비 제조업

① 디지털카메라, 디지털 음향설비 및 디지털비디오 제작, 편집, 방영설비제조

② TFT-LCD, PDP, OLED, FED(SED등 포함) 플랫패널 디스플레이, 디스플레이 재료 제조

③ 대형 스크린 컬러 투영디스플레이용 광학엔진, 광원, 투영스크린, 고선명도 투영관 및 마이크로 투영설비 모듈 등 핵심부품 제조

④ 디지털가청 주파수, 가시주파수 코드 프로그램, 디지털 라디오 TV스튜디오 설비, 디지털 유선TV 시스템설비, 디지털 가청주파수 라디오 발사설비, 디지털 TV상하변환기, 디지털 TV지면 라디오 SFN설비, 디지털 위성TV UP LINK STATION 설비, SMATV 앞부분(前端) 설비 제조

⑤ 600만화소 이상 고성능 디지털일 안리플랙스카메라 제조

⑥ 합성전조설계, 선의 너비가 0.18마이크로미터 및 그 이하 대규모 디지털 합성 전기회로 제조, 0.8마이크로미터 및 그 이하 시뮬레이터, 디지털 시뮬레이터 합성전기회로 제조 및 BGA, PGA, CSP, MCM 등 선진밀봉 포장 및 검측

⑦ 대 · 중형 컴퓨터, 백만억 차 고성능 컴퓨터, 휴대용미니컴퓨터, 매 초 1만억 차이상의 서버, 대형모의 모방시스템, 대형공업공제기 및 공제기 제조

⑧ 컴퓨터 디지털 신호 처리 시스템 및 보드 제조

⑨ 도형 영상 식별 처리 시스템 제조

⑩ 대용량의 빛, 디스크 드라이브 및 부품개발 제조

⑪ 고속, 용량이 100TB 이상인 저장시스템 및 지능화저장설비 제조

⑫ 폭 넓이가 900mm 이상인 고화질 컬러프린트 설비, 정밀도가 2400dbi 이상인 고화질 컬러 프린트 설비의 헤드, 폭 넓이가 900mm 이상인 고화질 컬러 프린트 설비 제조

⑬ 컴퓨터 보조 설계(3D CAD), 보조측정(CAT), 보조제조(CAM), 보조공정(CAE), 시스템 및 기타 컴퓨터 응용시스템 제조

⑭ 소프트웨어 제품 개발, 생산

⑮ 전자 전용 재료개발 및 제조(광섬유 예비제조봉의 개발 및 제조 제외)

⑯ 전자 전용 설비 테스트의기, 공구모듈제조

⑰ 신형 전자원부품 제조 : 카드식부품, 민감원부품 및 감응전달기, 주파수공제 및 부품선택, 혼합합성전로, 전력전자부품, 광전자부품, 신형기전부품, 고밀도 적층품, 다층 탄력판, 탄성인쇄 전로판 및 포장제판

⑱ 하이테크 녹색전지제조, 동력니켈 수소전지, 아연니켈 축전지, 아연은 축전지, 리튬이온 전지, 대용량 밀폐용 수리면제 연산축전지, 태양에너지 전지, 연료전지, 원주형아연공지 전지 등

⑲ 발광효율이 501m/w 이상 high brightness LED, 발광효율이 501m/w 이상인 high brightness LED 외연판(푸른빛), 발광효율이 501m/w 이상이고 공률이 200mw이상인 백색 발광관 제조

⑳ RFID칩 개발과 제조

㉑ 고밀도 디지털 CD-ROM용 핵심부품개발 및 생산

㉒ Read-only CD 복제 밑 녹화가능 유형의 CD생산

㉓ 민용 위성 설계 및 제조(중국측 대주주)

㉔ 민용 위성 탑재제조(중국측 대주주)

㉕ 민용 위성 부품제조

㉖ 위성통신 시스템 설비 제조, 위성 네비게이션 위치 확정 접수 설비 및 핵심 부품 제조, 광통신 측정기, 속률이 10GB/S이상인 빛 접수 트랜스 서버, UWB 통신설비제조, 무선 LAN 설비제조, OXC, ASON, 40G/sSDH 이상인 광섬유 통신트랜스 설비, CWDM설비 제조, ATM 및 IP 데이터 통신시스템 제조, 제3대 및 그 후속인 이동통신 시스템 핸드

폰, 베이스 스테이션, 핵심인터넷 설비 및 인터넷 검측 설비개발 제조, 최첨단 루터, 기가비트이상의 인터넷 교환기개발, 제조, 공중교통관제시스템 시스템 설비 제조(합자, 합작에 국한)

(22) 계측기 및 문화, 사무용 기계 제조업

① 현장 총라인 통제 시스템 및 핵심 부품 제조

② 대형정밀 계측기 개발 및 제조 : 전자현미경, 레이저 스캔 현미경, 스캔 터널 현미경, 공률이 2Kw이상인 레이저기계, 전자탐지기, 광전직독 분광기, 라만분광기, 질량분석장치, 액체 크로마토그래피, 공업 크로마토그래피, 액크로마토그래프법-질량 분광측정기(Liquid Chromatography-Mass Spectrometer), 원자력 자석공진파기, 에너지분광기, X선형광분광기, 회절기, 공업CT, 대형동평행시험기, 온라인기계량 자동 측정 시스템, 회전속도가 100000r/min 이상인 초고속 이심기, 대형금상현미경, 삼좌표측량기, 레이저 벤치콤퍼레이터, 전기탐측기, 500m이상 airborne gamma spectrometer, 우물속중력 및 삼분량자기측정기, 고정도 마이크로 중역 및 항공 중력경사도 측정기, 지구화학원소 야외현장속보 분석기, 휴대용 지질레이더

③ 고정도 디지털 전압계, 전료계 제조(표시 측정 범위가 7파라위 이상)

④ 무공공률 자동보상 장치 제조

⑤ Two phase flow container, 고체흐름량 측정기 제조

⑥ 전자총 자동 코팅기 제조

⑦ 800KV 및 그 이상의 전압을 공제하는 공업 X레이 탐상기 제조

⑧ 안전생신 및 환경 보호 검측기계 신기술 설비 제조

⑨ VXI 총 선 및 자동 탐측 시스템(IEEE1155 국제표준에 부합) 제조

⑩ 탄광, 우물 밑 탐측 및 재해 경보 시스템, 메탄안전측검 종합관리시스템 개발 및 제조

⑪ 공정측량과 지구물리 관측설비 제조(디지털 삼각형측량 시스템, 3D지형모델 제어성영시스템(면적〉1,000×1,000mm, 수평오차〈1mm, 폭오차〈0.5mm), 이상의 규격초과 주파수대 지진계(Φ〈5cm, 주파수대 0.01~50Hz, 지진등가속도 소음〈10~9m/s), 지진 데이터 집합처리 시스템, 갱내 지진과 징조 종합관측시스템, 정밀 진동원 제어시스템, 공정 가속도측량시스템, 첨단 정밀 GPS수신기(정밀도 1mm~1ppm), INSAR 형상접수 및 처리시스템, 정밀도〈1microgal의 절대 중력계(Gravimeter), 위성 중력계, 코히런트(Coherent)혹은 이편광기술을 이용한 도플러(Doppler)레이더, 가시도 측량계, 날씨 센서(온도, 압력, 습도, 바람, 강수, 구름, 가시도, 방사, 동토, 적설량) 벼락장비 시스템, 다계층 공중 먼지

견본 추출계, 3-D 초음파 풍속측량계, 첨단 정밀도 종합 측량기기(Tctal Station)3D레이저 스캐너, 보링용 고성능 금강석 드릴, 비합치식 레이저 레인지 파인더(Laser Rangefinder Without Cooperant Target), 수직측풍 레이더(FASS 부대), GPS 전자 탐사제어기 시스템, CO2/H2O 우량관측시스템, 주변층도플러 레이저레이더, 과립물 과립분석계기(3nm~20μm), 고성능 데이터 수집기, 수중 글라이더(Glider)

⑫ 환경보호 검사계기의 신기술 설비제조(공기 품질검사, 수질검사, 온라인 안개검사계기의 신기술 서비, 응급처리 필요계기와 플랜트 시스템으로 새로운 미분광학 다중분석시스템과 자체 조정, 조합식, 표류가 적고, 네트워킹 원격 측정, 원격 조정 계기 및 시스템 등

⑬ 대기오염 방지시설비제조(내고온 내부식성 여과재, 연료용 석탄)

⑭ 물 오염방지 설비제조(수평식 나선원심 탈수기, 필름 및 원재료, 10kg/h 이상의 오존 발생기, 10kg/h 이상의 이산화염소 산생기, 자외선 소독장치, 농촌 소형 생활오수 처리설비)

⑮ 고체폐기물 처리 설비제조(쓰레기 매립공장의 방침투용 Geomembeane, 위험폐기물 처리장치, 쓰레기 매립장 바이오가스(Biogas) 발전장치, 가축과 짐승폐기물 종합 이용설비

⑯ 환경 감사와 측정계기 제조(SO2 견본 자동추출기 및 측정계기, NOX 및 NO2 자동견본 자동추출기 및 측정계기, O3자동 감사와 측정계기, CO 자동 감사와 측정계기, 연기 및 먼지 견본 자동 추출기 및 측정계기, 연기 견본 자동 추출기 및 측정계기, 휴대식 유독 유해기체 측정계기, 공기중 유기오염물질 자동분석계기, COD 온라인 자동 측정계기, BOD 온라인 자동 측정계기, 오염도 온라인 감시측정계기, DO온라인 감시측정계기, TOC온라인 감시측정계기, 암모니아질소 온라인 감시측정계시, 방사선량 검측계기, 방사선 분석측정계기

⑰ 수맥데이터 수집, 처리와 전송, 홍수예방 경보계기 및 설비 제조

⑱ 해양탐사, 측량계기와 설비제조(중·심층해양 수중캠코더와 수중 카메라, 다중반사음향측심기(Multibeam Echosounder), 저·중층지하 절단면 탐측계기, 항행식 온도, 염분, 심도탐측계(Salinity-temperature-deepness system), 특수금속탐지기(Fluxgate magnetometer), 유압권양기, 수중밀폐 전자커넥터(Connector), 효율>90%인 반침투 해수담수화용 에너지 회수장치, 효율>85%인 반침투 해수담수화용 고압펌프, 반침투 해수담수화 막(탈염비율>99.7%), 일 생산량이 2만톤 이상인 저온 다효율 증류해수 담수화 장치, 해양생태시스템 감시측정부표, 절단면 탐측부표, 일회용 전도율 온도와 깊이 측량계기(XCTD), 현장 수질 측량계기, 지능형 해양수질 감시측정용 화학센서(연속 3~6개월 작동), 전자해

류계, 음향학 도플러(Doppler) 해류 절단면 측량계(Self-Containing, Direct reading, For ship) 전도율 온도, 깊이 단면 측량계, 음향학 응답방출기, 원양심층해양 조석 측량 시스템(해저 설치)

(23) 기타 제조업

① 석탄 세척 기술제품의 개발 이용 및 설비제조(석탄의 기화와 액화, 석탄·물 슬러리 생산, 공업형석탄의 생산)

② 석탄 세정 선별 및 분말 석탄(탈유황 석고 포함), 선탄(選炭)후 부스러기 종합이용

③ 생물 분해재 생산

1.4 전략, 석탄가스 및 물의 생산과 공급업

(1) 석탄가스화 복합화력(IGCC), 30만톤 이상의 CFB(Circulation Fluidized-Bed), 10만톤 이상의 가압 유동층 연소로(Pressurized Fluidized Bed Combustor : PFBC)를 채택한 정화 연소기술 발전소의 건설 및 운영

(2) 배압형 열 및 전기 병합 발전소의 건설과 경영

(3) 발전위주 수력 발전소의 건설과 경영

(4) 핵발전소 건설과 경영(중국측 대주주)

(5) 신규 에너지 발전소(태양에너지, 풍력, 자기력, 지열에너지, 조석에너지, 생물질 에너지 포함)의 건설과 경영

(6) 해수 이용(해수직접이용, 해수 담수화), 공업폐수처리 회수이용 산업화

(7) 도시 급수시설의 건설과 경영

1.5 교통운수, 창고 및 통신업

(1) 철도 주간선망의 건설과 경영(중국측 대주주)

(2) 지선 철도, 지방철도 및 교량, 터널, 페리시설 건설과 경영(합자, 합작에 국한)

(3) 고소철도, 철로 여객운송 전용선, 도시철도 기초시설 종합보수(중국측 대주주)

(4) 도로, 독립교량 및 터널의 건설과 경영

(5) 육상 도로화물 운송회사

(6) 항구 내 공용부두시설의 건설과 경영

(7) 민간 비행장의 건설과 경영(중국측 상대적 대주주)

(8) 항공 운수회사(중국측 대주주)

(9) 농업·임업·어업 범용 항공회사(합자, 합작에 국한)
(10) 정기, 비정기 국제 해상운송 업무(중국측 대주주)
(11) 국제선 컨테이너 다수단 복합운송 업무
(12) 송유관, 가스관 및 유류(가스) 저장탱크의 건설과 경영
(13) 석탄 파이프 라인 수송설비의 건설과 경영

1.6 도·소매 유통업

(1) 일반 상품의 배송
(2) 현대물류

1.7 임대와 비즈니스 서비스업

(1) 회계와 회계감사
(2) 국제 경제, 과학기술, 환경보호 정보의 자문 서비스
(3) 시스템 응용관리와 보수, 정보기술 관리, 은행 지원서비스, 재무결산, 인력자원서비스, 소프트웨어 개발, 콜센터, 데이터 처리 등 정보기술 및 업무절차 등의 아웃소싱 서비스

1.8 과학연구, 기술서비스와 지질 탐사업

(1) 생물공정과 생명의학 공정기술, 바이오매스 에너지 개발기수
(2) 동위소, 발사 및 레이저 기술
(3) 해양개발 및 해양에너지 개발 기술, 해양화학자원종합이용기술, 관련제품의 개발과 정밀가공기술, 해양의약과 생물화학 제품개발 기술
(4) 해양 측정 기술(해양의 파도와 조수, 날씨, 환경측정), 해저탐측과 대양자원 탐사평가기술
(5) 해수 담수화후의 농후한 해수를 이용하여 제염하고, 칼륨, 브롬, 마그네슘, 리튬 축출 및 심가공 등 해수화학자원 고부가가치 이용기술
(6) 에너지 절약, 개발기술
(7) 재생 에너지 및 종합이용 기술, 기업 생산라인에서 산생된 배출물의 재활용 기술의 개발 및 응용
(8) 환경오염처리 및 측정기술
(9) 화학섬유 생산 중 에너지 절약 및 3종 폐기물 동시 처리의 新기술
(10) 사막화 방지 및 사막 퇴치기술
(11) 풀과 가축평형 종합관리기술

(12) 민용 위성 응용기술

(13) 연구개발(R&D) 센터

(14) 첨단기술, 신제품 개발 및 창업 인큐베터 센터

1.9 수리(水利), 환경과 공공시설 관리업

(1) 종합수리 주요 시설의 건설과 경영(중국측 대주주)

(2) 도시의 도로 건설과 경영

(3) 도시 지하철 및 전철 등 선로의 건설과 경영(중국측 대주주)

(4) 오수, 쓰레기 처리공장, 위험물, 폐기물 처리공장(폐기물 소각공장, 매각장) 및 환경오염 처리설비의 건설과 경영

1.10 교육

(1) 고등 교육기구(합자, 합작에 국한)

1.11 위생, 사회보장과 사회복지업

(1) 노인과 장애인과 어린이 서비스 기구

1.12 문화, 체육과 오락업

(1) 공연장소 운영(중국측 대주주)

(2) 체육장 경영, 헬스, 경기 및 체육훈련 과 중개서비스

2. 외국인투자 제한대상

2.1 농업 · 임업 · 목축업 · 어업

(1) 농작물 신품종 선택 및 종자 개발과 생산(중국측 대주주)

(2) 진귀한 나무종자과 원목 가공(합자, 합작에 국한)

(3) 면화(목화씨) 가공

2.2 채굴업

(1) 특종 희소 결핍한 석탄의 탐사, 채취(중극축 대주주)

(2) 중정석 탐사, 채취(합자, 합작에 국한)

(3) 귀금속(금·은·백금류) 탐사, 채취

(4) 금강석 등 귀금속 및 비금속광석의 탐사, 채굴

(5) 인(磷, Phosphorus)의 채취, 채굴

(6) 보론 마그네시아 및 보론마그네시아(Boron-Magnesia)철광 채굴

(7) 천청석(天青石, Celestite)채굴

(8) 바다망간(Mn)결핵, 바닷모래 채취(중국측 대주주)

2.3 제조업

(1) 농부식품 가공업

① 콩, 유채씨식용유지 가공(중국측 대주주), 옥수수 재가공

② 생물 액체연료(연료 에틸알코올, 생물디젤유) 생산(중국측 대주주)

(2) 음료제조업

① 황주, 유명 브랜드 백주 생산(중국측 대주주)

② 탄산음료 생산

(3) 담배제품업

① 잎담배(Threshing and Redryin)가공업

(4) 인쇄업과 복사업

① 출판물 인쇄(중국측 대주주, 포장 장식용 인쇄 제외)

(5) 석유가공 및 코크스 생산

① 연간생산량 800만톤 이하 정유(Oil refining)공장의 건설과 경영

(6) 화학원료와 화학제품 제조업

① 가성소다(수산화나트륨), 탄산칼륨(수산화칼륨) 생산

② 감광재료 생산

③ 벤지딘 생산

④ 제독용이 화학제품 생산(에페드린, 유사에페드린, 에르고메드린, 에르고타민, 리세르가이드)

⑤ 플레온(Freon) 혹은 수소 포함 플레온, 4불화 에틸렌, 불화알루미늄, 불화수소(HF)

⑥ 부타디엔 고무(Butadiene rubber), 유액(乳液)중합, 열가소성 에이스바이르(SB-R) 생산

⑦ 염화메탄화물(염화메탄 CH3Cl은 제외), 탄화칼슘으로 폴리염화비닐 생산

⑧ 황산 티타늄분말 생산, 평로 과망간산칼륨(KMnO4)생산

⑨ 보론마그네시아 철광석의 가공

⑩ 바륨염 생산

(7) 의약제조업

① 크로로마이세틴, 페니실린-G, 린코마이신, 켄타마이신, 다히이드로스트렙마이신, 아미카신, 염산테도라싸이클린, 테라마이신, 아세틸나선마이신, 마이데카마이신, 로이코마이신, 에리트로마이신, 시푸로후로키사신, 놀후로키사신, 로메호루키사신 생산

② 아날긴, 파라세타몰, 비타민 B1, B2, C, E 등 다양한 비타민 조제와 칼슘보충제의 생산

③ 국가 예방접종의 면역백신, (BCG, 소아마비, DPT, 홍역, B형 뇌막염, 유행성 뇌막염 백신 등)

④ 마취약품 및 부분적 정신약품 원료약 생산(중국측 대주주)

⑤ 혈액제품의 생산

⑥ 1회용 주사기, 수맥기, 수혈기 및 혈액 주머니의 생산

(8) 화학섬유 제조업

① 보통 칩을 사용하는 화섬방사

② 비즈코즈 레이온 생산

(9) 고무제품업

① 구 타이어(레이디얼 타이어 제외) 재생 및 저성능의 공업용 고무부품 생산

(10) 유색금속 제련 및 압연가공업

① 텅스텐(W), 몰리브덴(Mo), 주석(Sn, 주석화합물 제외), 안티몬(Sb, 산화안티몬과 유황안티몬 포함) 등 회유금속 제련

② 전해알루미늄, 동·연·아연 등 유색금속 제련

③ 텅그회토금속의 제련, 분리(합자, 합작에 국한)

(11) 금속제품업

① 컨테이너 제조

(12) 통용설비 제조업

① 각종 보통급 (PO) 베어링 및 부품 소재(스틸 볼, Maintenance frame) 반제품제조

② 300톤 이하 Wheeled 방식, 케터필터 장착용 기중기(크래인) 제조 (합자, 합작에 국한)

(13) 전용설비 제조업

① 中低급 B형 초음파 디스플레이

② 일반 폴리에스테르 長섬유, 短섬유 설비 제조

③ 320마력 이하 불도저, 30톤급 이하 액체압력 굴착기, 6톤급 이하 Wheeled 방식 적재기, 220마력 이하 그레이더, 로드 롤러, 포크리프트, 135톤급 이하 비도로 덤프트럭, 평면프레이즈기계 설비, 정원에서 사용기계와 기구, 삼품콘크리트 기계(펌프, 믹서차, 믹서식 펌프차) 제조(합자, 합작에 국한)

(14) 교통운수 설비제조업

① 일반선박(분단식의 선박 포함)수리, 설계, 제조(중국측 대주주)

(15) 통신설비, 컴퓨터 및 기타 전자설비 제조업

① 위성 TV방송 지면접수시설 및 핵심 부품 생산

② 자동결제기 제조

2.4 전력, 석탄가스 및 물의 생산 공급업

(1) 씨장, 씬장, 하이난 등 小 전력망 내에서 단기출력 30만kw이하 석탄응축 화력발전소, 단기 출력 10만kw 이하 석탄응축 및 추출 두 개 이용 기계세트의 종합적 화력발전소 건설과 경영

(2) 송전망의 건설과 경영(중국측 대주주)

2.5 교통운수, 창고보관 및 우정업

(1) 철로 화물 운송회사

(2) 철로 여객 운송회사(중국측 대주주)

(3) 도로 여객 운송회사

(4) 국경출입 자동차 운송회사

(5) 수상 운송회사(중국측 대주주)

(6) 촬영, 鑛山탐사, 공업 등 通用 항공회사(중국측 대주주)

(7) 정보통신 회사 : 모바일서비스 등 컨텐츠 관련 정보통신 업무(외자비율 50% 초과 못함), 정보통신 기본업무 중 이동전화 및 문자서비스(외자비율 49% 초과 못함), 정보통신 기본업무 중 국내업무와 국제업무(외자비율 35% 초과 못함, 2007년 12월 11일까지 외자비례 49% 허용 조치 내림)

2.6 도매 및 소매업

(1) 직판, 우편구매, 인터넷 판매, 프랜차이즈(특허경영), 위탁경영, 상업관리 등 상업회사
(2) 식량, 면화, 식물유, 설탕, 약품, 담배, 자동차, 원유, 농약, 비닐하우스, 화학비료의 도매, 소매, 배송(30개 분점 이상 설립, 다양한 공급루트로 다양한 브랜드 상품을 판매하는 체인점의 경우 중국측 대주주)
(3) 음향제품(영화 제외)의 유통(합자, 합작에 국한)
(4) 상품경매
(5) 선박대리(중국측 대주주), 외국기선(합자, 합작에 국한)
(6) 정제유 도매 및 주유소(동일한 외국투자자 30개 분점 이상 설립, 판매가 많은 공급상의 부동한 종류와 브랜드 정제유의 주유소 체인점, 중국측 대주주)의 건설과 경영

2.7 금융업

(1) 은행, 금융임대회사, 재무회사, 신탁투자회사, 화폐 중개대리회사
(2) 보험회사(생명보험회사 외자비율 50% 초과 못함)
(3) 증권회사(A주식 위탁판매, B주식과 H주식 및 정부와 회사채권의 위탁판매와 교역 등에 국한, 외자비례 1/3 초과 못함), 증권투자기금관리 회사(외자비율 49% 초과 못함)
(4) 외환 중개대리회사
(5) 선물회사(중국측 대주주)

2.8 부동산업

(1) 토지개발(합자, 합작에 국한)
(2) 고급호텔, 빌라, 고급 오피스, 국제전시장의 건설, 경영
(3) 부동산 2급시장 교역 및 부동산 중개대리회사

2.9 임대와 비즈니스 서비스업

(1) 법률 자문
(2) 시장조사(합자, 합작에 국한)
(3) 신용조사와 등급평정 서비스 회사

2.10 과학연구, 기술서비스와 지질탐사업

(1) 측량회사(중국측 주도적 지위)
(2) 수출입 상품검사 및 감정, 인증회사
(3) 촬영서비스(공중촬영 등 특수 기술 촬영서비스 포함, 항공측량 촬영 포함하지 않음, 합자에 국한)

2.11 수리(水利), 환경과 공공시설 관리업

(1) 대도시의 가스, 열에너지와 배수관공급망의 건설과 경영(중국측 대주주)

2.12 교육

(1) 일반 고등학교(高中) 교육기구(합자, 합작에 국한)

2.13 위생, 사회보장과 사회복지업

(1) 의료기관(합자, 합작에 국한)

2.14 문화, 체육과 오락업

(1) 방송, TV프로그램 제작과 영화제작 프로젝트(합작에 국한)
(2) 영화관의 건설과 경영(중국측 주도적 지위)
(3) 대형 공원의 건설, 경영
(4) 공연 중개 대리기구(중국측 주도적 지위)
(5) 오락장소 경영(합자, 합작에 국한)

2.15 국가와 중국이 체결 또는 가입한 국제조약이 제한하는 기타 산업

3. 외국투자 금지 산업목록

3.1 농업 · 임업 · 목축업 · 어업

(1) 희귀하고 진귀한 우량품종의 양식과 재배 종식(種植)업, 목축업, 수산업의 우량 유전자 포함

(2) 유전자 변형 식물종자, 가축과 짐승 양식, 수산 종자 동식물의 개발, 생산

(3) 중국의 관할 해양지역 및 내륙 수역의 수산물 포로

3.2 채광업

(1) 텅스텐(W), 몰리브덴(Mo), 주석(Sn), 안티몬(Sb) 형석(螢石)의 탐사와 채굴

(2) 희토금속의 탐사, 채굴과 선광(選鑛)

(3) 방사(放射)성 관산의 탐사, 채굴과 선광(選鑛)

3.3 제조업

(1) 음료 가공업

① 중국 전통공업의 녹차 및 특수차 가공(각 지역 특산차, 흑차 등)

(2) 의약제조업

① 〈야생약재 자원 보호조례〉와 〈중국 희귀하거나 절멸위기의 동식물목록〉에 열거된 중약재 가공

② 전통 음용 한약재 제조기술의 응용 및 제조방법 기밀인 한약제품의 제조

(3) 유색금속 제련 및 압연가공업

① 방사성 광산의 제련과 가공

(4) 전문 설비제조업

① 무기, 탄약 제조

(5) 전기기계 및 기자재 제조업

① 개구식(산성안개를 직접 배출하는 방식) 인산전지, 수은 버튼(Button)식 산화은전지, PASTE식 아연-망간전지, 카드뮴-니켈 전지 제조

(6) 공업품 및 기타 제조업

① 상아 조각

② 호랑이뼈 가공

③ 탈태(脫胎) 칠기 생산

④ 법랑제품 생산

⑤ 화선지 및 먹 제조

⑥ 암 또는 기형, 돌연변이를 유발하는 제품과 내구성 유기오염물 제품생산

3.4 전력, 석탄가스 및 물의 생산과 공급업

(1) 씨장, 신장, 하이난 등 소규모 송전망이외 단기 용량 30만천와트 이하 석탄 응축 화력 발전소, 단기 용량 10만천와트 이하 석탄응축 및 추출 겸용 발전소 건설, 운영

3.5 교통운수, 창고 및 우편통신업

(1) 항공 교통 관제회사
(2) 우정(우편행정) 회사

3.6 임대 및 비즈니스 서비스업

(1) 사회 리서치

3.7 과학연구, 기술서비스, 지질 탐사업

(1) 인체 줄기세포, 유전자 진단 및 의료기술 개발, 응용
(2) 토지 측량, 해양 측량, 항공촬영 측량, 행정지역 경계선 측량, 지도제작 중 지형 그림 및 도표 제작, 일반 지도제작 중 항공 및 항해 유도형 전자지도 제작

3.8 수리, 환경, 공공설비 관리업

(1) 자연보호구, 국가급 중요 습지의 건설, 경영
(2) 국가보호지역의 원산지인 중국 야생 동식물, 자원 개발

3.9 교육

(1) 기초교육(의무교육) 기구, 군사, 경찰, 정치 및 당 교육기관 등 특수영역의 교육기관

3.10 문화, 체육 및 오락업

(1) 시눈사
(2) 도서, 신문, 정기 간행물의 출판, 총괄발행과 수입(Importing)
(3) 음향제품과 전자출판물의 출판, 제작, 총괄발행과 수입
(4) 각급 방송국, TV사, 라디오TV 전송 네트워크(발사대, 중계소, 방송, TV네트워크 및 송신국 등 포함)
(5) 방송, TV프로그램 제작 및 운영 회사

(6) 영화 제작, 발행

(7) 뉴스 홈페이지, 인터넷 방송 서비스, 인터넷 서비스 영업장소, 인터넷 문화 운영

(8) 비디오 녹화 방송회사

(9) 골프장 건설, 경영

(10) 도박업(경마장 포함)

(11) 퇴폐 · 향락업소

3.11 기타 분야

(1) 군사시설의 안전과 사용에 해를 끼치는 산업

3.12 중국정부나 중국이 체결 또는 가입한 국제조약이 금지하는 기타 산업

Ⅲ. 2010 중국 비즈니스 이정표

1. 중국시장의 환경변화

1.1 환경변화의 요인

(1) 시장 메커니즘에 우선하는 정치논리

① 중국경제의 비약적인 성장은 일당체제에 의한 중앙정부에서 지방정부로 이어지는 수직적 정치체계(vertical political system)가 원동력이 되었음

가. 개혁·개방 이후 중국의 경제성장은 수직적 정치체계에서 내부로부터 경제개혁(economic reform)의 실행과 실패 시의 수정이 신속하게 이루어졌기 때문임

나. 경제개혁초기 시장경제(market economy)의 제도적 미성숙에도 불구하고 수직적 정치체계에 기반한 정부의 시장 간섭은 자원분배의 최적화(optimization of resource allocation)를 가능하게 하여 비약적인 성장을 가져온 주요 요인이 되었음

② 수직적 정치체계 하에서 각급 정부의 정적(政績) 지상주의 현상의 팽배

가. 2005년 10월 '중국 공산당 16기 5중 전회'를 통해 「11·5 구획」의 윤곽이 제시된 이후 중앙정부의 관련정책이 경쟁적으로 발표되었음

〈표 20〉 11·5 규획 확정 이후 공포된 주요 정책

시기	정책	주요 내용
2005. 12	산업구조조정 지도목록	장려류 539개, 제한류 190개, 도태투 399개
2006. 2	China RoHS	전자정보제품 유해물질 사용 규제
2006. 3	신노동계약법	퇴직금 적립 의무화 등
2006. 6	반독점법	외자의 시장독점 견제
2006. 9	수출증치세 환급률 조정	수출증치세 환급률 취소, 인하, 상향조정
2006. 10	수출입 관세율 조정	수입관세 인하 및 수출관세 상향 또는 신규 부과
2006. 11	가공무역 금지 품목	가공무역 금지류 목록 추가

나. 지방정부 차원에서도 관련정책의 신속한 성과 달성을 통한 정적을 축적하기 위해서 미시부문에 대한 행정적 간섭이 심화되었음[1)]

③ 경제정책에 대한 시장의 반응이 시장메커니즘(market mechanism)이 아닌 정치논리에 의한 선행

가. 각급 정부와 기관이 임기 내 성과달성을 위해 관련정책을 시장간섭(market intervention)을 통해 급진적으로 추진하고 있어서 시장환경이 급변하고 있음

나. 정치논리에 의한 시장환경 급변의 최대 피해자는 외자기업임

양적 성장(quantitative growth)을 지향했던 시기에 시장메커니즘에 우선하는 정치논리의 최대 수혜자는 정부와 외자기업이었으나 질적 성장(qualitative growth)으로 정책기조가 변화하면서 외자기업은 최대 규제대상자가 되었다.

(2) 경제성장방식 변화의 필요성

① 중국의 경제성장은 그동안 압축성장을 위한 산업의 양적 육성과 규제에 의해 실현되었음

가. 태생적인 산업구조의 불균형(imbalance of industrial structure) 하에서 양적인 확장과 규제에 주력하였음

㉠ 1980년대 경공업, 1990년대 중공업 모두 단기적인 육성정책에 의해 비약적인 양적 성장을 이룸

※ 공업생산액 비중 변화(경공업 : 중공업) : 1978(42.7 : 57.3)→1990(49.4 : 50.6)→2000(37.5 : 62.5)

㉡ 시기별로 육성정책이 실시된 이후 중국경제는 과열과 침체현상이 반복되었음

〈표 21〉 중국의 GDP 성장률 증가 추이

(단위 : %)

연도	1981	1982	1983	1984	1985	1986	1987	1988	1989	1990	1991	1992	1993
GDP	5.2	9.1	10.9	15.2	13.5	8.8	11.6	11.3	4.1	3.8	9.2	14.2	13.5
연도	1994	1995	1996	1997	1998	1999	2000	2001	2002	2003	2004	2005	2006
GDP	12.6	10.5	9.6	8.8	7.8	7.1	8.0	8.3	9.1	10.0	10.1	9.9	

자료 : 중국통계연감

나. 즉, 대내수요(domestic demand)와 산업구조가 불균형한 상황에서 행정적 수단에 의한 산업의 양적인 확대와 규제가 반복적으로 나타났음

② 양적 성장 방식은 소득격차(income gap), 자원불균형(resource imbalance), 환경오염(environmental pollution) 등 중국경제의 잠재적 불안요인을 확대시키고 있음

1) 중공중앙정책연구실은 정적을 위한 지방정부의 국내총생산(GDP) 지상주의가 중국의 투자과잉(overinvestment) 초래의 주요 원인임을 지적한 바 있다(KOTRA, Global Business Report. 07-003, 2007. 2. 요약 · 재구성).

가. 중국정부의 양적 성장 방식에 대한 불만이 인터넷을 중심으로 제기되고 있음

㉠ 의료, 교육, 소득, 에너지, 환경 등 현실문제의 근원이 정부의 양적 성장을 위한 불균형 정책에서 기인하는 것으로 인식하고 있음

㉡ 중국 국민의 정치참여 제한과 언론규제에 대한 비판이 제기되고 있음

㉢ 중국정부의 양적 성장 정책을 지지하는 어용학자에 대한 직접적인 비판도 증가하고 있음

나. 지역간, 계층간 소득격차에 따른 사회적 갈등(social conflict) 위기가 점점 고조되고 있는 상황임

1인당 GDP 기준으로 최대지역과 최소지역의 격차는 12배 이상으로 확대되고 있다. 또한, 도농(都農)간 소득격차도 6배에 이르는 것으로 추정되고 있다.

다. 경제의 안정적 성장(stable growth of economy)을 위해서는 기존의 불균형발전에서 탈피하여 사회적 불만 감소와 자원과 환경의 최적분배를 내용으로 한 균형발전 전략이 시급한 상황임

② 질적 성장과 균형발전 전략에 대한 중국정부의 야심이 시장환경을 급속히 변화시키고 있음

가. 2005년 10월 발표된 「11·5 규획」은 경제의 질적 성장과 균형발전에 대한 청사진을 제시하고 있음

기술혁신(technological innovation), 환경과 자원효율성에 관한 신산업 육성, 신형공업화, 지역간·계층간 균형발전 모색이 『11·5 규획』 정책의 핵심이라고 할 수 있다.

나. 사회적 불만 감소와 자원과 환경의 최적분배를 위한 중국정부의 경제정책 기조 변화가 시장환경 변화의 주요 요인임

(3) 산업재편과 소득증가 정책

① 경제성장 이면 속의 점점 심화되고 있는 환경오염과 그로 인한 건강한 삶에 대한 욕구 증가

가. 자원소모형 성장방식으로 인한 공업부문의 무분별한 개발뿐만 아니라 농업생산과정 중 화학비료, 농약의 과다 사용이 환경오염의 주요 요인이 되고 있음[2)]

나. 환경오염의 심화 속에서 건강한 삶에 대한 욕구가 크게 증가하고 있음

실제로 소득증가에 따라 건강 관련 상품이나 식품뿐만 아니라 '건강하고 오래살기'

2) 중국의 GDP 규모는 전세계 4%의 비중을 차지하고 있으나 자원소모량은 12.1%를 차지하고 있다. 2004년 중국의 화학비료 사용량은 4,637만톤으로 전세계 사용량의 30%를 기록하였다.

와 관련한 소비가 증가하고 있다.

※ 2003년 도시주민의 1인당 평균 의료비 지출은 진료비 219위안, 입원비 7,606위안으로 1988년 대비 각각 85%, 88% 증가하였음

※ 2004년 녹색식품의 생산량은 3,260만톤, 국내 판매액은 723억 위안, 수출액은 10.8억 달러로 생산량과 판매액 각각 30%, 50% 증가하였음

② 급속한 경제발전으로 인한 선진국형 소비문화가 나타나고 있음

가. 부동산, 자동차 등 삶의 질(quality of life)을 추구하는 상품과 대중명품에 대한 소비 욕구 증가

나. 중국의 경제성장률을 8%로 예상했을 때 향후 10년 내 세계 2위의 사치품 시장으로 성장할 것으로 예상됨[3]

다. 2001년말 세계무역기구(WTO) 가입에 따른 문화, 스포츠, 관광 등 서비스 분야에 대한 개방 확대와 사이버 네트워크(cyber network)의 발달로 인한 소비문화의 글로벌화(globalization)가 증대되고 있음

③ 급속히 확대되고 있는 삶의 질적 성장에 대한 욕구를 충족시키기 위한 산업재편과 분배정책도 중국시장의 환경을 변화시키고 있음

가. 삶의 질적 성장 욕구를 충족시키기 위해서는 고기술·고효율·환경 친화를 내용으로 하는 산업고도화가 필요함

나. 보편적인 삶의 질적 성장을 위해서는 지역간·계층간 균형발전을 위한 산업의 구조조정과 소득증가 정책도 시급함

다. 산업고도화와 구조조정을 위한 산업별 차별적인 지원정책[4]과 소득격차 해소를 위한 분배정책이 강력히 추진되고 있어 중국시장의 환경이 변화하고 있음

3) 중국 브랜드전략협회에서는 중국 사치품 소비인구는 전체 인구의 13%에 해당하는 1억 6,000만명, 시장규모는 20억 달러 정도로 예상하고 있다. 2010년에는 2억 5,000만명으로 증가할 것으로 기대된다.

4) 장려산업에 대해서는 시설투자를 위한 관세와 증치세 면제 등 각종 지원을 강화하고 있다. 제한산업에 대해서는 투자시 엄격한 심사 의무화(심사를 받지 못한 경우 금융기관 대부 금지, 소방 · 세관 · 토지관리 등 관련수속 허가 금지)를 실시하고 있다. 도태산업은 관련투자 금지 및 기한을 정해 퇴출 조치를 시행하고 있다.

1.2 환경변화의 양상

(1) 공격적 산업정책

① 산업의 질적 성장을 위한 각종 산업고도화와 구조조정 정책의 실시

가. 2005년 12월 발표된 「산업구조조정 지도목록」에서 장려산업은 관세와 증치세 면제 등 각종 지원 강화, 제한산업은 투자심사 강화, 도태산업은 투자금지 및 시장퇴출 정책을 시사하였음5)

나. 「11·5 규획」 기간 고부가가치산업으로의 전환을 위해 에너지 소비량을 20% 감소시키고 오염물질 배출량을 10% 축소하는 목표를 설정함6)

다. 주요 기간산업별 산업고도화를 위한 세부지침이 발표되었음

㉠ 자동차산업

자동차산업의 경우 규모의 경제(economies of scale)를 위한 업체간 제휴와 합병 및 시장진입장벽(market entry barrier) 제고를 내용으로 하는 구조조정과 기술경쟁력 제고와 관련된 다양한 로드맵이 제시되었다.

※ 2010년까지 연료소모량 2003년 대비 15% 이상 감소 및 전기자동차, 하이브리드(hybrid) 자동차 등 친환경자동차 개발 추진, 경량화 재료, 환경친화성 재료 등 차량용 소재 개발 등이 포함됨

㉡ 철강산업

철강산업 또한 제휴와 합병 및 시장진입장벽 제고를 내용으로 하는 구조조정과 관련된 세부정책이 제시되었다.

※ 제휴 및 합병 등을 통한 2010년까지 연산 3,000만톤 규모의 대형사 2개를 비롯하여 1,000만톤 규모의 철강사의 집단화를 유도하고 중소철강업체의 30% 감축 등이 포함됨

라. 중서부 지역 투자시 장려류산업의 설비, 기술 및 부품 수입관세 혜택 및 기업소득세(corporate income tax) 인하 등 지역간 균형발전을 위한 각종 중서부지역 유인정책도 실시됨

---

5) 지도목록에 근거한 수출증치세 환급률 조정, 수출입 관세율 조정, 가공무역 금지목록 등 산업구조조정 정책이 발표되었다.

6) 중국 관영인 신화통신이 2006년 12월 13일 보도한 바에 따르면 2006년 오염배출량을 2% 감소해야 했으나 오히려 2006년 상반기에만 0.8% 증가한 것으로 조사되었다. 에너지 소모량도 2006년 1~9월 중 1% 감소에 불과한 것으로 나타났다.

② 기술경쟁력(technological competitiveness) 강화를 위한 자주적 혁신 전략

가. 중국이 '세계의 하급노동자'로 인식된 것은 '기술경쟁력 취약'에서 기인한다는 시각이 제기됨7)

나. 중국정부는 2006년 2월 「중장기과학기술발전계획강요(2006~2020)」를 발표하여 '시장·기술 교환 전략'을 '자주적 혁신 전략'으로 교체할 것을 시사하였음

연구개발(R&D) 지출을 2010년 3,600억 위안, 2020년 9,000억 위안을 투입하고, R&D 지출에서 정부의 비중을 40%까지 제고시키겠다고 발표하였다.

다. 향후 국가경제에 대한 파급과 표준선점 효과가 큰 신산업 분야에 대한 '차이나 스탠다드'(China Standard)의 적용 움직임이 활발함

㉠ 3세대 이동통신 분야의 중국 표준인 TD-SCDMA는 상용화 테스트가 종료되고 조만간 사업자 선정이 이루어질 것으로 보임

㉡ 중국 'EVD산업연맹'은 2006년 12월 6일 20개의 제조업체가 54종류의 EVD 신제품을 출시하고 전국에 EVD 전문판매점 800개를 개장한다고 발표하였음

〈표 22〉 주요 산업기술의 국제표준과 중국표준

기술분야	국제표준	중국표준
3세대 이동통신	WCDMA, CDMA-2000	TD-SCDMA
차세대 DVD	블루레이, HD-DVD	EVD
무선 LAN	802.11i	WAPI
홈네트워크	DLNA	IGRS
영상압축기술	MPEG	AVS
RFID	EPC	NPC

자료 : 삼성경제연구소

(2) 외자에 대한 인식과 정책 변화

① 경제성장방식 전환에 따른 외자에 대한 인식과 정책 방향의 변화

가. 개혁·개방 이후 경제개발을 위한 부족한 자본과 기술 부족을 해결하기 위해서는 외자 유치를 통해서만 해결할 수 있다는 인식 하에서 다양한 우대혜택을 제공하여 외자를 유인함

나. 그러나 양적 성장의 한계 속에서 중국경제에 대한 외자의 긍정적인 면보다 부정적인

7) 중국은 일반적으로 기술력을 요구하는 하이테크산업(high-tech industry)일지라도 노동집약적인 단순조립 등 저부가가치 공정에 집중되고 있으며 가공무역의 평균 이윤은 평균 5%에 불과한 실정이다.

면이 더욱 부각되고 있음

㉠ 무역수지 불균형으로 인한 무역마찰(trade conflict)이 급격히 증가하는 상황에서 중국정부는 외자를 무역수지 불균형의 요인으로 인식하고 있음[8)]

㉡ 외자의 대부분이 중국을 단순 가공기지로 활용하고 있어 자원소모와 환경오염(environmental pollution) 폐해의 주범이라는 시각도 대두되고 있음

㉢ 기술이전(technology transfer)을 목적으로 시장환기술(市場換技術)을 실시하였으나 외자는 시장만 잠식하고 기술이전은 소극적인 것에 대한 불만도 제기되고 있음

〈표 23〉 중국 내수시장에서 외자기업 시장점유율

연도	1994	1995	1997	1999	2000	2001	2002	2003	2004
점유율	13%	17%	21%	26%	27%	28%	28%	30%	31%

자료 : 중국 통계연감

다. 「11 · 5 규획」 발표 이후 경제성장방식 전환에 대한 청사진이 제시되면서 외자정책도 선별적 유치로 전환되고 있음

중국 상무부는 '21세기 포럼'(2006. 12. 7)에서 전통적 투자유치 정책에서 선별적 투자유치 정책으로 전환할 것임을 강조하였다.

〈참고 1〉 향후 외국인투자 유인 정책 5대 방향

① 행정적 수단에 의한 유인 방식에서 시장유인 방식으로 전환
② 산업고도화에 부합하는 외자 유인
③ 자원소모형 투자의 퇴출 및 농업, 하이테크, 환경, 서비스산업 투자 장려
④ 내외자간 공평한 시장환경 제공
⑤ 외자의 중국기업 인수합병(M&A) 규범화

② 외자정책의 방향 전환으로 인한 외자의 대중국 투자감소가 본격화되고 있음

가. 외자에 대한 특혜축소 및 규제강화와 관련된 정책들이 구체화되면서 외자의 대중국 투자가 감소하기 시작하였음

『11 · 5 규획』의 첫해로 신규정책들이 다양하게 제시된 2006년 외국인투자는 대외

8) 유럽연합(EU)과의 무역불균형(trade imbalance) 문제에 대해 원자바오(溫家寶) 총리는 EU에서 주장하는 2005년 1,316억 달러의 중-EU간 무역적자(trade deficit) 원인의 95%는 가공무역에서 기인하였으며 이 중 80%는 외자에 의해 실현된 것이라고 지적하였다.

개방 정책 실시 이후 처음으로 감소한 것으로 나타났다.

나. 향후 외국인투자에 있어 정책 기조 변화는 확고한 대세가 되고 있음

〈표 24〉 외국인투자 유치 추이

(단위 : 억 달러, 건)

	2005	2006
투자금액	724	695
투자건수	43,874	41,485

자료 : 중국 상무부

2. 2010 중국 비즈니스 전망

2.1 소비시대의 도래

(1) 소비시대의 도래는 필연적임

① 2010년 1인당 GDP는 2,400달러로 예상하고 있음[9)]

가. 1980년대 10% 전후의 높은 경제성장률 하에서 올림픽 개최를 통해 본격적인 소비 붐이 발생했던 한국의 경험처럼 중국도 2010년을 전후로 소비시대로 진입할 것이라는 전망들이 제기되고 있음[10)]

나. 북경올림픽 등 국제적 행사(international event)가 개최되는 2010년을 전후로 7곳의 성시(省市)가 1988년 한국의 1인당 GDP에 근접하거나 초과하는 수준임

다. 이들 7곳 성시(省市)의 전체인구는 한국의 7배에 달하는 3.5억명임

〈표 25〉 중국 주요 도시 1인당 GDP 전망(2010)

(단위 : 달러)

산동	광동	강소	절강	천진	북경	상해
4,137	4,875	5,060	5,588	6,925	8,788	10,618

주 : 2005년 기준, 연평균 10% 성장 가정

자료 : 중국 통계연감

9) 국가발전개혁위원회는 2010년 중국의 1인당 GDP가 2,400달러에 이를 것으로 전망하고 있다(2006. 10. 9 '제14회 세계 생산력 대회').

10) 세계적 투자은행(IB)인 골드만삭스(Goldman Sachs)는 2008년 북경올림픽 특수가 경제성장률을 매년 0.3%포인트 상승시키는 효과를 발생시킬 것으로 분석하고 있다.

② 개혁·개방 이후 출생한 '포스트 80' 세대가 신흥 소비주력군이 되고 있음

가. 개혁·개방 이후 출생하여 부모세대와 상이한 소비성향을 가지고 있는 잠재적 소비주도 계층인 10~30세 까지의 인구가 4.1억명에 이르고 있음

나. 이들 계층은 시장경제환경(market economic environment) 하에서 성장하여 편의성(convenience) 및 브랜드(brand)를 추구하는 비소득성 소비인 현시적 소비성향을 나타내고 있음

다. '1자녀 가구'에서 성장한 이들은 자신들의 소득뿐만 아니라 부모와 조부모의 소득에 대해서도 무절제적 소비행태를 보이고 있음

CCTV가 '포스트 80' 청소년들을 상대로 한 설문조사 결과 응답자의 40%가 매월 쇼핑으로 생활비 50% 이상을 사용하고 있으며 직장이 있으면서도 부모에 의존하는 응답자가 40%에 이르는 것으로 나타났다.

③ 소득증가에 따라 생존형에서 쾌락형으로의 소비성향 전환이 이루어지고 있음

가. 중국 도시주민의 엥겔지수(Engel coefficient, 가계의 총지출에서 음식비가 차지하는 비율)는 1995년 50%대에서 2005년 36.7% 수준으로 문화생활 향유의 기준인 20~30%에 접근하고 있음(2005년 중국 농촌주민의 엥겔지수는 45.5%임)

나. 불균형 성장전략에서 기인한 계층구조의 정형화 속에서 상위계층을 대상으로 high-end 시장이 형성되면서 부동산, 자동차 등 삶의 여유와 안정을 위한 상품에 대한 소비욕구가 증가하고 있음[11)]

㉠ 고액의 회원비가 소요되는 각종 사교클럽의 등장, 기업의 경영자층을 대상으로 25만 위안의 학비를 요하는 E-MBA 과정 등이 증가하고 있음

㉡ '상하이 상업정보중심'이 상하이 50개 백화점을 대상으로 한 조사에 의하면 2005년 외국 고급 화장품의 판매량은 83% 성장한 것으로 나타났음

④ 경제의 안정 성장을 위한 부민(富民) 정책으로의 소비정책 기조가 변화되고 있음

가. 중국정부는 '투자-소비'의 불균형이 저소득에서 기인한다는 판단 하에 부민정책을 통한 직접적 소비부양 정책으로 기조를 변화하였음

나. 부민정책은 크게 2가지 방식(감세, 사회보장제도)으로 구체화됨

㉠ 감세

11) 1999년 183만대 수준을 기록했던 자동차 판매량은 연평균 23%씩 성장하여 2006년에는 510만대 수준으로 급성장하였다. 북경시는 소형자동차 기준 일일 평균 1,000대에 가까운 판매량을 보이고 있다.

농업세 폐지, 농촌지역 의무교육 학비 면제, 농민 의료 보조금 제고, 개인소득세 면제 기준 제고, 최저임금 인상 등이 이루어지고 있다.

㉡ 사회보장제도

2010년까지 도시지역 5대 보험 가입인구 목표 설정 및 노동보장의 법제화가 이루어지고 있다.

※ 양로 : 2.23억명, 의료 : 3억명, 실업 : 1.2억명, 공상 : 1.4억명, 생육 : 0.8억명

(2) 전략

① 미래 세계시장 선점을 위한 선제적 대응

가. 선진시장(advanced market)의 성장 정체와 신흥시장(emerging market)에 대한 글로벌 기업들(global corporations)의 관심 증가 속에서 중국시장에 대한 선점경쟁이 치열하게 전개되고 있음

㉠ 최근 미 연방준비제도이사회(FRB) Federal Funds 목표금리의 인상 중지 조치는 세계 최대시장인 미국의 경기가 둔화되고 있음을 암시하고 있음[12)]

㉡ 시장환경 변화에 따른 외자의 전반적인 대중국 투자는 감소하는 추세이나 시장선점을 위한 다국적기업(MNCs : Multinational Corporations)의 투자는 증가하고 있음

〈참고 2〉 독일 바스프(BASF)의 중국시장 선점 전략

① 공격적 인수합병
- 2006년 18개 중국기업을 흡수하여 중국 내 자회사가 33개로 증가하였음
- 신규 진입 산업 및 시장의 경우 인수합병을 적극적으로 활용하고 있음

② 점-선-면 전략
- 바스프의 중국 투자액 중 85%를 차지하고 있는 장강삼각주를 핵심기지로 삼고 주강삼각주, 동북지역, 서북지역(충칭, 쓰촨) 등으로 진출을 확대하고 있음
- 3대 주요 투자는 난징 양즈 석유화학의 에틸렌, 상하이 차오징 Poly THF, 상하이 화학산업단지 TDI MDI 프로젝트로 장강삼각주 중심으로 이루어지고 있음

12) 미 FRB 공개시장위원회(FOMC)는 2004년 6월 이후 17회 연속 인상(1.0%→5.25%)하였던 Federal Funds 목표금리를 2006년 8월 8일 처음 인상을 중지한 이래 12월 12일까지 4회 연속 5.25%에서 동결한 바 있다.

나. 중국의 산업정책과 소비트렌드의 변화 흐름을 파악하고 중국의 미래산업군에 부합하는 시장에 대한 선제적 진출이 필요함

㉠ IT, 철강, 화공, 자동차 등이 중국의 미래 주력산업군으로 부상할 것으로 예상되므로 이와 관련된 반제품 및 부품산업군에서 경쟁업체와 차별화된 핵심저품의 발굴과 육성이 필요함

㉡ 경제발전으로 인한 사회·문화적 변화를 고려하여 중국인의 삶의 질적 욕구를 만족시키는 상품개발에 초점을 둠

※ 자동차 보험업 및 금융업, 자동차 IT산업, 자동차 인테리어, 수리 및 부품, 중고차 및 임대 등 2010년 자동차 애프터시장(A/S market)이 약 3,000억 위안으로 성장할 것으로 보임

② 보이는 시장에 대한 과감한 투자

가. 중국의 산업고도화와 구조조정을 위한 일련의 새로운 정책은 중국의 산업구조상 필연적으로 고부가가치 시장의 확대를 의미함

고부가가치 분야에서는 자주적 기술혁신에 대한 중국의 노력에도 불구하고 중국의 산업 및 교역구조상 수입대체(import substitution)은 용이하지 않을 것으로 브인다.

※ 중국은 선진국으로부터 고급 원부자재를 수입 후 조립·가공 단계틑 거쳐 이를 다시 해외에 수출하는 산업 및 교역구조를 가지고 있음

나. 자동차, 헬스케어(health care), 환경, 광고, 여행, 교육 등 성장이 유망시되는 분야에 대해서는 탐색 차원을 넘어 본격적으로 투자를 확대할 필요가 있음

상위계층 뿐만 아니라 중하위 계층에서도 선진국형 소비문화가 형성되고 있다.

※ 한 달 급여 3,500위안 임에도 불구하고 연회비 5,000위안인 헬스회원권과 10,000위안에 이르는 해외여행비를 과감히 지출하고 있음

다. 2010년 전후의 1인당 GDP가 서울올림픽 시기의 한국의 1인당 GDP를 초과하는 지역에 대해서는 적극적으로 진출할 필요가 있음

라. 전환기 경제 하에서 성장한 '포스트 80' 세대가 소비주력군으로 점차 부상하는 상황에서 이들만을 목표로 한 시장진출이 필요함

2.2 외자의 우위

(1) '2약(弱) vs 2강(强)'

① 기술격차와 우대혜택 축소의 2약은 중국시장에서 외자의 입지를 약화시키는 위협요인임

가. 중국정부는 경제의 지속가능한 성장(sustainable growth)을 위한 중장기적인 측면에서 산업의 질적성장을 추구하는 선택적 육성과 조정정책을 추진하고 있음

㉠ 자원의 효율적인 이용과 환경문제에 대응하기 위해 비효율적 산업분야에 대해 대형화를 통한 효율성(efficiency) 제고와 더불어 신규투자에 대한 억제 및 낙후분야에 대한 도태정책을 병행하고 있음

㉡ 특히, 정보기술(IT), 생명공학(BT) 등 신성장 산업분야에서의 외자기업과의 기술격차(technological gap)를 축소하기 위한 세제, 금융 등 전(全) 방위적인 정책을 지원하고 있음

나. 상기한 중국정부의 산업고도화 정책과 더불어 범세계적인 표준화(standardization), 모듈화 추세에 따른 조립과정의 단순화(simplification)로 인해 중국기업과 외자기업 간의 기술격차가 급속히 단축되고 있음[13)]

중국은 세계적인 모듈화 추세 하에서 2003년 AV기기, 백색가전, IT 등의 제품에서 14.7%의 비중으로 세계 1위의 점유율을 보였다.

다. 경제성장방식의 전환에 따라 그동안 외자기업에 부여했던 각종 혜택들의 축소는 외자의 중국사업에 대한 전략 수정을 요구하고 있음

중국정부는 기업소득세 병합, 신규투자 장벽 제고, 반독점법(anti-monopoly law) 제정, 이전소득(transfer income)에 대한 세무조사를 강화하고 있다.

라. 1992년 대외개방이 확대된 이후 급속히 증대되었던 중국시장에 대한 외자기업의 시장점유율은 기술격차 단축, 우대혜택 축소 하에서 시장점유의 증가율이 급격히 둔화되고 있음

1994년 50%에 육박하는 증가율을 보인 외자의 시장점유율은 2004년 1%로 하락하면서 향후 내외자 간의 무한경쟁시대(unlimited competition era)의 도래를 예고하고 있다.

13) 2006년 7월 553개 중국진출 한국기업을 대상으로 한 KOTRA 설문조사 결과 한국기업의 51.2%가 향후 중국산으로 원부자재 조달선을 변경할 계획이라는 답변은 중국기업의 기술경쟁력(technological competitiveness)이 상당수준 진전되었음을 시사한다고 할 수 있다.

〈표 26〉 중국시장에서 외자기업의 시장점유 증가율 변화 추이

(단위 : %)

1994	1995	1997	1999	2000	2001	2002	2003	2004
50	31	10	6	4	4	3	7	1

자료 : 중국 통계연감

② 기업경쟁력, 서비스분야 경쟁력의 2강은 중국시장에서 외자의 입지를 강화시키는 기회요인임

가. 소비문화의 글로벌화 추세와 산업고도화를 위한 고급기술에 대한 지속적인 유입의 필요성 하에서 외자기업의 기업경쟁력(corporate competitiveness)은 외자기업에 새로운 기회를 가져다 줄 것으로 보임

㉠ 영점컨설턴트의 조사에 따르면 미국, 유럽연합(EU), 일본 등 선진기업들의 중국 내 영향력은 크게 증가하는 반면 중국기업의 영향력은 약화된 것으로 나타났음

※ 한국기업의 중국 내 영향력도 2004년 3.9점에서 4.83으로 소폭 증가하였음

〈표 27〉 중국 내 다국적기업 영향력에 대한 국가별 종합 점수

	미국기업	EU기업	일본기업	한국기업	중국기업
2004	37.1	15.6	10.2	3.9	10.9
2005	49.9	18.35	16.39	4.83	1.34

주 : 1) 회사이미지, 제품이미지, 사회공헌율, 시장경쟁력, 친화력 등 11개 지표
2) 일반시민 2,246명, 다국적기업 직원 984명, 기업 관리층 537명 대상으로 조사

㉡ 외자기업의 중국 내 영향력 증대의 요인으로 외래문화 및 상품의 유입과 현시적 소비의 증가 하에서 강력한 브랜드파워(brand power)를 구축한 외자기업에 대한 선호도 증가를 들 수 있음

나. 건강, 자연 등 삶의 질(quality of life)을 추구하는 소비행태가 급격히 증가하는 상황에서 서비스분야에서도 외자기업은 새로운 기회를 가지게 될 것으로 보임

㉠ 세계무역기구(WTO) 가입에 따른 서비스시장의 개방 확대에 따라 서비스분야에 대한 외자기업의 유입이 급격히 증가하고 있음

※ 소매유통분야의 경우 2005년 새롭게 허가된 외자기업은 1,027개로 1992~2004년 설립한 기업 수(314개)의 3배를 초과하였으며 단독투자의 경우에도 625개 기업에 이르고 있음

㉡ 2010년까지 연평균 20% 성장할 전망인 중국 광고시장에서 2006년 기준 WPP그룹, Dentsu, Publics그룹 등 약 40여개의 다국적 광고기업들이 시장의 선두권을 형성하고 있음

※ 2008년 중국의 광고시장 규모는 약 3,000억 위안, 인터넷 광고시장은 300억 위안 규모까지 확대될 것으로 예상됨

㉢ 의료시장의 경우 소득증가에 따라 고급의료 서비스에 대한 수요가 증가하면서 높은 의료수가에도 불구하고 외국계 병원을 선호하고 있음

※ 북경의 미국계 허무자(和睦家) 병원은 당초 외국인 산모를 대상으로 산부인과 병동을 개설했으나 지금은 중국 산모가 40~50%에 이르고 있으며 분만 수가는 8,000~10,000달러로 한국의 약 10~20배 수준에 이르고 있음

다. 기업경쟁력, 서비스분야 경쟁력의 2강을 무기로 중국시장의 환경변화를 기회의 측면에서 관찰을 통한 시장개발이 필요함

(2) 전략

① 중국시장에 대한 경영전략의 전환이 필요한 시점임

가. 중국 내 내·외자간 경쟁환경이 급격히 변화되고 있는 시점에서 중국시장에 대한 경영전략 전반에 대한 점검과 전환이 필요함

나. 저위기술 산업에 대한 억제 정책과 중국기업의 경쟁력 강화 하에서 단순가공을 목적으로 한 중국 진출의 비교우위(comparative advantage)는 상실되고 있음

컬러TV의 경우 2006년 상반기 중국기업은 시장의 85%를 점유한 반면 외국 브랜드는 15%에 불과하였으며 LCD TV 시장에서도 중국기업이 80%를 차지하고 있다.

다. 경쟁환경의 급격한 변화 하에서 경쟁력을 상실한 외자기업들이 중국시장에서 철수하거나 전략을 수정하고 있음

〈참고 3〉 중국시장에서의 일본계 휴대폰 업체의 철수

① 2005년 3월 : Toshiba 휴대폰 사업 철수
② 2005년 12월 : Panasonic 2.5G GSM 휴대폰 생산 중지
③ 2006년 4월 : Mitsubishi 항저우공장 생산 중단
④ 2006년 11월 : NEC 모든 해외의 2G, 2.5G 휴대폰 시장에서 철수한다고 선포함

라. 내 · 외자간 경쟁에서 생존하기 위해서는 새로운 경쟁우위(competitive advantage)를 지속적으로 창출하기 위한 공격적 전략이 필요함

마. 향후 중국의 세계시장(global market)으로의 부상을 대비한 시장공략 측면에서의 신속한 새로운 경영전략을 수립해야 함

② 내 · 외자간 경쟁에서 생존하기 위해서 기업경쟁력을 강화시키기 위한 부단한 노력이 필요함

가. 중국시장의 변화와 경쟁기업의 동향에 선행할 수 있는 기업경쟁력 강화를 위한 노력이 생존의 원동력임

나. 중국산업의 미래수요에 부합하는 소수 핵심제품군의 발굴과 집중으로 중국기업과는 차별화된 제품(differentiated products)의 특화전략(specialized strategy)이 요구됨

중국은 이들 주력산업군의 질적 향상을 주목적으로 하고 있으므로 기술경쟁력이 내포된 핵심제품의 개발이 무엇보다 중요하게 부상하고 있다.

다. 중국기업의 기술추격에 대응하기 위해서는 연구개발(R&D) 투자의 확대를 통한 기술집약적 고급화가 필요함

R&D 투자를 통한 고급기술의 확보는 중국기업의 추격을 따돌리고 미래 중국산업의 수요변화에 대비할 수 있는 대응방안으로 평가할 수 있다.

라. 중국시장에서 가장 높은 비교우위를 가지고 있는 기업은 한국기업이라는 자신감이 중요함

㉠ 중국시장에 대한 한류(韓流)의 확산으로 인한 중국인의 한국에 대한 이미지는 최상위임

※ 중국 최대 포털사이트 바이두(百度)의 2006년 6월 드라마, 남자연예인, 영화부문의 검색 순위에서 '궁', 'Rain', '왕의 남자'가 각각 1위, 4위, 7위를 차지하였음

㉡ 중국과의 지리적 인접성(geographical vicinity), IT, 유통 및 물류산업에서의 비교우위는 한국기업만이 갖고 있는 장점임

2.3 서진(西進) vs 이전(移轉)

(1) 서진과 이전에 대한 논란

① 중국시장의 환경변화에 따라 새로운 생산기지로의 이전이 시작되고 있음

가. 중국의 경제성장방식 전환과 관련한 정책이 심화됨에 따라 비용 상승에 따른 한계상황에 직면한 업체 위주로 중서부지역으로의 서진과 동남아지역으로의 이전 움직임이 나타나고 있음

나. 베트남의 경우 중국을 대체할 유망지역으로 부상하면서 중국의 외자정책이 급변하기 시작했던 2005년을 기점으로 한국기업의 투자가 급증하고 있는 추세를 보이고 있음

〈표 28〉 한국기업의 대베트남 투자 추이

(단위 : 건, 백만 달러)

	1995	2000	2001	2002	2003	2004	2005	2006. 6
투자건수	43	34	75	149	171	170	190	105
투자금액	656.8	67.9	109.2	269.5	343.6	377.4	551.5	489.5

자료 : 베트남 계획투자부

다. 중국정부의 정책기조 변화 이후 한국기업의 중국 중서부지역에 대한 투자도 크게 증가하는 추세를 보이고 있음

중국정부의 정책기조 변화 이후 가공무역수출이 둔화되고 있는 데도 불구하고 중부지역은 증가하였다.

※ 중국 전체 가공무역수출 증가율은 2004년 35.7%에서 2005년 27.0%로 낮아진 데 이어 2006년 10월까지는 23.2%로 둔화된 반면에 산시(山西)성, 후베이(湖北)성, 후난(湖南)성, 안후이(安徽)성, 장시(江西)성 등 중부 6개 성은 2006년 1~10월 가공무역 수출액이 57억 6,000만 달러로 전년 동기 대비 52.4%나 증가한 것으로 나타났음

〈표 29〉 중국 중서부지역에 대한 한국 기업의 투자 추이

(단위 : 천 달러)

	2004	2005	2006
투자금액	58,180	81,031	121,306

주 : 산시(山西), 허난(河南), 후베이(湖北), 후난(湖南), 안후이(安徽), 장시(江西) 6개 성(省)
자료 : 수출입은행

② 임금, 세제 혜택 등 비용 부분은 동남아지역이 유리함

가. 생산비용에서 가장 큰 부분인 임금에 대한 동남아지역과 중국 중서부지역의 단순비교에서는 동남아지역이 유리함

호치민과 청두(成都)의 봉제업체 생산직 직원의 임금 비교시 최저 임금은 34달러, 최고 임금은 30달러의 비용 차이가 발생하고 있다.

〈표 30〉 중국과 베트남의 봉제업체의 생산직 직원 임금비교

	최저 임금	최고 임금
호치민	55	98
청 두	89	128

〈표 31〉 중국 동부지역 임금

(단위 : 달러)

	최저 임금	최고 임금
텐진(天津)	64	141
똥관(東莞)	64	153
웨이하이(威海)	89	192
꾼산(昆山)	96	230

주 : 각 지역에 위치한 봉제업체 중 1개 업체를 선정하여 KOTRA 무역관을 통한 전화문의 조사(지역 평균 임금이 아님)

〈표 32〉 중국 중서부 지역과 베트남의 외자기업 법인소득세 비교

베트남	법인소득세 : 28%(다만 일반우대지역 20%, 특별우대지역 15%) 최초 2년간 : 소득세 면세 3~5년간 : 소득세 50% 감면 6~10년간 : 50% 감면 특별우대
중국 중서부지역 (江西省)	법인소득세 : 15~24%(투자업종에 따른 차등 세율) 최초 2년간 : 소득세 면세 3~5년간 : 소득세 50% 감면 6~10년간 : 기 납부액의 50% 환급

자료 : KOTRA 글로벌윈도우 국가정보

나. 법인소득세에 있어서도 우대 혜택은 큰 차이를 보이지 않고 있으나 중국 중서부지역은 투자업종에 따른 차등 세율을 적용하고 있어 전체적인 세제 혜택은 베트남보다 열세임

③ 시장은 발전잠재력(development potentials) 측면에서는 중국 중부지역이 유리함

가. 중국 인구의 28.1%인 3억 6,000만명이 거주하고 있는 중부지역의 1인당 GDP는 베트남의 2배가 넘는 상황에서 향후 '중부굴기'의 본격적인 추진에 따라 시장규모는 더욱 확대될 것으로 보임

※ 베트남의 전체 인구(2006년 기준)는 8,500만명임

〈표 33〉 중국 중부 6개성 및 베트남의 1인당 GDP(2005년)

(단위 : 달러)

베트남	산서성	하남성	호북성	호남성	강서성	안휘성
528	1,579	1,440	1,378	1,325	1,210	1,099

자료 : 중국 통계연감
EIU, 'The Vietnam Business Forecast Report'

나. 미래 세계시장으로 부상할 중국의 동부 연해지역과의 접근성 측면에서 수출보다 내수에 집중하려는 제조업체들을 중심으로 중부지역에 대한 투자가 확대되고 있음[14)]

다. 지역균형발전 정책이 중요 과제로 부상하고 있는 상황에서 후진타오 주석을 중심으로

14) 세계 500대 기업 중 일본 마루베니(MARUBENI)를 시작으로 후난성 장사시에 진출한 이후 총 36개 기업의 투자액은 28억 달러에 이르고 있다. 특히, LG-Philips의 투자액은 4억 2,000만 달러를 기록하였다. 또한, 세계 유수의 가전업체 Electrolux도 아 · 태지역연구센터를 장사시로 이주하였다.

하는 '안후이방(安徽幇)'이 부상하고 있는 점도 향후 중국지역의 발전가능성 측면에서는 긍정적인 현상으로 평가할 수 있음15)

라. 중국 중앙정부의 정책적 지원 하에서 일부 중부지역은 2006년부터 적극적으로 가공무역 업체 유치에 주력하고 있음

장시(江西)성은 2005년 6월과 2006년 5월 각각 국무원의 승인을 받아 지우장(九江) 수출가공구와 난창(南昌)수출가공구를 출범하였다.

(2) 전략

① 서진과 이전 사이의 결정은 장기적 경영전략에 근거하여 비용과 잠재성(cost and potentiality) 2가지 측면을 종합적으로 고려해야 함

가. 중국 경제정책기조의 급변 하에서 한계상황에 직면한 업체들이 환경변화에 따른 비용상승을 상쇄(相殺)시키기 위해서는 고부가가치 업종으로의 전환이나 새로운 생산기지의 발굴이 시급한 실정임

나. 가격에 대한 비교우위의 확보 여부가 중요한 선진시장을 공략대상으로 삼고 있는 업체는 비용과 경영환경 측면에서 여유가 있는 동남아지역을 우선적으로 고려할 필요가 있음

다. 신흥시장에 대한 글로벌 기업들의 관심이 증가하고 있는 상황에서 중부지역으로의 서진은 미래 세계시장을 선점하기 위한 차원에서 장기적으로 접근할 필요가 있음

라. 중국의 시장환경 급변을 부정적 시각이 아닌 긍정적 시각에서 인식해야 함

마. 중서부지역으로의 서진과 동남아지역으로의 이전 사이의 선택은 비용과 잠재성을 모두 고려한 장기적인 기업의 성장전략에 근거하여 결정할 필요가 있음

② 서진의 리스크를 최소화하기 위해서는 중점개발 지역부터 점진적으로 진출하는 것이 필요함

가. 중국정부의 정책기조 변화로 인한 환경악화에 대한 영향이 중서부지역에도 미칠 수 있다는 점을 인식해야 함

나. 중서부지역의 사회적 인프라(social infrastructure), 노동의 질(labor quality) 등은 아직까지 동부지역에 비해 열악한 상황임

다. 중점개발 지역부터 점진적으로 진출하는 것이 서진의 리스크를 최소화하는 가장 양호한 방법으로 판단됨

15) 안후이방의 중심 인물로는 리틀 후진타오로 지칭되는 리커창 랴오닝성 서기와 함께 차기 중국 공산당 정치국 상무위원 입성이 유력한 왕양 충칭시 당서기 역시 안후이 출신이다.

라. 중국 건설부에서 중부굴기 전략을 이행하기 위해 중부 6개 성을 통합하여 4개의 도시권역으로 묶는 계획안을 발표하였음

중국정부는 4개 도시권역을 중심으로 중부굴기 전략을 이행하고 향후 도시권역을 점차 확대할 계획으로 있다.

마. 산업집적효과를 동부지역만큼 기대하기 힘든 상황에서 기존 시장 및 부품 공급 거점과의 접근성을 최우선으로 고려하여 입지를 선정할 필요가 있음

〈표 34〉 중국의 중부 6개 성 도시권역 계획안

도시권역	포함되는 도시
우한(武漢)권	우한(武漢), 황스(黃石), 어저우(鄂州), 황강(黃岡) 등 주변 8개 중소도시
중원권	정저우(鄭州), 뤄양(洛陽), 카이펑(開封), 핑딩산(平頂山), 지위안(濟源) 등 9개 도시
창주탄(長株潭)권	창사(長沙), 샹탄(湘潭), 주저우(珠洲) 등 3개 도시
완장(睆江)권	허페이(合肥), 우후(蕪湖), 퉁링(銅陵) 등 5개 도시

자료 : 중국 건설부 都農規劃司

3. 시사점

3.1 기업에 대한 시사점

기업에 대한 시사점으로 다음 5가지 측면을 지적할 수 있다.

(1) 중국 정부의 정책기조 변화에 따른 시장환경 변화는 장기적 현상임

① 중국의 시장환경 변화는 수직적 정치체계, 경제성장방식의 한계 및 삶의 질적 성장에 대한 욕구 증가 등 내부요인에서 기인한 것임

② 이 같은 내부요인이 안정화되기까지 중국의 시장환경 변화는 장기적으로 지속될 것으로 보임

(2) 환경변화에 따른 중국 비즈니스가 위축되는 추세를 전환시키기 위해서는 적극적인 환경친화적 노력이 필요함

① 시장변화를 중국 소비자의 잠재성과 시장의 다양성 확대 차원에서 관찰하여 신규 비즈니스 발굴 등 새로운 기회로 인식할 필요가 있음
② 비용 상승에 따라 한계성장에 직면한 기업들은 환경변화에 부합하는 신속한 전략 수정이 필요함

(3) 소비시대의 도래에 대비한 선제적 대응 전략을 수립할 필요가 있음
① 중국은 현재 세계의 공장(global factory)에서 세계의 시장(global market)으로 변화하고 있음
② 중국의 산업정책과 소비트렌드의 변화 흐름을 인식하여 선제적 대응 전략을 수립할 필요가 있음

(4) 중국 내 내·외자간 경쟁환경의 급격한 변화에 대비하여 경영전략 전반에 대한 점검과 전환이 요구되고 있음
① 중국시장의 변화와 경쟁기업의 동향에 선행할 수 있는 기업경쟁력을 강화시키기 위한 노력과 자신감이 생존의 원동력이 됨
② 향후 중국의 세계시장으로의 부상에 대비하여 시장공략 측면에서의 새로운 경영전략을 수립하는 것이 필요함
③ 중국시장에서 가장 큰 비교우위(comparative advantage)를 갖고 있는 기업은 한국기업이라는 자신감을 갖는 것도 중요함

(5) 한계상황에 직면한 기업의 서진과 이전 사이의 선택은 비용과 잠재성을 포괄한 종합적인 고려임
① 중국 경제정책기조의 급변 하에서 한계상황에 직면한 기업들이 환경변화에 따른 비용 상승을 상쇄하기 위해서는 고부가가치 업종으로의 전환이나 새로운 생산기지를 발굴하는 것이 시급함
② 중서부지역으로의 서진과 동남아지역으로의 이전 사이의 선택은 비용과 잠재성을 모두 고려한 장기적인 기업의 성장전략에 근거하여 결정할 필요가 있음

3.2 정부에 대한 시사점

정부에 대한 시사점은 다음 4가지 측면에서 살펴볼 수 있다.

(1) 중국의 환경변화에 대한 정치적 요인을 최소화하기 위한 정부간 협력채널 구축

① 시장메커니즘(market mechanism)에 우선하는 정치논리가 시장환경 급변의 주요 요인이 되고 있음

② 업체가 인식하는 환경변화의 체감지수를 저하시키기 위해서는 정부간 협력채널 구축을 통한 중국 내 환경변화에 대한 정치적 요인의 최소화가 가장 효과적인 방법임

③ 부당한 행정적 간섭이나 세계무역기구(WTO) 협정에 위배되는 과도한 규제 및 불공정 거래에 대해서 협력채널을 통해 해결할 필요가 있음

(2) 중국의 환경변화에 따른 '뜨는 산업'과 '지는 산업'에 대한 정보조사 강화를 통한 업체 지원

① 중국의 시장환경 변화는 '성장방식에 대한 변화의 필요성'과 '삶의 질적 성장에 대한 욕구 증가'에서 기인하고 있음

② 환경변화에 따른 '뜨는 산업'과 '지는 산업'에 대한 정보조사 강화를 통해 업체의 대중국 비즈니스 전략 수정을 지원할 필요가 있음

(3) 중국 내 내·외자간 무한경쟁시대에 대비한 다양한 지원시스템 구축

① 중국기업의 경쟁력 제고와 신흥시장에 대한 글로벌 기업들의 관심 증가에 따라 중국 내 내·외자간 경쟁은 더욱 치열해질 것으로 보임

② 투자, 바이어, 지적재산권(intellectual property rights), 산업, 시장동향 등 다방면의 정보조사 및 지원센터 운영이 필요함

(4) 서진과 이전의 선택에 직면한 업체들의 순조로운 생산기지 이전을 위한 지원 강화

① 생산기지 이전 관련 절차와 이전과정 중의 불공정대우에 대한 정보제공 및 지원책을 마련해야 함

② 중부 6개 성 등 유망 이전지역의 투자환경에 대한 정보 수집과 이전지역과의 정부차원의 접촉을 통한 양호한 투자환경을 조성해야 함

Ⅳ. 국제 ODA 동향과 남북교류협력

1. 국제 ODA 동향

OECD 개발원조위원회(DAC : Development Assistance Committee) 회원국들은 국제평화, 경제적 공동번영, 인도주의적 차원에서 저개발국가들(underdeveloped countries)에게 저리의 차관이나 무·유상 원조 등의 방법으로 공적개발원조(ODA : Official Development Aid)를 제공해오고 있다.

이 같은 상황 하에서 대다수의 원조공여국들은 해외원조의 실행과 방법 면에서 자국이익 우선주의를 고수하여 왔으며 원조의 우선순위(priority)와 정책 결정면에 있어서도 비합리적이라는 지적을 받고 있다.[16)]

DAC는 경제적 구호 및 인도주의적 차원의 원조공여를 위해 원조 규모를 2015년까지 국민총소득(GNI) 대비 0.7%까지 증액하도록 제시하고 있다.

해외원조와 관련하여 세계경제상의 구조적 틀을 보면 경제적 번영(economic prosperity)을 추구하는 신자유주의(neo-liberalism)와 세계화(globalization)의 확산에도 불구하고 다수의 국가들이 아직 절대빈곤(absolute poverty)의 상태에 있다. 전세계적으로 정치적 압박이나 경제적 궁핍 또는 종교적 박해로 인해 발생하는 난민문제, 민족내란, 사회경지적 혼란, 종교전쟁 및 가뭄이나 홍수와 같은 재난재해로 '국경탈출'은 매년 그 수와 정도가 증가하고 있다. 현재 약 60억의 세계인구 중 10억 이상이 절대적 빈곤 하에 있으며 또 다른 10억의 인구는 최소한의 생계만을 유지하고 있는 실정이다. 특히, 세계경제질서(global economic order)가 국제화(internationalization) 및 세계화의 시대로 전환되면서 세계에서 가장 부유한 국가와 가장 가난한 국가 간의 경제적 격차(economic gap)가 심화되어 전세계 인구의 약 80%는 중·저소득 국가 군으로 분류되고 있고 이들 국가는 전세계 국민총생산(GNP)의 20% 미만만을 산출해 내고 있다.

이 같은 상황을 인식하여 2000년에 개최된 '제56차 유엔총회'에서 천년개발목표(MDGs : Millennium Development Goals)가 해외원조의 원활한 이행을 위해 채택된 바 있다. MDGs의

16) 최근 최빈국에 대한 원조의 유형이나 방법 그리고 원조의 타이드/언타이드 비중 및 적용범위에 대한 논의가 지속적으로 이루어지고 있다(한국국제협력단, 국제개발협력동향 2006년 제1호. pp. 13~28 요약·재구성).

8개 목표는 빈곤퇴치, 보편적 초등교육 달성, 양성평등, 아동사망률 감소, 모성보건 증진, HIV/AIDS 등 질병퇴치, 지속가능한 환경 확보, 개발을 위한 전지구적 파트너십 구축이다.

MDGs 이행을 위한 2005년 파리선언은 다음 4가지로 요약된다.

① 수원국은 건실한 개발정책을 정의하고 개발행동을 조정해야 하며 공여국은 수원국의 개발의제와 일치해야 할 뿐만 아니라 수원국 시스템의 활용을 강화해야 한다.
② 수원국은 공여국의 지원을 통해 개발역량을 강화하고 공적자금운영 능력을 강화하며 건실한 조달시스템 구축과 함께 공여국의 수원국에 대한 언타이드 원조가 확대되어야 한다.
③ 공여국간 원조를 조정하고 원조절차를 간소화하며 성과가 큰 분야 또는 사업으로 원조를 집중하고 공여국간 상호보완성(mutual complementarity)과 협력 및 정보공유 인센티브가 강화되어야 한다.
④ 취약국가에 대한 공여국간 원조의 조화가 실시되어야 하며 분야별, 국가별 건실한 환경영향 평가 실시, 성과중심의 원조결과 관리체계 구축 및 개발 책임성을 강화해야 한다.

해외원조에 대한 국제적 논의가 활성화되면서 중요한 이슈로 대두된 사항은 무상원조와 유상원조의 유용성, 양자간 원조(bilateral assistance)와 다자간 원조(multilateral assistance) 등 방법상의 문제, 원조공여국과 국제기구 및 비정부기구(NGO)를 포함한 원조 행위자들의 관계, 원조의 규모, 성격 내지는 원조수여국의 정치·경제·사회적 능력 등이다.

① 미국

전세계 국제원조의 22%를 지원하고 있는 미국의 국제원조 목표는 개발도상국(developing country)의 시장경제 구축 및 미국의 무역환경 개선으로 압축되나 실질적인 원조는 대부분 안보분야(security sector)에 집중되고 있는 실정이다.

② 일본

국제원조 2위국인 일본은 자국의 무역·투자를 위한 잠재적 시장(potential market)에 원조의 우선순위를 두고 있다.

③ 프랑스

국제원조 3위인 프랑스는 1998년 국제원조체제를 전면 개편하여 국제원조를 국익에 직결시킨 법률안을 마련하였다. 국제원조의 제공목적에 따라 우선 연대국가군(ZSP : Priority Zone of Solidarity)과 경제파트너국가군(ZPE : Economic Partnership Zone)으로 구분하고 무·유상 원조국 기준을 마련하여 원조를 실행하고 있다.

④ 한국

아직 선진국의 대열에 완전히 진입하지 못한 한국의 경우는 상기한 논점에 대한 명확한 국가적 입장을 정립해야 할 뿐만 아니라 향후 해외원조의 방향, 범위 및 규모 등에 대한 정책적 대안을 마련해야 한다는 의견이 제기되고 있다. 한국의 경우는 국제사회의 책임있는 일원으로 그동안 빈곤, 질병, 환경오염(environmental pollution) 등 지구촌 차원의 지속가능한 발전(sustainable development) 촉진을 위해 1987년 대외경제협력기금(EDCF : Economic Development Cooperation Fund)을 창설한 바 있다. 1991년에는 한국국제협력단(KOICA : Korea International Cooperation Agency)을 설립하면서 국제원조를 시행해오고 있다.

또한, 중요한 과제 중의 하나는 한국의 해외원조의 방향을 설정하는 데 있어 그동안 소홀해온 대북교류협력사업 부분인 관계로 해외원조를 남북협력과 연계할 수 있는 방법을 모색하고 한반도 평화통일을 위한 여건조성에 기여할 수 있는 정책적 대안을 마련해야 한다.

따라서 해외원조 정책의 보다 광범위한 역할 수행과 남북한 교류협력을 활성화하는 차원에서 포괄적이고 유기적인 원조정책의 수립과 향후 방향을 구체적으로 설정하는 것이 바람직하다.

2. 국제 ODA의 패러다임

해외원조를 연구하는 다수의 학자들은 탈냉전 이후 원조공여국과 수원국의 대외정책에서 그들 국가의 광범위한 역할과 원조 프로그램 간의 실증적 연계점을 파악하기 위한 체계적인 연구를 수행하였다. 그러나 해외원조에 대한 여러 상충된 견해로 인하여 국제정치상 선진국들의 적절한 역할이나 책임에 대하여 규범상의 일치를 이루지 못하고 있는 실정이다.

1990년대 중반 이후 국제정치체제(international political system)에서의 냉전(Cold War) 해소와 저개발국가에 대한 사회, 정치 및 경제개발을 증진시킨다는 해외원조의 기능에 관한 일체감이 증대됨에 따라 이러한 규범적 논쟁은 점차 감소하고 있다.

분석적인 측면에서 해외원조의 이론적 근거에 대한 일반적 분류는 크게 3가지(① 현실주의

(realism), ② 이상주의(idealism), ③ 구조주의(structuralism))로 분류될 수 있다.

2.1 현실주의 패러다임

현실주의 패러다임은 국제관계를 경쟁(competition)과 갈등(conflict)의 개념으로 해석하는 홉스의 논리를 근거로 하여 국제관계에서 해외원조는 필요에 의한 국가이기주의(national egoism)의 한 기능으로 간주하고 있다. 그 존재이유는 자국의 국익을 우선적으로 고려하는 외교운영의 도구에 있다고 인식하고 있다.

현실주의의 관점에서 해외원조는 인도주의에 기반을 둔 국가 간의 호혜성의 원칙을 이행하는 자원의 전이(resource transfer)가 아니고 수원국의 경제개발과 사회안정(social stability)보다는 원조공여국의 정치적 영향력, 군사안보(military security), 무역문제 및 해외투자를 증대시키거나 해결하기 위한 면에서 그 의미가 있다.

현실주의 학자들은 원조자금을 경제발전자금으로 효과적으로 전환시킬 수 있는 원조수원국들만을 대상으로 지원하여야 한다고 주장하고 있는데 이러한 시각의 근본 논리는 원조수원국들이 장기적으로 공여국들의 수출대상국으로 부상할 가능성과 수원국이 경제성장을 이룩하여 양도성 원조의 필요성이 점차 감소할 수 있는 가능성 여부에 있다. 이는 원조공여국의 관점에서 투자수익성(investment profitability)이 있어야 한다는 점을 부각시킨 것으로 해석할 수 있다.

2.2 이상주의 패러다임

이상주의 패러다임은 국가 간의 경쟁이나 힘의 논리에 의해 지배되는 해외원조는 반대한다. 향후 국제사회에서 이행될 해외원조의 역할과 전망에 대해서는 낙관적인 견해를 제시하고 있다. 이상주의자들은 냉정한 경쟁관계에 기초한 국제관계의 이해는 신자유주의(neo-liberalism) 흐름 하에 부상하고 있는 세계화 시대를 고려하지 않은 것으로 인식하고 해외원조는 원조공여국과 수원국 모두에게 이익이 될 뿐만 아니라 국제협력(international cooperation)의 증진이라는 차원에서 확대되어야 한다고 주장한다.

공적개발원조에 대한 이상주의자들의 비난은 원조의 합법성 여부보다 이를 실행하는 데 더욱 중점을 두고 있다. 이들은 해외원조가 정치적 필요에 의해 수원국 내의 소수 지배계층의 부정축재의 수단으로 활용되고 있다고 비난하고 있고 저개발국가들이 경험하고 있는 빈곤과 고통을 경감시킬 수 있는 타자주의적인 원조가 되어야 한다는 점을 강조하고 있다.

이상주의의 시각은 경제협력개발기구(OECD)와 국제연합(UN)에 의해 전개되고 있는 원조의 질적인 면의 향상에 대한 이론적 근거를 제공하고 해외원조는 국가 간의 정치적 성향의 배제라는 면에서 다국간 원조가 국가 간의 양자적 원조보다 중시되어야 하며 무상원조가 저금리의 차관보다 적절하다고 보고 있다.

2.3 구조주의 패러다임

구조주의 이론가들은 해외원조가 자본주의(capitalism)의 지배체제 하에서 저개발국가들의 종속을 제도화하기 위한 수단으로 활용되고 있고 선진국과 저개발국가 간의 경제적 격차를 더욱 심화시키고 있다고 주장하고 있다.

세계체제이론을 근거로 원조공여국들이 공적이든 사적이든 모든 재원의 통제를 기반으로 저개발국가들을 종속시킬 수 있고 그들의 경제발전단계 및 수준(economic development stage and level)을 제어하고 있다고 보고 있다.

구조주의 이론가들은 인도주의적 원조를 하는 원조공여국이나 국제기구마저도 경우에 따라서 불공정한 방법으로 공여국의 이익을 위하여 원조를 삭감하거나 연장시키는 경우가 있음을 지적하고 현행의 공적개발원조체제를 변화시키기 위한 원조공여국의 역량에 대해 비관적으로 인식하고 있다.

국제기구는 경제재화의 분배(distribution of economic goods)가 평등주의(equalism)의 원칙에 따라 북반구의 부유국으로부터 남반구의 빈민국으로 재분배되도록 주도해야 한다는 점을 강조한다. 구조주의 이론가들은 세계경제체제(global economic system)의 불공정성을 악화시키는 원조공여국과 수원국의 종속적 관계와 수원국 내에서 일부 엘리트층의 정치, 경제적 헤게모니(political and economic hegemony)는 제거되어야 한다고 역설하고 있다.

해외원조에 대한 이론적 논란의 범주가 최근 들어 점점 확대되고는 있으나 한 가지 공감대가 형성되어 있는 부분은 경제적 안정과 성장의 부재(不在) 속에서 정부는 효과적으로 국가를 통치하기가 어렵고 정치적 혼란상태에서는 경제발전을 이룩하기 어렵다는 점이다. 공적개발원조도 그 실행 면에서 원조수원국의 법령개정, 행정관료 육성 및 정부청사의 구축과 같은 정치적인 요소와 생필품, 비료 및 동력발전기 등의 제공과 같은 경제적인 요소 모두에 연관되어 있다. 따라서 공적개발원조 공여국들은 원조의 2가지 측면, 즉 저개발국가들의 정치발전과 경제성장(political development and economic growth of underdeveloped countries) 모두에 공헌할 수 있는 원조를 수행해야 한다는 점이 강조되고 있다.

현실주의, 이상주의 그리고 구조주의 이론가들은 공적개발원조에 대한 평가와 향후 전개 방향에 대해 상이한 시각을 가지고 있으나 원조를 통한 정치발전과 경제개발의 상호연관성을 제기하는 데 있어서는 공감대가 형성되어 있다. 문제는 원조공여국들이 해외원조를 실행하는 데 있어 원조의 방법과 핵심 고려사항을 어디에 두느냐에 있으며 이러한 사항은 DAC 국가들의 공적개발원조에서 나타나는 주요 정책방안을 분석해 볼 필요가 있다.

3. 원조공여국들의 ODA 분석

원조공여국들의 원조형태를 분석하는 자료는 크게 4가지(① 국민총소득 대비 공적개발원조(ODA/GNI) 비율, ② 원조제공의 방향과 기능적인 배분, ③ 원조체제에 의해 판단된 원조의 질적 평가, ④ 원조공여국의 대외정책상 국익과의 연관성)로 구성된다.

양자간 그리고 다자간 개발원조와 더불어 최근에는 국제원조사업에서 개발NGO의 참여가 확대되는 추세에 있기 때문에 원조공여국들이 이행해온 공적개발원조성 원조의 양적인 면과 질적인 면 모두를 종합해서 분석할 필요가 있다.

3.1 미국의 ODA 정책

미국의 공적개발원조 정책은 일반적으로 안보 및 외교적 패권주의(security and diplomatic hegemonism)의 시각에 근거를 두고 자유민주주의의 추구, 국제테러(international terror) 등 외부위협에 대한 능동적인 대처, 자본주의 세계의 결속, 미국의 체제적인 우월성 및 패권의 유지 등에 중점을 두고 있다. 미국의 ODA의 특징은 다국간이나 국제기구를 통한 다자간 원조(multilateral assistance) 보다는 국가 간의 양자적 원조(bilateral assistance)가 주를 이루고 시대나 상황에 따라 현실주의(공화당 정부의 경우)와 이상주의(민주당 정부의 경우)의 시각을 반영하여 원조를 제공해온 데 있다.

경제협력개발기구(OECD)의 통계자료에 의하면 최근 20여년간 미국의 국민총생산 대비 공적개발원조(ODA/GNP) 비율은 평균 0.20% 정도였고 공적개발원조 프로그램의 약 60% 이상이 중동지역이나 북아프리카 및 중남미지역에 편중된 것으로 보아 대테러 국제연대의 흐름과 국제체제적 동향이 높은 변수로 작용하여 왔음을 알 수 있다.

미국의 2002년도 ODA 규모는 132억 달러였고 이는 전체 DAC 회원국 총액의 22.8%로서 총액기준으로 DAC 회원국 중에서 가장 많은 편이다. 그러나 GNI 비중으로는 가장 낮다는 국제적 지적에 따라 부시 행정부는 2004~2006년 중에 50억 달러 규모의 원조예산을 증액시키는 '천년개발기금'(Millennium Challenge Account)을 설립하여 향후 미국 공적개발원조 총액을 50% 증액시킬 것을 천명한 바 있다.

미국 내의 개발NGO는 사회복지분야(social welfare sector)에 카네기재단, 세이지재단, 록펠러재단과 같은 박애재단이 있고 대학, 병원 등 전문기관이 제1·2차 세계대전 직후에 인본주의와 선교정신에 입각하여 긴급구호, 난민지원 등에 주력하였으나 최근에는 개발사업에 보다 많은 관심을 두고 있다. 미국에는 400여개의 협동조합, 신용조합, 노동단체, 민영단체, 비영리종교단체, 국제개발기구 등이 활동하고 있다. 대표적인 단체로는 CARE, Catholic Relief Services, World Vision, Save the Children Fund, Childreach, United Israel Appeal, 국제교육연구소 등이 있다.

3.2 일본의 ODA 정책

일본의 공적개발원조 정책의 주요 정책적 관심사안은 아시아·태평양 지역에서의 경제적 영향력 증진이다. ODA 정책의 목표는 크게 경제적 활력(economic vitality)의 부흥, 외부의 지원을 배제한 지속적인 경제성장, 태평양 연안에서의 지역적인 경제통합(regional economic integration)의 추구, 일본 경제성장의 표본화, 그리고 미국과의 군사안보 동맹체제 유지에 있다.

OECD의 통계자료에 의하면 최근 20여년간 일본의 국민총생산 대비 공적개발원조(ODA/GNP) 비율은 약 0.23~0.32%로 나타났다. 원조의 주요 동인은 저개발국가들의 교통 및 통신 네트워크의 건설, 항만 및 파이프라인 건설, 발전소 건립 등 경제적 기간사업의 육성에 있다.

일본정부는 ODA 헌장을 2003년에 개정하였는 데 이는 MDGs를 반영한 결과이다. 동 헌장에 따르면 일본 ODA 목적은 '국제사회의 개발과 평화에 기여하고 일본의 안보와 번영에의 기여'라고 명시하고 있으나 내부적으로는 국제사회에서 일본의 입지강화에 목적이 있다는 공감대가 형성되어 있다.

최근 들어 일본의 개발협력 프로그램은 구조조정을 거쳐 왔는데 2003년에는 일본국제협력단(JICA)의 지위를 독자적으로 변경하였다. 또한, 1999년 일본수출입은행(JEXIM)과 해외경제협력기금은 일본국제협력은행으로 합병된 바 있다.

일본의 개발NGO의 출현은 구미 각국보다 훨씬 늦게 전혀 다른 독특한 방식으로 시작되었고 일본에서 NGO로 지칭되는 다수의 단체들은 준국영단체이거나 정부나 기업이 설립한 단체들이다. 일본에는 400여개 이상의 재단이 활동하고 있는데 이들은 국내의 복지, 문화, 연구사업을 지원할 뿐만 아니라 국제적으로 개도국의 연구사업, 문화보존, 개발협력도 지원하고 있다. 대표적인 NGO로는 아시아의사연락협의회 일본지부, 가족계획국제협력재단, UN지원교류재단, 일본청년회의소 등이 있다.

3.3 프랑스의 ODA 정책

프랑스의 공적개발원조 정책은 문화적 패권주의(cultural hegemonism)의 시각에 근거를 두고 그동안 남과 북 그리고 동과 서를 연결짓는 교량역할을 수행하고자 원조를 제공해 왔으며 프랑스 문화권이나 지역에서의 패권을 유지하며 자국의 영향력을 증대시키는 방향으로 국제적 조정자(international coordinator)로서 다른 국가들과 경제 및 외교관계를 강화시키고자 하였다.

프랑스 정부는 2000년 MDGs가 UN 총회에서 비준된 이후 개발협력의 목표를 개도국의 빈곤과 불평등 감소에 두었다. 이는 프랑스 대통령이 몬테레이에서 개최된 UN 개발재원 국제회의에서 GNI 대비 ODA 규모를 2007년에는 0.5%, 2012년까지 0.7%까지 제고시키기로 공표하였기 때문이다.

OECD 자료를 살펴보면 최근 20여년간 프랑스의 국민총생산 대비 공적개발원조(ODA/GNP) 비율은 약 0.65~0.75%로 나타났다. 이 중에서 주요 원조의 동인으로서 정치적인 토대의 구축에 필요한 기술적인 지원이 약 40%를 차지하였다.

프랑스의 개발NGO들은 개발협력이나 교육 이외에도 이주노동자들의 사회통합문제나 난민문제 등을 주요 과제로 취급하고 있다. CCFD(Comite Catholique contre la Faim et pour le Development)는 긴급구호에서 개발사업에 걸쳐 개발협력의 개념을 프랑스에 도입한 NGO이며, 전문적으로 조직된 국경없는 의사회(MSF : Medecins Sans Frontieres)와 AICF(Action International contre la Faim) 등은 프랑스 국민의 적극적인 지원을 받고 있다.

3.4 스웨덴의 ODA 정책

스웨덴의 공적개발원조 정책은 인도주의적 시각에 근거를 두고 국익보다는 국제적인 규범이나 국제법 그리고 국제기준(international standard)에 더욱 많은 비중을 두어왔다. 해외원조의 목적을 자유, 평화, 인권 및 사회복지와 세계의 모든 국가가 공유할 수 있는 부의 재분배(redistribution of wealth)에 두고 있다. 스웨덴 정부는 이를 위해 인도주의적인 원조와 단기적인 경제이익(economic benefit)의 개념을 해외원조에서 분리시켜 원조를 제공하여 왔다.

OECD 자료에 의하면 스웨덴 ODA의 약 50% 이상이 사하라 사막 이남의 저개발국가들(underdeveloped countries)에게 집중되었다. 1990년대에 경기둔화로 인한 예산제약으로 0.7%로 감소하였으나 1980년대 평균 0.7% 이상 상회한 점으로 보아 2007년까지는 1%의 목표를 달성할 것으로 보인다.

국제개발에 대한 스웨덴의 정책을 새롭게 수립하려는 체계적인 노력의 일환으로 국제개발협력청(SIDA)은 4가지 영역(① 빈곤완화, ② 지속개발, ③ 성평등, ④ 민주주의·인권 및 분쟁해결)에 중점을 둔 실행계획을 수행하고 있다.

스웨덴의 개발NGO는 20세기 초 자유교회, 절제운동, 소비자협동조합, 노동운동 등의 민간대중운동에 그 근저를 두고 있다. 각 정당도 이러한 대중운동에 기반하고 있어서 정부와 민간의 차이가 거의 존재하지 않는 점이 특징이다. 교회단체, 교육기관, 소협, 노조 등 NGO 45개 단체가 제3세계에 대한 기술원조(technological assistance)를 위해 스웨덴 저개발지역 기술원조중앙위원회를 설립하여 개발사업에 자금조달활동을 하고 있다.

1970년대 중반에 최초로 임명된 NGO 대사는 정부와 NGO 간의 연락·조정, NGO의 국제사회 진출을 지원하는 역할을 담당하고 있다. 스웨덴은 자국의 경제가 어려운 경우에 한하여 국가이익과 해외원조를 연관시키는 실용주의 정책노선을 펴는 경향이 있다. 그러나 공적개발원조정책의 전반을 살펴보면 이상주의 및 구조주의적 시각에서 민주주의, 인권개선, 기회의 균등, 평화유지 등과 같은 가치를 추구하여 왔다고 평가할 수 있다.

3.5 원조공여국의 ODA 정책 분석

주요 원조공여국들은 상이한 지역(북미, 아시아 및 유럽)에 위치하면서 상이한 경제, 문화, 정치 및 군사체제에 따라 다양한 공적개발 원조정책을 추진하여 왔다. 2000년에 개최된 UN 총회에서는 21세기 새로운 국제협력의 방향 설정을 위하여 MDGs를 선언하고 저개발국가의 빈곤문제가 지구촌 전체의 문제라고 규정하면서 지구촌 모든 국가의 적극적인 참여를 요구한 바 있다.

원조공여국들은 각 나라마다 상이한 원조 프로그램을 채택하고 있다. 예를 들면, 해외원조의 역할, 국가이익, 기능적 또는 지역적 집중도, 개발NGO 등의 부문에서 각자 그들이 직면한 국내정치상황, 경제체제(economic system), 천연자원, 사회전통, 다른 산업국가 및 저개발국가와의 역사적 관계, 국제정치체제(international political system)의 구조에 따라 가변적으로 원조정책을 실행해오고 있다.

해외원조 분야에서 DAC 국가들이 수행하고 있는 ODA 정책을 이해하기 위해서는 개별국가가 직면하고 있는 국내외적인 상황과 해외원조와 국익과의 관계 등을 종합적으로 고려해야 한다.

4. 한국의 ODA 전개상황 및 방향

4.1 한국의 ODA 추이

한국은 1995년에 세계은행(World Bank)의 차관공여 대상국에서 제외되었다. 2000년에는 개발원조위원회가 정의한 해외원조 수원대상국에서 제외된 바 있다. 한국의 원조공여는 1977년 외무부 주관 하에 100만 달러 상당의 기자재를 무상으로 공여하면서부터 비롯되었으며, 1987년 대외경제협력기금(EDCF)을 설립하면서 유상차관 공여가 개시되었다. 1991년에는 한국국제협력단(KOICA)이 설립되어 정부 각 부처의 무상원조 업무를 통합하였다.

한국의 ODA 규모는 아프가니스탄 및 이라크 재건지원 계획에 따라 점진적으로 확대되고 있음에도 불구하고 2004년 기준 GNI 대비 0.06%로 나타나 OECD/DAC 회원국의 평균인 0.25%의 약 25% 수준에 불과한 실정이다. 이는 경제규모(GDP 세계 11위, 총교역량 12위)가 비슷한 스페인 0.23%, 네덜란드 0.80% 및 호주 0.25%는 물론 소득수준이 비슷한 그리스 0.21%, 포르투갈 0.21%, 뉴질랜드 0.23% 등에 비해서도 현저히 낮은 수준이다.

해외원조 ODA체계가 다원화되어 있음에도 불구하고 한국은 대체로 경제개발과정에서 국제사회로부터 받은 국제적 지원과 경제개발 경험을 개도국에 전수하는 방향으로 원조정책을 추진해 오고 있다. 한국은 개도국의 인적자원개발(HRD)과 역량강화(capacity building) 도로·철도·항만 등 사회인프라스트럭처(social infrastructure) 건설지원, 최빈개도국(LDCs)에 대한 지원강화, 민주주의·시장경제 및 인권 등 인류보편적 가치(universal values), 환경·여성·인구·민간부문 개발 등 범세계적 문제(global issues)의 해결, 정보격차(digital divide) 해소 기여, 자연재해를 당한 개도국에 대한 긴급재난 지원(emergency relief) 등의 분야에 ODA 역량을 제고해야 한다.

한국의 대개도국 원조실적을 보면 1991년 KOICA 설립 초기에는 아시아지역 20.86%, 아프리카지역 23.26%, 중남미지역 15.39%를 차지하였다. 그러나 2004년의 경우 아시아지역 34.57%, 아프리카지역 6.06%, 중남미지역 4.85%, 중동지역 40.86%를 점유하여 우리의 대외무상원조가 점진적으로 아시아지역에 대한 집중적 지원으로 이루어지고 있음을 알 수 있다.

분야별 원조실적을 살펴보면 공공행정분야 지원이 25.3%를 차지하여 2001년도 407만 5,000달러(7.5%) 이후 지속적으로 증가하고 있다. 통신 14.96%, 교육 및 보건분야는 각각 11.4%와 10.55%의 점유율을 보여 인적자원개발 및 인간의 기본욕구충족분야 등 사회하부구조에 대한 지원이 중점적으로 추진되고 있다. 그러나 대외원조의 지역별, 분야별 원조정책에서 MDGs를 반영한 지원을 추진해야 할 필요가 있다.

4.2 한국의 대개도국 무 · 유상원조 및 양자 · 다자원조

(1) 대개도국 원조는 2가지(① 무상원조, ② 유상원조)로 분류되며 무상원조는 KOICA에서, 유상원조는 수출입은행에서 전담수행하고 있음

법적근거로는 한국국제협력단 및 대외경제협력기금법 등 개별 ODA 사업시행과 관련된 법령에 의거하여 시행된다. KOICA에서 수행하는 대외무상원조사업은 프로젝트사업, 개발조사사업, 물자공여 및 긴급재난구호 등 개발협력사업과 봉사단 파견, 연수생 초청, 전문가 및 의료단 파견 등 인력협력사업 등으로 구분된다.

경제의 대외의존도가 높고 개도국이 우리의 총수출에서 차지하는 비중이 1980년대 중반 20~30% 수준에서 1990년대 접어들면서 50% 수준으로 급증하는 등 개도국과의 교역과 투자가 우리경제에서 차지하는 비중이 점차 확대되고 있는 현실을 고려할 때 ODA 확대는 우리와 개도국간 상호 공동번영(common prosperity)을 추구하기 위한 장기적 투자이므로 우리의 경제력 및 국제적 위상에 상응하는 ODA 규모의 확대가 시급한 과제가 되고 있다.

비록 다수의 DAC 회원국들이 ODA/GNI 비율 권고치 0.7%를 준수하지 못하고 있으나 DAC 회원국들의 양자간 원조 중 무상원조 대 유상원조의 평균비율은 2004년 기준 95 : 5로 나타나 무상원조가 절대적인 비중을 차지하고 있다. 반면에 동년 우리의 무상원조 대 유상원조의 비율은 64.1 : 35.9에 그치고 있어 우리의 ODA는 규모면에서는 물론 질적인 측면에서도 많은 개선이 필요한 실정이다.

양자간 유상원조의 조건은 대상국의 소득수준 및 사업성격에 따라 이자율 연 1.0~5.0%까지 차등 적용하고 상환기간은 10년 이내 거치 15년 균등분할 상환조건으로 되어 있다. 차관의 유형은 개발사업차관(development project loan), 기자재차관(equipment loan), 기금전대차관(two-step loan), 물자차관(commodity loan), 사업준비차관(project preparation loan), 해외투자융자금 등으로 EDCF 차관의 대부분은 개발사업 차관 및 기자재 차관이다.

(2) 다자원조에서 한국은 국제기구를 통해 개도국 개발을 간접적으로 지원하고 환경, 인구, 빈곤, 난민, 여성개발 등 범지구적 과제(global issues) 해소에 동참하기 위해 국제기구에 분담금 납부, 자본금 출자 등을 통해 기여하고 있음

국제기구 분담금 납부(contribution to the UN system) 형식의 지원은 외교통상부에서 담당하고 IBRD, IDA, ADB 등 국제금융기구(international financial institutions)에 대한 출자는 재정경제부에서 담당하고 있다. KOICA도 국제기구에 대한 원조(물자지원, 연수생 초청 등)를 실시하여 2004년 우리의 국제기구를 통한 ODA 실적은 9,160만 달러로 전체 ODA의 22.7%를 차지하였다.

4.3 한국의 ODA 방향

(1) 한국은 아직 OECD 산하의 DAC 회원국은 아니나 우리의 경제규모와 성장 속도를 감안할 때 조만간 DAC 가입은 물론 국제사회에서 더욱 많은 역할과 책임 수행을 요구받을 가능성이 커서 이러한 상황에 능동적으로 대처하기 위해서는 ODA 사업의 지향점을 정하고 이를 천명하는 원조이념의 법제화 또는 ODA 헌장 채택이 필요함

개도국에 원조를 제공하는 선진국들의 모임인 DAC 회원국들의 경우 대부분 국제개발협력법 등의 법률제정을 통해서 또는 내각에서 채택한 ODA 헌장 등을 통해 ODA의 기본원칙, 목적, 중점추진 분야 및 고려사항, ODA 정책 조정위원회 설치(ODA가 분권화되어 있는 경우) 등을 규정한 ODA 기본정책에 입각하여 ODA를 실시하고 있다.

한국의 ODA 사업 실행의 제도적 장치는 한국국제협력단법 및 대외경제협력기금법 등 개별 ODA 사업의 시행에 관한 법령에 의거하고 있으나 다원화된 국제 ODA체제를 보다 종합적이고 체계적인 관점에서 포괄한 원조이념과 철학은 아직 정립되지 있지 않은 실정이다.

한국정부의 해외원조정책도 무역과 금융의 세계화(globalization) 추세에 따라 대개발도상국 개발원조가 무역 및 투자문제와 밀접하게 연계되어 있는 것은 사실이지만 향후 OECD 회원국으로서 위상에 맞는 정책추진과 원조비율을 점차 증대해 나갈 필요성이 있다.

(2) 한국의 해외원조에 있어서 또 하나의 중요한 쟁점사항은 대북교류협력 사업과의 연계성 문제인데 대북지원에 있어 우선적인 조건은 남북한 화해와 긴장완화, 북한의 자원배분에 대한 투명성(transparency) 확보, 그리고 대북지원에 대한 국민적 합의(national consensus) 등임

중국이 1970년대 후반 이후 시행해온 문호개방과 개혁정책의 결과로 비약적인 경제성장을 시현하고 있음은 주지의 사실이다. 북한도 이러한 단계적 개방과 개혁에 시일이 필요하기 때

문에 대북교류협력 강화 차원에서 대북지원 예산의 비중을 증대시켜 나가는 것이 바람직하다. 또한, 한국정부는 인도적 차원에서 국제연합(UN)이나 국제적십자 등과 같은 국제기구를 통한 국제적 지원도 지속해나갈 필요가 있다.

5. 남북교류협력사업과 국제 NGO의 역할

5.1 남북교류협력사업

(1) 한국은 남북교류협력 활성화와 한반도 평화통일 여건조성을 위해 남북협력기금을 마련하여 민족공동체 회복과 한반도 긴장완화에 기여하고 있음

2004년 남북교역은 6억 9,704만 달러(반입 2억 5,804만 달러, 반출 4억 3,900만 달러)로 중국에 이어 2번째로 북한의 대외교역국이 되었다. 남북협력기금은 1990년 8월 '남북협력기금법'을 근거로 남북교류협력 촉진과 민족공동체 회복을 위해 설치되어 운용되고 있다.

(2) 남북협력기금은 1991년 정부출연으로 250억원을 조성한 이래 2004년까지 정부출연금 2조 964억원, 민간출연금 23억원, 운용수익금 3,248억원, 공공자금관리기금 예수금 2조 3,527억원, 기타 수익금 56억원 등 총 4조 7,817억원이 조성되었음

기금은 남북교류협력 활성화를 위한 무·유상지원과 민족공동체 회복을 위한 무·유상지원으로 대별하여 집행하고 있다(총 3조 3,181억원이 지출됨). 2004년 12월까지 남북교류협력 활성화 지원 중 인적왕래 및 사회문화협력을 위한 무상지원은 총 332억원이 집행되었고 교역자금 및 경협자금 대출과 같은 유상지원은 총 1,388억원이 집행되었다. 이산가족교류 지원, 인도적 지원사업 및 경제분야 협력기반 조성사업과 같은 민족공동체 회복을 위한 무상지원사업은 2004년 12월까지 총 1조 1,647억원이 집행되었고 식량차관·장비 및 자재차관과 같은 유상지원은 총 1조 9,814억원이 지출되었다.

(3) 남북교류협력 활성화를 위해서는 다수의 제도적 개선책이 마련되어야 함

북한주민접촉 신고제(이전 승인제), 방북신청 처리기간 단축(20일에서 10일), 재외국민 북

한방문 신고기간 단축, 방문증명서 재발급 신청서류 간소화 및 유효기간 확대, 남북협력사업자의 협력물품 반출입신고제 폐지, 경의선 남북관리구역 통행시 군의 별도 검색 폐지, 경의선 민통선 출입시 방북차량 전용차선제 운영 및 방북차량 확인방법 개선, 개성공단 반입물품에 대한 통관검사의 선별검사로의 전환조치 등의 제도개선책 마련이 시급한 설정이다.

(4) 남북교류협력과 더불어 한국은 자유를 찾아 북한을 이탈한 이주민들에 대한 긴급구호, 인권보호 및 인도적 차원에서 원조정책을 마련해야 하고 국내 정착을 위한 지원책도 지속적으로 체계화할 필요가 있음

국제구호단체의 보고에 의하면 현재 중국 내에 체류 중인 북한 이탈주민들은 수만명에서 수십만명에 이르는 것으로 추산되고 있다. 한해 북한에서 중국이나 몽골지방으로 탈출하는 북한 이주민들이 약 3,000명에서 4,000명에 이르는 것으로 추정되며 현재 북한의 식량사정이 개선되기는 했으나 아직도 한해 약 100만톤에서 150만톤의 식량이 부족한 것으로 알려지고 있다. 국제연합(UN) 인권 소위원회는 기아와 궁핍, 그리고 박해를 피해 북한을 탈출하는 탈북자들에게 1951년 국제난민협약과 1967년 난민지위에 관한 의정서에 의거해 국제난민지위 부여를 위한 국제사회의 적극적인 노력을 촉구하는 결의안을 만장일치로 채택한 바 있다. 한국은 국제사회의 협력을 통한 북한 이탈주민들에 대한 인도적 차원의 지원도 시급히 제공해야 하고 긴급구호물자를 제공할 수 있는 국내외의 제도적 장치가 수반되어야 한다.

(5) 북한에 대한 지원은 인류보편적 가치인 인도주의 정신과 민족공동체 구현이라는 당위적인 측면 그리고 남북화해협력이라는 실용적인 측면에서 실행되고 있음

1995년부터 2004년까지 한국의 인도적 대북지원은 총 11억 6,071만 달러(정부차원 7억 3,594만 달러, 민간차원 4억 2,477만 달러)를 기록하였으며 국제사회의 대북지원은 21억 7,792만 달러에 이르렀다.

특히, 대북 경수로 지원을 포함하여 식량 및 의료부문에 있어 미국의 대북지원은 1995년부터 2004년까지 11억 2,400만 달러에 이르고 있다. 이러한 대북지원은 정부 대 정부의 양자관계, 국가간 다자관계로 지원하는 경우와 국제기구나 국제 NGO 등 다양한 방법을 통해 원조를 실행하였다.

(6) 한국은 남북교류협력 활성화 차원에서 대북지원사업을 추진하고 있는데 남북한의 평화적 통일을 위한 통일여건의 조성이라는 차원과 인도적, 민족적 차원에서 해외원조를 대북교류협력 사업과 연계하여 지원하는 방안을 구체적으로 마련해야 함

대북지원사업의 실질적이고도 유기적인 통합체계를 구축하기 위해서는 다양화된 창구를 통합하고 정책기획, 조정, 통제 및 관리 등에 있어서 조직혁신(organizational innovation)과 협력체제 정립 그리고 법·제도적 체계화를 이루어야 한다. 대북지원과 해외원조 사업을 원활하게 추진하기 위해서는 정책총괄, 국민화합, 자문건의, 정보교류, 정책개발 및 홍보기능 등을 강화하여 정부부서간 협력의 시너지효과(synergy effect)를 극대화하고 정책의 효율성(policy efficiency)을 제고시켜야 한다. 대외원조정책의 효과적 실행을 위해 다양한 수단과 방법이 활용되고 있다. 특히, 대북관계에 있어서는 비정치적이면서 실질적인 효과를 얻을 수 있는 국제 NGO의 역할이 중요하다.

5.2 국제 NGO의 역할

(1) 1990년대 이후 국제사회는 매년 북한 국내총생산(GDP)의 1%를 상회하는 인도주의적 대북지원을 수행해오고 있는데 이러한 인도주의적 대북 지원의 중심기관이 국제 NGO임

국제사회의 대북지원이 본격화되기 시작한 것은 1995년 대홍수를 계기로 북한정부가 외부세계에 공식적인 대규모의 인도적 지원을 호소하면서부터였고 실제로 미국의 월드비전(World Vision)은 1994년 북한당국과 접촉을 시작하면서 30만톤의 긴급구호식량을 제공한 바 있다. 유네스코(UNESCO)와 더불어 국제카리타스(Caritas International) 홍콩지부 역시 북한 아동들을 대상으로 하는 학교용 급식물자를 지원한 바 있으며 UN 산하의 세계식량계획(WFP : World Food Program)과 식량농업기구(FAO : Food and Agricultural Organization)가 북한을 방문하여 공동성명서를 발표하고 각국 정부와 인도주의적 지원단체들을 대상으로 긴급식량지원을 호소한 바 있다.

(2) 국제 NGO들의 대북진출은 1997년 중후반까지 서로 조직화되지 않은 상태에서 활동했으나 그 이후에는 다양한 활동을 전개하고 있음

WFP 등 국제기구 역시 이러한 NGO들의 노력을 지원하기 위해 자체적인 평양사무소 내부

에 식량원조 연락사무소(FALU : Food Aid Liaison Unit)를 개설함으로써 북한에 상주 직원을 두지 못한 국제 NGO들의 활동을 지원하고 대북지원과 관련된 각종 NGO 활동을 통합 조정하는 역할을 수행하고 있다. 대북지원 관련 국제 NGO들은 상호 간의 네트워크 구축을 위해 노력해 왔고 소규모 미국 NGO들은 초국적 NGO인 북한활동그룹을 결성하여 '구호기관 포럼'을 중심으로 네트워크를 형성하고 있다. 국제 NGO들의 대북지원활동은 UN 등의 국제기구와 각 지원국 정부들을 포함하는 구조화된 지원 틀 안에서 조정되고 체계화되는 형태를 보이고 있다.

(3) 대북활동 NGO 네트워크 중 가장 상위에 위치하고 있는 것은 NGO와 국제기구를 망라해 형성된 지원기구 포럼으로 볼 수 있음

이 기구는 다음 5가지 기관으로 구성되어 있다.
① WEP, FAO, UNDP 등 UN 산하 개발구호기관
② 국제적십자
③ 북한에 거점을 두고 있는 NGO
④ 북한에 거점을 두고 있지는 않지만 FALU를 중심으로 활동하는 국제 NGO
⑤ 북한에 거점을 두고 있는 지원국의 개발구호기관

(4) 국제 NGO들이 대북지원에 참여하는 방식은 크게 2가지(① 다자지원, ② 양자지원) 방식으로 대별되고 다자지원은 UN을 중심으로 통합적인 지원체계 하에 수행되는데 2004년까지 UN의 통합호소절차(CAP : Consolidated Appeals Process)에 의해 진행되었으나 양자지원은 한국과 중국정부, 그리고 주로 한국 NGO들에 의해 추진되고 있음

① 다자지원

다자지원에 있어서는 UN의 인도주의조정국(OCHA : Office for the Coordination of Humanitarian Affairs)의 주관 하에 WEP, WHO, UNDP 등에 UN 산하기구들이 참여하였고 한국, 유럽, 미국, 일본 등의 개별 국가들은 UN이 매년 12월 차기연도 대북지원을 위한 통합호소를 발표하면 여기에 호응해서 식량 또는 자금을 지원하는 방식으로 다자지원에 결합하고 있다.

② 양자지원

양자지원은 한국정부와 NGO 그리고 중국정부에 의해서 추진되었고 미국과 일본의 일부 NGO들이 양자지원 방식으로 대북지원을 해오고 있다. 2000년 6·15 정상회담 이후 한국정부와 NGO의 대북지원이 급증하면서 전체 대북지원 금액 중에서 양자지원 금액이 다자지원 금액보다 많은 비중을 차지하고 있다.

(5) 향후 한국은 해외원조를 대북지원과 연계하고 원조의 수단과 규모에 따라 국제 NGO, 국제기구, 다국적기업(MNCs) 등 국제적 행위자들 간의 파트너십(partnership)을 유지하고 유기적이고 통합적으로 활동할 수 있도록 거버넌스 네트워크(governance network)를 구축할 필요가 있음

(6) 해외원조는 대북지원사업을 포함하여 개도국의 빈곤퇴치와 경제적·정치적 발전을 위한 세계평화 유지, 개발원조의 영역확대, 원조의 효율성 제고를 위한 관점에서 실행되어야 함

정책방향은 개도국의 지속가능한 경제·사회개발을 위한 지원, 최빈개도국에 대한 지원강화, 인류 보편적 가치추구, 자연재해로 고통받는 국가들에 대한 신속한 지원, 범세계적 문제해결에의 동참 등으로 전개되어야 한다.

6. 시사점

국제 ODA의 동향이 남북교류협력에 미치는 시사점을 다음 4가지 측면에서 살펴본다.

6.1 한국은 경제적 현실주의 시각을 근저로 원조정책을 실행할 것으로 보이나 한국이 추진해야 될 방향은 원조이념 정립, 법·제도적 장치 체계화 및 주요 원조 행위자들 간의 파트너십을 유지하고 통합적인 거버넌스 네트워크를 구축해 나가야 함

주요 선진국들의 원조동향과 최근의 국제적 논의결과에서 알 수 있듯이 원조정책은 다자원조와 양자원조 그리고 무상원조와 유상원조 등 원조수단 간의 상호보완성을 확보하는 차원에서 차별적이고 선택적인 개발원조를 최적결합방식(optimal combination of multilateral-bilateral assistances and grants-loans)에 의해 실행하는 것이 바람직하다. 또한, 한국의 대외원조 정책의 보다 광범위한 역할수행과 남북한 교류협력을 활성화하는 차원에서 포괄적이고 유기적인 정책수립, 원조부서의 정립 및 전문인력의 확보가 긴요하다.

6.2 한국은 향후 해외원조의 수단 및 행위자들 간의 상호보완성(mutual complementarity)과 최적의 결합방식을 구현하고 국내외적인 현실을 반영하여 경제적 현실주의(economic realism)와 유연성 있는 구조주의적 시각이 결합된 원조정책을 실행해야 함

지속적으로 외국의 대외원조 모델을 연구·조사하여 적용하고 현실성과 유용성이 결합된 그리고 한국의 실정에 적합한 다양한 행위자들 간의 거버넌스 네트워크를 구축할 필요가 있다.

6.3 OECD 산하의 DAC는 회원국들이 추진하고 있는 해외원조의 양적인 증대(quantitative increase) 뿐만 아니라 질적인 향상(qualitative improvement)을 위해 원조공여국들의 GNI 대비 공적개발원조 비율을 2015년까지 0.7%로 상향 조정할 것을 권고하고 있고 원조의 지침으로는 저개발국가의 지속가능한 경제성장(sustainable economic growth)을 위한 원조, 원조를 통한 분쟁의 예방, 빈곤완화 및 경제능력의 개발 등을 촉구하고 있음

장기적인 측면에서 한국이 DAC 회원국이 되기 위해서는 무상원조 비율, 다자원조 비율, 인도주의적 원조 등을 증대시키는 것이 바람직하고 원조의 수단과 방법의 상호보완성을 유지하는 차원에서 선택원조를 실행해야 할 것으로 판단된다.

6.4 향후 DAC 산하 ODA체제의 과제는 세계화 시대에 국가 간의 상호의존성(interdependence)이 제고되어 감에도 불구하고 국익을 추구하려는 개별 국가와 어떻게 하면 다자 간의 국제이익을 공유할 수 있는 공동협력체제(common cooperative system)의 기반을 구축하느냐에 달려 있음

한국 해외원조의 방향은 국제사회의 책임감 있는 일원으로서 보다 인도주의적 관점에서 원조를 실행함으로써 동북아 평화번영체제 구축에 일조하는 것으로 이해할 수 있다. 한국은 남북한 통일여건을 원활하게 조성한다는 차원과 대북교류협력을 활성화시키는 측면에서 해외원조 정책을 적극적으로 추진할 필요가 있다.

Ⅴ. 약어표

약 어	원 명	한 국 명
【A】		
ACM	Arab Common Market	아랍공동시장
ACP Countries	African-Caribbean-Pacific Countries	아프리카/카리브/태평양지역 국가
ADB	Asian Development Bank	아시아개발은행
ADF	Asian Development Fund	아시아개발기금
AfDB	African Development Bank	아프리카개발은행
AfDF	African Development Fund	아프리카개발기금
AFIA	ASEAN Free Investment Area	아세안 자유투자지역
AFTA	ASEAN Free Trade Area	아세안 자유무역지역
AIBD	Association of International Bond Dealers	국제본드거래자협회
AIC	ASEAN Industrial Complementation Scheme	아세안 산업보완계획
AICS	ASEAN Industrial Cooperation Scheme	아세안 산업협력계획
AIJV	ASEAN Industrial Joint Venture	아세안 합작사업계획
AIP	ASEAN Industrial Project	아세안 산업계획
AmCham	American Chamber of Commerce	미 상공회의소
AMU	Arab Maghreb Union	아랍・마그레브 연합
ANCOM	Andean Common Market	안데안공동시장
ANZCERTA 또는 CER	Australia-New Zealand Closer Economic Relations Trade Agreement	호주-뉴질랜드경제관계 긴밀화 무역협정
AOF	Arab Oil Fund	아랍석유기금
APEC	Asia-Pacific Economic Cooperation	아시아-태평양 경제협력체
ASA	Association of Southeast Asia	동남아연합
ASEAN	Association of Southe East Asian Nations	동남아국가연합
ASEM	Asia-Europe Meeting	아시아-유럽정상회의
ATMI	American Textile Manufacturers	미국 섬유제조업자협회
【B】		
BBC	Brand to Brand Complementation	제품별 보완체제
BENELUX	Belgium, Netherlands and Luxembourg	베네룩스
BIAC	Business and Industry Advisory Committee	기업・산업자문위원회
BIS	Bank for International Settlements	국제결제은행
BISF	Baltic Investment Special Funds	발트투자특별기금
BOP	Balance of Payment	무역수지
BSF	Baltic Special Fund	발트특별기금
BSFF	Buffer Stock Financing Facility	완충재고금융
BTASF	Baltic Technical Assistance Special Fund	발트기술지원특별기금
BWIs	Bretton Woods Institutions	브레튼 우즈 기구
【C】		
CAC	The Joint FAO/WHO Codex Alimentarius Commission	FAO/WHO 국제식품표준위원회
CACM	The Central American Common Market	중미공동시장
CAP	Common Agricultural Policy	공동농업정책
C-20	Committee of Twenty	20개국 위원회
CARICOM	Caribbean Common Market	카리브 공동시장
CARIFTA	Caribbean Free Trade Association	카리브 자유무역연합
CCC	Customs Cooperation Council	관세협력이사회

약 어	원 명	한 국 명
CCFF	Compensatory and Contingency Financing Facility	확대보상금융제도
CCV	Committee on Customs Valuation	관세평가위원회
CEAO	West African Economic Community	서아프리카 경제공동체
CEEC	Convention on European Economic Cooperation	유럽경제협력위원회
CEN	European Committee for Standardization	유럽표준화위원회
CENELEC	European Committee for Electrotechnical Standardization	유럽전기표준화위원회
CEPT	Common Effective Preferential Tariff	공동유효특혜관세
CET	Common External Tariff	대외공동관세
CFC	Common Fund for Commodities	상품공동기구
CFF	Compensatory Financing Facility	보상금융제도
CG-18	Consultative Group of Eighteen	18개국자문단
CIME	Committee on International Investment and Multinational Enterprises	국제투자 및 다국적기업위원회
CMIT	Committee on Capital Movements and Invisible Transaction	자본이동 및 경상무역외거래위원회
CS	Country Schedule	이행계획서
CTI	Committee on Trade and Investment	무역투자위원회
【D】		
DAC	Development Assitance Committee	개발원조위원회
DAEs	Dynamic Asian Economies	역동적 아시아 개도국군
DEC	Dialogue for Economic Cooperation	한미경제협력대화
DMCs	Developing Member Countries	개발도상회원국
DMS	Dispute Mediation Service	분쟁조정서비스
DNMEs	Dynamic Non-Member Economies	역동적 비회원국
DRF	Debt Reduction Facility	외채감축기금
DSB	Dispute Settlement Body	분쟁해결기구
【E】		
EAC	East African Community	동아프리카공동체
EACM	East Africa Common Market	동아프리카공동시장
EADB	East Africa Development Bank	동아프리카개발은행
EAEC	East Asian Economic Caucus	동아시아경제회의
EAEG	East Asian Economic Grouping	동아시아경제그룹
EAGGF	European Agricultural Guidance and Guarantee Fund	유럽농업지도보장기금
EBRD	European Bank for Reconstruction and Development	유럽부흥개발은행
EC	European Community	유럽공동체
ECAFE	UN Economic Commission for Asia and the Far East	유엔 아시아·극동 경제위원회
ECB	European Central Bank	유럽중앙은행
ECLA	UN Economic Commission for Latin America	유엔 라틴아메리카 경제위원회
ECOSOC	Economic and Social Council	유엔 경제사회이사회
ECOWAS	Economic Community of West African States	서부아프리카제국 경제공동체
ECSC	European Coal and Steel Community	유럽석탄·철강공동체

약 어	원 명	한 국 명
ECU	European Currency Unit	유럽통화단위
ECUBA	ECU Banking Association	유럽은행협회
EDI	Economic Development Institute	경제개발연수원
EEA	European Economic Area	유럽경제지역
EEC	European Economic Community	유럽경제공동체
EEIGs	European Economic Interest Groupings	유럽경제이해집단
EFF	Extended Fund Facility	확대신용제도
EFTA	European Free Trade Association	유럽자유무역연합
EIB	European Investment Bank	유럽투자은행
ELSA	Employment, Labor and Social Affairs Committee	고용노동사회문제위원회
EMCF	European Monetary Cooperation Fund	유럽통화협력기금
EMA	European monetary Agreement	유럽통화협정
EMFTA	Europe-Mediterranean Free Trade Area	유럽-지중해 자유무역지역
EMI	European Monetary Institute	유럽통화기구
EMS	European Monetary System	유럽통화제도
EMU	Economic and Monetary Union	경제·통화동맹
EMU	European Monetary Union	유럽통화동맹
EOTC	European Organization for Testing & Certification	유럽시험인증기구
EPG	Eminent Persons Group	저명인사그룹
EPU	European Political Union	유럽정치동맹
ERM	Exchange Rate Mechanism	유럽환율조정제도
ESAF	Enhanced Structural Adjustment Facility	확대구조조정금융제도
ESC	Euro-Currency Standing Committee	유로 커런시 상설위원회
ESCAP	UN Economic Social Commission for Asia and the Pacific	유엔 아시아·태평양 경제사회 위원회
ESCB	European System of Central Bank	유럽중앙은행제도
ESD	Enviromentally Sustainable Development	환경적으로 지속가능한 성장
ESF	European Social Fund	유럽사회기금
ESPRING	European Strategic Programme for R&D in Information Technology	유럽정보기술연구개발계획
EU	European Union	유럽연합
EURATOM	European Atomic Energy Community	유럽원자력공동체
【F】		
FAO	Un Food and Agriculture Organization	유엔식량농업기구
FCN	Friendship, Commerce and Navigation	우호통상항해
FDI	Foreign Direct Investment	외국인직접투자
FIRA	Foreign Investment Review Act	외국인투자심사법
FSO	Fund for Special Operations	특별업무기금
FTA	Free Trade Area	자유무역지역
FTAA	Free Trade Area of the Americas	미주자유무역지역
【G】		
G-7	Group of Seven	선진7개국
G-10	Group of Ten	선진10개국
G-24	Group of Twenty-four	24개도국 그룹
G-77	Group of Seventy-seven	후진77개국 회의

약 어	원 명	한 국 명
GAB	General Arrangements to Borrow	일반차입협정
GATS	General Agreement on Trade in Services	서비스무역에 관한 일반협정
GATT	General Agreement on Tariffs and Trade	관세 및 무역에 관한 일반협정
GNS	Group of Negotiations on Services	서비스협상그룹
GC	Green Currency	녹색통화
GCC	Gulf Cooperation Council of Cooperation Council of the Arab States of the Gulf	걸프만 연안국 협력위원회
GEF	Global Environmental Fund	지구환경기금
GEMIT	Group on Environmental Measures and Trade	환경작업반
GIC	Gulf Investment Corporation	걸프투자회사
GNG	Group of Negotiations on Goods	상품협상그룹
GRA	General Resources Account	일반재원계정
GSP	Generalized System of Preferences	일반특혜관세제도
GSTP	Global System of Trade Preferences	개도국간 무역특혜제도
【H】		
HIPCs	Heavily Indebted Poor Countries	외채과다빈곤국
HRD	Human Resources Development	인적자원개발
HS	Harmonized Commodity Description and Coding System	국제통일상품분류제도
【I】		
IAEA	International Atomic Energy Agency	국제핵에너지위원회
IAIS	International Association of Insurance Supervisors	보험감독자국제연합
IBRD	International Bank for Reconstruction and Development	국제부흥개발은행
ICAs	International Commodity Agreements	국제상품협정
ICB	International Commodity Body	국제상품단체
ICCICA	Interim Coordination Committee for International Commodity Agreement	국제상품협정 임시협력위원회
ICO	International Commodity Organization	국제상품기구
ICSID	Internationl Center for Settlement of Investment Disputes	국제투자분쟁해결본부
IDA	International Development Association	국제개발협회
IDB	Inter-American Development Bank	미주개발은행
IDPC	International Diary Products Council	국제낙농이사회
IEC	International Electrical Commission	국제전기기술위원회
IFC	International Finance Corporation	국제금융공사
IFC	International Financial Center	국제금융센터
IFF	Intermediate Financing Facility	중간금리 융자제도
IFIs	International Financial Institutions	국제금융기구
IIE	Institute for International Economics	국제경제연구원
IMD	International Institute for Management Development	국제경영개발연구원
IMF	International Monetary Fund	국제통화기금
ILO	International Labour Organization	국제노동기구
IOE	International Office of Epizootics	국제수역사무국
IOLM	International Organization of Legal Metrology	국제법정계량기구
IOSCO	International Organization of Securities Commissions	증권위원회국제기구

약　어	원　명	한　국　명
IPPC	International Plant Protection Convention	국제식물보호협약
IPR	Intellectual Property Right	지적재산권
IPC	Integrated Program for Commodities	국제표준화기구
ISO	International Standard Organization	일차산품통합계획
ITA	Information Technology Agreement	정브기술협정
ITO	International Trade Organization	국제무역기구
ITCB	International Textiles & Clothing Bureau	국제섬유의류기구
ITO	International Trade Organization	국제무역기구
【J】		
JSF	Japan Special Fund	일븐특별기금
【L】		
LAFTA	Latin America Free Trade Area	라틴아메리카 자유무역지역
LAIA	Latin American Integration Association	라틴아메리카 통합연합
LLDC	Least Less Developed Countries	최빈개도국
LTA	The Long-term Arrangement on Cotton Textiles	장기면직물 협정
【M】		
MAI	Multilateral Agreement on Investment	다자간투자협정
MAPA	Manila Action Plan for APEC	마닐라실행계획
MEA	Multilateral Environment Agreements	국제환경협약
MERCOSUR	El Mercado Comun del Sur, The Common Market of the Southern Cone	남미공동시장
MFA	Multi-Fiber Arrangement	다자간 섬유협정
MFN Treatment	Most-Favored-Nation Treatment	최혜국대우
MIGA	Multilateral Investment Guarantee Agency	국제투자보증기구
MRU	Mano River Union	마노강 동맹
MSAC	Most Seriously Affected Countries	후발 개도국
MTA	Multilateral Trade Agreement	다자간 무역협정
MTN Codes	Multilateral Trade Negotiation Codes	다자간 무역협상협약
MTO	Multilateral Trade Organization	다자간 무역기구
【N】		
NAB	New Arrangements to Borrow	신차입협정
NAFTA	New Zealand-Australia Free Trade Agreement	호주-뉴질랜드 자유무역협정
NAFTA	North American Free Trade Agreement	북미자유무역협정
NBIP	Non-Binding Investment Principle	비구속적 투자원칙
NGOs	Non-Governmental Organization	비정부기관
NICs	Newly Industrialized Countries	신흥공업국
NIEO	New International Economic Order	신국제경제질서
NTBs	Non-Tariff Barriers	비관세장벽
NTE	National Trade Estimates on Foreign Trade Barriers	국별무역장벽보고서
NTF	Nigerian Trust Fund	나이지리아 신탁기금

약 어	원 명	한 국 명
【O】		
OAA	Osaka Action Agenda	오사카행동지침
OAS	Organization of American States	미주기구
OCR	Ordinary Capital Resources	일반재원
ODA	Official Development Assistance	공적개발원조
ODI	Outward Direct Investment	해외직접투자
OECD	Organization for Economic Cooperation and Development	경제협력개발기구
OECF	Overseas Economic Cooperation Fund	일본해외경제협력기금
OEEC	Organization for European Economic Cooperation	유럽경제협력기구
OMA	Orderly Marketing Arrangement	시장질서유지협정
OPEC	Organization of Petroleum Exporting Countries	석유수출국기구
【P】		
PAFTAD	Pacific Trade and Development Conference	태평양무역 · 개발회의
PBEC	Pacific Basin Economic Council	태평양경제협의회
PECC	pacific Economic Cooperation Council	태평양경제협력위원회
PEI	Presidents' Economic Initiative	한 · 미 기업환경개선방안
PFC	Priority Foreign Country	우선협상대상국
PPMs	Process and Production Methods	공정 및 생산방식
PPP	Polluter-Pays Principle	오염자부담원칙
PTA	Plurilateral Trade Agreement	복수국간 무역협정
PTA	Preferential Trading Arrangements	특혜무역협정
PTI	Program of Targeted Interventions	빈곤퇴치방안
PWL	Priority Watch List	우선감시대상국
【R】		
RBP	Restrictive Business Practices	제한적 영업관행
RIAs	Regional Integration Agreements	지역통합협정
RB	Rollback	철폐
RSBISF	Russia Small Business Investment Special Funds	러시아소기업투자특별기금
RSBSF	Russia Small Business Special Funds	러시아소기업특별기금
RSBTCSF	Russia Small Business Technical Cooperation Special Fund	러시아소기업기술협력특별기금
【S】		
SAARC	South Asian Association for Regional Cooperation	남아시아지역협력연합
SACU	Southern African Customs Union	남아프리카관세동맹
SADC	Southern African Development Community	남부아프리카 개발공동체
SADCC	Sourhern African Development Coordination Conference	남부아프리카 개발조정회의
SAF	Structural Adjustment Facility	구조조정금융제도
SAFTA	South Asian Free Trade Area	남아시아자유무역지역
SALs	Structural Adjustment Loans	구조조정대출
SAP	Social Action Programme	사회정책 프로그램
SAPs	Structural Adjustment Programs	구조조정계획

약 어	원 명	한 국 명
SAPTA	South Asian Preferential Trade Arrangement	남아시아 특혜구역협정
SDA	Special Disbursement Account	특별인출계정
SDRs	Special Drawing Rights	특별인출권
SEA	Single European Act	단일유럽법
SECALs	Sectoral Adjustment Loans	부문조정대출
SFF	Supplementary Financing Facility	보완금융제도
SICA	Sistema de la Integracion Centroamericana	중미통합기구
SII	Structural Impediments Initiative	미·일구조협의
SOM	Senior Officials' Meeting	고위실무회의
SPA	Special Program of Assistance	특별지원계획
SPS	Sanitary and Phytosanitary Measures	위생 및 식물검역조치의 적용에 관한 협약
SPTF	Social Progress Trust Fund	사회개발신탁기금
SRF	Special Relief Fund	특별구제기금
SRTAs	Subregional Trade Arrangements	소지역무역협정
SS	Standstill	동결
SSRB	Standstill & Rollback	현상동결 및 점진적 철폐
STA	The Short-term Arrangement on Cotton Textiles	단기면직물 협정
STABEX	Stabilization of Export Earnings	수출소득 안정화제도
STF	Systemic Transformation Facility	체제전환금융제도
【T】		
TAFTA	Transatlantic Free Trade Area	범대서양자유무역지대
TBI	Trade Barriers Instrument	무역장벽수단
TBT	Technical Barriers to Trade	기술적 무역장벽
TASF	Technical Assistance Special Fund	기술지원특별기금
TCF	Technical Cooperation Funds	기술협력기금
TDB	Trade and Development Board	무역개발이사회
TEU	Treaty on European Union	EU조약
TMB	Textile Monitoring Body	섬유감시기구
TNC	Trade Negotiations Committee	무역협상위원회
Total AMS	Total Aggregate Measurement of Support	농업보조측정총액
TPF	Trade Policy Forum	무역정책포럼
TPRB	Trade Policy Review Body	무역정책검토기구
TPRM	Trade Policy Review Mechanism	무역정책검토제도
TRIMs	Trade-Related Investment Measures	무역관련투자조치
TSB	Textile Surveillance Body	섬유감시기구
TRADP	Tuman River Area Development Program	두만강지역개발사업
TRIPs	Trade-Related Intellectual Properties	지적재산권의 무역관련측면
TTII	The Transatlantic Trade and Investment Initiative	범대서양무역투자협의
TUAC	Trade Union Advisory Committee	노동조합자문위원회
【U】		
UDEAC	Central African Customs and Economic Union or Union Douaniere et Economique del' Afrique Centrale	중앙아프리카 관세·경제동맹
UNCDF	United Nations Capital Development Fund	유엔자본개발기금
UNCED	United Nations Conference on Environment and Development	유엔환경개발회의

약 어	원 명	한 국 명
UNCFE	United Nations Conference on Trade and Employment	유엔무역고용회의
UNCTAD	United Nations Conference on Trade Aid and Development	유엔 무역개발회의
UNDP	United Nations Development Program	유엔개발계획
UNECA	United Nations Economic Commission for Africa	유엔아프리카 경제위원회
UNESCO	United Nations Economic and Social Council	유엔경제사회이사회
USCFTA	U.S-Canada Free Trade Agreement	미-캐나다 자유무역협정
USIFTA	U.S-Israel Free Trade Agreement	미-이스라엘 자유무역협정
USITC	U. S. International Trade Commission	미국국제무역위원회
UR	Uruguay Round	우루과이 라운드
USTR	United States Trade Representative	미국 무역대표부
【V】		
VERs	Voluntary Export Restraints	수출자율규제
【W】		
WHO	World Health Organization	세계보건기구
WIPO	World Intellectual Property Organization	세계지적재산권기구
WL	Watch List	감시대상국
WTO	World Trade Organization	세계무역기구

Ⅵ. 용어설명

▶ AFTA(Asean Free Trade Area, 아세안자유무역지역)

1992년 1월 제4차 아세안정상회담에서 AFTA창설협정 조인으로 결성됨. 1993년 1월부터 2007년까지 점진적으로 관세 및 비관세장벽을 완전 제거하여 2008년 1월부터 명실상부한 자유무역지역의 형성을 목표로 하고 있음. 추진배경은 EU, NAFTA와 같은 경제블록에 대응하기 위해 ASEAN을 경제협력단계에서 경제통합단계로 발전시키고자 하는 것임

▶ ANCOM(Andean Common Market, 안데안공동시장)

1969년 5월 보고타에서 공동시장을 설립하는 카르따헤나협정을 체결함으로써 설립됨. 회원국은 베네수엘라, 페루, 콜롬비아, 에쿠아도르, 볼리비아 등 5개국임. 주요 목적은 가맹국간 균형발전, 경제통합을 통한 각국의 성장촉진 및 회원국의 국제적 지위향상에 있음

▶ ANZCERTA(Australia–New Zealand Closer Economic Relations Trade Agreement, 호주–뉴질랜드 자유무역협정)

1965년 호주-뉴질랜드 양국간에 체결된 자유무역협정을 대체하기 위해, 1983년 3월에 조인된 경제・무역협정임. 주요 목적은 양국간의 무역에 있어서 관세 및 수량제한을 철폐하여 완전한 자유무역지역을 설립하는 것임

▶ APEC(Asia–Pacific Economic Cooperation, 아태경제협력기구)

1989년 호크 호주 수상의 아・태지역 정부간 공식협의체 창설제의에 따라, 동년 11월 호주에서 창설됨. 회원국은 현재 아세안(필리핀, 말레이시아, 인도네시아, 싱가포르, 부르나이, 태국)을 비롯, 한국, 중국, 홍콩, 대만, 일본, 미국, 캐나다, 호주, 뉴질랜드, 멕시코(1993년 가입), 파푸아 뉴기니(1993년 가입), 칠레 등 18개국이며 향후 회원국은 더욱 늘어날 전망임. 조직은 지도자회의, 각료회의(최고의사결정기구), 고위실무회의(실질적 운영기구), 실무그룹(10개) 및 비공식그룹 등으로 구성되어 있음. 주요 활동으로는 지역협력사업(Work Project) 추진, 무역 및 투자자유화 추진, 저명인사그룹(EPG : Eminent Persons Group) 설치 등이 있음. 미국, 호주 등은 역내무역 및 투자자유화를 촉진하기 위해 경제통합을 지향하고 있으나 지역의 경제력, 문화 등의 차이, 역내국가간(미국, 아세안, 일본 등)의 의견차이로 인해 경제공동체 또는 자유무역지역으로의 발전 전망은 불투명한 상태임

▶ ASA(Association of Southeast Asia, 동남아연합)

1961년 말라야연방, 필리핀, 태국 등 3개국이 인도차이나지역에서 공산세력의 확장을 억제하고 각 분야에서 상호간 협력을 도모하기 위해 결성된 지역협력체임. 1967년 8월 Malphilindo와 통합되어 ASEAN으로 확대·개편됨

▶ ASEAN(Association of Southeast Asian Nations, 동남아국가연합)

1967년 8월 ASA(Association of Southeast Asia)과 Malphilindo의 두 기구를 발전적으로 통합함으로써 탄생한 동남아지역의 국가간 협력기구임. 회원국은 인도네시아, 말레이시아, 싱가포르, 필리핀, 태국, 브루나이, 캄보디아, 미얀마, 베트남, 라오스 10개국으로 구성됨. 주요 목적은 역내 제국간 경제·무역상의 상호협력뿐만 아니라 지역내의 평화와 안정, 문화, 교육, 행정분야에서의 협력 등 다부문에 걸쳐 상호협력을 도모하는 것임

▶ Benelux 관세동맹

1943년 10월 21일의 런던통화협정(La convention monetaire)과 1944년 9월 5일의 관세협정(La convention douaniere)에 의해 창설에 관한 합의가 이루어지고, 이후 정책조정을 거쳐 1948년 1월부터 실행된 베네룩스 3국간(벨기에, 네덜란드, 룩셈부르크)의 관세동맹, 이후 EEC설립(1957)에 자극을 받아 베네룩스 경제동맹(1958년 2월)으로 발전함

▶ Benelux 경제동맹

1958년 2월 네덜란드 헤이그에서 베네룩스 3국간의 베네룩스경제동맹 조약체결로 성립됨. 이는 베네룩스 3국이 EEC설립에 자극을 받아 기존의 관세동맹보다 결속력을 강화하고자 창설함. 주요 목적은 3국간의 상품교역 자유화, 향후 완전한 경제동맹의 실현에 있었음. 그러나 현재는 EU의 확대 발전으로 그 중요성이 상대적으로 약화되었음

▶ CACM(The Central American Common Market, 중미공동시장)

1963년 중미통합일반조약체결(1960)로 창설됨. 회원국은 코스타리카, 과테말라, 니카라과, 온두라스, 엘살바도르 등 5개국으로 구성됨. 주요 목적은 정치적, 경제적, 사회적 공동체 형성을 위해 회원국가 통합을 추진하는 데 있음

▶ CARICOM(Caribbean Common Market, 카리브공동시장)

1968년 결성된 CARIFTA(카리브자유무역지역)에서의 역내국가간 경제력차이로 인한 수혜의 불균형을 해소하고 결속력을 강화하기 위해, 공동시장 설립(1993년 12월 완성)을 목표로 1973년 차과라마스조약에 의해 창설됨. 회원국은 카리브연안 영어사용 15개국(안티구아 바뷰다, 바하마, 바베이도스, 벨리스, 도미니카(연), 도미니카(공), 그레나다, 가이아나, 아이티, 자마이카, 몬세레트, 세인트 크리스토퍼 & 네이비스, 세인트 빈센트, 세인트 루시아, 트리니다드 토바고)임

▶ CARIFTA(Caribbean Free Trade Association, 카리브자유무역연합)

1968년 5월 카리브연안 제국이 역내무역에 대한 관세 및 수량제한 철폐를 목적으로 설립한 자유무역지역임. 회원국은 트리니다드 토바고, 바베이도스, 가이아나, 자마이카, 그레나다, 도미니카, 세인트 루시아, 세인트 빈세트, 안티구아 바뷰다, 세인트 크리스토퍼 네이비스, 몬서레트, 안길라 등 12개국임. 1973년 4월 상호협력기반을 더욱 공고히 하기 위해 CARICOM(카리브공동시장)을 결성함

▶ CEAO(Communaute Economique de l'Afrique l'Ouest, 서아프리카경제공동체)

1974년 서아프리카의 불어권 국가를 중심으로 하여 창설된, 역내경제통합을 추구하는 경제협력기구임. 회원국은 베넨, 부르키나파소, 코트디브아르, 말리, 모리타니아, 니제르, 세네갈 등 7개국으로 구성됨. 그 동안 비공산품에 대한 역내관세를 철폐하였으며, 비공산품에 대한 역외공동관세는 아직 채택하지 않고 있음. 농업과 공업 개발사업 및 경제통합계획을 추진하고 있으며 거주이전의 자유 보장, 경제개발 등에 관한 정보교환협정을 체결하였음

▶ COMECON(Council for Mutual Economic Assistance, 동구상호경제원조회의)

1949년 1월 형성된 사회주의 경제권내 유일의 경제통합체임. 회원국은 독립국가연합(舊소련), 불가리아, 헝가리, 폴란드, 루마니아, 체코, 슬로바키아, 몽고(1961), 쿠바(1972), 베트남(1978) 등 10개국임. 초기 창설목적은 국가적 자원배분구조의 국제적 확산을 통해 사회주의권 전체의 경제협력을 강화하고 경제적 효율성을 제고시키는데 있었으나, 최근 사회주의체제의 붕괴로 유명무실해졌음

▶ Council of Arab Economic Unity(아랍경제통합회의)

1967년 6월 아랍연맹 산하 아랍경제회의 결정으로 설립된 기구임. 회원국은 이집트, 이라크, 요르단, 쿠웨이트, 리비아, 모리타니아, 소말리아, 수단, 시리아, 아랍에미리트, 예멘 및 팔레스타인해방기구(PLO) 등 12개국임. 이 기구의 설립취지는 경제・사회발전을 통한 지역경제의 통합달성임

▶ EAC(East African Community, 동아프리카경제공동체)

1967년 6월 케냐, 우간다, 탄자니아 간에 조인된 동아프리카협력조약에 의해 창설되었음. 주요 목적은 회원국간의 균형발전, 결속강화 및 공동시장의 유지에 있음. EAC는 회원국간의 불화로 해체되어 현재는 존속치 않음

▶ EAEC(East Asia Economic Caucus, 동아시아 경제회의)

1990년 12월 말레이시아 마하티르 수상이 NAFTA와 EC에 대응하는 배타적인 동아시아경제블록(East Asia Economic Group) 창설을 제의한 바 있음. 당초 제안에 의한 협력대상국은 ASEAN 6개국을 중심으로 한국, 일본, 중국, 대만, 홍콩, 미얀마 및 베트남이 포함됨. 그러나 미국의 강력한 반대에 부딪혀 대외협상에 있어서 협상력증대를 위한 공동대응 및 무역・경제협력 강화를 위

한 협력체로 재규정됨

▶ EC(European Community, 유럽공동체)

1967년 EEC, EURATOM 및 ECSC를 통합하는 통합조약에 의해 세 기구는 EC로 통합되었으며, EC의 모든 기구는 기존의 로마조약(1957년 3월)에 의거 설치됨. 초기 회원국은 6개국(EEC의 회원국-독일, 프랑스, 이탈리아, 벨기에, 네덜란드, 룩셈부르크)으로 출발하였으나, 그 동안 영국, 아일랜드, 덴마크(이상 1973년 가입), 그리스(1981년), 스페인, 포르투갈(이상 1986년)이 추가로 가입하여 현재는 12개국으로 구성됨. 마스트리히트조약에 의해 통화·정치통합이 완성되면 명실상부한 "유럽연합(EU)"으로 발전되며, 향후 EEA협정에 따라 "범유럽통합"으로 이어질 것으로 예상됨

▶ ECCAS(Economic Community of Central African States, 중부아프리카 경제공동체)

라고스행동계획(Lagos Plan of Action)에 따라 아프리카 전대륙을 공동시장화하려는 계획의 일환으로 추진되었으며, 1983년 서명, 1984년말부터 발효되었음. ECCAS는 UDEAC(l'Union Douaniere et Economique de l'Afrique Centrale, 중부아프리카 관세 및 경제동맹)와 ECGLS(Economic Community of the Great Lake States, 대호수국경제공동체)를 포함하고 있으며, 회원국은 상토메 프린시페, 콩고, 가봉, 카메룬, 중앙아프리카공화국, 적도기니, 챠드, 자이르, 부룬디, 르완다 등 10개국으로 구성됨

▶ ECGLS(Economic Community of the Great Lake States, 대호수국경제공동체)

1976년 자이르, 르완다, 부룬디 등으로 구성된 회원국간의 공동경제개발과 공동관심사를 협의하기 위한 기구임

▶ ECOWAS(Economic Community of West African States, 서아프리카 경제공동체)

1975년 5월 라고스조약(Treaty of Lagos)에 의해 서아프리카 제국의 교역·경제협력·경제자립 증진을 위해 설립됨. 회원국은 베닌, 기네아비소, 나이지리아, 코티디브와르, 세네갈, 감비아, 리베리아, 시에라리온, 가나, 말리, 토고, 기네아, 니제르, 모리타니아, 오트볼타(지금의 부르키나파소), 카보베르데(1977년 가입)의 16개국임. 서아프리카경제공동체에는 ① 무역·관세·이민·통화결제, ② 공업·농업·천연자원, ③ 수송·원격통신·에너지, ④ 사회적·문화적 문제 등을 다루는 4개 특별위원회가 있음

▶ ECSC(European Coal and Steel Community, 유럽석탄철강공동체)

1951년 4월 파리조약에 의해 성립됨. 회원국은 독일, 프랑스, 이탈리아, 벨기에, 네덜란드, 룩셈부르크의 6개국임. 이후 1967년 EEC(유럽경제공동체) 및 EURATOM(유럽원자력공동체)과 함께 EC(유럽공동체)로 통합됨

▶ EEA(European Economic Area, 유럽경제지역)

1989년 12월 19일 EU·EFTA간 외무장관들의 합의에 따라 EEA창설협상이 본격 진행되어 1991년 10월 룩셈부르크에서 정식조인되었고, 1994년 1월 1일부터 조약이 발효되었음. EU회원국과 EFTA회원국 간의 확대된 협력 프로젝트로 EU와 EFTA를 묶은 경제통합체이며, EES(European Economic Space)라고도 지칭됨. EEA조약 효력 발생시 EFTA와 EU입법을 수용하고, 각료이사회에 투표권은 없지만 새로운 입법제정시 참여할 수 있음

▶ EEC(European Economic Community, 유럽경제공동체)

1957년 3월 로마조약에 의해 창설된 경제공동체임. EEC의 목적은 관세동맹, 경제 및 화폐동맹과 회원국간의 상품·인력·서비스 및 자본의 자유이동을 이룸으로써 공동의 경제·산업·사회·재무 및 재정 정책을 실시하는 단일시장을 형성하는 것임. 창설회원국은 독일, 프랑스, 이탈리아, 벨기에, 네덜란드, 룩셈부르크의 6개국임. 1967년 7월 1일 EEC, ECSC와 EURATOM의 기구단일화에 대한 통합조약이 체결된 후, EEC라는 용어보다는 이들 3기구를 통칭하는 EC로 지칭됨

▶ EFTA(European Free Trade Association, 유럽자유무역연합)

1960년 스톡홀름조약에 의해 성립됨. 영국, 스웨덴, 노르웨이, 덴마크, 오스트리아, 스위스, 포르투갈의 7개국으로 출발하였으나, 그 동안 회원국의 변동으로 현재는 스웨덴, 스위스, 노르웨이, 아이슬란드, 핀란드, 오스트리아, 리히텐슈타인의 7개국으로 구성됨. 1992년 5월 EU와의 사이에 체결된 EEA(유럽경제지역)협정이 1994년 1월 1일부터 발효되었음

▶ EU(European Union, 유럽연합)

기존 EC(European Community)의 경제통합을 더욱 강화한 유럽연합조약(일명 마스트리히트 조약)의 발효(1993년 1월)로 탄생됨. 마스트리히트 조약은 역내에 존재하는 모든 물리적, 기술적, 재정적 장벽을 제거함으로써 완전한 경제통합을 이룩하는 한편, 궁극적으로 유럽정치동맹을 결성하여 유럽합중국(United States of Europe)을 지향하고 있음

▶ EURATOM(European Atomic Energy Community, 유럽원자력공동체)

1957년 3월 25일에 체결된 로마조약(1958년 1월 1일 시행)에 의해 핵산업의 평화적 이용을 위한 신속한 정립과 성장에 필요한 조건을 조성함으로써 회원국간의 관계를 발전시키며 회원국의 생활수준을 개선하는데 기여하기 위해 설립한 EC 3공동체중의 하나임. 주요 목표는 공동 에너지 시장의 창설, 핵원료의 균형공급 보장, 핵에너지의 안전 및 인간과 환경의 보호를 위한 특별 계획 등을 추진하는 것임. 핵에너지의 공급기관과 핵공동 연구소로 설립하였으며, 현재 1967년 통합조약에 따라 EC위원회 DG XⅦ국이 핵 안전의 기준을 제안하고 통제함

▶ GCC(Gulf Cooperation Council, 페르시아만협력위원회)

1981년 5월 25일 페르시아만 연안제국간의 모임을 통해 결성되었으며 참가국은 사우디아라비아, 아랍토후국연합, 쿠웨이트, 카타르, 바레인, 오만 등의 6개국임. 창설 이후 그 동안 국방, 외교, 교육, 에너지 분야 등에서 여러 가지 협정을 부분적으로 체결, 협조하여 오다가 1983년 3월 1일에 발효된 통일경제협정(The Unified Economic Agreement)을 체결함으로써 결속된 경제권으로 부상함

▶ G-3(Group of Three, 중미3국그룹)

1992년 2월 멕시코, 콜롬비아, 베네수엘라 3국이 비관세장벽의 철폐와 역내수입관세 인하를 통한 자유무역지역 창설(1993년 12월 완성)에 합의함으로써 성립함

▶ G3-CACM

1993년 2월 카리카스협정에 의해 성립되었으며 1996년 12월에 완성되었음. 회원국은 G-3 3개국(멕시코, 콜롬비아, 베네수엘라), CACM 5개국(코스타리카, 과테말라, 니카라과, 온두라스, 엘살바도르) 및 파나마의 9개국으로 구성됨. 주요 목적은 G3와 중미 6개국간 경제협력을 위한 자유무역실시 및 지역투자 활성화에 있으며 궁극적으로는 G3-CACM-CARICOM을 연결하는 자유무역지역을 결성하는 데 있음

▶ LAFTA(Latin American Free Trade Association, 중남미자유무역연합)

1961년 몬테비디오조약에 의해 창설됨. 회원국은 아르헨티나, 브라질, 칠레, 멕시코, 파라과이, 우루과이, 페루, 에쿠아도르, 콜롬비아, 베네수엘라, 볼리비아 등 11개국으로 구성됨. 1980년말을 기해 역내국간의 이해조정 및 통합의 성과부진 등으로 해체되고, 대신 LAIA(Latin American Integration Association)라는 새로운 경제통합체를 결성함

▶ LAIA(Latin American Integration Association, 중남미통합연합)

1980년 8월 조인된 몬테비디오조약 II에 의해 결성됨. 회원국은 아르헨티나, 브라질, 멕시코, 칠레, 콜롬비아, 페루, 우루과이, 베네수엘라, 볼리비아, 에쿠아도르, 파라과이 등 11개국으로 구성됨. 주요 목적은 회원국의 경제, 사회발전을 위해 역내통합을 이룩하고 최종적으로 남미공동시장을 형성하는데 있음

▶ Maghreb(마그레브 국가)

'마그레브'란 고대 아랍인이 '해가 지는 곳', '서쪽'이란 뜻으로 사용한 아랍어로 북서 아프리카 국가들인 알제리, 리비아, 모로코, 모리타니아와 튀니지를 지칭함

▶ Malphilindo(말필린도)

1963년 말레이시아, 필리핀, 인도네시아 3국이 반식민주의, 반제국주의를 실현하기 위해 결성한 지역협력기구임. 1967년 8월 ASA(동남아연합)와 통합되어 ASEAN으로 확대·개편됨

▶ MERCOSUR(Mercado Comun del Sur, 남미공동시장)

1991년 3월 26일 아순시온조약의 체결로 성립됨. 회원국은 브라질, 아르헨티나, 우루과이, 파라과이 등 4개국임. 남미공동시장은 경제통합체의 명칭과는 달리 경제통합의 단계적인 성격에서 평가할 때 상품뿐만 아니라 생산요소(서비스·노동·자본 등)의 자유로운 이동을 허용하는 완전한 의미의 공동시장의 수준에는 이르지 못하고 있음

▶ MRU(Mano River Union, 마노강동맹)

1973년 결성된 것으로 회원국은 라이베리아, 시에아리온, 기니(1981)의 3국으로 구성됨

▶ NAFTA(North American Free Trade Agreement, 북미자유무역협정)

1992년 12월 미국, 캐나다, 멕시코 3국간 자유무역협정의 체결로 결성되어 1994년 1월 1일부로 공식출범하였음. 주요 목적은 역내국의 수직적 분업을 통한 역외국에 대한 경쟁력 강화에 있음. 미국은 향후 북미자유무역협정을 중남미지역으로 확대하여 범미주통합(EAI : Enterprise for Americas Initiative)을 계획하고 있음

▶ OEEC(Organization for European Cooperation, 유럽경제협력기구)

1948년 결성되었으며 회원국은 영국, 독일, 프랑스, 이탈리아, 터키, 벨기에, 룩셈브르크, 덴마크, 노르웨이, 스웨덴, 그리스, 핀란드, 포르투갈, 스페인, 아이슬란드, 리히텐슈타인의 17개국으로 구성됨. 이후 1961년 9월 미국, 캐나다를 회원국으로 맞이하여 OECD(Organization for Economic Cooperation and Development)로 확대·개편됨

▶ OAU(Organization of African Unity, 아프리카통일기구)

1963년 5월 25일 창설된 아프라카내 정부간 조직으로 남아프리카공화국, 나미비아, 모로코를 제외한 아프리카의 50개 국가가 참여하고 있음. OAU의 주요 업적은 알제리와 모로코분쟁(1964~65)을 중재한 일이며, OAU는 또한 아프리카 대륙의 발전과 농업재건에 역점을 두고 있음. OAU의 본부는 아디스아바바(이디오피아)에 소재하고 있으며, 최고기구는 국가 및 정부수반들의 연례회의임

▶ OECD(Organization for Economic Cooperation and Development, 경제협력개발기구)

1948년 4월 16일 마샬플랜에 의해 주도되었던 유럽경제협력기구(OEEC)를 1961년 9월 30일자로 발전적으로 해체하고 유럽지역 이외의 국가도 회원으로 하여 선진 산업 민주국가간의 경제 및 사회정책을 조정하기 위해 발족한 국제기구임. 당초 회원국은 오스트리아, 벨기에, 덴마크, 프랑스,

독일, 그리스, 아이슬란드, 아일랜드, 이탈리아, 룩셈부르크, 네덜란드, 노르웨이, 포르투갈, 스페인, 스웨덴, 스위스, 터키, 영국, 캐나다, 미국 등 20개국이었으나 그 뒤 일본(1969년), 핀란드(1969년), 호주(1971년)와 뉴질랜드(1973년), 멕시코(1994년), 체코(1995년), 헝가리(1996년), 폴란드(1996년), 한국(1996년) 등이 가입하였음. OECD의 이사회(Council), 집행위원회(Executive Committee), 사무총장 등의 상부기구와 상부기구의 결정을 집행하는 하부기관 및 사무국 등으로 조직되어 있음

▶ PTA(The Preferential Trade Area for Eastern and Southern African States, 동남부아프리카 특혜무역지역)

1978년 3월 루사카선언에 따라, 1981년 12월 ECA(UN아프리카 경제위원회)의 주도 아래 잠비아의 수도 루사카에서 PTA설립조약이 체결되었고, 1982년 9월부터 발효되었음. 회원국은 초기의 모로코, 지부티, 이디오피아, 케냐, 말라위, 모리셔스, 소말리아, 우간다, 잠비아에서 레소토, 스와질랜드, 짐바브웨, 부룬디, 르완다(이상 1984년 가입), 탄자니아(1985년) 등이 추가로 가입하여 회원국이 15개국에 이름. 기본목적은 역내 회원국간 교역을 증진시켜 경제발전을 도모하고 남아프리카공화국 및 선진국에 대한 경제적 의존상태에서 탈피하여 역내경제의 자립화를 실현하는 데 있음

▶ SADDC(Southern African Development Coordination Conference, 남부아프리카 개발조정회의)

1980년 보츠와나, 앙골라, 모잠비크, 잠비아, 탄자니아, 짐바브웨, 스와질랜드, 레소토, 말라위 등 9개국에 의해 창설됨. 주요 목표는 동 지역의 경제협력과 발전조정, 이를 통한 남아프리카공화국으로부터의 경제적 종속 탈피에 있음

▶ Treaties of Maastricht(마스트리히트 조약)

유럽 정치통합과 경제 및 통화 통합을 이룩하기 위한 새로운 유럽통합조약임. 유럽연합조약이라고도 함. 1991년 12월 10일 네덜란드 마스트리히트에서 EC정상간 합의되고, 1992년 2월 7일 EC외무장관회의에서 정식 조인되었음. 주요 내용은 1997년까지, 늦어도 1999년까지는 특정 다수결제도에 의해 유럽단일통화를 도입하며, 좀더 긴밀한 정치통합체로서 EC를 발전시키기 위해 유럽동맹의 창설을 궁극적인 EC지향목표로 합의한 것임. 그 외 적당한 시기에 공동방어로 이행될 장기적인 공동방위정책을 포함한 공동외교 및 방어정책을 설정하기로 하였으며, 조사권 · 청원권 · 협력절차를 도입함으로써 유럽의회의 입법권을 개선하면서 민원 공무원의 임명권 같은 특별한 조치를 포함하는 유럽의회의 권한을 강화시켰음

▶ Treaty of Paris(파리조약)

벨기에, 프랑스, 독일, 이탈리아, 룩셈부르크 및 네덜란드 6개국이 1951년 4월 18일 ECSC설립을 위해 체결한 조약임. 조약유효기간은 발효일인 1952년 7월 25일부터 50년간이며, 석탄 및 철강산업의 분야에서 회원국간의 공동시장을 창설하고 고용과 생활수준의 개선을 통한 경제발전을 목적

으로 함

▶ Treaty of Rome(로마조약)

ECSC 6개국에 의해 이탈리아 로마에서 1957년 3월 25일 서명된 유럽경제공동체(EEC)와 유럽원자력공동체(EURATOM) 창설을 위한 조약임. 1951년 서명된 ECSC조약과 함께 EC 3기본조약을 이루며, 이 중 특히 EEC창설을 위한 조약은 가장 중요한 조약으로 인정됨. 전문 248조, 15개 부속 합의서, 4개의 설립 선언문과 3개의 의정서로 구성됨. 로마조약은 각 회원국 법에 우선하여 적용되며, 룩셈부르크 조약과 단일유럽법 등에 의해 주요 내용이 개정되었음

▶ UMA(Union of the Arab Maghreb, 마그레브제국연합)

알제리 독립(1962)후 튀니지, 알제리, 모로코 3국이 교통, 통신, 무역 및 관광 등의 여러 면에서 공동시장 조성을 위해 창설한 협력체임. 현재 회원국은 알제리, 리비아, 모리타니아, 모로코, 튀니지의 5개국으로 구성되어 있으며 관세동맹 결성과 북아프리카 공동시장 형성을 추진 중에 있음

▶ UDEAC(l'Union Douaniere et Economique de l'Afrique Certrale, 중부아프리카 관세 및 경제동맹)

1964년 12월 8일 체결된 Brazzaville 조약에 의해 1966년 1월에 설립되었음. 회원국은 당초 카메룬, 중앙아프리카공화국, 콩고, 가봉, 챠드(1968년 탈퇴, 1983년 재가입)등 5개국이었으나, 1985년 적도기니가 가입함으로써 6개 회원국으로 구성됨. UDEAC는 회원국간 경제협력과 무역증대를 기본원칙으로 하고 있으며, 이를 통해서 진정한 지역경제통합체로 중부권 아프리카 공동시장을 운영할 것을 목적으로 하고 있음

▶ USCFTA(U.S-Canada Free Trade Agreement, 미-캐나다 자유무역협정)

1988년 1월 공업경쟁력 및 산업생산성 증진을 위해 미-캐나다간에 결성한 자유무역지역임. 현재는 NAFTA의 발효(1994년 1월 1일)로 이에 흡수된 상태임

▶ U.S.-Israel Free Trade Agreement(미-이스라엘 자유무역협정)

1985년 9월에 미-이스라엘 양국사이에 체결된 자유무역협정임. 이스라엘측은 안정적 수출시장의 확보와 안보상의 고려 하에 미국측은 GATT라운드협상의 추진과 대이스라엘 지원방식을 기존의 경제 · 군사원조 중심에서 미국시장의 개방에 의한 수출증대 보장으로 전환하려는 의도에서 추진하였음

찾아보기

〈주요 저서〉

『국제통상환경론』(2005), 『현대중국경제론(2005)』, 『21세기 글로벌 기업론』(2006), 『APEC · ASEM · ASEAN+3 Focus』(2006), 『21세기 글로벌 금융의 이해』(2006), 『21세기 글로벌 무역의 이해』(2006), 『현대일본경제론』(2007), 『현대동남아경제론』(2007), 『21세기 글로벌 통상의 이해』(2007), 『21세기 글로벌 투자의 이해』(2007), 『국제경영과 경제의 이해』(2007), 『현대한국무역론』(2007), 『FTA의 경제학』(2007), 『Post-BRICs 경제의 이해』(2007), 『글로벌 산업과 국가경쟁력』(2007), 『세계화 · 세계포럼 · 신경영 포커스』(2007), 『북미경제론』(2008), 『신유럽경제론』(2008), 『신중국경제론』(2008), 『현대러시아경제론』(2008), 『신한국경제론』(2008), 『신국제투자환경론』(2008) 외 다수

〈주요 논문〉

- "미국과 일본의 거시경제적 충격이 한국경제에 미치는 상대적 영향", 경제학연구, 제43집 제3호, 한국경제학회, 1995.
- "Empirical Test of The Market-oriented CAPM and January Effect", LSU Working Paper, 1997.
- "Money Demand Model of Inflation : Reexamined", LSU Working Paper, 1997.
- "Cointegration Test of Purchasing Power Parity", Western Social Science Association, 40th Annal Conference Proceeding, 1998.
- "A VAR Analysis of the Influence of the U.S. Economic Disturbances on the Korean Economy", Journal of Korea Trade, Vol. 3, 1999.
- "Economic Interdependence between Korea and Japan : Empirical Inquiry", Journal of Korea Trade, Vol. 4, No. 2, 2000.
- "교육용 유사주문형 비디오에 대한 지불의사액 분석", 경제학연구, 제48집 제13호, 한국경제학회, 2000.
- "산업연관 분석을 이용한 전파통신산업의 산업파급효과 분석", 중소기업연구, 제22권 제2호, 한국중소기업학회, 2000.
- "남북경협과 중소기업의 대북한 진출방안", 무역학회지, 제26권 제1호, 한국무역학회, 2001
- "Modeling Zero Response Data from Willingness to Pay Surveys", Economics Letters, Vol. 71, No. 2, 2001.
- "Real Exchange Rate-Interest Rate Differentials : Empirical Inquiry", Journal of Korea Trade, Vol. 5, No. 1, 2001.
- "International Transmission of Economic Disturbances : Reexamined", 국제통상연구, 제7권 제1호, 한국국제통상학회, 2002.
- "An Empirical Analysis of Economic Linkages between Korea and U.S.", 산업경제연구, 제16권 제5호, 2003.
- "남북한 금융협력에 관한 연구", 국제통상연구, 제8권 제3호, 한국국제통상학회, 2003.
- "동북아허브 발전전략에 대한 고찰", 한국항만경제학회지, 제19집 제2호, 한국항만경제학회, 2003.
- "An Empirical Analysis of Economic Linkages between Korea and Germany", 유럽연구, 제21권(2005년 여름), 한국유럽학회, 2005.
- "동북아 금융허브 발전전략에 관한 연구", 국제지역연구, 제10권 제3호, 국제지역학회, 2006. 외 다수

현대동아시아경제론

2014년 9월 10일 중판인쇄
2014년 9월 15일 중판발행

저 자 이 재 기
발행인 유 성 열
발행처 **형 지 사**
서울특별시 영등포구 신길로 40길 20
전화 (02) 833-6090(代)
FAX (02) 849-0817
등록 제318-2005-000030호

파본은 바꾸어 드립니다.
값 33,000원

http : //www.chongmok.co.kr

ISBN 978-89-92938-20-4